"의인으로 그리스도의 고난에 참여하시는

____________________님께 드립니다."

한 기 돈 __________________________

그리스도를 위하여
고난을 이겨낸 **욥 선지자**

초판발행 | 2024년 2월 21일
발행처 | 국민일보
등록 | 제1995-000005호
주소 | 서울 영등포구 여의공원로 101
전화 | 02-781-9870
홈페이지 | www.kmib.co.kr

ISBN 978-89-7154-362-7(03230)

그리스도를 위하여
고난을 이겨낸 욥 선지자

말세의 성도에게 주는
고난과 인내의 안내서

한기돈 지음

국민일보

사랑하는 아내 김보경에게
이 책을 헌정합니다.

목차

*

***일러두기** 이 책에 실은 성경 구절은 「새번역 성경」을 사용했습니다.

추천사

김경원 목사 (서현교회 원로목사)

고난은 성경에서 말하는 중요한 주제 가운데 하나이다. 고난 받은 사람의 대표가 욥이다. 사실 신학을 전공한 사람도 욥기는 쉬운 책이 아니다. 그 주제가 '의로운 사람에게 왜 고난이 있는가?'라는 것이다.

저자 한기돈 장로는 내과전문의로서 나름대로 말씀을 사랑하고 연구하며 매일의 묵상과 그 말씀대로 실천하려고 힘쓰는 성도이다.

이번 고난이라는 주제를 욥기를 통해 해석하며 결국 의인의 고난이 있음을 교훈하고, 바로 예수님께서 아무 죄도 없이 고난을 당하셨다. 이것을 종말신앙, 즉 종말에 예언된 대로 그리스도인들이 고난이 있을 것을 연결시켰다.

대단히 중요한 고난을 이 책은 담고 있다. 결국 그 고난을 이겨낸 후에 영생, 영원한 천국을 향하게 된다.

우리는 지금 종말을 살아가고 있다. 지금 우리가 기복 신앙에서 벗어나서 그리스도를 닮고 살아갈 때에 주어지는 고난을 기쁘게 감당하고 천국을 소망하는 성도가 된다.

본서는 이 주제를 정말 잘 다루고 있다. 오늘 우리 신앙인에게 귀중한 교훈을 주는 책이다.

김태일 목사 (계산교회 담임목사)

프랑스의 대문호 빅토르 위고는 "욥기는 인간의 마음에 대하여 쓴 최대의 걸작이라"고 했다. 영국의 토머스 칼라일은 "욥기처럼 문학적 가치가 있는 책은 없다"고 했다. 독일의 괴테는 대표작 파우스트에 나오는 '메피스토펠레스'가 욥기에서 영향을 받았다고 했고, 심지어 철학자 키에르케고르는 실존주의 철학도 욥기에서 영향을 받았다고 했다. 그만큼 욥기는 중요한 책이다.

무엇보다도 인간 세계에 영원한 실존적인 난제인 고난의 문제에 대한 해답은 하나님의 계시를 떠나서는 얻을 수 없다. 그러기에 고난의 문제를 집중적으로 다룬 하나님의 계시의 말씀인 욥기는 모든 사람에게 필요한 진리이며 반드시 풀어야 할 큰 숙제이다.

저자 한기돈 장로는 성경학자들도 어려워하는 이 중요한 욥기 연구를 계속해서 마침내 본서를 발간하게 되었다. 이 책은 전반적으로 저자의 오랜 성경 연구의 결실임과 동시에 개인적인 고난을 통과하며 발견한 고뇌의 산물이기에 광야와 같은 인생길을 통과해야 하는 우리 모두에게 실제적인 도움을 줄 것으로 생각한다.

이 책은 저자의 또 다른 저술인 '하나님의 처음 약속, 영생'의 후속편으로 보인다. 저자는 욥의 고난과 인내를 예수 그리스도의 재림 전후의 고난의 예표로 보고, 욥의 회복을 통해 새 예루살렘 성에서의 최후 승리의 약속이 성취될 것을 바라본다. 저자는 일관되게 모든 사람들에게 하나님의 약속을 믿음으로 어떤 고난이 와도 영생의 소망, 천국의 소망을 품고 살 것을 요구한다. 그리고 욥기는 "마지막 때에 환난을 만나게 될 그리스도인을 위한 인내 안내서"라고 단언한다.

저자의 깊은 영성과 해박한 성경 이해와 개인적인 극한 고난의 경험과 신앙의 연륜의 결과물인 이 책의 일독을 기꺼이 추천한다.

박현식 목사 (GMS. 명예 선교사, 코린 신학교 이사장, YMBB 대표)

고난의 문제를 어떻게 해석하고 접근하느냐는 신앙인으로서는 난해한 퍼즐이라 할 수 있다. 고난의 대명사가 된 욥기를 하나님의 관점에서 또는 제삼자의 입장에서 풀이하고 훈시하는 것은 쉽지만 정작 고난당하는 이들에게는 도움이 되지 않을 수가 있다. 저자는 '욥의 친구들의 주장을 비판적인 시각으로 보면서 고난을 받는 욥의 입장'을 견지한 것이 가슴에 와닿는 접근이었다. 그러면서도 그리스도의 고난을 잊지 않으면서 이유 없이 고난당하는 인생의 비극을 보듬는 배려가 돋보이며, 무엇보다 통시적인 성경 개관을 통하며 종말론적인 시각을 강조하면서 통상적이고 기복 신앙적인 오류를 잡는 한편, 당장은 힘들고 괴롭지만 하나님의 깊고 오묘한 섭리를 수용할 그릇을 준비하게 하는 지성과 영성의 울림이 있는 저서이다.

이상화 목사 (서현교회 담임목사)

하나님의 크신 신비와 인간의 연약함을 대조하여 시와 산문을 혼합하여 기록한 욥기는 묵상하면 묵상할수록 인간의 제한된 머리만으로는 이해되지 않는 생명의 말씀입니다. 이 어렵고도 귀한 생명의 말씀인 욥기를 한 땀 한 땀 성령님께서 주시는 감동으로 묵상한 결과를 내놓은 저자의 수고로움에 먼저 경의를 표합니다.

저자는 고난을 통과한 욥이 받은 축복보다 더욱 중요한 것은 고난 가운데서도 살아 역사하시는 하나님께 간구하는 욥의 신앙이 그리스도인들이 배워야 할 핵심 메시지라고 강조합니다. 일상 속에서 '하나님 왜입니까?'라는 물음을 수없이 던질 수밖에 없는 것이 세상 속에 살아가는 연약한 그리스도인의 현주소입니다. 그러나 살아 계신 하나님의 주권적인 계획과 섭리 속에 주님 다시 오실 그날까지 그리스도를 위하여 고난 속에서도 인내해야 할 정체성을 가진 자들이 바로 그리스도인인 것을 욥기를 통해서 풀어내고 있습니다.

말세에 그리스도인답게 살아가는 것이 과연 어떤 모습이어야 할 것인가를 기록한 본서를 통해서 다시 하나님 앞에 온전하고 균형 잡힌 그리스도인으로 서게 되는 깨달음을 얻게 될 것을 기대하게 되기에 귀한 책을 추천합니다.

이우제 목사 (백석대학교 실천대학원 원장)

인생길을 걷다 보면 원하지 않지만 결코 누구도 피할 수 없는 고난이라는 복병을 만나게 된다. 고난 앞에 장사는 없다는 생각이 든다. 늘 새롭게(?) 놀라게 된다. 그러기에 신앙인의 과제 가운데 하나는 고난 앞에서 당당한 사람으로 살아가는 것이다. 고통의 밤을 지날 때 당당하기 원하는 모든 사람들에게 필요한 책은 두말할 것도 없이 욥기일 것이다. 삶을 숙제하듯이 아니라 축제하듯 살라는 말이 있다. 그렇게 살기를 원하는가? 그것도 폭풍이 몰아치는 고난의 상황 앞에서 그러길 원하는가? 욥기를 읽으라. 고난의 자리를 살아내고 있는 욥을 만나라. 더 나아가 욥을 위대한 신앙인으로 우뚝 세우시는 욥의 하나님을 만나라.

본서는 욥기를 매뉴얼 삼아서 욥기서 전체 본문을 묵상하는 가운데 저자에게 있었던 아픔의 시간을 승화시켜 나간 절절한 신앙고백을 느끼게 해주는 책이라서 귀하다. 욥기를 통해 고난 속에서도 당당해지기를 원하는 분들에게 일독을 권하고 싶다.

장동진 목사 (온두라스 선교사)

'그리스도를 위하여 고난을 이겨낸 욥 선지자'란 제목의 책을 찬찬히 두 번 읽고 이 책이야말로 현재에 사는 모든 그리스도인들이 반드시 읽어야 할 좋은 글이라는 생각이 들어서 이 추천의 글을 쓴다. 믿는 자이든 믿지 않는 자이든 지금 우리가 사는 이 시대를 말세라고 말한다. 그리고 실제로 전 세계적으로 성경이 말하고 있는 말세의 징조들이 성경의 글자 그대로 도처에서 일어나고 있음을 우리들은 분명하게 본다. 주님의 재림이 가까울수록 진실한 성도들이 당하는 고난이 여인이 아기를 낳을 때 만나는 진통처럼 점점 더 크고 강할 것인데 욥과 같이 극심한 고난 속에서도 주님에게서 떠나지 않는 신앙이 우리 모두에게 필요하고 배워야 할 것이다. 즉 '모든 고난을 이기고 나는 첫째 부활에 참여할 수 있는 사람인가?'에 대한 분명한 준비가 되어 있는지를 이 책을 통하여 점검하고 준비하고 있어야 한다.

이 책 첫 장을 펴자 제일 먼저 눈에 들어온 글이 "사랑하는 아내 김보경에게 이 책을 헌정합니다."라는 말이었다. 저자의 아내가 지금 수차례의 수술을 받고 여전히 큰 고난 중에 생사를 넘나드는 위급한 상황이 이어지는 가운데 저자의 아내에 대한 깊은 사랑이 그리고 하나님의 진리의 말씀에 대한 사랑이 절절하게 느껴져 온다.

욥기를 읽고 묵상할 때마다 큰 충격을 받는 것은 욥의 세 친구들은 인간 세상에서 찾아보기 힘든 그의 진실한 친구들이었다는 것이다. 욥이 모든 것을 다 잃고 노숙자보다도 더 어려운 처지이고 게다가 정수리부터 발바닥까지 종기로 인하여 잿더미에 앉아서 질그릇 조각으로 자기 몸을 긁고 있을 때 멀리서 엘리바스, 빌닷 소발이 욥을 위로하고자 찾아와서 욥의 처절한 모습을 보고 크게 울고 자기 옷을 찢고 자기들의 머리에 재를 뿌리고 친구인 욥의 곁에서 너무나 기가 막혀 아무 말도 못하고 그저 앉아만 있었는데 그게 하루 이틀이 아니고 무려 일주일 동안 땅바닥에 앉아 있었다고 한다(욥2:12-13). 지금 세상에 어떤 친구가 그런 누추한 자리에 찾아와서 다 망한 친구를 위하여 일주일을 같이 있어 주겠는가? 만일 이런 친구가 하나라도 있는 사람이 있다면 그 사람은 대단한 사람일 것이다. 허나 이런 절친한 친구들이지만 일주일 후에는 천상(天上)의 일을 모르는 인간들 사이에 결국 언쟁이 일어나고 드디어 언어폭력이 난무하게 된다. 인간은 믿을 만한 존재가 아니다. 오직 한 분 하나님만이 믿음의 대상이다.

욥기를 읽으면서 가장 인상적인 말은 기이하게도 사단이 하나님께 도전하는 말 중에 "욥이 아무것도 바라는 것이 없이 하나님을 경외하겠습니까?"라는 말이다. 이 말은 아마도 이 땅의 교회를 다니는 모든 분들에게 다 뜨끔한 말일 것이다. 기복 신앙, 번영 신학이 이미 전 세계에 넘치는 가운데 다시 한번 우리들의 신앙을 점검할 필요가 있다. 혹 나도 이 땅에서 바라는 것 없이 즉 아무 조건 없이 하나님을 끝까지 신뢰하는 신앙을 가진 사람인가?

이 책의 저자는 주님 재림이 가까울수록 진심으로 하나님을 믿는 사람들에게 엄청난 환난과 시련이 닥칠 것인데 성경에서 계속해서 강조하는 '끝까지 견디는 자 혹은 오래 참는 자 혹은 이기는 자'에 대한 우리들의 이해가 절실히 필요한 때가 바로 지금이라고 독자들에게 강하게 말하고 있다.

욥과 세 친구들(엘리바스, 빌닷, 소발) 그리고 나중에 가세한 젊은 엘리후와의 지루한 언쟁 이후 드디어 하나님께서는 "스스로 의롭다는 욥과 인과응보와 권선징악을 주장하는 친구들 모두가 틀렸다"라고 하신다. 하나님의 말씀의 주제는 놀랍게도 창조에 관한 말씀이고 창조주 생각과 피조물의 지혜와 생각은 전혀 다르다는 것이다. 천지간에 모든 일들이 하나도 빠짐없이 창조주의 섭리 안에서 진행되고 있음을 잊지 말라고 하신다. 그것이 피조물들로서 이해가 되건 안 되건 상관이 없다. 왜냐하면 피조물들은 창조의 큰 지혜를 이해할 수가 없기 때문이다.

성경의 첫 시작이 태초에 하나님이 천지를 만드셨다는 것이다. 이 첫

구절만 우리들이 믿고 진리로 받아들이고 한시도 잊지 않는다면, 그리하여 앞으로 말세에 어떤 이해할 수 없는 고난이 닥쳐오더라도 그 역시 하나님의 손길이라는 것을 알면 우리들은 끝까지 견디고 이길 수 있을 것이다.

실로 이 책은 이러한 모든 것들을 우리에게 세세하게 알려주고 있다. 지금의 모든 성도들이 읽어야 할 필독서임을 알려드리면서 추천의 글을 대하려 한다. 정말로 어려운 환경 속에서 힘들게 집필을 끝내신 장로님의 수고와 인내에 경의와 감사를 전한다.

주승중 목사 (주안교회 위임목사, 주안대학원 대학교 법인이사장)

프랑스의 위대한 문호 빅토르 위고는 "인류가 쓴 문학 작품 중에 가장 위대한 작품은 욥기"라고 했다. 위고가 욥기를 이렇게 극찬한 것은 바로 욥기가 인간의 가장 실존적인 문제인 '고난'에 대해서 다루고 있기 때문이다. 그렇다. 세상에 수많은 책들이 있지만, 고난의 문제를 대화체 형식의 고대 극시(劇詩, dramatic poetry)의 형태를 가지고 이렇게 심도 있게 다루고 있는 책은 없을 것이다. 더군다나 욥기는 그냥 책이 아니다. 욥기는 하나님의 사람이 성령의 감동하심을 받아 기록한 하나님의 말씀(벧후 1:21)이다. 즉 욥기는 모든 인생들이 가지고 있는 질문인 "의로운 사람에게 왜 고난이 있는가?"에 대한 하나님의 대답이 담겨 있는 거룩한 책이다.

의인이었던 욥에게 임한 알 수 없는 고난의 문제를 다루고 있는 욥기는 사실 쉽게 해석할 수 있는 성경이 아니다. 그러나 "무엇이든지 전에 기록된 바는 우리의 교훈을 위하여 기록된 것이니 우리로 하여금 인내로 또는 성령의 위로로 소망을 가지게 함이니라"(롬 15:4)는 말씀대로 욥기는 모든 고난당하는 이들에게 하나님의 교훈을 전해주고 있다. 그런데 이번에 한기돈 장로께서 욥기가 우리에게 주는 영적인 교훈을 『그리스도를 위하여 고난을 이겨낸 욥 선지자』(부제: '말세의 성도에게 주는 고난과 인내의 안내서')라는 제목으로 책에 담았다. 얼마나 귀하고 소중한 작업인지!

저자는 "욥의 고난과 인내는 예수님의 재림과 심판과 관련되고, 이는 마지막 때에 예수 그리스도의 이름으로 고난을 받게 될 그리스도인들을 위한 본보기"라고 지적하면서 "자연재해와 전염병(코로나) 이후에 재난이 시작되려는 이때에(마 24:8) 그리스도인은 욥의 고난과 인내를 통해 배워야 한다"고 주장한다. 이는 그동안 욥기를 신정론(神正論, Theodicy)적인 관점에서 바라보고 해석하여 왔던 전통적인 해석의 틀을 벗어나서 우리에게 욥기에 대한 새로운 해석의 관점을 보여준다고 하겠다. (신정론은 '하나님이 계신다면 의인이 부당하게 혹은 이유 없이 고통당하고, 오히려 악인이 득세하고 있는 현실의 모순은 어찌된 것인가?'라는 주제를 다루는 것을 말한다.) 특히 말세의 성도들이 받게 될 고난과 욥의 고난을 연결하여 만물의 마지막 때가 점점 더 가까이 다가오는 이때에 그리스도인들이 욥처럼 인내로 견디면서 마음을 굳게 하여 종말을 준비해야 한다는 저자의 관점은 성도들에게 새로운 영적인 각성과 도전을 주고 있다.

정말 온 세상은 지금 전염병의 창궐, 기근과 지진, 태풍, 홍수, 화산 폭발, 쓰나미 등의 자연재해와 기후변화로 인한 말세지말(末世之末)을 맞이하고 있다. 그리고 우리 그리스도인들은 때로 삶의 한복판에서 이해할 수 없는 시련과 고난을 당하기도 하고, 또 예수님의 복음을 전하다가 핍박과 조롱과 비웃음을 받기도 한다. 이런 때 그리스도인들은 어떻게 해야 하는가? 저자는 이 책에서 욥의 결말을 통해서 욥의 인내를 본받는 그리스도인은 주님께서 예비하신 약속을 소망을 마음에 품을 수 있고, 예수님께서 보여주신 인내를 본받아 환란을 이겨내는 자는 주님 보좌 옆에 앉게 되는 영광을 누리게 될 것임을 강조한다. 그러므로 우리 모두는 욥의 인내를 본받아서 환난을 이기는 자가 되어야 한다는 것이다.

필자(추천인)는 이 책의 결론 부분을 읽으면서 필자의 조부님이신 순교자 주기철 목사님의 마지막 유언 설교가 생각이 났다. 주기철 목사님은 일제 강점기에 신사참배를 끝까지 반대하다가 7년간의 옥고 끝에 순교하셨다. 그는 5번째 마지막으로 감옥에 잡혀가기 전에 평양 산정현교회 교인들에게 이렇게 피를 토하듯이 설교했다. "현재의 고난은 장차 우리에게 나타날 영광과 족히 비교할 수 없도다(롬 8:18). 이제 받는 고난 오래야 7년이요, 장차 받을 영광은 천년 만년 영원 무궁합니다. 이제 받는 고난은 죽을 몸이 죽는 것뿐이요, 장차 받을 영광은 예수의 부활하신 몸과 같이 영생 불사의 몸이요, 영원 영화의 몸입니다. 길이 참아 주가 나타나시기를 기다리십시오"(약 5:7)

그렇다. 우리는 욥기의 결말을 통해서 우리 믿음의 선배들이 보았던 하나님의 이 언약을 볼 수 있어야 한다. 그런 의미에서 한기돈 장로의 이 책은 그가 부제로 붙인 대로 '말세의 성도들에게 주는 고난과 인내의 안내서'이다. 그리고 바로 이런 의미에서 다시 오실 주님을 바라보며 마지막 때를 어떻게 준비해야 하는가를 구체적으로 깨닫게 되기를 원하는 한국교회의 모든 성도님들에게 이 책을 일독하고 묵상할 것을 진심으로 추천한다.

최형근 목사 (서울신학대학교 선교학 교수, 한국로잔위원회 총무)

끝이 없을 것 같았던 코로나 팬데믹을 겪으며 우리는 지구촌 곳곳에서 고통과 죽음을 목격했다. 그뿐 아니라 하나님이 창조하신 세계의 신음과 고통의 소리를 듣는 이 시대는 마지막 때에 관한 깊은 성찰과 긴 인내를 우리에게 요구한다. 이 시기에 사랑하는 사람을 먼저 떠나보낸 한기돈 장로님이 본서에서 이야기하는 의인 욥의 고난과 인내에 관한 깊은 묵상과 마지막 때에 그리스도인이 가져야 할 신앙적 태도와 삶의 방식에 관한 실천적 제안은 자신의 슬픔과 아픔을 넘어 예수 그리스도 안에 계시된 영원한 영생의 소망을 확신하고 인내의 발걸음을 힘차게 내딛게 한다. 본서는 분열되고 깨어진 세상 가운데서 위험과 고난으로 점철된 말세를 살아가는 그리스도인에게 고난과 인내에 관한 신앙적 지침과 교훈을 줄 뿐 아니라, 하나님 앞에서 살아가야 할 그리스도인이 버려야 할 자기 의에 관한 통렬한 고백과 회심의 자리로 인도한다. 고통스러운 삶의 자리에서 하나님께 부르짖는 인간의 실존에 관한 복음의 소리를 듣기 원하는 모든 이들에게 본서를 적극적으로 권한다.

말세의 성도에게 주는
고난과 인내의 안내서

서문

욥기 개관

욥의 인물 소개와 사탄의 시험으로 시작하는 욥기서는 하나님께서 흠 없고 죄가 없다고 인정한 욥에게 까닭 없는 고난이 닥친 것을 우리는 이해할 수 없다. 그리고 이것을 통해 어떤 교훈을 주고 있는지 파악하기조차 어려운 것이 사실이다. 욥은 아무 죄가 없지만 도저히 감당할 수 없는 고난을 맞이하게 된다. 가지고 있던 재산은 완전히 없어졌고, 자녀들은 재난으로 죽게 되었으며, 그의 몸 또한 병으로 인해 처참하게 되었다. 그의 아내까지 하나님을 저주하라고 하면서 욥을 떠나버린다.

위로하려고 달려온 욥의 친구들은 자신들의 경험으로 조언하고, 설득하고, 토론하면서 욥에게 괴로움을 가중시킨다. 그들의 말은 설득력이 있고, 공감되는 내용인 것처럼 보인다. 지은 죄 때문에 욥이 고난을 받고 있으며, 회개를 하면 다시 회복될 수 있다는 전제를 깔고 있다. 그들의 이론은 합리적이며, 진리처럼 느껴진다. 그러나 하나님께서는 그들이 하나님에 대하여 말하는 것이 죄가 없다고 욥이 말한 것처럼 틀렸다고 말씀하신다(욥 42:7). 이러기에 친구들의 그릇된 주장을 비판적인 시각으로 보면서, 고난을 받는 욥의 입장에서 욥기를 읽어야 한다.

욥기는 구약의 초기 기록으로 신약에 나오는 구원에 대한 정보를 전혀 찾을 수 없다. 욥에게 고난이 있게 된 천상에서의 사건을 이해하지 못하면, 권선징악 같은 이치로 단순하게 설명하는 친구들의 말이 옳다고 생각하게 된다. 그러므로 욥기에 대한 교훈과 욥기를 통해 현재의 그리스도인들에게 주는 하나님의 메시지에 대하여 연구할 필요가 있다고 생각한다. 우선 성경에서 욥기의 위치를 알아보아야 한다. 나뭇잎을 보기 전에 숲을 확인하는 것이다.

성경의 각 권은 자체적인 의미가 있고, 성경 전체에 포함되는 내용으로 일관성 있게 연결되고 있다. 성경의 놀라운 점은 창세기에서도 마지막 때를 찾을 수 있고, 신약 성경은 구약을 인용해서 근거를 제시하고 증명하기도 한다. 이러므로 성경의 각 권은 하나님의 큰 그림 속에서 어떤 의미를 가지고 있는지를 확인하여야 한다.

욥은 실제 인물로서, 살았던 시기는 아브라함이 살았던 족장 시대로 추정한다. 구약성경에서 욥기 이외에 욥의 이름이 등장하는 유일한 성경은 에스겔이다(겔14:14, 20). 따라서 최소한 에스겔서가 기록되기 전에 욥이 알려졌다고 추정할 수 있다. 에스겔서의 기록 연대는 6세기 정도로 보이기에 최소한 욥기는 포로기 후기인 BC 6세기 후반부터 5세기 사이에 쓰였을 것이다. 욥기는 '의로운 사람에게 왜 고난이 있는가?'라는 주제로 고난을 다루고 있다.

욥에 대하여 우선 살펴보자. 욥은 우스라는 곳에 살았고, 흠이 없고 정직하였으며, 하나님을 경외하며, 악을 멀리하는 사람이었다. 그에게는 아들 일곱과 딸 셋이 있었고, 많은 재산이 있어서 동방에서 으뜸가는 부자였다. 그의 자녀들은 돌아가면서 각자의 생일에 함께 모여 잔치를 벌였고, 욥은 다음 날 그들이 자신도 모르게 지었을지도 모르는 죄에 대하여 자녀의 명수대로 항상 하나님께 번제를 드렸다(욥 1:1-5).

어느 날 천사들이 하나님 앞에 서 있었을 때에, 땅을 두루 다니던 사탄도 함께 서 있었다. 하나님께서는 사탄에게 어디를 갔다 왔는지 물으셨고, 사탄은 땅을 이리저리 돌아다니다 왔다고 말씀을 드렸다. 그러자 하나님께서 사탄에게 말씀하셨다.

하나님 "너는 내 종 욥을 잘 살펴보았느냐? 이 세상에는 그 사람만큼 흠이 없고 정직한 사람, 그렇게 하나님을 경외하며 악을 멀리하는 사람은 없다."

사탄 "욥이, 아무것도 바라는 것이 없이 하나님을 경외하겠습니까? 주님께서, 그와 그의 집과 그가 가진 모든 것을 울타리로 감싸 주시고, 그가 하는 일이면 무엇에나 복을 주셔서, 그의 소유를 온 땅에 넘치게 하지 않으셨습니까? 이제라도 주님께서 손을 드셔서, 그가 가진 모든 것을 치시면, 그는 주님 앞에서 주님을 저주할 것입니다."

하나님 "그가 가진 모든 것을 다 네게 맡겨 보겠다. 다만, 그의 몸에는 손을 대지 말아라!"

그러자 사탄이 곧 주님 앞에서 물러갔다.

위의 내용은 천상에서 있었던 일로서, 욥기에서 숨겨진 이야기이며 그에게 고난이 일어난 이유를 알 수 있는 단서이다. 욥은 하나님을 경외하였고, 흠이 없었으며, 악을 멀리하였고, 정직했다. 그러나 사탄은 하나님께서 욥에게 복을 주셨기에, 그가 하나님을 섬기는 것이라고 아뢴다. 만일 주님께서 그가 가진 것을 없애 버리면, 그는 주님을 섬기지 않을 것이라는 것이다. 그러자 하나님께서는 사탄에게 욥의 기복 신앙 여부를 시험하도록 허락하셨고, 그 후에 원인을 알 수 없는 고난이 시작되었다.

욥과 같이 죄가 없으면서 고난을 받은 예로는 예수님을 들 수 있다. 예수께서는 죄가 없었지만 하나님의 뜻을 따라 죄를 담당하기 위해서 십자가의 고난을 받고 돌아가셨다. 그렇지만 예수님의 죽음은 죄로 인해 사망 선고를 받은 사람들에게 믿음으로 영원한 생명을 얻는 기회가 되었다. 그러기에 고난은 고통 자체만으로 평가할 수는 없으며, 고난에는 분명 감추어진 하나님의 뜻이 있다.

예수께서 여덟 가지 '복이 있는 사람'에 대한 설교를 하셨다. 그중에는 의를 위하여 고난을 받는 자는 저주가 아니라 복이 있는 자며, 천국이 그러한 사람들의 것이라는 역설적인 내용이 있다.

마 5:10 의를 위하여 박해를 받은 사람은 복이 있다. 하늘 나라가 그

들의 것이다.

11 너희가 나 때문에 모욕을 당하고, 박해를 받고, 터무니없는 말로 온갖 비난을 받으면, 복이 있다.

12 너희는 기뻐하고 즐거워하여라. 하늘에서 받을 너희의 상이 크기 때문이다. 너희보다 먼저 온 예언자들도 이와 같이 박해를 받았다."

예수로 인하여 모욕을 당하고, 박해를 받고, 온갖 비난을 받으면 그것이 복이다. 예수님께서 하신 말씀을 따라 살려는 사람은 많다. 하지만 예수로 인하여 고난을 받는 것을 즐겁게 맞이할 사람은 별로 없으며, 대부분은 고난을 피하려고 할 것이다. 그러나 예수께서는 그러한 고난을 받게 된 자가 복 있는 자라고 하시면서 기뻐하고 즐거워하라고 하셨다. 이러한 자들이 하늘에서 받을 상이 크기 때문이다. 이전에 있었던 선지자들이 주님으로 인하여 핍박을 받았다는 사실을 기억해야 한다.

예수를 믿는 것은 결코 죄가 아니다. 그러나 기독교를 탄압하는 국가에서는 예수를 믿는 것을 중범죄로 취급한다. 신앙의 자유가 없는 국가에서는 신앙인은 사회생활을 하지 못하며, 불이익을 받고, 핍박을 받으면서, 심지어는 순교까지도 각오해야 한다.

예수께서 마지막 때에 일어날 일들에 대하여 말씀하셨다. 그때가 되면 성전은 무너질 것이며, 재림 예수라고 하는 이단 교주가 나타나고, 전쟁의 소문을 들을 것이며, 민족이 민족을 또 나라가 나라를 대적할 것이다. 여러 곳에서 기근과 지진과 전염병이 있을 것이며, 하늘로부터 무서운 일과 큰 징조가 나타날 것이다(마 24:1-7, 눅 21:5-11). 100년 전에는 스페인 독감으로 2,500만에서 5,000만 명의 사망자가 있었고, 2019년 말부터 현재(2022년 6월)까지 코로나 감염으로 전 세계에 수많은 사망자가 발생했다. 현재는 기근과 지진, 태풍, 홍수, 화산 폭발, 쓰나미, 메뚜기 떼의 출현, 빙하가 녹는 등의 자연재해와 기후 변화가 일상적인 사건이 되었다. 이처럼 마지막 때는 먼 미래에 있는 것이 아니라, 우리가 살고 있는 현재의 시간이라고 보아야 한다.

예수께서는 이러한 징조 이후에 재난이 시작될 것임을 알려주셨다. 예수의 이름 때문에 모든 민족에게 미움을 받게 될 것이라는 것이다. 그리스도인은 환난을 만날 것이고, 죽음을 당하기도 하면서, 서로 넘겨주고 미워하며, 거짓 선지자가 많이 일어나서 사람들을 미혹할 것이다. 그러나 끝까지 견디는 자는 목숨(souls)을 구원받게 될 것이다(마 24:8-14, 눅 21:12-19).

마지막 때에는 그리스도인들이 죄와 상관없이 예수님 때문에 환난을 겪게 될 것이다. 말세의 성도들이 받게 될 고난과 욥은 어떤 관계가 있을까? 고난을 받게 될 성도에게 욥은 어떤 교훈을 줄 것인지 찾아보자.

약 5:7 그러므로 형제자매 여러분, 주님께서 오실 때까지 참고 견디십시오. 보십시오, 농부는 이른 비와 늦은 비가 땅에 내리기까지 오래 참으며, 땅의 귀한 소출을 기다립니다.
8 여러분도 참으십시오. 마음을 굳게 하십시오. 주님께서 오실 때가 가깝습니다.

9 형제자매 여러분, 심판을 받지 않으려거든, 서로 원망하지 마십시
오. 보십시오, 심판하실 분께서 이미 문 앞에 서 계십니다.
10 형제자매 여러분, 주님의 이름으로 예언한 예언자들을 고난과 인
내의 본보기로 삼으십시오.
11 보십시오. 참고 견딘 사람은 복되다고 우리는 생각합니다. 여러분
은 욥이 어떻게 참고 견디었는지를 들었고, 또 주님께서 나중에 그에
게 어떻게 하셨는지를 알고 있습니다. 주님은 가여워하시는 마음이
넘치고, 불쌍히 여기시는 마음이 크십니다.

농부는 땅의 귀한 소출을 위해 이른 비와 늦은 비가 땅에 내리기까지 오래 참는다. 이처럼 주님의 재림이 가깝게 다가왔으므로 그리스도인은 인내로 견디면서 마음을 굳게 해야 한다. 그리고 심판을 받지 않으려거든 서로 원망하지 말아야 한다. 심판하실 주님께서 이미 문 앞에 계신다(계 3:20). 그리고 주님의 이름으로 예언했던 선지자들이 받았던 고난과 인내를 본보기로 삼으라고 한다. 참고 견디는 사람은 복되다고 하였는데, 우리는 욥이 어떻게 참고 견디었는지를 들었고, 또 주님께서 그에게 주신 결말을 알고 있다.

욥의 고난과 인내는 예수님의 재림과 심판과 관련되고, 이는 마지막 때에 예수 그리스도의 이름으로 고난을 받게 될 그리스도인들을 위한 본보기이다. 자연재해와 전염병 이후에 재난이 시작되려는 이때에(마 24:8) 그리스도인은 욥의 고난과 인내를 통해 배워야 한다.

주님께서 말씀하신 재난은 그리스도인들이 예수의 이름으로 인하여 모든 민족에게 미움을 받게 될 것을 가리킨다. 마태복음에서의 재난을 NIV성경에서는 'the beginning of birth pains'으로 기록했고, 새번역 성경에서는 '진통의 시작'으로 번역했다. KJV에서는 'sorrows'로 기록하여서, 슬픔과 비애라는 것을 알 수 있다. 진통은 '해산의 고통'(labor pains)을 말하는 것으로 살전 5:1-11에서는 주님의 재림에 대한 비유로 설명한다.

이렇듯 주님의 재림은 언제일지는 모르지만, 틀림없이 이루어질 것이다. 그러므로 주님의 재림을 의식하지 않고 아무것도 준비하지 않고 지내는 자들에게는 멸망이 갑자기 닥칠 것이지만, 주님의 재림을 기다리는 그리스도인들은 깨어 있어서 주님을 맞이할 준비를 하게 된다. 이러므로 주님의 재림을 기다리는 자들에게 그 날은 갑자기 닥치는 것이 아니다. 준비된 그리스도인은 재림하실 주님을 '마라나타, 아멘 주 예수여 오시옵소서' 하면서 맞이할 것이다(계 22:20). 결국 욥기는 재난이 시작되려는 시기에 고난의 의미와 인내를 배우는 지침서라고 할 수 있다.

시간과 공간에 대하여 하나님의 차원과 인간의 차원을 생각해 보자. 사람에게서 시간과 공간은 흘러가는 것이며, 과거로 돌아갈 수가 없고, 미래가 닥치기 전에 도달할 수도 없다. 불교에서는 세상은 공간에서 과거와 현재, 미래가 서로 엮여 있는 것이며, 이것을 벗어나는 것을 해탈이라고 말한다. 하나님께서는 시공을 초월하시므로, 시간과 공간을 모두 다스리신다. 과거의 일이 현재 일어나고, 미래에 일어날 것에 대한 예표이기도 하다. 과거에 일어난 일이 현재에 일어날 수 있고, 미래에도 일어날 수 있다. 하나님의 말씀에는 과거와 현재와 미래가 함께 기록되어 있으며, 시간과 공간을 초월한다.

천지를 창조할 때 일곱째 날에 하나님께서 안식하셨는데, 이것은 마지막 때에 있을 진정한 하나님의 안식이다(창 2:1-3, 히 4:1-11). 하나님의 말씀은 살아 있고, 힘이 있어서, 어떤 양날 칼보다 더 날카롭다. 그래서 사람 속을 꿰뚫어 혼과 영을 갈라내고, 관절과 골수를 갈라놓기까지 하며, 마음에 품은 생각과 의도를 밝혀낸다(히 4:12). 하나님께서 말씀으로 천지를 창조하셨으며, 말씀으로 이 세상을 이끌어 가며, 또 하나님의 뜻을 우리에게 알려준다.

욥기를 볼 때 욥의 친구들은 사람의 생각으로 고난의 의미를 설명하였지만, 그들은 천상에서 일어난 영적인 배경을 알지 못했으므로 큰 실수를 저질렀다. 그리스도인은 사람의 생각과 이성으로 판단하기에 앞서 하나님의 뜻을 따라야 한다. 특히 하나님께서 성경 말씀을 통해 자신의 뜻과 계획을 이미 알려 주었으므로, 그리스도인은 그 말씀을 통해 과거의 역사를 돌아보며, 현재에 적용하고, 미래를 준비해야 한다. 하지만, 사람의 시간과 공간에 하나님께서 계획하고 주관하시는 역사가 겹쳐 나타나므로 예측할 수가 없다.

하나님께서는 이스라엘 절기를 통해 구원과 세상 종말, 심판에 대한 계획을 알려주셨다. 이 절기의 흐름을 통해 하나님의 계획을 알 수 있으며, 하나님의 역사 안에서 인간의 역사는 결정될 것이다. 그러므로 이스라엘 절기를 자세하게 살펴볼 때, 하나님께서 이끌어 가시는 미래를 알 수 있다.

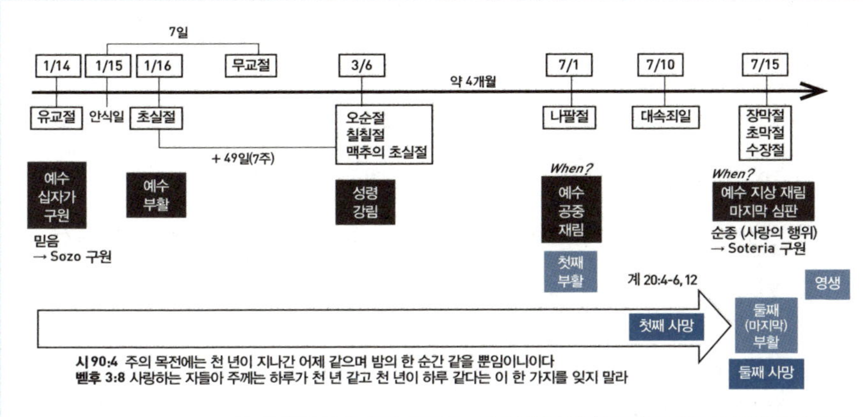

유월절은 예수께서 십자가에서 인간의 죄악을 구속하기 위해 대신 죽으셨고, 이로 인하여 죄에 의한 사망이 지나간 것을 의미한다. 무교절은 유월절 다음날부터 일주간 동안 누룩이 없는 떡을 먹는 것이며, 하나님께서 나를 위하여 행하신 일을 기억하는 것이다. 초실절은 무교절 기간 중 안식일이 지난 다음날이며 보리 수확의 첫 이삭 한 단을 드리는 절기로서, 이것은 예수의 부활과 일치한다. 오순절은 초실절 후 50일째 되는 날에 지켰고, 칠칠절과 맥추의 초실절이라고도 불려진다. 신약에서는 예수께서 승천하실 다음 첫 오순절에 성령이 강림하였으며, 성령강림절로 지키고 있다. 여기까지는 이미 이루어진 사건들이었고, 이후에 아직 이루어지지 않은 절기로는 나팔절과 대속죄일, 장막절(초막절, 수장절)이 있다.

나팔절은 유대인의 새해 첫날(종교력으로는 7월 1일)을 하나님께 드리는 신년절이다. 하늘에서 부는 나팔은 하나님께서 이스라엘에게 나타나실 때를 말하는 것이며(출 19:16), 이러기에 나팔절은 예수님의 공중

재림을 말하는 것으로 본다. 대속죄일은 통곡의 10일이라고 하며(민 29:7-11, 레 23:26-29, 슥 12:10), 종교력으로는 7월 10일에 해당한다. 대제사장과 제사장, 족장, 백성 등의 모든 사람이 죄를 회개하는 날이다. 이날은 예수를 죽인 유대인이 구원받는 날이며, 유대인에게는 매우 중요한 날이 된다(로마서 11장). 이날에 대해서는 요한계시록 1:7에서도 언급하고 있다.

계 1:7 "보아라, 그가 구름을 타고 오신다. 눈이 있는 사람은 다 그를 볼 것이요, 그를 찌른 사람들도 볼 것이다. 땅 위의 모든 족속이 그분 때문에 가슴을 칠 것이다." 꼭 그렇게 될 것입니다. 아멘.

장막절은 종교력 7월 15일부터 일주일간에 해당하며(레 23:33-43), 출애굽 후 40년 광야 생활을 지켜 준 하나님의 은혜에 감사하여 광야에서 장막을 치고 즐기던 축제이다. 이날은 예수님의 지상 재림과 함께 마지막 심판의 날을 의미하며, 이후에는 새 예루살렘에서 영생을 누리게 된다.

인간의 역사는 변화무쌍하여 알 수가 없지만, 그 인간 역사의 본질은 하나님께서 계획하시는 시간표대로 진행되며, 결국에는 하나님의 뜻대로 이루어진다. 이러므로 그리스도인은 하나님께서 계획하시는 총체적인 그림을 생각하면서, 하나님의 시간대를 맞추면서 살아가야 한다.

하나님께서 예정하신 큰 그림 가운데, 하나님의 말씀은 자신의 계획을 따라 인간의 시간대에 이루어지고 있다. 이러므로 성경 말씀은 어떤 시간대에 잘 맞는 퍼즐 조각과 같은 것이다. 이렇게 성경을 연구하고 확인하면, 그 말씀으로 하나님께서 이루어 갈 밑그림을 완성할 수 있게 된다. 결국 성경의 각 구절은 하나님의 완전한 그림의 일부분에 해당하는 퍼즐 조각인 셈이다.

만일 성경을 보면서, 과거에 이루어진 사건만을 생각하고 거기에 머물고 있다면, 미래에 이루어질 하나님의 말씀을 깨닫지도 못하고, 그리스도인에게 대한 하나님의 뜻을 깨닫지도 못하게 될 것이다. 아직 이루어지지 않은 예수님의 재림, 이스라엘의 회개, 심판, 영생과 새 예루살렘에 대한 성경 퍼즐 조각을 찾아서, 연구하고, 순종해야 할 말씀을 확인하면서, 지혜롭게 준비하기를 하나님께서 원하신다.

퍼즐 조각을 맞추려면 기본적으로 밑그림을 알아야 한다. 그런 다음에 그 조각들의 자리를 찾아 배치하고, 그림이 완성되도록 퍼즐 조각들을 결합한다. 비슷한 조각이 있더라도 정확하게 맞지 않으면 결합할 수 없고, 밑그림이 드러나지 않는다. 하나님의 그림은 과거의 사건과 미래에 있을 사건들을 포함하고 있다. 만일 미래에 있게 될 하나

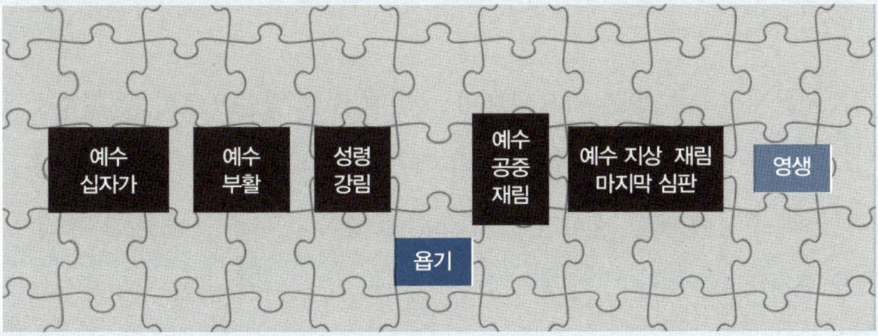

님의 밑그림에 과거에 해당하는 퍼즐 조각으로 맞추고 있거나, 또는 미래에 해당하는 퍼즐 조각을 과거의 밑그림에 놓으려고 하는 것은 모순된 행동으로, 혼돈에 빠지게 될 것이다.

하나님의 큰 그림에는 창조부터 시작하여 멸망까지 모든 것을 포함하고 있다. 그렇지만 안타까운 점은 현재 대부분의 교회에서는 재림, 심판, 불에 의한 멸망, 부활 등에 대한 밑그림을 말하지 않는다는 것이다. 마지막 때에 대한 밑그림이 없으므로, 거기에 해당하는 성경 퍼즐 조각을 다른 곳에 사용하고 있는 것이다. 대표적인 예로 요한계시록 3:20 말씀은 심판주로 오시는 예수님에 대한 내용인데, 불신자에 대하여 구세주 예수를 알리는 전도의 목적으로 사용하고 있다. 구세주와 심판주 예수님은 전혀 다른 내용이므로, 마지막 심판장 예수님을 구세주 예수님으로 보는 것은 성경을 이해하지 못하게 만드는 것이다.

계 3:20 보아라, 내가 문 밖에 서서, 문을 두드리고 있다. 누구든지 내 음성을 듣고 문을 열면, 나는 그에게로 들어가서 그와 함께 먹고, 그는 나와 함께 먹을 것이다.

요한계시록 3:20은 라오디게아 교회에 대한 말씀으로서, 심판주로 오시는 주님께서 이미 문 앞에 와 계시지만, 그들은 구세주만 알 뿐 재림의 주님께 대한 관심이 없으므로, 음성을 듣지도 못하고, 문을 열어 주지도 않는다. 이 성경 말씀은 전도용이 아니라 심판주로 오시는 주님을 맞이할 준비를 하라고 교회에게 선포한 것이다. 그럼에도 재림주에 대한 퍼즐 조각을 구세주로 생각하여 전도용으로 잘못 사용하는 실수를 범한 것이다.

욥기는 이러한 측면에서, 마지막 때에 고난을 맞이할 성도들에게 중요한 정보를 제공한다. 다시 말하자면 욥기는 마지막 때에 예수의 이름으로 인하여 고난을 받게 될 그리스도인들에게 인내에 대한 본을 보여주는 책이다. 이러한 내용에 대하여 요한계시록에서는 환난을 이기는 자라고 기록하고 있다. 이러한 환난을 이기기 위해서 필요한 것이 성도의 인내와 믿음이다(계 13:10). 하나님의 계명과 예수를 믿는 믿음을 지키는 성도들에게는 인내가 필요하다(계 14:12). 짐승들이 어린 양에게 싸움을 걸겠지만, 마침내 어린 양이 그들을 이길 것이다. 어린 양이 만주의 주요 만왕의 왕이기 때문에 이길 것이며, 어린 양과 함께 있는 사람들, 곧 부르심을 받고 택하심을 받은 신실한 자들도 이길 것이다(계 17:14).

이렇기 때문에 욥기는 말세의 그리스도인을 각성시켜서, 새로운 통찰을 얻게 해 준다. 욥이 만난 사건은 미래의 성도들이 만나게 될 것이므로, 그리스도인은 욥을 자기 자신이라고 생각하면서 교훈을 얻어야 한다.

욥이 고난을 만난 이유는 사람의 생각으로는 알 수 없지만, 천상에서 일어난 사건을 통해서 고난의 이유를 짐작할 수 있다. 욥의 고난은 예수의 이름으로 고난을 받게 될 마지막 때의 그리스도인에게도 그대로 해당될 것이라고 생각한다. 이러므로 욥이 보여준 인내의 모범을 배움으로써 그리스도인에게 있을 환난을 극복할 수 있을 것이다. 하지만 그 과정은 그리 만만치 않은 것이 현실이다.

하나님께서 욥에 대하여 말씀하시길, 그는 흠이 없고 정직하여서 하나님을 경외하며 악을 멀리하는 사람이라고 하셨다. 그런데 사탄은 욥이 까닭 없이 순수한 마음으로 하나님을 섬기는 것이 아니라, 그가 기복 신앙을 가지고 있으므로, 바라는 것이 있어서 섬긴 것이라고 참소했다. 하나님께서 그의 집과 모든 소유물을 보호하여 주기 때문에 복을 받고 있으므로, 하나님께 잘 보이려고 하는 것일 뿐 그의 신앙은 진실하지 않다는 것이다. 그래서 그의 모든 소유물을 없애고, 건강을 치시면, 그는 주님을 저주할 것이라는 것이다. 그러자 하나님께서 욥의 생명은 해치지 않는 조건으로 욥을 사탄에게 맡겼다.

결국 사탄은 욥이 기복 신앙을 가지고 있는지 시험(temptation)하였다. 그렇다면 욥이 복을 바라기 때문에 하나님을 섬겼다고 하는 사탄의 말이 사실일까? 욥의 세 친구인 엘리바스, 빌닷, 소발은 욥이 죄를 범했기 때문에 벌을 받아서 고난을 겪는 것이라고 말했고, 욥이 회개하면 다시 복을 받게 될 것이라고 주장했다. 그들은 모두 복을 얻는 것을 가장 중요하게 여기는 기복 신앙을 가지고 있었다. 그들의 말은 합리적이며, 설득력이 있는 것처럼 보이지만, 그들은 진리를 가장하는 자신의 주장으로 독자를 착각하게 만든다. 그들의 말이 옳은 것이라고 받아들여지는 까닭은, 아마도 우리 자신이 기복 신앙을 가지고 있어서 복을 중요하게 여기기 때문일 것이다.

친구들이 기복 신앙을 가지고 있다는 것을 입증하는 대표적인 말은 빌닷의 말이다. 빌닷은 욥에게 하나님을 찾아서 간구하고, 청결하고 정직하게 회개를 하면, 주님께서 욥을 회복시켜서 이전보다 더 큰 복을 주실 것이라고 했다. 그러면서 다음과 같은 말을 했다.

욥 8:7 처음에는 보잘 것 없겠지만 나중에는 크게 될 것이다.

개정 욥 8:7 네 시작은 미약하였으나 네 나중은 심히 창대하리라

NIV Job 8:7 Your beginnings will seem humble, so prosperous will your future be.

욥 8:7절로 만든 액자를 기독교인의 사업장에서 쉽게 발견할 수 있다. 이 구절은 기복 신앙의 대표적인 예라고 할 수 있다. 성경의 내용이지만, 이는 빌닷이 한 말이었다. 성경 구절이라고 해서 마귀가 예수께 말한 내용인 '네가 나에게 엎드려서 절을 하면, 이 모든 것을 네게 주겠다'(마 4:9)는 말을 사업장에 액자로 걸어 놓아도 되겠는가? 하나님께서 '엘리바스와 두 친구의 말이 틀렸다'고 말씀하셨다. 이러기에 욥 8:7의 성구는 기복 신앙을 보여주는 것이므로 교회에서는 사용하지 말아야 한다.

마지막 때에는 거짓 선지자가 많이 나타나서 많은 사람을 미혹할 것이다(마 24:11,24, 막 13:5,6,26, 누 21:8, 고후 11:3, 딤전 6:10). 친구들의 말은 마치 진리처럼 감동적이며 이치에 맞는 것 같지만, 그들은 진리를 말하는 것이 아니라 사람의 마음을 미혹하여 결국 하나님에게서 떠나게 만드는 사탄의 하수인들이다. 욥기를 자세하게 묵상하면, 거짓 선지자의 말을 분별하는 영적인 지혜를 얻게 될 것이다.

욥의 인내를 살펴보면서, 결국 주님께서 주신 결말을 확인할 수 있다(욥 42:10-17). 욥이 친구들을 위해 중보 기도를 시작하자, 하나님께서 욥의 재산을 회복시켜 주셔서, 이전에 가졌던 것보다 두 배나 많게 돌려주셨다. 환난을 이기는 그리스도인이라면 재산이 두 배로 늘어나는 것에 관심을 갖기보다는, 그들에게는 주시는 하나님의 언약을 바라보아야 한다.

흰 옷을 입은 그리스도인이 보좌와 어린 양 앞에서 영원한 구원을 주신 하나님과 어린 양을 찬양할 것이다. 이들은 큰 환난을 이기는 자들이며, 어린 양의 피로 씻어서 희게 된 옷을 입었다. 그들은 하나님의 보좌 앞에 있으면서 하나님의 성전에서 항상 주님을 섬기고 있다(계 7:9-17). 그곳은 새 예루살렘으로 하나님께서 그들과 함께 계실 것이며, 그들은 하나님의 백성이 될 것이다. 그들의 모든 눈물을 닦아 줄 것이며, 다시는 죽음이 없고, 슬픔도 울부짖음도 고통도 없을 것이다. 이전 것들이 다 사라져 버렸기 때문이다(계 21:1-5).

계 21:7 이기는 사람은 이것들을 상속받을 것이다. 나는 그의 하나님이 되고, 그는 내 자녀가 될 것이다.
개정 계 21:7 이기는 자는 이것들을 상속으로 받으리라 나는 그의 하나님이 되고 그는 내 아들이 되리라

하나님께서는 환난을 이기는 자들과 친히 함께 계실 것이며, 그들은 흰 옷을 입고 하나님의 성전에서 하나님을 섬길 것이다. 하나님께서 그들의 하나님이 되시며, 그들은 하나님의 자녀가 될 것이다. 이러한 약속은 욥에게 주신 결말과는 비교할 수 없는 큰 영광이다. 이러므로 예수의 이름으로 받게 될 고난은 괴로워할 것이 아니라, 하나님의 약속을 이루는 것이므로 기뻐하고 즐거워해야 할 것이다. 믿음의 주님이신 예수께서는 하나님께서 예비하신 즐거움을 내다보고서, 부끄러움을 마음에 두지 않으시고, 십자가를 참으셨다. 욥의 인내를 본받는 그리스도인은 주님께서 예비하신 약속을 소망으로 마음에 품어야 한다. 예수께서 보여주신 인내를 본받아 환난을 이겨내는 자는, 예수께서 하나님 보좌 우편에 앉으신 것처럼 보좌 앞에서 주님을 섬기는 영광을 누리게 될 것이다.

예수께서는 죄인을 위해 대신 죽으셨고, 욥은 말세의 성도들이 받을 고난을 미리 경험하면서 인내의 본을 보여주었다. 우리 모두는 욥의 인내를 본받아서 환난을 이기는 자가 되어야 한다. 그리고 주님 앞에서 구원을 찬양하며, 하나님의 자녀로서 하나님과 영원히 함께하는 영광의 날을 사모해야 할 것이다(히 12:1–3).

욥기는 마지막 때의 환난을 만나게 될 그리스도인을 위한 '인내 안내서'이다. 주님께서 이기는 자들에게 주시기로 한 약속을 붙잡고, 고난을 기뻐하고 즐거워하면서, 주님께서 예비하신 영광의 그날을 소망으로 맞이하기를 바란다.

01 욥기 1장 1-12

욥기 묵상을 시작하면서 깊은 고민이 들었다. 왜냐하면 인생의 가장 어려운 문제인 고통에 대한 기록이 적혀 있기 때문이다. 욥과 같은 고통을 경험한 사람이 누가 있겠는가? 아마도 욥보다 더 큰 고통을 당한 분은 예수 그리스도일 것으로 생각한다. 욥에게 고난을 허락하신 분은 여호와 하나님이시며, 예수 그리스도의 고난은 여호와 하나님께서 인류 구속을 위해 예정하신 것이었다. 그렇기에 욥이 받은 고난을 독생자 예수님께서 받으신 고난과 비교해 보아야 하며, 마지막 때에 그리스도인이 받을 고난으로 받아들여야 한다. 우리는 욥기를 통해 고통의 문제를 완전히 해결할 수는 없다. 다만 욥의 고통의 자리에 나아가서 간접적으로 고난에 참여해 볼 수 있다. 고난에 대한 하나님의 뜻을 알 수는 없지만, 욥과 함께 고난의 자리에 나아가야 한다. 그러면 그리스도인에게 있을 고난을 간접적으로 경험하게 되고, 결국 우리에게 닥칠 고난의 때에 인내하게 될 것이다.

우스라는 곳에 욥이라는 사람이 살고 있었다. 그는 흠이 없고 정직하였으며, 하나님을 경외하며 악을 멀리하는 사람이었다. 그에게는 아들 일곱과 딸 셋이 있고, 양이 칠천 마리, 낙타가 삼천 마리, 겨릿소가 오백 쌍, 암나귀가 오백 마리나 있고, 종도 아주 많이 있었다. 그는 동방에서 으뜸가는 부자였다. (욥 1:1-3)

욥은 하나님 앞에 신실한 사람이었음을 알 수 있다. 욥은 온전하여 악을 멀리하는 사람이었다. 외형적인 모습을 보면서, 하나님을 경외하였기에 욥이 복을 받았다고 생각할 것이다. 이러기에 기독교인라면 마땅히 복을 누려야 한다고 생각한다. 하나님을 믿으면, 하나님께서 반드시 복을 주실 것이며, 그 복을 누리지 못하는 사람은 하나님의 저주를 받은 것처럼 말하기도 한다. 욥기는 이러한 문제를 다루고 있다. 욥기를 통해 우리가 따라야 할 신앙이 무엇인지 알아보자.

그의 아들들은 저마다 생일이 되면, 돌아가면서 저희 집에서 잔치를 베풀고, 세 누이들도 오라고 해서 함께 음식을 먹곤 하였다. 잔치가 끝난 다음날이면, 욥은 으레 아침에 일찍 일어나서, 자식들을 생각하면서, 그들을 깨끗하게 하려고, 자식의 수대로 일일이 번제를 드렸다. 자식 가운데서 어느 하나라도, 알지 못하는 사이에라도 하나님을 저주하고 죄를 지었을 수도 있다고 생각하여, 잔치가 끝나고 난 뒤에는 늘 그렇게 하였다. 욥은 모든 일에 늘 이렇게 신중하였다. (욥 1:4-5)

욥은 하나님을 경외하는 사람이었다. 그러므로 항상 하나님을 의식하면서, 혹시 자신도 모르게 죄를 범한 것이 있는지 돌아보았다. 심지어는 자녀들이 생일에 모여서 잔치한 후에, 자녀들이 실수로 죄를 범했을 것을 생각하여 사람 수대로 번제를 드렸다. 그는 하나님을 섬기면서, 하나님께서 살펴보고 계시다는 것을 알고 있었다. 그는 하나님 앞에서 변함없이 신실한 삶을 살았다.

하루는 하나님의 아들들(NIV; the angels, KJV; the sons of God)이 와서 주님 앞에 섰는데, 사탄도 그들과 함께 서 있었다. 주님께서 사탄에게 "어디를 갔다가 오는 길이냐?" 하고 물으셨다. 사탄은 주님께 "땅을 이리저리 돌아다니다가 오는 길입니다" 하고 대답하였다. 주님께서 사탄에게 말씀하셨다. "너는 내 종 욥을 잘 살펴보았느냐? 이 세상에는 그 사람만큼 흠이 없고 정직한 사람, 그렇게 하나님을 경외하며 악을 멀리하는 사람은 없다." (욥 1:6-8)

'하나님의 아들'은 천사를 말하는 것이며, 사탄(the Satan)은 'accuser'(고발인, 비난자)로서 영영사전에서는 the chief evil spirit and adversary of God and humanity라고 설명한다. 사탄은 하나님을 대적하는 악한 영의 두목이며, 하나님과 사람을 이간질하며, 고발하는 악한 영이다.

하나님께서 보시기에도 욥은 흠이 없고, 정직하였으며, 하나님을 전심으로 경외하였고, 악을 철저히 멀리하였던 동방의 의인이었다. 이러한 사람이 세상에 누가 있겠는가?

그러자 사탄이 주님께 아뢰었다. "욥이, 아무것도 바라는 것이 없이 하나님을 경외하겠습니까?("Does Job fear God for nothing?" Satan replied.) 주님께서, 그와 그의 집과 그가 가진 모든 것을 울타리로 감싸 주시고, 그가 하는 일이면 무엇에나 복을 주셔서, 그의 소유를 온 땅에 넘치게 하지 않으셨습니까? 이제

라도 주님께서 손을 드셔서, 그가 가진 모든 것을 치시면, 아마도 그는 주님을 저주할 것입니다." (욥 1:9-11)

욥은 하나님께 바라는 것이 있고, 그 때문에 그의 신앙은 거짓되며, 기복적이고 위선적이라면서, 사탄은 욥을 고발하였다. 우리도 하나님께 복을 받기 위해 신앙 생활을 하고 있는 것은 아닌지 돌아보아야 한다. 내가 받은 복은 행한 신앙의 대가이므로, 신앙 생활을 잘한 결과라고 자랑과 교만으로 가득한 것이 아닌가? 하나님은 나에게 반드시 복을 주어야 할 의무를 지닌 것처럼 하나님의 존재를 생각하고 있지는 않는지 점검해야 한다.

주님께서 사탄에게 말씀하셨다. "그가 가진 모든 것을 다 네게 맡겨 보겠다. 다만, 그의 몸에는 손을 대지 말아라!" 그 때에 사탄이 주님 앞에서 물러갔다. (욥 1:12)

욥을 마음대로 할 수 있는 권한을 사탄이 받은 것처럼 보이지만, 이는 하나님의 주권 아래에서 허락을 받은 것이었다. 하나님께서는 어떤 목적으로 욥에게 고난을 허락하셨을까? 인간적인 생각으로는 쉽게 이해할 수 없지만, 하나님께서 예수 그리스도를 십자가에서 죽도록 허락하신 것처럼 어떤 의도가 있을 것이다.

욥에게 이러한 사탄의 음모는 성공한 것처럼 보인다. 다음에 나오는 욥기에는 어떤 내용이 있을까? 욥과 함께하는 여행을 통해, 고난을 인내하는 욥의 모습과 고난 속에 숨겨진 하나님의 뜻을 알아보자.

02 욥기 1장 13-22

하나님께서는 참소와 이간질하는 사탄에게 욥의 모든 소유물을 마음대로 하도록 맡기셨다. 그러나 욥의 몸은 건드리지 말라고 하셨다. 이와 같이 욥에게 닥칠 고난은 하나님께서 허락하신 것이었고, 그 고난은 사탄의 고발로부터 시작되었다. 이로 인하여 욥은 고통을 받게 되었는데, 특별한 계획을 갖고 계시는 하나님 안에서 욥은 어떻게 행동했는지 살펴보자.

하루는, 욥의 아들과 딸들이 맏아들의 집에서 음식을 먹으며, 포도주를 마시고 있는데, 일꾼 하나가 욥에게 달려와서, 다급하게 말하였다. "우리가 소를 몰아 밭을 갈고, 나귀들은 그 근처에서 풀을 뜯고 있는데, 스바 사람들이 갑자기 들이닥쳐, 가축들을 빼앗아 가고, 종들을 칼로 쳐서 죽였습니다. 저 혼자만 겨우 살아 남아서, 주인 어른께 이렇게 소식을 전해 드립니다." 이 일꾼이 아직 말을 다 마치지도 않았는데, 또 다른 사람이 달려와서 말하였다. "하늘에서 하나

님의 불이 떨어져서, 양 떼와 목동들을 살라 버렸습니다. 저 혼자만 겨우 살아 남아서, 주인 어른께 이렇게 소식을 전해 드립니다." (욥 1:13-16).

처음 소식을 들었을 때 욥은 스바 사람의 못된 행동이라고 여겼을 것이다. 그러나 이제는 하늘에서 하나님의 불이 떨어져서 발생한 일에 대하여는 인간적인 것이 아닌 하나님의 개입이라고 알게 되었을 것이다. 비록 욥은 갑자기 닥친 고난의 원인을 이해하지 못했지만 이러한 일들이 사람에게서 나온 것이 아님을 알 수 있었다.

이 사람도 아직 말을 다 마치지 않았는데, 또 다른 사람이 달려와서 말하였다. "갈대아 사람 세 무리가 갑자기 낙타 떼에게 달려들어서 모두 끌어가고, 종들을 칼로 쳐서 죽였습니다. 저 혼자만 겨우 살아 남아서, 주인 어른께 이렇게 소식을 전해 드립니다." (욥 1:17).

세번째 소식을 들은 욥은 아마도 이런 재앙에는 무엇인가 숨겨진 일들이 있다는 생각을 했을 것이다. 일상적이지 않은, 연속되는 재난은 인간의 힘으로 할 수 없는 무엇인가가 있게 마련이다. 비록 사람들이 쳐들어와서 가해를 하였다고 하더라도, 그것은 인간이 의도한 일은 아닌 것이다. 역사의 한 시점에서, 또 인생의 여정에서 우리가 만나는 환난의 이면에는 영적인 것들이 숨겨져 있다.

이 사람도 아직 말을 다 마치지 않았는데, 또 다른 사람이 달려와서 말하였다. "주인 어른의 아드님과 따님들이 큰 아드님 댁에서 한창 음식을 먹으며, 포도주를 마시는데, 갑자기 광야에서 강풍이 불어와서, 그 집 네 모퉁이를 내리쳤

고, 집이 무너졌습니다. 그 때에 젊은 사람들이 그 속에 깔려서, 모두 죽었습니다. 저 혼자만 겨우 살아 남아서, 주인 어른께 이렇게 소식을 전해 드립니다." (욥 1:18,19).

여러가지 고난을 살펴볼 때, 그중에서도 물질적인 어려움은 견디기 쉬운 고통이다. 재물을 잃어버리는 것에 비할 수 없는 고통, 곧 자녀들을 일시에 모두 잃어버리는 고통은 가장 큰 고통이다. 욥에게 연속해서 전해진 슬픈 소식들은 욥으로 하여금 깊은 시름에 빠뜨리게 할 만큼 심각한 것이었다.

이 때에 욥은 일어나 슬퍼하며 겉옷을 찢고 머리털을 민 다음에, 머리를 땅에 대고 엎드려 경배하면서, (욥 1:20).

슬퍼하고 괴로워하는 것은 인간이라면 누구나 할 수 있는 반응이었다. 슬퍼하는 것은 죄가 아니다. 물질과 종들을 잃어버린 것도 힘든 일이지만, 더욱 견디기 어려운 것은 자녀들의 죽음이었다. 사랑하는 사람과의 이별은 당연히 슬퍼해야 할 일이다. 이러한 욥의 슬픔은 마치 독생자 예수 그리스도가 십자가에 달린 3시간 동안 하늘 문을 닫았던 하나님의 감정과도 같지 않았을까 생각해 본다.

모든 일의 주관자는 하나님이시다. 그러기에 욥은 이러한 슬픔 가운데에서도 하나님께 나아갔다. 주님께서 모든 일을 자신의 뜻대로 주관하신다는 것을 욥은 인정하고 있었다. 욥은 하나님께서 어떤 이유로 그렇게 하셨는지 물어보지 않았다. 그는 다만 하나님을 경배했다. 피조물인 인간이 해야 할 의무는 어떤 일을 만나든지 하나님을 경배하는 것이어야 한다. 하나님은 하나님이시다. 그분은 스스로 있는 분이시다(I AM WHO I AM, 출 3:14). 비록 사탄이 욥의 재산을 없애고 자녀들을 죽이는 고난을 주었지만, 모든 일들은 하나님의 주권 아래 있다는 것을 인정하는 것이 올바른 신앙인의 자세이다.

> **이렇게 말하였다. "모태에서 빈 손으로 태어났으니, 죽을 때에도 빈 손으로 돌아갈 것입니다. 주신 분도 주님이시요, 가져 가신 분도 주님이시니, 주님의 이름을 찬양할 뿐입니다." (욥 1:21)**

욥의 신앙의 자세는 모든 자들이 본받아야 할 모습이다. 우리 모두는 모태에서 태어날 때 가진 것이 없이 나온다. 또한 죽을 때에 가지고 가는 것도 없다. 지금 우리가 가지고 있는 모든 것은 하나님께서 잠시 우리들에게 맡기신 것이다. 재물을 포함한 모든 것은 하나님께서 주신 것이며, 하나님께서 가지고 가신다고 해도 우리는 아무 항변할 말이 없다.

어느 때부터인지 몰라도 교회에서 기독교 신앙을 복만 추구하는 기복 신앙으로 잘못 가르치는 것 같다. 마치 세상에서 잘 먹고 잘 살기 위해서 예수를 믿는 것처럼 신앙을 왜곡시키고 있다. 과연 나는 예수를 믿으면 천국에 가고, 복을 받는다고 전도하면서, 고난이 없는 만사형통의 기독교 신앙을 말하고 있지는 않은가? 복이 아닌 저주를 받는다고 해도, 우리를 대신하여 죽으신 예수 그리스도를 따르는 것을 포기할 수 없다고 자신할 수 있는지 생각해 보자.

아브라함과 그의 믿음의 후손에게 세상을 물려받을 상속자가 되리라는 하나님의 약속은 율법이 아닌 믿음의 의로 말미암은 것이다(롬 4:13,16). 성령이 우리의 영과 함께, 우리가 하나님의 자녀인 것을 증언했기에, 하나님의 상속자요 그리스도와 함께한 상속자이므로, 우리는 그리스도와 함께 영광을 받기 위해서는 고난도 함께 받아야 한다(롬 8:16,17).

기독교인이 되기 위해서 복을 받는 것이 아니라, 먼저 그리스도와 함께 십자가에 못 박혀야 한다. 그러므로 기독교인은 자신이 사는 것이 아니라, 그 사람 안에 그리스도께서 살고 계시는 것이다. 그리스도인이 육신 안에 살고 있다는 것은 그를 사랑하셔서 그를 위하여 자기 몸을 내어준 하나님의 아들을 믿는 믿음 안에서 살아가는 것이다(갈 2:20).

복에 대한 세상적인 가치관에 물든 사람은 세속화된 것이다. 욥은 비록 모든 것을 다 잃었어도. 하나님을 원망하지 않았다. 오히려 빈손으로 세상에 태어났고, 빈손으로 죽을 것이라고 하였다. 주님께서 주셨으니, 주님께서 가져가시는 것이라고 말하면서, 우리의 의무는 다만 하나님의 이름을 찬양하는 것이라고 하였다.

이렇게 욥은, 이 모든 어려움을 당하고서도 죄를 짓지 않았으며, 어리석게 하나님을 원망하지도 않았다. (욥 1:22).

그러나 하나님께서 모든 일을 주관하신다고 말하는 그리스도인들

중에는 고난이 닥치면 하나님을 원망할 때가 있다. 이러한 자들은 하나님 중심(God centered)의 삶이 아닌 자기를 인생의 중심(I centered)에 놓고 살기 때문이다. 자기 중심의 삶을 사는 사람은 모든 일은 자신을 위해 있어야 한다고 생각한다. 그리고 자신의 입장을 하나님보다 우선시하고, 불행이 있어서는 안 되며, 자신이 가장 중요하고, 자신의 결정은 가장 선한 것이라고 오판한다. 하나님 중심의 사람은 어떤 일이든지 하나님께서 하시는 주권을 인정하며, 주님의 뜻을 따라 가려고 한다.

욥은 하나님 중심의 삶을 살았던 사람이다. 그러므로 그는 이 모든 일에 대하여 어리석게 하나님을 원망하지 않았다. 이러한 욥의 삶을 통해 나는 하나님 중심인지, 아니면 나 중심인지 돌이켜 보아야 한다. 이 세상을 보는 관점도 하나님 중심의 관점으로 볼 때 세상을 주관하시는 하나님의 뜻을 알게 될 줄 믿는다. 모든 것을 겸허하게 받아들이는 욥을 통해 어려움을 극복하는 올바른 신앙의 자세를 배울 수 있다.

03 욥기 2장 1-13

욥은 모든 재산을 잃어버렸고, 심지어는 모든 자녀가 사고로 죽는 고통을 겪는다. 하지만 이러한 고난 가운데 욥은 죄를 짓지도 않았으며 하나님을 원망하지도 않았다.

내가 고난을 당하고 있을 때, 하나님께서 알고 있다는 것을 받아들이는 것은 쉽지 않다. 혹시 내가 어떤 잘못을 해서 어려움이 닥쳤는지 의문을 가질 수 있다. 신실하게 살았는데도 심각한 고통이 온다면, 혹시 하나님께서 나를 잊으신 것은 아닐까 하는 생각도 갖게 된다. 어떤 사람은 심각한 고난으로 결국 하나님을 떠나기도 한다. 고난을 통해 자신을 돌아보고 믿음의 연약함을 돌아볼 기회로 삼을 수 있지만, 때로는 고통의 의미를 알지 못한 채 신앙을 포기할 수도 있다.

환경이 변하여 자신에게 큰 고통이 오더라도, 욥의 하나님은 모든 것을 주관하시는 분이셨다. 환경에 따라 하나님을 섬기는 것이 아니라, 하나님을 섬기고 있는데 환경이 변한 것이다. 그렇지만 하나님께서 그 환경도 주관하고 계신다. 만일 내가 삶의 환경을 결정하려고 한다면, 이는 자신을 하나님의 자리에 올려놓는 것과 같다. 먼저 하나님께서 나의 하나님이심을 인정하는 것이 신앙의 가장 기본적인 자세이다. 하나님께서 만드신 시간과 공간 안에서 모든 것을 주관하신다고 고백하면서, 하나님을 섬기는 욥의 모습이야말로 진정한 신앙인의 모습이다.

하루는 하나님의 아들들이 와서 주님 앞에 서고, 사탄도 그들과 함께 주님 앞에 섰다. 주님께서 사탄에게 "어디를 갔다가 오는 길이냐?" 하고 물으셨다. 사탄은 주님께 "땅을 이리저리 돌아다니다가 오는 길입니다" 하고 대답하였다. 주님께서 사탄에게 말씀하셨다. "너는 내 종 욥을 잘 살펴보았느냐? 이 세상에 그 사람만큼 흠이 없고 정직한 사람, 그렇게 하나님을 경외하고 악을 멀리하는 사람이 없다. 네가 나를 부추겨서, 공연히 그를 해치려고 하였지만, 그는 여전히 자기의 온전함을 굳게 지키고 있지 않느냐?" 사탄이 주님께 아뢰었다. "가죽은 가죽으로 대신할 수 있습니다. 사람은 자기 생명을 지키는 일이면, 자기가 가진 모든 것을 버립니다. 이제라도 주님께서 손을 들어서 그의 뼈와 살을 치시면, 그는 당장 주님 앞에서 주님을 저주하고 말 것입니다!" 주님께서 사탄에게 말씀하셨다. "그렇다면, 그를 너에게 맡겨 보겠다. 그러나 그의 생명만은 건드리지 말아라!" (욥 2:1-6).

욥이 만난 고난은 쉽게 견딜 수 없는 것이었다. 그럼에도 불구하고 욥은 신앙을 지키면서 하나님을 경외하였다. 욥이 당한 고난이 수박 겉핥기에 불과하다고 말하는 사탄의 주장은 맞지 않는다. 견딜 수 없는 고통에서도 욥은 굴하지 않고 자신을 지켜 나갔다.

하나님께서 사탄에게 욥에 대한 두번째 시험을 허락하셨다. 마치 예수님께서 성령의 이끌림을 받아 광야에 가서 마귀에게 시험을 받았던 것(마 4:1)과 같다. 아무 죄가 없었지만 예수님은 40일간 금식 기도하신 후 마귀에게 시험을 받으셨다. 이와 같이 욥도 까닭 없이 시험을 받았다.

고난에는 하나님의 뜻이 숨어 있다. 예수님도 공생애를 시작하면서 마귀에게 시험을 받았지만, 하나님의 말씀으로 마귀의 유혹을 물리치셨다. 예수님의 제자들이 땅끝까지 복음을 전하기 전에 예수님과 생활하면서 훈련을 받았던 것과 같이, 어떤 공적인 일을 하기 위해서는 훈련이 필요할 것이라는 생각이 든다. 고난은 우리를 훈련시키는 도구이다. 죄로 인한 고난도 있겠지만, 고난 뒤에 하나님의 뜻이 분명히 있다는 것을 생각하면서, 자신들에게 닥친 고난을 인내하고 이겨낼 때, 하나님의 뜻이 이루어질 것이다.

사탄은 주님 앞에서 물러나 곧 욥을 쳐서, 발바닥에서부터 정수리에까지 악성 종기가 나서 고생하게 하였다. 그래서 욥은 잿더미에 앉아서, 옹기 조각을 가지고 자기 몸을 긁고 있었다. 그러자 아내가 그에게 말하였다. "이래도 당신은 여전히 신실함을 지킬 겁니까? 차라리 하나님을 저주하고서 죽는 것이 낫겠습니다." 그러나 욥은 그에게 이렇게 대답하였다. "당신까지도 어리석은 여자들처럼 말하는구려. 우리가 누리는 복도 하나님께로부터 받았는데, 어찌 재앙이라고 해서 못 받는다 하겠소?" 이렇게 하여, 욥은 이 모든 어려움을 당하고서도, 말로 죄를 짓지 않았다. (욥 2:7-10).

큰 재력가이면서 많은 자녀를 두었고, 하는 일마다 형통하였던 욥은 모든 것을 잃어버리고, 심지어는 병에 걸리게 되었다. 그의 몰골은 비참해졌고, 온몸에 종기가 생겨 질그릇 조각으로 긁어 대야만 했다. 이러한 욥에게 아내는 사탄이 원하는 말을 대변해 주었다. 하나님께 대한 신실함을 버리고 하나님을 욕하고 죽으라는 것이다. 사탄이 욥의 아내를 시켜서, 자신이 하고 싶은 말을 대신 하게 한 것이었다. 우리가 믿음이 없이 하는 일반적인 생각과 말은 아마도 사탄이 원하는 것일 수도 있다. 그러기에 말을 하기 전에 먼저 하나님의 관점으로 문제를 살펴본다면 시험에 빠지지 않을 수 있을 것이다.

하나님께서 복을 주신 것을 기쁘게 받는 것처럼, 허락하신 재앙도 기쁘게 받아야 한다는 욥의 말은 신앙의 길을 가는 우리들에게 큰 감동을 준다. 하나님께서 주신 모든 것을 받아들이는 욥의 신앙은 하나님께 신실한 자임을 나타내고 있다. 욥은 하나님을 저주한 것이 아니라, 하나님께서 주신 것은 복이든지, 재앙이든지 모두 다 받아들였다. 나에게 주신 모든 환경은 하나님께서 허락하신 것이다. 나에게 하나님께서 복을 주실 때, 교만하지 말고 겸손하게 주님을 섬겨야 한다. 또한 하나님께서 고통을 주실 때 감사함으로 받아들이며 하나님을 더욱 의지하여야 한다. 이렇게 하는 것이 하나님을 인정하는 신앙이다.

삼상 2:6 주님은 사람을 죽이기도 하시고 살리기도 하시며, 스올로 내려가게도 하시고, 거기에서 다시 돌아오게도 하신다.
7 주님은 사람을 가난하게도 하시고, 부유하게도 하시고, 낮추기도

하시고, 높이기도 하신다.

그 때에 욥의 친구 세 사람, 곧 데만 사람 엘리바스와 수아 사람 빌닷과 나아마 사람 소발은, 욥이 이 모든 재앙을 만나서 고생한다는 소식을 듣고, 욥을 달래고 위로하려고, 저마다 집을 떠나서 욥에게로 왔다. 그들이 멀리서 욥을 보았으나, 그가 욥인 줄 알지 못하였다. 그들은 한참 뒤에야 그가 바로 욥인 줄을 알고, 슬픔을 못 이겨 소리 내어 울면서 겉옷을 찢고, 또 공중에 티끌을 날려서 머리에 뒤집어썼다. 그들은 밤낮 이레 동안을 욥과 함께 땅바닥에 앉아 있으면서도, 욥이 겪는 고통이 너무도 처참하여, 입을 열어 한 마디 말도 할 수 없었다. (욥 2:11-13).

사 63:9 주님께서는, 그들이 고난을 받을 때에 주님께서도 친히 고난을 받으셨습니다. 천사를 보내셔서 그들을 구하게 하시지 않고 주님께서 친히 그들을 구해 주셨습니다. 사랑과 긍휼로 그들을 구하여 주시고, 옛적 오랜 세월 동안 그들을 치켜들고 안아 주셨습니다.

욥의 세 친구가 욥과 함께 밤낮 7일간 고난에 동참하였던 것과 같이 하나님께서도 욥과 함께하면서, 욥의 고난을 함께 이겨 내기를 바라셨을 것이다. 진정한 위로는 고통에 동참하는 것이다. 욥의 세 친구는 욥을 방문하여 그의 처참함을 보고 함께 울며, 고난에 말없이 참여했다. 욥의 고난을 이해하고 그 고난에 말없이 동참하시는 분은 하나님이시다.

오늘 우리는 욥을 응원하는 사람처럼, 항상 함께 하시는 하나님처럼 그의 고난에 동참하려고 한다. 욥기를 통해 우리는 간접적으로 욥의 고난의 짐을 함께 질 것이며, 욥의 세 친구들의 말과 욥의 항변을 이해하면서, 진리의 싸움을 관람해 보자.

04 욥기 3장 1-26

드디어 욥이 말문을 열고, 자기 생일을 저주하면서 울부짖었다. 내가 태어나던 날이 차라리 사라져 버렸더라면, '남자 아이를 배었다'고 좋아하던 그 밤도 망해 버렸더라면, 그 날이 어둠에 덮여서, 높은 곳에 계신 하나님께서도 그 날을 기억하지 못하셨더라면, 아예 그 날이 밝지도 않았더라면, 어둠과 사망의 그늘이 그 날을 제 것이라 하여, 검은 구름이 그 날을 덮었더라면, 낮을 어둠으로 덮어서, 그 날을 공포 속에 몰아넣었더라면, 그 밤도 흑암에 사로잡혔더라면, 그 밤이 아예 날 수와 달 수에도 들지 않았더라면, 아, 그 밤이 아무도 잉태하지 못하는 밤이었더라면, 아무도 기쁨의 소리를 낼 수 없는 밤이었더라면, 주문을 외워서 바다를 저주하는 자들이, 리워야단도 길들일 수 있는 마력을 가진 자들이, 그 날을 저주하였더라면, 그 밤에는 새벽 별들도 빛을 잃어서, 날이 밝기를 기다려도 밝지를 않고, 동트는 것도 볼 수 없었더라면, 좋았을 것을! 어머니의 태가 열리지 않아, 내가 태어나지 않았어야 하는 건데. 그래서 이 고난을 겪지 않아야 하는 건데! 어찌하여 내가 모태에서 죽지 않았던가? 어찌하

여 어머니 배에서 나오는 그 순간에 숨이 끊어지지 않았던가? 어찌하여 나를 무릎으로 받았으며, 어찌하여 어머니가 나를 품에 안고 젖을 물렸던가? 그렇게만 하지 않았더라도, 지금쯤은 내가 편히 누워서 잠들어 쉬고 있을 텐데. (욥 3:1–13).

욥은 자신의 고난이 너무나 커서 울부짖었다. 욥의 탄식은 우리 모두에게 공감이 된다. 만일 우리가 불의의 사고를 만나서 고통을 겪는다면, 그 시간에 그곳을 가지 않았더라면 좋았을 것이라고 후회를 할 것이다. 다른 선택을 했더라면 이러한 고난을 피할 수 있었을 것이라고 생각한다. 욥이 만난 상황은 하나님의 주권 아래에서 이루어진 것이었다. 내가 결정할 수 없는 것에 대한 후회는 아무 소용이 없다. 그럼에도 불구하고 욥은 자신이 출생하지 않았더라면, 지금 겪는 고난을 피할 수 있었을 것이라고 몸부림쳐 보는 것이었다.

욥은 자신의 존재에 대한 탄식을 했다. 자신이 세상에 없었더라면 도저히 받아들일 수 없는 엄청난 고난도 없었을 것이다. 세상에 태어나는 것은 자신의 선택이 아니지만, 욥은 고통을 만나면서, 세상에 있어야 할 이유에 대한 근본적인 고민을 했다.

욥은 '어찌하여'(Why)라는 말을 했다. '왜', '어찌하여'라고 하는 말은 해답이 없는 질문이다. 이것은 다만 욥의 탄식일 뿐이었다. '왜'라고 묻는 질문에 대하여 사람은 적절한 해답을 찾을 수 없는 경우가 많다. 그러므로 우리는 근본적인 해결을 위해 하나님께로 나아가야 한다. '왜'라고 묻는 질문에 대한 답은 대부분 하나님께서 갖고 계신다.

왜 욥은 출생할 때 죽지 않았느냐고 묻는다. 만일 출생하면서 죽었더라면, 욥은 고난과는 상관없이 안식하고 있었을 것이라는 것이다. 때로는 고난을 피하기 위하여 자살을 선택하기도 한다. 그러나 욥은 안식에 대한 갈망을 말하는 것일 뿐, 자살과 같은 방법을 통해서라도 고난을 피하는 것이 낫다고 여기는 것은 아니었다.

지금은 폐허가 된 성읍이지만, 한때 그 성읍을 세우던 세상의 왕들과 고관들과 함께 잠들어 있을 텐데. 금과 은으로 집을 가득 채운 그 통치자들과 함께 잠들어 있을 텐데. 낙태된 핏덩이처럼, 살아 있지도 않을 텐데. 햇빛도 못 본 핏덩이처럼 되었을 텐데! 그 곳은 악한 사람들도 더 이상 소란을 피우지 못하고, 삶에 지친 사람들도 쉴 수 있는 곳인데. 그 곳은 갇힌 사람들도 함께 평화를 누리고, 노예를 부리는 감독관의 소리도 들리지 않는 곳인데. 그 곳은 낮은 자와 높은 자의 구별이 없고, 종까지도 주인에게서 자유를 얻는 곳인데! 어찌하여 하나님은, 고난당하는 자들을 태어나게 하셔서 빛을 보게 하시고, 이렇게 쓰디쓴 인생을 살아가는 자들에게 생명을 주시는가? 이런 사람들은 죽기를 기다려도 죽음이 찾아와 주지 않는다. 그들은 보물을 찾기보다는 죽기를 더 바라다가 무덤이라도 찾으면 기뻐서 어쩔 줄 모르는데, 어찌하여 하나님은 길 잃은 사람을 붙잡아 놓으시고, 사방으로 그 길을 막으시는가? (욥 3:14-23)

욥은 고난이 없는 안식을 동경하고 있었다. 고통이 사라진 곳, 영원한 평화의 안식이 있는 곳, 사람의 지위에 차별이 없으며, 주인과 종의 구별이 없는 자유로운 곳을 갈망했다. 고난을 떠나 안식을 누리고 있을 생각을 하는 것은 아마도 욥에게 조금이라고 위로가 될 수 있을 것 같다. 우리는 고난을 피하길 바라지만, 그러나 고난을 피해 간

그곳에는 다른 고난이 기다리고 있을 뿐이다. 고난을 피하는 것이 아니라, 고난이 지나가기까지 인내하는 것이 지혜이다.

욥은 하나님께서 고난을 당하는 자들과 쓰디쓴 인생을 살아가는 자들에게 왜 생명을 주셨는지를 탄식했다. 고난을 당하는 사람들은 어떤 보물을 준다 해도 차라리 죽기를 바랄 것이라고 말한다. 그렇다면 고난의 유일한 탈출구는 죽음일까? 그러나 고난을 탈출하려고 하는 자에게 하나님께서는 죽음을 주시지 않는다. 더구나 고난으로부터 탈출하기 위해 스스로 죽음을 선택하는 것은 고난이라는 장애물에 넘어지는 것이며, 일종의 패배인 셈이다. 욥은 감당하기 어려운 고난이었지만, 자살을 선택하지는 않았다. 죽기를 각오하면서 인내할 때, 고난을 이겨낼 수 있다.

밥을 앞에 놓고서도, 나오느니 탄식이요, 신음 소리 그칠 날이 없다. 마침내 그렇게도 두려워하던 일이 밀어닥치고, 그렇게도 무서워하던 일이 다가오고야 말았다. 내게는 평화도 없고, 안정도 없고, 안식마저 사라지고, 두려움만 끝없이 밀려온다! (욥 3:24-26)

아무 흠잡을 것 없이, 온전한 신앙생활을 했던 욥도 두려움과 무서움을 토로했다. 연속적으로 고난이 밀려오면 우리도 욥처럼 두려워하고 무서워할 것이다. 욥에게 닥친 고난을 어떤 사람인들 견뎌내면서 즐거워할 수 있겠는가? 우리는 마치 주관자의 자리에 앉아서, 고난을 만난 사람을 이해하지도 못하면서, 강 건너 불구경하듯 또는 영화의 한 장면을 보듯이 평가할 때가 많은 것 같다. 그러기에 자신의 주관적인 생각으로 고난을 당하고 있는 상대방을 판단하지 말아야 한다.

먼저 고난을 당한 사람의 입장이 되어서 욥의 세 친구가 한 것과 같이 고난에 동참하는 것이 필요하다. 고난을 당한 사람이 두려워하고 무서워하고 있다면, 그 사람의 마음을 이해하며 함께 아파해야 한다. 이것이 공감(empathy)이다. 고통을 당하고 있는 사람과 함께 괴로워하면서, 같은 입장이 되어 주는 것이 진정한 위로이다.

사 63:9 주님께서는, 그들이 고난을 받을 때에 주님께서도 친히 고난을 받으셨습니다. 천사를 보내셔서 그들을 구하게 하시지 않고 주님께서 친히 그들을 구해 주셨습니다. 사랑과 긍휼로 그들을 구하여 주시고, 옛적 오랜 세월 동안 그들을 치켜들고 안아 주셨습니다.

하나님께서 사랑하시는 이스라엘이 고난을 받을 때에, 그들을 홀로 내버려두지 않으시고, 그들과 함께 친히 고난을 받으셨다. 천사를 보내어 구원하는 것이 더 쉬울 수도 있겠지만, 도리어 주님께서 친히 그들의 고난에 동참하면서, 그들을 이해하고 구해 주셨다. 하나님의 사랑을 받는 자가 고난을 받고 있을 때, 하나님께서는 그들의 고난에 동참하고 공감하신다. 이러므로 고난을 받고 있을 때, 고난에 함께하시는 하나님을 발견할 기회라고 볼 수 있다. 하지만 욥의 세 친구들은 처음에는 공감을 하는 것처럼 보이지만, 안타깝게도 그들의 태도는 점점 심판자로 변한다.

욥에게는 평화와 안정이 없고, 안식 마저도 사라졌으며 두려움만 끊임없이 밀려오고 있었다. 절망의 늪에 빠진 사람에게 어떻게 스스로 그 늪에서 빠져나오라고 말할 수 있겠는가? 우리는 욥의 입장을 이해해야 하며, 그와 고난에 동참하는 사람이 되어야 한다. 고난을 당하고 있는 사람을 자신의 판단으로 그에게 충고를 할 것이 아니라, 상황을 이해하고, 그와 함께 괴로워해야 한다. 이렇게 하는 것이 고난을 당하는 사람을 진심으로 위로하는 첫 걸음이다.

05 욥기 4장 1-21

데만 사람 엘리바스가 대답하였다. 누가 네게 말을 걸면 너는 짜증스럽겠지. 말을 하지 않으려고 했지만 참을 수가 없다. 생각해 보아라. 너도 전에 많은 사람을 가르치기도 하고, 힘없는 자들의 두 팔을 굳세게 붙들어 주기도 했으며, 쓰러지는 이들을 격려하여 일어나게도 하고, 힘이 빠진 이들의 무릎을 굳게 붙들어 주기도 했다. 이제 이 일을 정작 네가 당하니까 너는 짜증스러워하고, 이 일이 정작 네게 닥치니까 낙담하는구나! 하나님을 경외하는 것이 네 믿음이고, 온전한 길을 걷는 것이 네 희망이 아니냐? (욥 4:1-6)

데만 사람 엘리바스가 욥에게 이렇게 말했다. "비록 자기의 말이 고난을 당하고 있는 욥에게 짜증스럽게 들릴지라도 자기는 말할 수밖에 없다"는 것이다.

먼저 욥의 과거를 돌이켜 보라고 했다. 욥은 과거에 많은 사람을 가르쳤으며, 힘없는 사람을 붙들어 주었고, 쓰러지는 이들을 격려해서 일어나게 했다. 힘이 빠진 사람들의 무릎을 굳게 붙들어 주기도 했다는 것이다. 그러나 본인에게 고난이 닥치고 보니 욥은 짜증을 내고 낙담하고 있다는 것이다. 하나님을 경외하면서, 온전한 길을 걷는 것이 진정한 욥의 희망이 아니었냐고 비꼬듯이 되물었다.

엘리바스의 말은 과거에 선한 일들을 하고 올바르게 살았던 욥의 신앙을 칭찬하면서 힘을 주려는 것처럼 보인다. 사실 고난을 당한 욥은 스스로 일어설 수 없는 상황이었다. 올바르게 살았던 욥이었기에, 지금 이유 없이 당하는 고난을 견디기가 어려웠을 것이다. 그러나 엘리바스는 위로의 말보다, 올바르게 살았던 욥이 고난을 만나고 나서는 왜 이처럼 짜증을 내면서 낙담하고 있느냐고 비아냥거리고 있다. 하나님을 경외하면서 흠 없이 살던 사람의 모습이 너무 안쓰럽다고 멸시하려는 것이었다. 일어설 수 없는 욥에게 위로가 필요했지만, 그러나 엘리바스의 충고의 말은 욥에게는 더욱 절망감을 안겨 줄 뿐이었다.

잘 생각해 보아라. 죄 없는 사람이 망한 일이 있더냐? 정직한 사람이 멸망한 일이 있더냐? 내가 본 대로는, 악을 갈아 재난을 뿌리는 자는 그대로 거두더라. 모두 하나님의 입김에 쓸려 가고, 그의 콧김에 날려 갈 것들이다. 사자의 울부짖음도 잠잠해지고, 사나운 사자의 울부짖음도 그치는 날이 있다. 힘센 사자도 이빨이 부러진다. 사자도, 늙어서 먹이를 잡지 못하면, 어미를 따르던 새끼 사자들이 뿔뿔이 흩어진다. (욥 4:7-11)

엘리바스는 당연한 세상의 이치를 욥에게 펼쳤다. 죄를 지은 사람은 망하며, 악을 뿌린 사람이 악을 그대로 거둔다는 것이다. 엘리바스는 욥이 악을 심었기 때문에 이러한 엄청난 재앙을 만나는 것이라고 억측하였다.

고통 가운데 있는 사람에게 말을 할 때는, 누구나 심사숙고하고 조심스럽게 말해야 한다. 상대방의 문제점을 정확하게 지적한다는 것은 쉬운 일이 아니다. 차라리 태어나지도 않았거나, 태어날 때 죽었으면 좋았을 것이라고 탄식하는 욥에게(욥 3:1–19) 엘리바스는 더 큰 언어 폭력을 휘둘렀던 것이다.

상대방을 위해서 껄끄러운 내용이지만 용기를 내어 조언할 수도 있을 것이다. 그렇지만 아무리 좋은 말이라도 시기가 맞아야 한다. 죽음을 눈앞에 두고 있는 사람에게는 조언을 하는 것보다, 생명을 구하는 것이 우선이어야 한다. 이렇듯 일어설 수도 없이 고통 가운데 있는 사람이 일어나도록 돕는 것이 필요하지만, 심기를 건드릴 만한 뼈아픈 충고는 도리어 더 큰 상처를 줄 수 있다. 내 앞에 있는 사람이 어떤 상황에 놓였는가를 먼저 생각하면서, 그 사람의 입장을 공감하는 사랑이 먼저 있어야 한다. 사랑이 없는 조언은 고난 중에 있는 사람을 더 무너지게 만든다.

한번은 조용한 가운데 어떤 소리가 들려오는데, 너무도 조용하여 겨우 알아들었다. 그 소리가 악몽처럼 나를 괴롭혔다. 두려움과 떨림이 나를 엄습하여, 뼈들이 막 흔들렸다. 어떤 영이 내 앞을 지나가니, 온몸의 털이 곤두섰다. 영이 멈추어 서기는 했으나 그 모습은 알아볼 수 없고, 형체가 어렴풋이 눈에 들어왔는데, 죽은 듯 조용한 가운데서 나는 이런 소리를 들었다. "인간이 하나님보

다 의로울 수 있겠으며, 사람이 창조주보다 깨끗할 수 있겠느냐? 하나님은 하늘에 있는 당신의 종들까지도 믿지 않으시고, 천사들에게마저도 허물이 있다고 하시는데, 하물며, 흙으로 만든 몸을 입고 티끌로 터를 삼고, 하루살이에게라도 눌려 죽을 사람이겠느냐? 사람은, 아침에는 살아 있다가도, 저녁이 오기 전에 예고도 없이 죽는 것, 별수 없이 모두들 영원히 망하고 만다. 생명 줄만 끊기면 사람은 그냥 죽고, 그 줄이 끊기면 지혜를 찾지 못하고 죽어간다." (욥 4:12-21)

엘리바스는 영적인 사람이었다. 환상 중에 형상을 알아볼 수 없는 어떤 영이 엘리바스 앞에 서 있었고, 그는 조용한 가운데 소리를 들었다고 했다. 환상 중에 엘리바스가 어떤 영으로부터 들은 말은 의로우신 하나님이었다. 피조물인 사람이 하나님보다 의롭거나 깨끗할 수 없다는 것이며, 이것은 틀림없는 진리이다. 그러나 욥에 대한 판단은 하나님께서 하시는 것이며, 사람인 엘리바스는 판단하지 말아야 했다.

고전 4:1 사람은 이와 같이 우리를, 그리스도의 일꾼이요 하나님의 비밀을 맡은 관리인으로 보아야 합니다.
2 이런 경우에 관리인에게 요구하는 것은 신실성입니다.
3 내가 여러분에게서 심판을 받든지, 세상 법정에서 심판을 받든지, 나에게는 조금도 문제가 되지 않습니다. 그뿐만 아니라, 나도 나 자신을 심판하지 않습니다.
4 나는 양심에 거리끼는 것이 없습니다. 그러나 이런 일로 내가 의롭

게 된 것은 아닙니다. 나를 심판하시는 분은 주님이십니다.

5 그러므로 여러분은 주님께서 오실 때까지는, 아무것도 미리 심판하지 마십시오. 주님께서는 어둠 속에 감추인 것들을 환히 나타내시며, 마음 속의 생각을 드러내실 것입니다. 그 때에 사람마다 하나님으로부터 칭찬을 받을 것입니다.

그리스도인이 해야 할 일은 하나님께서 맡겨 주신 것에 대한 충성이다. 그리고 우리 각자를 세상에 보내어 맡겨 주신 것을 이루어 가는 사명이다. 우리는 하나님의 영광을 위해서 하나님의 뜻을 따라 사명에 신실해야 하지만, 다른 사람에게 대한 판단(judge, 심판)은 하지 말아야 한다. 아무리 자기 자신의 양심에 거리끼는 것이 없는 사람이라고 해도, 그 사람은 의인이라고 할 수 없기 때문이다. 마지막 날에 주님께서 나를 심판(judge)하실 것이며, 그때에 진실된 나의 모습을 발견하게 될 것이다. 이러므로 주님께서 오시기까지는 어떤 것도 미리 심판하지 말아야 한다. 그날에 어둠 속에 감추어진 것들을 드러내고, 마음 속의 생각을 드러내실 것이며, 각자 사명을 감당한 것에 대하여 하나님으로부터 칭찬을 받을 것이다.

하나님께서 나에게 주신 사명에 충성하고 있는가 돌아보라. 그리고 다른 사람의 허물을 끄집어내어 비난하는 일을 멈추라. 또한 마지막 날에 심판장으로 오실 주님 앞에서, 나는 어떤 모습으로 서 있을 것인가를 상상해 보라. 심판(비판, judge)을 받지 않으려면, 남을 심판하지 말아야 한다. 남을 심판하는 그 심판으로 하나님께서 심판하신다.

당신이 헤아리는 헤아림으로 주님께 헤아림을 받을 것이다. 어찌하여 남의 눈 속에 있는 티는 보면서, 자신의 눈 속에 있는 들보를 깨닫지 못하는가? 당신의 눈 속에는 들보가 있는데, 어떻게 남에게 말하기를 '네 눈에서 티를 빼내 줄 테니 가만히 있거라' 할 수 있겠는가? 위선자여, 먼저 당신의 눈에서 들보를 빼내어라. 그래야 네 눈이 잘 보여서, 남의 눈 속에 있는 티를 빼 줄 수 있을 것이다(마 7:1-5).

엘리바스는 자신의 기준으로 역경에 있는 욥을 비난했다. 사람의 기준이 아무리 옳다고 하더라도, 하나님의 기준보다 우월할 수는 없다. 각 사람에 대한 심판(judge)은 마지막 날에 재판장으로 오실 예수께서 행하실 것이다. 다른 사람을 판단하기 좋아하는 사람은 훗날에 심판의 자리에서, 자기가 판단했던 그대로 판단을 받게 될 것을 명심해야 한다.

잠시 세상에서 살다가 죽는 인생이 하나님보다 의롭거나 깨끗할 수 없다. 그러므로 사람은 하나님께서 이끄시는 대로 살아가야만 한다. 진리에 가까운 말을 하는 엘리바스는 자신이 하나님의 자리에 서 있다는 것을 알지 못했다. 우리는 하나님의 말씀을 잘 이해하면서, 하나님의 뜻을 깨닫기도 하지만, 우리 또한 엘리바스와 같이 자신이 하나님의 자리에서 다른 사람을 판단하고 정죄하고 있는지도 모른다. 이렇게 하고 있다면 이것은 하나님께서 보시기에 죄이다. 우리는 하나님의 공의가 아닌 인간의 기준으로 다른 사람을 판단하는 죄를 지을 수 있다. 지혜로운 사람이라면, 비판을 멈추고 주님의 사랑의 손길이 되어서 고난에 있는 자를 돌보아야 한다. 이렇게 하는 것이 심판의 날에 하나님으로부터 칭찬을 받게 될 것이다.

엘리바스의 말로는 하나님을 온전히 따르는 성도에게는 환난이 없다고 말하는 것 같다. 그러나 하나님을 믿는 신실한 사람들에게 고난이 없다는 것은 오해이다.

시 34:19 의로운 사람에게는 고난이 많지만, 주님께서는 그 모든 고난에서 그를 건져 주신다.

죄악이 많은 세상에서 크리스천으로 살아가려면 세상과 타협하는 것이 더 편할 수 있다. 그러나 올바르게 말씀을 따라 살아가려는 성도에게는 세상과 충돌되는 신앙적인 문제가 많다. 하나님 보시기에 올바르게 신앙을 지키며 살아가는 자들에 대한 세상의 비웃음, 유혹, 비난으로 고난을 받는 것이 오히려 당연할 것이다. 그러나 욥은 자신이 지은 죄에 대한 것도, 다른 사람과의 관계에서 오는 충돌도 없이, 의인으로 살아가면서 이유를 알 수 없는 순수한 고난을 받고 있었다. 욥에게 큰 문제가 있어서 고난을 당한 것이라면, 깨닫고 죄에서 돌이키면 되지만, 이해할 수 없는 현재의 고난에 대하여는 어떻게 할 수 없었다.

우리는 우리에게 당한 모든 고난을 이해하지 못할 때가 많다. 왜 이러한 일이 일어났는지? 왜 이런 고통이 있어야만 하는지? 자신을 돌아보면서 하나님 앞에서 울부짖을 때 우리는 한 가지를 발견한다. 고통과 고난 가운데 있는 자는 하나님께로 나아가야 한다는 것이다.

오직 우리의 구원은 하나님이시기 때문이다. 고통의 이유를 알 수 없더라도, 우리는 반드시 하나님께로 나아가야 한다.

06 욥기 5장 1-27

엘리바스는 욥에게 계속 충고했다.

어서 부르짖어 보아라. 네게 응답하는 이가 있겠느냐? 하늘에 있는 거룩한 이들 가운데서, 그 누구에게 하소연을 할 수 있겠느냐? 미련한 사람은 자기의 분노 때문에 죽고, 어리석은 사람은 자기의 질투 때문에 죽는 법이다. 어리석은 사람의 뿌리가 뽑히고, 어리석은 자의 집이 순식간에 망하는 것을, 내가 직접 보았다. 그런 자의 자식들은 도움을 받을 데가 없어서, 재판에서 억울한 일을 당해도, 구해 주는 이가 없었고, 그런 자들이 거두어들인 것은, 굶주린 사람이 먹어 치운다. 가시나무 밭에서 자란 것까지 먹어 치운다. 목마른 사람이 그의 재산을 삼켜 버린다. 재앙이 흙에서 일어나는 법도 없고, 고난이 땅에서 솟아나는 법도 없다. 인간이 고난을 타고 태어나는 것은, 불티가 위로 나는 것과 같은 이치이다. (욥 5:1-7)

엘리바스의 충고는 철저히 권선징악이었다. 어떤 사람이 재앙을 만나는 것은 그 사람이 죄를 범했기 때문인데, 다만 그는 자신이 지은 죄를 알지 못하고 깨닫지 못하고 있다는 것이다. 엘리바스는 욥의 고난에 숨어 있는 하나님의 뜻을 모르기에 인간적인 진리를 사용했던 것이다. 그는 욥을 미련하고 어리석은 사람이라고 단정했다. 그러므로 욥과 그의 자녀들이 이런 재앙을 만난 것이라고 말했다. 그의 논리는 단순 명쾌하지만, 그의 주장은 욥의 특수 상황을 알지 못했으므로 잘못된 추측이었다.

우리는 욥에게 있는 재앙과 고난의 원인을 성경 말씀(욥기 1-2장)을 통해 알 수 있었다. 이러한 사실을 모르는 엘리바스의 말은 충고를 넘어서 마치 자신이 재판관이 되어 판결을 내리는 것 같았다. 자신이 판결을 해 놓고 그 판결의 정당성을 변호하고 주장했다. 욥에게 필요한 것은 고난을 받고 있는 사람에 대한 공감(empathy)이었다. 고난에 대한 판결은 사람이 하는 것이 아니라 하나님께서 하실 몫이기 때문이다. 우리는 고난을 당한 사람의 마음을 이해하고, 함께 아파하며, 함께 우는 사람이 되어야 한다.

롬 12:15 기뻐하는 사람들과 함께 기뻐하고, 우는 사람들과 함께 우십시오.

ESV Ro 12:15 Rejoice with those who rejoice, weep with those who weep.

롬 8:26 ○이와 같이, 성령께서도 우리의 약함을 도와주십니다. 우리는 어떻게 기도해야 할지도 알지 못하지만, 성령께서 친히 이루 다 말

할 수 없는 탄식으로, 우리를 대신하여 간구하여 주십니다.

엘리바스는 욥과 함께 아파한 것이 아니라 재판장의 자리에 앉아 있었다. 고난 중에 있는 사람을 도와준다고 하지만, 그는 잘못된 공의로 그를 짓밟았다. 고난 중에 있는 사람은 고난에 동참해 주는 친구를 필요로 한다. 그 사람을 이해하고, 같은 마음으로, 고난의 자리에 함께 있어 주는 것이 우선이며 최선의 위로이다.

나 같으면 하나님을 찾아서, 내 사정을 하나님께 털어놓겠다. 그분은 우리가 측량할 수 없는 큰 일을 하시며, 우리가 헤아릴 수 없는 기이한 일을 하신다. 땅에 비를 내리시며, 밭에 물을 주시는 분이시다. 낮은 사람을 높이시고, 슬퍼하는 사람에게 구원을 보장해 주시며, 간교한 사람의 계획을 꺾으시어 그 일을 이루지 못하게 하신다. 지혜롭다고 하는 자들을 제 꾀에 속게 하시고, 교활한 자들의 꾀를 금방 실패로 돌아가게 하시니, 대낮에도 어둠을 만날 것이고, 한낮에도 밤중처럼 더듬을 것이다. 그러나 하나님은 가난한 사람들을 그들의 칼날 같은 입과 억센 손아귀로부터 구출하신다. 그러니까, 비천한 사람은 희망을 가지지만, 불의한 사람은 스스로 입을 다물 수밖에 없다. (욥 5:8–16)

엘리바스는 이렇게 하나님께서 어떤 분인가를 말하면서 자신의 신앙이라면 하나님을 찾으며, 기도하겠다는 것이다. 엘리바스도 영적 지도자이기에 하나님에 대하여 잘 알고 있었다. 그렇지만 아무리 좋은 교훈이라 하더라도 잘못된 적용이라면 그것은 무용지물(無用之物)이다. 하나님은 죄를 지은 자를 벌하신다는 이론을 욥의 고난에 적용하였고, 욥은 회개해야 한다는 잘못된 주장을 했다.

고난의 원인이 어떤 사람에게는 그의 죄악으로 인해 오는 것도 있지만, 대부분은 고난을 당하는 당사자와 하나님 외에는 알 수가 없다. 고난에 대한 엘리바스의 잘못된 선입관은 상식적인 논리를 이용하여 욥을 비난하면서 죄인으로 몰아갔다. 우리도 엘리바스처럼 하나님의 말씀을 잘못 적용하고 있지는 않은가? 하나님의 말씀을 적용하기 위해서는, 인간 중심이 아니라 하나님 중심으로 생각해야 한다. 하나님께서 말씀하시는 내용을 정확하게 이해한 후에, 그 말씀을 순종해야 한다.

하나님 말씀에 올바르게 나아가는 훈련이 중요하다. 내 상황과 생각으로 말씀을 받아들이지 말고, 먼저 하나님 앞에서 겸손하게 하나님의 말씀을 듣는 것부터 시작해야 한다. 하나님께서 무엇을 말씀하시는 것인가를 먼저 듣고 받아들여야 한다. 이렇게 해야 하나님의 뜻을 알 수 있고, 그 말씀에 순종할 수 있다. 큐티(QT)를 하면서 저지르기 쉬운 실수는 적용을 하기 위한 묵상을 하는 것이다. 그러면서 엘리바스가 했던 것처럼 말씀을 잘못 적용하는 것이다.

말씀을 잘 이해하고, 숨은 내용도 잘 이해하였지만, 하나님의 뜻이 아닌 자신의 생각에 맞게 말씀을 적용한다면, 결국 진리의 말씀을 왜곡할 수 있다. 진리의 말씀을 인간의 이치로 바꾸어 놓는 것이다. 인간 중심적으로 깨달은 말씀은 더 이상 하나님의 말씀이 아니며, 사람의 생각에 맞도록 바꾸어 놓은 모조품이다. 하나님께 제단을 쌓을 때 사람의 손으로 다듬지 않은 돌로 쌓으라고 하였다. 사람의 생각으로 변형시킨 말씀은 더 이상 진리의 말씀이 아니다. 엘리바스는 하나님의 이름으로 욥에게 훈계를 하고 있지만, 그가 하는 말은 하나님의 말씀이 아니었다.

> **하나님께 징계를 받는 사람은, 그래도 복된 사람이다. 그러니 전능하신 분의 훈계를 거절하지 말아라. 하나님은 찌르기도 하시지만 싸매어 주기도 하시며, 상하게도 하시지만 손수 낫게도 해주신다. 그는 여섯 가지 환난에서도 너를 구원하여 주시며, 일곱 가지 환난에서도 재앙이 네게 미치지 않게 해주시며, 기근 가운데서도 너를 굶어 죽지 않게 하시며, 전쟁이 벌어져도 너를 칼에서 구해 주실 것이다. 너는 혀의 저주를 피할 수 있어, 파멸이 다가와도 두려워하지 않을 것이다. 약탈과 굶주림쯤은 비웃어 넘길 수 있고, 들짐승을 두려워하지도 않을 것이다. 너는 들에 흩어진 돌과도 계약을 맺으며, 들짐승과도 평화롭게 지내게 될 것이다. 그래서 너는 집안이 두루 평안한 것을 볼 것이며, 가축 우리를 두루 살필 때마다 잃은 것이 없는 것을 볼 것이다. 또 자손도 많이 늘어나서, 땅에 풀같이 많아지는 것을 보게 될 것이다. 때가 되면, 곡식단이 타작마당으로 가듯이, 너도 장수를 누리다가 수명이 다 차면, 무덤으로 들어갈 것이다. 이것은 우리가 지금까지 살펴본 것이니 틀림없는 사실이다. 부디 잘 듣고, 너 스스로를 생각해서라도 명심하기 바란다. (욥 5:17-27)**

욥의 고난은 사람들이 이해할 수 없는 매우 특별한 경우였다. 사람이 저지른 죄와 실수로 인해 당연히 받아야 하는 대가로서의 고난이 아니었다. 고난을 당한 사람이 환난을 통해 깨우쳐야 할 것들 중에 가장 중요한 것은 하나님의 사랑이다. 비록 하나님께서는 욥에게 고난을 당하도록 허락하셨지만, 욥을 으뜸가는 의인이라고 말씀하면서 극진히 사랑하셨다. 욥은 자신이 고통 중에 있지만, 하나님께서 변함없이 자기를 사랑하고 있다는 사실을 붙잡아야 했다. 어떤 고난과 환난이 온다고 하더라도 그리스도 예수 안에 있는 하나님의 사랑에서 우리를 떼어 놓을 수 없기 때문이다.

롬 8:35 누가 우리를 그리스도의 사랑에서 끊을 수 있겠습니까? 환난입니까, 곤고입니까, 박해입니까, 굶주림입니까, 헐벗음입니까, 위협입니까, 또는 칼입니까?
36 성경에 기록한 바 "우리는 종일 주님을 위하여 죽임을 당합니다. 우리는 도살당할 양과 같이 여김을 받았습니다" 한 것과 같습니다.
37 그러나 우리는 이 모든 일에서 우리를 사랑하여 주신 그분을 힘입어서, 이기고도 남습니다.
38 나는 확신합니다. 죽음도, 삶도, 천사들도, 권세자들도, 현재 일도, 장래 일도, 능력도,
39 높음도, 깊음도, 그 밖에 어떤 피조물도, 우리를 우리 주 예수 그리스도 안에 있는 하나님의 사랑에서 끊을 수 없습니다.

환난이나 곤고, 박해, 굶주림, 헐벗음, 위협, 칼과 같은 외적인 환경으로는 그리스도의 사랑에서 우리를 끊어 버릴 수 없다. 마지막 때에 그리스도인은 도살당할 양과 같이 여김을 받아, 주님을 위해 죽임을 당하게 될 것이다. 그러나 우리는 이러한 위험에서도 우리를 사랑하시는 분을 힘입어서, 넉넉히 이기게 될 것이다. 죽음도, 삶도, 천사들도, 권세자들도, 현재 일도, 장래 일도, 능력도, 높음도, 깊음도, 그

밖에 어떤 피조물도, 우리를 우리 주 예수 그리스도 안에 있는 하나님의 사랑에서 끊을 수 없다.

욥이 고난을 이겨낼 수 있는 힘은 욥의 신앙이 아닌 하나님의 사랑이었다. 욥은 끝까지 자기를 붙들어 주시는 하나님을 신뢰하면서, 인내해야 했다. 우리도 욥과 함께 고난의 길에 동참하면서, 예수 그리스도 안에 있는 하나님의 사랑을 붙들어야 한다. 인간의 힘으로 인내하는 것이 아니라, 하나님의 권능과 변함없는 사랑을 의지하자. 욥에게 향하신 하나님의 사랑이 현재의 성도들에게도 향하신다는 것을 받아들이자.

약 1:13 시험을 당할 때에, 아무도 "내가 하나님께 시험(유혹)을 당하고 있다" 하고 말하지 마십시오. 하나님께서는 악에게 시험(유혹)을 받지도 않으시고, 또 시험(유혹)하지도 않으십니다.

NIV Jas 1:13 When tempted, no one should say, "God is tempting me." For God cannot be tempted by evil, nor does he tempt anyone;

하나님께서는 악에게 유혹을 받지 않으시고, 또 사람을 유혹하지 않으신다. 예수께서 가르쳐 주신 주기도문에서는 '우리를 시험에 들게 하지 마시옵고'라고 하셨는데, 여기에서의 시험도 test가 아닌 temptation(유혹)이다. 유혹하는 자는 사탄이며, 사탄의 유혹을 마음으로 받아들여서 여기에 빠질 때 하나님을 배반하게 되는 것이다. 우리에게 있는 가장 위험한 적은 외부의 환경이 아닌, 내 자신이라는 것이다. 내 자신을 의지하는 자는 하나님의 사랑 안에 머물 수 없다.

이러므로 변함없는 하나님의 사랑을 의심하지 말고, 나 스스로 유혹에 넘어가서 하나님을 배반할 가능성이 있는 연약한 존재라는 것을 인정해야 한다. 하나님의 사랑 안에 서 있기 위해서는 먼저 자신의 생각과 능력을 내려 놓아야 한다.

욥이 엘리바스에게 어떻게 대답할지 궁금해진다. 엘리바스의 말은 진리이며, 다 옳게 보인다. 욥기를 읽으면서 잘못 해석하면, 욥기에 등장하는 각 사람의 말을 진리로 받아들이면서 교훈을 얻고자 할 것이다. 하지만, 그렇게 되면 욥기의 전체적인 교훈을 놓칠 수도 있다. 그래서, 욥에 대한 하나님의 평가를 염두에 두고 욥기를 다시 읽어 볼 필요가 있다.

07 욥기 6장 1-13

엘리바스는 욥에게 고난 가운데 하나님께 부르짖으며, 간청하면서 하나님의 징계를 겸손히 받아들이고 인내하라고 했다. 그의 충고에 대하여 욥은 이렇게 대답했다.

> **욥이 대답하였다. 아, 내가 겪은 고난을 모두 저울에 달아 볼 수 있고, 내가 당하는 고통을 모두 저울에 올릴 수 있다면, 틀림없이, 바다의 모래보다 더 무거울 것이니, 내 말이 거칠었던 것은 이 때문이다. 전능하신 분께서 나를 과녁으로 삼고 화살을 쏘시니, 내 영혼이 그 독을 빤다. 하나님이 나를 몰아치셔서 나를 두렵게 하신다. (욥 6:1-4)**

욥의 입장에서 그의 고난은 어떤 사람도 감당할 수 없을 만큼 무겁고 두려웠다. 이런 괴로움으로 인해 욥은 신음소리를 내고 있었다. 심한 통증으로 인한 비명은 모든 사람에게 당연히 나타나는 반응이므로, 참을 수 없는 고통으로 인해 내뱉는 욥의 비명은 죄가 될 수 없다.

욥에게 더 괴로운 것은 자신이 신실하게 하나님을 따랐지만, 이러한 고난의 중심에 하나님께서 계신다는 것이었다. 하나님께서 욥을 몰아치시며 두렵게 하고 있지만, 욥은 고난에 숨어 있는 하나님의 뜻을 알 수 없었다. 하나님을 전심으로 따르는 사람의 결말이 고통이라면, 어느 누가 하나님을 따르려 하겠는가? 진실된 신앙으로 하나님을 섬기는 사람이 이유가 없이 전능하신 하나님의 주권 아래에서 고난을 받고 있다면, 실망의 늪에 빠질 수 있다. 고통의 나락에 떨어진 자를 하나님께서 도와주지 않고, 도리어 방치하고 있다면 어떻게 이것을 이해할 수 있겠는가? 욥을 통하여 이해할 수 없는 고난 중에 있는 사람들로 하여금 하나님께 나아갈 길을 찾을 수 있기를 기대한다.

풀이 있는데 나귀가 울겠느냐? 꼴이 있는데 소가 울겠느냐? 싱거운 음식을 양념도 치지 않고 먹을 수 있겠느냐? 달걀 흰자위를 무슨 맛으로 먹겠느냐? 그런 것들은 생각만 해도 구역질이 난다. 냄새조차도 맡기가 싫다. (욥 6:5–7)

사고를 당해 골절되거나, 큰 상처로 인해 울부짖는 신음은 고통에 대한 자연스러운 반응일 뿐이다. 욥의 세 친구는 신음소리를 내고 있는 욥을 비난하는 것보다 위로의 말을 했어야 했다. 고난 뒤에 숨겨진 이야기(behind story)를 모르는 사람이 할 수 있는 가장 좋은 위로는 고난을 당하고 있는 사람의 입장에서 그의 고난에 동참하는 것이다.

롬 8:26 ○이와 같이, 성령께서도 우리의 약함을 도와주십니다. 우리

는 어떻게 기도해야 할지도 알지 못하지만, 성령께서 친히 이루 다 말 할 수 없는 탄식으로, 우리를 대신하여 간구하여 주십니다.
27 사람의 마음을 꿰뚫어 보시는 하나님께서는, 성령의 생각이 어떠 한지를 아십니다. 성령께서, 하나님의 뜻을 따라, 성도를 대신하여 간 구하시기 때문입니다.

사람의 속사정을 가장 잘 아는 분은 성령이시다. 사람의 연약함을 성령께서 아시므로, 어떻게 기도해야 할 것인가를 알지 못할 때, 성령께서 말할 수 없는 탄식으로 우리를 대신해서 간구해 주신다. 성령께서는 하나님의 뜻대로 성도를 위해서 간구하시므로, 사람의 마음을 꿰뚫어 보시는 하나님께서 성령의 생각을 아신다. 하나님과 성령께서는 사람의 생각을 알고 계시므로, 사람이 당한 형편과 처지에 대하여 공감하고 계신다.

욥은 고통으로 힘들어하면서 처절한 비명 소리를 내고 있었는데, 하나님께서 모르시는 것이 아니라 잘 알고 계셨고, 그 고난에 동참하고 계신다. 하나님께서는 고통 가운데 있는 욥의 상황을 알고 계셨기에, 직접 도와주는 것이 훨씬 쉬우셨을 것이다. 그러나 하나님께서는 사랑으로 욥을 잡아주면서, 욥이 고난을 이겨내 주기를 바라셨다.

하나님께서 이스라엘을 이집트에서 이끌어 내실 때, 모세에게 말씀하시기를 "나는 이집트에 있는 나의 백성이 고통받는 것을 똑똑히 보았고, 또 억압 때문에 괴로워서 부르짖는 소리를 들었다. 그러므로 나는 그들의 고난을 분명히 안다. 이제 내가 내려가서 이집트 사람의 손아귀에서 그들을 구하여, 이 땅으로부터 저 아름답고 넓은 땅, 젖과 꿀이 흐르는 땅, 곧 가나안 사람과 헷 사람과 아모리 사람과 브리스 사람과 히위 사람과 여부스 사람이 사는 곳으로 데려 가려고 한다. 지금도 이스라엘 자손이 부르짖는 소리가 나에게 들린다. 이집트 사람들이 그들을 학대하는 것도 보인다. 이제 나는 너를 바로에게 보내어, 나의 백성 이스라엘 자손을 이집트에서 이끌어 내게 하겠다."(출 3:7-10)

하나님께서는 자신의 백성 이스라엘이 고통받는 것을 보았고, 억압으로 인해 괴로워서 부르짖는 소리를 들으셨고, 이집트 사람들이 학대하는 것도 보고 계셨다. 이스라엘 백성들의 고난을 보신 하나님께서는 이제 이스라엘을 이집트에서 이끌어 내어, 가나안 땅으로 데리고 가기 위해 모세를 선택하여 부르셨고, 그를 이집트로 보내어 하나님의 계획을 이루게 하셨다. 때가 되자 하나님께서는 자신의 뜻을 이루시기 위해 모세를 선택하여 사역자로 삼으신 것이었다.

하나님께서는 욥이 고난으로 외치는 소리를 듣고 계셨으며, 또한 욥을 위한 계획을 이미 정해 놓으셨다. 욥에게는 현재 심각한 고난만 보이지만, 하나님께서는 고난을 넘어서서 고난을 통과할 욥을 위한 계획도 예비해 놓으셨다. 만일 하나님의 뜻을 욥이 알고 있었다면, 고난 이후에 맞이하게 될 놀라운 하나님의 손길도 기대할 수 있었을 것이다. 하나님께서 고난 가운데 있는 자녀의 탄식 소리를 듣고 알고 계시며, 고난 이후에 회복을 예비해 놓으셨다는 것을 알고 있다면, 희망을 가지고 고난을 인내할 수 있을 것이다. 이러므로 하나님의 신실한 사랑을 신뢰할 때, 우리는 고난을 인내로 이겨낼 수 있다.

롬 8:16 바로 그 때에 그 성령이 우리의 영과 함께, 우리가 하나님의 자녀임을 증언하십니다.
17 자녀이면 상속자이기도 합니다. 우리가 그리스도와 함께 영광을 받으려고 그와 함께 고난을 받으면, 우리는 하나님이 정하신 상속자요, 그리스도와 더불어 공동 상속자입니다.
18 현재 우리가 겪는 고난은, 장차 우리에게 나타날 영광에 견주면, 아무것도 아니라고 나는 생각합니다.

성령께서 우리의 영과 함께, 우리가 하나님의 자녀인 것을 증언하신다. 하나님의 자녀이면 상속자이므로, 그리스도와 함께 영광을 받을 것이며, 그와 함께 고난도 받게 된다. 다만 현재 우리가 겪는 고난은, 장차 우리에게 나타날 영광과 비교하면 아무것도 아니다. 이러므로 예수 그리스도와 함께 고난을 받는 것을 기쁘게 여기며, 장래 있을 영광을 바라보면서 인내할 수 있다.

욥에게 고난은 소금을 치지 않은 싱거운 음식과 달걀 흰자위로 비유하면서, 구역질 나는 음식은 생각하기도 싫고 냄새까지도 맡기 싫능 것이라고 했다. 고난을 좋아하거나 반기는 사람은 아무도 없을 것이다. 고난에 숨어 있는 의미를 깨닫지 못하면, 이는 양념을 하지 않고 간을 맞추지 않은 음식이다. 그러나 고난을 주신 하나님의 뜻을 깨닫게 되면, 어떤 고난도 의미가 있는 것이며, 때로는 고난이 복이라는 것을 알게 된다.

마 5:10 의를 위하여 박해를 받은 사람은 복이 있다. 하늘 나라가 그들의 것이다.
11 너희가 나 때문에 모욕을 당하고, 박해를 받고, 터무니없는 말로 온갖 비난을 받으면, 복이 있다.
12 너희는 기뻐하고 즐거워하여라. 하늘에서 받을 너희의 상이 크기 때문이다. 너희보다 먼저 온 예언자들도 이와 같이 박해를 받았다."

자신의 죄로 인해 받는 고난은 형벌이지만, 그리스도인이 예수로 인해 고난을 받게 된다면 이것은 예수께서 말씀하신 복이다. 예수께서는 자신으로 인해 받는 고난을 복이라고 말씀하셨다. 마지막 때에는 성도를 연단하려고 그리스도인이라는 이름으로 박해를 받게 된다. 이것이 그리스도의 고난에 참여하는 것이며, 이렇게 된다면 즐거워해야 한다. 그리스도의 이름을 치욕을 당하면 복 있는 사람이며, 영광의 하나님의 영이 그들과 함께 계시기 때문이다(벧전 4:12-14). 그러므로 살인이나 도둑질과 같은 악행으로 인해 고난을 받지 말고, 다만 '그리스도인'이라는 이름으로 고난을 받을 때 부끄러워하지 말고, 도리어 '그리스도인'이라는 이름으로 하나님께 영광을 돌려야 한다(벧전 4:15,16).

욥은 고난에 숨겨진 이야기를 알지 못했으므로 고난을 역겨운 것으로 받아들였다. 욥은 자신이 아무 죄를 짓지 않았지만 고난을 받고 있다는 것을 알고 있었기에, 그는 고난의 배후에는 하나님의 뜻이 있다는 것을 생각해야 했다.

누가 내 소망을 이루어 줄까? 하나님이 내 소원을 이루어 주신다면, 하나님이 나를 부수시고, 손을 들어 나를 깨뜨려 주시면, 그것이 오히려 내게 위로가 되고, 이렇게 무자비한 고통 속에서도 그것이 오히려 내게 기쁨이 될 것이다. 나는 거룩하신 분의 말씀을 거역하지 않았다. 그러나 내게 무슨 기력이 있어서 더 견뎌 내겠으며, 얼마나 더 살겠다고, 더 버텨 내겠는가? 내 기력이 돌의 기력이라도 되느냐? 내 몸이 놋쇠라도 되느냐? 나를 도와줄 이도 없지 않으냐? 도움을 구하러 갈 곳도 없지 않으냐? (욥 6:8-13)

절망의 한가운데 있는 욥은 자신의 생명이 하나님께 있다는 것을 알고 있었다. 그러므로 이러한 고난 가운데에서 하나님께서 자신을 쳐서 죽이기를 간구하였다. 생명은 하나님께 있지만, 절망 가운에 있는 사람은 생명을 자기 스스로 마감하여 자살하기도 한다. 그러나 욥은 자살을 하려는 것이 아니라, 생명을 주관하시는 하나님께서 죽음을 허락하셔서 고난에서 벗어나기를 원했던 것이다. 그렇다면 욥에게 있었던 것은 절망이 아니라, 하나님께 대한 실낱 같은 희망이 있었던 것이 아니었을까? 역설적인 것 같지만, 고통에서 벗어날 수 있는 죽음도 하나님의 권한 아래에 있다는 것이다. 그래서 욥은 죽음으로 고난을 벗어날 소망을 하나님께 하소연했던 것이다. 하나님을 경외하는 것이 생명의 샘이 되며, 죽음의 그물에서 벗어날 수 있기 때문이다(잠 14:27).

욥은 하나님의 말씀을 거역하지 않았다. 욥의 모든 소망은 오직 하나님이었다. 그는 실망의 늪에 빠져 있던 사람이었으며, 고난을 더 이상 인내할 수도 없는 상태였다. 어디에서 누구에게 도움을 요청할 수 있겠는가? 희망의 빛이 보이지 않는 욥처럼 우리도 그와 같은 상태에 있는 것같이 상상해 보자. 욥의 신음은 우리가 내는 비명이며, 욥의 탄식은 우리가 내뱉는 흐느낌이다. 죄를 범하지 않는 욥이 당하는 고통은 마치 예수님께서 당하고 있는 고난과도 같다. 이러한 고난에 참여할 자격도 없는 우리지만, 우리는 영광스럽게도 욥의 고난에 동참하고 있는 중이다.

욥이 당하는 고난의 원인을 욥의 세 친구는 알지 못했지만, 우리는 이미 욥기를 읽으면서 숨겨진 이야기를 알고 있다. 욥의 친구 엘리바스의 말이 옳다고 해도, 그는 욥의 고난에 숨겨진 영적 배경을 알지 못했다. 우리도 이유를 알 수 없는 고난을 당하고 있는 친구에게 내 생각과 지혜로 조언을 하면서, 더 상처를 주고 있는 것은 아닌지 돌아보자. 욥의 고난에 함께 동참하는 것으로 우리는 욥을 통해 간접적으로 고난을 경험할 수 있다. 이러한 고난을 통해 우리들의 연약한 믿음이 더 견고해질 것이라는 기대가 솟구친다.

08 욥기 6장 14-30

욥은 엘리바스에 대하여 대답을 계속했다.

내가 전능하신 분을 경외하든 말든, 내가 이러한 절망 속에서 허덕일 때야말로, 친구가 필요한데, 친구라는 것들은 물이 흐르다가도 마르고 말랐다가도 흐르는 개울처럼 미덥지 못하고, 배신감만 느끼게 하는구나. (욥 6:14,15)

욥에게 필요한 사람은 잘못을 판단하고 지적하는 재판관이 아니라, 그와 고통을 함께하며 이해해 줄 친구였다. 절망에 빠진 자를 비난하는 것은 오히려 그를 더 궁지로 몰아넣는 것과 같다. 엘리바스는 욥이 하나님을 경외하는 것을 의심했고, 죄악이 있을 것이라고 추측했다. 그리고 욥이 하나님께 기도하지 않았고, 하나님을 의지하지 않는다고 책망도 했다. 그로 인해 욥이 받고 있는 고난은 하나님의 징계라고 결론을 내리면서, 자신이 말한 것은 틀림없는 사실이므로 잘 명심하라고 욥을 윽박지르며 정죄했다.

고난 중에 있는 욥에게는 위로가 필요했지만, 그의 친구는 충고라는 이름으로 정죄했다. 진정한 친구는 고난을 당한 사람의 입장에서 공감하며, 함께 고통을 나누는 사람이다. 고통당하고 있는 사람에게 가장 큰 위로는 적합한 교훈이 아니라 고통에 억눌린 사람을 일으켜 세우는 사랑이다. 만일 욥이 전능자를 버렸다고 하더라도, 욥을 동정하고 붙잡아 주는 사람이 참다운 친구인 셈이다.

욥은 엘리바스를 흘렀다가 멈추고, 멈췄다가 흐르는 개울에 비유하면서, 개울로 물을 찾으려고 갔다가 말라버린 것을 보고 실망했다는 것이다. 욥은 엘리바스를 변덕을 부리는 개울보다 더 믿을 수 없다고 했다. 위로하고 충고한다지만, 실제로는 심판자의 입장에서 내리는 정죄여서 욥에게 더 큰 짐이 되었다.

얼음이 녹으면 흙탕물이 흐르고, 눈이 녹으면 물이 넘치지만, 날이 더워지면 쉬 마르고, 날이 뜨거워지면 흔적조차 없는 개울이 욥의 친구였다. 물이 줄기를 따라서 굽이쳐 흐르다가도, 메마른 땅에 이르면 곧 끊어지고 마는 개울과 같은 존재들이었다. 그래서 데마의 대상들도 물을 찾으려 했고, 스바의 행인들도 그 개울에 희망을 걸었지만, 그들은 그곳에 이르러서는 실망하고 말았다. 그 개울에 물이 흐를 것이라는 기대를 했던 것을 오히려 부끄러워했다. 친구들이 이러한 개울과 다를 바가 무엇이냐? 너희는 내 몰골을 보고서, 두려워서 떨고 있지 않느냐? (욥 6:16-21)

욥의 친구들은 욥이 겪는 고통이 너무도 처참해서, 일주일간 욥과 함께 땅바닥에 앉아서 아무 말도 할 수 없었다. 그들은 어떻게 욥을 도와주려고 했을까? 아마도 자신들이 살았던 삶의 경험과 지혜로 현 상황을 극복해 낼 방법을 찾고 있지 않았을까? 친구로서 욥이 일어설 수 있도록 참된 길을 알려줄 생각을 했던 것 같다. 그렇지만 이들이 말하고 있는 훈계는 임시 방편의 세상 지혜였을 뿐 도리어 욥을 더 실망하게 하였다. 친구라면 쓰러진 사람을 일으켜 세우는 것이 도리가 아닐까?

욥은 친구라고 믿었던 사람들에 대한 배신감이 들었다. 욥으로 하여금 고난에서 일어설 용기를 주는 것이 아니라, 도리어 죄인으로 몰아갔기 때문이다. 그들은 자신들을 재판장의 자리에 올려 놓고, 욥을 힐난하였다. 친구에게 도움을 기대했지만, 그들은 하나님의 이름으로 욥에게 회개하라고 강요하였다. 그들은 욥의 상황을 보면서 두려움에 떨며, 자신들이 이러한 상황에 놓이지 않은 것을 감사하지 않았을까? 친구에게 바랐던 희망이 절망으로 바뀌는 것을 본 욥은 더욱더 하나님만을 의지했던 것이 아니었을까?

내가 너희더러 이거 내놓아라 저거 내놓아라 한 적이 있느냐? 너희의 재산을 떼어서라도, 내 목숨 살려 달라고 말한 적이 있느냐? 아니면, 원수의 손에서 나를 건져 달라고 하길 했느냐, 폭군의 세력으로부터 나를 속량해 달라고 부탁하기라도 했느냐? 어디, 알아듣게 말 좀 해 보아라. 내가 귀기울여 듣겠다. 내 잘못이 무엇인지 말해 보아라. 바른 말은 힘이 있는 법이다. 그런데 너희는 정말 무엇을 책망하는 것이냐? 너희는 남의 말 꼬투리나 잡으려는 것이 아니냐? 절망에 빠진 사람의 말이란, 바람과 같을 뿐이 아니냐? (욥 6:22-26)

욥이 친구에게 바랬던 것은 물질적인 도움이나, 원수에 대한 보복이나, 폭군에서의 구원을 요구한 것이 아니었다. 욥은 엘리바스가 알아듣게 말하면 자신이 귀를 기울이겠다고 했다. 욥이 무엇을 잘못한 것인지 말해 달라는 것이었다. 올바른 말은 힘이 있는데, 친구들은 욥에 대하여 무엇을 책망하고 있는지 알 수가 없었다. 그들은 오직 말꼬투리만 잡으려고 할 뿐, 절망에 빠진 사람의 말을 귀담아들을 생각조차 하지 않았다.

욥의 현실을 살피지 못하고, 더구나 욥의 고난에 숨겨진 이야기를 알지도 못하면서 억측으로 말하는 책망은 올바른 지적이 아니었다. 더구나 절망에 빠져서 한 탄식과 고뇌의 말은 괴로운 마음에서 한 것일 뿐 그의 마음 중심에서 말한 것은 아니었다. 그러나 엘리바스는 욥이 말에 꼬투리를 잡고 책망했다. 신음 소리를 내는 욥을 몰아세우며 책망하는 행위는 옳은 것이 아니었다. 진정한 친구라면, 먼저 소리를 내는 사람의 상태를 확인해 봐야 하지 않겠는가? 고통을 받는 사람에게 비명 소리를 내지 말라고 야단을 치는 것은 올바른 태도가 아니다.

가치 있는 충고는 상대방을 충분히 이해하고, 공감하면서, 상대방이 어떤 처지에 놓여 있는가를 살피면서 해야 한다. 때에 따라서는 충고를 내려놓고, 마치 자신이 고난을 받고 있는 것처럼 생각하면서 하는 위로가 더 필요하다.

너희는, 고아라도 제비를 뽑아 노예로 넘기고, 이익을 챙길 일이라면 친구라도 서슴지 않고 팔아 넘길 자들이다. 내 얼굴 좀 보아라. 내가 얼굴을 맞대고 거짓

말이야 하겠느냐? 너희는 잘 생각해 보아라. 내가 억울한 일을 당하지 않게 해야 한다. 다시 한 번 더 돌이켜라. 내 정직이 의심받지 않게 해야 한다. 내가 혀를 놀려서, 옳지 않은 말을 한 일이라도 있느냐? 내가 입을 벌려서, 분별없이 떠든 일이라도 있느냐? (욥 6:27–30)

엘리바스가 한 행동은 마치 고아를 제비 뽑아 노예로 넘긴 것이며, 이익을 위해서 친구를 서슴지 않고 팔아 넘기는 것이었다. 욥은 엘리바스에게 자기 얼굴을 보라고 말했다. 욥의 얼굴에는 진실이 담겨 있으므로, 친구의 얼굴을 쳐다보면서 거짓말은 할 수 없다는 것이다. 그리고 엘리바스에게 잘 생각해 보기를 간청했다. 욥이 억울한 일을 당하지 않도록 부탁하면서, 다시는 자신의 정직을 의심하지 말라고 간청했다.

엘리바스가 아무리 하나님의 이름으로 진리와 의를 말한다고 하더라도, 욥에 대한 그의 책망은 하나님께서 옳다고 인정하지 않으셨다 (욥 42:7). 도리어 하나님은 욥의 신앙을 칭찬하셨다. 우리는 사람을 책망할 권한이 없다. 먼저 상대방을 이해하며, 그 사람의 입장에서 생각하면서, 사람을 정죄하는 범죄를 저지르지 말아야 한다.

엘리바스는 어쩌면 자신의 위치를 벗어나 심판자의 자리에 앉아서 하나님 대리자로 있다는 착각을 하고 있었던 것 같다. 하나님의 이름을 사용하면서, 하나님께 회개하라는 말을 하고, 자신의 지혜를 자랑하면서, 고통에 있는 자를 더 힐난하고 있었던 것이다.

전 7:16 그러니 너무 의롭게 살지도 말고, 너무 슬기롭게 살지도 말아라. 왜 스스로를 망치려 하는가?

지나치게 의인이 되거나, 또는 지혜자가 되지 말아야 한다. 만일 이렇게 지나친 의인이나 지혜자가 되면 다른 사람들을 무시하면서 비판할 때, 결국 스스로 자신을 망치게 만든다. 엘리바스는 지나친 의인이 되어서 위로자가 아닌 심판자가 되었던 것 같다. 그의 모습을 통해 나는 이러한 실수를 하고 있지는 않는지 확인해 볼 필요가 있다.

욥의 세 친구는 하나님에 대하여 올바로 알고 있었던 것일까? 그들은 하나님이 어떤 분이라고 생각하고 있었을까? 그들은 공의의 하나님만을 알고 있었던 것 같다. 창조주 하나님께서 모든 권한을 가지고 있으므로, 우리는 오직 절대적인 복종만을 해야 한다. 그러나 창조주 하나님께서 나의 하나님이시며 아버지이시므로, 우리는 하나님과의 인격적인 만남과 교제를 가질 수 있다. 모든 것을 창조하신 하나님께서 예수 그리스도를 통해 우리를 자신의 자녀로 삼아주겠다는 약속은 감당할 수 없는 영광스러운 일이다. 분명히 하나님은 공의의 하나님이시며, 또한 사랑의 하나님이시다. 공의의 하나님을 경외하면서, 사랑의 하나님을 의지하면서 욥이 인내로 고난을 이겨낼 것을 기대해 본다.

09 욥기 7장 1-21

인생이 땅 위에서 산다는 것이, 고된 종살이와 다른 것이 무엇이냐? 그의 평생이 품꾼의 나날과 같지 않으냐? 저물기를 몹시 기다리는 종과도 같고, 수고한 삯을 애타게 바라는 품꾼과도 같다. 내가 바로 그렇게 여러 달을 허탈 속에 보냈다. 괴로운 밤은 꼬리를 물고 이어 갔다. (욥 7:1-3)

욥은 쓰라린 고통을 맞으면서, 인생이란 고달프고 희망이 없다고 한다. 땅 위에서 사는 인생이란 고된 종살이와 같다는 것이다. 그의 일생은 품꾼의 삶과 다름이 없었다. 품꾼은 안식을 얻으려고 날이 저물기를 몹시 기다리면서, 수고해서 받을 품삯을 바라며 산다. 그러나 욥은 여러 달 동안을 고통 속에서 보냈지만, 고달픈 밤들은 꼬리에 꼬리를 물고 이어 갔던 것이다.

욥에게는 희망이 보이지 않았고, 오직 절망 가운데 있었다. 인생의 고된 종살이에서 벗어날 수 없다는 절망만이 가득했고, 고통의 삶은 전혀 변하지 않을 것만 같다고 표현했다. 극심한 고통의 괴로움에 차라리 죽음을 택하고 싶다고 고백했다. 이렇듯 세상에는 욥과 같이 빠져나올 수 없는 고통의 삶을 지내는 사람들이 많이 있다. 물론 자신의 잘못된 선택과 죄로 인해 받는 열매일 수도 있지만, 때로는 전혀 이해할 수 없는 고난도 있다. 이러한 고통의 삶 가운데 있는 사람은 아무리 노력해도 역경을 벗어날 수 없는 것처럼 희망이 없다.

눕기만 하면, 언제 깰까, 언제 날이 샐까 마음 졸이며, 새벽까지 내내 뒤척거렸구나. 내 몸은 온통 구더기와 먼지로 뒤덮였구나. 피부는 아물었다가도 터져 버리는구나. 내 날이 베틀의 북보다 빠르게 지나가니, 아무런 소망도 없이 종말을 맞는구나. (욥 7:4-6)

욥은 자신이 당하고 있는 고난을 마치 꿈꾸는 것처럼 생각하면서도, 고통의 밤이 빨리 지나가기만을 기다렸다. 하지만 끝이 보이지 않는 터널을 지나는 욥의 마음속에는 어둠만이 가득했다. 그의 몸은 종기로 인해 구더기와 먼지로 뒤덮였고, 피부는 아물었다가 터져 버렸다. 그에게는 어떤 소망도 없이 오직 마지막을 향해 가고 있었다.

우리가 욥의 고난에 동참한다는 것은, 그의 입장에서 그를 이해하는 것이다. 욥의 고난은 마지막 때의 그리스도인들이 맞이할 큰 환난과 유사한 것들이 있다. 그때에 예수의 이름으로 인하여 모든 사람에게 미움을 받게 될 것이다(마 24:9, 눅 21:12,17). 그리고 마지막 날에는 예수를 믿고 섬기는 성도들에게는 피할 수 없는 큰 환난이 예비되어 있다(마 24:21). 잘못한 것도 없이 고난을 받은 욥처럼, 예수를 믿는다는 이유로 인하여 환난을 만나게 된다. 이러므로 마지막 때의 그리스도인은 '말세의 욥'이라고 말할 수 있다.

마 5:10 의를 위하여 박해를 받은 사람은 복이 있다. 하늘 나라가 그들의 것이다.
11 너희가 나 때문에 모욕을 당하고, 박해를 받고, 터무니없는 말로 온갖 비난을 받으면, 복이 있다.
12 너희는 기뻐하고 즐거워하여라. 하늘에서 받을 너희의 상이 크기 때문이다. 너희보다 먼저 온 예언자들도 이와 같이 박해를 받았다."

예수 그리스도께서는 자기로 인하여 받는 박해와 고난을 받는 자는 복이 있다고 하셨다. 그러니 고통을 괴로워할 것이 아니라 도리어 기뻐하고 즐거워하라고 하셨다. 왜냐하면 하늘에서 받을 상이 크기 때문이다. 우리는 하나님의 영으로 인도함을 받는 하나님의 자녀이다. 그래서 하나님을 "아빠, 아버지"("Abba, Father.")로 부르는 것이다. 또한 성령께서 친히 우리의 영과 함께, 우리가 하나님의 자녀인 것을 증언하신다. 자녀이면 상속자이기도 한 것이므로, 그리스도와 함께 영광을 받기 위하여 고난도 함께 받아야 할 것이다(롬 8:12-17). 그리스도와 더불어 공동 상속자이므로 영광과 고난을 함께 상속을 받는 것이다. 예수께서는 자기의 피로 백성을 거룩하게 하시려고 성문 밖에서 고난을 받으셨다. 그렇다면 우리도 그가 겪으신 치욕을 짊어지고 영문 밖으로 그에게 나아가야 한다(히 13:12-14). 그리스도께서 우리를 위해 고난을 받으셨으므로, 이후에는 우리가 그리스도의 고난에 참여하라는 것이다.

하나님께서는 욥에 대하여 말씀하시기를, '흠이 없고 정직하며, 하나님을 경외하며 악을 멀리한 사람'이라고 평가하셨다. 사탄은 '욥이 원하는 것을 얻으려고 하나님을 경외하는 것'이라고 거짓을 말했다. 하나님께서는 일시적으로 욥을 사탄에게 맡겨서, 시험하도록 허락하셨지만 그의 생명을 해하지 말라고 하셨다(욥 1:6-12, 2:1-6). 이러한 고난은 하나님의 허락 안에서 사탄에 의해 진행된 것이었다.

요한계시록에서 사탄을 용(dragon)이라고 기록하였다. 그 용은 바다에서 나오는 짐승에게 마흔두달 동안 일할 권세를 주었다. 짐승은 큰 소리로 하나님을 모독하는 말을 하면서, 하나님의 이름과 장막과 하늘에 사는 자들을 비방한다. 그리고 그 짐승은 성도들과 싸워서 이길 권세를 받고, 또 모든 종족과 백성과 언어와 민족을 다스리는 권세를 받는다(계 13:1-7). 하나님께서는 사탄과 그의 짐승이 한시적으로 성도들과 싸워서 이기는 것을 허락하셨다. 이러므로 욥처럼 말세의 그리스도인은 한정된 기간 동안 사탄의 권세 아래 놓이게 될 것이다. 그렇지만 이러한 환난은 일시적인 것이며, 결국에는 하나님께서 성도들의 원한을 풀어주며, 영원한 하나님의 나라를 얻게 하실 것이다(사 63:4, 단 7:22, 롬 12:19, 히 10:30).

약 5:7 그러므로 형제자매 여러분, 주님께서 오실 때까지 참고 견디십시오. 보십시오, 농부는 이른 비와 늦은 비가 땅에 내리기까지 오래

참으며, 땅의 귀한 소출을 기다립니다.
8 여러분도 참으십시오. 마음을 굳게 하십시오. 주님께서 오실 때가
가깝습니다.
9 형제자매 여러분, 심판을 받지 않으려거든, 서로 원망하지 마십시
오. 보십시오, 심판하실 분께서 이미 문 앞에 서 계십니다.
10 형제자매 여러분, 주님의 이름으로 예언한 예언자들을 고난과 인
내의 본보기로 삼으십시오.
11 보십시오. 참고 견딘 사람은 복되다고 우리는 생각합니다. 여러분
은 욥이 어떻게 참고 견디었는지를 들었고, 또 주님께서 나중에 그에
게 어떻게 하셨는지를 알고 있습니다. 주님은 가여워하시는 마음이
넘치고, 불쌍히 여기시는 마음이 크십니다.

그리스도인은 마치 농부가 열매를 거두기까지 이른 비와 늦은 비를 기다리는 것처럼, 주님께서 강림하실 때까지 오래 참아야 한다. 초대 교회 성도들이 이렇게 했던 것처럼, 환난 가운데 있는 그리스도인들도 인내하면서, 마음을 굳게 하여야 한다. 주님께서 오실 때가 가까워졌기 때문이다. 마지막 심판을 받지 않기를 원한다면, 서로 원망하지 않고 사랑하여야 한다. 심판주께서 이미 문 앞에 서 계신다(계 3:20).

그리스도인은 주님의 이름으로 예언한 선지자들의 고난과 인내를 본보기로 삼아야 한다. 참고 견디는 사람이 복된 것이다. 욥이 어떻게 참고 견디었는지를 들었고, 또 주님께서 나중에 그에게 어떻게 하셨는지를 우리는 알고 있다. 주님께서는 자비하시며 불쌍히 여기시는 마음이 크시다.

이처럼 욥의 인내는 예수 그리스도의 강림과 마지막 심판과 연관되는 것을 보여주고 있다. 이러므로 큰 환난을 맞이할 것을 인식하며, 모든 성도는 예수 그리스도의 고난에 동참하면서, 욥의 인내를 배워 마지막 때를 참고 견뎌야 한다.

마지막 날에는 여러 나라와 족속과 백성이 큰 무리를 이루어서, 흰 옷을 입고, 손에 종려나무 가지를 들고, 보좌 앞과 어린 양 앞에 서서 큰 소리로 외친다. “구원은 보좌에 앉아 계신 우리 하나님과 어린 양의 것입니다.” 흰 옷을 입은 자들에 대하여 어떤 장로가 말한다. “이 사람들은 큰 환난을 겪어 낸 사람들입니다. 그들은 어린 양이 흘리신 피에 자기들의 두루마기를 빨아서 희게 하였습니다. 그러므로 그들은 하나님의 보좌 앞에 있고, 하나님의 성전에서 밤낮 그분을 섬기고 있습니다. 그리고 그 보좌에 앉으신 분이 그들을 덮는 장막이 되어 주실 것입니다. 그들은 다시는 주리지 않고, 목마르지도 않고, 해나 그 밖에 어떤 열도 그들 위에 괴롭게 내려 쬐지 않을 것입니다. 보좌 한가운데 계신 어린 양이 그들의 목자가 되셔서, 생명의 샘물로 그들을 인도하실 것이고, 하나님께서 그들의 눈에서 눈물을 말끔히 씻어 주실 것입니다.” (계 7:9-17)

마지막 날에 모든 성도들은 큰 환난을 만나게 된다. 이 환난에서 좌절하는 것이 아니라, 견디어 내어 이기는 자가 되어야 한다. 욥의 고난은 장차 있게 될 성도들의 환난을 상징하는 것이다. 원인을 이해하지도 못하였고, 또 인내하기도 어려운 고난을 겪은 욥이 보여준 본보기는 인내였다. 결과적으로 그리스도인은 욥의 고난을 마지막 때에 내가 받게 될 것이라고 생각하면서, 그리스도를 위한 고난에 동참해야 한다.

만일 우리에게 욥에게 닥친 고난이 있다면 도저히 견딜 수 없을 것이다. 그렇지만 우리는 욥을 통해 간접적인 경험을 하면서 고난에 대한 해답을 찾아낼 수 있다. 욥은 해결될 수 없는 고난을 맞이하면서, 오직 고통의 시간이 빨리 지나가기만을 바랐을 것이다. 소망이 사라진 인생은 빨리 그 현실에서 벗어나려고, 때로는 극단적으로 자신의 생명을 마감하려는 죄를 범할 수도 있겠다는 생각을 한다.

내 생명이 한낱 바람임을 기억하여 주십시오. 내가 다시는 좋은 세월을 못 볼 것입니다. 어느 누구도 다시는 나를 볼 수 없을 것입니다. 주님께서 눈을 뜨고 나를 찾으려고 하셔도 나는 이미 없어졌을 것입니다. 구름이 사라지면 자취도 없는 것처럼, 스올로 내려가는 사람도 그와 같아서, 다시는 올라올 수 없습니다. 그는 자기 집으로 다시 돌아오지도 못할 것이고, 그가 살던 곳에서도 그를 몰라볼 것입니다. (욥 7:7–10)

욥은 자신의 삶을 돌이켜 보면서 자신에게 주어진 생명은 잠시 지나가는 바람이라고 생각한다. 그리고 잠시 후에는 그의 생명은 사라져서 아무도 볼 수 없고 주님께서 욥을 찾으려 해도 이미 없어져 버렸을 것이다. 구름이 사라지면 자취도 없는 것처럼, 욥이 삶을 마감하고 나면 아무도 그를 기억하지 않을 것이다.

욥은 인생이 덧없음을 말하면서 자신은 흔적도 없이 세상에서 없어질 것이라고 한다. 우리의 인생도 욥처럼 허무하게 순식간에 지나가게 될 것이다. 그리고 심한 고통에 있는 사람은 소망의 빛을 찾을 수 없다. 그나마 고통에서 일어서게 할 가장 큰 힘은 인내이다. 피할 수 없는 고난이라면, 고통을 벗어나려고 애쓰기보다는, 그것을 현실로 받아들여서 참아내는 것이 지혜이다.

그러나 나는 입을 다물고 있을 수 없습니다. 분하고 괴로워서, 말을 하지 않고는 견딜 수 없습니다. 내가 바다 괴물이라도 됩니까? 내가 깊은 곳에 사는 괴물이라도 됩니까? 어찌하여 주님께서는 나를 감시하십니까? 잠자리에라도 들면 편해지겠지, 깊이 잠이라도 들면 고통이 덜하겠지 하고 생각합니다만, 주님께서는 악몽으로 나를 놀라게 하시고, 무서운 환상으로 저를 떨게 하십니다. 차라리 숨이라도 막혀 버리면 좋겠습니다. 뼈만 앙상하게 살아 있기보다는, 차라리 죽는 것이 낫겠습니다. 나는 이제 사는 것이 지겹습니다. 영원히 살 것도 아닌데, 제발, 나를 혼자 있게 내버려 두십시오. 내 나날이 허무할 따름입니다. 사람이 무엇이라고, 주님께서 그를 대단하게 여기십니까? 어찌하여 사람에게 마음을 두십니까? 어찌하여 아침마다 그를 찾아오셔서 순간순간 그를 시험하십니까? 언제까지 내게서 눈을 떼지 않으시렵니까? 침 꼴깍 삼키는 동안만이라도, 나를 좀 내버려 두실 수 없습니까? 사람을 살피시는 주님, 내가 죄를 지었다고 하여 주님께서 무슨 해라도 입으십니까? 어찌하여 나를 주님의 과녁으로 삼으십니까? 어찌하여 나를 주님의 짐으로 생각하십니까? 어찌하여 주님께서는 내 허물을 용서하지 않으시고, 내 죄악을 용서해 주지 않으십니까? 이제 내가 숨져 흙 속에 누우면, 주님께서 아무리 저를 찾으신다 해도, 나는 이미 없는 몸이 아닙니까? (욥 7:11–21)

절망 가운데 있는 욥은 조용하게 있지 않고, 도리어 영혼의 아픔으로 인해 자신의 마음에 있는 괴로움을 불평으로 호소한다. 욥은 자신이 바다 괴물이라서, 감시하는 것이냐고 주님께 물었다. 이처럼 욥은 주님께서 자신을 지켜보고 계신다는 것을 알고 있었다. 욥이 잠자리에 누워 깊은 잠에 빠져서 고통이 줄어들기를 기대했지만, 주님께서는 악몽으로 그를 놀라게 하시고, 무서운 환상으로 떨게 하셨다. 욥은 뼈를 깎는 듯한 마음의 고통을 겪고 있으니, 차라리 죽는 것이 더 낫겠다고 말한다. 고통 속에 사는 것도 지겹고, 이 땅에서 영원히 살 것도 아닌데, 주님께서 자기를 혼자 있게 내버려 두시기를 기도하였다. 욥은 자신의 인생이 허무할 따름이라고 고백한다.

주님께서 자신을 지켜보고 계신다는 것을 알고 있는 욥은 고난 가운데 있다는 것이 괴로웠다. 분명히 자신을 고통 가운데에서 구해 주실 분이 계시지만, 실제로는 구해 주지 않고 도리어 감시하고 있다는 부정적인 생각이 들었을 것이다. 그리고 안식을 얻으려고 하지만 안식할 수 없는 자신의 모습을 보면서, 사는 것보다 죽는 것이 더 좋을 것이라고 여겼다.

사람이 무엇이라고, 하나님은 우리를 대단하게 여기시며, 마음에 두십니까? 왜 아침마다 욥을 찾아오셔서 순간순간 그를 시험(test)하고 계십니까? 언제까지나 한시도 욥에게서 눈을 떼지 않으십니까? 욥은 침을 삼킬 동안이라도 자신을 좀 내버려 두기를 원했다. 사람이 범죄하였더라도, 그로 인해 주님께서 해를 입으십니까? 왜 자신을 주님의 표적물로 삼으시고, 주님의 짐으로 생각하는지 욥은 궁금했다. 진정 주님께서는 욥에게 있을 수 있는 허물과 죄악을 용서하지 않으시는 것일까? 주님께서는 하나님의 아들들과 사탄에게 '욥은 의인'이라고 선포하셨는데, 그에게 숨어 있는 죄악이 있었던 것일까? 사람의 생각으로는 이해할 수는 없지만, 여기에는 분명히 하나님의 뜻이 있다.

욥이 겪고 있는 가장 큰 괴로움은 무엇이었을까? 자신이 그토록 섬겼던 주님께서는 항상 지켜보고 계시면서, 욥이 의인이라는 것과 그가 받고 있는 고통을 알고 계셨다. 욥은 이처럼 자신을 감시하시는 주님을 알고 있었다. 일 분, 일 초도 주님은 욥을 감찰하지 않은 적이 없었다. 주님께서는 지금 이 순간 우리의 모든 것을 지켜보고 계신다. 욥은 주님을 항상 의식하면서 산 사람이었다. 비록 그의 고난은 우리가 당하는 고난과 같지는 않지만, 고난 중에 있는 욥은 고난의 순간에도 자신을 감찰하시는 하나님을 신뢰하면서 기억하고 있었다. 그의 태도는 현재 고난을 받고 있는 사람들에게 큰 도전이 된다.

고난의 순간에 나 홀로 고난을 만나는 것이 아니라, 주님께서 고난 가운데 있는 나를 살펴보신다. 마치 다니엘의 세 친구가 금 신상에 절하지 않음으로 풀무불에 던져졌지만, 주님께서 풀무불 가운데 함께하신 것과 같다. 주님과 함께 고난 가운데 있다는 것을 아는 것이 고난을 이기는 힘이 되리라 믿는다.

10 욥기 8장 1-22

수아 사람 빌닷이 대답하였다. 언제까지 네가 그런 투로 말을 계속할 테냐? 네 입에서 나오는 말 거센 바람과도 같아서 걷잡을 수 없구나. 너는, 하나님이 심판을 잘못하신다고 생각하느냐? 전능하신 분께서 공의를 거짓으로 판단하신다고 생각하느냐? 네 자식들이 주님께 죄를 지으면, 주님께서 그들을 벌하시는 것은 당연한 일이 아니냐? (욥 8:1-2)

두번째 친구 수아 사람 빌닷이 욥에게 입을 열었다.

욥, 너는 어리석은 사람의 말투로 말하는구나. 하나님께서 잘못 심판하신 것이냐? 전능하신 분께서 공의를 거짓으로 판단하셨단 말이냐?

만일 욥이 하나님의 정의와 공의가 잘못된 것이라고 말한다면, 큰 죄를 범하고 있는 것이다. 그렇지만 이것은 자신의 고난으로 인한 탄식이었다. 탄식과 원망의 의미는 다르다. 원망은 상태를 비난하는 것이지만, 탄식은 고통으로 인해 나오게 되는 신음이다. 욥은 엄청난 고난으로 인해 자신도 모르게 고통의 소리를 내뱉고 있었다. 엘리바스와 마찬가지로 빌닷도 욥에게 왜 고난이 닥쳤는지는 알 수는 없었다. 욥에게 닥친 고난의 원인에 대해 빌닷이 말하는 것은 자신의 판단일 뿐 진실은 아니었다. 하나님의 정의와 공의를 부정하기보다는, 죄에 대한 누명을 받았을 뿐이었다. 욥은 고통에 빠져 신음소리를 냈다.

예수께서는 하나님을 모독하지 않았음에도 불구하고 서기관과 제사장은 예수에게 신성모독죄를 적용해서 십자가에서 죽게 하였다. 짓지도 않은 죄에 대하여 누명을 씌워 죄인으로 만드는 것이 도리어 더 큰 죄를 범하는 것이다. 하나님께서 욥을 의인이라고 하셨지만, 친구들은 욥을 하나님께 대한 죄인으로 몰아갔다. 이렇듯 욥의 세 친구가 함께 욥을 죄인이라고 말하면, 다수결로 욥은 죄인이 되어야 하는 것일까? 모든 사람이 죄인이라고 하더라도 하나님께서는 고난 가운데 있는 욥의 손을 들어 주셨다. 그리고 잠잠히 욥을 주시하고 계셨다. 고난으로 힘들더라도 나를 지켜보고 계시는 하나님께서 계시므로 우리는 다시 일어설 수 있다. 이것은 내 의지가 아니라, 다만 함께하시는 주님으로 인해 가능한 것이다.

또한 빌닷은 욥을 정죄하면서 욥의 자녀들이 하나님께 죄를 지었으므로, 당연히 주님께서 그들을 벌하신 것이라고 몰아가고 있다.

하지만 고난은 죄로 인한 결과라는 논리는 잘못된 선입관이며, 이것은 죄가 없는 사람을 정죄하는 악행이다. 빌닷은 욥과 그의 자녀들이 어떻게 하나님께 범죄하지 않으려고 하며 살았는지 알지 못했다. 욥의 자녀가 죽었으므로, 그는 자신의 생각으로 욥의 자녀들을 죄인으로 단정한 것이었다. 그의 판단은 매우 인간적인 상식이며, 이러한 죄에 대한 일반적인 기준이 특별한 경우에 처한 욥과 그의 자녀에게는 해당되지 않는다. 자신이 마치 하나님인 것처럼, 심판장이 되어서 다른 사람을 판단하는 것이 더 큰 죄이다.

예수께서 말씀하셨다. "나는 세상의 빛이다. 나를 따르는 사람은 어둠 속에 다니지 아니하고, 생명의 빛을 얻을 것이다." 바리새인은 "당신이 스스로 자신에 대하여 증언하니, 당신의 증언은 참되지 못하오."라고 말했다. 예수께서 그들에게 대답하셨다. "비록 내가 나 자신에 대하여 증언할지라도, 내 증언은 참되다. 나는 내가 어디에서 와서 어디로 가는지를 알고 있기 때문이다. 그러나 너희는 내가 어디에서 왔는지도 모르고, 어디로 가는지도 모른다. 너희는 사람이 정한 기준을 따라 심판한다. 나는 아무도 심판하지 않는다. 그러나 내가 심판하면 내 심판은 참되다. 그것은, 내가 혼자 있는 것이 아니라, 나를 보내신 아버지께서 나와 함께하시기 때문이다. 너희의 율법에도 기록하기를 '두 사람이 증언하면 참되다' 하였다. 내가 나 자신에 대하여 증언하는 사람이고, 나를 보내신 아버지께서도 나에 대하여 증언하여 주신다." (요 8:12-18)

사람이 정한 기준으로 판단하는 것이 죄악이다. 하나님 아버지께서 함께 하셨기에, 예수께서 말씀하신 증언은 참된 것이었다. 모든 사람이 옳다고 생각하는 것을 따르는 사람은 세상에 속한 사람이다. 그러나 판단의 기준을 하나님 말씀에 두고 사는 자가 그리스도인이다. 마지막 때에는 영적인 미혹이 심하므로, 세상적인 가치관으로 사는 사람은 넘어지게 될 가능성이 높다. 욥의 친밀한 친구들은 모두 욥을 정죄하고 있었다. 마지막 때에는 자신을 잘 알고 있는 사람이 자신을 넘어뜨리려고 할 것이다.

현재 세계 여러 곳에는 기근과 지진, 전염병이 있으며, 기후변화와 화산폭발 등과 같은 재난의 빈도가 증가하고 있는 실정이다. 이후에는 예수 이름으로 말미암아 박해를 받게 될 것이다. 또한 부모와 형제, 친척과 친구들까지도 그리스도인을 박해에 넘겨줄 것이며, 어떤 사람은 죽임을 당할 것이다. 예수의 이름으로 모든 사람에게 미움을 받더라도, 함께하시는 주님의 보호를 받게 될 것이다(눅 21:10-19). 이 고난을 이겨내기 위해서는 '욥의 인내'가 필요하다(약 5:11).

교회에 분쟁이 있는 경우, 어떤 부류는 자신이 하나님 편에 서 있는 것이라고 오판하면서, 다른 편의 사람을 죄인으로 몰아붙이는 경우가 많다. 내가 하나님 편에 서 있다고 생각하기 이전에, 하나님께서 나를 어떻게 평가하실지를 먼저 생각해 봐야 할 것이다. 내 주장을 잠시 내려놓고, 하나님의 말씀을 다른 사람에게 적용하지 말고 자신에게 비추어 살펴보아야 한다. 하나님 앞에서 나는 어떤 사람인가? 내가 주장하는 것으로 다른 사람을 곤경에 빠뜨리게 하는 것은 아닌가? 먼저 하나님 앞에서 순전하고 정직한 사람이 되어야 한다.

그러나 네가 하나님을 간절히 찾으며 전능하신 분께 자비를 구하면, 또 네가 정말 깨끗하고 정직하기만 하면, 주님께서는 너를 살리시려고 떨치고 일어나 셔서, 네 경건한 가정을 회복시켜 주실 것이다. 처음에는 보잘 것 없겠지만 나중에는 크게 될 것이다. (욥 8:5-7)

빌닷은 욥에게 먼저 하나님을 찾고, 자비를 구하면서, 깨끗하고 정직하기만 한다면 주님께서는 반드시 돌보시고, 욥에게 경건한 가정을 회복시켜 주실 것이라는 진리를 말한다. '네 시작은 미약하였으나 네 나중은 창대하리라'

욥과 그의 세 친구 가운데 욥이 가장 경건하였고, 하나님으로부터 의인으로 인정받은 유일한 사람(욥1:1)이었다. 그럼에도 불구하고 빌닷은 욥이 경건하지 않은 사람이라고 판단하였다. 일반적으로 빌닷의 조언은 진리라고 할 수 있다. 하나님을 찾으며 자비를 구하는 자를 하나님께서는 멸시하지 않으시며, 역경에서 그를 구해 주실 것이며, 다시 회복시키신다. 맞다! 그러나 빌닷은 욥에게 있는 고난의 원인을 알지 못했으므로, 빌닷이 아무리 진리의 말을 한다고 하더라도, 그것은 욥에게 적합하지 않은 말이었다. 하나님의 이름으로 빌닷은 욥을 더 고통에 빠지게 만들었다.

욥 8:7 처음에는 보잘 것 없겠지만 나중에는 크게 될 것이다.
개정 욥 8:7 '네 시작은 미약하였으나 네 나중은 창대하리라'

위의 말은 주로 창업을 한 사업주에게 액자에 넣어서 선물로 주는 성경구절이다. 이것은 성경에 기록되어 있지만 하나님께서 하신 말씀이 아니다. 빌닷이 욥에게 '회개를 하면 나중에 더 큰 복을 받게 될 것'이라고 주장하는 말이다. 현대에는 이러한 기복 신앙에 많은 사람들이 물들어 있다. 사람의 귀에 듣기 좋고, 성공으로 도달하게 하는 복을 말하는 것 같은 성경 구절을 선호한다. 시작은 미약했지만, 마지막에는 창대하게 될 것이라는 말이 얼마나 듣기 좋은가? 이것을 액자로 만들어 사업장에 걸어 놓으면, 만사가 형통하게 될 것 같은 생각이 든다. 그러나 이것은 하나님의 말씀이 아니고, 빌닷의 말이다. 이 말을 걸어 놓는 것은 기복 신앙을 형상으로 만들어 놓고, 위안을 받는 일종의 우상이라고 볼 수 있다.

엘리바스, 빌닷, 소발은 인간적인 지혜로 하나님을 높이는 것처럼 말하지만, 실제로는 하나님의 말씀을 전하는 것이 아니다. 만일 목회자들이 성경 말씀이 아니라 신앙 서적에 있는 교훈으로 설교를 하고 있다면, 이들은 욥의 세 친구와 같은 실수를 저지르고 있을 가능성이 있다. 하나님의 말씀을 인용한다고 하지만, 하나님께서 하신 말씀이 아닌 사람의 말로 성도를 가르치는 모순을 범하는 것이다.

이제 옛 세대에게 물어 보아라. 조상들의 경험으로 배운 진리를 잘 생각해 보아라. 우리는 다만 갓 태어난 사람과 같아서, 아는 것이 없으며, 땅 위에 사는 우리의 나날도 그림자에 지나지 않는다. 조상들이 네게 가르쳐 주며 일러주지 않았느냐? 조상들이 마음에 깨달은 바를 말하지 않았느냐? (욥 8:8-10)

빌닷은 욥에게 옛 시대 사람과 조상이 경험으로 터득한 지혜를 배우라고 충고한다. 우리는 갓 태어난 사람과 같아서 아는 것도 없고, 잠시 그림자와 같이 짧은 시간을 사는 것이므로, 조상들이 깨우쳐 주는 진리를 받아들이라고 욥에게 권한다.

하나님의 나라는 인간의 진리와 상식으로 세워지는 것이 아니다. 인간의 학문과 과학, 지식이 발전한다고 하더라도 하나님의 진리를 대치할 수는 없다. 하나님의 말씀을 깨닫고 신앙 서적을 만들 수는 있지만, 그 책을 성경보다 높은 위치에 놓는 것은 잘못된 것이다. 사람이 알고 있는 진리로는 욥의 특별한 상황을 이해할 수 없고, 욥이 앞으로 나아가야 할 길을 알려주지 못한다. 빌닷은 인본주의적인 사람이었으며, 이러한 지혜로는 하나님의 뜻을 알 수 없다.

늪이 아닌 곳에서 왕골이 어떻게 자라겠으며 물이 없는 곳에서 갈대가 어떻게 크겠느냐? 물이 말라 버리면, 왕골은 벨 때가 아직 멀었는데도 모두 말라 죽고 만다. 하나님을 잊는 모든 사람의 앞길이 이와 같을 것이며, 믿음을 저버린 사람의 소망도 이와 같이 사라져 버릴 것이다. (욥 8:11–13)

빌닷은 세상적인 지혜로 욥에게 교훈을 하려고 했다. 늪이 아닌 곳에서는 왕골이 자랄 수 없고, 물이 없는 곳에서 갈대가 클 수 없다. 물이 말라버리면 왕골은 모두 말라 죽는다. 욥에게 고난이 온 것은 하나님을 잊어버렸기 때문이며, 이러한 사람들은 물 없는 왕골처럼 사라질 것이다.

빌닷은 욥에게 위로의 말을 하는 것이 아니라, 인간적인 상식을 말하면서 욥이 하나님을 떠난 사람이라고 단정하였다. 그러기에 그는 욥에게는 소망이 없을 것이라는 저주를 퍼부었고, 욥의 생각을 꺾어서 자신의 뜻에 따를 것을 강요하였다.

말싸움에서 승리한 사람의 말이 진리는 아니다. 진리는 변함이 없는 것이며, 오직 하나님의 말씀에서 나온 것이어야 한다. 누구나 이해할 수 있는 평범한 이치를 진리라고 말하지 않는다. 이해하기는 쉬워도 이것은 하나님의 말씀이 아니기 때문이다.

그런 사람이 믿는 것은 끊어질 줄에 지나지 않으며, 의지하는 것은 거미줄에 지나지 않는다. 기대어 살고 있는 집도 오래 서 있지 못하며, 굳게 잡고 있는 집도 버티고 서 있지 못할 것이다. 비록 햇빛 속에서 싱싱한 식물과 같이 동산마다 그 가지를 뻗으며, 돌무더기 위에까지 그 뿌리가 엉키어서 돌 사이에 뿌리를 내린다고 해도, 뿌리가 뽑히면, 서 있던 자리마저 '나는 너를 본 일이 없다'고 모르는 체할 것이다. 살아서 누리던 즐거움은 이렇게 빨리 지나가고, 그 흙에서는 또 다른 식물이 돋아난다. 정말 하나님은, 온전한 사람 물리치지 않으시며, 악한 사람 손 잡아 주지 않으신다. 그분께서 네 입을 웃음으로 채워 주시면, 네 입술은 즐거운 소리를 낼 것이니, 너를 미워하는 사람은 부끄러움을 당할 것이며, 악인의 장막은 자취도 없이 사라질 것이다. (욥 8:14-22)

빌닷은 욥에게 거침없이 저주의 말을 쏟아낸다. 하나님을 잃어버린 사람이 믿는 것은 끊어질 줄에 지나지 않으며, 그가 의지하는 것은 거미줄에 지나지 않는다. 그가 살고 있는 집도 오래 서 있지 못하며, 굳게 잡고 있는 집도 버티고 서 있지 못할 것이다. 비록 햇빛 속에서 싱싱한 식물이 자라고 번성한다고 할지라도, 뿌리가 뽑히면 아무도 그것을 기억하지 못할 것이다. 살아서 누리던 즐거움이 빨리 지나가고, 그 흙에서는 다른 식물이 돋아나서, 이전에 있었던 것은 허무하게 될 것이다.

빌닷은 욥이 살았던 삶은 허무하게 되어, 아무도 기억하지 않을 것이라고 모욕한다. 그리고 고통으로 인하여 신음 소리만 내고 있는 욥에게 냉정하고 몰인정한 억측은 더 큰 실망을 안겨주었다. 빌닷의 태도를 본보기로 삼아서, 자신도 모르게 빌닷의 모습을 닮지 않았는지 자신을 돌아볼 필요가 있다. 내가 주장하는 것을 사람들이 받아주는 것을 기뻐할 것이 아니라, 내 자신이 하나님의 편에 서 있는가를 확인해야 한다. 빌닷은 확신을 가지고 욥에게 충고의 말을 하고 있지만, 그는 하나님 앞에서 악을 행하고 있었던 것이다.

빌닷은 욥에게 인과응보, 권선징악의 법칙으로 욥의 잘못을 지적하였다. 하지만 이러한 인간적인 상식으로는 하나님의 뜻을 알 수 없으며, 오직 하나님의 성령에 의해 하나님의 깊은 경륜을 깨달을 수 있다(고전 2:10). 신학을 깊이 공부하고, 지식을 많이 쌓은 사람이 되는 것만이 하나님의 일을 하는 사람이라고 착각하는 것같다. 하나님의 뜻은 사람의 지혜가 아닌, 성령께서 가르쳐 주는 영적인 것으로 분별할 수 있다(고전 2:13). 이러기에 하나님의 말씀은 오직 성령의 도움으로 하나님의 말씀으로 해석해야 한다. 하나님 말씀을 믿음으로 받아들일 때에, 비로소 그 말씀이 유익하기 때문이다(히 4:2). 예수를 믿는 믿음을 '믿음'이라고 생각하는 경우가 많지만, 원칙적으로는 하나님의 말씀에 대한 믿음을 의미한다.

교회 공동체에서는 사람의 경험과 상식, 지식이 아닌 하나님의 말씀에 우선권을 두어야 한다. 인간적인 성공이나 복에 대한 개념과 같은 세상의 가치관으로 신앙 생활을 하는 것은 빌닷과 같은 생각으로 살아가려는 것과 같다. 창업하는 가게에 '네 시작은 미약하였으나 네 나중은 창대하리라'는 축하 액자는 더 이상 선물하지 않기로 하자. 모든 사람이 선호하는 길이라고 말하더라도, 혹시 하나님의 뜻이 아닌 인간적인 계획인지 돌이켜 생각해 보아야 한다. 교회 신자 수가 많아지는 것이 하나님의 뜻이라고 생각하는가? 개척 교회에서 몇 사람만이 예배를 드리는 것은 하나님을 기쁘시게 하지 못하는 것인가? 결코 그렇지 않다.

하나님은 순전한 사람을 버리지 않으시고, 악한 사람을 붙들어 주지 않으신다. 빌닷의 이러한 말은 듣기에는 진리처럼 여겨지지만, 그는 욥을 악인으로 몰아 세우며, 그를 더 암울하고 실망되게 하였다. 내가 하나님의 진리를 말한다고 해서 상대방의 입장을 생각하지 않는다면, 하나님의 말씀으로 죄를 범할 수도 있다.

내가 믿고 섬기는 하나님은 다른 사람의 하나님이시기도 하다. 하나님 앞에서 나를 낮추며, 하나님의 뜻을 찾으려는 간절함을 가지고 있을 때 비로소 하나님 앞에서 겸손할 수 있다. 빌닷은 자신의 말을 하나님의 말씀이라고 오판하였다. 믿음에 굳건히 선 사람은 믿음이 연약한 사람을 받아들이고, 그의 의견을 듣되 비판하지 말아야 한다

(롬 14:1-3). 남을 비판하는 것이 아니라, 도리어 나의 말로 인하여 상대방이 넘어지지 않을까 조심해야 한다(롬 14:13).

나뭇잎 자체는 예쁘게 보일 수 있지만, 항상 숲을 먼저 본 후에 나뭇잎을 봐야 한다. 하나님의 말씀, 특히 욥기를 통해 성경 한 구절만을 붙잡는 것이 아니라, 성령의 도우심으로 전체의 모습을 보는 능력을 갖게 되어야 한다. 내 생각만 밀어붙일 게 아니라, 상대방의 입장도 살펴보는 배려가 있어야 한다. 마지막 때에는 악한 영의 미혹으로 어두워지게 될 것이므로, 항상 성령 안에서 하나님의 지혜로 무장하고 인내해야 할 것이다.

11 욥기 9장 1-16

빌닷의 충고에 대하여 욥이 답변했다.

욥이 대답하였다. 그것이 사실이라는 것은 나도 잘 알고 있다. 그러나 사람이 어떻게 하나님 앞에서 의롭다고 주장할 수 있겠느냐? 사람이 하나님과 논쟁을 한다고 해도, 그분의 천 마디 말씀에 한 마디도 대답하지 못할 것이다. 하나님이 전지전능하시니, 그를 거역하고 온전할 사람이 있겠느냐? (욥 9:1-4)

빌닷은 인간적인 기준에서 인과응보, 권선징악을 말했지만, 욥은 그가 무엇을 말하고 있는지 알고 있었다. 어떠한 사람도 하나님 앞에서 자신의 의로움을 주장할 수는 없다. 만일 사람이 하나님과 논쟁을 한다고 하더라도, 그분의 천 마디 말씀에 한 마디도 대답하지 못할 것이다. 하나님은 전지전능하신 분이므로, 그분을 거역할 때 온전할 사람은 아무도 없다는 것이었다.

빌닷이 말한 충고에 대해서 욥은 그의 말과 논리에 동의한다. 하나님 앞에서 의로운 사람은 아무도 없고, 하나님과 논쟁할 수도 없으며 거역할 수도 없다. 비록 욥은 하나님 앞에서 의인으로 살았지만, 그래도 자신의 의를 하나님께 감히 말할 수 없었다. 모든 인간은 하나님 앞에서 자신의 연약함을 인정해야 한다. 욥은 하나님께 올바르게 살기 위해서, 혹시 자녀들이 자신도 모르게 지은 죄에 대해서도 회개의 제사를 드렸던 사람이었다(욥 1:5). 나름대로 의인으로 살았던 욥은 자신이 받고 있는 고난의 이유를 하나님께 물어보고 하소연하길 원했을 것이다. 하나님의 전지전능을 안다면 누구도 하나님을 이길 수 없을 것이다.

아무도 모르는 사이에 산을 옮기시며, 진노하셔서 산을 뒤집어엎기도 하신다. 지진을 일으키시어 땅을 그 밑뿌리에서 흔드시고, 땅을 받치고 있는 기둥들을 흔드신다. 해에게 명령하시어 뜨지 못하게도 하시며, 별들을 가두시어 빛을 내지 못하게도 하신다. 어느 누구에게 도움을 받지도 않고 하늘을 펼치시며, 바다 괴물의 등을 짓밟으신다. 북두칠성과 삼성을 만드시고, 묘성과 남방의 밀실을 만드시며, 우리가 측량할 수 없는 큰 일을 하시며, 우리가 헤아릴 수 없는 기이한 일을 행하시는 분이시다. 하나님이 내 곁을 지나가신다 해도 볼 수 없으며, 내 앞에서 걸으신다 해도 알 수 없다. (욥 9:5-11)

하나님께서 행하시는 일들에 대하여 세상이 그 이치를 깨닫지 못한다. 하나님께서는 산을 옮기시며, 진노하셔서 산을 뒤집어엎기도 하신다. 지진으로 땅을 그 밑뿌리에서 흔들고, 땅을 받치고 있는 기둥들을 흔드신다. 해에게 뜨지 못하게 명령도 하시고, 별들을 가두어서 빛을 내지 못하게도 하신다. 어느 누구의 도움이 없어도 하늘을 펼치시고, 바다의 파도를 짓밟으신다. 북두칠성과 삼성(Orion)을 만드시고, 우리가 측량할 수 없는 크고 헤아릴 수 없는 기이한 일을 행하신다. 하나님께서 내 곁을 지나가신다고 해도 볼 수 없으며, 내 앞에서 걸으신다고 해도 욥은 알 수 없다고 했다.

빌닷이 말하는 인과응보와 권선징악이 일반적으로 인정되는 이치라고 해도, 욥에게는 적절하지 못했다. 잘못한 것으로 인하여 벌을 받는 것은 당연하지만, 만약 죄 없이 환난을 당한다면 그 이유를 찾을 길이 없기 때문이다. 잘못을 한 것으로 비난을 받고 고통을 받고 있으면, 이것은 죄로 인해 받는 징계이다. 아무 잘못이 없는데도 고난을 받으며 살아가야 의인이라고 할 수 있다.

빌닷은 세상에서 일어나는 일들에 대하여 말하고 있지만, 욥은 오직 자신의 처지를 항변한다. 모든 것을 잃어버린 상태에서도, 욥은 하나님을 떠날 수 없었다. 잃어버린 것을 안타까워했던 것이 아니라, 아무런 이유도 없이 받는 고난으로 괴로웠다. 그러나 이 모든 것이 하나님으로부터 나온 것임을 알고 있었다.

우리는 잠시 동안 이 세상을 살아가고 있지만, 우리가 가야 할 본향은 영원한 하나님의 나라이다. 이러므로 야곱은 자신이 살았던 130년을 '나그네 길'이라고 말했다(창 47:9). 100년을 넘어 살아도 이 세상은 영원히 있어야 할 곳이 아니라, 잠시 거쳐서 지나가는 장소이므로 우리는 세상에서 나그네와 거류민 같은 삶을 살아가는 것이다. 영원한 것을 바라보는 그리스도인이라면, 하나님을 의식하면서 인내하고, 내 혼(soul)을 거슬려 싸우는 육체적인 정욕을 멀리해야 한다(벧전 2:11).

아브라함도 이 세상에서 살 때, 약속의 땅에 살면서도 마치 타국에 몸 붙여 사는 나그네처럼 거류했다. 그는 하나님께서 설계하시고 세우실 튼튼한 기초를 가진 도시를 바랐던 것이다(히 11:9,10). 아브라함의 자손들은 모두 믿음을 따라 살다가 죽었고, 하나님께서 약속하신 것을 받지는 못했지만 멀리서 바라보고 환영했으며, 땅에 잠시 있는 길손과 나그네라고 고백했다. 그들이 만일 떠나온 곳을 생각하고 있었더라면, 다시 돌아갈 기회가 있었겠지만, 사실 그들은 더 좋은 곳을 동경하고 있었다. 그것은 곧 하늘의 고향이었다. 하나님께서는 이러한 소망이 있는 자들의 하나님이라고 불리는 것을 기뻐하셨고, 그들을 위하여 한 도시를 마련해 두셨다(히 11:13-16).

모세는 어른이 되었을 때 공주의 아들이라고 불리기를 거절했다. 그는 잠시 죄의 향락을 누리는 것보다, 하나님의 백성과 함께 고난을 받는 길을 택하였다. 모세는 그리스도를 위하여 받는 모욕을 이집트의 재물보다 더 값진 것으로 여겼다. 왜냐하면 그는 장차 받을 상을 바라보았던 것이다(히 11:23-26).

이스라엘은 이집트에서 탈출하여 광야에서 고난을 맞았고, 향하고 있는 가나안에는 엄청난 적들이 있다는 보고를 들었다. 어떤 자들은 이집트로 돌아가자고 선동도 하였는데, 이것은 하나님에 대한 반역이었다. 여호수아와 갈렙, 두 사람은 하나님의 약속을 붙잡고 들어가려고 했다. 결국 반역했던 자들은 광야에서 죽고, 약속을 바라보았던 두 사람만이 가나안에 들어갈 수 있었다. 그리스도인은 현재의 상황에 매여 있는 자들이 아니라, 하나님의 약속을 견고히 붙잡는 자들이다.

욥은 마지막 때에 아무 잘못한 것이 없는데도 예수를 믿는다는 이유로 환난을 받을 그리스도인들에게 인내의 모범을 보여주었다. 아브라함은 세상과 타협하면서 산 것이 아니라, 하나님께서 예비해 주신 하늘의 고향을 바라보았고, 모세는 쾌락과 성취를 즐기는 것보다 도리어 고난을 선택하였다. 모세가 받은 고난을 성경에서는 '그리스도를 위하여 받는 수모'로 설명하고 있다. 아무런 이유도 없이 예수를 믿기 때문에 고난을 받게 될 말세의 그리스도인을 위해 성경에서는 모세를 통해 미리 알려주고 있다.

현재 기독교는 무엇을 바라보면서, 어떤 신앙을 가지라고 말하고 있는가? 현세에서 교회의 가르침은 결론적으로 복을 받는 것에 초점을 맞추고, 정작 하나님의 말씀에 순종하라는 가르침은 등한시하는 경향이 있는 것 같다. 그리스도인들이 아무 이유도 없이 고난을 받고 있다면, 이것을 저주라고 생각할 수 있을 것이다. 성공과 형통한 것을 복이라고 말하는 기복 신앙을 가진 자들의 눈에는 고난은 저주로 비쳐질 것이다.

사탄은 하나님께 욥의 신앙이 잘못된 것이라고 주장했다. 아무 까닭 없이 하나님을 섬기는 것이 아니라, 바라는 것을 이루기 위해서 하나님을 따르고 있다는 것이었다. 그러자 하나님께서는 사탄에게 욥을 시험하도록 허락하셨다. 사탄은 욥이 가지고 있는 재산과 자녀를 없애 버렸지만, 욥은 환난 가운데에서도 하나님을 찾으면서 고통으로 신음했던 것이다. 그리고 자신이 잘되는 것이 아니라, 하나님 앞에서 올바른 삶을 살기를 원했다. 자신의 재물과 자녀의 축복을 위해서 하나님을 따랐던 것이 아니라, 모든 것은 하나님께서 주신 것이고 거두어 가실 수도 있다고 생각했다.

마지막 날에는 그리스도인은 성공을 목표로 하는 것이 아니라, 세상 사람 가운데서 선하고 올바른 삶을 살아야 한다. 그날에 세상 사람들은 그리스도인에게 악을 행하는 사람이라고 욕을 할 것이다. 하지만 그들은 그리스도인의 바른 행위를 보고, 주님께서 찾아오시는 날에 하나님께 영광을 돌리게 될 것이다(벧전 2:12). 죄를 범하지 않고서도 사람들의 비방을 받을 때, 그리스도인은 그들을 대적하는 것이 아니라, 도리어 하나님 앞에서 지속적으로 선행을 해야 한다.

사람은 하나님께서 행하시는 일과 뜻을 전혀 알 수 없고 이해할 수도 없다. 욥은 인간적인 도덕과 정의에 대한 이치를 알고 있었지만, 정작 자신에게 닥친 고난에 대한 하나님의 뜻을 알 수 없었다. 그렇다고 하더라도 욥은 하나님을 떠나는 것이 아니라, 도리어 하나님께 더 나아가 자신의 억울함을 호소하였다.

하나님을 따르는 사람은 어떠한 일이 있다 하더라도 하나님께 나아가야 한다. 모든 것을 주관하시는 하나님이시므로, 성취와 기쁨이 있을 때만이 아니라, 괴로움과 고통 가운데 있더라도 하나님을 경외하고 섬겨야 한다. 이것이 창조주 하나님께 대한 사람의 올바른 도리이다.

그가 가져 가신다면 누가 도로 찾을 수 있으며, 누가 감히 그에게 왜 그러시느냐고 할 수 있겠느냐? 하나님이 진노를 풀지 아니하시면 라합을 돕는 무리도 무릎을 꿇는데, 내가 어찌 감히 그분에게 한 마디라도 대답할 수 있겠으며, 내가 무슨 말로 말대꾸를 할 수 있겠느냐? 비록 내가 옳다 해도 감히 아무 대답도 할 수 없다. 다만 나로서 할 수 있는 일은 나를 심판하실 그분께 은총을 비는 것뿐이다. 비록 그분께서 내가 말하는 것을 허락하신다 해도, 내가 부르짖는 소리를 귀기울여 들으실까? (욥 9:12-16)

하나님께서 가져가신다면 누가 도로 찾을 수 있을 것이며, 누가 감히 그에게 왜 그러시느냐고 할 수 있겠는가? 하나님께서 진노를 풀지 아니하시면 라합(태초에 바다에 살던 용의 이름)을 돕는 무리도 무릎을 꿇는다. 그런데 어찌 사람이 감히 그분에게 한마디라도 대답할 수 있겠으며, 무슨 말대꾸를 할 수 있겠는가? 아무리 자신이 옳다고 하더라도 감히 어떤 대답도 할 수가 없다. 욥이 오직 할 수 있는 일은 심판하시는 하나님께 은총을 비는 것뿐이었다. 하나님께서 욥이 말하는 것을 허락하신다고 하더라도, 사람의 부르짖는 소리를 그분께서 들으실 것인지 욥은 두려웠다.

욥은 모든 일을 주관하시는 하나님을 확실히 알고 있었다. 전지전능하신 주권자 하나님께서 재판하시는 자리에 나아갔을 때, 욥이 할 수 있는 일은 자비를 베풀어 주시기를 간구하는 것뿐이었다. 자신의 상황에 대해 불평할 수도 없고, 억울함을 증명할 수도 없는 욥은 하나님께서 자신의 억울함을 알아주길 원했다. 하나님께 자신의 상황을 말씀드린다고 해서, 하나님의 뜻을 바꿀 수는 없다.

욥은 모든 주권이 하나님께 있다는 것을 인정하였다. 우리는 자신의 의와 공적을 하나님께 내놓을 수가 없다. 만일 내가 이루어 놓은 것이 있다면, 그것은 모든 것을 이루게 하시는 하나님의 능력에 의한 것이다(고전 15:10). 바울은 자신이 심었지만, 아볼로는 물을 주었고, 오직 하나님께서 자라게 하셨다고 하였다. 심는 사람이나 물 주는 사람은 아무것도 아니지만, 자라게 하시는 분은 하나님이시다(고전 3:6). 이처럼 사람은 겉으로 드러나 보이는 일을 하지만, 하나님께서 그 일의 본질을 주관하신다. 이러므로 그리스도인은 자신이 하는 것이 아니며, 하나님의 일을 행하는 동역자로 살아가야 한다(고전 3:9).

그리스도인이 하나님께 나아갈 수 있는 이유는 하나님의 은총, 은혜, 자비 때문이다. 하나님께서는 공의로 세상을 판단하시는 사랑의 하나님이시다. 어느 누구도 자신의 의로 공의의 하나님 앞에 설 수 없지만, 사랑의 하나님께 은총을 간구할 수 있다.

전심으로 하나님을 따랐던 욥이었지만, 그는 고난 앞에서 아무것도 할 수 없었다. 오직 하나님의 자비만을 바랐고, 고난으로 욥은 더욱 겸손할 수 있었다. 하지만 큰 재물을 가지고 있으면서 자녀가 형통하여 사회적인 지위를 가지고 있는 사람은 세상의 관점으로 볼 때 성공한 사람이며, 만일 그에게 어떤 고난이나 환난이 닥치지 않는다면, 그는 교만과 자만의 길로 들어서게 될 가능성이 높다. 자기 중심적인 사람이 되어서 자신도 모르게 남을 판단하고, 자신의 업적을 자랑하게 되어, 결국 하나님을 경시할 수 있다. 이렇듯 하나님께서 계시지 않는다고 생각하는 그들에게는, 잠시 동안 세상에서 성공했을 뿐이지, 하늘 고향에 돌아갈 자격을 잃어버린 것이다.

우리는 욥의 축복에 초점을 맞추는 것이 아니라, 고난 가운데에서도 하나님을 향하여 간구하는 욥의 신앙을 배워야 한다. 욥이 부르짖는 소리는 미래의 성도들이 환난으로 인해 외치는 절규라고 볼 수 있다. 욥은 말세에 예수로 인해 고난받는 성도이며, 이런 관점으로 볼 때 욥의 고통을 나의 것으로 받아들여야 한다.

12 욥기 9장 17–35

그분께서 머리털 한 오라기만한 하찮은 일로도 나를 이렇게 짓눌러 부수시고, 나도 모를 이유로 나에게 많은 상처를 입히시는데, 숨돌릴 틈도 주시지 않고 쓰라림만 안겨 주시는데, 그분께서 내 간구를 들어 주실까? 주님께서는 머리털 한 오라기만한 하찮은 일로도 나를 이렇게 짓눌러 부수시고, 아무 이유도 없이 나에게 많은 상처를 입히시며, 숨돌릴 틈도 주시지 않고 괴로움으로 채워 주신다. 그분께서 내 간구를 들어 주시겠는가? (욥기 9:17,18)

욥은 하나님께 가까이 가려고 했지만, 오히려 주님께 대한 두려움이 가득했다. 왜냐하면 잘못한 일로 인해 고난을 받고 있다면, 이는 하나님께서 주시는 징계이기에 욥은 주저하지 않고 하나님께 회개하였을 것이기 때문이다. 그러나 그는 자신을 돌아보면서 무엇을 잘못했는지 전혀 알 수 없었다. 그는 평소에 하나님을 경외하였으므로, 죄를 짓지 않았다 하더라도 의식하지 못한 죄까지도 회개의 제사를 드렸다. 우리 모두는 죄를 지을 수 있는 연약한 존재라는 것을 인정하면서, 하나님을 두려워해야 한다. 이것이 경외이다.

자신을 돌아보고도 죄를 지은 것이 생각나지 않는다면, 대부분은 그 사람이 죄를 지은 것을 잊어버렸기 때문일 것이다. 일반적으로 사람은 죄라고 생각하면 큰 죄를 생각하기 마련이다. 큰 돌 한 개를 옮긴 것과 수많은 조약돌을 옮긴 것을 생각해 보라. 큰 돌이 있었던 장소를 기억할 수 있지만, 수많은 조약돌은 각각 어디에서 주운 것인지 알 수 없다. 사소한 죄는 죄에 해당되지 않는가? 살인이나 도둑질을 한 것이 아니라, 다만 형제자매를 미워한 것이라면 죄라고 할 수 있겠는가? 그러나 요한일서에서는 이에 대하여 단호하게 말한다.

요일 3:15 자기 형제자매를 미워하는 사람은 누구나 살인하는 사람입니다. 살인하는 사람은 누구나 그 속에 영원한 생명이 머물러 있지 않다는 것을 여러분은 압니다.

형제를 미워하는 것은 살인의 죄를 범한 것이며, 이러한 사람에게는 영생이 없다는 것이다. 이렇다면 형제를 미워하는 죄는 사소한 것이 아니라, 영생을 얻을 수 없는 무서운 죄악이라는 것을 알 수 있다. 작은 죄냐 또는 큰 죄냐로 구분하는 것보다는, 죄를 범하지 않도록 주의하는 것이 더 중요하다.

사람은 연약하여 자신도 모르게 죄를 범할 가능성이 있으므로, 자기를 의지하지 말고 죽은 자를 다시 살리시는 하나님만 의지하여야 한다(고후 1:9). 바울처럼 자신을 죄인의 괴수라고 인정하면서(딤전 1:15), 자신에 대하여는 엄격함을 적용하되, 타인에게 대하여는 관용을 베풀어야 한다. 욥은 이렇게 살았던 사람이었다. 그러기에 자신이 받고 있는 고난은 큰 죄가 아닌, 자신이 기억하지 못하는 하찮은 죄로 인한 것이라고 생각했을지도 모른다. 욥이 가졌던 것처럼, 우리의 신앙생활 중에도 고민과 질문은 계속되어야 한다.

친구의 말을 들으면서 욥은 자신의 고난이 어떤 죄로 인한 것인지를 고민했다. 하나님께서 흠 없는 사람이라고 말씀하셨던 것처럼, 욥에게는 죄악이 없었다. 그럼에도 욥은 고난이 하나님으로부터 온 것이라고 인정했다. 주님께서 자신의 어려움을 잘 알고 계시는데, 고난에 머물게 하시는 이유는 해결하기 어려운 문제였다. 주님께 나아가서 자신의 고통에 대하여 호소와 간구를 할 때, 주님께서 들어줄 것인지 알 수 없었다. 하나님을 평생 잘 따르고 섬겼던 욥은, 엄청난 고난으로 인하여 주님께 나아가는 것이 두렵게만 여겨졌다. 고난 중에서 욥이 바랄 수 있는 유일한 분은 하나님이지만, 그분께 나아가는 것을 두려워하고 있는 욥의 심정이 얼마나 괴로웠을 것인지 짐작해 본다.

강한 쪽이 그분이신데, 힘으로 겨룬다고 한들 어떻게 이기겠으며, 재판에 붙인다고 한들 누가 그분을 재판정으로 불러올 수 있겠느냐? 비록 내가 옳다고 하더라도, 그분께서 내 입을 시켜서 나를 정죄하실 것이며, 비록 내가 흠이 없다고 하더라도, 그분께서 나를 틀렸다고 하실 것이다. 비록 내가 흠이 없다고 하더라도, 나도 나 자신을 잘 모르겠고, 다만, 산다는 것이 싫을 뿐이다. (욥기 9:19–21)

욥은 계속해서 말했다. 강한 쪽이 하나님이신데, 힘으로 겨룬다고 한들 어떻게 이기겠으며, 재판에 붙인다고 한들 누가 그분을 재판정으로 불러올 수 있겠느냐? 결국 하나님께서 나의 죄를 드러나게 하실 것이다. 내가 흠이 없어도 잘못되었다고 하실 것이다.

욥은 자신의 입장을 하나님께 말씀드릴 생각도 했을 것이다. 아무 잘못을 찾을 수 없는 사람에게 고난이 닥쳤을 때, 하나님의 뜻이 있다고 말한다면, 더 혼란스러워질 것이다. 아무도 하나님의 마음을 알 수 없지만, 고난을 통하여 하나님의 선한 뜻이 이루어지고 있다는 것은 받아들여야 한다.

시 119:71 고난을 당한 것이, 내게는 오히려 유익하게 되었습니다. 그 고난 때문에, 나는 주님의 율례를 배웠습니다.

고난은 자신을 돌아보게 만든다. 욥은 고난을 통하여 자신을 되돌아볼 기회를 가지게 되었다. 자신의 입장이 아니라, 하나님의 입장에서 자신을 돌아보는 것이다. 내가 생각하기에 옳은 것이 아니라, 하나님께서 보시기에 옳고 그른 것을 고민하는 것이다. 하나님의 명령을 따라 살았던 사람이라도 고난을 받을 수 있다. 그렇지만 그 고난으로 인하여 우리는 하나님께 한 걸음 더 나아갈 수 있다.

현재의 고난을 하나님께 항변하려고 하지만, 욥은 이렇게 하는 것조차 부질없는 것임을 알고 있었다. 하나님은 강하신 분이므로 힘으로 한다고 하더라도 주님과 대항할 수 없을 뿐더러, 주님께서 주권자이며 재판장이시니 대항할 수도 없다고 하였다. 욥은 자신이 옳다고 말할지라도, 하나님께서 욥으로 하여금 스스로 죄인이라는 것을 인정하게 만드실 것이다. 만일 욥이 흠이 없다고 말한다고 하더라도, 하나님께서는 흠을 찾아내실 것이다. 욥은 자신을 돌아보면서, 어떤 잘못이 있었는지 전혀 알 수가 없었다. 더욱이 하나님께서도 이미 욥을 흠 없는 사람으로 인정하셨다. 이러기에 욥은 고민에서 벗어나지 못했고, 사는 것조차도 버겁게 느껴졌다. 그리고 희망이 끊어진 욥은 살 의욕을 잃어버렸다. 자신의 의지로 고난을 해결할 수 없다.

욥은 다음과 같이 자신의 심경에 대하여 말했다.

나에게는 모든 것이 한 가지로만 여겨진다. 그러므로 나는 "그분께서는 흠이 없는 사람이나, 악한 사람이나, 다 한 가지로 심판하신다"고 말할 수밖에 없다. 갑작스러운 재앙으로 다들 죽게 되었을 때도, 죄 없는 자마저 재앙을 받는 것을 보시고 비웃으실 것이다. 세상이 악한 권세자의 손에 넘어가도, 주님께서 재판관의 눈을 가려서 제대로 판결하지 못하게 하신다. 그렇지 않다고 하면, 그렇게 하는 이가 누구란 말이냐? (욥기 9:22-24)

욥은 하나님께서 모든 사람을 다 같이 심판하신다고 생각했다. 마지막 날에 모든 사람이 하나님 앞에서 각자의 행위에 대한 심판을 받게 되는 광경을 연상(association, 대체)하게 된다. 갑자기 재앙이 닥쳐서 많은 사람이 죽을 때 죄 없는 사람도 함께 죽는다. 그리고 악한 권세자가 그 권한을 마음대로 휘둘러서 제대로 된 판결을 하지 않고, 자신의 욕망대로 심판하기도 한다.

이러한 모든 것이 하나님의 권한 아래에 있는데, 이와 같이 잘못된 일이 일어나고 있는 것은 어떻게 된 것이란 말인가? 세상의 모든 것을 주관하시는 분이 하나님이심을 알고 있는 욥은 옳지 않은 결말에 대하여 의구심을 가진다. 하나님께서 계시는데, 잘못된 세상의 일들은 누가 관여하고 있는 것인가? 이러한 잘못된 일에 대한 책임은 누구에게 물어야 할 것인가? 모든 일들을 주관하시는 하나님께서 재난의 때에 죄 없는 사람도 함께 죽게 놔두시는 이유는 무엇인가?

비행기가 추락할 때, 봉사와 선교를 위해 함께 탑승했던 선한 사람들이 죽기도 한다. 불의한 재판으로 세상의 공의는 사라진 것 같다. 이러한 잘못된 일들이 왜 일어나게 되었는지 욥처럼 우리도 알지 못한다. 이와 같이 욥의 고난의 이유도 사람은 전혀 알 수 없다. 특별한 까닭 없이 고난을 당하는 사람에게 그 고난이 일어나게 된 이유를 마치 정답인 것처럼 말해 준다면, 고난을 만난 사람에게 위로가 될 수 있을까? 이해할 수 없는 고난이 닥칠 때에도 우리는 하나님만 의지해야 한다.

내 일생이 달리는 경주자보다 더 빨리 지나가므로, 좋은 세월을 누릴 겨를이 없습니다. 그 지나가는 것이 빠른 배와 같고, 먹이를 덮치려고 내려오는 독수리처럼 빠릅니다. 온갖 불평도 잊어버리고, 슬픈 얼굴빛을 고쳐서 애써 명랑하게 보이려고 해도, 내가 겪는 이 모든 고통이 다만 두렵기만 합니다. 그러나 주님께서 나를 죄 없다고 여기지 않으실 것임을 압니다. 주님께서 나를 정죄하신다면, 내가 무엇 때문에 이렇게 애써서 헛된 수고를 해야 합니까? 비록 내가 비누로 몸을 씻고, 잿물로 손을 깨끗이 닦아도, 주님께서 나를 다시 시궁창에 처넣으시니, 내 옷인들 나를 좋아하겠습니까? (욥기 9:25-31)

욥에게 견디기 어려운 고난이 순식간에 닥쳤다. 욥의 인생이 너무나 짧고 빠르게 지나가므로, 고난 가운데 죽음을 맞을 수 있겠다는 생각도 할 것이다. 욥은 자신을 스스로 위로하면서, 불평을 잊어버리고, 생각을 바꾸어 얼굴빛을 고치고 즐거운 것처럼 위장해도, 자신이 겪는 고통이 두려울 뿐이었다.

고난 가운데 있을 때 우리는 스스로 위로하려고 한다. 그러나 자신에 대한 위로보다도 고난에 대한 고통이 더 두렵다. 비록 욥이 자기 마음을 스스로 위로한다고 하더라도, 주님께서 욥을 정죄하실 것 같았다. 이러므로 욥은 더 깊은 절망에 빠질 수밖에 없었다. 그는 깨끗하고 정결한 삶을 살았지만, 그럼에도 불구하고 지금은 고난에 빠져 있었다.

성결한 삶을 살았던 욥에게 닥친 고난을 생각해 보면, 인생은 이해할 수 없는 것들로 가득하다는 생각이 든다. 심는 대로 거둔다고 하였지만, 선을 심은 욥이 고난의 열매를 거두고 있다는 것은 모순일 수 있다. 그렇지만 욥이 현재 만나고 있는 고난은 열매가 아닌 과정이라는 것이다. 죽음을 맞이하기 전까지 일어나는 모든 일은 과정이며, 더 나아가 하나님 안에서 부활이 있으므로 죽음도 결론이 아닌 과정이라고 볼 수 있다(눅 20:36). 힘든 과정을 인내로 이겨내려고 애쓰는 것이 신앙의 여정이다.

욥을 보면서, 도저히 이해하지 못하는 고난을 만난다면, 우리도 욥과 같은 절망에 빠지게 될 것이다. 고난의 이유를 사람이 정확하게 설명할 수 없다. 욥의 세 친구는 자신들의 인생 경험과 지식으로 고난의 이유를 설명하였고, 자신의 논리에 따라서 욥을 정죄했다. 이들처럼 우리도 때로는 고난의 이유를 알려주려고 애쓰거나, 고난을 당한 사람의 죄를 들추어 내는 오류를 범하기도 한다. 욥에게 필요한 것은 함께 고난에 동참하는 공감이었다. 공감의 영성을 위해 우리는 욥과 함께 고난에 참여하면서, 같이 괴로워하고 있는 것이다. 욥의 고난은 정도의 차이가 있을지는 몰라도 그리스도인이 만나게 될 고난이기 때문이다.

하나님이 나와 같은 사람이기만 하여도 내가 그분께 말을 할 수 있으련만, 함께 법정에 서서 이 논쟁을 끝낼 수 있으련만, 우리 둘 사이를 중재할 사람이 없고, 하나님과 나 사이를 판결해 줄 이가 없구나! 내게 소원이 있다면, 내가 더 두려워 떨지 않도록, 하나님이 채찍을 거두시는 것. 그렇게 되면 나는 두려움 없이 말하겠다. 그러나 나 스스로는, 그럴 수가 없는 줄을 알고 있다. (욥기 9:32-35)

하나님은 사람이 아니므로, 욥과 하나님 사이를 중재하며 판결해 줄 사람이 없다. 그러기에 욥에게 있는 유일한 소원은 하나님께 대한 원망이 아니며, 누가 옳고 그른 문제도 아니고, 다만 하나님의 징계의 채찍을 거두어 달라는 것뿐이었다. 더 많은 부와 권세를 누리길 원하는 욕심이 아니라, 단지 고통이 멈추기만을 바라는 것은 절박한 사람의 작은 소원일 뿐이다. 하나님께서 욥의 소원을 들어 주길 원하신다면, 욥은 두려움 없이 간구할 것이다. 그러나 지쳐서 버틸 힘이 없는 욥에게 이러한 일이 어떻게 일어날 수 있겠는가?

고난을 당한 사람의 소원은 고난이 끝나는 것이다. 욥의 친구들과 같이 고난에 대하여 누구의 생각이 옳고 그름을 논하는 것은 아무 소용이 없는 미련한 일이다. 욥과 같은 고난을 당한 사람에게 진정한 위로는, 고난에 대한 철학적인 해석이 아니라, 함께 울고, 고난의 자리에 함께 있는 것이다. 공감의 영성을 가진 사람이 되어서, 하나님께 그 고난을 위해 함께 기도의 자리에 참여하는 것이다.

말세에 예수 그리스도의 이름으로 인하여 고난을 받게 될 성도들에게 필요한 신앙은 욥을 통해 배울 수 있다. 고난의 이유를 찾으려는 것이 아니라, 고난을 당하고 있는 형제자매 성도들을 위로하며, 함께 도와서 인내하라는 것이다. 욥을 말세에 환난 가운데 있게 될 성도들을 인내로 이겨내도록 훈련시키는 교관이라고 생각해 보자.

13 욥기 10장 1-22

산다는 것이 이렇게 괴로우니, 나는 이제 원통함을 참지 않고 다 털어놓고, 내 영혼의 괴로움을 다 말하겠다. (욥 10:1)

욥에게 자신의 고통을 호소할 분은 오직 하나님이셨다. 욥의 세 친구 중 엘리바스와 빌닷은 욥에게 교훈을 주려고 했지만, 실은 그를 더 비참하게 만들었다. 그리고 진리를 말했다고 생각했지만, 그들의 말은 세상의 이치였고, 하나님의 진리를 말한 것이 아니었다. 하나님의 뜻을 알 수 있는 길은 인간의 지혜가 아니라, 오직 성령을 통해서 가능하다. 하나님의 영이신 성령께서 하나님의 깊은 경륜까지도 아시기 때문이다(고전 2:10). 그렇기에 원인을 알지 못하는 고난을 맞이한다면, 사람들의 충고를 들을 게 아니라 성령을 의지하면서 하나님께 나아가야 한다.

욥은 하나님께 자신의 괴로움을 털어 놓았다. 하나님을 비난하기보다, 고난으로 인한 자신의 고통을 호소했던 것이다. 신약에도 고난과 인내의 본으로 욥이 나온다. 욥은 마지막 날에 큰 환난을 받을 성도들을 위해서 본보기가 되었다(약 5:7-11). 마지막 때에 환난을 맞이할 성도들은 욥의 인내를 교훈삼아, 고난을 견디어 내라는 것이다.

예수께서 마지막 때에 대하여 말씀하셨다. 마지막 때에는 민족이 민족을 대적하여 테러가 있을 것이며, 나라가 나라를 대적하여 전쟁이 일어날 것이다. 세계 여러 곳에는 큰 지진과 기근과 전염병이 있을 것이며, 하늘로부터 무서운 일과 큰 징조가 나타날 것이다. 이러한 모든 일이 일어나기 전에, 사람들이 그리스도인들에게 손을 대어 박해하고, 회당과 감옥에 넘겨줄 것이다. 예수의 이름으로 인해 왕들과 총독들 앞에 끌려갈 것이다. 이 일이 도리어 성도들이 증언할 기회가 될 것이다(눅 21:10-13).

로마 시대에 초대교회의 그리스도인은 극심한 박해를 받았고, 맹수의 먹잇감과 사람들의 조롱거리가 되었다. 과거에 신앙을 지켰던 사람들이 현재 우리와 미래의 성도들에게 인내의 본보기를 보여주었다. 로마 시대에 환난 중에 있었던 성도들은 욥을 신앙의 본보기로 삼아 인내하였을 것이다. 현재의 성도들이 주님의 이름으로 받는 고난이 있다면, 이것은 후세의 성도들에게 인내의 본을 보여주는 것일 수 있다. 말세의 성도들에게 닥칠 환난은 피하거나 사람의 지혜로 해결할 수 있는 것이 아니라, 견디어 내는 인내가 필요할 뿐이다(약 5:7-11). 이러므로 욥은 말세 환난을 맞이할 성도들을 위한 '인내 훈련교사'라고 할 수 있다.

지구촌 여러 곳에는 민족끼리 해치는 테러가 난무하고 있으며, 1차–2차 세계 대전 후에도 전 세계적인 대규모 무력 분쟁과 보이지 않는 경제 전쟁이 있었다. 지진은 그 빈도수가 늘어나고, 엄청난 수의 메뚜기가 농작물을 해치고 있다. 태풍과 쓰나미, 우박, 홍수, 화산 폭발, 가뭄, 지구 온난화는 이미 현실적인 문제가 되었다. 이 일 이후에는 예수의 이름으로 인해 모든 사람에게 미움을 받게 될 것이라고 성경은 알려주고 있다(마 24:9–14, 눅 21:17).

마지막 날에 성도들에게 예정된 환난은 없애거나 피할 수 없다. 그러나 핍박과 미움을 받지만 성도들의 머리털 하나도 상하지 않을 것이며, 참고 견디는 가운데 목숨을 얻게 될 것이라고 주님께서 약속하셨다(마 24:9,13 눅 21:18,19). 그때에는 부모와 형제, 친척과 친구들까지도 돌변하여, 예수를 따르는 자를 고발할 것이다(눅 21:16). 그럼에도 불구하고 천국 복음은 온 세상에 전파되어서, 모든 민족에게 증언될 것이며, 그때에 끝이 올 것이다(마 24:14).

내가 하나님께 아뢰겠다. 나를 죄인 취급하지 마십시오. 무슨 일로 나 같은 자와 다투시는지 알려 주십시오. (욥 10:2)

욥의 경우처럼 고난의 이유를 알 수 없을 때가 많다. 욥과 같이 하나님 보시기에도 의인인 사람이 고난을 당할 때 누가 감히 그 고난의 이유를 설명할 수 있겠는가? 욥은 지은 죄가 없었으므로, 죄로 인해 고난을 받는 것이 아니라고 하였다. 이처럼 예수를 믿고 따르는 성도들이 받을 고난은 죄에 대한 징계가 아니며, 아무 이유도 없이 받는 것이라고 할 수 있다. 욥은 자신의 고난에 대한 하나님의 뜻을 물어보았다.

욥의 고난은 미래의 성도들에게 인내의 본을 보여주려는 것이었다. 하지만 욥은 왜 고난을 받아야 하는 것인지 전혀 알 수 없었다. 그가 받은 고난과 그가 보여준 인내는 미래의 성도들이 따라가야 할 신앙의 본이라는 것을 어떻게 알 수 있었겠는가?

"주님께서 손수 만드신 이 몸은 학대하고 멸시하시면서도, 악인이 세운 계획은 잘만 되게 하시니 그것이 주님께 무슨 유익이라도 됩니까? 주님의 눈이 살과 피를 가진 사람의 눈이기도 합니까? 주님께서도 매사를 사람이 보듯이 보신단 말입니까? 주님의 날도 사람이 누리는 날처럼 짧기라도 하단 말입니까? 주님의 햇수가 사람이 누리는 햇수와 같이 덧없기라도 하단 말입니까? 그렇지 않다면야, 어찌하여 주님께서는 기어이 내 허물을 찾아내려고 하시며, 내 죄를 들추어내려고 하십니까? 내게 죄가 없다는 것과, 주님의 손에서 나를 빼낼 사람이 없다는 것은, 주님께서도 아시지 않습니까?" (욥 10:3-7)

하나님 앞에서 의인으로 살았던 욥은 고난을 받고 있지만, 악하게 살았던 사람이 오히려 형통한 삶을 사는 것은 어떤 까닭인지 궁금했다. 욥은 하나님께서 하시는 일이 사람이 하는 것과 같다는 생각도 해봤다. 악인이 하는 일이 잘되고 있는 것을 보면 마치 하나님께서 안 계시는 것 같은 생각도 든다. 악인은 하나님을 비웃기나 하듯이, 더욱 악한 일을 하면서 승승장구한다(시 10:5,11-13). 악인이 누리는 평안과 늘어 가는 재산을 보면, 시샘을 하게 되는 것은 당연하다(시 43:3,12).

그러나 욥이 만나고 있는 상황은 결말이 아닌 과정이다. 하나님의 성소에 들어갈 때가 되어서야 결말을 알 수 있으며, 그때에 비로소 인생에 대한 평가가 이루어진다(시 73:1-28). 그렇다면 사람의 생각으로, 현재 눈에 보이는 것으로 섣불리 결론을 내지 말아야 한다.

의인으로 살았던 욥이 만나고 있는 상황은 불평할 수밖에 없는 것이었다. 마치 하나님께서 욥의 죄악과 거짓을 들추어내기 위하여 고난을 주는 것처럼 느껴졌다. 그럼에도 불구하고 자신이 죄가 없다는 것을 하나님께서 알고 계신다는 것을 욥은 알았을 것이다.

그렇지만 고난이 닥침으로 인하여 자신을 돌아보고, 자신의 잘못을 깨닫고, 하나님의 법도를 깨닫게 될 기회를 얻기도 한다(시 119:71). 욥에게 하나님은 유일한 희망이셨다. 극도의 고통으로 하나님의 사랑을 의심하여 신앙을 저버리는 사람도 있지만, 역으로 고난을 통해 자신의 신앙을 올바르게 세우기도 한다. 자신의 유익을 위해 하나님의 이름을 부르는 사람도 있지만, 자신의 처지를 바로 알고 하나님을 섬기는 사람도 있다.

"주님께서 손수 나를 빚으시고 지으셨는데, 어찌하여 이제 와서, 나에게 등을 돌리시고, 나를 멸망시키려고 하십니까? 주님께서는, 진흙을 빚듯이 몸소 이 몸을 지으셨음을 기억해 주십시오. 어찌하여 주님께서는 나를 티끌로 되돌아가게 하십니까? 주님께서 내 아버지에게 힘을 주셔서, 나를 낳게 하시고, 어머

니가 나를 품에 안고 젖을 물리게 하셨습니다. 주님께서 살과 가죽으로 나를 입히시며, 뼈와 근육을 엮어서, 내 몸을 만드셨습니다. 주님께서 나에게 생명과 사랑을 주시고, 나를 돌보셔서, 내 숨결까지 지켜 주셨습니다. 그러나 지금 생각해 보니, 주님께서는 늘 나를 해치실 생각을 몰래 품고 계셨습니다. 주님께서는, 내가 죄를 짓나 안 짓나 지켜보고 계셨으며, 내가 죄를 짓기라도 하면 용서하지 않으실 작정을 하고 계셨습니다. 내가 죄를 짓기만 하면 주님께서는 가차없이 내게 고통을 주시지만, 내가 올바른 일을 한다고 해서 주님께서 나를 믿어 주지는 않으셨습니다. 그러니 나는 수치를 가득 덮어쓰고서, 고통을 몸으로 겪고 있습니다. 내 일이 잘 되기라도 하면, 주님께서는 사나운 사자처럼 나를 덮치시고, 기적을 일으키면서까지 내게 상처를 주려고 하셨습니다. 주님께서는 번갈아서, 내게 불리한 증인들을 세우시며, 내게 노여움을 키우시고, 나를 공격할 계획을 세우셨습니다." (욥 10:8–17)

창조주 하나님께서는 욥에게 생명을 주셨고, 사랑으로 돌보시고, 숨결까지 지켜 주셨다. 그런데 왜 주님께서 욥을 적대시하면서 멸망시키려고 하시는 것일까? 주님께서 만물을 창조하고 생명을 주셨지만, 이제는 아무 흔적도 없는 티끌로 되돌리시는 것일까? 욥은 고난으로 인해 하나님의 뜻을 이해할 수 없었고, 더 나아가 하나님의 권능으로 자신의 존재를 완전하게 없애려는 것처럼 보이기도 한다. 때로는 하나님의 은혜로 과거에 누렸던 성공과 영화를 잊어버리면서, 도리어 하나님께서는 지금 자신을 없애 버리려고 하신다는 생각을 하기도 했다.

욥의 입장에서 보면, 하나님을 야속하다고 생각했을 것이다. 언제나 하나님을 의식하면서 살았지만, 그분은 욥의 자그마한 잘못을 전혀 용납하지 않으시는 무서운 분이라고 생각했다. 정말 하나님께서는 욥을 의심의 눈초리로 감시하고 계셨던 것일까? 욥이 자기의 유익을 구하지 않으면서 행했던 모든 일을 하나님께서 믿어 주시지 않았던 것일까? 고통 가운데 있는 욥은 하나님께 대한 의심과 불신의 소용돌이에 빠져들기도 했다.

욥의 삶은 수치로 가득해졌고, 몸에는 고통만 있을 뿐이었다. 은혜를 베푸신 하나님께서 마음이 변하여 욥에게 고통만 안겨 주는 것만 같았다. 하나님께서는 욥의 친구들로 하여금 불리하게 증언하게 하셨고, 공격하게 하신 것일까? 말세에 환난을 맞이할 성도들은 욥처럼 하나님께 대한 의심과 해결하지 못할 고민을 하게 될것이다. 욥의 마음은 심각하게 혼란스러웠다. 하나님만을 의지했던 욥이 하나님으로부터 고통을 받는다는 생각은 모순적이지만, 현실의 모습은 혼돈스럽다. 또한 주님께서는 자기를 의지하는 자에게 노여움을 나타내고, 파멸에 빠지도록 공격하시는 것일까?

"주님께서 나를 이렇게 할 것이라면 왜 나를 모태에서 살아나오게 하셨습니까? 차라리 모태에서 죽어서 사람들의 눈에 띄지나 않았더라면 좋지 않았겠습니까? 생기지도 않은 사람처럼, 모태에서 곧바로 무덤으로 내려갔더라면 좋았을 것입니다. 내가 살 날도 이제 얼마 남지 않았습니다. 나를 좀 혼자 있게 내버려 두십시오. 내게 남은 이 기간만이라도 잠시 쉴 수 있게 해 주십시오. 어둡고 캄캄한 땅으로 내려가면, 다시는 돌아오지 못합니다. 그리로 가기 전에 잠시 쉬게 해 주십시오. 그 땅은 흑암처럼 캄캄하고, 죽음의 그늘이 드리워져서 아무런 질서도 없고, 빛이 있다 해도 흑암과 같을 뿐입니다."(욥 10:18-22)

심한 고난으로 인해 하나님께 대한 욥의 신앙은 흔들리는 것처럼 보인다. 그러나 욥은 하나님께서 인생의 모든 것을 주관하고 계신다는 것을 알고 있었다. 의문투성이의 인생을 살고 있는 욥은 차라리 세상에 태어나지 않았기를 원했고, 얼마 남지 않은 생명의 순간에 잠시라도 쉼을 얻기 원했다. 그럼에도 욥은 모든 문제를 해결하시는 분이 하나님이심을 알고 있었다. 모든 것이 혼란스러운 욥은, 이러한 상황에서도 변함없이 하나님을 바라보고 있었다. 혼돈을 잠재울 유일한 길은 하나님께 나아가는 것이기에, 말세의 성도들은 환난 가운데 하나님께 나아가는 것을 포기하지 말아야 한다.

알 수도 없고 이해할 수도 없는 인생길에는 모든 것이 의문만 가득하다. 그럼에도 흔들리지 말아야 하는 것은 하나님께서 나를 지켜보고 계시며, 나를 사랑하고 계신다는 믿음이다. 비록 현재에는 깨닫지 못하기에 모든 것이 하나님께 대한 의문투성이였지만, 때가 되면 하나님의 뜻을 깨달으면서 감탄(!)의 고백으로 바뀌게 될 것이다. 과거 고통의 시간에는 깨닫지 못했지만, 미래에는 고난 중에 함께하셨던 하나님을 이해하며, 하나님께서 예비하신 결말에 환호하게 될 것이다.

욥은 의문투성이의 고통에 대한 해답을 찾을 수 없었다. 이처럼 우리에게는 이해할 수 없는 고통이 너무나 많다. 의롭게 살았던 사람이 왜 죽어야 하는지? 왜 악인은 아직 살아있는지? 왜 이런 고통과 번민이 찾아오는 것인지? 갑작스러운 재앙으로 의인이 왜 죽어야 하는지? 인과응보, 권선징악과 같은 인간의 상식으로는 이러한 것을 해결하지 못한다. 욥은 고통의 순간을 하나님께 나아갈 기회로 삼았다. 이처럼 하나님의 주권을 인정하는 사람이 그리스도인이다.

14 욥기 11장 1-20

나아마 사람 소발이 욥에게 대답하였다. (욥 11:1)

세 번째 친구, 나아마 사람 소발이 욥을 향하여 첫번째 공박을 시작했다.

소발에게는 욥의 말이 헛소리로 들렸다. 무언가 흠이 있기에 그 고생을 하는 것이니, 욥이 자신의 죄를 실토해야 할 것으로 생각했다. 마치 법정에서 세 명의 검사가 한 명의 피고인에 대하여, 구체적인 위법의 사실을 증명하지 않고, 개인적인 의견으로, 그 사람을 죄인으로 몰아세우는 것 같다. 그들이 적용하려고 하는 이치는 세상적인 이치일 뿐, 증거가 있어야 벌에 처하는 법조문에 따른 것이 아니었다.

욥기 마지막 부분에서는 하나님께서 욥을 변호하시면서, 엘리바스와 빌닷과 소발이 하나님에 대하여 말한 것은 옳지 못한 것이라고 판결하신다(욥 42:7). 사람들이 이해할 수 있는 세상적인 가치와 윤리적인 잣대로는 하나님의 섭리를 설명할 수 없다. 욥기서를 읽을 때, 욥의 세 친구들이 하는 말을 들으면 진리를 말하는 것으로 느껴지지만, 하나님께서는 그들의 말이 틀렸고 욥의 말이 맞았다고 하셨다.

그렇다면 세 친구의 논리를 받아들이지 말고, 욥이 하나님께 나아갔던 일에 초점을 맞추어야 한다. 때로는 강단에서 성경을 종교 서적에 근거하여 이해하려는 설교는 마치 세상의 관점으로 하나님을 이해하려는 모순을 범하는 것과 같다. 하나님의 말씀은 오직 하나님의 말씀으로 해석해야만 한다.

여러 사람이 단합하여 한 사람을 지목하여 죄를 지었다고 말하면, 그 사람은 다수결에 의해 죄인이 되어야 하는가? 더구나 그들은 하나님의 이름으로 욥에게 죄가 있다고 주장하였다. 숨겨진 이야기를 모르는 사람이 마치 영적인 사람인 것처럼 위장하면서, 하나님의 이름으로 정죄하는 것은 하나님의 거룩한 이름을 욕되게 하는 것이다. 혹시 고난을 당하고 있는 사람의 숨겨진 사연을 모르면서 조언하고 있다면, 이것은 '욥의 세 친구'가 저지른 죄악을 똑같이 행하는 것이라고 생각할 수 있다.

욥을 죄인으로 몰아간 세 친구는 욥에게 죄가 있을 것이라 가정했다. 그러나 하나님께서는 욥은 죄가 없다고 하셨다. 욥기 1-3장의 내용을 알고 있다면, 우리는 욥의 관점에서 욥기서를 이해해야 한다.

이렇기에 욥기서를 볼 때, 욥의 친구들이 주장하는 핵심을 알아야 한다. 그리고 알 수 없는 이유로 고난을 당하는 욥, 그리고 그 상황을 다 지켜보는 하나님의 마음도 볼 필요가 있다. 잘못해서 친구들의 말만 따라가면, 하나님에 대한 그들의 설명이 잘못되었다는 것을 알면서도, 그들의 주장을 받아들이는 모순을 범할 수 있다. 이렇게 하는 것은 하나님의 판결이 옳다고 받아들이지 못하는 결과를 낳는다. 잘못된 선입관의 토대 위에 세워진 신앙은 자신의 생각을 하나님의 뜻이라고 착각할 수 있다. 결국은 하나님의 이름을 이용해 자신의 뜻을 내세우면서, 자신은 훌륭한 신앙을 가진 것으로 포장한다. 하나님의 뜻을 무시하고 사람의 생각이 맞다고 주장하는 죄를 범하는 것이다.

욥의 고난은 마치 예수께서 받으신 고난을 연상하게 한다. 빌라도 법정에서 유대인들은 예수에게 신성모독죄를 지었다고 하면서 사형에 해당한다고 주장했다. 하지만 예수께서는 하나님의 외아들로 세상에 오셔서, 성실하게 하나님의 뜻을 행하셨다. 그러나 유대인들은 예수에게 신성모독죄를 적용하여 사형을 집행해 달라고 집요하게 요청하였다. 정작 예수께서는 그러한 죄를 지은 것이 아니라, 신실하게 하나님의 뜻을 이루셨다.

요 7:14 명절이 중간에 접어들었을 즈음에, 예수께서 성전에 올라가서 가르치셨다.
15 유대 사람들이 놀라서 말하였다. "이 사람은 배우지도 않았는데, 어떻게 저런 학식을 갖추었을까?"
16 예수께서 그들에게 대답하셨다. "나의 가르침은 내 것이 아니라,

나를 보내신 분의 것이다.
17 하나님의 뜻을 따르려는 사람은 누구든지, 이 가르침이 하나님에
게서 난 것인지, 내가 내 마음대로 말하는 것인지를 알 것이다.
18 자기 마음대로 말하는 사람은 자기의 영광을 구하지만, 자기를
보내신 분의 영광을 구하는 사람은 진실하며, 그 사람 속에는 불의가
없다.
19 모세가 너희에게 율법을 주지 않았느냐? 그런데 너희 가운데 그
율법을 지키는 사람은 한 사람도 없다. 어찌하여 너희가 나를 죽이려
고 하느냐?"

예수께서 가르치신 말씀은 자신의 생각이 아니라, 하나님의 말씀이었다. 반대로 유대인들은 하나님의 말씀을 사람의 지식과 학문으로 이론을 만들었고, 형식적인 종교 행위에 심취했었다. 그들은 성경에서 말하는 메시아가 자신들의 눈앞에 계셨지만, 그분을 알아보지 못했다(요 1:9–11). 또한 유대인은 하나님의 말씀을 지켜서 행하기보다는 사람이 만든 종교 생활에 익숙해 있었다. 그러나 예수께서는 하나님을 알고 그의 말씀을 지키셨다(요 8:55). 예수께서 세상에 계시면서 성도들에게 하나님의 이름을 나타내셨기에, 그들은 하나님의 말씀을 지켜야 했다(요 17:6). 하지만 말씀을 지식으로만 받아들이고, 실제의 삶에서 행하지 않는 사람은 하나님 앞에서 자신들이 거짓말쟁이라는 것을 드러내는 것이다.

네가 하는 헛소리를 듣고서, 어느 누가 잠잠할 수 있겠느냐? 말이면 다 말인 줄 아느냐? 네가 혼자서 큰소리로 떠든다고 해서, 우리가 대답도 하지 못할 것이라고 생각하느냐? 네가 우리를 비웃는데도, 너를 책망할 사람이 없을 줄 아느냐? (욥기 11:2,3)

소발은 욥이 자신의 무죄를 너무 지나치게 주장하고 있다고 생각했다. 그러기에 욥에게 지나치게 말이 많다고 말로 막으면서, 자신이 생각하는 의를 가르치려고 하였다. 욥의 말에 대하여 귀를 기울이지 않고, 자신의 이론으로 억누르려고만 했다. 소발은 자신의 생각이 중요하다고만 여겼지 상대방의 말을 귀담아들으려 하지 않았다. 이렇듯 자신의 선입관으로 무장한 사람은 다른 사람의 말을 무가치하게 여기며, 자신의 관점을 진리라고 생각한다. 욥이 고통으로 뱉는 말이지만, 욥이 지은 죄로 인하여 벌을 받고 있다고 생각하는 친구들에게는 자신들을 비웃는 소리로 들렸다. 결국 이들은 의를 빙자하면서, 욥에게 분노를 표출하기 시작했다.

소발은 자신의 생각으로 욥을 판단하고 정죄하였다. 남을 심판(judge)하는 것은 자기 자신을 정죄(condemn)하는 행위이므로, 이런 일을 행하는 자는 하나님의 심판을 피할 수 없다(롬 2:1–5). 오히려 소발은 욥을 사랑으로 품으면서, 함께 고난을 이겨내도록 애쓰는 모습을 보여주어야 했다(롬 2:6,7).

너는 네 생각이 옳다고 주장하고 주님 보시기에 네가 흠이 없다고 우기지만, 이제 하나님이 입을 여셔서 네게 말씀하시고, 지혜의 비밀을 네게 드러내어

주시기를 바란다. 지혜란 우리가 이해하기에는 너무나도 어려운 것이다. 너는, 하나님이 네게 내리시는 벌이 네 죄보다 가볍다는 것을 알아야 한다. (욥기 11:4-6)

소발은 욥을 죄인이라고 판결했다. 그리고 욥이 주장하는 무죄를 소발 자신이 하나님의 지혜로 밝혀내겠다고 했다. 소발은 시작부터 잘못하고 있다는 것을 알지 못했다. 그가 하나님의 지혜라고 생각한 것은 하나님으로부터 나온 것이 아니었다. 일반적인 이치를 특수 상황에 적용하는 것은 올바르지 못한 것이다. 소발은 욥이 지은 죄에 비해 하나님께서 가벼운 벌을 주셨으니 그가 받고 있는 고난은 오히려 하나님의 사랑이라고 하는 역설적인 표현을 했다. 소발의 관점에서 말하는 위로나 조언은 도리어 과잉 판단 혹은 오판이었다.

아무 증거 없이 자신을 죄인이라고 판결하려고 하는 법정에서 욥은 어떻게 자신을 변호해야 하겠는가? 그러나 소발은 욥에게 자신의 입장을 말하지도 말고, 죄인이라는 것을 겸손하게 받아들이는 것이 지혜라고 말했다. 소발은 자신을 하나님의 자리에 앉혀 놓고, 재판장이 되어서, 욥을 정죄하고 있었다.

네가 하나님의 깊은 뜻을 다 알아낼 수 있느냐? 전능하신 분의 무한하심을 다 측량할 수 있느냐? 하늘보다 높으니 네가 어찌 미칠 수 있으며, 스올보다 깊으니 네가 어찌 알 수 있겠느냐? 그 길이는 땅 끝까지의 길이보다 길고, 그 넓이는 바다보다 넓다. 하나님이 두루 지나다니시며, 죄인마다 쇠고랑을 채우고 재판을 여시면, 누가 감히 막을 수 있겠느냐? 하나님은, 어떤 사람이 잘못하는지

를 분명히 아시고, 악을 보시면 곧바로 분간하신다. 미련한 사람이 똑똑해지기를 바라느니 차라리 들나귀가 사람 낳기를 기다려라. (욥기 11:7-12)

사람은 하나님의 깊은 뜻과 지혜를 알 수 없다. 욥이 받고 있는 고난은 하나님께서 주신 것이 아니라, 하나님의 허락으로 사탄이 제한된 기간 동안 욥을 시험한 것이다. 이러므로 실제로 욥의 고난은 하나님이 아니라 사탄이 행했던 것이다. 대개는 고난을 통해 하나님의 뜻을 깨닫지만, 욥에게 닥친 고난은 말세에 예수의 이름으로 고난을 받을 성도들에게 인내의 본을 보여주려는 것이었다(약 5:7-11). 그리스도인이라는 이름으로 고난을 받는 것이 이유를 알 수 없는 고난인 셈이다(벧전 3:14,16).

소발은 하나님을 우리 인간 세상과 분리된, 그리고 죄를 지으면 바로 징계하시는 분으로 알고 있었다. 하나님께서는 특별한 목적이 있어서 곤경에 머물게 하셨으니, 하나님을 의지하는 가운데 인내로 이겨내라고 소발은 권면해야 했었다. 고난을 받는 사람과 그 고난받는 것을 보고 있는 사람은 모두 하나님 앞에서 겸손해야 한다. 어느 누구도 고난에 대한 판결을 섣불리 할 수는 없다. 고난에 대한 판단과 결론은 오직 하나님께서 하신다.

QT를 할 때, 말씀 전체를 알지 못하고, 한 문장만 묵상하면 숲을 못 보고 나뭇잎만 보게 된다. 또 하나님께서 하시는 말씀을 듣지 않고, 자신의 생각에 맞는 말씀을 찾을 경향도 있다. 욥의 세 친구는 하나님의 관점에서 고난을 본 것이 아니라, 자신들의 신앙과 지식에 따라 고난을 그릇되게 해석했다. 사람의 선입관, 지식, 경험으로 판단하는 것은 오히려 하나님의 말씀을 보면서도 하나님이 없는 모순을 드러내게 된다.

네가 마음을 바르게 먹고, 네 팔을 그분 쪽으로 들고 기도하며, 악에서 손을 떼고, 네 집안에 불의가 깃들지 못하게 하면, 너도 아무 부끄러움 없이 얼굴을 들 수 있다. 네 마음이 편안해져서, 두려움이 없어질 것이다. 괴로운 일을 다 잊게 되고, 그것을 마치 지나간 일처럼 회상하게 될 것이다. 네 생활이 한낮보다 더 환해지고, 그 어둠은 아침같이 밝아질 것이다. 이제 너에게 희망이 생기고, 너는 확신마저 가지게 될 것이다. 사방을 둘러보아도 걱정할 것이 없어서, 안심하고 자리에 누울 수 있게 될 것이다. 네가 누워서 쉬어도 너를 깨워서 놀라게 할 사람이 없고, 많은 사람이 너에게 잘 보이려고 할 것이다. 그러나 악한 사람은 눈이 멀어서, 도망칠 길마저 찾지 못할 것이다. 그의 희망이라고는 다만 마지막 숨을 잘 거두는 일뿐일 것이다. (욥기 11:13-20)

소발은 욥이 받는 고난을 보면서, 그는 하나님을 떠난 사람이라고 생각했다. 그래서 욥이 하나님께 기도하고, 회개하기를 강력하게 촉구했다. 회개하고 악에서 떠날 때, 마음에 평안이 찾아올 것이다. 그 후에 고통이 해결되고, 욥에게 다시 희망이 생기며, 고통은 과거의 회상이 될 것이라고 말했다. 그리고 악한 사람은 눈이 멀어서 도망칠 길도 찾지 못한 채 죽음을 맞이할 것이라고 했다.

그러나 욥은 불의한 사람이 아니었다. 욥의 세 친구는 자신을 돌아보면서, 자신들에게 해당되는 것을 욥에게 적용했던 것처럼 보인다.

자신들의 지식과 신념과 신앙을 자랑하듯 욥에게 강요했던 것이다. 사람의 지혜로 하나님의 뜻을 가리울 수 있으므로, 하나님 앞에서 먼저 자신을 돌아보아야 한다. 마지막 때에는 영적인 미혹이 심하여, 어떤 것이 진리인지 분별하기 어렵다. 이러기에 욥과 함께하는 영적 훈련이 필요하다.

15 욥기 12장 1–25

욥이 대답하였다. 지혜로운 사람이라곤 너희밖에 없는 것 같구나. 너희가 죽으면, 지혜도 너희와 함께 사라질 것 같구나. 그러나 나도 너희만큼은 알고 있다. 내가 너희보다 못할 것이 없다. 너희가 한 말을 모를 사람이 어디에 있겠느냐? 한때는 내 기도에 하나님이 응답하신 적도 있지만, 지금 나는 친구들의 웃음거리가 되고 말았다. 의롭고 흠 없는 내가 조롱을 받고 있다. 고통을 당해 보지 않은 너희가 불행한 내 처지를 비웃고 있다. 너희는 넘어지려는 사람을 떠민다. 강도들은 제 집에서 안일하게 지내고, 하나님을 멸시하는 자들도 평안히 산다. 그러므로 그들은, 하나님까지 자기 손에 넣었다고 생각한다.
(욥기 12:1–6)

나아마 사람 소발이 하나님의 지혜를 말하면서 욥에게 회개하라고 강요했다. 그들은 자신의 지식과 경험만을 올바른 것으로 생각하여 욥을 판단하고 경멸하였다. 욥은 미련한 사람이 아니었다. 욥의 지혜가 그들보다 못하지 않았다. 친구들이 말하는 인과응보(因果應報), 사필귀정(事必歸正), 권선징악(勸善懲惡)과 같은 세상의 지혜로 하나님의 지혜를 능가할 수 없다는 것을 욥은 이미 알고 있었다. 다만 자신에게 있는 고난에 대한 하나님의 섭리는 알 수 없었다.

욥의 친구들은 자신들만이 지혜로운 사람인 것처럼 말하고 있었다. 그러나 욥은 고난으로 마음이 위축되지 않고, 자신을 변호하였다.

이전에는 하나님께서는 욥의 기도를 들으시고 응답하셨지만, 지금은 친구들의 조롱거리가 되었다. 욥은 과거를 돌이켜 보면서, 하나님께서 분명히 함께하셨다는 것을 알고 있지만, 괴로운 현실을 왜 주셨는지 이해할 수 없었다. 그러나 욥의 고난은 과정일 뿐이다. 주님께서 욥에게 주실 결말로 욥은 평가되어야 한다.

흠 없이 살았던 욥이었지만, 고난으로 인해 괴로워하게 되었고, 그의 친구들은 자신들의 신앙관으로 그를 멸시했다. 욥이 죄에서 떠난 의인이라는 것을 오직 하나님께서는 알고 계셨다. 욥은 친구들의 조롱거리가 되었지만, 하나님께서 그를 인정하고 계신다는 것을 붙잡아야 했다.

이러기에 고난을 모르는 사람은 고난으로 괴로워하는 사람을 함부로 비웃어서는 안 된다. 친구들은 고통받는 사람을 위로하지 않은 채, 죄로 인한 것이라고 판단하였다. 욥의 말처럼 강도처럼 하나님을 멸시하는 사람의 삶이 평안할 때가 있다. 그때 그들은 이렇게 생각할 것이다. '하나님도 내 마음대로 할 수 있구나!'

재판장에서 욥의 입장을 변호하는 마음으로 욥기를 묵상해야 한다. 세 친구는 욥의 고난의 원인을 전혀 모르면서 자신들의 이론과 경험으로 욥을 비난하지만, 천상에서 일어난 사건을 통해 욥의 고난은 죄로 인한 것이 아니라는 것을 우리는 이미 잘 알고 있다. 욥의 입장에서 고난에 참여함으로써 고난에 대한 간접적인 경험을 얻을 수 있다. 욥기 묵상을 통해 말세의 성도들은 고난을 맞이하기 전에 욥으로부터 고난에 대한 훈련을 받을 기회를 얻은 것이다. 이러기에 내가 까닭 없이 고난을 당하고 있다면, 욥을 통해 인내를 배울 기회로 삼아야 할 것이다.

그러나 이제 짐승들에게 물어보아라. 그것들이 가르쳐 줄 것이다. 공중의 새들에게 물어보아라. 그것들이 일러줄 것이다. 땅에게 물어보아라. 땅이 가르쳐 줄 것이다. 바다의 고기들도 일러줄 것이다. 주님께서 손수 이렇게 하신 것을, 이것들 가운데서 그 무엇이 모르겠느냐? 모든 생물의 생명이 하나님의 손 안에 있고, 사람의 목숨 또한 모두 그분의 능력 안에 있지 않느냐? 귀가 말을 알아듣지 못하겠느냐? 혀가 음식맛을 알지 못하겠느냐? (욥기 12:7–11)

자연 만물을 통해서도 하나님의 뜻과 섭리를 알 수 있다. 모든 만물은 하나님께서 손수 행하신 것을 증언하고 있다. 모든 생물의 생명은 하나님 손 안에 있는 것처럼, 사람의 목숨도 모두 하나님의 권능 안에 있다. 귀가 말을 알아듣고, 혀가 음식 맛을 알듯이 모든 만물을 통해서도 하나님의 행하심을 발견할 수 있다.

그러므로 마치 오직 자신만이 하나님의 지혜를 깨달은 것처럼 자만해서는 안 된다. 상대를 배려하거나 존중하지 않는 욥의 세 친구들은 고난에 빠져 있는 욥을 멸시하였다. 이들은 하나님께서 어떤 분인지를 알지 못했고, 심지어는 욥을 향하신 하나님의 뜻도 모르는 상태였다.

노인에게 지혜가 있느냐? 오래 산 사람이 이해력이 깊으냐? 그러나 지혜와 권능은 본래 하나님의 것이며, 슬기와 이해력도 그분의 것이다. 하나님이 헐어 버리시면 세울 자가 없고, 그분이 사람을 가두시면 풀어줄 자가 없다. 하나님이 물길을 막으시면 땅이 곧 마르고, 물길을 터놓으시면 땅을 송두리째 삼킬 것이다. 능력과 지혜가 그분의 것이니, 속는 자와 속이는 자도 다 그분의 통치 아래에 있다. 하나님은 고관들을 벗은 몸으로 끌려가게 하시는가 하면, 재판관들을 바보로 만드시기도 하신다. 하나님은 왕들이 결박한 줄을 풀어주고, 오히려 그들의 허리를 포승으로 묶으신다. 하나님은 제사장들을 맨발로 끌려가게 하시며, 권세 있는 자들을 거꾸러뜨리신다. 하나님은 자신만만하게 말을 하던 사람을 말문이 막히게 하시며, 나이 든 사람들의 분별력도 거두어 가시고, 귀족들의 얼굴에 수치를 쏟아 부으시며, 힘있는 사람들의 허리띠를 풀어 버리신다. 하나님은 어둠 가운데서도 은밀한 것들을 드러내시며, 죽음의 그늘조차도 대낮처럼 밝히신다. 하나님은 민족들을 강하게도 하시고, 망하게도 하시고, 뻗어 나게도 하시고, 흩어 버리기도 하신다. 하나님은 이 땅 백성의 지도자들을 얼이 빠지게 하셔서, 길 없는 거친 들에서 방황하게 하신다. 하나님은 그들을 한 가닥 빛도 없는 어둠 속에서 더듬게도 하시며, 술 취한 사람처럼 비틀거리게도 하신다. (욥기 12:12-25)

노인에게 지혜가 더 있거나, 오래 살았던 세월로 이해력을 더 키워 주는 것이 아니다. 지혜와 권능은 하나님께 있다. 욥은 세상에 일어나는 많은 일들을 열거하면서, 그 배후에는 하나님이 있다고 하면서 자신의 변호를 이어간다.

하나님께서 자연 만물을 다스리신다. 지위와 권세를 통치하시며, 인간이 가지고 있는 권력을 박탈하신다. 사람의 지혜를 잠잠하게 하시며, 인간의 경험과 신분도 무가치하게 만드신다. 어둠 속에 숨어있는 것을 드러내시며, 죽음으로 어두워진 곳도 밝히신다. 민족의 흥망을 주관하신다. 지도자들로 하여금 사리분별을 못하게 하여서 방황하게 만드신다. 하나님께서 권능으로 모든 것을 주관하신다.

하나님의 행하심을 인간이 짐작할 수 없다. 이러한 것이 하나님의 '절대주권'이며, 우리 모두는 그 아래 있다. 그러므로 우리는 하나님께서 행하시는 것에 순종하면서 성령으로 하나님의 뜻을 깨닫고, 섬기는 삶을 살아야 한다.

욥의 세 친구가 범한 실수는 인간의 지혜와 경험으로 하나님을 판단하는 것이었다. 그들은 비록 욥의 고난을 자신의 지혜로 판단하였고, 결국에는 그러한 고난을 허락하신 하나님까지 판단하는 죄를 범했던 것이다. 하나님의 이름으로 욥을 훈계했지만, 실제로 그들은 하나님의 영광을 가리웠던 것이다. 우리도 하나님의 이름으로 말하지만, 오히려 하나님의 뜻을 잘못 이해하여 오해하는 경우도 있다. 욥의 친구들은 열정적으로 하나님의 지혜를 말하고, 하나님에 대하여 말했지만, 하나님께서는 그들이 했던 말이 옳지 못했다고 결론을 내리신다.

말하는 것으로 진리가 드러나는 것이 아니라, 하나님의 말씀을 실천할 때 진리가 나타나는 것이다. 하나님의 말씀이 삶에 나타날 때, 비로소 진리가 세상에 선포되는 것이다. 그리스도인은 지혜롭다는 것을 보여주려고 애쓰기보다는, 말씀에 순종하며 삶으로 하나님과 동행하는 쪽을 선택해야 한다. 욥의 친구들의 주장을 하나님께서 옳지 않다고 하신 것에는 이유가 있을 것이다. 우리는 욥과 그의 친구들이 논쟁하는 욥기 구절 말씀을 읽으면서 나는 어떻게 이런 질문에 대답을 했을까 하는 생각을 가지고 스스로의 신앙을 점검해 보아야 할 것이다.

16 욥기 13장 1-19

내가 이 모든 것을 내 눈으로 똑똑히 보고, 내 귀로 다 들어서 안다. 너희가 아는 것만큼은 나도 알고 있으니, 내가 너희보다 못할 것이 없다. 그러나 나는 전능하신 분께 말씀드리고 싶고, 하나님께 내 마음을 다 털어놓고 싶다. (욥기 13:1-3)

세 친구들은 집요하게 욥이 죄로 인하여 고통을 받고 있으므로 회개해야 한다고 말했다. 그러나 욥은 자신의 무죄를 입증하지도 못했고, 친구들의 위로를 받지도 못했지만, 자신의 고통과 억울함을 하나님께 호소하며 오직 하나님 만을 의지했다. 현재 욥이 받고 있는 고난의 이유와 종착점을 하나님께서 아시기 때문이다.

대부분의 사람은 자신의 의를 다른 사람들에게 보여주면서, 인정을 받으려고 한다. 많은 수의 사람들이 자신의 주장에 호응할 때, 자신이 옳다고 생각한다. 그러나 사람들의 마음을 움직여서 자신의 손을 들어준다고 하더라도, 이것은 인기가 있는 것일 뿐 진리는 아니다. 사람들의 눈을 지나치게 의식하며 사는 사람은 모든 것을 감찰하시는 전능하신 하나님께서 계신다는 것을 쉽게 깨닫지 못한다.

그리스도인은 사람들의 호감을 위하여 사는 것이 아니라, 하나님께 속한 사람이어야 한다. 비록 몸은 세상에서 살고 있지만, 이들이 바라고 있는 본향은 하늘나라이다. 이러기에 이들의 생각은 명예와 부귀와 성공을 추구하는 세상 사람들과는 다르다. 오로지 삶의 목적이 하나님의 이름과 하나님의 나라와 하나님의 뜻을 이뤄 가면서 하나님의 영광을 나타내는 존재로 살아가야 한다.

그러므로 그리스도인이라면 사람들을 의식하여 두려워하는 것이 아니라, 하나님 앞에서 올바르게 살려고 애써야 한다. 라틴어 2개 단어인 코람(coram)과 데우스(Deus)가 합쳐진 합성어, '코람데오'(Coram Deo, in the presence of God, 하나님 앞에서의) 신앙을 가진 사람들을 통해 세상 사람들은 하나님을 간접적으로 경험할 수 있다. 그렇지만 하나님의 영광이 아닌 자신의 뜻을 이루려고 하는 오만하고 교만한 사람은 도리어 하나님의 영광을 가리게 된다. 따라서 그리스도인들은 하나님을 두려워하고 섬기면서, 겸손하게 주님의 명령에 따라 사는 삶의 자세로 살아 계신 하나님을 증언해야 한다.

욥은 자신의 의를 증명할 길이 없어서 하나님께 나아가 하소연하였다. 모든 사람들이 멸시하고 버린다고 하더라도, 하나님만 의지하며 간구하는 자를 품으시는 하나님께 나아가야만 했다. 세상의 마지막 날이 가까워질 그날에는 모든 민족이 그리스도인을 미워하고, 따돌리며, 괴롭게 만들 것이다. 이런 괴로움이 닥친다면, 그때가 더욱 더 주님께 나아가야 할 때라고 여겨야 한다.

너희는 무식을 거짓말로 때우는 사람들이다. 너희는 모두가 돌팔이 의사나 다름없다. 입이라도 좀 다물고 있으면, 너희의 무식이 탄로나지는 않을 것이다. (욥 13:4,5)

그 친구들은 욥의 처지를 이해하지 못하고, 자신들의 지식을 근거로 욥을 판단하기만 했다. 이러기에 욥은 친구들을 거짓말하는 사람들이라고 하면서, 쓸모 없는 의원 즉 돌팔이 의사라고 하였다. 그러자 그들은 과거에 풍요롭게 살았던 욥을 헐뜯을 기회를 찾았다. 욥의 의를 깎아내리면서, 자신들의 이론과 지식으로 욥의 고난을 그릇되게 해석했다. 세 친구의 잘못된 견해는 욥의 문제를 해결할 수 없었고, 도리어 고통을 가중시킬 뿐이었다. 세 사람이 한 사람을 죄인으로 몰아갔고, 다수의 힘으로 괴롭혔다.

현재도 진실을 알지 못하면서, 거짓된 의를 정의라고 말하려는 사람들이 있다. 그들은 자신의 우월성을 주장하면서, 다른 사람들에게 인정받기를 원한다. 대중이 그의 의견을 따르면, 잠시 진리처럼 보인다. 그러나 그것은 진리가 아니라 사람들을 속이는 가식적인 정의(正義)일 뿐이다. 본질을 파악하지 못하면서도, 모든 것을 잘 알고 있다는 식의 주장을 한다. 심지어는 성경 말씀을 부인하거나, 자기의 생각으로 성경 본문을 다르게 해석하고, 하나님의 진리가 아닌 세상적인 이론으로 바꾼다면, 이들이 거짓 선지자이다. 성경은 신학이나 교리로 해석하는 것이 아니라, 성경으로 해석해야 한다.

잘못된 진단과 올바르지 못한 처방을 하는 사람을 '돌팔이 의사'라고 부른다. 이런 사람은 병의 증상에 초점을 맞추어서, 병의 원인을 찾지 못하며, 일시적으로 증상만을 좋게 만들려고 한다. 그러나 명의는 환자가 가지고 있는 병의 원인을 정확하게 알아내고, 임시방편이 아닌 근본적인 치료를 하고, 재발이 되지 않도록 교육하고, 지속적인 관찰을 통해 완전한 치료가 되었는지를 확인한다.

욥에게 닥친 고난의 원인을 알지 못하면서, 적절하지 못한 조언을 하는 친구들은 돌팔이 의사인 것이 분명하다. 그들은 욥의 상황을 정확하게 알려줄 수는 없다는 것을 솔직하게 인정하면서, 욥의 입장에서서 어려움을 이겨내도록 도와주어야 했다. 모르는 것은 죄가 아니지만, 모르는 것을 모른다고 말하기 위해서는 용기가 필요하다. 이것은 가식이 아닌 정직한 자들이 할 수 있는 최선이다.

도리어 그들이 조용하게 욥의 곁에서 함께 있어 주는 것이 욥에게 힘이 되었을 것이다. 그래서 욥은 그들에게 잠잠하게 있는 것이 지혜로운 처신이라고 한 것이다. 상황을 알지 못하면서 자신이 갖고 있는 지식을 큰 소리로 말한다면, 자신의 무식을 사람들에게 폭로하고 있는 것이다. 말이 지나치게 많으면 실수할 때가 많고, 자신의 부족함을 더 드러나게 할 때가 많은 법이다. 말을 해야 할 때와 아껴야 할 때를 분별하면서, 하나님의 뜻을 묵상하는 것이 통찰(insight)이라는 지혜이다. 이런 지혜는 상황 전체를 하나님의 관점으로 보면서, 주님께서 이끄시는 길을 따라서 나아가게 한다. 친구들의 다양한 조언은 귀에 거슬리는 소음처럼 들린다. 도리어 잠잠하게 있으라는 욥의 말이 더 마음에 와닿는다. 잠잠한 지혜자가 될 것인가? 아니면 정확히 알아보지도 않고 괴성을 질러 대는 무식한 자가 될 것인가? 하나님 앞에서 잠잠하게 있으면서, 주님의 뜻을 묵상하는 지혜자가 되기를 바란다.

너희는 내 항변도 좀 들어 보아라. 내가 내 사정을 호소하는 동안 귀를 좀 기울여 주어라. 너희는 왜 허튼 소리를 하느냐? 너희는 하나님을 위한다는 것을 빌미삼아 알맹이도 없는 말을 하느냐? 법정에서 하나님을 변호할 셈이냐? 하나님을 변호하려고 논쟁을 할 셈이냐? 하나님이 너희를 자세히 조사하셔도 좋겠느냐? 너희가 사람을 속이듯, 그렇게 그분을 속일 수 있을 것 같으냐? 거짓말로 나를 고발하면, 그분께서 너희의 속마음을 여지없이 폭로하실 것이다. 그분의 존엄하심이 너희에게 두려움이 될 것이며, 그분에 대한 두려움이 너희를 사로잡을 것이다. 너희의 격언은 한낱 쓸모 없는 잡담일 뿐이고, 너희의 논쟁은 흙벽에 써 놓은 답변에 불과하다. (욥기 13:6-12)

욥은 친구들에게 자신의 말을 들어줄 것을 간청한다. 고난을 받고 있는 사람의 말을 먼저 귀담아들어 주는 것이 상식이지, 고난에 대한 자신의 생각을 강요하는 것은 도리에 맞지 않는다. 들어보지 않고서 어찌 그 사람의 곤경을 이해할 수 있겠는가? 그들은 욥이 말하는 것을 경청하거나 인정하지 않으면서, 욥이 자신의 의를 자랑하고 있다고 오판했다. 아마도 자신들이 모든 답을 알고 있다고 생각해서, 고난의 이유와 하나님의 뜻까지도 유추해서 욥을 굴복시키려 했을 것이다. 어려움을 당하고 있는 사람에 대하여 연민의 정으로 사랑하고 있다면, 먼저 상대의 말을 경청하는 것이 우선이어야 한다. 사랑이 없는 조언은 상대방에게 아무 도움이 안 되는 경우가 대부분이다.

그들은 하나님의 이름으로 욥에게 항복하라고 하였다. 욥이 하나님을 두려워하고 있지만, 상대방이 하나님의 이름으로 말한다고 해서, 잘못된 것도 무조건 받아들여야 하는 것은 아니다. 강단에서 하나님의 이름으로 말하고 있는 모든 말이 하나님의 말씀은 아니다. 설교의 내용에서 진리가 아닌 것을 걸러내는 영적인 분별력이 있어야 한다. 그렇다고 설교하는 목사의 말을 무시하라는 것이 아니다. 경청하되 하나님의 말씀인지 아닌지를 판단할 수 있어야 한다. 하나님의 말씀과 사람의 말을 구분하지 못하면, 잘못된 길로 빠질 수가 있기 때문이다. 여기에 대하여는 고린도후서 11:1-15 말씀을 생각해 보기로 한다.

바울은 고린도 성도들에게 어리석게 보이는 말을 하더라도 용납해 달라고 요청한다. 하나님께서 보여주신 열렬한 관심을 가지고 그들에게 마음을 쓰고 있다. 고린도 성도들을 순결한 처녀로 한 남편인 그리스도와 약혼하게 하려고 중매쟁이가 되었다. 그러나 뱀이 간사한 꾀로 하와를 속인 것 같이, 그들의 마음이 부패되어 그리스도께 대한 진실함과 순결함을 저버리게 될까 두려워했다. 우리가 전파하지 않은 다른 예수를 전파하거나 다른 복음을 전해도, 그들은 쉽게 받아들이고 있다. 바울은 다른 사람들보다 말에는 부족하지만 지식은 그렇지 않다고 하였다(고후 11:1-6).

바울은 고린도 성도를 높이기 위하여 자신을 낮추었고, 하나님의 복음을 값없이 전하였다. 그들을 섬기기 위해서 고린도 교회가 아닌 다른 교회에서 비용을 받았다. 그들과 함께 있는 동안에 빈곤했지만, 고린도의 어떤 사람에게도 누를 끼치지 않았고, 마케도니아에서 온 교우들이 필요한 것을 조달해 주었다. 자신은 고린도 성도들에게 짐이 되지 않으려고 애썼고, 앞으로도 그렇게 할 것이다. 바울 안에 있는 그리스도의 진리에 대한 그의 자랑을 아무도 막지 못할 것이다. 자신이 고린도 성도를 사랑한다는 것을 하나님께서 알고 계신다(고후 11:7-11).

바울은 지금까지 하고 있는 그대로 계속하겠다고 하였다. 이것은 자신들과 같은 방식으로 일하면서 자랑할 구실을 찾는 자들에게 그러한 기회를 주지 않기 위한 것이다. 이런 사람들은 거짓 사도요, 사람을 속이는 일꾼들이요, 그리스도의 사도로 가장하는 자들이다. 사탄이 빛의 천사로 가장하는 것은 조금도 놀라운 일이 아니다. 이렇게 사탄의 일꾼들이 의의 일꾼으로 가장하고 나선다고 해도, 그들이 행한 대로 그들의 최후가 결정될 것이다(고후 11:12-15).

이단과 거짓 그리스도는 성경에 없는 다른 교훈을 말한다. 그들은 비록 하나님의 말씀을 전한다고 하지만, 도리어 하나님의 말씀을 왜곡시키는 자들이다. 그들이 말하는 경건은 자신들의 이익을 위한 수단이다(딤전 6:5). 그러나 바울은 경건을 이용해서 성도들에게 금품을 무리하게 요구하지 않았고, 자족하면서 사역을 감당했다(딤전 6:6). 만일 자신의 명예와 이익을 위해 사역을 하는 목회자가 있다면, 그는 광명(빛)의 천사로 가장한 사악한 자일 가능성을 생각해 봐야 한다. 하나님께서 목회자에게 권위를 주셨지만, 잘못된 교훈을 전하는 자가 가진 권위는 하나님으로부터 나오지 않는 잘못된 권위이다.

하나님에 대하여 말하면서도 거짓된 복음을 전할 수 있으므로, 그 영들이 하나님에게서 나왔는가를 시험하여 보아야 한다. 거짓 선지자가 세상에 나타났기 때문이다(요일 4:1). 마지막 때에는 땅에서 올라온 짐승이 사람들을 미혹하면서 칼에 상하였다가 살아난 짐승을 위하여 우상을 만들게 한다. 이들은 거짓 선지자이며, 사람들을 미혹하여 하나님으로부터 떠나게 하며, 우상을 숭배하게 만들 것이다(계 13:11-15, 16:13, 20:10). 영을 분별하는 것은 마지막 때의 그리스도인들에게 필요한 것이며, 이는 하나님의 은사이다(고전 12:10). 욥의 친구들은 하나님과 그의 진리를 말했지만, 그것들은 모두 욥의 상황과 맞지 않는 거짓이었다.

친구들은 하나님을 위하여 말했다고 하지만 오히려 거짓된 것이었고, 하나님을 빌미로 죄를 범한 것이었다. 하나님을 위하여 거짓말을 하는 것은 하나님의 영광을 가리울 뿐이다. 하나님의 이름으로 거짓말을 했으므로, 그들이 사용한 이름으로 하나님을 법정에 세울 수는 없다. 그들이 법정에서 하나님을 변호하는 것은 가당치 않다. 특히 하나님의 이름으로 까닭 없이 저주하는 것은 그 자체로 신성모독이다.

예수님을 십자가에 못 박을 때 이스라엘 제사장들은 하나님의 이름으로 '신성모독'이라는 죄를 판결했다. 그러나 예수께서는 십자가의 죽음까지 순종함으로 '하나님의 영광'을 드러내셨다. 많은 사람이 하나님의 이름으로 다수결로 결정하는 일들 가운데, 하나님의 영광을 가리울 수도 있다는 생각을 해야 한다.

만일 하나님께서 그 친구들을 조사하신다면, 그들의 실체 없는 거짓말이 여지없이 드러나게 될 것이다. 그들은 잘못된 하나님을 소개하면서, 하나님을 속이고 있으며, 실제로는 그들 자신들이 속고 있는 셈이다. 그러나 하나님께서 그들의 거짓말을 알고 계시므로, 죄악을 모두 드러내실 것이다. 사람은 속일 수 있어도 하나님을 속일 수는 없기 때문이다. 충고라고 말하지만, 실제로는 거짓된 고발을 말하는 자의 마음을 하나님께서 살펴보고 계신다. 그때 친구들은 하나님을 두려워하여 무서워서 부들부들 떨게 될 것이다. 하나님께서는 지금 이 순간에도 우리 모두를 지켜보고 계시므로, 하나님께 대한 경외심을 간직하며 겸손해야 한다.

우리에게 하나님은 사랑의 주님이시지만, 공의의 주님이시기도 하다. 하나님의 사랑만을 생각하여서 하나님 앞에서 방자하게 내 생각과 뜻대로 사는 것은 하나님을 멸시하는 죄를 짓는 것이다. 친구들로 인해 궁지에 몰리게 된 욥은 하나님 앞에 나아갈 수밖에 없었다. 그들의 좌우명은 쓸모없는 이야기이며, 그들의 답변은 아무 가치가 없는 잡담일 뿐이었다. 하나님을 말하면서, 하나님에 대하여 틀린 말을 하는 것은 모순적이며, 우리도 이런 실수를 행하기도 한다. 만일 세상적인 가치관으로 하나님의 말씀을 설명하며, 하나님의 이름으로 거짓을 말하고 있다면, 이는 욥의 친구들과 같은 오류를 범하는 것이다.

> **이제는 좀 입을 다물고, 내가 말할 기회를 좀 주어라. 결과가 어찌 되든지, 그것은 내가 책임 지겠다. 나라고 해서 어찌 이를 악물고서라도 내 생명을 스스로 지키려 하지 않겠느냐? 하나님이 나를 죽이려고 하셔도, 나로서는 잃을 것이 없다. 그러나 내 사정만은 그분께 아뢰겠다. 적어도 이렇게 하는 것이, 내게는 구원을 얻는 길이 될 것이다. 사악한 자는 그분 앞에 감히 나서지도 못할 것이다. 너희는 이제 내가 하는 말에 귀를 기울여라. 내가 하는 말을 귀담아 들어라. 나를 좀 보아라, 나는 이제 말할 준비가 되어 있다. 내게는, 내가 죄가 없다는 확신이 있다. (욥기 13:13-19)**

욥은 친구들로 하여금 자신을 가만히 놔 두라고 한다. 욥 자신이 하나님께로 나아가서 직접 자신의 문제를 의논하려는 것이었다. 그것만이 구원을 얻는 유일한 길이라고 여겼다. 모든 생명을 다스리는 주님께 자신의 사정을 말씀드리면서, 만일 하나님께서 죽음을 결정하신다고 하더라도 기꺼이 따르길 원했다. 욥은 자신의 죄를 발견하지 못하였다. 욥이 만일 사악한 사람이라면 그는 감히 주님께 나아가지 못했을 것이다. 욥은 스스로를 완벽한 의인이라고 생각하지는 않았지만, 고난을 받는 연약한 사람이므로 하나님 앞에 서기를 원한 것이었다. 내가 하나님 앞에 설 때, 나에게 숨겨진 죄악을 지적받게 될 것이라고 두려워하고 있는가? 어떤 사람이라도 욥과 같은 의인일 수는 없다. 그럼에도 불구하고 우리는 하나님 앞에 설 자격이 없다고 물러서는 것이 아니라, 고난을 통해 주님께 더 나아가야만 한다.

고난 가운데 있는 사람이 할 일은 하나님을 떠나는 것이 아니라, 더욱 하나님께로 나아가는 것이다. 비록 이해하지 못할 일들이 있다고 하더라도 주님은 그 모든 것을 주관하시기 때문이다. 하나님께서 베푸실 구원을 바라지만, 그렇지 않다고 하더라도 주님을 배반할 수 없다. 이러한 예를 다니엘의 세 친구가 본보기로 보여 주었다. 금 신상에게 절을 하라는 왕의 명령에 순종하지 않는 이들을 맹렬히 타는 용광로에 던지겠다고 위협하였을 때, 이들은 절하는 것을 거부하면서 말했다.

단 3:17 불 속에 던져져도, 임금님, 우리를 지키시는 우리 하나님이 우리를 활활 타는 화덕 속에서 구해 주시고, 임금님의 손에서도 구해 주실 것입니다.
18 비록 그렇게 되지 않더라도, 우리는 임금님의 신들은 섬기지도 않고, 임금님이 세우신 금 신상에게 절을 하지도 않을 것입니다. 굽어살펴 주십시오."

이들이 바라는 것은 용광로에서 살아나는 것이 아니라, 신뢰하고 있는 하나님을 배반하지 않는 것이었다. 고난이 하나님을 멀리하게 하는 도구가 아니라, 도리어 하나님께로 가까이 나아가게 하는 기회가 될 것이다.

하나님, 나를 고발하시겠습니까? 그러면 나는 조용히 입을 다물고 죽을 각오를 하고 있겠습니다. (욥기 13:19)

그러나 욥은 하나님 앞에서 자신을 낮추었다. 만약 하나님께서 우리를 고발하시면, 죽을 각오로 결말을 맞이하겠다는 것이다. 이처럼 우리는 욥의 모습에서 철저하게 주님을 따르는 신앙을 찾을 수 있다. 마지막 때의 성도는 이러한 모습으로 고난을 이겨내야 할 것이다.

17 욥기 13장 20-14장 22

내가 하나님께 바라는 것은 두 가지밖에 없습니다. 그것을 들어주시면, 내가 주님을 피하지 않겠습니다. 나를 치시는 그 손을 거두어 주시고, 제발 내가 이렇게 두려워 떨지 않게 해주십시오. (욥 13:20-21)

욥은 하나님께 두가지 기도 제목이 있었다. 기도를 들어주시면 주님의 얼굴을 피하지도 숨지도 않겠다는 것이다. 첫째는 주님께서 욥을 치시는 손을 거두어 달라는 것이었다. 둘째는 주님의 진노를 거두어서 두려워 떨지 않게 되기를 기도했다. 주님의 권한 아래에 고난이 있다는 것을 욥은 알고 있었다. 그러기에 하나님께서 고난을 허락하신 것처럼, 고난을 멈추게 하실 것이라고 믿고 있었다. 이처럼 고난이 시작되었다면, 하나님의 계획 안에서 제한된 시간이 지나가면 그 고난은 끝나게 될 것이다.

고난 자체가 두려운 것이 아니라, 많은 사람들이 고난을 하나님의 진노라고 여겼기에 두려웠던 것이다. 어느 누가 주님의 징계에서 벗어날 수 있겠는가? 욥은 고난 중에서도 공의의 하나님께 나아갔다. 마지막 때에 그리스도인은 공의의 하나님 앞에 설 준비를 해야 한다. 공의의 하나님을 의식하지 못하면서 사랑의 하나님 만을 알고 있다면, 마지막 심판을 맞이할 준비를 하지 못할 수 있다. 고난이 필요한 이유는 고난을 통해 하나님의 뜻을 깨닫고, 주님께서 원하시는 사람으로 변화될 기회를 얻었다는 것이다. 그러므로 마지막 때 성도들이 주님의 이름으로 인해 고난을 받는 것은 의를 위해 받는 박해이므로 기뻐하고 즐거워해야 한다. 왜냐하면 이로 인하여 천국을 소유하게 될 것이기 때문이다(마 5:10-12).

욥의 기도를 참고로 하면서 아굴의 기도를 살펴볼 필요가 있다. 아굴은 하나님께 두 가지 소원을 들어 달라고 기도했다. 잠언 30:1의 말씀을 ESV에는 다른 번역본과는 다르게 기록하고 있다. 아굴은 마치 욥처럼 지칠 대로 지쳐버린 상태였다는 것을 알 수 있다.

잠 30:1 이것은 야게의 아들 아굴이 말한 잠언이다. 이 사람이 이디엘에게 말하고, 또 이디엘과 우갈에게 말하였다.

ESV Pr 30:1 The words of Agur son of Jakeh. The oracle. The man declares, I am weary, O God; I am weary, O God, and worn out.

(ESV, '내가 지쳤나이다. 오 하나님 내가 지쳤나이다. 오 하나님 완전히 지쳤나이다')

피곤해서 지쳐버린 아굴은 절망적이었고, 회복할 수 없는 상태였다. 그는 고난 가운데 있는 욥이 하나님께 원하는 것을 말씀드린 것처럼 두 가지의 소원을 하나님께 말씀드렸다.

잠 30:7 주님께 두 가지 간청을 드리니, 제가 죽기 전에 그것을 이루어 주십시오.
8 허위와 거짓말을 저에게서 멀리하여 주시고, 저를 가난하게도 부유하게도 하지 마시고, 오직 저에게 필요한 양식만을 주십시오.

첫째는 허황된 거짓말을 하지 않게 해 달라는 것이다. 헛된 것과 거짓을 따르는 사람은 진리에서 멀어진 것이며, 하나님에게 속한 것이 아니라 거짓의 아비인 마귀에게 속한 것이다. 지쳐서 힘든 사람에게 필요한 것은 안식이겠지만, 아굴은 이러한 환경에서도 오직 하나님 앞에 올바른 사람으로 남아 있기를 원했다.

둘째는 가난하거나 부유하게 하지 말고, 먹고 살 만큼의 양식을 달라는 것이다. 너무나 가난하면 최소한의 삶을 살아가기 위해 다른 것을 생각할 여유도 없고, 생존을 위해 죄를 지을 가능성도 있다. 반면에 부유함을 따르는 자는 돈(Mammon)의 노예가 되어 하나님을 찾지 않을 수 있다. 아굴은 가난으로 인해 도둑질을 한다면 하나님의 이름을 욕되게 할 수 있다고 생각했고, 또 물질의 풍요로 인해 하나님을 배반할 것을 두려워했다. 이러기에 그는 일용할 양식이 있는 것으로 만족하였다. 예수께서는 제자들에게 '일용할 양식'을 위해 기도하라고 가르치셨다(마 6:11, 눅 11:3).

지치고 힘들었던 아굴의 기도 제목은 마지막 때에 예수 이름으로 고난을 받게 될 그리스도인에게도 해당되는 것 같다. 거짓이 없는 진실된 신앙과 세속화되지 않은 청렴한 신앙은 기복주의와는 상반된 것이다. 가진 모든 것을 잃어버릴지라도, 진실하고 순수하게 매 순간 하나님만을 바라보는 자가 되어야 할 것이다.

하나님, 하나님께서 먼저 말씀하시면, 내가 대답하겠습니다. 그렇지 않으시면 내가 먼저 말씀드리게 해 주시고, 주님께서 내게 대답해 주십시오. (욥 13:22)

목소리를 높여서 부르짖는 기도도 있고, 묵상으로 하는 기도도 있다. 기도는 일방적인 외침이나 주장을 의미하는 것이 아니라, 하나님과의 인격적인 만남이다. 욥은 하나님과의 대화가 필요했다. 하나님께서 말씀하시면 듣고 대답하고, 욥이 말씀드리면 하나님께서 응답하시길 원했다. 그러나 대다수의 경우에는 하나님께 간청하는 기도를 하면서, 듣는 기도를 하지 않는다. 이러기에 하나님께서 말씀하시더라도 그 음성을 알아듣지 못하는 일방통행식 기도가 많다.

예를 들면 사무엘은 하나님의 음성을 들었지만, 하나님께서 말씀하신다는 것을 알지 못했고, 엘리 제사장이 하나님의 음성이라는 것을 알려주었다(삼상 3:9). 하나님께서 우리에게 말씀하고 계시므로, 우리는 듣는 기도를 해야 한다. 갈멜 산에서 바알의 선지자를 물리친 엘리야는 다시 이세벨에게 쫓기는 신세가 되었다. 그는 기진맥진하여 죽기를 바랐지만 하나님께서 살리셨고, 호렙 산에서 그는 부드럽고 조용한 하나님의 음성을 들었다(왕상 19:12). 하나님께서는 사무엘과 엘리야에게만 말씀하시는 것이 아니라, 지금 나에게도 말씀하고 계신다.

성경을 묵상한다는 것은 내가 원하는 말씀을 찾아보는 것이 아니라, 성경을 통하여 하나님께서 우리에게 하시는 말씀을 듣는 것을 말한다. 일상 생활에서 자신이 읽은 성경 말씀을 반복해서 묵상하면서, 숨은 의미를 하나님께 물어보아야 한다. 성령께서 그 사람의 마음을 깨닫게 하실 때, 말씀에 담긴 보물을 찾게 된다. 이러므로 성경 묵상은 하나님과의 대화이다. 간절한 마음으로 무릎을 꿇고 기도할 때도 있지만, 기도가 하나님과의 인격적인 만남이 되기 위해서는 상호적인 반응이 있어야 한다는 것이다.

그리스도인은 영적인 대화를 통해 하나님의 뜻을 발견하면서, 자신에게 있는 문제점들을 찾아서 고쳐야 한다. 욥의 기도는 하나님과 대화를 나누는 상호적인 기도였다. 이런 기도 생활을 했던 욥이었기에 의인으로 살아갈 수 있었다. 그는 실시간 대화를 통해 일상의 삶에서 주님과 동행하였다. 그러기에 우리에게 있는 문제는 하나님께서 함께하시지 않는 것이 아니라, 지금 각자에게 하시는 말씀에 귀를 기울이지 않는 것이다. 혹시 기도 시간에 큰 소리로 외친 후에, 하나님의 대답을 기다리지 않고 성급하게 자신의 믿음으로 행동한다든가, 자신의 생각을 하나님의 뜻이라고 밀어붙이지는 않는가? 하나님께서 대답하지 않은 것이 아니라, 처음부터 그 대답을 기대하지 않은 우리들이 성급함이 문제이다.

기도는 일방적인 간구가 되어서는 안 된다. 마지막 때의 성도는 욥처럼 하나님께 말하며 듣는 기도 생활을 배워야 한다. 내가 하나님 앞에 나아가서 말씀드리고, 주님께서 하시는 말씀을 듣고, 그 말씀에 대답하는 인격적인 만남이 있어야 한다. 이것이 진정한 하나님과의 교제(fellowship)이다. 이렇다고 해서 내가 하나님께 물어보면, 즉시 대답해 주시는 즉각적인 반응을 말하는 것이 아니다. 성경을 보다가 해결이 되지 않고, 이해할 수 없는 내용이 있으면 하나님께 여쭈어 본 다음에, 신뢰하는 마음으로 응답을 기다리는 것이다. 처음에 사무엘은 자신에게 하시는 하나님의 음성을 깨닫지 못했다. 그러나 나중에 하나님의 음성인 것을 알고 대화를 할 수 있었다. 이처럼 처음에는 성령께서 내 마음에 말씀하시더라도 내 생각과 하나님의 음성을 구분하기 어려울 것이다. 그러나 주님과 대화를 하면 할수록 내 생각을 내려놓게 되면서, 성령의 감동을 분별하게 될 것이다.

욥은 하나님과 대화의 기도를 했던 사람이었다. 그러기에 이러한 고난이 찾아왔지만 하나님을 저주하고 떠난 것이 아니라, 도리어 하나님께 더 나아가 기도를 할 수 있었다. 마지막 때가 될수록 그리스도인은 기도하는 방법을 욥에게서 배워야 한다. 각자에게 있는 고난에 대하여 하나님께 말씀을 드리면서, 하나님께서 하시는 말씀도 들어야 한다. 이런 기도를 하는 사람은 고난의 순간에도 살아 계신 하나님을 뵙고 동행하고 있는 것이다.

내가 지은 죄가 무엇입니까? 내가 무슨 잘못을 저질렀습니까? 내가 어떤 범

죄에 연루되어 있습니까? 어찌하여 주님께서 나를 피하십니까? 어찌하여 주님께서 나를 원수로 여기십니까? 주님께서는 줄곧 나를 위협하시렵니까? 나는 바람에 날리는 나뭇잎 같을 뿐입니다. 주님께서는 지금 마른 지푸라기 같은 나를 공격하고 계십니다. 주님께서는 지금, 내가 어릴 때에 한 일까지도 다 들추어 내시면서, 나를 고발하십니다. 내 발에 차꼬를 채우시고, 내가 가는 모든 길을 낱낱이 지켜보시며, 발바닥 닿는 자국까지 다 조사하고 계십니다. 그래서 저는 썩은 물건과도 같고, 좀먹은 의복과도 같습니다. (욥 13:23-28)

하나님께 나아간 욥은 자신의 잘못을 깨닫기를 간구했다. 누구나 인정하는 큰 죄를 범하면, 쉽게 깨달을 수 있다. 그러나 마음으로 지은 죄는 겉으로 드러나지 않을 뿐 더 심각하다. 그러기에 욥은 자신이 지은 죄를 하나님께서 알려주시기를 간청했다. 욥이 지은 죄로 인하여 하나님께서 돌아보시지 않는 것일까? 마치 하나님께서 욥과 대적하고 있는 것 같았다. 모든 것을 주관하시는 전능의 하나님께서 욥을 꾸짖으신다면, 욥은 아무 저항할 힘도 없이 엎드려 마치 바람에 날리는 나뭇잎과 마른 지푸라기 같을 뿐이다.

예수께서 구세주로 오셨으므로, 율법은 더 이상 필요 없다고 생각하는 것 같다. 사람이 죄에서 구원을 받고 의롭게 되는 것은 율법을 지키는 행위가 아니라, 믿음으로 되는 것이다. 그러나 믿음으로 율법을 폐기하는 것이 아니라, 도리어 율법을 굳게 세워야 한다(롬 3:19-31). 구세주로 오신 예수님께서는 율법이나 선지자를 폐하러 오신 것이 아니라 도리어 완성하러 오셨다(마 5:17).

누구든지 이 계명 중의 지극히 작은 것 하나라도 버리고, 또 그같이 가르치는 사람은 천국에서 아주 작은 사람으로 일컬어질 것이다. 누구든지 계명을 행하며 가르치는 사람은 천국에서 큰 사람이라고 일컬어질 것이다. 이처럼 계명은 버리는 것이 아니라, 지켜야 하는 것이다. 이렇게 하는 것이 서기관과 바리새인보다 더 옳게 사는 것이며, 이렇게 행하지 않는 신앙을 가진 사람은 결코 천국에 들어가지 못한다(마 5:19-20). 마지막 때의 성도는 서기관과 바리새인의 의보다 더 올바르기 위해서는 순종의 삶이 있어야 한다. 하나님 앞에서 욥처럼 엄중하게 자신의 삶과 마음까지도 살펴보아야 한다.

예수께서 완성하신 율법은 겉으로 나타나지 않는 마음의 상태도 포함하고 있다. 형제를 미워하는 것이 살인에 해당하는 죄이며, 음욕을 품고 여자를 보고 있는 사람은 마음에 이미 간음한 것이다. 거짓 맹세를 한 것은 하나님께 대한 죄악이다. 원수를 사랑하며, 박해하는 자를 위하여 기도하는 것이 온전하신 하나님을 닮는 것이다.

감추어진 죄악이 있지 않았을까? 마음으로 지은 죄는 없었을까? 욥이 받는 고난은 하나님께서 징계하시는 것이 아닐까? 하나님께서 욥을 샅샅이 살펴보시고, 그의 죄악에 대한 벌을 주는 것이 아닐까? 하나님께서 자신을 고발하셨다고 생각했던 욥은 두려움에 떨 수밖에 없었다. 하나님 앞에 서는 자는 이처럼 두려움을 가지고 나아가야 한다. 모든 것을 다 알고 계시는 하나님을 우리는 경외해야 한다.

여인에게서 태어난 사람은 그 사는 날이 짧은 데다가, 그 생애마저 괴로움으로만 가득 차 있습니다. 피었다가 곧 시드는 꽃과 같이, 그림자같이, 사라져서

멈추어 서지를 못합니다. 주님께서는 이렇게 미미한 것을 눈여겨 살피시겠다는 겁니까? 더욱이 저와 같은 것을 심판대로 데리고 가셔서, 심판하시겠다는 겁니까? 그 누가 불결한 것에서, 정결한 것이 나오게 할 수 있겠습니까? 아무도 그렇게 할 수 없습니다. 인생이 살아갈 날 수는 미리 정해져 있고, 그 달 수도 주님께서는 다 헤아리고 계십니다. 주님께서는 사람이 더 이상 넘어갈 수 없는 한계를 정하셨습니다. 그러므로 사람에게서 눈을 돌리셔서 그가 숨을 좀 돌리게 하시고, 자기가 살 남은 시간을 품 꾼만큼이라도 한번 마음껏 살게 해 주십시오. (욥 14:1-6)

인생은 덧없이 금세 없어지는 꽃처럼 허무하게 지나간다. 하나님께서 보잘것없는 인생을 살펴보며 심판하시는 것이 아닐까? 고통 가운데 있는 욥은 주님의 심판을 두려워하면서, 완전하고 정결한 인생은 없다고 고백한다. 그렇다면 하나님의 기준에서 흠잡을 것 없는 완벽한 사람이 있을까? 그리스도인은 사람의 기준이 아닌 하나님의 기준을 따라 사는 사람이어야 한다.

마지막 날에는 모두가 그리스도의 심판대 앞에 서게 될 것이며, 선한 일이든지 또는 악한 일이든지 각 사람이 행한 모든 일에 따라 마땅한 보응을 받게 된다(고후 5:10). 욥은 자신의 고통을 심판이라고 생각했지만, 진정한 주님의 판결은 아니었다. 그러기에 우리는 주님의 심판을 지혜롭게 준비해야 한다.

주님께서 사람이 넘을 수 없는 한계를 정해 놓으셨으므로, 연약한 욥은 전능하신 주님께 자비를 간절하게 바랐다. 그리고 지금까지 살아온 인생의 시간을 돌이켜 볼 때, 과거 모든 시간에 하나님의 사랑이 있었다는 것을 알게 되었다. 그러나 우리는 평안할 때에는 하나님을 잊어버리고, 마치 자신의 업적을 누리는 것처럼 살아오지 않았던가? 이제라도 우리는 매 순간 하나님께서 허락하신 인생이라는 시간에서 주님을 만나야 한다. 욥이 하나님께 기도하면서 간절히 원했던 것을 우리는 이미 누리고 있다는 것을 알아야 한다.

한 그루 나무에도 희망이 있습니다. 찍혀도 다시 움이 돋아나고, 그 가지가 끊임없이 자라나고, 비록 그 뿌리가 땅 속에서 늙어서 그 그루터기가 흙에 묻혀 죽어도, 물기운만 들어가면 다시 싹이 나며, 새로 심은 듯이 가지를 뻗습니다. 그러나 아무리 힘센 사람이라도 한 번 죽으면 사라지게 되고, 숨을 거두면 그가 어디에 있는지도 모르게 됩니다. 물이 말라 버린 강처럼, 바닥이 드러난 호수처럼, 사람도 죽습니다. 죽었다 하면 다시 일어나지 못합니다. 하늘이 없어지면 없어질까, 죽은 사람이 눈을 뜨지는 못합니다. (욥 14:7-12)

나무는 찍혀도 다시 싹이 나고 가지가 계속 자라기에 희망이 있다. 그러나 사람에게는 한 번의 인생이 있을 뿐, 죽으면 모든 것이 끝나버린다. 죽음의 잠에서 깨어나지 못하는 인생이라면, 그 모든 시간은 허무하기만 하다. 고난은 마치 죽음으로 빠져버린 것 같은 절망을 느끼게 만든다. 가야 할 목적지로 가고 있는 중에 교통체증으로 막혀 오도 가도 못하게 되었을 때, 그 자리에 주저앉는 사람은 없다. 도로에서 지체하고 있는 것은 과정의 일부이고 영원히 지속되지 않기 때문이다. 인생은 죽음으로 끝나는 것이 아니라, 죽음 다음에 주님의 심판을 맞이한다. 과정에서 성공하기보다는, 마지막 날을 준비하는 것이 지혜로운 인생이다. 그리스도인은 죽음을 무서워할 것이 아니라, 죽음 이후에도 영원히 다스리고 나를 살펴보시는 하나님을 두려워해야 한다.

차라리 나를 스올에 감추어 두실 수는 없으십니까? 주님의 진노가 가실 때까지만이라도 나를 숨겨 주시고, 기한을 정해 두셨다가 뒷날에 다시 기억해 주실 수는 없습니까? 아무리 대장부라 하더라도 죽으면 그만입니다. 그러므로 나는 더 좋은 때를 기다리겠습니다. 이 고난의 때가 지나가기까지 기다리겠습니다. 그때에 주님께서 나를 불러 주시면, 내가 대답하겠습니다. 주님께서도 손수 지으신 나를 보시고 기뻐하실 것입니다. 그러므로 지금은 주님께서 내 모든 걸음걸음을 세고 계시지만, 그때에는 내 죄를 살피지 않으실 것입니다. 주님께서는 내 허물을 자루에 넣어 봉하시고, 내 잘못을 덮어주실 것입니다. (욥 14:12-17)

욥은 고난을 이겨낼 여력이 없었으므로, 주님께서 안전한 보호처에 숨겨 주시기를 원했다. 주님의 진노가 지나갔을 그날에 욥을 기억해 달라고 했다. 누구라도 엄청난 고난을 쉽게 이겨낼 수 없다. 고난의 때를 이겨내는 길은 고난과 싸우는 것이 아니라, 인내하는 것이다. 고통의 시간에 주님의 보호를 받는 사람은 환난을 견디어 낼 수 있다. 주님께서 다시 기쁨과 즐거움을 회복시켜 주실 것을 소망하면서 환난의 시기를 참아내는 것이다. 만일 지은 죄로 인해 받는 주님의 징계가 있다면, 회개와 갱신의 삶으로 주님께서 기뻐하시는 자로 바뀌어야 한다. 주님께서는 이러한 자의 과거를 다시 들추어 내지 않으신다. 욥은 고난의 때가 지나가기까지 기다리겠다고 말한다.

히 9:27 사람이 한 번 죽는 것은 정해진 일이요, 그 뒤에는 심판이 있습니다.
28 이와 같이 그리스도께서도 많은 사람의 죄를 짊어지시려고, 단 한 번 자기 몸을 제물로 바치셨고, 두 번째로는 죄와는 상관없이, 자기를 기다리고 있는 사람들에게 나타나셔서 구원하실 것입니다.

죽음은 사람에게 정해진 것이며, 이것으로 끝나는 것이 아니라 심판(judgment)을 받게 된다. 예수 그리스도께서 많은 사람의 죄를 짊어지시려고 세상에 오셔서 단 한번 자기 몸을 제물로 바치셨다. 두 번째로는 죄와는 상관없이, 자기를 기다리고 있는 사람들에게 나타나셔서 구원에 이르게 하신다. 여기에서의 구원은 믿음으로 얻는 구원(sozo)이 아니라, 자기에게 순종하는 자에게 주시는 영원한 구원(soteria)을 말한다(히 5:9). 예수께서 두 번째로 강림하시는 이유는 마지막 심판을 하기 위한 것이다.

욥은 이미 하나님의 은혜를 경험하였던 사람이었다. 그는 고난을 통해 숨겨진 죄악을 멀리하고, 회개함으로 다시는 죄와는 상관없이 하나님 앞에 서기를 원했다. 그리스도인은 이미 예수 그리스도를 구세주로 영접하여 죄에서 구원을 받은 사람들이다. 이후에는 재림의 주님을 만날 것이며, 이때에는 죄의 문제가 아니라 순종 여부로 영생과 영벌이 결정되어질 것이다(마 25:31-46). 과거의 죄는 이미 예수 그리스도께서 흘리신 피의 제사로 깨끗하게 되었으니, 이제는 죄를 짓지 말고 다시 오실 주님을 기다려야 한다. 죄와 상관없이 재림의 주님 앞에 깨끗한 자로 설 준비를 하고 있는가?

이러므로 마지막 때에는 죄로 인한 징계가 아니라, 죄와 상관없이 다만 그리스도인이라는 이름으로 고난을 받아야 한다. 죄와 상관없이 재림의 주님을 기다려야 한다. 그리스도인이면서 죄로 인해 형벌을 받는다면, 하나님의 영광을 가리우는 것이다. 의인이라면 의인다운 삶을 살아야 한다. 믿음으로 생명을 얻었기에(요 20:31), 사랑의 실천으로 영생에 이르러야 한다(요일 5:13).

산이 무너져 내리고, 큰 바위조차 제자리에서 밀려나듯이, 물이 바위를 굴려 내고 폭우가 온 세상 먼지를 급류로 씻어 내듯이, 주님께서는 연약한 사람의 삶의 희망도 그렇게 끊으십니다. 주님께서 사람을 끝까지 억누르시면, 창백하게 질린 얼굴로 주님 앞에서 쫓겨날 것입니다. 자손이 영광을 누려도 그는 알지 못하며, 자손이 비천하게 되어도 그 소식 듣지 못합니다. 그는 다만 제 몸 아픈 것만을 느끼고, 제 슬픔만을 알 뿐입니다. (욥 14:18-22)

욥에게는 모든 희망이 사라져 버린 것 같아서 두려움만이 가득했다. 하나님으로부터 버림을 받은 것처럼, 공포에 떨면서 생명줄을 놓아버릴 것 같았다. 마지막 때의 그리스도인은 욥의 고난에 동참하게 될 것이다. 욥이 고난을 맞이하여 보여준 인내와 주님께서 욥에게 주신 결말을 알고 있는 자들은 죄 없이 받는 고난에 압도되어 포기할 것이 아니라, 욥과 같은 신앙의 선배의 본을 따라 이겨내야 한다. 욥의 고난과 그의 인내를 본받는 훈련을 받으면서 마지막 환난의 때를 같은 방식으로 이겨낼 수 있을 것이라고 확신한다.

18 욥기 15장 1-16

데만 사람 엘리바스가 대답하였다. 지혜롭다는 사람이, 어찌하여 열을 올리며 궤변을 말하느냐? 쓸모 없는 이야기로 논쟁이나 일삼고, 아무 유익도 없는 말로 다투기만 할 셈이냐? 정말 너야말로 하나님을 두려워하는 마음도 내던져 버리고, 하나님 앞에서 뉘우치며 기도하는 일조차도 팽개쳐 버리는구나. 네 죄가 네 입을 부추겨서, 그 혀로 간사한 말만 골라서 하게 한다. 너를 정죄하는 것은 네 입이지, 내가 아니다. 바로 네 입술이 네게 불리하게 증언한다. (욥 15:1-6)

데만 사람 엘리바스는 욥에게 두 번째 논쟁을 시작한다. 고난에 빠진 사람의 정황을 파악하지 못하고 그와 논쟁을 하려는 사람이 있다면, 그는 이미 비정상적이며, 상식이 없는 사람이다. 더구나 그는 욥에게 닥친 고난의 비밀을 알지 못하면서, 사람의 지식과 경험으로 욥을 제압하기 위해 비난의 거친 말도 서슴지 않고 내뱉었다. 욥의 말은 지혜가 아니라 궤변이며, 엘리바스 자신이 말하는 지혜를 들으라고 했다. 그는 욥의 헛된 지식을 비판하고 있지만, 실제로 그 말은 그 자신에게 더 해당되는 것이었다. 같은 것을 하더라도 자신이 하는 것은 올바르며, 다른 사람이 하는 것은 틀렸다고 하는 오만의 잣대로 말했던 것이다. 상대방이 말하는 것은 쓸모가 없는 하찮은 것이라고 하면서, 자신은 무익한 말로 치켜세우는 교만이 가득하였다.

인생의 다양한 모습을 파악하지 못하고, 자신이 가진 지식이 전부 옳다고 주장한다면, 그는 엘리바스의 오만함을 본받는 사람이다. 이런 사람은 하나님을 섬긴다고 하면서도 이런 편협한 행태를 보이게 된다. 특히 외형적으로는 죄를 지은 인간이라고 고백하지만, 자신이 원하는 것은 하나님께서 반드시 들어주어야 한다고 기도하면서, 이것을 믿음이라 생각한다. 하나님의 뜻과는 상관없는 인간의 소망을 하나님께서 이루게 하셔야 하는가? 오만불손(傲慢不遜)하고 교만방자(驕慢放恣)한 사람은 기도할 때에 하나님과는 관계없이 자신이 모든 것을 주관하고 있다고 생각한다.

그리스도인은 어떤 순간이나 상황에도 항상 하나님을 만나고 있는 태도로 겸손하게 살아가야 한다. 사람을 만나고 있지만, 그 장소에 함께하시는 하나님을 뵙고 있는 것이다. 비록 작은 사람에게 행한 것이라고 하더라도, 그것은 주님께 행한 것이다. 항상 주님을 모시고 살아가는 자세를 유지하려면, 삶의 모든 순간에 주님을 기억해야 한다. 모든 그리스도인은 항상 주님과 함께하기 위한 자기만의 비법을 만들 필요가 있다.

그는 욥이 하나님을 두려워하는 경외심도 없고, 회개의 기도조차 하지 않는다고 맹렬한 공격을 했다. 좋게 말해서, 엘리바스는 욥을 자극이라도 하여 하나님께 더 나아가게 하려는 선한 마음으로 이렇게 했던 것일까? 그렇지만 그가 주장하는 것은 진실이 아니었다. 욥에게 경외심이 있는지, 또는 자신의 죄악을 깨닫기 위한 몸부림이 있었는지 그는 알 수 없었다. 실상을 정확하게 알지 못하면서 다른 사람을 죄인으로 단정하는 것이 죄악이다. 강단에서 설교자가 회중의 신앙생활을 알지 못하면서, 자신의 생각으로 훈계를 하는 실수를 하는 셈이다. 엘리바스가 저지른 실수를 지도자의 위치에 있는 사람은 조심해야 한다.

하나님께 대한 신실성은 사람이 판단하는 것이 아니라, 오직 하나님만이 아신다. 이러한 것을 판단하고 있다면, 그는 자신이 하나님의 자리에 앉아서 심판의 칼을 욥에게 겨누고 있는 것이다. 고난은 죄에 대한 하나님의 공의라는 고정 관념이 잘못이다. 마지막 때에는 그리스도인이 주님의 이름으로 고난을 받게 예정되어 있다. 이러므로 그 때에 성경 말씀대로 이루어져서 신실한 그리스도인에게 고난이 닥치더라도, 실망하지 않고 오히려 기뻐하고 즐거워해야 한다(마 5:10-12). 이는 하나님의 말씀대로 세상의 역사가 이루어지고 있다는 것을 확증하는 것이며, 환난을 이겨내면서 모든 성도들이 주님 보좌 앞에서 찬양할 것을 사모하여 간절히 바라야 한다(계 7:9-16).

욥이 비뚤어진 마음에서 나오는 그럴 듯한 말로 변명하고 있다고 엘리바스는 욥을 공격했다. 욥 스스로가 자신의 입으로 자신의 죄를 증거하고 있다는 것이다. 그렇지만 실상은 엘리바스가 하나님의 이름을 도용하여 사람의 지식과 경험으로 욥을 죄인으로 몰아갔다. 엘리바스는 욥에 대한 비난으로 자신의 죄악을 스스로 증명했다. 예수를 죄인이라고 밀어붙인 제사장들은 위선과 교만이 가득하였고, 하나님의 이름을 더럽혔다고 '신성모독죄'의 죄명으로 십자가에서 죽게 했는데, 그들이 행한 일 자체로 인해 그들 자신이 죄인이 되었다.

마지막 때의 성도들도 아무 죄가 없어도 이러한 비난의 대상이 될 것이라고 하였다. 죄가 없이 받는 비난으로 고통을 받을 그리스도인들에 대한 베드로전서의 위로와 권면을 살펴보자.

낯선 땅에서 나그네 생활을 하고 있는 그리스도인은 혼(soul)을 거슬려 싸우는 육체의 정욕을 멀리해야 하며, 세상 사람들 사이에서 선한 행실을 해야 한다. 이렇게 해야 그리스도인들에게 악을 행하는 자들이라고 욕하던 그들도 성도들의 선행을 보고 하나님께서 찾아오시는 날에 하나님께 영광을 돌리게 될 것이다(벧전 2:11,12).

그때에 억울하게 고난을 당하더라도 하나님께서 계신 것을 생각하면서 괴로움을 참으면 그것은 아름다운 일이다. 죄를 짓고 매를 맞으면서 참으면, 그것은 자랑거리가 되지 않는다. 그러나 선을 행하다가 고난을 당하면서도 참는 것은 하나님께서 보시기에 아름다운 일이다. 그리스인은 그렇게 살아가라고 부르심을 받은 사람들이다. 그리스도께서도 성도를 위해서 고난을 받으심으로써 자기의 발자취를 따르게 하시려고 본을 남겨 두셨다(벧전 2:19-21).

그리스도인이 열심으로 선한 일을 하면, 해칠 사람이 없을 것이다. 정의를 위하여 고난을 받는 사람은 복이 있으므로, 사람들이 협박하더라도 무서워하거나 흔들리지 말아야 한다. 마음속에 그리스도를 주님으로 모시고, 사람들을 거룩하게 대하라. 간직하고 있는 소망을 설명하여 주기를 바라는 사람에게는 언제라도 답변할 수 있도록 준비해 두라. 그러나 답변을 할 때에는 부드러운 태도로 조심스럽게 해야 한다. 언제나 깨끗한 양심을 지니고 살라. 그리하면 그리스도를 믿는 자들의 착한 행실을 욕하는 사람들이, 바로 그 일로 부끄러움을 당하게 될 것이다. 하나님께서 바라시는 뜻이라면, 선을 행하다가 고난을 받는 것이, 악을 행하다가 고난을 받는 것보다 낫다(벧전 3:14-17).

마지막 때를 설명하는 베드로전서에서는 그리스도인이 죄가 없어도, 또한 선한 행실을 한다 해도 세상 사람들로부터 비난을 받게 될 것이라고 알려준다. 그들은 그리스도인이 선을 행하고 있더라도, 악을 행하는 자들이라고 비난할 것이다. 그렇지만 그들의 비방에 대하여 싸울 것이 아니라, 함께하시는 하나님을 생각하면서, 괴로움을 참으라고 한다. 그들의 비난과 미움에 맞서지 말고, 더 나아가 더 열심히 선을 행하라는 것이다. 세상 사람들에게 대하여도 거룩을 유지해야 한다. 선한 행실은 하나님 앞에서 하는 것이지만, 그것을 보는 사람들은 자신이 비난한 그 일로 도리어 부끄럽게 될 것이다. 마지막 때에 예수의 이름으로 고난을 받는 것이 하나님의 뜻이라면, 떳떳하게 선을 행하면서 고난을 받자.

네가 맨 처음으로 세상에 태어난 사람이기라도 하며, 산보다 먼저 생겨난 존재라도 되느냐? 네가 하나님의 회의를 엿듣기라도 하였느냐? 어찌하여 너만 지혜가 있다고 주장하느냐? 우리가 알지 못하는 어떤 것을 너 혼자만 알고 있기라도 하며, 우리가 깨닫지 못하는 그 무엇을 너 혼자만 깨닫기라도 하였다는 말이냐? 우리가 사귀는 사람 가운데는, 나이가 많은 이도 있고, 머리가 센 이도 있다. 네 아버지보다 나이가 더 든 이도 있다. (욥 15:7-10)

엘리바스는 욥이 말하는 것을 들으며 비웃었다. 마치 세상에 처음으로 태어난 사람처럼 말하고 있다는 것이다. 세상 만물이 창조되기 전에 존재했고, 그래서 하나님의 비밀을 홀로 알고 있는 것처럼 자신만 지혜롭다고 주장한다는 것이다. 아무도 깨닫지 못하는 것을 욥이 혼자만 깨닫기라도 하는 것처럼 말한다고 비난했다.

엘리바스는 자신의 주장을 펼치는 것이 중요하였기에, 욥의 말을 귀담아 들으려고 하지 않았다. 어느 누구도 말하는 모든 것이 옳은 것은 아니며, 또한 그릇된 것도 아니다. 말하는 내용에는 옳은 것과 그릇된 것이 함께 있으므로, 주장하는 내용에 대하여는 분별력을 가지고 받아들여야 한다. 그렇지만 엘리바스는 욥이 하는 말 전체를 부인하였고, 자신의 주장만이 옳다고 하는 모순을 저질렀다. 마지막 때에는 옳고 그른 것에 대한 영적인 분별이 필요하다. 이단은 자신들이 신봉하는 교리를 그럴듯하게 포장하여서, 사람의 이성으로 볼 때 진리로 받아들여 따르도록 미혹한다. 하지만 오직 성경 말씀만이 진리이다. 사람의 생각이 아니라, 항상 성경이 기준이 되어서 분별해야 한다. 성경을 사람의 생각으로 해석하면서, 성경에 없는 이론을 슬쩍 넣어서 잘못된 길로 이끄는 것이 이단이다.

엘리바스는 연륜이 많은 사람의 말이 올바르다는 이론을 편다. 그러나 나이가 많은 사람이 진리를 말하는 것이 아니다. 그의 이론은 성경에 기초한 것이 아니다. 일반적인 상식으로 하나님의 뜻을 분별할 수 없다. 남을 비판하기 전에 먼저 하나님 앞에서 자신을 돌아보아야 한다. 나는 하나님 앞에서 올바르게 살고 있는가? 그리고 하나님의 말씀을 삶의 원칙으로 삼아서, 그 말씀에 이끌려 살아가고 있는가? 과연 하나님의 말씀이 삶에서 나타나고 있는가?

엘리바스는 욥을 더 절망에 빠뜨려 살아가야 할 소망이 없게 만드는 것 같았다. 죄가 없이 당하는 고난의 비밀을 알지 못하는 그는 하나님의 뜻을 알 리가 없었다. 자신이 하고 있는 행위가 상대방에게 괴로움을 가중시키는 것임을 모르면서, 진리의 사도가 된 것으로 착각하고 있었다.

하나님이 네게 위로를 베푸시는데도, 네게는 그 위로가 별것 아니란 말이냐? 하나님이 네게 부드럽게 말씀하시는데도, 네게는 그 말씀이 하찮게 들리느냐? 무엇이 너를 그렇게 건방지게 하였으며, 그처럼 눈을 부라리게 하였느냐? 어찌하여 너는 하나님께 격한 심정을 털어놓으며, 하나님께 함부로 입을 놀려 대느냐? 인생이 무엇이기에 깨끗하다고 할 수 있겠으며, 여인에게서 태어난 사람이 무엇이기에 의롭다고 할 수 있겠느냐? 바로 그것이다. 하나님은 당신의 천사들마저도 반드시 신뢰할 수 있다고 여기지는 않으신다. 그분 눈에는 푸른 하늘도 깨끗하게만 보이지는 않는다. 하물며 구역질 나도록 부패하여 죄를 물 마시듯 하는 사람이야 어떠하겠느냐? (욥 15:11–16)

엘리바스는 자신이 하나님의 위로를 전달해 주고 있는 것이라고 하면서, 하나님의 부드러운 위로의 말씀을 전해 주고 있지만, 욥이 이것을 가볍게 여기고 있다면서 그를 야단쳤다. 그러나 그는 하나님의 뜻을 모르면서, 하나님의 대리자라고 말하는 교만죄를 범한 것이다. 엘리바스가 말한 위로는 도리어 욥에게 큰 상처가 되었다. 하나님의 이름으로 하는 것이 언제나 맞는 것이 아니다. 어떤 경우에는 자신이 원하는 것을 위해서 하나님의 이름으로 상대를 억눌러서 이기적인 목적을 이루려고 하기 때문이다. 엘리바스가 그런 사람이었다.

자신의 충고를 듣지 않으면서, 하나님과 맞서 화를 내는 욥의 태도가 건방지다고 했다. 욥은 괴로움에 지쳐서 일어설 수 없었지만, 남은 힘을 다해 하나님께 하소연했던 것이다. 극심한 고난에도 욥은 하나님께 기도를 쉬지 않았다. 오히려 그는 솔직하게 자신의 고통을 말씀드렸고, 주님의 구원을 간절하게 바랐다. 만일 하나님께 거짓으로 거룩한 삶을 사는 것처럼 위장하고, 거룩하게 보이는 기도를 한다면, 그것이 옳은 일인가? 도리어 모든 것을 살피시는 하나님께 솔직하게 나아가서, 있는 그대로를 말씀드려야 한다. 괴로울 때에는 괴롭다고 하고, 즐거울 때에는 기쁘다고 하며, 고통에 있을 때에는 신음 소리를 내는 것이 진실된 기도이다. 욥은 솔직하게 자신의 고통을 하나님께 말씀드렸고, 그것은 하나님을 멸시하거나 대드는 것이 아니었다. 욥에게 죽음이 고난보다 더 위로가 될 것이라는 것은 그의 진실된 표현이었다.

하나님께 나아가기 위해서는 거룩함이 반드시 있어야 하겠지만,

진실함도 있어야 한다. 원수를 용서하려는 마음이 없으면서, 원수를 용서하게 해 달라고 기도할 수는 없다. 차라리 원수를 용서할 수 없는 자신의 연약하고 분노에 찬 마음을 그대로 하나님께 고백하는 것이 정직한 기도이다. 이런 면에서 욥은 하나님 앞에서 가식 없는 솔직한 기도를 했다. 전능하신 하나님께서 가장 싫어하시는 것 중의 하나는 거짓이다. 사람의 연약함을 알고 계시는 하나님께 자신의 부족한 것을 내놓는 것이 거짓의 담을 쌓지 않고 정직하게 주님과 교제하는 것이다.

아무리 깨끗한 사람이라고 할지라도 하나님 앞에서는 더러움이 드러나게 되어 있다고 엘리바스는 말한다. 더러운 것이 있다면 더러움을 인정해야 하고, 깨닫는 지혜가 없다면 미련하다는 것을 고백해야 한다는 것이다. 그렇지만 많은 사람에게 적용되는 말이라고 하더라도 욥에게 있는 고난은 특별한 것이었다. 대부분이 진리라고 생각하는 것도 특수한 경우에는 틀릴 수도 있다. 내가 주장하는 것이 항상 옳은 것이 아니라는 생각을 하면서, 상대방의 상황에 대하여 지나친 추측을 하지 않는 것이 좋다.

사람의 생각으로 엘리바스와 욥 중에 어떤 사람이 옳다고 생각하는가? 그렇지만 결국은 사람의 잣대가 아닌, 하나님의 기준으로 판단해야 한다. 하나님께서는 엘리바스와 두 친구가 말한 것이 잘못된 것이라고 하셨다. 이러기에 욥의 입장에서 고난을 인내하고, 그의 친구들에 대하여는 잘못된 것을 살펴볼 때, 영적인 지혜를 얻게 될 것이다.

19 욥기 15장 17-35

네게 가르쳐 줄 것이 있으니, 들어 보아라. 내가 배운 지혜를 네게 말해 주겠다. 이것은 내가 지혜로운 사람들에게서 배운 것이고, 지혜로운 사람들도 자기 조상에게서 배운 공개된 지혜다. 그들이 살던 땅은 이방인이 없는 땅이고, 거기에서는 아무도 그들을 곁길로 꾀어 내서 하나님을 떠나게 하지 못하였다. (욥 15:17-19)

친구들의 말을 듣지 않는 욥에게 엘리바스는 자신이 배운 지혜를 알려주겠다고 한다. 누구나 지혜의 말에 귀를 기울여야 하는 것은 당연한 것이다. 엘리바스는 조상부터 있었던 지혜가 전해져서 자기도 배웠다고 말한다. 전해 내려온 지혜는 확실한 것이므로, 많은 사람들이 알고 인정하고 있다는 것이다. 이처럼 귀한 지혜의 말을 전해주는 사람이 있다면, 누구라도 그의 사랑과 배려에 대하여 고마워해야 할 것이다. 그렇지만 엘리바스는 이를 빌미로 욥에게 자신의 지혜의 말에 귀를 기울여야 한다고 압박했다.

엘리바스의 모순은 자신의 지혜만이 가치 있다고 생각하는 것이다. 지혜로운 사람이라면 먼저 상대방의 말을 듣고, 대화를 하면서 함께 새로운 진리를 찾아야 한다. 권위나 환경을 통해 자신의 의사가 우선시된다면, 이는 강압적인 선포인 셈이다. 그는 욥의 말을 전혀 들으려고 하지 않았다. 이미 욥을 하나님 앞에서 죄인으로 단정하였고, 마치 자신이 하나님의 재판관인 것처럼 욥을 정죄하고 있었다.

검증된 지혜라면 당연히 마음에 깊이 새겨야 한다. 그렇지만 시간이 흘러서 시대가 변하고, 가치관이 바뀌게 되면, 기존의 지혜는 쓸모없게 된다. 엘리바스의 말은 오랜 전통을 가지고 있는 지혜를 따르라는 것과 같다. 전통에 따른 지혜는 변하지 않는 진리가 아니며, 오직 하나님의 말씀만이 변하지 않는 진리이다. 진리의 말씀을 믿고 따르는 것이 지혜이다. 엘리바스가 배운 지혜는 하나님의 말씀과는 상관없는 융통성 없는 지혜요, 죽은 지혜이다.

하나님의 말씀은 과거와 현재와 미래를 다 포함하고 있어서, 과거에 일어난 일이 현재와 미래에 반복되고 있으며, 미래는 과거에 이미 어떻게 될 것인가를 알려주고 있다. 한편 성경 말씀을 통해 깨달은 지혜를 모아서 만든 신앙 서적은 성경의 진리에 대한 이해를 돕는 참고서이다. 신앙 서적으로 성경을 더 이해하고, 현실에 맞는 적용을 하기에 도움이 된다.

엘리바스는 자기 조상이 살던 땅에는 이방인이 없었다고 하였다.

그러나 그 땅이 그의 고향인 데만을 말하는 것인지, 아니면 다른 곳을 말하는지 확실하지 않다. 다만 그가 말하는 내용으로 보아 그곳에는 외인이 없었으므로 순수한 지혜가 왜곡되지 않았다고 말하는 것 같다. 이는 아마도 악한 영적 존재의 영향을 받지 않았던 곳이라고 추측할 수도 있다.

악한 일만 저지른 자들은 평생 동안 분노 속에서 고통을 받으며, 잔인하게 살아온 자들도 죽는 날까지 같은 형벌을 받는다. 들리는 소식이라고는 다 두려운 소식뿐이고, 좀 평안해졌는가 하면 갑자기 파괴하는 자가 들이닥치는 것이다. 그런 사람은, 어디에선가 칼이 목숨을 노리고 있으므로, 흑암에서 벗어나서 도망할 희망마저 가질 수 없다. 날짐승이 그의 주검을 먹으려고 기다리고 있으니, 더 이상 앞날이 없음을 그는 깨닫는다. 재난과 고통이, 공격할 준비가 다 된 왕처럼, 그를 공포 속에 몰아넣고 칠 것이다. 이것은 모두 그가, 하나님께 대항하여 주먹을 휘두르고, 전능하신 분을 우습게 여긴 탓이 아니겠느냐? 전능하신 분께 거만하게 달려들고, 방패를 앞세우고 그분께 덤빈 탓이다. 비록, 얼굴에 기름이 번지르르 흐르고, 잘 먹어서 배가 나왔어도, 그가 사는 성읍이 곧 폐허가 되고, 사는 집도 폐가가 되어서, 끝내 돌무더기가 되고 말 것이다. (욥 15:20-28)

엘리바스는 악인의 일평생에 대하여 말한다. 악한 일을 하는 사람들은 평생 괴로움의 연속이며, 잔인하게 살았던 자는 같은 형벌을 받으며, 그들의 수명은 하루살이처럼 정해져 있다. 그들은 두려운 소리를 들을 뿐, 괜찮겠지 하다가 갑자기 맞아 죽어가게 될 것이다. 그들의 목숨을 노리는 칼이 기다리고 있으므로, 흑암에서 벗어나는 희망조차 없을 것이다. 먹을 것을 찾아 헤매면서도, 속으로는 더 이상 갈 곳이 없다는 것을 알고 있다. 환난과 고통이 폭군처럼 덮치므로, 어쩔 줄을 모르게 될 것이다.

엘리바스는 이렇듯 욥을 이미 악인으로 결정하였다. 악인이 고통 속에 사는 것은 당연하므로, 고통을 받고 있는 욥은 죄인인 것이 확실하다는 것이다. 엘리바스는 의인은 환난을 받지 않는다고 생각했고, 그래서 의인이 받는 고난을 이해하지 못하였다. 고난은 죄의 결과로 하나님으로부터 받는 고통이라는 선입관을 가지고 있었기에 하나님의 뜻에 의해 의인이 받는 고난을 받아들일 수 없었다.

엘리바스가 가지고 있는 지식대로라면 욥은 하나님 앞에서 악인이었다. 그러기에 욥에게 엄청난 고난이 있는 것이며, 그 고난은 당연한 징계이므로, 그에게는 아무 희망도 없으며, 괴로워하고 있다는 것이다. 이러기에 엘리바스는 욥에게 대한 연민이나 공감이 없이 심판을 당연한 것으로 여겼던 것이다.

그러면서 엘리바스는 욥이 하나님을 대항하고 멸시한 결과로 고난이 온 것이라고 보았다. 전능하신 하나님 앞에서 자신의 의를 드러내어 거만했고, 자신은 죄가 없다고 하나님께 덤볐다고 했다. 과거에 욥이 누린 영화와 풍요가 있었지만, 결국은 자신이 뿌린 씨앗대로 고난의 열매를 거두는 것이라고 여겼다. 결국 엘리바스는 하나님의 자리에 앉아서 욥을 판단하는 죄를 범하면서, 마치 욥을 정죄하면서 하나님 대신 정의를 행하고 있다는 착각에 빠져 있다. 사람이 옳다고 생각하는 일들이 다 정의는 아니다. 주님께서 말씀하신 '의'(righteousness)는 하나님 관점에서 보아야 한다.

예수께서 여덟 가지 복을 알려주셨다(마 5:3-10). 이 중에 마지막으로 말씀하신 복은 의를 위하여 박해를 받은 자는 복이 있다는 것이다. 옳은 일을 하다가 박해를 받는 것은 저주가 아니라 복이라는 것이다. 더구나 예수의 이름으로 모욕을 당하고 박해를 받게 된다면, 하늘에 큰 상이 마련되어 있으므로 괴로워할 것이 아니라 도리어 기뻐하고 즐거워할 일이라고 하셨다(마 5:11,12). 믿음으로 의인이 된 그리스도인들이 마지막 때에 예수의 이름으로 환난을 당하게 될 때가 올 것이며 이것이 복이다. 이러한 고난에 대하여 엘리바스의 이론을 적용하는 것은 잘못이다.

이사야 선지자는 죄 없이 고난을 받으실 예수를 예언하였다(사 53:1-6). 그는 고운 모양도 없고 훌륭한 풍채도 없고, 흠모할 만한 아름다운 모습이 없다. 사람들에게 멸시를 받고 버림을 받고, 고통을 많이 겪었다. 그는 언제나 병을 앓고 있었고, 사람들은 그에게서 얼굴을 돌렸다. 그가 멸시를 받으므로, 우리도 그를 귀하게 여기지 않았다. 그는 실로 우리가 받아야 할 고통을 대신 받고, 우리가 겪어야 할 슬픔을 대신 겪었다. 그러나 우리는 그가 징벌을 받아서 하나님에게 맞으며, 고난을 받는다고 생각하였다. 그러나 그가 찔린 것은 우리의 허물 때문이고, 우리의 악함 때문이다. 그가 징계를 받음으로써 우리가 평화를 누리고, 그가 매를 맞음으로써 우리의 병이 나았다. 우리는 모두 양처럼 길을 잃고 각기 제 갈 길로 흩어졌으나, 주님께서 우리 모두의 죄악을 그에게 지우셨다.

예수께서 받으신 멸시와 고난은 우리를 위한 것이었다. 그러나 사람들은 예수의 고난을 보면서도 대부분 하나님께 잘못하였기에 벌을 받아 고난을 받는 것이라고 생각하였다. 그러나 주님은 우리의 죄악과 약함을 대신 짊어지고, 대신 죽음을 받으셨다. 주님께서 징계를 대신 받았기에 우리는 평화를 가지게 되었고, 병에서 고침을 받은 것이다. 예수께서 받으신 고난은 우리의 죄악을 대신 담당하신 것이었다. 욥의 친구들은 욥에게 닥친 고난을 보면서, 그가 하나님께 죄를 지었기 때문에 고통을 받는 것이라 생각했다. 그러나 욥의 고난은 말세의 성도들이 예수의 이름으로 받을 고난을 대신 먼저 받은 것임을 기억하자. 그러므로 이제 우리에게 예수의 이름으로 인하여 예비된 고난을 맞이하기 위해서는 욥을 우리 자신으로 여기고, 고난과 인내의 훈련을 받아야 한다.

혹시 우리에게 주님께서 받으신 고난에 동참할 기회를 주신다면 우리는 어떻게 해야 할 것인가? 그리스도 예수와 연합하여 하나가 되었다는 것은 그의 죽으심과 하나가 되는 것이며, 주님과 함께 장사되어야 또한 부활에 있어서도 그분과 하나가 될 것이다(롬 6:3-5). 많은 사람들이 예수께서 우리를 위해 죽으셨고, 우리는 믿음으로 받아들이기만 하면 실제적인 고난과 죽음 없이 죄의 문제가 해결되었고, 이제는 부활만을 기다리면 된다고 생각한다. 정말 이렇게 생각해도 되겠는가? 고난은 예수님께서 다 받으셨으니, 이제 믿음을 가진 그리스도인은 고난과는 상관없고 영광만 바라면 된다는 것인가?

성령께서 우리의 영과 함께 우리가 하나님의 자녀인 것을 증언하신다. 자녀이면 상속자이기도 하다. 우리가 그리스도와 함께 상속자이므로, 예수님과 함께 영광도 받고 함께 고난도 받을 것이다(롬 8:16,17). 하나님께서는 그리스도인에게 특권을 주셨다. 즉 그리스도를 믿는 것뿐만 아니라, 또한 그리스도를 위하여 고난을 받는 특권도 주셨다(빌 1:29). 예수께서 자기의 피로 백성을 거룩하게 하시려고 성문 밖에서 고난을 받으셨으므로, 우리도 그분의 치욕을 짊어지고 영문(the camp, 진영) 밖으로 그분에게 나아가자(히 13:12,13).

예수의 이름으로 고난을 받는 것은 저주가 아니라 하나님께서 주시는 특권이다. 이렇다면 말세의 성도들이 받게 될 환난은 하나님께서 주시는 특별한 은혜로 보아야 한다. 그리스도인이 아니면 누가 이러한 특권을 누릴 수 있겠는가?

사람이 해야 할 일과 하지 말아야 할 일이 있는데, 하지 말아야 할 일은 다른 사람을 쉽게 판단(judge)하는 것이다. 판단은 사람이 해야 할 일이 아니라, 하나님께 속한 것이다. 그러기에 어떤 사람에 대하여 선과 악, 의와 불의, 옳음과 옳지 않음에 대한 판단은 신중해야 하며, 궁극적으로는 하나님께 맡겨야 한다. 사람이 해야 할 일은 판단이 아니라 분별(discern)이다. 올바른 것과 올바르지 않은 것을 구분하여 올바른 길을 선택하는 것은 사람이 해야 할 몫이다. 엘리바스는 분별이 아닌 섣부른 판단으로 자신을 하나님의 자리에 앉혀 놓는 자만과 오만의 죄를 범한 것이다.

엘리바스는 악인의 최후에 대하여 말했다. 악인은 전능하신 하나님께 거만하게 달려들어 덤볐다. 이로 인해 그의 얼굴에는 개기름이 흐르고 뱃가죽이 두꺼워졌어도, 그는 결국 멸망할 것이며, 그가 사는 성읍은 폐허가 되고, 사는 집도 폐가가 되어 결국 돌무더기만 남게 될 것이다. 이와 같은 말을 하는 엘리바스는 은근히 욥에게 이런 일들이 일어나기를 바라기라도 하는 것일까? 위로가 아니라 더 공포를 조장하는 엘리바스는 하나님 앞에서 자신의 모습을 살펴봐야 했다.

> **그는 더 이상 부자가 될 수 없고, 재산은 오래 가지 못하며, 그림자도 곧 사라지고 말 것이다. 어둠이 엄습하면 피하지 못할 것이며, 마치 가지가 불에 탄 나무와 같을 것이다. 꽃이 바람에 날려 사라진 나무와 같을 것이다. 그가 헛것을 의지할 만큼 어리석다면, 악이 그가 받을 보상이 될 것이다. 그런 사람은 때가 되지도 않아, 미리 시들어 버릴 것이며, 마른 나뭇가지처럼 되어, 다시는 움을 틔우지 못할 것이다. 익지도 않은 포도가 마구 떨어지는 포도나무처럼 되고, 꽃이 다 떨어져서 열매를 맺지 못하는 올리브 나무처럼 될 것이다. 하나님을 두려워하지 않는 무리는 이렇게 메마르고, 뇌물로 지은 장막은 불에 탈 것이다. 재난을 잉태하고 죄악만을 낳으니, 그들의 뱃속에는 거짓만 들어 있을 뿐이다. (욥 15:29-35)**

엘리바스는 악인의 최후에 대하여 계속 말을 이었다. 악인은 더 이상 부자가 되지 못하며, 재산도 사라질 것이다. 어둠이 오더라도 피하지 못하고, 새싹은 불길에 타버리며, 꽃은 바람에 불려갈 것이다. 그가 스스로 속아서 허무한 것을 믿었다면, 허무한 것은 그가 받을 보상일 뿐이다. 악인은 때가 되지 않아서 미리 시들어 버려 마른 나뭇가지처럼 되어서, 그 이파리에 물기가 다시 오르지 못할 것이다. 익지도 않은 포도송이가 마구 떨어지고, 올리브 꽃이 무더기로 지듯이, 하나님을 두려워하지 않는 사람들은 씨가 마르고, 뇌물을 좋아하는 자의 천막은 불에 탈 것이다. 불행의 씨를 가졌으니, 낳을 것은 재난일 뿐, 뱃속에 든 것은 다만 허황된 것뿐이다.

악인은 당연히 엘리바스의 말처럼 멸망하겠지만, 욥을 악인이라고 단정지어 말하는 것은 잘못된 것이었다. 일반적인 지혜로 특별한 상황에 있는 자에게 마구 적용하는 것은 위험하다. 악인의 멸망은 하나님께서 결정하실 것이지만, 사람은 다른 사람을 의인과 악인으로 정할 수는 없다. 하나님께서 하실 권한을 사람이 하고 있다는 것이 오만의 자리에 앉는 것이다. 모든 것을 판단하시는 하나님을 의식하면서 살아가는 것이 지혜이다. 하나님께서 원하시는 것을 행하면서, 하나님께서 이루어 가시는 일에 하나님의 사람으로 참여하는 것이 올바르다. 말세에 아무 이유가 없는데도, 예수의 이름으로 고난을 받는 것이 하나님의 뜻이라면, 이것을 피하려고 하기보다는 지혜롭게 주님 안에서 견디어 이겨내는 자가 되는 것이 마땅하다.

엘리바스는 지나치게 의를 추구하는 자였다. 의인이 되는 것은 필수적이지만, 지나치게 스스로 의인이 되려고 하는 것은 잘못이다. 과도하게 의를 부르짖는 자는 죄를 범할 수 있기 때문이다. 자기 분수를 지키는 자가 지혜롭다.

전 7:16 그러니 너무 의롭게 살지도 말고, 너무 슬기롭게 살지도 말아

라. 왜 스스로를 망치려 하는가?

17 너무 악하게 살지도 말고, 너무 어리석게 살지도 말아라. 왜 제 명
도 다 못 채우고, 죽으려고 하는가?
18 하나를 붙잡되, 다른 것도 놓치지 않는 것이 좋다. 하나님을 두려
워하는 사람은 극단을 피한다.

우리는 지나치게 의로운 사람이 되거나, 지나치게 지혜로운 사람이 되지 말아야 한다. 다양한 사고방식을 가지고 있는 세상에서 한편으로 치우치는 것이 도리어 자기 발목을 잡아 넘어지게 만든다. 지나치게 악한 사람이 되거나, 지나치게 우매한 사람도 되지 말아야 한다. 이런 자들은 자기들의 생명을 단축할 수 있다. 편향되어 사는 것이 아니라, 하나님을 두려워하는 가운데, 하나님 중심으로 사는 것이 이 모든 것에서 자유롭게 될 수 있는 길이다.

학식과 경험이 풍부한 엘리바스는 자신이 자부하는 지혜가 도리어 욥을 악인으로 지목하는 실수를 저질렀다. 고난에 대한 그의 선입관은 고난에 숨은 하나님의 뜻을 이해할 기회를 놓쳤다. 의인이 받는 고난을 이해할 수 없지만, 하나님께서는 고난의 시작과 결말을 이미 정해 놓으셨다. 그러기에 고난을 사람의 생각으로 해석하려고 애쓰지 말고, 예수의 이름으로 인해 까닭 없는 고난을 받게 될 그때에 욥이 받은 고난과 인내를 기억하면서, 견디며 이겨내도록 힘써야 한다. 이것이 하나님께서 환난 가운데 있을 말세의 그리스도인에게 원하시는 것이라 믿는다.

20 욥기 16장 1-17

욥이 대답하였다. 그런 말은 전부터 많이 들었다. 나를 위로한다고 하지만, 오히려 너희는 하나같이 나를 괴롭힐 뿐이다. 너희는 이런 헛된 소리를 끝도 없이 계속할 터냐? 무엇에 홀려서, 그렇게 말끝마다 나를 괴롭히느냐? 너희가 내 처지가 되면, 나도 너희처럼 말할 수 있을 것이다. 나도 너희에게 마구 말을 퍼붓고, 가엾다는 듯이 머리를 내저을 것이다. 내가 입을 열어 여러 가지 말로 너희를 격려하며, 입에 발린 말로 너희를 위로하였을 것이다. (욥 16:1-5)

엘리바스의 두 번째 말에 욥이 대답했다. 엘리바스는 욥을 위로한다고 하였지만, 실상은 하나님의 이름으로 욥을 정죄하면서, 더 큰 고통을 주었다. 욥은 엘리바스를 '재난을 주는 위로자'(miserable comforters)로 불렀는데, 상황에 어울리는 말이다. 겉으로는 위로를 한다고 하지만, 실상은 위로가 아닌 끔찍한 재난을 주었다. 오만한 엘리바스는 곤경에 빠진 욥에게 자신의 지혜를 알려준다고 말하였지만, 정작 그는 욥의 고난의 이유를 파악하지 못한 채, 이치에 맞지 않는 조언을 했다. 그리고 자신의 지혜를 받아들여 욥이 죄를 회개하면, 고난이 끝날 것이라는 자신의 이론을 확신하고 있다.

조언을 하는 사람과 받는 사람은 서로의 입장이 다르다. 만일 고난에 대한 조언을 필요로 하는 사람이 있다면, 적극적으로 돕는 것이 당연하다. 그러나 욥은 조언을 원한 것이 아니라, 자신의 상황을 엘리바스가 이해해 주길 바랐다. 엘리바스는 욥을 위로하는 대신, 도리어 질책하면서 죄인으로 몰아갔다. 자신의 잘못된 선입관과 끔찍한 폭언으로 괴롭히면서도, 욥을 도와주고 있다고 착각했다.

욥은 엘리바스가 하고 있는 말이 터무니없는 헛된 내용만 가득할 뿐이라고 하였다. 과연 엘리바스는 무엇 때문에 욥을 괴롭히고 있는 것일까? 만일 입장이 바뀌어서 엘리바스가 고난 가운데 있다고 한다면, 욥도 그와 같이 깊이 생각하지 않고 가벼운 말투로 대했을 것이다. 그가 했던 것처럼, 고난에 빠진 친구에게 무례한 말을 쏟아냈을 것이다. 그리고 동정심을 보여주는 몸짓으로, 근사한 말을 늘어놓았을 것이다. 결국 고난에 의한 고통을 겪어 보지 않은 사람이라면, 상대의 고통을 강 건너 불 구경하듯이 별 죄책감 없는 행동을 할 것이다. 엘리바스의 입장으로는 양심의 가책이 없이 정죄하면서 폭언을 하는 것을 지혜라고 생각했을 것이라고 욥은 이해했다.

고난을 경험하지 않는 사람이 주는 조언은 고난을 당한 사람에게 도움을 주지 못하고 해를 끼칠 수도 있다. 그러나 고난을 겪어 본 사람은 고난 중에 있는 사람을 이해하면서 진심이 담긴 위로의 말을 할 수 있다. 이러기에 고난으로 괴로워하는 사람에게 조언을 할 때에는, 고난의 자리에 마음을 함께함으로써 그 사람과 공감을 나누어야 한다.

우리가 어떻게 기도해야 할지도 모르는 상황이 닥쳤을 때, 성령께서는 친히 이루 다 말할 수 없는 탄식으로, 우리를 대신하여 하나님께 간구해 주신다(롬 8:26). 왜냐하면 성령께서는 고난 가운데 있는 성도를 이해하면서 그와 공감하시기 때문이다. 예수께서도 연약한 우리의 사정을 몰라주시는 분이 아니시며, 우리와 마찬가지로 모든 일에 유혹을 받았지만 죄는 짓지 않으셨다(히 4:15). 우리의 상황을 공감하시는 성령님과 예수님이 계시므로, 고난 중에 있더라도 우리는 용기를 내어 하나님의 은혜의 보좌로 나아가야 한다. 그렇게 하면 우리는 하나님의 자비와 은혜를 입어서, 적절한 때에 필요한 도움을 받게 될 것이다(히 4:16).

욥은 탄식이 섞인 어조로 읊조린다. "자신이 아무리 말을 해 보아도 괴로움이 멎지 않고, 입을 다물어 보아도 아픔이 가시지 않는구나." (욥 16:6)

내 자신이 욥과 같은 처지에 있다고 생각해 보자. 상대방이 어떻게 해 주어야 내가 위로를 받을 수 있을까? 선물을 가지고 와서 마음을 위로해 주는 건 어떨까? 아니면 기쁨을 주려는 마음으로 재미있는 이야기와 농담을 하면 도움이 될까? 고난을 당하고 있는 사람의 마음을 이해하고 있다면, 외형적인 것으로 위로할 수 없다는 것을 알고 있다. 먼저 상대방의 아픔을 내것으로 받아들이는 노력이 있어야만 하며,

이후에 비록 작은 위로의 행동과 말을 하더라도 사람의 마음을 움직일 수 있다. 학식과 지식이 많은 자가 위로를 잘하는 것이 아니다. 상대를 진심으로 사랑하는 자가 고통을 공유할 때, 고난에 있는 자의 고통이 줄어들게 된다. 입에 발린 위로의 말을 하는 것보다, 고통을 만난 사람과 함께 울어주는 한 마음이 되는 것이 우선이다.

고난은 그 사람이 지은 죄에 대하여 결과를 돌려받는다는 인과응보(因果應報)의 논리로 설명하면서, 죄를 회개하면 다시 회복될 것이라고 엘리바스는 주장했다. 죄로 인해 받는 고난이 있다면, 이는 당연히 받아야 할 보응이다. 고난에 빠진 사람에게 정의를 외치는 것은 도리어 그 사람을 절망의 늪에 빠지게 만든다. 어찌 됐든 세상에는 무슨 까닭인지도 모르지만 고통을 받고 있는 사람들이 많이 있다. 그러나 욥은 죄가 없으면서 고난을 받았다. 이처럼 마지막 때의 그리스도인은 죄가 없어도 예수의 이름으로 고난을 받게 될 것이다. 또한 세상적인 이치로 정의를 외치는 것은 하나님의 뜻과는 거리가 멀 때가 많음을 알게 된다. 그래서 엘리바스의 논리는 마지막 때 예수의 이름으로 고난을 받을 성도들에게 적용될 수는 없다.

그렇다면 죄인에 대하여는 정죄해도 되겠는가? 서기관들과 바리새인들이 간음하다가 현장에 붙잡힌 여인을 예수께 끌고 와서 물었다. "선생님, 이 여자가 간음을 하다가, 현장에서 잡혔습니다. 모세는 율법에, 이런 여자들을 돌로 쳐 죽이라고 우리에게 명령하였습니다. 그런데 선생님은 뭐라고 하시겠습니까?" 만일 자비와 사랑으로 처벌하지 말라고 하면 모세의 율법을 어기는 것이며, 만일 돌로 쳐

죽이라는 말을 하면 사형과 판결권과 집행권이 있는 로마 사람에게 대항하는 결과가 될 것이다. 이들은 예수를 고발할 명분을 위해 시험했던 것이다.

예수께서는 몸을 굽혀서, 손가락으로 땅에 무엇인가를 쓰셨다. 다른 고대 사본에는 '그들 각자의 죄목을' 쓰셨다고 하였다. 그들이 다그쳐 묻자, 예수께서 몸을 일으켜, 그들에게 말씀하셨다. "너희 가운데서 죄가 없는 사람이 먼저 이 여자에게 돌을 던져라." 그러고는 다시 몸을 굽혀서, 땅에 무엇인가를 쓰셨다. 이 말씀을 듣고 양심에 가책을 느껴, 나이가 많은 이로부터 시작하여 하나하나 모두 떠나가고 마침내 예수님 앞에는 간음한 여자만 남았다.

예수께서 몸을 일으키시고, 여자에게 말씀하셨다. "여자여, 사람들은 어디에 있느냐? 너를 정죄한 사람이 한 사람도 없느냐?"(Has no one condemned you?) 여자가 대답하였다. "주님, 한 사람도 없습니다." 예수께서 말씀하셨다. "나도 너를 정죄하지 않는다(Then neither do I condemn you). 가서, 이제부터 다시는 죄를 짓지 말아라." (요 8:1-11)

간음한 여인을 정죄하려는 사람은 이미 모두 죄를 지은 사람들이었다. 죄가 없는 사람이 먼저 간음한 여자에게 돌을 던지라고 하신 예수님의 말씀으로 정죄하고 있던 사람들은 양심에 가책을 받았다. 예수께서는 다른 사람의 죄를 지적하지 말고, 먼저 자신의 죄를 돌아보라고 하신 것이다. 죄인 스스로가 다른 사람을 죄인이라고 판단하는 것은 잘못된 일이다. 예수께서는 죄를 지은 여인에게 정죄하지 않는다고 하신다.

죄를 지은 사람을 죄인이라고 말한다. 그렇다면 죄를 지은 것인지 아닌지를 확인하여 검증하는 과정을 '심판'(judge, judgment; 재판관, 판사, 심판관, 재판하다, 판단하다, 평가하다)이라고 하며, 죄인으로 판결을 내리는 것을 '정죄'(condemn, condemnation; 선고를 내리다, 규탄하다, 비난, 유죄판결)라고 한다. 한글 번역은 심판과 정죄를 통합해서 '심판'이라는 말로 사용하므로 성경을 읽거나 적용할 때 많은 오류가 발생한다.

하나님께서 아들 예수를 세상에 보내신 것은, 심판(condemn, 정죄를 잘못 번역한 것임)하시려는 것이 아니라, 아들을 통하여 세상을 구원하시려는 것이다. 아들을 믿는 사람은 심판(condemn, 정죄를 잘못 번역한 것임)을 받지 않는다. 그러나 믿지 않는 사람은 이미 심판(condemn, 정죄를 잘못 번역한 것임)을 받았다. 그것은 하나님의 독생자의 이름을 믿지 않았기 때문이다(요 3:17,18).

정죄를 심판이라고 잘못 번역하였기 때문에 어떤 기독교 교단에서는 예수를 믿으면 심판(judgment)을 받지 않으므로, 믿음으로 천국에 가는 것이 보장되어 있고, 오직 천국에 갈 소망으로 살면 된다고 진리를 왜곡하고 있다. 예수께서 세상에 오신 것은 정죄하려는 것이 아니라 죄인을 구원하기 위해 오셨다. 다시 말하자면 하나님께서는 사람을 정죄하기를 원치 않는 것이 아니라, 사람 스스로 해결하지 못하는 죄의 문제를 예수 그리스도를 통해 구원하게 하셨다. 하나님 아버지께서는 아무도 심판(judge)하지 않으시고, 심판하는 일(judgment)을 모두 아들에게 맡기셨다(요 5:22).

그렇지만 다시 오실 예수님은 구원을 위해서 오시는 것이 아니라, 심판하는 재판장으로 오신다. 많은 신자들은 구세주 예수를 알고 있지만, 심판장 예수를 알지 못한다. 예수의 이름을 믿지 않은 사람은 이미 죄인의 판결(정죄)을 받은 것이며, 예수를 구세주로 믿은 이후에는 그 사람이 행한 일에 따라 영생과 영벌이 결정되어질 것이다. 선한 일을 한 사람들은 부활하여 영원한 생명을 얻고, 악한 일을 한 사람들은 부활하여 유죄판결을 받아 영원한 사망을 얻게 된다.

요 5:29 선한 일을 한 사람들은 부활하여 생명을 얻고, 악한 일을 한 사람들은 부활하여 심판을 받는다."

NIV Jn 5:29 and come out–those who have done good will rise to live, and those who have done evil will rise to be condemned.

바울은 하나님을 알지 못하는 이방인들의 부도덕이 하나님 앞에서 심판을 받게 될 것이며(롬 1:18–32), 이들을 비방하는 유대인들도 동일한 심판을 받게 될 것을 경고한다(호크마주석). 다른 사람을 판단(심판)하고 있는 사람은 남을 판단(심판)하는 것으로 이미 동일한 죄를 범한 것으로 자기를 정죄한 것이다 이런 일을 하는 사람들에게 하나님의 심판이 공정하게 내리신다는 것을 알고 있다. 자기도 같은 짓을 하면서 남이 그런 짓을 한다고 판단(심판)하는 자가 어떻게 하나님의 심판을 피할 수 있겠는가? 혹시 하나님께서 인자를 베푸셔서 그대를 인도하여 회개하게 하신다는 것을 알지 못하고, 도리어 하나님의 풍성하신 인자하심과 너그러우심과 오래 참으심을 업신여기는 것이냐? 완고하여 회개할 마음이 없으니, 하나님의 공정한 심판이 나타날 진노의 날에 자기가 받을 진노를 스스로 쌓아 올리고 있는 것이다. 하나님께서는 각 사람에게 그가 한 대로 갚아 주실 것이다. 참으면서 선한 일을 하여 영광과 존귀와 불멸의 것을 구하는 사람에게는 영원한 생명을 주시고, 이기심에 사로잡혀서 진리를 거스르고 불의를 따르는 사람에게는 진노와 분노를 쏟으신다(롬 2:1-8).

분명한 죄를 범하였다고 하더라도, 남을 판단하는 것은 그 자체가 죄악이다. 그러므로 다른 사람에 대하여 판단을 하지 말고, 판단은 사람이 하는 것이 아니라 오직 주님께서 하시는 권한임을 인정해야 한다. 주님께서 오실 때까지는, 아무것도 미리 판단(심판)하지 말아야 한다. 주님께서는 어둠 속에 감추어진 것들을 환히 나타내시며, 마음속의 생각을 드러내실 것이다. 그때에 사람마다 하나님으로부터 칭찬을 받게 될 것이다(고전 4:5).

엘리바스는 욥을 자신의 생각으로 미리 판단(심판)하는 죄를 범한 것이다. 자신이 하나님의 자리에 앉아서 하나님의 권한을 사용하는 것은 이루 말할 수 없는 큰 죄악이다. 자기를 의롭다고 믿고 다른 사람을 멸시하는 사람들은 낮아지고, 자기를 겸손하게 낮추는 사람은 높아질 것이다(눅 18:9-14). 그래서 엘리바스는 자멸의 길에 들어선 것이었다.

주님께서 나를 기진맥진하게 하시고, 내가 거느리고 있던 자식들을 죽이셨습니다. 주님께서 나를 체포하시고, 주님께서 내 적이 되셨습니다. 내게 있는 것이라고는, 피골이 상접한 앙상한 모습뿐입니다. 이것이 바로 주님께서 나를 치신 증거입니다. 사람들은 피골이 상접한 내 모습을 보고, 내가 지은 죄로 내가 벌을 받았다고 합니다. 주님께서 내게 분노하시고, 나를 미워하시며, 내게 이를 가시며, 내 원수가 되셔서, 살기 찬 눈초리로 나를 노려보시니, 사람들도 나를 경멸하는구나. 욕하며, 뺨을 치는구나. 모두 한패가 되어 내게 달려드는구나. 하나님이 나를 범법자에게 넘겨 버리시며, 나를 악한 자의 손아귀에 내맡기셨다. 나는 평안히 살고 있었는데, 하나님이 나를 으스러뜨리셨다. 내 목덜미를 잡고 내던져서, 나를 부스러뜨리셨다. 그가 나를 세우고 과녁을 삼으시니, 그가 쏜 화살들이 사방에서 나에게 날아든다. 그가 사정없이 내 허리를 뚫으시고, 내 내장을 땅에 쏟아 내신다. 그가 나를 갈기갈기 찢고 또 찢으시려고 용사처럼 내게 달려드신다. 내가 맨살에 베옷을 걸치고 통곡한다. 내 위세를 먼지 속에 묻고, 여기 이렇게 시궁창에 앉아 있다. 하도 울어서, 얼굴마저 핏빛이 되었고, 눈꺼풀에는 죽음의 그림자가 덮여 있다. 그러나 나는 폭행을 저지른 일이 없으며, 내 기도는 언제나 진실하였다. (욥 16:7-17)

욥은 탄식을 거침없이 내뱉는다. 전심으로 하나님을 경외하고 섬겼지만, 현재의 모습을 보면 마치 하나님께서 모든 것을 빼앗아 가버린 것 같다는 생각만 들었다. 이러기에 욥은 한숨과 비탄에 가득한 넋두리만 늘어놓았다. 그의 탄식은 마치 하나님을 원망하는 것처럼 보이지만, 욥에게 일어난 비극조차도 하나님의 허락 안에서 일어났다는 것을 고백한 것이었다.

사탄은 하나님께서 손을 드셔서 욥이 가진 모든 것을 치시면, 그는 주님 앞에서 주님을 저주할 것이라고 말했다. 욥은 마치 사탄이 말한 것과 같이 하나님을 저주하고 있는 것처럼 보이지만, 실제로는 모든 것을 하나님께서 주관하고 계신다는 것을 인정하고 있었다. 욥은 빈손으로 태어났으니 죽을 때에도 빈손으로 떠날 것이며, 주신 분이 하나님이시니 가져가신 분도 주님이라는 고백을 했었다(욥 1:21). 심지어는 온몸에 병이 났을 때에, 욥의 아내가 그에게 하나님을 욕하고 죽으라고 하였지만, 욥은 "하나님께 복을 받았는데, 어찌 재앙이라고 해서 못 받는다 하겠느냐"고 말했다(욥 2:10).

욥은 현재 자신에게 있는 고난이 너무 심하여 처참한 상황이었지만, 이 모든 것을 주관하시는 하나님께 하소연을 하고 있었다. 그리고 괴로운 고통과 참혹한 모든 것은 하나님의 분노와 진노라고 여겼지만, 그래도 그는 주님께 나아갔다. 친구들은 욥의 끔찍한 모습을 보면서 욥이 지은 죄로 하나님의 징계를 받는다고 생각했다. 욥은 사람들이 자신을 평가하는 것에 대하여도 하나님께 말씀드렸다. 모든 정황을 보건대 하나님께서 욥과 원수가 되셔서 그를 고통의 중심에 있게 하신 것처럼 생각했다. 하나님을 섬기고 있다고 생각하는 사람은 자신이 하나님의 편에 서서 욥을 저주하고 멸시하는 것이 정의라고 판단했다. 아마 마지막 때에도 예수로 인해 고난을 받는 성도를 보면서, 많은 사람들은 하나님으로부터 저주를 받은 것이라고 여길 것이다.

이사야 선지자는 예수 그리스도에 대하여 예언하였다. 예수께서 우리를 위해 대신 고난을 받으셨지만, 사람들은 그의 죄로 징벌을 받아서 하나님께 맞으며 고난을 당한다고 생각할 것이다(사 53:2,3). 그리스도는 사람들에게서 멸시와 버림을 받고, 고통을 많이 겪으셨다(막 9:12).

십자가에 못박히신 예수를 보면서, 대제사장들과 서기관들과 장로들은 함께 조롱했다. "그가 남은 구원하였으나, 자기는 구원하지 못하는가 보다! 그가 이스라엘 왕이시니, 지금 십자가에서 내려오시라지! 그러면 우리가 그를 믿을 터인데! 그가 하나님을 의지하였으니, 하나님이 원하시면, 이제 그를 구원하시라지. 그가 말하기를 '나는 하나님의 아들이다' 하였으니 말이다." (시 22:8, 마 27:41-43)

그때가 되면 사람들은 그리스도인을 보면서 예수께 했던 말들을 내뱉을 것이다. 모든 것을 주관하시는 하나님과 예수님을 믿는다고 하는 사람들의 추한 몰골을 보면서, 마치 전쟁에서 이긴 자가 악의에 가득하여 패전하여 노예가 된 자들에게 저주를 퍼붓는 것같이 할 것이다. 그런 때가 오면 예수의 이름으로 박해를 받는 것을 오히려 기뻐하고 즐거워해야 한다. 하늘에서 큰 상을 준비하셨다는 하나님의 약속이 있기 때문이다(마 5:10-12). 예수께서 받으신 치욕을 짊어지고, 고난의 장소에 계신 주님께 나아가는 것은 도리어 고난받는 성도들에게는 영광이다(히 13:13).

욥은 자신에게 일어난 일들은 사람이 행한 것이 아니라, 하나님께서 허락하신 고통이었기 때문에 모든 고난이 하나님으로부터 일어난 것이라고 생각하였다. 하지만 사람들은 욥의 모습을 보면서 멸시하고 더 큰 수치를 주었다. 어느 누구의 위로도 받지 못하는 욥에게는 절망만 있었다. 욥에게 있는 유일한 희망은 이러한 모든 것을 주관하시는 분이 하나님이시라는 것이다. 욥에게 절망과 고통을 주신 분이 하나님이시라면, 이러한 절망의 늪에서 건져낼 분도 오로지 하나님이시다. 욥은 모든 것을 주관하시는 하나님을 알고 있었다.

욥도 인간인지라 고통 가운데 통곡하고 있었다. 먼지와 시궁창에서 천한 모습으로 앉아서, 울고 있었고, 얼굴마저 핏빛이 되었고, 눈꺼풀에는 죽음의 그림자가 덮여 있었다. 그러면서 욥은 자신을 돌아보았다. 욥 자신은 폭행을 저지른 일도 없었고, 단지 하나님께 진실한 기도를 했었다. 욥이 살았던 삶은 의로운 길이었다. 이유를 알 수 없는 고난을 만나고 있다면, 하나님의 특별한 계획 안에 있는 것이다. 욥에게 향하신 하나님의 숨겨진 절대적인 간섭이라고 생각해야 한다. 하나님을 경외하는 욥은 모든 것을 주관하시는 하나님과 함께 그 고난을 맞이하면서, 하나님으로 인하여 인내하면서 이겨낼 수 있었다.

예수를 믿는 것이 죄가 될 수는 없지만, 예수의 이름으로 인하여 고난을 받게 될 성도들은 욥의 인내를 기억해야 한다. 하나님께서 모든 것을 다스리고 계심을 믿어야 한다. 지금까지 하나님을 섬기면서 순전한 신앙 생활을 하였고, 하나님의 사랑을 실천하였다고 하지만, 하나님께서 예비하신 고난을 피할 자는 아무도 없다. 그럼에도 불구하고 이 모든 것이 하나님의 주권 아래 있다는 것을 인정해야 한다. 비록 고난의 원인을 이해할 수 없고, 하나님의 뜻을 깨닫지 못한다고 하더라도, 주님을 바라보며 가까이 나아가는 것을 포기하지 말아야 한다. 하나님께서 예정하신 때에 그 고난은 사라지게 될 것이다.

우리는 자신이 살았던 삶 가운데 도저히 이해할 수 없는 어려움이 닥칠 때 하나님께서 그 인생에 하나님의 주권으로 그 인생을 다스리고 계신다. 고난의 원인을 알 수 없고, 또 고난을 허락하신 하나님의 뜻을 이해하지 못한다고 하더라도, 주님을 바라보는 것을 포기하지 말아야 한다.

사 8:17 주님께서 비록 야곱의 집에서 얼굴을 돌리셔도, 나는 주님을 기다리겠다. 나는 주님을 의지하겠다.

NIV Is 8:17 I will wait for the Lord, who is hiding his face from the house of Jacob. I will put my trust in him.

비록 십자가에 달려 죽음이 기다리고 있는 상황에서도 예수께서는 끝까지 하나님의 뜻을 따르셨다. 그리스도인들에게 환난이 닥쳐서 죽을 것 같은 고난과 절망이 있더라도, 욥과 같이 하나님께 나아가 신실한 기도를 하면서, 기쁨으로 예수님의 고난에 동참하기를 소망한다.

21 욥기 16장 18 – 17장 16

땅아, 내게 닥쳐 온 이 잘못된 일을 숨기지 말아라! 애타게 정의를 찾는 내 부르짖음이 허공에 흩어지게 하지 말아라! 하늘에 내 증인이 계시고, 높은 곳에 내 변호인이 계신다! 내 중재자는 내 친구다. 나는 하나님께 눈물로 호소한다. 사람이 친구를 위하여 변호하듯이, 그가 하나님께 내 사정을 아뢴다. 이제 몇 해만 더 살면, 나는 돌아오지 못하는 길로 갈 것이다. (욥기 16:18–22)

욥이 하나님께 하소연을 하였지만, 그분은 대답하지 않으셨다. 너무 늦지 않게 지금이라도 자신의 결백과 의로움을 드러내기를 원했다. 땅으로 하여금 자신이 억울하게 흘린 피를 숨기지 말라고 했다. 이는 마치 가인이 동생 아벨을 죽였을 때, 아벨의 피를 땅이 증언하였던 것과 연관된다(창 4:10,11). 가인이 동생 아벨을 죽였을 때 사람들의 눈을 속일 수 있었지만, 아벨이 흘린 피가 떨어진 땅을 속일 수는 없었다. 욥이 흘린 누명의 피가 자신을 위한 부르짖음이 되어서, 자신의 억울함이 사라지지 않고 하나님께 도달하기를 원했다.

욥에게는 친구들의 정죄를 반박하며, 자신의 의를 변호할 확실한 증인이 필요했다. 그러나 정작 자신의 친구들은 욥을 죄인으로 몰아가면서, 회개를 하라고 재촉할 뿐이었다. 이제 욥은 하나님께서 자기의 증인이 되어서 변호해 주시기를 애타게 간구했다. 욥이 의지할 분은 모든 것을 알고 계시는 하나님이셨다. 마지막 때에 그리스도인이 예수의 이름으로 고난을 당할 때, 그 상황을 하나님께서는 알고 계신다. 그때에는 사람을 의지할 것이 아니라, 오직 하나님 만을 바라보아야 한다.

하나님께서 의인이라고 인정한 욥이었지만, 친구들은 그에게 있을 흠을 찾아내려고 애썼다. 그래서 고난을 하나님의 징벌이라고 확신하여, 욥을 죄인으로 지목했던 것이다. 결국 욥의 결백을 인정하지 않은 친구들은 욥을 조롱하였다. 진정한 친구라면 욥의 사정을 하나님께 말씀드리는 중재자가 되는 것이 당연하였지만, 위로를 하는 것이 아니라 욥에게 재난을 주었다. 이러기에 욥은 친구들을 더 이상 의지할 수 없었고, 눈물을 흘리면서 하나님께 호소하였던 것이다.

예수 이름으로 박해를 받게 될 때에는 부모와 형제와 친척과 친구들까지도 그리스도인을 환란에 넘겨줄 것이며, 심지어는 죽음을 맞이하게 할 것이다(마 24:9, 눅 21:16). 형제가 형제를 죽음에 넘겨주고, 아버지가 자식을 또한 그렇게 하고, 자식이 부모를 거슬러 일어나서 부모를 죽일 것이다(막 13:12). 그때에는 많은 사람이 실족하게 되어, 서로

잡아 주고, 서로 미워할 것이다(마 24:10). 그러나 사람들이 그리스도인을 붙잡아 법정에 끌고 갈 때에 무슨 말을 할 것인가 미리 걱정하지 말라. 성령께서 그리스도인에게 해야 할 말을 그 시간에 알려주실 것이므로 그대로 말하라(막 13:11). 그때에는 의지할 사람이 없게 될 것이며, 오직 하나님께 눈물로 간구하게 될 것이다.

욥은 자신을 변호해 줄 친구가 있어 주기를 바랐다. 진정한 친구라면 최선을 다해 도와주면서, 하나님께 자기를 위해 변호해 주었으면 좋겠건만, 이럴 친구가 없었다. 욥기를 묵상하는 사람은, 욥을 깊이 이해하면서, 안타까운 마음으로 욥을 위로하는 친구가 되어 주어야 한다. 비록 그 당시에는 욥을 변호하는 친구가 없었으나, 지금 욥기를 묵상하는 사람은 함께 공감하여 고난에 참여하고 하나님께 함께 나아가는 친구가 되어야 한다. 이렇게 할 때, 현재의 시간에 욥기를 묵상하는 자들은 욥의 진실한 친구가 될 수 있다. 시간과 공간을 초월하여 욥의 친구가 될 때, 욥의 인내를 배워서 마지막 때의 환난을 이겨낼 것이다.

욥에게 닥친 고통으로 인하여 욥은 얼마 더 살지 못할 것이라고 생각했다. 큰 환난을 만나고 있는 사람에게는 짧은 시간도 영원의 시간으로 느낀다. 고난으로 인해 더 버틸 힘이 없는 욥은 절망으로 인해 죽음이 오기를 기다렸다. 마지막 때에 그리스도인들이 닥치는 고난은 견뎌 내기 어려워서 하루하루가 긴 고통의 시간으로 느껴질 것이다. 환난의 날을 사람의 힘만으로는 견뎌낼 수 없다. 이러기에 주님께서 환난의 기간을 줄여 주지 않는다면 살아남을 사람은 하나도 없다고 하였다(마 24:22,23, 막 13:19,20). 고난의 어두움이 짙게 깔릴 그때에 그리스도를 위한 하나님의 사랑이 함께하심을 마음에 새겨야 한다. 사람이 칠흑 같이 어두운 절망에 있을 때에 하나님께서 능력을 나타내신다.

기운도 없어지고, 살 날도 얼마 남지 않고, 무덤이 나를 기다리고 있구나. 조롱하는 무리들이 나를 둘러싸고 있으니, 그들이 얼마나 심하게 나를 조롱하는지를 내가 똑똑히 볼 수 있다. 주님, 주님께서 친히 내 보증이 되어 주십시오. 내 보증이 되실 분은 주님 밖에는 아무도 없습니다. 주님께서 그들의 마음을 마비시키셔서 다시는 내게 우쭐대지 못하게 해주십시오. 옛 격언에도 이르기를 '돈에 눈이 멀어 친구를 버리면, 자식이 눈이 먼다' 하였다. (욥 17:1-5)

소망이 없는 자신의 생이 끝나가고 있다고 생각하는 욥에게 친구들은 선을 가장하면서 악을 행하고 있었다. 그들은 더 이상 욥의 친구가 아니라 고난을 만난 자를 조롱하는 사람들이었다. 하나님의 편에서서 정의를 외치고 있지만, 이들은 고난으로 비탄하고 있는 자를 손가락질하고 있는 소인배들이었다. 하나님의 이름을 들먹이면서, 마치 하나님을 대신하여 공의를 행하고 있다고 하지만, 역으로 이들은 하나님을 대적하고 있었다. 사람의 경험과 이치로 하나님의 뜻을 저버렸던 것이다.

하나님은 공의와 사랑을 모두 함께 행하는 분이시다. 주님께서는 인생을 살면서 고생하게 하며, 근심하게 하는 것은 그분의 본심이 아니다(애 3:33). 하나님께서는 사람에 따라서 사랑의 채찍질로 올바르게 세우신다. 그러나 악인에 대하여 즉각적인 진노를 내리지 않으시고 오래 참으시는데, 이것은 공의가 없는 것이 아니라 그분의 사랑으로 인한 것이다(롬 9:22). 바울이 하나님을 대적할 때에도 바로 벌을 내리지 않으시고, 도리어 오래 참으셨고 그를 성령으로 변화시키셨다. 그는 하나님의 진노를 받는 자가 아니라 도리어 이방인에게 복음을 전하는 사도가 되었다(딤전 1:16). 하나님께서 아직 악한 세상을 없애 버리지 않고 오래 참으시는 이유는 아무도 멸망하지 않고, 다 회개하기를 원하시기 때문이다(벧후 3:9).

사랑의 하나님께서 참으시면서 공의의 심판을 늦추는데, 도리어 스스로를 하나님의 대리자로 삼아서 정의를 외치는 것은 하나님께 대한 월권 행위라고 볼 수 있다. 사람을 속일 수는 있지만, 모든 것을 살펴보시는 하나님께서 증인이 되어 주기를 욥은 간구했다. 욥은 자신의 고난을 하나님의 심판이라고 확신하는 교만한 자를 하나님께 고발하였다. 욥이 받았던 조롱과 고난은 미래에 성도들이 예수로 인해 받을 환난의 예표이다.

욥은 속담을 인용하면서 보상을 얻기 위해서 친구를 버리면, 그의 자손들의 눈이 멀게 될 것이라고 하였다. 욥을 정죄하면서 조롱하는 친구들이 벌을 받게 될 것이라는 거친 말이었다. 욥이 이처럼 거칠게 행동하는 것 또한 비난할 수도 있겠지만, 실상은 그의 친구들이 한 악행은 하나님의 분노를 일으켰다. 나중에 하나님께서는 친구들이 하나님께 대하여 말한 내용은 욥처럼 옳게 말하지 않았다고 하시면서 진노하셨다(욥 42:7). 욥기의 결말을 알고 있는 사람은 말씀을 통하여 선악을 분별할 수 있지만, 그 당시에는 누구의 말이 옳은 것인지 분간할 수 없었을 것이다.

욥의 친구들은 하나님께 대한 잘못된 생각을 가지고 있었던 것이 확실하다. 사람의 생각으로 하나님에 대하여 말하는 것은 신중해야 한다. 공의와 사랑의 하나님을 자신의 잣대로 속단하지 말아야 한다. 자신의 생각을 내려 놓고 하나님을 경외하는 마음으로 그분 앞에 서야 한다. 욥의 친구들은 자신의 생각으로 하나님을 판단하는 잘못을 범한 것이었다.

사람들이 이 격언을 가지고 나를 공격하는구나. 사람들이 와서 내 얼굴에 침을 뱉는구나. 근심 때문에 눈이 멀고, 팔과 다리도 그림자처럼 야위어졌다. 정직하다고 자칭하는 자들이 이 모습을 보고 놀라며, 무죄하다고 자칭하는 자들이 나를 보고 불경스럽다고 규탄하는구나. 자칭 신분이 높다는 자들은, 더욱더 자기들이 옳다고 우기는구나. (욥 17:6-9)

친구들은 자신들의 지혜와 잠언으로 욥을 공격했다. 욥의 부족한 것을 깨우쳐 주길 원하는 친구들은 욥으로 하여금 강제로 회개하게 하려고 했고, 자신들의 생각대로 되지 않자 욥을 모욕하였다. 그들의 비난은 욥으로 하여금 더 괴로움을 당하게 하였다. 지칠 대로 지쳐버린 욥은 근심으로 탄식만이 있을 뿐이었다.

만일 죄를 지은 것에 대한 확실한 증거가 있다면, 죄인으로 판결할 수 있다. 그러나 무죄를 입증하는 것은 죄에 대한 모든 가능성을 배제해야 하는 것이므로 매우 어렵다. 만일 어떤 사람을 법정에 죄인으로 세우고, 그에게 어떤 죄를 지은 것이 하나도 없다는 것을 증명하라고 한다면 자신의 무죄를 입증할 수 있을까?

욥을 죄인으로 몰아간 친구들은 정직한 사람이었을까? 그들은 죄가 없는 사람들이었을까? 스스로 정직하며 죄가 없다고 하는 세 친구들은 욥을 경건하지 못하다고 하면서 격분하였다. 더 나아가 욥에게 죄의 누명을 씌우고, 죄인으로 몰아갔지만 하나님 보시기에 옳은 것이 아니었다.

공의와 사랑이 언제 필요할까? 높은 자리에 앉은 사람에게는 공의가 필요하며, 고난으로 낮은 자리에 앉은 사람에게는 사랑이 필요하다. 높은 자리에 있는 사람에게 사랑은 아첨이 될 수 있고, 낮은 자리에 있는 사람에게 공의는 억압이 될 수 있다. 높은 자를 낮추시고, 낮은 자를 높이시는 분은 하나님이시다.

삼상 2:6 주님은 사람을 죽이기도 하시고 살리기도 하시며, 스올로 내려가게도 하시고, 거기에서 다시 돌아오게도 하신다.
7 주님은 사람을 가난하게도 하시고, 부유하게도 하시고, 낮추기도 하시고, 높이기도 하신다.

욥의 억울함을 내것으로 받아들일 때, 그의 고난에 참여할 수 있다. 모든 친구가 외면하면서 죽음의 길로 이끌어 가지만, 포기하거나 실패하지 않으시는 하나님의 사랑을 의지하면서 일어서야 한다.

그러나 그런 자들이 모두 와서 내 앞에 선다 해도, 나는 그들 가운데서 단 한 사람의 지혜자도 찾지 못할 것이다. 내가 살 날은 이미 다 지나갔다. 계획도 희망도 다 사라졌다. 내 친구들의 말이 '밤이 대낮이 된다' 하지만, '밝아온다' 하지만, 내가 이 어둠 속에서 벗어나지 못한다는 것을, 나는 알고 있다. 내 유일한 희망은, 죽은 자들의 세계로 가는 것이다. 거기 어둠 속에 잠자리를 펴고 눕는 것뿐이다. 나는 무덤을 '내 아버지'라고 부르겠다. 내 주검을 파먹는 구더기를 '내 어머니, 내 누이들'이라고 부르겠다. 내가 희망을 둘 곳이 달리 더 있는가? 내가 희망을 둘 곳이 달리 어디 있는지, 아는 사람이 있는가? 내가 죽은 자들이 있는 곳으로 내려갈 때에, 희망이 나와 함께 내려가지 못할 것이다. (욥 17:10-16)

욥은 친구들에 대하여 절망감만 들었다. 그들은 스스로 지혜자라고 하였지만, 오직 윤리와 도덕과 같은 일반적인 지식으로 궤변을 내놓았다. 진정한 지혜는 사람에게서 나온 것이 아니라 하나님으로부터 나와야 한다. 하나님을 경외하는 것이 지혜의 근본이며, 주님의 계명을 지킬 때 올바른 깨달음을 얻게 된다(시 111:10, 잠 9:10). 인간적인 처세술로 성공을 하는 것은 일시적인 것으로, 죽기 전까지 세상에서 잠시 누릴 영광일 뿐이다. 하나님의 지혜는 일시적이거나 세속적인 욕망을 채우는 것이 아니라 주님의 영광을 위한 것으로 영원하다.

욥은 자신의 삶이 끝났고, 마음에 가지고 있었던 소망이 사라졌다고 말했다. 욥은 무엇을 바라고 있었던 것이었을까? 내가 진심으로 원하고 있는 소원은 무엇일까? 만일 주님께서 내가 원하는 것이 무엇이냐고 물으신다면, 나는 주님께 무엇을 말씀드리겠는가?

세례 요한은 예수를 보면서 '세상 죄를 지고 가는 하나님의 어린 양'이라고 하였다(요 1:29). 요한이 세례를 베풀 때 성령이 비둘기 같이 하늘로부터 내려와서 그분 위에 머무는 것을 보았다. 자신을 보내어 물로 세례를 주게 하신 분이 이런 일이 일어나면, 그가 바로 성령으로 세례를 주시는 분임을 알라고 하셨다는 것이다(요 1:32,33). 다음 날 요한이 자기 제자 두 사람과 같이 서 있다가, 예수께서 지나가시는 것을 보고 '보아라, 하나님의 어린 양이다'라고 말했다(요 1:35,36).

그러자 그 두 제자는 요한의 말을 듣고, 예수를 따라갔다. 예수께서 돌아서서, 그들이 따라오는 것을 보고 물으셨다. "너희가 바라는 것이 무엇이냐?"(What do you want?) 그러자 그들은 "랍비님, 어디에 묵고 계십니까?"(Teacher, where are you staying?) (요 1:38)

이 사건이 나에게 일어났다고 가정해 보자. 예수께서 '네가 바라는 것이 무엇이냐?'고 물어보시면, 내가 바라는 소원을 무엇이라고 말하겠는가? 세상 죄를 지고 가실 주님께 나도 함께 고난에 참여하길 원한다고 하겠는가? 아니면 세상에서 얻기를 원하는 성공을 말하겠는가? 예수를 따르면 내가 하려는 일들이 다 이루어지고, 사업도 번창하고, 자녀들에게 복이 오며, 신분이 높아질 것이라고 생각하는가? 이런 내용으로 예수를 영접하라고 전도를 하고 있는가? 만일 이렇게 전도하고 있다면, 그 사람은 철저히 '기복 신앙'에 물든 것이다. 세상에서의 성공을 얻기 위해 예수의 이름을 이용하여 기독교 교인을 만들려는 상술을 펼친 것이다. 이렇게 하여 교인 수가 많아지는 것이 교회의 부흥이라고 생각하는가? 이처럼 세속에 물든 기독교는 더 이상 존재의 가치가 없을 것이다.

예수께서는 그들에게 대답하셨다. "와서 보아라."(Come and you will see.) 그러므로 그들이 가서 계신 곳을 보고, 그날 함께 지냈고, 열 시쯤(오후 4시)이었다. (요 1:39)

요한의 두 제자는 스승으로부터 '세상 죄를 지고 가는 하나님의 어린 양'이라는 말을 듣고 예수를 따라갔다. 과연 이들은 무엇을 바라고 예수를 따라갔을까? 예수님의 질문에 그들이 '머무시는 곳'을 알기 원한다고 하였을 때, 예수께서는 이미 그들의 마음을 알고 계셨다. 그러기에 그들이 예수께서 머무시는 곳에 와서 보라고 하신 것이었다. 그들이 바랐던 것은 예수님과 함께 지내는 것이었다. 이것이 그들의 소원이었다.

지금까지 나는 왜 예수님을 따라가고 있었을까? 기독교 신앙을 가지고 있으면, 복 주기를 원하시는 하나님께서 나에게 큰 선물을 주실 것이라고 기대했던 것일까? 기독교 신앙은 사람 중심이 아니라 하나님 중심이어야 한다. 두 제자가 머무는 곳에 예수께서 오셔서 함께하기를 바라는 것이 아니라, 주님께서 머물고 계신 곳에 가서 주님의 삶을 보고 배우는 것이 기독교 신앙이다. 욥이 자신의 삶이 끝났다고 말한 것처럼 주님을 따라가기 위해서는 먼저 내 자신을 내려놓고 주님께서 원하시는 것이 자신의 소원이 되게 해야 한다. 주님께서 머물고 계신 곳으로 가서, 함께 머무는 것이 우리의 소원이 되어야 한다.

예수께서 제자들과 함께 여리고를 떠날 때, 눈먼 사람 둘이 길가에 앉아 있다가 예수께서 지나가신다는 말을 듣고 큰 소리로 외쳤다. "다윗의 자손이신 주님, 우리를 불쌍히 여겨 주십시오!" 사람들이 조용히 하라고 꾸짖었으나, 그들은 더욱 큰 소리로 외쳤다. 예수께서 걸음을 멈추시고, 그들의 소원을 물어보셨다. 그들은 예수께 말씀드렸다. "주님, 눈을 뜨는 것입니다."(We want our sight.) 예수께서 불쌍히 여기며 그들의 눈에 손을 대시니, 그들은 곧 다시 보게 되었다. 그리고 그들은 예수를 따라갔다. (마 20:29-34)

그리스도인은 자기가 보길 원하는 것만 보는 것이 아니라, 예수께서 행하시는 것과 보여주시는 것을 보아야 한다. 사람은 누구나 자신이 보길 원하는 것을 보고 싶어한다. 만일 자아가 죽지 않는다면, 대부분은 주님께서 보여주시는 것을 보려고 하지 않는다. 눈먼 자들은 주님의 능력으로 보게 되었고, 그 후에는 주님을 따라갔다. 나는 무엇을 보고 있으며, 무엇을 따라가고 있는가?

모든 소망이 끊어진 사람에게 유일한 탈출구는 죽음이겠다는 생각이 든다. 시간이 지나면 밤이 대낮이 된다는 말이 맞지만, 욥에게는 살아가야 할 희망이 사라져 버렸기에 낮이 오더라도 어둠에 머물러 있을 것이다. 죽음을 희망으로 삼고 있는 욥의 마음을 우리는 공감해야 한다. 죽으면 죽음 후에 무엇을 만나게 될지는 모르지만, 적어도 세상에서 받는 고통은 사라져 버릴 것이다. 아무 생각도 없이 고난을 벗어날 길을 찾는 심정은 어떠할까? 죽음을 기쁘게 맞이하려는 그의 상황이 내것이라고 생각해 보자. 희망이 사라지고 삶의 기쁨이 소멸된 자의 마음을 느껴 보자. 죽은 자들이 있는 곳으로 갈 때에는 희망이 함께하질 않는다. 희망이 사라질 때 죽음을 맞이하는 것이다.

욥에게 닥친 고난은 끝날 것 같지 않았다. 이러기에 그가 가지고 있었던 희망은 사라져 버렸다. 가장 비참한 사람은 희망이 없이 절망의 늪에 빠진 사람이다. 절망에 빠져서 소망의 빛이 사라지면, 헤쳐 나오려는 시도조차 하지 않는다. 이제 욥에게 있는 소망은 죽음이었다. 죽을 때 고난에서 벗어나게 될 것이라는 희망이 있었다. 역설적이지만 세상에서의 절망이 죽음이라는 희망을 가지게 만들었다. 그리스도인은 세상에서의 성공을 바라는 사람이 아니라, 먼저 주님과 함께 죽어야 한다. 세속적인 욕심을 십자가에 예수 그리스도와 함께 못박는 것이 우선이다. 그런 후에 부활의 주님과 함께 살 것이다(딤후 2:11).

아브라함도 약속의 자손으로 이삭을 받았으나, 하나님께서 그를 번제로 드리라고 명령하셨다. 그는 명령대로 이삭을 제물로 바치기 위해 아들을 칼로 찌르려고 했을 때, 주님의 천사가 내리치는 손을 막으시고 이삭에게 손을 대지 말라고 하였다. 아브라함은 이삭 대신 뿔이 수풀에 걸린 숫양을 번제로 드렸다. 약속으로 받은 외아들도 아끼지 아니한 아브라함이 하나님을 경외하고 있는 것이 증명되었다. 아브라함은 그 땅 이름을 '여호와 이레'라 하였고, 이 이름은 '여호와께서 준비하심'이라는 뜻이었다(창 22:1-14). 죽음을 마다하지 않고 순종하는 사람은 하나님께서 준비하신 것을 만나게 될 것이다.

아브라함은 하나님께서 이삭을 죽은 사람들 가운데서도 되살리실 수 있다고 생각하였으므로 이삭을 향해 칼을 내리칠 수 있었다. 그러므로 아브라함에게는 이삭을 죽은 사람들 가운데서 되찾은 셈이 된 것이었다(히 11:19). 아브라함은 하나님께서 죽은 자를 살리시는 분으로 믿었으며, 이것이 그의 부활 신앙이다(롬 4:17). 믿음의 후손은 우리 주 예수를 죽은 사람들 가운데서 살리신 분을 믿는 것이며, 이것이 하나님으로부터 의로 여김을 받는 것이다.

예수 그리스도와 함께 죽어야 다시 살리심을 받을 수 있다. 죽음을 경험하지 않은 자는 부활에 참여할 수 없다. 비록 우리는 아직 죽지 않았지만, 간접적으로 욥의 죽음에 동참하고 있다. 다만 죽는 것으로 끝나는 것이 아니라, 새로운 시작이라는 부활 신앙으로 무장해야 한다. 우리 주 예수 그리스도의 하나님을 찬양하자. 그분은 그의 크신 자비로 우리를 새로 태어나게 하셨다. 예수 그리스도를 죽은 사람들 가운데서 다시 살리심으로 첫 열매가 되게 하셨고, 우리에게 산 소망(a living hope, 살아있는 희망)을 안겨주었다(벧전 1:3).

죽음은 그리스도인에게는 절망이 아니라, 새로운 생명으로 태어나는 산 소망이다. 죽음을 지나서 약속된 부활을 맞이하려는 사람들은 죽음을 맞이하더라도 부활의 소망을 간직한다. 희망이 있는 곳은 더 이상 죽은 자들이 머무는 곳이 아니라, 다시 살아날 사람들이 거치는 중간 과정인 셈이다. 욥이 말한 죽음에서 희망을 찾는 그리스도인이 되어야 할 것이다.

22 욥기 18장 1-21

수아 사람 빌닷이 대답하였다. 너는 언제 입을 다물 테냐? 제발 좀 이제라도 눈치를 채고서 말을 그치면, 우리가 말을 할 수 있겠다. 어찌하여 너는 우리를 짐승처럼 여기며, 어찌하여 우리를 어리석게 보느냐? 화가 치밀어서 제 몸을 갈기갈기 찢는 사람아, 네가 그런다고 이 땅이 황무지가 되며, 바위가 제자리에서 밀려나느냐? (욥 18:1-4)

수아 사람 빌닷이 두 번째 욥에게 대답했다. 욥은 친구들의 충고를 받아들이지 않고, 죄가 없이 고난을 받는 것에 대하여 탄식했다. 빌닷은 언어 폭력과 같은 어투로 욥에게 비난과 저주를 하기 시작했다.

개혁개정 등의 성경에서는 '너는'을 '너희가'로 복수를 사용하고 있다. 다수의 사람을 말하는 '너희는'은 욥을 포함하는 모든 경건하지 않은 자를 말하는 것일 수도 있고, 또는 욥의 다른 두 친구들을 말하는 것일 수도 있다. 전자로 생각한다면, 자신들의 지혜를 경청하지 않는 자들을 비난하면서, 입을 다물라고 나무라는 것이다. 그런 후에 자신들의 지혜의 말을 들으라는 것이다. 후자로 말한다면, 빌닷은 다른 두 친구에게 지금까지 할 말을 참았으니, 잘 생각해 본 다음에 욥이 말을 멈추면 우리가 말하자는 것이다. 빌닷을 포함한 세 사람이 지금까지는 너무 조심스럽게 말하였으니, 이제는 거침없이 말하자는 의미를 포함하고 있다(호크마 주석).

욥은 친구들을 짐승처럼 여기면서, 진실된 충고를 어리석은 것으로 여겼다고 빌닷은 비난했다. 욥은 자신의 죄를 회개하지 않고, 선의로 말하는 친구들의 말까지도 무시했다는 것이다. 친구들의 입장에서 보면, 조언을 듣지 않고, 회개하지 않는 욥이 미련하다고 생각했을 것이다. 그러기에 이들은 강압적인 방법을 동원해서라도 욥을 굴복시키려고 했다.

그들은 욥이 고난으로 인해 울분을 터뜨리면서 자신을 학대하는 것이라고 생각했다. 이성을 잃어버린 야수처럼 욥이 변했다는 것이다. 욥이 이렇게 한다고 해서 자연 법칙이 바뀌는 것이 아니라는 것이다. 결국 친구들은 욥으로 하여금 자신들의 지혜를 받아들이고, 고통에서 벗어나라고 하는 것이다.

친구들의 조언은 욥의 상황과 전혀 맞지도 않고 받아들일 수도 없었다. 욥이 미련해서 충고를 받아들이지 않은 것이 아니라, 세 친구들은 욥을 사랑하는 마음이 없이 정죄하려고만 했기 때문이었다.

결국 악한 자의 빛은 꺼지게 마련이고, 그 불꽃도 빛을 잃고 마는 법이다. 그

의 집 안을 밝히던 빛은 점점 희미해지고, 환하게 비추어 주던 등불도 꺼질 것이다. 그의 힘찬 발걸음이 뒤뚱거리며, 제 꾀에 제가 걸려 넘어지게 될 것이다. 제 발로 그물에 걸리고, 스스로 함정으로 걸어 들어가니, 그의 발뒤꿈치는 덫에 걸리고, 올가미가 그를 단단히 죌 것이다. 땅에 묻힌 밧줄이 그를 기다리고 길목에 숨겨진 덫이 그를 노린다. 죽음의 공포가 갑자기 그를 엄습하고, 그를 시시각각으로 괴롭히며, 잠시도 그를 놓아주지 않을 것이다. 악인이 그처럼 부자였어도, 이제는 굶주려서 기운이 빠지며, 그 주변에 재앙이 늘 도사리고 있다. 그의 살갗은 성한 곳 없이 썩어 들어가고, 마침내 죽을 병이 그의 팔다리를 파먹을 것이다. 그는, 믿고 살던 집에서 쫓겨나서, 죽음의 세계를 통치하는 왕에게로 끌려갈 것이다. 그의 것이라고는 무엇 하나 집에 남아 있지 않으며, 그가 살던 곳에는 유황이 뿌려질 것이다. 밑에서는 그의 뿌리가 마르고, 위에서는 그의 가지가 잘릴 것이다. (욥 18:5-16)

빌닷은 욥이 악인이라고 단정하면서, 그러한 자들이 겪을 일에 대한 무자비한 저주의 말을 했다. 욥이 고통 가운데 뱉은 말들은 무시하고, 자신의 결백을 주장하는 욥을 위선적이고 가식이 가득한 악인이라고 비난하는 것이다. 욥의 빛은 꺼지게 될 것이라고 하였고, 이는 잠언 13:9에서 의인의 빛은 환하게 빛나고 악인의 등불은 꺼진다는 말과 같은 의미를 가진다. 결국 욥은 악인이므로 멸망하게 된다는 것이다. 그러므로 그의 집을 비추는 빛은 점점 어두워지고, 결국 그의 등불은 꺼질 것이다. 악인은 피곤하여 활기찼던 발걸음이 피곤하여 뒤뚱거리고, 자신의 꾀에 자신이 넘어지게 될 것이다(잠 1:18,19). 그러므로 악에서 떠나 하나님 여호와를 바라보라는 것이다.

분명히 악인은 멸망의 운명을 맞을 것이다. 그러나 하나님께서 인정하시는 의인을 악인으로 몰아가면서, 하나님의 말씀을 적용하는 것은 하나님을 조롱하는 죄악이다. 전제가 잘못된 거짓을 진리로 만들기 위해 성경을 인용하면 안 된다. 마지막 때에 거짓 선지자들은 자식의 유익을 위해 성경을 왜곡시켜 사용할 것이다. 성경은 진리이지만, 잘못된 목적으로 사용하는 것은 하나님을 대항하는 것이 된다.

빌닷은 짐승을 사냥하는 기구를 통해 비유적으로 악한 자는 결국 멸망하여 사망에 이른다고 말했다. 욥이 친구들을 짐승으로 여겼다고 생각하였으므로, 이제 그는 욥을 사람이 아닌 짐승이라고 비하하면서, 그물과 덫에 걸려서 죽게 될 종말을 잔혹하게 표현했다. 악을 행하였기에 작은 것에도 놀라게 되고, 죽음을 두려워하며 공포에 떨게 될 것이다. 굶주림으로 힘이 약해지고, 그의 주변에는 재앙만 기다리고 있다. 병으로 피부는 썩게 되고, 팔다리도 병에 걸릴 것이다. 살고 있던 집에서 쫓겨나서 죽음의 대왕 앞으로 끌려 나오고, 들 짐승이나 잡초가 그의 집을 차지할 것이다. 그가 살던 곳은 유황 비를 맞은 것처럼 황폐하게 되어 아무도 살지 못하게 될 것이다. 악인은 씨가 말라 버려서 후대를 이을 사람도 없게 될 것이다.

위로가 충고로, 충고가 말싸움으로, 말싸움에서 저주로 바뀌어지는 말투를 통해 욥의 고난은 점점 더 커져만 갔다. 그러나 욥을 의인으로 인정해 주시는 분은 사람이 아닌 하나님이셨다. 사람들의 비난과 욕설을 들으면서 분노의 감정이 생길 수도 있겠지만, 욥은 고난을 허락하신 하나님께 초점이 맞추어져 있었다.

그리스도인은 사람들로부터 오는 환호와 인기보다는 하나님께서 주시는 위로와 사랑을 갈망하는 사람이어야 한다. 고난의 고통과 억압에서 이끌어 내실 분은 하나님이시다. 이스라엘은 이집트에서 노예 신분으로 인간 이하의 삶을 살았기에 괴로워서 울부짖었으나 자신들의 힘으로는 벗어날 길이 없었다. 하나님께서 이들의 탄식을 들으시고, 모세를 보내어 이집트에서 이끌어 내셨다. 하나님께서 욥의 탄식을 듣고 계셨고, 정한 때가 되면 고난을 해결하신다. 고난으로 괴로워하고 있는 사람은 하나님께 신음의 기도를 해야 한다.

빌닷의 저주를 들으면서 욥이 할 수 있었던 것은 묵묵히 듣는 것이었다. 저항을 하지 않으면서, 고통의 자리에 가만히 있는 것이 인내이다. 만일 욥이 빌닷을 꾸짖고, 아무도 반박할 수 없는 멋진 지혜의 말로 그를 굴복시킨다면, 매우 통쾌할 것이다. 그러나 이것은 인내가 아니다. 인내는 폭언이나 폭력 같은 것으로 저항하거나, 다른 사람들에게 자신의 입장을 이해시키는 것을 의미하지 않는다. 인내는 저항 없이 참아내면서, 나를 지켜보고 계시는 하나님께 초점을 맞추는 것이다.

이 땅에서는 아무도 그를 기억하지 못하고, 어느 거리에서도 그의 이름을 부르는 이가 없을 것이다. 사람들이 그를, 밝은 데서 어두운 곳으로 몰아넣어, 사람 사는 세계에서 쫓아낼 것이다. 그의 백성 가운데는, 그의 뒤를 잇는 자손이 남아 있지 않을 것이다. 그의 집안에는 남아 있는 이가 하나도 없을 것이다. 동쪽 사람들이 그의 종말을 듣고 놀라듯이, 서쪽 사람들도 그의 말로를 듣고 겁에 질릴 것이다. 악한 자의 집안은 반드시 이런 일을 당하며, 하나님을 알지 못

하는 자가 사는 곳이 이렇게 되고 말 것이다. (욥 18:17-21)

욥이 살았을 그 당시에 가장 큰 비극은 자손이 없다는 것과 그의 이름이 후손에게 기억되지 못하고 잊혀지는 것이었다. 세상에 태어나서 대를 이을 자손이 없이, 가치 없는 삶을 사는 것만큼 허무한 것은 없을 것이다. 빌닷은 욥이 공허하고 헛된 삶을 살았다는 것이다. 그렇지만 어느 누구도 다른 사람의 삶에 대하여 평가할 자격은 없다. 사람들의 눈에는 보잘것없는 인생이라고 하더라도, 모든 것을 감찰하시는 하나님께서 인정하신다면 그는 성공적인 삶을 산 것이다. 오히려 하나님을 알지 못하고, 이기적인 욕망으로 살았던 사람이 허무하게 산 것이다.

전 12:1 젊을 때에 너는 너의 창조주를 기억하여라. 고생스러운 날들이 오고, 사는 것이 즐겁지 않다고 할 나이가 되기 전에,
2 해와 빛과 달과 별들이 어두워지기 전에, 먹구름이 곧 비를 몰고 오기 전에, 그렇게 하여라.
13 할 말은 다 하였다. 결론은 이것이다. "하나님을 두려워하여라. 그분이 주신 계명을 지켜라. 이것이 바로 사람이 해야 할 의무다.
14 하나님은 모든 행위를 심판하신다. 선한 것이든 악한 것이든 모든 은밀한 일을 다 심판하신다."

세상을 창조하신 하나님을 모르는 사람의 삶은 비참한 것이다. 하나님을 두려워하고, 그분께서 주신 계명을 지키는 것이 바로 사람이

해야 할 의무이다. 욥은 곤경에 빠져서 허우적거리고 있었지만, 그는 가장 소중한 것을 포기하지 않았다. 주님 안에 있을 때, 희망은 사라지지 않는다.

하지만 빌닷은 사람들이 욥을 어두운 곳으로 몰아내고, 사람이 없는 곳으로 쫓아낼 것이라고 하였다. 욥이 저지른 악행으로 인하여 그의 후손은 완전히 세상에서 사라지게 될 것이다. 욥의 마지막이 너무 끔찍하여 당대의 모든 사람들이 그의 종말로 인하여 놀라고 두려워 떨 것이다. 사람들은 욥을 가리켜 말하길, '악인의 집은 이렇듯이 비참하게 되어서, 하나님을 알지 못하는 자가 사는 처소도 이렇게 되고 말 것이네'라고 저주할 것이다.

만일 빌닷이 욥을 사랑하고 아끼는 친구라면, 욥의 마음을 따뜻한 사랑과 위로로 다독거려 주고, 주님 안에서 다시 일어서도록 도와주어야 했다. 빌닷은 일어설 힘조차 없는 욥에게 저주를 퍼부었다. 친구들의 말을 인정하지 않았기에 욥에 대한 적개심으로 언어 폭력으로 저주를 한 것이다. 그들은 힘들고 지친 상대를 세워주지도 않으면서, 도리어 짓밟고 자신의 명성에 집착하는 자들이었다. 온화하게 다가가서 선한 의도로 충고를 한다고 생각하지만, 실제로는 무자비한 폭력으로 상대를 절망에 빠뜨리게 했다. 진리를 말하지만 진리를 따르지 않고, 정의를 부르짖지만 불의의 편에 서 있는 모순을 드러냈다. 하나님의 영광을 위해 살고 있다고 하지만, 실제로는 자신의 영광을 위해 최선을 다하고 있는 사람도 있다. 하나님 앞에 자신을 세워 놓고, 하나님의 관점으로 자신을 돌아보는 훈련이 필요하다. 과연 나는 하나님 보시기에 어떤 사람일까?

빌닷의 모습을 통해 혹시 내 안에 음흉하고 포악한 악이 숨어있는지 살펴보아야 한다. 모순이 가득한 인생에서 참 진리는 내가 아닌 하나님 한 분이셔야 한다. 빌닷은 하나님 대신 심판자의 위치에서 욥을 능멸하는 엄청난 죄를 저질렀다. 이러기에 우리 또한 평소에 하나님 앞에서 자신을 돌아보면서, 욥처럼 고난 가운데에서도 오직 하나님만을 바라보는 훈련이 필요하다.

23 욥기 19장 1-12

욥이 대답하였다. 네가 언제까지 내 마음을 괴롭히며, 어느 때까지 말로써 나를 산산조각 내려느냐? 너희가 나를 모욕한 것이 이미 수십 번이거늘, 그렇게 나를 학대하고도 부끄럽지도 않으냐? 참으로 내게 잘못이 있다 하더라도, 그것은 내 문제일 뿐이고, 너희를 괴롭히는 것은 아니다. 너희 생각에는 너희가 나보다 더 낫겠고, 내가 겪는 이 모든 고난도 내가 지은 죄를 증명하는 것이겠지. 그러나 이것만은 알아야 한다. 나를 궁지로 몰아넣으신 분이 하나님이시고, 나를 그물로 덮어씌우신 분도 하나님이시다. (욥 19:1-6)

빌닷은 욥을 악인에 비유하면서 결국 멸망할 것이라고 말했다. 욥은 빌닷에게 대답하면서, 더 이상 자기를 학대하지 말라고 한다. 친구들에 의해 괴롭힐 대로 괴롭혀진 욥의 마음은 산산조각이 나서, 삶의 소망도 이미 끊어진 상태였다. 욥은 죄가 없는 의인이었지만, 친구들은 회개를 강요하면서, 계속해서 욥을 모욕했다.

친구들이 의도했던 대로 욥의 마음을 괴롭게 하였으니, 이렇게 해서라도 회개를 통해 욥이 하나님 앞에 나오게 하려는 것이었다. 그러나 그들은 욥을 잘 알지 못했다. 비록 그들은 욥의 친구였지만, 욥이 가지고 있었던 신앙의 신실성을 알지 못했다. 그들은 욥이 과거에 물질적인 복을 누렸고, 자녀의 축복을 받았으므로, 외형적으로 볼 때 욥이 훌륭한 신앙인이라고 생각했을 것이다. 그러나 그의 재물이 없어지고, 자녀는 모두 죽었고, 병까지 들었으니, 분명히 욥은 죄악을 행했을 것이라고 확신했다.

외적인 것으로 사람의 신앙을 평가할 수는 없다. 사회적으로 높은 지위와 엄청난 재산, 자녀들의 성공이 있다고 해서, 신실한 신앙으로 인해 복을 받은 것이라고 할 수 없다. 친구들은 과거에 부족한 것이 없었던 욥을 신실한 자로 여겼지만, 지금 욥의 비참한 모습을 보면서 잘못된 신앙을 회복하면 하나님께서 다시 복을 주실 것이라고 주장했다. 이러기에 하나님의 자리에 앉아서, 욥을 비난하고 모욕을 주는 것에 거리낌이 없었던 것이다.

믿음의 조상 아브라함은 하나님을 믿고 섬겼으며 또한 가축과 은과 금이 풍부했다(창 13:2). 그렇지만 아브라함의 소유가 풍부한 것이 그의 신앙이 좋다는 것을 증명하는 것은 아니었다. 안타깝게도 현세에는 좋은 믿음을 가지면 자녀가 축복을 받고 물질적인 풍요를 누릴 것으로 생각하는 경향이 있다. 히브리서 11장에 나오는 믿음의 사람들은 세상의 복을 위해 살았던 사람들이 아니며, 그들은 도리어 고난 가운데에서도 하나님께서 하늘에 예비하신 영원한 성을 사모했다(히

11:13-16).

친구들은 고난으로 인해 욥의 상황이 처참한 것은 하나님의 징계를 받는 것이라고 생각했다. 그래서 욥으로 하여금 다시 물질과 자녀의 복을 누리도록 도와주어야 한다고 생각한 것이 아닐까? 욥이 자신의 죄를 회개하면 하나님과의 관계가 회복되어서, 잃어버렸던 복이 다시 돌아올 것이라고 보았다. 고난 뒤에 숨은 하나님의 뜻에 초점을 맞추는 것이 아니라, 고난을 모면해서 다시 세상에서의 성공적인 삶을 사는 것을 더 중요하게 여겼다. 복을 얻기 위해 하나님께 나아가라고 말하는 것은 기복 신앙이다. 겉으로는 하나님을 섬기고 있다고 하지만, 그들의 마음에는 맘몬(돈)의 우상이 자리잡고 있기 때문이다.

욥은 친구들로 인하여 모욕을 받았고, 마음도 산산조각이 났다고 말했지만, 친구들은 욥의 말을 받아들이지 않았다. 그들은 욥이 다시 복을 받을 수 있도록 도와준다는 생각을 하면서, 수단과 방법을 가리지 않고 욥이 자신들의 생각을 따를 것을 종용했다. 나는 하나님만 잘 섬기면 복을 받게 될 것이라는 신앙을 가지고 있는가? 그러므로 이와 같은 복을 누리기 위해서 복음을 전하고 있는 것은 아닌가? 목회자는 설교 시간에 하나님께서는 복 주기를 원하신다는 것만을 강조하고 있지는 않는가? 기복 신앙에 물든 사람은 하나님의 뜻을 따르기보다는, 자신의 성공과 성취가 하나님께 영광이라고 생각한다. 하나님 우선의 신앙이라고 말하지만, 그 내면에는 '복'(blessing)이라고 하는 다른 우상이 자리잡고 있는 것이다.

욥이 잘못한 것이 있다고 하더라도, 그것은 욥의 문제일 뿐이다. 만일 어떤 사람의 허물이 있다고 해도 다른 사람에게 피해를 주지 않았다면, 그 사람의 잘못으로 인하여 비난을 받을 수는 없다. 그럼에도 불구하고 많은 사람들은 자신과 생각이 다르다고 해서 폄하하면서 인격을 모욕하기도 한다. 특히 정치에 대하여는 사람마다 다른 견해를 가지고 있기 때문에, 잘 잘못을 따질 문제는 아니다. 마찬가지로 사람마다 다른 가치관을 가지고 있으므로, 우리는 진리의 하나님 말씀을 전할 때에도 상대방을 존중하고 배려하는 마음으로 다가가야 한다.

친구들은 교만한 마음으로 자신을 높이면서, 욥의 고난을 죄로 발생한 결과라고 확신하여, 계속 괴롭혔던 것이다. 입증되지 않은 상황에서 상대방을 죄인이라고 고발하는 것은 무고죄에 해당된다. 하나님께서 의인으로 인정하고 있는 사람을 죄인이라고 친구들은 고소했고, 나중에 하나님께서는 친구들이 한 일은 잘못되었다고 하셨다. 욥의 고난은 하나님께서 정죄하여 징계하는 것이라고 오판을 하였기에, 큰 죄를 범한 것이다. 하나님을 잘 알지 못하면서, 마치 하나님은 무조건 자기 편이라고 생각하는 자만으로 죄를 지었고, 그것이 죄라는 사실도 깨닫지 못했다.

욥은 친구들에게 항변한다. 욥을 억울하게 하여 곤란을 겪게 만든 분은 하나님이시라는 것이다. 그분께서 그물로 욥을 덮어씌워 자신의 힘으로 아무것도 할 수 없게 하셨다. 욥은 전심전력으로 하나님께 진실되게 행하였고, 죄를 짓지 않기 위해 살았다고는 하지만, 모든 것을 주관하시는 분은 하나님이심을 알고 있었다. 인정하기는 어렵지만, 자신이 그토록 사랑하면서 인생의 모든 것을 하나님께 맡겼지만, 곤궁에 빠지게 하신 분이 하나님이시라는 것이다. 그러기에 하나님을 원망하면서, 떠나가야만 할 것 같다는 생각이 드는 것이 당연하겠다.

예수께서 십자가에서 돌아가시기 전에 부르짖었다(마 27:46, 막 15:34)

"엘리 엘리 라마 사박다니?"

"Eli, Eli, lama sabachthani?"

그것은 "나의 하나님, 나의 하나님, 어찌하여 나를 버리셨습니까?"라는 뜻이다. 예수님의 탄식은 하나님께 대한 의심과 원망과 회의가 아니라, 절체절명의 순간에도 하나님을 의지하는 자세로 질문을 하면서 죽으신 것이다. 욥은 하나님을 의지하였기에, 모든 것을 주관하시는 분께서 자신의 사정을 잘 알고 계실 것이라고 생각하면서 탄식했다. 하나님을 원망한 것이 아니라, 하나님의 뜻을 이해할 수 없었기에 비통에 잠긴 말을 한 것이었다.

"폭력이다!" 하고 부르짖어도 듣는 이가 없다. "살려 달라!"고 부르짖어도 귀를 기울이는 이가 없다. 하나님이, 내가 가는 길을 높은 담으로 막으시니, 내가 지나갈 수가 없다. 내 가는 길을 어둠으로 가로막으신다. 내 영광을 거두어 가시고, 머리에서 면류관을 벗겨 가셨다. 내 온몸을 두들겨 패시니, 이젠 내게 희망도 없다. 나무 뿌리를 뽑듯이, 내 희망을 뿌리째 뽑아 버리셨다. 하나님이 내게 불같이 노하셔서, 나를 적으로 여기시고, 나를 치시려고 군대를 보내시니 그 군대는 나를 치려고 길을 닦고, 내 집을 포위하였다. (욥 19:7-12)

만일 내 자신이 고난에 빠져서 고통을 받고 있다면, 그 고난을 허락하신 분이 하나님이심을 인정해야 한다. 이러면서 고난을 통해 우리에게 향하신 하나님의 숨은 뜻이 있다는 것도 인정해야 한다. 세상 사람들은 고난 자체를 보면서 두려워하겠지만, 그리스도인은 고난 속에 감추어진 하나님의 뜻을 깨닫기 위해 더 주님께 나아가야 한다. 만일 고난에 대하여 불평하고 반항하고 있다면, 고난을 허락하신 하나님께 대항하는 것이다.

시 119:71 고난을 당한 것이, 내게는 오히려 유익하게 되었습니다. 그 고난 때문에, 나는 주님의 율례를 배웠습니다.

많은 경우에는 자신의 잘못으로 인해 어려움을 겪을 수 있다. 고통으로 과오를 깨닫고 고치면, 고난은 그 사람에게 유익하게 된다. 고난이 닥칠 때 먼저 나를 돌아보면서, 하나님의 뜻을 깨닫는 것이 복이 된다. 그렇지만 욥이 받은 고난에는 사람들에게 일반적이지 않은 특별한 뜻이 감추어져 있었다. 욥의 경우와 마찬가지로 말세에 예수의 이름으로 인해 고난을 받을 그리스도인은 기복 신앙을 가지고 있는지 시험(test)을 받게 될 것이다. 세상에서의 복을 추구하기보다는, 하나님께 대한 순수한 신앙을 가지고 있는 사람이 신실한 그리스도인이다.

욥은 폭력을 당하고 있다고 소리치고, 살려 달라고 외치면서 자신의 억울함을 부르짖었지만 귀를 기울이는 사람도 없고, 하나님께서도 그 말을 듣지 않으셨기에 시비를 가릴 길이 없었다. 주님께서 높은 담으로 완전하게 차단하셨기에 지나갈 수 없고, 어둠으로 앞길을 가리우셨기에 나아갈 수 없었다. 주님께서 욥의 모든 영광을 빼앗았고, 머리에서 면류관을 벗기셨다. 하나님께서 사방에서 욥을 멸하셨으므로, 희망이 송두리째 뽑아지게 되었다.

욥의 탄식에는 모순을 발견할 수 있다. 그러나 욥은 고통으로 외치면서 하나님을 원망하는 것이 아니라고 하였다. 욥에게 닥친 고난은 하나님께서 허락하신 것이라고 말한다. 그래서 이 고난은 피할 수 없는 필연적인 것이라고 말한다. 고난을 이해할 수 없고 받아들이기도 어렵지만, 거쳐야 할 과정이라면 고난 안에 담긴 하나님의 뜻을 찾는 것이 올바른 신앙인의 자세이다.

예수께서도 십자가의 고난을 원하지 않았고, 심지어는 가능하다면 마셔야 할 십자가의 잔을 지나가게 해 달라고 하셨지만, 자신의 뜻대로가 아니라 하나님 아버지의 뜻대로 해 달라고 기도하셨다(마 26:39, 막 14:36, 눅 22:42). 하나님 아버지께서 주신 잔이므로 예수께서는 고난의 잔을 마셔야 한다고 하셨다(요 18:11).

마지막 때에 그리스도인으로 받을 핍박과 박해는 하나님의 뜻에 의해 예정된 고난의 잔이다. 고난을 피하려고 하는 것보다는, 하나님께서는 그 고난을 이기는 자가 되기를 원하신다. 성만찬식 때에 먹는 빵과 포도주는 우리를 위해 죽으신 주님의 몸과 피를 먹고 마시는 것이다. 주님께서는 흘리신 피로 새 언약을 우리에게 주셨다. 성만찬을 행할 때마다 예수께서 받으신 고난을 기억하며, 주님을 기념하면서 주님의 죽으심을 주께서 오실 때까지 전하는 것이다(고전 11:23-26).

하나님께서 이스라엘을 이집트 땅에서 인도하여 내면서 그들의 남편이 되어 주었지만, 그들은 하나님의 언약을 깨뜨려 버렸다. 이러기에 하나님께서는 "나는 나의 율법을 그들의 가슴 속에 넣어 주며, 그들의 마음 판에 새겨 기록하여, 나는 그들의 하나님이 되고, 그들은 나의 백성이 될 것이다'고 하는 새 언약을 주셨다(렘 31:31-34). 예수께서 흘리신 피로 세운 새 언약을 세우기 위해서 예수의 고난은 필연적이었다.

한편 성만찬 예식에 참여하는 것은 우리를 위해 죽으신 예수 그리스도와 연합하는 것이다. 주님의 고난에 참여함으로써 주님과 함께 죽어서 그분과 하나가 되어서, 그분과 같이 다시 살아나서 함께 연합하는 사람이 되는 것이다(롬 6:5). 여기에서 갖게 되는 한가지 의문점은 과연 우리가 주님의 고난에 동참했느냐는 것이다. 실제적으로는 주님 홀로 십자가를 지셨고, 죽으시고, 부활하셨다. 어떤 그리스도인도 주님의 고난에 참여한 사람이 없다는 것이다.

하나님께서는 마지막 때에 성도들에게 예비된 고난의 잔을 통해 예수께서 받으셨던 고난의 잔에 동참하게 하셨다. 결국 우리가 성만찬의 빵과 잔을 먹고 마시면서, 예정된 고난을 기억하면서 그리스도의 고난에 동참하라는 것이다. 그때의 고난은 사람의 힘만으로는 이겨낼 수 없으므로, 주님의 도우심을 간구해야 한다. 예수께서 우리에게 알려주신 기도문에서도 이러한 것을 찾아볼 수 있다.

“그러므로 너희는 이렇게 기도하여라. 하늘에 계신 우리 아버지, 그 이름을 거룩하게 하여 주시며, 그 나라를 오게 하여 주시며, 그 뜻을 하늘에서 이루심 같이, 땅에서도 이루어 주십시오. 오늘 우리에게 필요한 양식을 내려 주시고, 우리가 우리에게 죄 지은 사람을 용서하여 준 것 같이 우리의 죄를 용서하여 주시고, 우리를 시험에 들지 않게 하시고(‘시험에 빠뜨리지 마시고’, 또는 ‘시련의 때로 이끌지 마시고’), 악에서(‘악한 자에게서도’) 구하여 주십시오. [나라와 권세와 영광은 영원히 아버지의 것입니다. 아멘.]” (마 6:9-13)

하나님의 뜻은 하늘과 땅에서도 이루어져야 한다. 성도들에게 반드시 있어야 할 것은 일용할 양식이다. 하나님께 죄에 대한 용서를 기도해야 하며, 유혹에 빠지지 않고, 악한 자에게서도 구해 달라고 기도해야 한다. 예수를 믿고 죄에서 구원받은 사람들은 장차 올 마귀의 시험을 예수께서 이기신 것처럼 이겨야 한다(마 4:1-11, 눅 4:1-13). 그리스도인들이 받을 고난은 하나님의 허락 안에서 마귀에 의해 진행되는 유혹(시험, temptation)이며, 여기에 쓰러지지 않기를 기도하라고 하셨다. 이것은 마치 하나님의 허락하에 이루어진 마귀의 시험(temptation)이 욥에게 있었던 것과 같은 의미이며, 말세에 있을 그리스도인의 고난에 적용할 수도 있다.

욥은 하나님께서 자기를 향하여 진노하셔서, 원수처럼 보시고 고난의 군대를 보내셨다고 한다. 주님의 군대가 함께 나아와 욥을 치려고, 길을 닦고, 그의 집을 포위했다는 것이다.

마지막 때에 고난을 받게 될 그리스도인의 눈에는 마치 하나님께서 자신들을 원수로 여기시는 것처럼 여길 것이다. 살아 계시는 하나님을 온전히 따랐지만, 그들이 만날 현실은 박해와 핍박으로 비참하기까지 하다. 어쩌면 하나님은 안 계실 것 같은 생각마저 들기도 할 것이다. 이럴 때에 우리는 욥과 예수 그리스도의 인내를 생각해야 한다. 욥은 고난의 폭풍 가운데 계시는 하나님을 바라보았다. 예수께서도 십자가의 죽음의 고난의 잔을 마시면서, 마지막 순간까지도 하나님 아버지의 이름을 불렀다.

그리스도께서 받으신 고난은 영광으로 들어가는 길이었다(눅 24:26). 하나님의 자녀는 그리스도와 함께한 하나님의 상속자이므로, 우리는 주님과 함께 영광을 받기 위하여 고난도 함께 받아야 한다(롬 8:16,17). 장차 우리에게 나타날 영광에 비추어 보면 지금 우리가 겪는 고난은 아무것도 아니다(롬 8:18). 하나님의 은혜로 모든 사람을 위하여 죽음을 맛보신 예수께서는 죽음의 고난을 당하심으로써, 영광과 존귀의 면류관을 받아쓰셨다(히 2:9). 하나님께서 많은 자녀들을 영광에 이끌어 들이실 때에, 그들의 구원의 창시자(author, captain)를 고난으로써 완전하게 하신다는 것은 당연한 일이다(히 2:10).

베드로는 고난과 영광은 분리할 수 없는 주제라고 말했다. 베드로전서를 통해서 고난과 영광을 살펴보자.

하나님께서 그 크신 자비로 우리를 새로 태어나게 하셨다. 예수 그리스도를 죽은 사람들 가운데서 부활하게 하심으로 말미암아 우리에게 산 소망을 갖게 해 주셨다. 그것은 썩지 않고 더러워지지 않고 낡아 없어지지 않는 유산을 물려받게 하셨는데, 이 유산은 성도들을 위해 하늘에 간직되어 있다. 하나님께서는 성도들의 믿음을 보시고 그의 능력으로 보호해 주시며, 마지막 때에 나타나기로 되어 있는 구원을 얻게 해 주신다. 그러므로 성도들이 여러 가지 시련 속에서 어쩔 수 없이 슬픔을 당하게 되었다 하더라도 기뻐하라. 하나님께서 성도들의 믿음을 단련하셔서, 예수 그리스도께서 나타나실 때에 칭찬과 영광과 존귀를 얻게 해 주신다. 예수를 본 일이 없으면서도 사랑하고, 그를 보지 못하면서도 믿고 있으면, 말할 수 없는 즐거움과 영광을 누리면서 기뻐할 수 있다. 성도들의 믿음이 결국 혼을 구원(the salvation on your souls)하였기 때문이다. 선지자들은 이 구원을 자세히 살피고 연구하였고, 성도들이 받을 은혜를 예언하였다. 그들이 연구할 때에, 그들 안에 계신 그리스도의 영이 그리스도에게 닥칠 고난과 그 뒤에 올 영광을 미리 알려주셨다. 선지자들이 이처럼 섬긴 그 일들은 자기들을 위한 것이 아니라, 성도들을 위한 것임을 계시로 알게 되었다. 그러므로 성도들은 마음을 단단히 먹고 정신을 차려서, 예수 그리스도께서 나타나실 때에 성도들이 받을 은혜를 끝까지 기다려야 한다(벧전 1:3-13).

하나님께서는 고난을 받은 모든 그리스도인으로 하여금 자신의 영원한 영광에 들어가게 하신다. 그러므로 연단하기 위해 시련이 닥치더라도 이상한 일을 당한 것처럼 놀라지 말고, 오히려 그리스도의 고난에 참여하는 것으로 즐거워해야 한다. 왜냐하면 주님의 영광이 나타나실 때에 즐거워하고 기뻐하게 될 것이기 때문이다(벧전 4:12, 13). 그리스도의 이름으로 모욕을 당하는 것은 행복한 것이다. 그 사람에게는 하나님의 영이 머물러 계시며(벧전 4:14), 그가 하늘에서 받을 상이 크기 때문이다(마 5:10-12). 그러나 누구든지 살인이나 도둑질이나 악행과 같은 자신의 죄로 인하여 고난을 받지 않도록 주의해야 한다(벧전 4:13). 그리고 그리스도인으로서 고난을 당하면 부끄러워하지 말고, 도리어 그리스도인이 된 것을 하나님께 감사하라. 하나님의 심판의 때(time for judgment)가 왔으며, 하나님의 백성이 먼저 심판을 받을 것이다. 하나님께서 자신의 백성을 먼저 심판하신다면, 하나님의 복음을 순종하지 않는 자들의 마지막은 어떠하겠는가? 의인이 겨우 구원을 받는다면, 경건하지 않은 자와 죄인은 어떻게 되겠는가? 그러므로 하나님의 뜻을 따라 고난을 받는 사람은 선한 일을 하면서 자기의 혼을 신실하신 창조주께 맡겨야 한다(벧전 4:16-19).

베드로는 장로 중의 한 사람이며, 또한 그리스도의 고난의 증인이요 앞으로 나타날 영광을 함께 누릴 사람으로서 성도들을 권면했다(벧전 5:1).

그러므로 여러분은 하나님의 능력의 손 아래로 자기를 낮추십시오. 때가 되면, 하나님께서 여러분을 높이실 것입니다. 여러분의 걱정을 모두 하나님께 맡기십시오. 하나님께서는 여러분을 돌보고 계십니다. 정신을 차리고, 깨어 있으십시오. 여러분의 원수 악마가, 우는 사자 같이 삼킬 자를 찾아 두루 다닙니다. 믿음에 굳게 서서, 악마를 맞서 싸우십시오. 여러분도 아는 대로, 세상에 있는 여러분의 형제자매들도 다 같은 고난을 겪고 있습니다. 모든 은혜를 주시는 하나님, 곧 그리스도 안에서 여러분을 자기의 영원한 영광에 불러들이신 분께서, 잠시동안 고난을 받은 여러분을 친히 온전하게 하시고, 굳게 세워 주시고, 강하게 하시고, 기초를 튼튼하게 하여 주실 것입니다. 권세가 영원히 하나님께 있기를 빕니다. 아멘. (벧전 5:6-11)

모든 그리스도인들이 마귀와의 전쟁으로 고난을 겪게 된다. 그러나 하나님께서 은혜와 권세로 우리로 하여금 사탄과의 전쟁에서 이기게 하신다. 잠시 고난을 받게 되지만, 이로 인하여 온전하게 만드시고 하나님의 영원한 영광에 들어가게 하신다. 욥과 예수 그리스도의 고난에 참여하면서, 인내를 배우고, 하나님의 영광에 들어가게 될 소망이 충만하기를 바란다.

시 107:28 그러나 그들이 고난 가운데서 주님께 부르짖을 때에, 그들을 곤경에서 벗어나게 해주신다.
29 폭풍이 잠잠해지고, 물결도 잔잔해진다.
30 사방이 조용해지니 모두들 기뻐하고, 주님은 그들이 바라는 항구로 그들을 인도하여 주신다.

24 욥기 19장 13-29

그가 내 가족을 내게서 멀리 떠나가게 하시니, 나를 아는 이들마다, 낯선 사람이 되어 버렸다. 친척들도 나를 버렸으며, 가까운 친구들도 나를 잊었다. 내 집에 머무르는 나그네와 내 여종들까지도 나를 낯선 사람으로 대하니, 그들의 눈에, 나는 완전히 낯선 사람이 되고 말았다. 종을 불러도 대답조차 안 하니, 내가 그에게 애걸하는 신세가 되었고, 아내조차 내가 살아 숨쉬는 것을 싫어하고, 친형제들도 나를 역겨워한다. 어린 것들까지도 나를 무시하며, 내가 일어나기만 하면 나를 구박한다. 친한 친구도 모두 나를 꺼리며, 내가 사랑하던 이들도 내게서 등을 돌린다. 나는 피골이 상접하여 뼈만 앙상하게 드러나고, 잇몸으로 겨우 연명하는 신세가 되었다. (욥 19:13-22)

모든 것을 주관하시는 하나님께서 자신의 가족을 멀리 떠나가게 하셨다고 욥은 고백했다. 사람이 원하거나 또는 원치 않는 일이 일어나더라도 이 모든 것을 하나님께서 다스리고 계신다는 것을 욥은 알고 있었다. 그러나 사람은 하나님께서 행하시는 것을 짐작할 수 없으며, 아무도 그것을 돌이킬 수 없다. 다만 그분께서 계획하신 것은 반드시 이루신다(욥 23:13). 그러기에 사람이 마음으로 자기의 앞길을 계획할지라도, 하나하나 이루시는 분은 하나님이시다(잠 16:9). 일어나기를 원치 않았던 괴로운 일도 하나님의 주권으로 이끌어 가신다. 그러나 우리는 그분의 뜻을 헤아릴 수 없다.

욥과 가까웠던 사람들은 낯선 사람이 되어서 욥에게 관심조차 갖지 않았다. 친척도 욥을 잊었고, 가깝게 지내던 친구들도 욥을 더 이상 기억하지 않았다. 욥에게 신세를 졌던 나그네와 그의 종들까지도 인연을 끊고 아는 척도 하지 않았다. 종들을 불러도 대답도 하지 않았고, 도리어 그들에게 대답해 달라고 간청해야 하는 처지가 되었다.

욥의 아내는 그가 살아서 숨 쉬는 것조차 싫어하며, "이렇게 되었어도 당신은 요지부동으로 신실한 것을 지킬 건가요? 차라리 하나님을 욕하고 죽으세요."라고 하였다(욥 2:9). 친형제들도 욥을 멀리하였고, 어린 아이들도 무시하면서, 욥을 조롱하였다. 친지들이 욥을 멀리하며 마주치기도 꺼려했고, 사랑했던 사람들도 그에게서 등을 돌리고 원수 대하듯이 하였다.

하지만 욥은 신실하게 하나님을 섬겼으며, 하나님께서 그를 의인으로 인정하셨다. 하나님께서는 예수 그리스도를 믿는 자의 믿음을 의로 여기셨다(롬 4:5,9). 하나님께서 아브라함과 그 후손에게 세상의 상속자가 되리라고 하신 약속은 율법이 아니라 믿음의 의로 말미암은 것이었다(롬 4:13). 이로 보건대 의인 욥에 대한 내용은 믿음으로 말미암아 의인으로 인정받은 그리스도인에게 적용할 수 있다.

예수께서는 마지막 때에 일어나게 될 일을 말씀하셨고, 여기에는 욥이 탄식했던 내용이 포함되어 있다는 것을 확인할 수 있다. 그때에 어떤 징조와 사건들이 일어나게 될 것인지 알아보자.

"마지막 때에는 자칭 재림 예수라고 하는 거짓 그리스도가 나타나고, 난리와 난리의 소문이 있을 것이다. 민족이 민족과 싸우는 테러(terror)가 있으며, 나라와 나라 사이의 전쟁(war)이 있을 것이고, 곳곳에 기근과 지진과 전염병(pandemic)이 있을 것이며, 하늘로부터 무서운 일과 큰 징조가 나타날 것이다. 그러나 이것은 재난의 시작(the beginning of birth pain)이다. 사람들이 그리스도인을 환난에 넘겨줄 것이며, 너희를 죽일 것이다. 너희는 내 이름 때문에 모든 민족에게 미움을 받을 것이다. 또 많은 사람이 걸려서 넘어질 것이요, 서로 넘겨주고, 서로 미워할 것이다. 거짓 선지자가 많이 일어나서, 많은 사람을 미혹할 것이다. 세상은 무법 천지가 되어, 사람들의 마음속에서 따뜻한 사랑을 찾아볼 수 없게 될 것이다. 그러나 끝까지 견디는 사람은 구원을 얻을 것이다. 천국 복음이 온 세상에 전파되어서, 모든 민족에게 증언될 것이다. 그리고 나서야 끝이 올 것이다." (마 24:1–14, 눅 21:5–19)

현재 세상에는 이미 재림 예수라고 말하는 많은 이단들이 설치고 있으며, 민족들 간의 테러와 나라 사이에 벌어지는 전쟁은 일상사가 되었다. 스페인 독감과 코로나 감염(COVID–19)같은 팬데믹 전염병이 발생하였고, 세계 여러 곳에서는 지진, 기근, 태풍, 화산 폭발, 쓰나미, 기후변화, 메뚜기 떼 재앙 등등의 자연재해가 급증하고 있다. 예수께서 '재난의 시작'(해산통의 시작)이라고 하시면서, 그리스도인들이 예수의 이름으로 환난을 받게 될 것이라고 하셨다. 이는 주님께서는 그리스도인이 받게 될 고난을 더 중요하게 여기셨고, 이것은 '주의 날'(the Day of the Lord)에 대한 징조이기 때문이다.

데살로니가전서 5장에서는 해산할 여자에게 닥치는 고통(labor pains)을 '주의 날'과 연관된다고 알려주고 있다. '주의 날' 은 예수께서 재림하시는 날을 말하며, 마치 밤에 도둑처럼 예측하지 못하게 올 것이다. 사람들이 "평안하다, 안전하다"라고 말할 그때에 임신한 여인에게 해산의 진통이 오는 것 같이, 갑자기 멸망이 그들에게 닥칠 것이므로 그들이 피하지 못할 것이다. 그러나 그리스도인은 어둠 속에 있지 않기 때문에, 그 날이 도둑처럼 덮치지는 않을 것이다. 그리스도인은 모두 빛의 자녀이며, 낮의 자녀이기 때문에 어둠에 속한 사람이 아니다. 그러므로 다른 사람들처럼 잠자고 있을 것이 아니라 정신을 똑바로 차리고 깨어 있어야 한다(살전 5:1-6).

주의 날에 대하여 관심이 없는 사람은 주님께서 알려주신 일들이 세상에 일어나고 있어도, 어떤 준비를 하지도 못한 채 주의 날을 맞이할 것이다. 그러나 주의 날을 기다리는 그리스도인이라면, 주님께서 말씀하신 징조와 변화를 확인하면서, 예수의 재림과 심판을 준비할 수 있다. 주님의 경고의 말씀을 받아들여서, 주의 날을 준비하고 있을 때 비로소 깨어 있는 자로 주의 날을 맞이할 수 있다.

예수께서 마지막 날에 일어날 일들을 말씀하셨던 많은 사건들이 이루어졌고, 또한 이루어지고 있다. 말씀대로 이루어지고 있는 세상에서, 이제는 그리스도인이 모든 민족에게 미움을 받게 될 사건이 남아 있다. 마태복음 24장과 같은 내용을 기록한 누가복음 21장에서는 그리스도인이 맞이할 고난에 대하여 자세하게 알려주고 있다.

마지막 때가 오기 이전에, 그리스도인은 심한 박해를 받게 될 것이다. 예수를 믿는 신앙으로 인하여 사람들의 박해를 받고, 회당과 감옥에 넘겨지며, 왕들과 총독들 앞에 끌려갈 것이다. 그렇지만 그때는 예수의 복음을 이방인들에게 증언할 때가 된 것이다(누 21:12-15, 마 16:16-20). 그때, 성령께서 할 말을 생각나게 하여서 복음을 증거하게 할 것이다. 이 말씀은 과거에 로마 시대와 이슬람 지역을 포함한 여러 곳에서 그리스도인들을 박해하고 죽이는 심한 탄압이 있었고, 지금도 계속되고 있다. 그들은 순교를 피하지 않았고 예언하신 그대로 복음의 증인이 되었다.

마지막 때에는 부모와 형제와 친척과 친구들까지도 그리스도인을 잡아 넘겨서 더러는 죽이기까지 할 것이다(눅 21:16). 마태복음에서는 형제가 형제를 죽음에 넘겨주고, 아버지가 자식을 또한 그렇게 하고, 자식이 제 부모를 고발하여 죽게 할 것이라고 기록하고 있다(마 10:21). 이 내용은 욥이 탄식하면서 말하는 내용과 일치하며, 이러한 박해는 예수님의 재림과 연관되어 있다(마 10:23).

주님께서는 이때를 위하여 말세의 성도들에게 말씀하셨다. "박해하고 두렵게 하는 자들이 오면 피하라(마 10:23). 그러나 그들을 두려워하지 말라. 몸을 죽일지라도 혼(soul)을 죽이지 못하는 사람들을 두려워하지 말고 혼과 육신을 아울러 지옥에 던져서 멸망시킬 수 있는 분을 두려워하라(마 10:28). 참새 두 마리가 한 앗사리온에 팔리지만, 하나님 아버지께서 허락하지 않으면, 그 하나도 땅에 떨어지지 않는다. 하나님께서 수많은 참새보다 성도들을 귀하게 여기셔서 머리카락까지도 낱낱이 다 세어 놓고 계신다(마 10:29-31). 누구든지 사람들 앞에서 주님을 시인하면, 주님께서는 하나님 아버지 앞에서 그 사람을 시인할 것이다. 그러나 누구든지 사람들 앞에서 주님을 부인하면, 주님께서는 하나님 아버지 앞에서 그 사람을 부인할 것이다(마 10:32,33)".

마지막 때, 고난의 시간이 올 때, 괴롭히고 박해하는 사람들을 두려워하지 말고 오직 하나님 아버지를 두려워해야 한다. 만일 그때에 주님을 부인하면 주님께서도 그 사람을 하나님 앞에서 부인할 것이니, 어떤 상황에서도 주님을 모른다고 부인하지 말아야 한다. 무서운 환경이 닥친다고 할지라도 결코 예수 그리스도에 대한 신앙을 포기하지 말라는 것이다. 참새의 목숨을 주관하시고, 우리의 머리카락을 헤아리는 분이 하늘 아버지시다.

눅 6:22 사람들이 너희를 미워하고, 인자 때문에 너희를 배척하고, 욕하고, 너희의 이름을 악하다고 내칠 때에는, 너희는 복이 있다.
23 그 날에 기뻐하고 뛰놀아라. 보아라, 하늘에서 받을 너희의 상이 크다. 그들의 조상들이 예언자들에게 이와 같이 행하였다.

24 그러나 너희, 부요한 사람들은 화가 있다. 너희가 너희의 위안을
받고 있기 때문이다.
25 너희, 지금 배부른 사람들은 화가 있다. 너희가 굶주리게 될 것이
기 때문이다. 너희, 지금 웃는 사람들은 화가 있다. 너희가 슬퍼하며
울 것이기 때문이다.
26 모든 사람이 너희를 좋게 말할 때에, 너희는 화가 있다. 그들의 조
상들이 거짓 예언자들에게 이와 같이 행하였다.

사랑이 식어지고, 무법 천지가 될 그때에는 가정도 우정도 깨어질 것이다. 그리스도인은 예수를 믿는 신앙 때문에 미움을 사고, 내어 쫓기고, 욕을 먹고, 누명을 쓰면서 버림을 받게 될 것인데, 그것은 화가 아니라 복이 있는 것이다. 이처럼 세상에서는 환난을 당할 것이나, 하늘에서 받을 상이 크기 때문에 우리는 기뻐하고 즐거워해야 한다. 이스라엘의 조상들이 선지자들에게 그렇게 대하였다는 것을 기억하라.

마지막 때에는 세상 사람들에게 인정을 받고 칭찬을 받으려는 것이 삶의 목적이 되지 말아야 한다. 고난으로 괴롭고 따돌림을 받는다고 하더라도 예수 그리스도를 믿는 신앙을 포기하지 않고 인내하여야 한다. 현재를 위해 영원한 삶을 포기하겠는가? 아니면 영원한 것을 위해 현재의 고난을 감내할 것인가?

예수께서 세상에 오셨을 때에, 천사는 양 떼를 지키던 목자들에게 온 백성에게 큰 기쁨이 될 소식을 전했다. 지극히 높은 곳에서는 하나님께 영광이며, 땅에서는 주님께서 기뻐하시는 사람들에게 평화를 주는 소식이었다(눅 2:8-14). 그렇지만 마지막 때에는 그리스도인에게 고난이 닥치게 될 것이므로, 그때에는 예수를 믿는 신앙으로 인하여 평화가 아닌 다툼이 일어나게 될 것이다. 그날에는 예수께서 세상에 평화를 주시는 것이 아니라, 불화의 칼을 주신다.

마 10:34 "너희는 내가 세상에 평화를 주려고 온 줄로 생각하지 말아라. 평화가 아니라 칼을 주려고 왔다.

주님으로 인해 사람이 자기 아버지와 맞서고, 딸이 어머니와, 며느리가 시어머니와 불화하게 될 것이다. 결국 그날에는 예수의 이름으로 인해 자기 집안 식구가 원수가 될 것이다. 그때에는 아버지나 어머니를 주님보다 더 사랑하는 자는 주님께 적합하지 않고, 주님보다 아들이나 딸을 더 사랑하는 사람도 주님의 사람이 될 자격이 없다. 이러한 것이 자기 십자가가 될 것이며, 자기 십자가를 지고 주님을 따르지 않는 사람도 주님의 사람이 될 자격이 없다. 자기 목숨을 얻으려는 사람은 목숨을 잃을 것이며, 주님을 위하여 자기 목숨을 잃는 사람은 목숨을 얻을 것이다(마 10:35-39).

안타깝게도 주님께서 하신 말씀을 현재의 삶에 적용시키면 도저히 이해가 되질 않는다. 그러나 주님께서 하신 말씀은 마지막 때에 그리스도인들에게 대한 박해가 일어날 때에 대한 것이며, 그때에는 가족 간의 유대와 친구 간의 우정, 친지와의 교분이 다 사라지게 될 것이다.

그때에 성도를 영접하는 사람은 주님을 영접하는 것이며, 주님을 영접하는 사람은 주님을 보내신 하나님을 영접하는 것이다. 선지자를 선지자로 영접하는 사람은 선지자의 상을 받을 것이며, 의인을 의인이라고 맞아들이는 사람은 의인의 받을 상을 받을 것이다. 보잘것없는 사람을 주님의 제자라고 해서 냉수 한 그릇이라도 주는 사람은 반드시 그 상을 받을 것이다(마 10:40-42).

욥의 모든 가족과 친구, 친척들이 그를 버리고 잊어버리고 조롱하는 것처럼, 마지막 때에는 그리스도인들도 욥이 받은 멸시와 천대를 받게 될 것이다. 많은 사람들에게서 사랑이 식어지고(마 24:12) 가족 간에 불화가 있을 것이지만(마 10:34-36), 사랑이 식어진 세상에서 그리스도인은 마지막 때가 될수록 사랑의 선한 일을 행하여서, 하나님께 영광을 돌려야 한다(벧전 2:12). 보상을 위해 행한 것이 아니더라도, 작은 자에게 행한 사랑의 행위를 주님께서는 기억하고 심판의 날에 계산하여 주실 것이다.

나는 피골이 상접하여 뼈만 앙상하게 드러나고, 잇몸으로 겨우 연명하는 신세가 되었다. 너희는 내 친구들이니, 나를 너무 구박하지 말고 불쌍히 여겨다오. 하나님이 손으로 나를 치셨는데, 어찌하여 너희마저 마치 하나님이라도 된 듯이 나를 핍박하느냐? 내 몸이 이 꼴인데도, 아직도 성에 차지 않느냐? (욥 19:20-22)

고난과 멸시로 인해 욥의 몸은 처참한 몰골이 되었다. 욥이 친구들에게 바랐던 것은 구박과 천대와 조롱이 아니라, 자신을 불쌍히 여겨 주는 자비와 사랑이었다. 하지만 그들은 자기들의 생각에 따라 하나님의 공의를 행했다고 여겨서 욥을 더 힘들게 만들고 좌절하게 하였다.

하나님은 사랑과 공의의 하나님이시다. 하나님께서는 공의를 이루기 위해 심판과 징계를 행하신다. 하지만 사람에게 하나님의 공의를 대신해서 행하게 하시지는 않는다. 과거에는 이스라엘 민족을 교훈하기 위해 다른 이방 민족을 사용하셨지만, 그들은 하나님의 공의를 집행한 것이 아니라 공의를 세우기 위해 사용된 사람들이었다. 만일 자신의 생각으로 다른 사람을 비판(judge)하면서 정죄하고 있다면, 도리어 그는 하나님의 권한을 가로채는 죄를 짓는 것이다. 하나님의 공의는 하나님께서 판단하고 집행하시지만, 우리에게는 하나님의 사랑을 행하도록 맡겨 주셨다. 사랑은 사람이 행해야 하는 것이지만, 심판은 사람이 절대로 하지 말아야 한다.

예수께서 사랑과 판단(심판)에 대하여 알려주셨다. 하나님의 사랑을 받았으면, 그 사랑을 행하는 것이 당연하다. 또한 예수 그리스도를 통해 죄를 용서받았다면, 다른 사람의 죄를 용서해 주어야 한다.

"원수를 사랑하고, 미워하는 사람들에게 잘해 주라. 저주하는 사람들을 축복하고, 모욕하는 사람들을 위하여 기도하라. 뺨을 치는 사람에게 다른 쪽 뺨도 돌려 대 주며, 겉옷을 빼앗는 사람에게 속옷도 거절하지 말라. 달라고 하는 사람에게 주고, 빼앗는 사람에게는 도로 찾으려고 하지 말아라. 남에게 대접을 받고자 하는 대로, 너희도 남을 대접하라. 사랑하는 사람들만 사랑하면 칭찬받을 것이 없다. 죄인들도 자기를 사랑하는 사람은 사랑한다. 잘해 주는 사람에게만 잘해 준다면 칭찬받을 것이 없다. 죄인들도 그만큼은 한다. 도로 받을 생각으로 남에게 꾸어 주면, 칭찬받을 것이 없다. 죄인들도 고스란히 되받을 것을 알면 서로 꾸어 준다. 그러나 너희는 원수를 사랑하고, 좋게 대하여 주고, 또 아무것도 바라지 말고 꾸어 주어라. 그리하면 너희는 큰 상을 받을 것이요, 지극히 높으신 분의 자녀가 될 것이다. 그분은 은혜를 모르는 사람들과 악한 사람들에게도 인자하다. 그러니 너희의 아버지께서 자비로우신 것 같이, 너희도 자비로운 사람이 되어라." (눅 6:27-36)

상대방의 태도나 행위에 따라서 사랑을 하는 것이 아니라, 무조건적인 사랑을 하라는 것이다. 이것은 아무 조건 없이 우리를 사랑하시는 하나님을 닮는 것이다. 하나님의 자녀는 하나님의 자비를 닮는 것이 당연하기 때문이다.

예수께서는 다른 사람을 심판하지 말라고 하셨다. 그렇게 할 때 하나님께서도 우리를 심판하지 않으실 것이다. 남을 정죄하지 않을 때, 하나님께서도 정죄하지 않을 것이다. 남을 용서하면, 하나님께서도 우리를 용서하실 것이다(눅 6:37,38). 욥의 친구들은 욥을 정죄하면서, 비난의 화살을 퍼부었고, 사랑은 찾아볼 수 없었다. 하나님께서는 친구들의 자비 없는 정죄의 행위를 알고 계시니, 심판대 앞에서는 어떤 판결을 받겠는가?

아, 누가 있어 내가 하는 말을 듣고 기억하여 주었으면! 누가 있어 내가 하는 말을 비망록에 기록하여 주었으면! 누가 있어 내가 한 말이 영원히 남도록 바위에 글을 새겨 주었으면! 그러나 나는 확신한다. 내 구원자가 살아 계신다. 나를 돌보시는 그가 땅 위에 우뚝 서실 날이 반드시 오고야 말 것이다. 내 살갗이 다 썩은 다음에라도, 내 육체가 다 썩은 다음에라도, 나는 하나님을 뵈올 것이다. 내가 그를 직접 뵙겠다. 이 눈으로 직접 뵐 때에, 하나님이 낯설지 않을 것이다. 내 간장이 다 녹는구나! 나는 너희가 무슨 말을 할지 잘 알고 있다. 너희는 내게 고통을 줄 궁리만 하고 있다. 너희는 나를 칠 구실만 찾고 있다. 그러나 이제 너희는 칼을 두려워해야 한다. 칼은 바로 죄 위에 내리는 하나님의 분노다. 너희는, 심판하시는 분이 계시다는 것을 알아야 할 것이다. (욥 19:23-29)

철저한 고독 가운에 있는 욥은 자신의 말이 기록되기를 바랐다. 자신의 억울함과 고통에 대한 비탄이 글로 남게 되기를 원했다. 욥에게 닥친 고난은 개인의 이야기로 마치는 것이 아니라, 후세에 고난을 받게 될 성도들에게 교훈이 되어야 한다. 욥에 대한 고통과 탄식은 개인의 것이 아니라, 주님 안에서 영원한 나라를 바라는 성도와 공유되어야 했다.

욥에게 있는 유일한 희망은 하나님이셨다. 그분은 욥의 억울함과 비참한 사정을 살펴보고 계신다. 비록 고난으로 죽는 것을 바라는 욥이었지만, 아직 자신의 목숨을 끊지 않고 인내할 수 있었던 까닭은 하나님이 계시기 때문이었다. 그분은 욥의 유일한 구원자이시다. 그리고 환난 가운데 고통에서 건져 주실 분이시므로, 하나님께 대한 소망을 버릴 수가 없다. 비록 사람의 눈으로는 하나님께서 마치 안 계시는 것 같고, 자신이 버림을 받은 것 같았지만, 언젠가는 세상에 오실 주님을 만나 뵐 것이다. 현재의 고난을 피하기보다는, 다시 만날 주님을 바라보면서 괴로움을 이겨내고 있었다.

욥의 자기를 구원해 주실 분이 살아 계신다고 고백하고 있다. 그분께서 마침내 땅 위에 나타나실 것이라고 확신했다. 그리스도인이 고난 가운데 가져야 할 희망은 구세주 예수님의 재림이다. 다시 오겠다고 약속하신 주님께서 반드시 오실 것이며, 모든 민족을 심판하실 것이다. 욥은 삶을 통하여 심판주를 만나기 위한 준비를 하였던 것이다. 결국 욥은 하나님을 만난 후 회복되는데, 이처럼 그리스도인도 재림의 주님을 만날 때 고난에서 벗어나 회복될 것이다.

미르틴 루터는 욥기 19:25,26을 다음과 같이 번역했다.

욥 19:25 내 구속자가 살아 계셔서 이후에 나를 땅에서부터 깨우실 것을 내가 아노라
26 또 그 후에 내 가죽이 나를 둘러싸고 내가 내 육체 안에서 하나님을 보리라

흠정역 성경도 확인해보자.

흠정역 욥 19:25 내가 알거니와 내 구속자께서 살아 계시고 또 마지막 날에 그분께서 땅 위에 서시리라.

26 내 살갗의 벌레들이 이 몸을 멸할지라도 내가 여전히 내 육체 안에서 하나님을 보리라

욥은 고난으로 가죽이 벗겨지게 된 후에라도, 또 죽어서 육체가 썩어진 다음에라도 하나님을 만나 뵙게 될 것을 확신했다. 그날에는 욥의 눈으로 직접 하나님을 만나게 될 것이다. 하나님을 만날 간절한 생각으로 욥은 간장이 녹는 것만 같았다. 하나님께 모든 마음을 바치면서 기도하고 있었던 욥이 하나님을 뵙더라도 전혀 낯설지 않을 것이다. 왜냐하면 항상 주님을 뵙는 신앙으로 늘 함께하였기 때문이다. 이렇다면 고난이 있거나 없거나, 주님께 향한 변함없는 신뢰와 교제를 유지하는 것을 중요하게 여겨야 한다.

욥은 자신의 친구들에게 경고를 했다. 친구들과의 격렬한 충돌은 고난에 대한 의견의 차이 때문이었다. 하나님께서는 욥이 기복 신앙을 가진 것인지 확인하기 위하여 욥의 가족과 재산을 없앴고, 친구들이 떠나가게 하셨다. 그러나 친구들은 고난을 주신 분이 공의의 하나님이시므로, 분명 욥의 죄악으로 인해 형벌을 주신 것이라 확신했으며, 회개를 통해 관계를 회복하라고 하였다. 이러한 갈등을 해소할 분은 오직 하나님이셨다. 욥은 하나님께서 심판하실 것이므로, 그분의 판결을 기다렸다.

많은 사람이 어떤 사람을 죄인이라고 단정하면, 그 사람은 죄인이어야만 하는가? 그날에는 세계 모든 민족이 그리스도인을 죄인으로 여기면서 심한 학대를 할 것이다. 그때 받게 될 고난은 죄로 인한 것이 아니라, 욥의 경우처럼 기복 신앙을 가지고 있는지 확인하기 위한 하나님의 절차라고 볼 수 있다. 모든 것을 다 잃어도 오직 하나님만을 바라보는 그리스도인 인지를 알아보기 위한 시험(test)이 될 것이다.

공의로 심판하시는 하나님께서 그날에 판결을 내리신다. 욥의 친구들은 심판장이신 하나님께서 그들에게 분노의 칼로 내리치실 것이라고 한다. 사람이 두려운 것이 아니라, 모든 것을 공의로 판결하시는 하나님을 두려워해야 한다. 고통을 받는 욥에게 행한 친구들의 악행을 그분께서 이미 살펴보고 계신다. 살아 계시는 하나님을 의식하고 있다면, 친구들은 하나님을 대신하여 판단하기보다, 욥을 하나님의 사랑으로 보살펴야 했을 것이다. 아마도 욥을 통해 일어난 일들은 미래에 일어나기로 예정된 고난의 모형이며, 그때에는 그리스도인이 욥처럼 심한 고난을 받게 될 것이다.

그렇다면 환난 가운데 있게 될 그리스도인은 세상에 대하여 어떻게 살아야 하겠는가? 마지막 때에 박해와 멸시를 받을 그리스도인이 가져야 할 강력한 무기는 인내와 사랑이다. 사랑의 하나님을 바라보면서 하나님의 사랑으로 이겨낼 때에, 마지막 심판의 날에 하나님의 공의가 이루어질 것이다. 로마의 박해 아래에 있었던 성도에게 쓴 로마서 12장을 보면서, 닥쳐올 박해와 멸시의 고난을 이겨낼 지혜를 배워 보자.

그리스도인은 박해하는 사람을 저주하지 말고, 축복해야 한다. 박해하고 미워하는 사람들을 사랑한다는 것은 사람의 힘으로는 불가능하기에, 오직 성령의 도우심이 있어야 한다. 기뻐하는 사람과 함께 기뻐하고, 우는 사람이 있으면 함께 울어주면서, 공감하는 사람이 되자. 서로 한마음이 되어서, 교만한 마음을 버리고, 천한 사람들과 함께 사귀면서, 잘난 체하지 말라. 악을 악으로 갚지 말고, 모든 사람이 선하다고 생각하는 일을 하려고 애쓰라. 할 수 있는 대로 모든 사람과 더불어 평화롭게 지내라. 원수를 갚는 것은 하나님께 있으니, 사람이 직접 원수를 갚지 말고 하나님의 진노하심에 맡겨야 한다(신 32:35). 원수가 배고파하면 먹이고, 목말라하거든 마실 것을 주어라. 그렇게 하면 그의 머리에 숯불을 쌓는 셈이 될 것이며, 하나님께서 상으로 갚아 주실 것이다(잠 25:21,22). 악(惡)에게 굴복하지 말고, 선(善)으로 악을 이겨내라(롬 12:14-21).

세상에서 환난을 겪게 될 그리스도인은 주님 안에서 평화를 얻어야 한다. 세상에서는 환난을 당할 것이지만, 담대해야 한다. 왜냐하면 주님께서 세상을 이기셨기 때문이다(요 16:33). 하나님의 자녀는 누구나 세상을 이겨낸다. 세상을 이기는 승리는 믿는 우리의 믿음이다. 예수께서 하나님의 아들이시라는 것을 믿는 사람이 세상을 이길 수 있다(요일 5:4,5).

하나님의 사랑을 받은 감격을 가지고 있는 사람은 고난의 때에 받았던 사랑으로 세상을 이겨낼 수 있다. 예정된 환난을 두려워할 것이 아니라, 그날에 사랑의 선행을 행하면서 고난을 견디어 이겨낼 그리스도인으로 성숙하고 있는지를 확인해 보아야 한다. 악한 자는 악한 일에 동참하기를 원하지만, 성도는 하나님의 거룩에 참여하면서 믿음에서 시작하여 사랑에까지 성숙해져서(벧후 1:3-11), 그리스도 예수 안에서 선한 일을 행하는 자가 되어야 한다(엡 2:10).

25 욥기 20장 1–29

나아마 사람 소발이 대답하였다. 입을 다물고 있으려 했으나, 네 말을 듣고 있자니 화가 나서 참을 수가 없다. 네가 하는 말을 듣고 있자니 모두 나를 모욕하는 말이다. 그러나 깨닫게 하는 영이 내게 대답할 말을 일러주었다. 너도 이런 것쯤은 알고 있을 것이다. 이 땅에 사람이 생기기 시작한 그 옛날로부터, 악한 자의 승전가는 언제나 잠깐뿐이었으며, 경건하지 못한 자의 기쁨도 순간일 뿐이었다. 교만이 하늘 높은 줄 모르고, 머리가 구름에 닿는 것 같아도, 마침내 그도 분토처럼 사라지고 말며, 그를 본 적이 있는 사람도 그 교만한 자가 왜 안 보이느냐고 물으리라는 것쯤은, 너도 알고 있을 것이다. 꿈같이 잊혀져 다시는 흔적을 찾을 수 없게 되며, 마치 밤에 본 환상처럼 사라질 것이다. 그를 본 적이 있는 사람도 다시는 그를 볼 수 없으며, 그가 살던 곳에서도 다시는 그를 볼 수 없을 것이다. 그 자녀들이 가난한 사람에게 용서를 구할 것이며, 착취한 재물을 가난한 사람에게 배상하게 될 것이다. 그의 몸에 한때는 젊음이 넘쳤어도, 그 젊음은 역시 그와 함께 먼지 속에 눕게 될 것이다. (욥 20:1–11)

나아마 사람 소발이 욥에게 분노에 찬 두번째 공박을 펼친다. 욥의 말을 듣고 있다 보니, 울화가 치밀어 참을 수가 없다는 것이다. 소발은 욥의 말을 들으면서 모욕감을 느끼게 되었고, 초조한 마음으로 급하게 말했다. 소발은 욥의 말에 공감할 수 없었다. 특히 공의의 하나님께서 주시는 고난의 징계를 받는 사람은 당연히 죄인이어야 했기 때문에, 소발은 욥의 대답에 대하여 성급한 모습을 드러냈다. 자신은 하나님의 편에 서 있다고 생각하고 있었기에, 회개하지 않는 죄인의 입에서 하나님의 이름을 부르는 것을 용납할 수 없었다. 더구나 죄를 지은 욥이 자신의 무죄를 심판장이신 하나님께 하소연하며, 공의로운 심판을 말하는 것은 모순이라고 생각했다.

소발은 욥의 잘못을 확신하였기에, 악한 자가 받게 될 운명을 알려주었다. 악한 자가 어떻게 될 것인지 욥도 이미 알고 있다는 식으로 말을 꺼냈다. 악한 자는 잠시 이기는 것 같고, 경건하지 못한 사람도 잠시 즐거움을 누릴 뿐이다. 교만이 하늘을 찌를 듯 우쭐대고, 머리가 구름에 닿을 것 같지만, 결국 짐승의 마른 똥처럼 단번에 사라지게 된다. 그를 아는 사람들은 교만했던 자가 어디로 갔는지 모르게 될 것이다.

그리고 악인은 바람결에 사라지는 것처럼 허무하게 사라질 것이라고 소발은 말했다. 악한 자는 마치 잠을 잘 때 꿈을 꾸지만, 깨어나면 꿈은 사라지고, 밤에 보았던 환상도 사라지는 것처럼 그의 자취는 사라져서 찾을 수 없게 될 것이다. 그의 존재조차도 사람들은 잊어버린다. 악인의 자녀들은 가난한 사람들에게 용서를 구할 것이고, 착취했던 재물을 배상해야 할 것이다. 그가 누렸던 젊음은 결국 먼지처럼 사라져 버리고, 그의 몸은 흙에 묻히게 될 것이다.

이렇듯 소발이 악인에 대하여 말한 내용은 전반적으로 틀린 것은 아니다. 다만 소발은 욥을 악인이라고 낙인을 찍었고, 하나님께 그의 죄를 고발하였다. 악인에 대한 그의 말은 이치에 맞는 것 같지만, 그렇다고 욥에게 적용한 것은 잘못이었다. 마지막 때에 거짓 선지자들은 이처럼 사람들을 미혹할 것이다. 진리를 말하고 있지만, 그가 원하는 것은 결과적으로 하나님의 나라를 무너뜨릴 뿐이다.

선지자들은 미래를 예언하지만, 그들은 모두 하나님의 영으로 말하는 것이 아니라 거짓의 영으로 사람들을 미혹하여서 멸망을 당하게도 만든다(왕상 22:22,23, 대하 18:21,22). 진리의 말씀을 잘못 적용하는 것이 거짓이다. 거짓 선지자들은 하나님께서 보낸 사람이 아니며, 하나님의 영에 감동된 사람들도 아니다(렘 14:14). 그들은 자기 마음에 있는 거짓으로 예언하면서, 거짓을 믿게 하여 멸망의 길로 인도하는 사람들이다.

소발은 진리를 말하는 것처럼 보이지만, 사실은 욥에 대하여 거짓을 선포했다. 예수께서도 거짓 선지자들을 조심하라고 하셨다. 그들은 양의 탈을 쓰고 오지만, 속은 굶주린 이리들이다(마 7:15). 마지막 때에는 거짓 선지자들이 많이 나타나서 많은 사람들을 속일 것이다(마 24:11). 거짓 그리스도와 선지자들이 나타나서 표적과 기사를 보여주면서 택함을 받은 사람들까지도 미혹할 것이다(마 24:24, 막 13:22). 그러므로 마지막 때에는 성령을 받았다고 말하는 사람들을 믿지 말고, 그 영들이 하나님에게서 온 것인지 아닌지를 시험해 보아야 한다. 왜냐하면 세상에 거짓 선지자가 많이 나타났기 때문이다(요일 4:1, 계 16:13, 19:20, 20:10).

마지막 때에는 부분적인 진리에 귀를 기울이는 것이 아니라, 배후에 있는 영이 하나님의 영이 아닐 가능성을 고려해 보아야 한다. 성경에서 벗어난 거짓 예수를 전파하거나 다른 복음을 전하는 자들이 있기 때문이다(고후 11:4). 그리스도의 사도로 가장하는 자들이 있으며, 또한 사탄도 자기를 광명의 천사로 가장하기에, 영을 분별해야 한다(고후 11:13,14). 진리를 말한다고 하면서 거짓을 말하는 사람이 거짓 선지자이다.

하나님의 말씀을 전하지만, 부분적인 내용만으로 전체적인 진리를 말하는 것은 거짓이다. 더불어 성경 전체를 모르면서, 단편적인 것만을 강조하면서 잘못된 길에 빠지게 하는 것도 거짓이다. 천지 창조부터 시작하여 우리를 죄로부터 구원하신 예수 그리스도를 전했다면, 마지막 때에 심판하기 위해 다시 오실 예수까지도 전해야 한다. 예를 들어 믿음으로 구원을 받은 것으로 마지막 심판(judgment)까지 통과한 것으로 가르치고 있다면, 사랑의 행위를 준비하지 못한 채 심판대 앞에 설 가능성이 많다. 예수를 믿는 자들은 모두 하늘로 들림을 받게 되어서 마지막 때에 환난을 받지 않게 될 것이라고 말하는 자들도 있는데, 말세의 성도들이 예수 이름으로 인해 미움을 받게 될 것이라는 주님의 말씀을 부정하는 것이므로 거짓이다. 거짓 선지자들의 특징은 일부분의 진리를 말하면서, 사람들을 만족하게 해 주는 잘못된 교리를 신봉하게 만든다. 소발은 미래에 나타날 거짓 선지자의 모형이라고 볼 수 있다.

그가 혀로 악을 맛보니, 맛이 좋았다. 그래서 그는 악을 혀 밑에 넣고, 그 달콤한 맛을 즐겼다. 그러나 그것이 뱃속으로 내려가서는 쓴맛으로 변해 버렸다. 그것이 그의 몸 속에서 독사의 독이 되어 버렸다. 그 악한 자는 꿀꺽 삼킨 재물을 다 토해 냈다. 하나님은 이렇게 그 재물을 그 악한 자의 입에서 꺼내어서 빼앗긴 사람들에게 되돌려주신다. 악한 자가 삼킨 것은 독과도 같은 것, 독사에 물려 죽듯이 그 독으로 죽는다. 올리브 기름이 강물처럼 흐르는 것을 그는 못 볼 것이다. 젖과 꿀이 흐르는 것도 못 볼 것이다. 그는 수고하여 얻은 것을 마음대로 먹지도 못하고 되돌려보내며, 장사해서 얻은 재물을 마음대로 누리지도 못할 것이다. 이것은, 그가 가난한 이들을 억압하고 돌보지 않았기 때문이며, 자기가 세우지도 않은 남의 집을 강제로 빼앗았기 때문이다. (욥 20:12-19)

또 다시 소발은 욥이 악에 깊이 빠져서, 즐겼다고 말한다. 악을 혀로 핥아보면 달콤한 맛을 느낀다. 입 안에 악을 넣고서 아까워서 내뱉지 못하고, 입 속에서 우물거리다가, 뱃속으로 내려가서 독사의 독으로 변해 버렸다. 악인이 재물을 삼켰지만, 하나님께서 토하게 만들어서 그 재물을 빼앗긴 사람에게 되돌려준다. 재물을 삼켰지만, 이것은 독사의 독과 같아서, 그 독으로 죽게 될 것이다. 악인은 영원한 풍요를 못 보게 될 것이다. 애써 얻었다고 하지만 먹지도 못하고 돌려줘야 하며, 장사해서 얻은 재산을 마음대로 쓰지 못하게 될 것이다.

그리고 악에 점점 빠져가는 모습은 미련하게만 보인다. 처음에는 작은 죄를 짓지만, 들키지 않자 죄책감은 차츰 사라지면서 쾌락을 느끼게 된다. 하나님의 사람은 작은 죄라고 해서 경시할 것이 아니라, 죄 자체에 대한 거부감이 있어야 한다. 소발은 악에 빠져드는 과정을 말하면서, 결국은 욥이 생명을 잃을 것이라고 말한다.

처음에는 악에 대한 유혹으로 죄를 짓는 것이지만, 시간이 갈수록 죄에 대해 호감을 갖게 하여서 올바른 일을 하고 있다고 믿게 만든다. 자기 자신에게 이로우면 죄를 지어도 괜찮다는 확신으로 자신을 우상화하여서, 결국 하나님의 뜻이 아니라 사람의 뜻을 따르게 만든다. 호기심으로 시도해 본 죄가 그 영과 혼을 파멸에 빠지게 만들고, 하나님으로부터 떠나게 만든다. 하나님께서 아벨을 죽일 마음을 품은 가인에게 "선을 행하지 않으면, 죄가 문 앞에 도사리고 앉아서 그 사람을 지배하려고 한다. 그러므로 사람은 죄를 다스려야 한다."고 말씀하셨다(창 4:7). 이러기에 죄악은 씨앗부터 없애야 한다.

소발이 욥을 정죄한 것은 잘못이지만, 죄에 대한 경각심을 깨워 준 점은 있다. 그러나 그는 욥이 가난한 자를 학대하고 돌보지 않았고, 남이 지은 것을 빼앗았다고 거짓된 고발을 하였다. 욥의 재물은 악인이 모은 재물이었을까? 욥이 행한 악으로 인하여 하나님께서 그의 소유를 사라지게 한 것일까? 그렇지 않다.

그리스도인이 마지막 때에 하나님의 백성으로 살려고 하는 것은 쉽지 않다. 그리스도인이 된다는 것은 오로지 복을 받기 위해서가 아니라, 우리를 부르셔서 하나님의 뜻이 이루어지도록 헌신하라는 것이다. 그러나 그렇게 산다고 하더라도 마지막 때에는 안타깝게도 전 세계에서 예수를 믿는 그리스도인은 비난과 멸시를 받을 것이다.

사도 베드로는 마지막 때에 세상 사람들의 비난에 대하여 알려주면서, 그리스도인들에게 권면의 말을 했다. "낯선 땅에서 나그네 생활을 하는 그리스도인은 영혼(KJV에서는 soul)을 거슬려 싸우는 육체적인 정욕을 멀리 하라. 이방 사람 가운데서 행실을 바르게 하라. 그렇게 해야 그들은 그리스도인들에게 악을 행하는 자라고 욕하더라도, 선한 행위를 보고, 하나님께서 찾아오시는 날에 하나님을 찬양하게 될 것이다."(벧전 2:11)

이처럼 사람들의 비난에 대하여 선행으로 대응하라는 것이다(벧전 2:15). 하인으로 있는 사람은 선량하고 너그러운 주인에게만 아니라 까다로운 주인에게도 진정 두려운 마음으로 복종하라(벧전 2:18). 상대방에 따라서 자신의 삶의 태도를 바꾸는 것이 아니라, 어떠한 환경에서도 하나님께서 원하시는 삶을 유지해야 한다.

만일 억울하게 고난을 당하더라도 하나님을 생각하면서 괴로움을 참는 것이 아름다운 일이다. 지은 죄로 인해 매를 맞으면서 참고 있다면, 그런 인내는 자랑할 것이 못 된다. 그러나 선을 행하다가 고난을 당하면서 참고 있다면, 이는 하나님께서 보시기에 아름다운 것이다. 그리스도인은 이렇게 살아가라고 부르심을 받은 사람들이다. 그리스도께서는 우리들을 위하여 고난을 받으심으로 그리스도인들이 자기의 발자취를 따르게 하시려고 고난의 본보기를 남겨 주셨다(벧전 2:19-21).

그분은 죄를 지으신 일이 없고, 그의 입에서는 아무런 거짓도 찾아볼 수 없었다. 모욕을 당하시면서도 모욕으로 갚지 않으셨으며, 고난을 당하셨으나 위협하지 않으시고, 정의롭게 심판하시는 분에게 다 맡기셨다. 그분은 우리 죄를 자기의 몸에 몸소 지니고서, 나무에 달리셨다. 그것은, 우리가 죄에는 죽고 의에는 살게 하시려는 것이었다. 그분이 매를 맞아 상처를 입으신 덕택으로 그분을 따르는 사람들이 나음을 얻었다(벧전 2:20-25).

예수 그리스도께서 우리를 위하여 고난을 받으시어 본보기가 되어 주셨으므로, 그리스도인은 당연히 주님을 위해 고난을 받을 준비를 해야 한다. 악을 행함으로 고난을 받지 말고, 같은 마음을 품으며, 서로 동정하며, 서로 사랑하며, 자비롭고 겸손한 사람이 되어야 한다. 악을 악으로 갚거나, 모욕을 모욕으로 갚지 말고, 도리어 복을 빌어 주어야 한다. 이를 위하여 부르심을 받았으므로, 그렇게 하면 하나님께서 약속하신 복을 받게 될 것이다(벧전 3:8,9).

베드로는 시편 34편을 인용하면서 생명을 사랑하고 좋은 날을 보려고 하는 사람은 혀를 다스려 악한 말을 하지 못하게 하며, 입술을 다스려 거짓말을 하지 못하게 하라고 하였다. 악에서 떠나, 선을 행하며, 평화를 추구하라. 주님의 눈은 의인들을 굽어보시고, 주님의 귀는 그들의 간구를 들으신다. 그러나 주님은 악을 행하는 자들에게서 얼굴을 돌리신다(시 34:12-15, 벧전 3:10-12).

소발에 대하여 욥은 어떻게 해야 했을까? 마지막 때에 그리스도인을 박해하는 자들에게 적극적으로 대항하면서, 멸시하고 조롱하는 자들에게 더 강한 반격을 해야 할 것인가? 성도들을 미워하는 자들에게 사랑의 선행을 행함으로 이겨야 한다. 이러기 위해서는 악을 선으로 이겨내고자 하는 신앙의 훈련이 필요하다.

그는 아무리 가져도 만족하지 못한다. 탐욕에 얽매여 벗어나지를 못한다. 먹을 때에는 남기는 것 없이 모조리 먹어 치우지만, 그의 번영은 오래 가지 못한다. 성공하여 하늘 끝까지 이를 때에, 그가 재앙을 만나고, 온갖 불운이 그에게 밀어닥칠 것이다. 그가 먹고 싶은 대로 먹게 놓아 두어라. 하나님이 그에게 맹렬한 진노를 퍼부으시며, 분노를 비처럼 쏟으실 것이다. (욥 20:20-23)

소발은 욥을 탐욕적인 사람이라고 하면서, 그래서 그는 만족함이 없다고 말했다. 욕심이 지나쳐서, 먹어도 먹어도 배부르지 아니하고, 모아 놓은 재산에 얽매여 벗어나질 못한다. 이처럼 욥은 탐욕의 노예로 살았다는 것이다. 남기는 것이 없이 모두 먹어 치우지만, 그 영화가 오래가지 못할 것이다. 성공의 정점에 이를 때에 재앙을 만나고, 갑자기 옹색하게 될 것이다. 욥이 배를 채우려 하거든 마음껏 먹게 내버려 두라. 결국 하나님께서 욥에게 진노를 비 같이 내리실 것이다.

소발은 부족함이 없이 살았던 욥을 자신의 욕망과 욕심으로 살았던 사람이라고 조롱하였다. 소발의 모습은 마치 십자가에서 죽기 전에 예수 그리스도의 몸에 채찍질과 조롱하던 로마 군인과 같았다. 사람들은 예수에게 신성모독죄의 누명을 씌워서 사형 장소로 끌고 가면서 끊임없이 모욕했다. 예수께서는 천사들을 불러서 정죄하였던 자들을 쓸어버릴 수도 있었지만, 그 모든 능력을 포기하시고 이러한 치욕을 달게 받으셨다.

그리스도인은 예수 그리스도를 본받아, 그의 치욕을 짊어지고 영문 밖으로 주님께 나아가야 한다(히 13:12). 예수의 이름으로 고난을 받게 되는 것은 치욕이 아니라, 그리스도의 고난에 동참하는 영광에 참여하게 되는 것이다. 하나님께서 원하시는 것이라면, 예수로 인하여 욕설을 듣고, 박해를 당하고, 비난을 당하게 되어도, 기쁘고 즐겁게 고난에 참여해야 한다. 이것이 예수님을 따라서 십자가를 지는 것이다(마 5:11, 10:38).

그가 철 무기를 피하려 해도, 놋화살이 그를 꿰뚫을 것이다. 등을 뚫고 나온 화살을 빼낸다 하여도, 쓸개를 휘젓고 나온 번쩍이는 활촉이 그를 겁에 질리게 할 것이다. 그가 간직한 평생 모은 모든 재산이 삽시간에 없어지고, 풀무질을 하지 않아도 저절로 타오르는 불길이 그를 삼킬 것이며, 그 불이 집에 남아 있는 사람들까지 사를 것이다. 하늘이 그의 죄악을 밝히 드러내며, 땅이 그를 고발할 것이다. 하나님이 진노하시는 날에, 그 집의 모든 재산이 홍수에 쓸려가듯 다 쓸려갈 것이다. 이것이, 악한 사람이 하나님께 받을 몫이며, 하나님이 그의 것으로 정해 주신 유산이 될 것이다. (욥 20:24-29)

소발은 거침없이 욥을 악인으로 부른다. 악인에게 닥친 재앙은 피하려고 해도 피할 수 없을 것이다. 하나의 재난을 피했어도 다른 것이 닥칠 것이며, 그것을 해결하여도 다른 것으로 인해 큰 두려움이 닥칠 것이다. 그의 앞날에 어두움만이 도사리고 있어서, 풀무질을 하지 않아도 타오르는 불길이 삼킬 듯이 달려들어 천막에 남은 식구들까지 모두 사를 것이다. 하늘과 땅은 욥의 죄악을 폭로하고 증언할 것이다. 하나님께서 진노하시는 날에 그의 집은 홍수에 쓸려가고 말 것이다. 이것은 악인이 하나님께 받을 몫이며, 하나님께서 이러한 것을 예비해 두셨다.

소발은 마치 자기가 하나님이 된 것처럼, 욥을 악인으로 판결하였고, 하나님의 진노라고 말하면서, 자신이 직접 그것을 욥에게 쏟아부었다. 하나님의 대리인으로 다른 사람을 심판하는 것은 범죄 행위이다. 하나님의 날에 소발에게 향하실 하나님의 판결은 무엇이겠는가? 나는 주님의 심판대 앞에 어떤 모습으로 서게 될 것인가 생각해 보았는가? 나에게 숨겨진 모든 것을 다 알고 계시는 주님 앞에 선다는 것은 무섭고 두려운 일이다. 이러므로 평소에 하나님을 경외하며 동행하는 신앙의 삶을 살면서, 현재 내가 주님 앞에 서 있다는 것을 항상 기억해야 한다.

이스라엘의 선지자들은 왕들에게 하나님의 말씀을 전달했다. 때로는 잘못한 것을 지적하기도 하였지만, 결국은 이스라엘을 사랑하시는 하나님께로 돌아오라는 외침이었다. 그렇게 하면서도 자신의 감정에 따른 사사로운 판결을 하지는 않았다. 요나 선지자는 니느웨 성이 망하기를 바랐지만, 멸망을 선포하라고 하시는 하나님의 말씀을 전하기 싫어했다. 그 말을 들은 니느웨 사람들이 자신의 잘못을 깨닫고 회개한다면, 예정된 멸망이 취소될 것을 요나 선지자는 알고 있었기 때문이었다. 결국 요나가 전한 하나님의 말씀으로 그 성 사람들은 회개하였고, 멸망은 일어나지 않았다. 요나는 니느웨가 멸망하지 않은 것으로 심기가 상했지만, 하나님께서 그들을 사랑하신다는 것을 요나에게 알려주셨다.

하나님의 사람은 영적으로 깨어 있어서 하나님의 나라와 뜻을 위하여 살아야 한다. 현 시대에 하나님께서 나에게 원하시는 것은 무엇일까? 욥기를 묵상하면서 미래에 일어날 사건을 알게 하여 주신 하나님의 뜻을 이루기 위해 지금 무엇을 준비해야 할 것인가?

소발이 행한 일들을 혹시 내가 하고 있는 것은 아닐까? 하나님의 분노라고 말하면서, 사람의 마음에 있는 사사로운 감정을 폭발하고 있는 것일까? 하나님의 말씀을 인간의 욕정과 탐욕을 해결하기 위한 도구로 만들고 있지는 않은가? 욥기 묵상을 한다고 하는 것은 나를 항상 의인의 자리에 앉게 하는 것이 아니라, 때로는 욥을 괴롭혔던 엘리바스, 빌닷, 소발처럼 선을 가장한 악을 행할 가능성이 있다는 것도 생각해 봐야 한다.

전 7:15 헛된 세월을 사는 동안에, 나는 두 가지를 다 보았다. 의롭게 살다가 망하는 의인이 있는가 하면, 악한 채로 오래 사는 악인도 있더라.
16 그러니 너무 의롭게 살지도 말고, 너무 슬기롭게 살지도 말아라. 왜 스스로를 망치려 하는가?

17 너무 악하게 살지도 말고, 너무 어리석게 살지도 말아라. 왜 제 명
도 다 못 채우고, 죽으려고 하는가?
18 하나를 붙잡되, 다른 것도 놓치지 않는 것이 좋다. 하나님을 두려
워하는 사람은 극단을 피한다.

세상의 일은 사람이 생각하는 대로 이루어지지는 않는다. 의롭게 살다가 망할 수도 있다. 그리고 악한 일을 행하면서도 오래 사는 사람도 있다. 그래도 지나친 의인이나 지혜자가 되려고 애쓰지 않는 것이 좋다. 그러다가 망할 수 있기 때문이다. 그렇다고 너무 악하게도, 너무 어리석게 살지도 말라. 그러다가 제 명도 다 못 채우고 죽으려고 하는가? 하나를 붙잡고, 다른 것도 놓치지 않는 것이 좋다. 하나님을 경외하는 사람은 어느 쪽으로도 치우치지 않고 살아갈 수 있다.

우리는 항상 우리의 모든 것을 알고 계시는 하나님 앞에 서 있어야 한다. 우리는 완벽한 의인이 아니며, 그렇다고 악을 완전히 버린 것도 아니다. 우리의 불완전한 모습을 알고 계시는 하나님 앞에 서는 것이 두렵다. 그렇지만 우리가 연약하다는 것을 스스로 인정하고, 또 주님의 능력이 아니면 살아갈 수 없음을 고백하면서, 매 순간 주님의 이름을 부르고 의지하며 그분께 나아가야 한다. 마지막 때에 주님의 능력이 함께하실 때, 그 고난을 이겨내게 하실 줄 확신한다.

26 욥기 21장 1-16

욥이 대답하였다. 너희는 내 말을 건성으로 듣지 말아라. 너희가 나를 위로할 생각이면, 내가 하는 말에 귀를 기울여라. 그것이 내게는 유일한 위로이다. 내게도 말할 기회를 좀 주어라. 조롱하려면, 내 말이 다 끝난 다음에나 해라. 내가 겨우 썩어질 육신을 두고 논쟁이나 하겠느냐? 내가 이렇게 초조해하는 데에는, 그럴 이유가 있다. 내 곤경을 좀 보아라. 놀라지 않을 수 없을 것이다. 기가 막혀 손으로 입을 막고 말 것이다. 내게 일어난 일은 기억에 떠올리기만 해도 떨리고, 몸에 소름이 끼친다. (욥 21:1-6)

욥은 자기가 결백하다는 것을 말해 보지만, 흘려서 듣는 친구들의 모습을 보고 실망을 느꼈다. 상대방을 위로하려고 한다면 먼저 그의 말을 진지하고 성실하게 들어주면서, 한 마음이 되어야 한다. 그렇지만 그들은 욥을 하나님께 죄를 지은 사람이라고 이미 결정하고, 욥의 말을 듣지도 않으면서, 회개하라고만 강요했다. 욥은 이런 친구들에게 자신의 말에 귀를 기울여 달라고 요청했다. 그들이 아무것도 하지 않고 다만 고통의 소리에 관심을 갖고 들어주는 것 만으로도 욥에게는 위로가 되기 때문이었다.

욥과는 비교할 수 없지만, 세상에는 많은 사람들이 삶의 무게에 억눌려 고통을 맞이하고 있다. 이들에게 당장 필요한 것은 냉철한 분석에서 나오는 정의와 무지한 자를 깨우치는 지식이 아니라, 고통을 받고 있는 자의 이야기를 들어주는 따뜻한 관심과 위로이다.

하지만 친구들은 욥에게 당면한 문제는 적극적으로 그가 죄를 회개하여, 하나님과의 관계를 회복하는 것이라고 보았다. 그렇지만 욥이 친구들에게 바랐던 것은 자신의 심정을 이해해 주면서, 억울한 호소를 들어주는 것이었다. 인격적인 교제가 없이 종교적인 헌신을 바라는 것은 일종의 폭력이다. 마찬가지로 그리스도인들은 욥의 친구들과 같은 과오를 범하고 있을지도 모른다. 그리스도인의 입장에서 볼 때, 세상 사람들에게 가장 필요한 것은 예수 그리스도를 영접하고, 죄에서 구원을 받는 것이라 생각할 수 있다. 그래서 그들과의 진솔한 만남을 가지는 것을 가볍게 여기고 전도를 목적으로 접근한다면, 욥의 친구들과 비슷한 실수를 하는 것이다.

그리스도인으로서 해야 할 가장 중요한 의무는 전도와 선교일 것이다. 그러나 이러한 사역을 하기 이전에 먼저 있어야 할 것은 세상 사람들에 대한 사랑이다. 전도와 선교가 중요하다고 해서 상대방의 처지를 이해하려고 하지 않은 채, 프로그램에 매여서 강압적인 전도나 사랑이 없는 선교를 하고 있다면, 세상 사람들은 이러한 자들의 말을 받아들이려고 하지 않을 것이다. 자신의 말을 들어주지도 않고, 자신의 입장을 이해하지도 않는 사람들과 만남은 무의미하기 때문이다. 그러나 진실된 교제로 감동을 받은 사람은 상대방에 대한 호감을 가지면서, 배후에 있는 사랑의 대상에게 궁금해야 할 것이다.

십자군 전쟁은 종교적으로 무슬림을 구원해야겠다는 강박적인 생각으로 일으킨 전쟁이었다. 강제 개종의 결과로 무슬림들은 거센 반발을 일으켰고, 지금까지도 이슬람과 기독교는 첨예한 대립을 하고 있다. 이슬람을 인정할 수는 없지만, 무슬림은 사랑의 대상이므로 하나님의 사랑을 전해야 할 의무가 있다고 생각한다. 그러나 개종을 위해 사랑 없이 접근한다면 새로운 종교전쟁으로 치닫게 될 것이다. 사랑이 없는 기독교는 진정한 기독교가 아니기 때문이다.

예수를 전한다고 하는 것은 종교적인 회심이나 죄에서의 회개에 먼저 초점을 두는 것이 아니라, 상대방에 대하여 관심을 갖고, 고민을 들어주면서, 먼저 이웃이 되어주는 것이어야 한다. 사역보다 사랑이 더 중요하다는 것을 보여준 분은 하나님이시다.

요 3:16 ○하나님께서 세상을 이처럼 사랑하셔서 외아들을 주셨으니, 이는 그를 믿는 사람마다 멸망하지 않고 영생을 얻게 하려는 것이다.

사람들은 하나님의 피조물로서 사랑의 대상이었지만, 죄로 인해 타락했다. 하나님께서 세상을 극진히 사랑하셨기 때문에 독생자 예수를 세상에 보내셨다. 이처럼 구원의 근본 이유는 하나님의 사랑이다(롬 5:8, 엡 2:45). 사람이 하나님을 사랑한 것이 아니라, 하나님께서 먼저 우리를 사랑하셨기 때문에 자기 독생자를 보내어 대속의 십자가를 지게 하셨다. 이를 통해 하나님의 사랑을 우리에게 확실하게 보여주신 것이다(요일 4:9,10).

교회 밖에서는 많은 사람들이 삶 속에서의 고난으로 신음하고 있다. 예수를 전하기 위해서 전도지를 가지고 가는 것보다 먼저 이웃이 괴로워하는 하소연에 귀를 기울여 들어주고, 같은 마음이 되어 주면서 공감해야 하다. 우리는 예배를 가장 중요하게 여기지만, 실제로는 예배를 열심히 드리는 것보다 마음과 지혜와 힘을 다해 하나님을 사랑하고 이웃을 자기 자신과 같이 사랑하는 것이 더 낫다고 한다(막 12:33).

우리는 예수를 믿으면 영생을 얻는다고 알고 있다. 율법교사가 예수를 시험하면서, "내가 무엇을 해야 영생을 얻겠습니까?" 물었다(눅 10:25). 우리의 생각으로는 그 앞에 계신 예수를 믿어야 영생을 얻게 된다고 말해 주어야 하지 않겠는가? 그러자 예수께서 율법에 어떻게 기록되어 있고 어떻게 읽고 있는지를 물어보셨고(눅 10:26), 그는 다음과 같이 대답하였다.

"'네 마음을 다하고 네 목숨을 다하고 네 힘을 다하고 네 뜻을 다하여, 주 너의 하나님을 사랑하여라' 하였고, 또 '네 이웃을 네 몸같이 사랑하여라' 하였습니다."(눅 10:27, 신 6:5, 레 19:18)

예수께서는 그의 대답이 옳으며 그대로 행하면 영생할 것이라고 하셨다. 그러자 그는 자기가 옳다는 것을 드러내고 싶어서 "내 이웃이 누구입니까?"고 질문했다. 예수께서는 선한 사마리아 사람의 비유를 통해 자비를 베푼 사람이 강도 만난 자의 이웃이라고 알려 주셨다. 그리고 "가서, 너도 이와 같이 하여라"고 말씀하셨다(눅 10:28–37). 나의 이웃을 찾아서 사랑하는 것이 아니라, 내가 먼저 곤경에 빠진 사람에게 사랑의 손길을 내밀어 이웃이 되어 주어야 한다. 그리스도인은 고난을 당한 사람에게 자비를 베풀어서 이웃이 되어 주는 것이 영생을 얻는 것이다. 기독교는 영생에 대한 관념적인 종교에 머물고 있는 것이 아니라, 사랑의 자비를 실천하여 영생을 얻게 된다는 것을 알 수 있다.

전도와 선교가 사랑보다 앞서면 이러한 모든 활동은 주님의 가르침을 무시하는 것이 된다. 하나님의 이름으로 그리스도인의 의무를 내세우는 것이 아니라, 어려움 가운데 있는 사람의 고통 소리에 먼저 관심을 갖고 들어주어야 한다. 하나님께서도 이스라엘이 이집트의 노예로 있을 때, 그들의 고통과 비탄의 소리를 들으셨고, 그들을 구해 주기 위해 모세를 이집트에 보내셨다(출 3:7). 상대방의 고통을 무시하고 자신의 의견을 강조하는 것은 사랑이 아니다. 고통받는 사람을 품기 위해서는, 괴로움을 겪고 있는 사람의 고통을 공감하면서 그들에게 다가가서 진실된 관심을 보여주어야 하며, 이렇게 함으로써 진정한 복음전파가 이루어지는 것이다.

욥은 말할 기회를 달라고 요청하면서, 자신의 말이 끝나면 그때 조롱하라고 하였다. 욥은 세상에서 살다가 결국 썩어지게 될 육신에 대한 것을 말하는 것이 아니었으며, 결국 사람에게 불평하는 것이 아니었다. 욥에게는 초조해하고 있는 이유가 있었다. 하나님의 행하심은 비록 사람들이 의구심을 갖고 있더라도 언제나 의로우시다. 하지만 이러한 전제가 모든 경우에 맞지 않으며 자신에게 들어맞지 않는다는 것을 친구에게 말하려고 했다. 그러나 친구들은 욥이 말하는 것을 듣지 않았고, 들어주려고 하지도 않았다.

욥이 당한 곤경을 보면 놀라서 기가 막혀 입을 막을 것이며, 그 일을 기억에 떠올리기만 해도 미칠 것 같고 몸에 소름이 끼칠 것이다. 이처럼 욥이 만난 고난은 이루 말할 수 없는 참혹한 것이었다. 어느 누구도 욥의 고난을 아무 망설임 없이 받아들이고, 인내하여, 이겨낼 사람은 없을 것이다. 오히려 욥기를 읽으면서 내가 욥이 아닌 것으로 감사하게 될 것이다.

하나님께서 인정하시는 의인의 길이 험난하다는 생각이 든다. 악인이 세상에서 형통할지라도, 그것은 잠시 누리는 것이며, 최종적으로는 하나님께서 악인을 심판하신다(시 1:5,6). 의인으로 살아간다는 것은 부귀와 영화를 누리려고 애쓰는 것이 아니라, 하나님을 의식하면서 그 뜻을 따라 최선을 다하는 것을 말한다. 의인의 가난이 악인의 많은 재산보다 더 낫기 때문이다(시 37:16). 욥의 고난은 욥의 큰 잘못으로 받는 '인과응보'로 잘못 생각할 수도 있다. 그러나 그의 고난은 이러한 세상의 이치와는 상관이 없었다. 말세에 예수의 이름으로 고난을 받을 그리스도인에게도 이러한 세상의 이치를 적용할 수는 없다. 오직 하나님의 예정 안에서 이러한 일이 일어날 것을 인식하면서 욥이 보여준 인내의 본을 따라야 할 것이다.

어찌하여 악한 자들이 잘사느냐? 어찌하여 그들이 늙도록 오래 살면서 번영을 누리느냐? 어찌하여 악한 자들이 자식을 낳고, 자손을 보며, 그 자손이 성장하는 것까지 본다는 말이냐? 그들의 가정에는 아무런 재난도 없고, 늘 평화가 깃들며, 하나님마저도 채찍으로 치시지 않는다. 그들의 수소는 틀림없이 새끼를 배게 하며, 암소는 새끼를 밸 때마다 잘도 낳는다. 어린 자식들은, 바깥에다가 풀어 놓으면, 양 떼처럼 뛰논다. 소고와 거문고에 맞춰서 목청을 돋우며, 피리 소리에 어울려서 흥겨워하는구나. 그들은 그렇게 일생을 행복하게 살다가, 죽을 때에는 아무런 고통도 없이 조용하게 스올로 내려간다. 그런데도 악한 자들은, 자기들을 그냥 좀 내버려 두라고 하나님께 불평을 한다. 이렇게 살면 되지, 하나님의 뜻을 알 필요가 무엇이냐고 한다. 전능하신 분이 누구이기에 그를 섬기며, 그에게 기도한다고 해서 무슨 도움이 되겠느냐고 한다. 그들은 자기들의 성공이 자기들 힘으로 이룬 것이라고 주장하지만, 나는 그들의 생각을 용납할 수 없다. (욥 21:7-16)

욥은 악인들이 형통하며 성공하고 있는 것을 말하면서, 친구들의 논리가 맞지 않다는 것을 말한다. 공의의 하나님께서 다스리고 계신다면 악인에게 고난이 닥치고, 형벌이 있어야 하겠지만, 세상에는 오히려 악인들이 잘살고 있다. 이러한 모순을 어떻게 설명할 수 있겠는가? 계속해서 욥은 악인들의 형통함을 말한다.

악인들은 빨리 죽지도 않고, 장수하면서, 번성하고 있다. 그들의 자손은 번성하고 있으며, 그들의 후손들은 재난을 피하고, 언제나 평화가 깃들고 있다. 왜 그들에게는 하나님의 채찍이 없는가? 그들이 경영하는 것마다 복이 넘치고, 그들은 즐겁게 인생을 즐기며 살다가, 죽을 때에는 아무 고통도 없이 조용하게 떠난다.

욥은 자신과 악한 자들을 비교해 보면서 시험에 들게 되었다. 그는 하나님 앞에서 의인으로 살면서 잠시 평화를 누렸지만, 현재 그는 모든 것을 잃어버리고 육신도 병들어서 죽음만이 유일한 희망이 되었기 때문이었다. 세상에서의 현실은 욥으로 하여금 더 큰 실망에 빠지게 만들었다. 의인으로 살아가면 하나님께서 정말로 그가 살았던 삶을 보상해 주는 것일까? 만일 그렇다면 욥에게 있는 괴로움과 고통은 어떻게 설명할 수 있다는 말인가? 하나님께서 살아 계신다고 하면서 왜 의인보다 악한 자들에게 더 큰 평안과 형통이 있는 것일까? 잠시나마 욥은 이런 면에서 하나님의 공의를 의심했다.

악한 사람들에게 형통과 평안이 있음에도 불구하고, 그들은 하나님께 자기들을 그냥 내버려두라고 불평한다. 자신들이 잘살고 있는데 하나님을 알 필요가 있겠냐고 반문한다. 그들은 전능하신 분이 누구인지 알 필요가 없고, 그분을 섬기고 기도한다고 해서 무슨 도움이 되겠느냐고 한다. 그들은 자기 힘으로 성공한 것이라고 생각하는데, 욥은 그들의 생각에 동의할 수 없었다.

악한 사람들의 형통과 행복을 보면서, 의롭게 사는 사람들은 시험에 들 수 있다. 살아 계신 하나님께서 공의를 행하신다면 당연히 악한 사람들에게 형벌이 있어야 하고 멸망되어야 하는데, 오히려 정반대로 악인들은 더 잘살고 있다. 이러한 모순에 대하여 하나님의 공의는 존재하는지 의혹만 커져 간다. 이러한 것을 어떻게 설명해야 하겠는가? 의인이 누려야 할 평화와 형통은 자취를 감췄고, 도리어 악인의 세력은 커져만 가고 있으니, 누가 애써 의인이 되려고 하겠는가? 악인은 더 많은 재산을 모으고, 재난도 없으며, 성공하는 모습에서 욥은 당황스럽기만 했다.

이집트에서 노예로 살았던 이스라엘이 하나님께서 보내 주신 모세를 따라 홍해를 건넜을 때, 그들이 만난 것은 풍요의 땅이 아니라 광야였다. 진정한 하나님의 백성이 되기 위해서는, 자신이 평화롭게 살던 땅을 버리고 하나님의 명령을 순종하기 위한 훈련이 필요했다. 하나님을 섬기는 자들이면 번영과 행복을 누리는 것이 당연하다는 설교를 들었지만, 실제로는 혹독한 고난과 고통이 기다리고 있음을 알게 된다. 신앙 생활은 즐거움과 기쁨 만이 있는 것이 아니라, 때로는 광야 생활과 같은 궁핍과 멸시와 고통을 맞이하게 된다.

하나님께서는 사랑하는 자를 훈련하시고, 자신의 자녀로 받아들이는 자마다 채찍질하신다(히 12:6). 하나님의 자녀가 아니었을 때에는 훈육이 필요하지 않으나, 우리가 하나님의 자녀가 된 후에는 하나님께서 친히 자녀를 대하듯이 우리를 대하신다(히12:7). 하나님의 훈련(징계)을 가볍게 여기지 말고, 그에게 꾸지람을 받을 때에 낙심하지도 말아야 한다(히 12:3). 그러므로 하나님께서 우리를 훈련하시거든 그것을 견디어 내야 한다(히 12:7). 모든 자녀가 받는 훈련을 우리가 받고 있지 않으면, 우리는 사생아요, 참 자녀가 아니다(히 12:8). 우리를 낳아 준 육신의 부모도 우리를 훈련하는 분으로 모시고 존경하는데, 하물며 영적인 아버지께 복종하고 살아야 한다는 것은 더욱더 당연한 일이다(히 12:9).

육신의 부모는 잠시 동안 자기들의 생각대로 우리를 훈련하였지만, 하나님께서는 우리를 유익하게 하시려고 훈련하시며, 거룩함에 참여하게 하신다. 모든 훈련은 그 당시에는 즐겁기보다는 오히려 괴로운 것이다. 그러나 이렇게 훈련으로 연단을 받은 사람은 마침내 평화의 열매를 맺어 올바르게 살아가게 된다. 그러므로 우리는 피곤한 손과 힘 빠진 무릎을 일으켜 세우고, 바른 길로 걸어가야 한다. 그러면 절름거리는 다리도 뒤틀리지 않고, 오히려 낫게 될 것이다(히 12:13).

만일 하나님을 알지 못하고 지냈던 과거의 삶을 청산하지 않은 채 그대로 있다면, 그는 변화되지 않은 그리스도인으로 살아가게 될 것이다. 이스라엘이 광야를 만나서 하나님의 훈련을 받는 것은 진정한 하나님의 백성이 되도록 하나님의 명령에 순종하면서(신 8:2) 거룩한 사람으로 변화되기 위한 것이다. 하나님의 거룩에 참여하기 위해서는 믿음에서 시작하여 성장하면서 사랑까지 도달하여야 하며, 그리스도인은 이렇게 되기 위한 모든 노력(every effort)을 다해야 한다(벧후 1:3-11).

하나님을 따르는 것은 거룩하지 못한 것을 버리는 것부터 시작해야 한다. 그러나 거룩하지 않은 악인이 형통하는 것을 보고 시험에 빠질 수도 있다. 악인이 하는 것마다 잘 되고, 자녀들도 평안하며, 많은 재산이 쌓이는 것을 보면서 부러워하지 말아야 한다. 시편 73편에서는 형통하고 평안하게 사는 악인에 대하여 최종의 결말에 대하여 알려준다. 시편 73편을 살펴보자.

시 73:1 하나님은, 마음이 정직한 사람과 마음이 정결한 사람에게 선을 베푸시는 분이건만,
2 나는 그 확신을 잃고 넘어질 뻔했구나. 그 믿음을 버리고 미끄러질 뻔했구나.
3 그것은, 내가 거만한 자를 시샘하고, 악인들이 누리는 평안을 부러워했기 때문이다.
4 그들은 죽을 때에도 고통이 없으며, 몸은 멀쩡하고 윤기까지 흐른다.
5 사람들이 흔히들 당하는 그런 고통이 그들에게는 없으며, 사람들이 으레 당하는 재앙도 그들에게는 아예 가까이 가지 않는다.
6 오만은 그들의 목걸이요, 폭력은 그들의 나들이 옷이다.
7 그들은 피둥피둥 살이 쪄서, 거만하게 눈을 치켜 뜨고 다니며, 마음에는 헛된 상상이 가득하며,
8 언제나 남을 비웃으며, 악의에 찬 말을 쏘아붙이고, 거만한 모습으로 폭언하기를 즐긴다.
9 입으로는 하늘을 비방하고, 혀로는 땅을 휩쓸고 다닌다.
10 하나님의 백성마저도 그들에게 홀려서, 물을 들이키듯, 그들이 하는 말을 그대로 받아들여,
11 덩달아 말한다. "하나님인들 어떻게 알 수 있으랴? 가장 높으신 분이라고 무엇이든 다 알 수가 있으랴?" 하고 말한다.

12 그런데 놀랍게도, 그들은 모두가 악인인데도 신세가 언제나 편하
고, 재산은 늘어만 가는구나.
13 이렇다면, 내가 깨끗한 마음으로 살아온 것과 내 손으로 죄를 짓
지 않고 깨끗하게 살아온 것이 허사라는 말인가?
14 하나님, 주님께서는 온종일 나를 괴롭히셨으며, 아침마다 나를 벌
하셨습니다.
15 "나도 그들처럼 살아야지" 하고 말했다면, 나는 주님의 자녀들을
배신하는 일을 하였을 것입니다.
16 내가 이 얽힌 문제를 풀어 보려고 깊이 생각해 보았으나, 그것은
내가 풀기에는 너무나 어려운 문제였습니다.
17 그러나 마침내 하나님의 성소에 들어가서야, 악한 자들의 종말이
어떻게 되리라는 것을 깨닫게 되었습니다.
18 주님께서 그들을 미끄러운 곳에 세우시며, 거기에서 넘어져서 멸
망에 이르게 하십니다.
19 그들이 갑자기 놀라운 일을 당하고, 공포에 떨면서 자취를 감추
며, 마침내 끝장을 맞이합니다.
20 아침이 되어서 일어나면 악몽이 다 사라져 없어지듯이, 주님, 주
님께서 깨어나실 때에, 그들은 한낱 꿈처럼, 자취도 없이 사라집니다.
21 나의 가슴이 쓰리고 심장이 찔린 듯이 아파도,
22 나는 우둔하여 아무것도 몰랐습니다. 나는 다만, 주님 앞에 있는
한 마리 짐승이었습니다.
23 그러나 나는 늘 주님과 함께 있으므로, 주님께서 내 오른손을 붙
잡아주십니다.

24 주님의 교훈으로 나를 인도해 주시고, 마침내 나를 주님의 영광에 참여시켜 주실 줄 믿습니다.
25 내가 주님과 함께 하니, 하늘로 가더라도, 내게 주님 밖에 누가 더 있겠습니까? 땅에서라도, 내가 무엇을 더 바라겠습니까?
26 내 몸과 마음이 다 시들어가도, 하나님은 언제나 내 마음에 든든한 반석이시요, 내가 받을 몫의 전부이십니다.
27 주님을 멀리하는 사람은 망할 것입니다. 주님 앞에서 정절을 버리는 사람은, 주님께서 멸하실 것입니다.
28 하나님께 가까이 있는 것이 나에게 복이니, 내가 주 하나님을 나의 피난처로 삼고, 주님께서 이루신 모든 일들을 전파하렵니다.

욥이 탄식하는 내용에 대한 해답은 시편 73편에서 찾을 수 있다. 종말에 악인들이 멸망하는 것을 확인하였다면, 세상에서 잠시 누리는 형통함을 부러워할 것이 아니라, 도리어 그들의 무지함을 불쌍하게 여겨야 한다. 하나님 안에서 의인으로 산다는 것은 악인의 성공을 시기하는 것이 아니라, 영원한 나라에 소망을 가지면서, 하나님의 훈련을 받으면서 인내하고, 주님의 거룩한 자가 되는 것을 말한다.

"하나님, 일어나십시오. 나를 대적하는 악인들을 대적하고, 굴복시키며, 칼을 드셔서 그들에게서 나의 생명을 구하여 주십시오. 이 세상에서 흥청거리며 사는 자들의 손에서 나를 구해 주십시오. 그들은 주님께서 쌓아 두신 재물로 자신들의 배를 채우고, 남은 것으로 그 자식들도 배 터지게 먹고 남아서 자식의 자식들에게도 물려줍니다. 나는 떳떳하게 주님의 얼굴을 뵙겠습니다. 아침에 깨어나서 주님의 모습을 뵈올 때에 주님과 함께 있는 것만으로도 내게 기쁨이 넘칠 것입니다.”
(시 17:13–15).

27 욥기 21장 17-34

악한 자들의 등불이 꺼진 일이 있느냐? 과연 그들에게 재앙이 닥친 일이 있느냐? 하나님이 진노하시어, 그들을 고통에 빠지게 하신 적이 있느냐? 그들이 바람에 날리는 검불과 같이 된 적이 있느냐? 폭풍에 날리는 겨와 같이 된 적이 있느냐? 너희는 "하나님이 아버지의 죄를 그 자식들에게 갚으신다" 하고 말하지만, 그런 말 말아라! 죄 지은 그 사람이 벌을 받아야 한다. 그래야만 그가 제 죄를 깨닫는다. 죄인은 제 스스로 망하는 꼴을 제 눈으로 보아야 하며, 전능하신 분께서 내리시는 진노의 잔을 받아 마셔야 한다. 무너진 삶을 다 살고 죽을 때가 된 사람이라면, 제 집에 관해서 무슨 관심이 더 있겠느냐? (욥 21:17-21)

욥은 친구들에게 반문했다. 그들의 말처럼 악한 사람들은 반드시 재앙을 맞이하고 있는가? 그러나 현실 세계에서는 그들이 말한 인과응보(因果應報)는 즉시로 이루어지지 않는 듯하다. 악한 일에 대한 즉각적인 징계가 있다면, 이것을 본보기로 악을 멀리하겠지만, 실제로 악한 자들에게 내린 하나님의 진노로 그들이 고통에 빠지게 된 것을 보았는가? 죄에 대한 형벌이 당장 이루어지지 않는 의문투성이인 현실에서 어느 누가 악을 선택하지 않고, 자기 희생을 하면서 선을 행하려고 하겠는가?

'악인의 빛은 꺼지고 그의 불꽃은 빛나지 않을 것이다'(욥 18:5)고 했던 빌닷의 주장에 대해, 욥은 그의 말이 맞지 않는다고 말했다. 악인이 망하지 않고, 도리어 더 번성하고 있으므로, 현실은 그의 말과 다르다는 것이다. 악한 자에게 즉각적인 징계가 내리지 않는 것은 무슨 까닭인가? 악인은 바람에 날리는 지푸라기와 같으며, 폭풍에 쓸려가는 겨와 같다고 하지만, 정말 이렇게 되었는가?

공의의 하나님께서 세상을 살펴보고 계신다면, 사람들은 악에 대한 형벌을 자신의 눈으로 확인할 수 있어야 한다. 도리어 악인이 세상에서 권력을 잡고, 그들의 악한 계획들이 이루어지고 있는 것 같다. 악이 아닌 선을 따르는 것이 하나님의 뜻이지만, 현실의 모습은 악의 세력이 더 커지고 있는 것처럼 보인다. 악행을 하는 사람이 더 큰 복을 받는 것 같은 모순을 어떻게 해결할 수 있겠는가? 왜 악한 자들에게 하나님의 즉각적인 진노가 임하지 않는 것인가? 악한 세상에서 선하게 살아야 할 이유가 있는가?

소발은 악인의 자녀들이 가난한 사람에게 용서를 간구하며, 착취한 재물을 자기 손으로 배상하게 될 것이라고 말했다(욥 20:10). 그는

'하나님께서 아버지의 죄악을 그 자손들에게 갚으신다'고 하면서 욥을 악인이라고 하였고, 결국 욥의 자손을 저주한 것이다. 그러나 이것은 맞지 않는 말이다. 의인이 아니라 죄를 지은 그 사람이 벌을 받아야 하며, 그래야만 그 사람이 자신의 죄를 뉘우칠 수 있기 때문이다.

자식이 지은 죄로 인하여 부모를 죽일 수 없고, 부모의 죄 때문에 자식을 죽일 수 없다. 사람은 각자 자기가 지은 죄 때문에만 죽임을 당할 것이기 때문이다(겔 18:19,20). 하나님께서 에스겔 선지자를 통하여 같은 말씀을 하셨다. 이스라엘 속담에 '아버지가 신 포도를 먹으면 아들의 이가 시다'고 하는데, 이는 조상의 죗값은 자손이 치러야 한다는 것을 의미한다. 그러나 하나님께서는 이 속담을 더 이상 사용하지 못하게 하셨다. 범죄한 사람에게만 죄가 적용되기 때문이다. 이와 마찬가지로 의로운 행위를 한 사람도 그가 행한 정의는 다만 그 한 사람에게만 적용된다(겔 18:1-9).

죄인은 자신이 지은 죄의 결과를 자기 눈으로 보아야 하며, 전능하신 분께서 내리시는 진노의 잔을 그 사람이 마셔야 한다. 살 만큼 살고 죽은 후에는 집안이 어찌 된다고 하더라도 그에게는 아무 상관이 없다. 욥은 친구들이 자신을 죄인이라고 고발하면서, 자기 자손을 향해 퍼부었던 그들의 저주가 옳지 않은 주장이라고 반론한다. 그러나 욥의 주장도 모두 맞는 것은 아니다(출 34:6,7).

죄를 지은 사람이 형벌을 받지 않고, 악인이 하는 일들이 잘되고 있다면, 사람들은 죄를 짓거나 악하게 살아도 아무 두려움이 없이 살게 될 것이다. 그렇다면 마치 살아 계신 하나님의 공의가 사라진 것 같은 이 세상에서 어떻게 살아가야 할 것인가? 욥은 혼돈스럽기만 했다. 정의가 사라진 것 같은 세상에서 자신 홀로 의롭게 살아가는 것이 맞는 것일까?

모세를 통해 하나님의 공의를 살펴보자. 시내산에서 모세가 십계명을 받고 있을 때, 산 아래에서는 이스라엘 백성이 금 송아지 우상을 만들어서 경배했다. 이러자 하나님께서는 모세에게 말씀하셨다. 이스라엘에게 진노하여 진멸하고 모세로 하여금 큰 나라가 되게 하시겠다는 것이다. 그러자 모세는 우상을 만들고 숭배한 죄를 지은 이스라엘에게 향한 하나님의 진노를 그치시고, 뜻을 돌이켜 이 재앙을 거두어 달라고 중보기도를 했다. 하나님께서는 말씀하셨던 재앙을 내리지 않으셨다(출 32:1-14).

금송아지 우상에서 춤추고 있는 이스라엘을 본 모세는 두 개의 증거판을 산 아래로 던져 깨뜨렸다. 그들이 만든 송아지 우상을 끌고 와서 불에 태우고 빻아서 가루를 만들어 물에 타서 이스라엘 백성에게 마시게 하였다. 이스라엘 자손은 하나님의 징계를 받지 않았지만, 자신들이 한 행위가 하나님의 진노를 일으키는 큰 죄악이라는 것을 인식해야 했다(출 32:15-20).

하나님께서는 모세에게 이스라엘 백성을 이끌고 약속의 땅으로 들어가라고 하셨고, 천사를 보내어 그곳에 거주하는 자들을 쫓아내겠다고 하셨다. 그러나 이스라엘은 고집이 센 백성이므로 함께 간다면 하나님께서 그들을 없애 버릴지도 모르니, 함께 올라가지 않겠다고 하셨다(출 33:1-3).

그러자 모세는 대답했다. "보십시오, 주님께서 저에게 이 백성을 저 땅으로 이끌고 올라가라고 말씀하셨습니다. 그러나 주님께서 누구를 저와 함께 보내실지는 저에게 일러주지 않으셨습니다. 주님께서는 저에게, 저를 이름으로 불러 주실 만큼 저를 잘 아시며, 저에게 큰 은총을 베푸신다고 말씀하셨습니다. 그러시다면, 제가 주님을 섬기며, 계속하여 주님께 은총을 받을 수 있도록, 부디 저에게 주님의 계획을 가르쳐 주십시오. 주님께서 이 백성을 주님의 백성으로 선택하셨음을 기억하시기 바랍니다." (출 33:12,13)

하나님께서는 "내가 친히 너와 함께 가겠다. 그리하여 네가 안전하게 하겠다."고 하셨다. 모세가 주님께 아뢰었다. "주님께서 친히 우리와 함께 가지 않으시려면, 우리를 이 곳에서 떠나 올려 보내지 마십시오. 주님께서 우리와 함께 가지 않으시면, 주님께서 주님의 백성이나 저를 좋아하신다는 것을 사람들이 어떻게 알 수 있겠습니까? 주님께서 우리와 함께 계시므로, 저 자신과 주님의 백성이 땅 위에 있는 모든 백성과 구별되는 것이 아닙니까?" (출 33:14-16).

그 후에 하나님께서는 모세에게 돌판 둘을 처음 것과 같이 다듬어서 준비하게 하고, 십계명을 그 위에 쓰시겠다고 하셨다. 모세는 돌판 둘을 준비해서 손에 들고 하나님의 명령대로 시내산에 올라갔다. 하나님께서 구름 가운데에 내려오셔서, 그의 거룩한 이름 '주'(the Lord, 여호와)를 선포하셨다.

"주, 나 주는 자비롭고 은혜로우며, 노하기를 더디하고, 한결같은 사랑과 진실이 풍성한 하나님이다. 수천 대에 이르기까지, 한결같은 사랑을 베풀며, 악과 허물과 죄를 용서하는 하나님이다. 그러나 나는 죄를 벌하지 않은 채 그냥 넘기지는 아니한다. 아버지가 죄를 지으면, 본인에게 뿐만 아니라 삼사 대 자손에게까지 벌을 내린다." (출 34:67)

모세는 얼른 땅에 엎드려 경배하며 말씀을 드렸다. "주님, 주님께서 저에게 은총을 베푸시는 것이 사실이면, 주님께서는 우리와 함께 가 주시기 바랍니다. 이 백성이 고집이 센 백성인 것은 사실이나, 주님께서 우리의 악과 우리의 죄를 용서해 주시고, 우리를 주님의 소유로 삼아 주시기를 바랍니다." (출 34:8,9)

하나님께서는 공의의 하나님이시지만, 분명히 사랑의 하나님이시다. 그렇다고 해서 사람이 지은 죄를 벌하지 않고 그냥 넘기지는 않으신다. 아버지가 지은 죄에 대하여 벌을 내리지만, 그의 죄를 본받는 자손들에게도 벌을 내리신다. 십계명을 어기고 우상을 만든 이스라엘 자손에게 하나님께서는 부모의 죄를 본받지 말고, 자비와 은혜를 베푸시는 하나님께 나아오라는 것이다. 이렇게 하면 사랑을 베푸시는 하나님을 거슬려 반항하고 실수하는 죄를 수천 대에 이르기까지 용서해 주신다는 것이다. 그러나 욥을 정죄했던 친구들은 오직 하나님의 공의만을 강조했으며, 또한 죄를 짓지 않은 욥에게 회개를 강요하는 죄를 범했다.

다른 한 가지의 예를 살펴보자. 하나님께서는 모세로 하여금 12지파 지휘관을 보내어 가나안 땅을 정탐하게 하셨다. 40일 동안 정탐한 후, 10명은 가나안 땅에 들어가면 이스라엘 자손은 그곳 주민을 이길 수 없다고 나쁜 소문을 퍼뜨렸다. 오직 여호수아와 갈렙은 하나님께서 함께하시므로 그 땅을 얻게 될 것이라고 하였다. 이스라엘 백성은 10명의 정탐 보고를 믿었으므로 밤새 통곡하였다. 하나님께서 모세에게 말씀하셨다. 하나님을 믿지 않는 자들을 전염병으로 없애고, 모세를 그들보다 크고 강한 나라가 되게 하시겠다는 것이다. 모세는 이때에도 이스라엘 자손들을 위해 중보기도를 했다. 하나님께서는 좀처럼 화를 내지 않으시고, 사랑이 넘쳐서 죄와 허물을 용서하신 것처럼, 하나님의 크신 사랑으로 이 백성의 죄를 용서해 달라는 것이었다. 그러자 하나님께서 그들을 용서하셨지만, 하나님을 시험하고 순종하지 않은 사람들은 그들의 조상들에게 주기로 맹세한 그 땅을 못 볼 것이라고 하셨다(민13:1-14:23).

하나님께서는 공의로 다스리시지만, 또한 사랑으로 살피고 다스리신다. 멸망을 받아야 할 사람들이 구원을 얻을 기회를 갖는 것은 하나님께서 원하시는 것이다. 비록 악인이라고 할지라도, 하나님의 뜻을 깨닫고, 회개하여, 의의 길로 나아가려고 한다면, 그에게 내릴 멸망을 거두실 것이다(겔 33:10-16). 세상에서 가장 큰 악인은 누구라고 생각하는가? 바울은 자신을 죄인들 중에서 가장 큰 죄인이라고 했다(딤전 1:15). 자신이 큰 죄인이라고 깨닫는 영성을 가진 사람은 새로운 삶을 살 기회를 얻는 것이다. 죄인으로 살았던 내가 아직 형벌을 받지 않고 세상에 살아 있다면, 그 자체가 하나님께서 사랑이신 것을 증명하는 것이다.

하나님은 높은 곳에 있는 자들까지 심판하는 분이신데, 그에게 사람이 감히 지식을 가르칠 수 있겠느냐? 어떤 사람은 죽을 때까지도 기력이 정정하다. 죽을 때에도 행복하게, 편안하게 죽는다. 평소에 그의 몸은 어느 한 곳도 영양이 부족하지 않으며, 뼈마디마다 생기가 넘친다. 그러나 어떤 사람은 행복하고는 거리가 멀다. 고통스럽게 살다가, 고통스럽게 죽는다. 그러나 그들 두 사람은 다 함께 티끌 속에 눕고 말며, 하나같이 구더기로 덮이는 신세가 된다. (욥 21:22-26)

하나님께서는 하늘 높은 곳에 있는 자들까지도 심판하시므로 하나님을 깨우쳐드릴 사람은 없다. 욥의 친구들이 주장하는 것은 마치 하나님을 가르치려고 하는 것과 같았다. 욥을 죄인으로 결정하였으니, 이제라도 욥을 죄인으로 판결해 달라는 것이다. 친구들은 의인으로 여기시는 욥이 죄인이라는 것을 하나님께 알려드렸다. 욥은 친구들을 책망하기 위해 비꼬는 듯한 어조로 말하면서, 그들은 하나님을 조롱하고 있다고 했다.

어떤 사람은 죽기 직전까지 기운이 넘쳐나며, 행복하고 평안하게 죽음을 맞이한다. 그들의 몸은 건강하고, 뼈마디는 힘이 가득하다. 그렇지만 어떤 사람은 행복하지 못하고 고통스럽게 살다가 죽는다. 편하게 살다가 죽거나, 또는 괴롭게 살다가 죽는데, 결국 모든 사람에게 죽음이 닥치게 된다. 그러므로 모든 사람이 맞이할 죽음 자체가 심판이라고 말할 수는 없다.

하나님의 징벌이 살아있는 현실의 삶에 있어야 한다고 생각하지만, 실제로는 악인에게 있어야 할 재앙을 볼 수 없을 때가 많다. 이렇다면 이 세상에서 선하게 살아가야 할 이유가 없다는 생각이 들 수도 있다. 그렇지만 비록 세상에서 악인의 멸망을 볼 수 없을지라도, 하나님의 성소에 들어갈 때에 악인의 종말을 깨닫게 될 것이다(시 73:17). 현재 살아가는 삶이 인생의 모든 것이라고 여기는 사람들은 세상에서 복을 얻기 위해 자신을 위해 살려고 애쓴다. 그러나 죽음으로 끝나는 것이 아니라, 그 이후에는 영원한 생명과 사망이 기다리고 있다. 모든 사람은 누구나 한 번 죽게 마련이지만, 그 후에는 심판(judgment)을 받게 된다(히 9:27).

하나님께서는 마지막 심판(judgment)을 아들에게 맡기셨다. 예수 그리스도의 말을 듣고, 아들을 보내신 하나님을 믿는 사람은 영생을 얻었고, 죄인으로 판결(not be condemned)을 받지 않는다. 죽은 사람들이 하나님의 아들의 음성을 들을 것이며, 그 음성을 들은 사람들은 살 것이다. 하나님 아버지께서 생명의 근원이신 것처럼 아들도 생명의 근원이 되게 하셨다. 예수께서는 하나님의 아들이었지만, 사람의 아들로 세상에 오셔서 하나님께 순종하셨다. 이렇기 때문에 하나님께서는 아들에게 심판하는 권한을 주셨다. 죽은 사람들이 모두 예수의 음성을 듣고 무덤에서 나올 때가 올 것이다. 선한 일을 한 사람들은 부활하여 생명을 얻고, 악한 일을 한 사람들은 부활하여 정죄(be condemned)를 받게 될 것이다(요 5:22-29).

비록 세상에서 악인에 대한 징계가 이루어지지 않는다고 하더라도, 부활하여 심판(judgment)을 받을 때에는 정죄(condemnation)를 받게 되어 영원한 사망을 맞이할 것이다. 죽음으로 모든 것이 없어지고 끝난다면 자신이 원하는 대로 악을 행해도 괜찮을 것이다. 그렇지만 죽음 이후에 모든 사람이 부활해서, 그 사람이 행한 선과 악에 따라서 생명 또는 정죄의 부활을 맞이하게 되는 것을 알고 있다면, 현실의 삶에서 악이 아닌 선을 행해야 함을 알게 될 것이다.

죄의 대가는 마지막 심판(last judgment)의 날에 가서 받게 될 것이며, 이것이 하나님의 공의이다. 그러므로 주님께서 오실 때까지는, 아무것도 미리 심판(judge)하지 말아야 한다. 그때에는 주님께서 어둠 속에 감추어진 것을 환히 나타내시며, 마음속의 생각을 드러내실 것이다. 그때에 사람마다 하나님으로부터 칭찬을 받을 것이다(고전 4:5). 하나님께서 직접 자신의 공의를 집행하시지만, 하나님의 사랑은 사람에게 맡기셨다. 이러기에 예수께서 사람에게 주신 새 계명은 '서로 사랑하라'는 것이었다.

요 13:34 이제 나는 너희에게 새 계명을 준다. 서로 사랑하여라. 내가 너희를 사랑한 것 같이, 너희도 서로 사랑하여라.

욥의 친구들의 말은 세상에서 하나님의 징계가 있다고 하지만, 그들의 말이 항상 옳은 것이 아니라는 것을 말하려는 것이다. 비록 악인이 세상에서 징계를 받지 않는다고 하더라도, 그들의 종말은 죽음 이후 마지막 날에 결말이 드러날 것이며, 그 때 깨닫게 될 것이다. 비록 우리가 고난을 받고 있더라도, 악한 사람이 행하는 악을 본받지 말고 선한 것을 본받아야 한다. 선을 행하는 사람은 하나님의 사람이지만, 악을 행하는 사람은 하나님을 뵙지 못한 사람이다.

요삼 1:11 사랑하는 이여, 악한 것을 본받지 말고, 선한 것을 본받으십시오. 선한 일을 하는 사람은 하나님에게서 난 사람이고, 악한 일을 하는 사람은 하나님을 뵙지 못한 사람입니다.

너희의 생각을 내가 다 잘 알고 있다. 너희의 속셈은 나를 해하려는 것이다. 너희의 말이 "세도 부리던 자의 집이 어디에 있으며, 악한 자가 살던 집이 어디에 있느냐?" 한다. 너희는 세상을 많이 돌아다닌 견문 넓은 사람들과 말을 해 본 일이 없느냐? 너희는 그 여행자들이 하는 말을 알지 못하느냐? 그들이 하는 말을 들어 보아라. 하나님이 진노하셔서 재앙을 내리셔도, 항상 살아남는 사람은 악한 자라고 한다. 그 악한 자를 꾸짖는 사람도 없고, 그가 저지른 대로 징벌하는 이도 없다고 한다. 그가 죽어 무덤으로 갈 때에는, 그 화려하게 가꾼 무덤으로 갈 때에는, 수도 없는 조객들이 장례 행렬을 따르고, 골짜기 흙마저 그의 시신을 부드럽게 덮어준다고 한다. 그런데 어찌하여 너희는 빈말로만 나를 위로하려 하느냐? 너희가 하는 말은 온통 거짓말뿐이다. (욥 21:27-34)

욥의 친구들은 욥이 악을 행하였으므로 큰 고난을 받고 있는 것이라고 했지만, 그들은 욥을 해치기 원했다. 친구들은 악인이 재앙을 만난다고 말했지만, 그들의 말은 거짓이라는 것이다. 욥이 악인이어서 고난을 받고 있는 것이라고 주장하는 것은 잘못이라는 것이다. 마지막 날에 예수의 이름으로 고난을 받을 성도들은 악인이 아니다. 눈에 보이는 고난의 유무에 따라 악인과 선인이 구별되는 것이 아니라, 마지막 날에 주님께서 선과 악에 대하여 심판(judge)하신다.

친구들의 주장대로라면 세도를 부리던 자의 집과 악한 자가 살던 집은 자취도 없이 사라져야 할 것이다. 그렇지만 하나님께서 진노하여 세상에 재앙을 내리신다고 해도, 항상 악한 사람은 살아남았다. 악인의 면전에서 그의 악을 폭로하는 사람이 없었고, 저질렀던 악한 일을 징벌할 사람도 없다. 악인이 죽어서 무덤으로 실려가도, 무덤지기가 그 무덤을 지켜준다. 언덕의 흙으로 그의 시신을 따뜻하게 덮어주고, 많은 조객들이 장례 행렬을 따를 것이다. 현실은 이러한데 친구들은 빈말로만 욥을 위로하려고 했다. 결국 친구들이 한 모든 말은 거짓말이라는 것이다.

악인이 세상에서 평안하게 살고 있는 것을 보면 시험에 들 수 있다. 악인에 대한 하나님의 진노가 현실에서는 맞지 않는 것처럼 보인다. 그렇다고 해서 악을 행해도 하나님의 심판을 받지 않는 것은 아니다. 욥은 현실적으로 악인에게 재앙이 없는 것을 말하면서, 친구들의 말이 틀렸다는 것이다. 현실에서 고난을 받고 있는 것은 악인이라는 증거가 아니라는 것이며, 평안하게 살고 있다면 선한 사람이라는 증거가 될 수 없다는 것이다.

하나님께서는 공의를 집행하시지만, 사랑으로 인해 악한 자에게 회개할 기회를 주고 계신다. 예수를 박해하였던 바울은 하나님의 은혜를 입어서 이방의 사도가 될 수 있었다. 하나님께서는 악인을 거꾸러뜨려 하나님의 사역자로 변화시키기도 하신다. 이러므로 현재 눈앞에 있는 환경과 조건으로 선과 악을 결정할 것이 아니라, 살아 계신 하나님을 바라보면서 하나님의 뜻을 이루기 위해 살아가는 것이 성도의 본분이다.

세상에서 평안하게 살아가면서 성공하는 것을 목표로 하고 있다면, 그는 기복 신앙을 가진 사람이다. 그리스도인은 세상에서의 성공을 목표로 살아가는 것이 아니라, 영원한 하나님의 나라와 생명을 바라보는 사람들이다. 진정한 그리스도인이라면 비록 세상에서 고통을 받고 있지만, 하나님의 자녀로서 주님과 동행하는 것을 가장 귀하게 여겨야 한다.

그리스도인이 박해를 받고 고난을 맞이할 때 어떻게 행동해야 할 것인가? 악한 사람들이 의도적으로 그리스도인을 짓밟고, 욕하고, 고통을 줄 때, 어떻게 대항해야 하겠는가? 사람의 생각으로 옳다고 하는 것을 하는 것이 아니라, 주님께서 원하시는 방법으로 이겨야 한다. 여기에 대한 해답을 로마서 12:14-21에서 찾을 수 있다.

그리스도인들이 박해를 받는 때가 올 것이다. 박해하는 자를 축복하고 저주하지 말라. 즐거워하는 사람들과 함께 즐거워하고, 우는 사람들과 함께 울어주어라. 서로 한마음이 되어서, 교만한 마음을 품지 말고, 비천한 사람들과 함께 사귀면서, 스스로 지혜가 있는 체하지 말라.

어떤 사람에게도 악을 악으로 갚지 말고, 모든 사람이 선하다고 생각하는 일을 하려고 애써야 한다. 할 수 있는 대로 모든 사람과 더불어 화평하게 지내야 한다. 원수를 직접 갚지 말고 하나님의 진노하심에 맡기라. 원수 갚는 것은 하나님께서 하실 일이니, 하나님께서 갚으시겠다고 하셨기 때문이다(신 32:35). 원수가 배고파하면 먹을 것을 주고, 그가 목말라하면 마실 것을 주어라. 그렇게 하면 그의 머리에 숯불을 쌓는 셈이 될 것이다(잠 25:21,22). 악에 의해 굴복하지 말고, 선으로 악을 이겨내라.

하나님의 공의가 비록 더디고 아직 이루어지지 않고 있다고 하더라도, 그리스도인은 하나님의 공의를 대행하는 자들이 아니라, 오직 주님께서 맡겨 주신 사랑으로 선을 행하는 사람들이다. 고난의 시기를 이겨내는 강력한 무기는 하나님의 사랑이며, 선으로 악을 이기라고 하셨다. 하나님께서 바라시는 뜻이라면, 선을 행하다가 고난을 받는 것이, 악을 행하다가 고난을 받는 것보다 낫다(벧전 3:17). 고난의 시기에 하나님의 사랑으로 무장된 그리스도인이 되기를 축복한다.

28 욥기 22장 1-20

데만 사람 엘리바스가 대답하였다. 사람이 하나님께 무슨 유익을 끼쳐드릴 수 있느냐? 아무리 슬기로운 사람이라고 해도, 그분께 아무런 유익을 끼쳐드릴 수가 없다. 네가 올바르다고 하여 그것이 전능하신 분께 무슨 기쁨이 되겠으며, 네 행위가 온전하다고 하여 그것이 그분께 무슨 유익이 되겠느냐? 네가 하나님을 경외한 것 때문에, 하나님이 너를 책망하시며, 너를 심판하시겠느냐? 오히려 네 죄가 많고, 네 죄악이 끝이 없으니, 그러한 것이 아니냐? 네가 까닭없이 친족의 재산을 압류하고, 옷을 빼앗아 헐벗게 하고, 목마른 사람에게 마실 물 한 모금도 주지 않고, 배고픈 사람에게 먹을 것도 주지 않았기 때문이 아니겠느냐? 너는 권세를 이용하여 땅을 차지하고, 지위를 이용하여 이 땅에서 거들먹거리면서 살았다. 너는 과부들을 빈 손으로 돌려보내고, 고아들을 혹사하고 학대하였다. 그러기에 이제 네가 온갖 올무에 걸려 들고, 공포에 사로잡힌 것이다. 어둠이 덮쳐서 네가 앞을 볼 수 없고, 홍수가 너를 뒤덮는 것이다. (욥 22:1-11)

욥의 친구들은 세번째 논쟁을 시작했다. 다시금 데만 사람 엘리바스는 결백을 주장하는 욥을 악인이라고 단정하고, 그가 행하였을 악에 대하여 집요하게 공격했다.

'사람이 의롭게 또는 불의하게 살았더라도, 그것은 하나님에게는 상관이 없다'고 하면서, 사람의 지혜가 하나님께 유익이 될 수 없으며, 다만 자기에게만 유익할 뿐이다. 그리고 행위가 올바르다고 해도 하나님의 기쁨이나 유익이 될 수 없다. 이러므로 사람의 지혜와 행위는 자신에게 유익할 뿐, 하나님에게 아무 영향을 미치지 못하고, 또 하나님께서는 사람의 생각과 행위에 영향을 받는 분이 아니라고 하면서 엘리바스는 욥을 공격했다.

그러나 비록 엘리바스의 말처럼 사람의 지혜와 행위가 하나님께 영향을 주지는 못하지만, 하나님께서는 사람들의 생각과 의도를 아시며, 행위를 살펴보고 계신다(시 139:23, 행 1:24). 사람들 앞에서 스스로 의로운 체하거나, 또는 사람들이 높이 평가해 주기를 원하는 마음이 있다면, 하나님께서는 그러한 것들을 미워하신다(눅 16:15). 하나님께서 우리의 마음을 꿰뚫어 보시므로(롬 8:27), 우리는 하나님께서 기뻐하시는 일을 하는 자가 되어야 한다. 우리는 사람의 마음과 행위를 살펴보시는 하나님의 뜻에 따라 살아야 한다. 엘리바스의 말이 맞는 것처럼 보이지만, 그의 생각은 사람을 꿰뚫어 보시는 하나님을 알지 못하는 자기 주장이었다.

엘리바스는 이상한 논리를 전개한다. 욥이 올바르게 살았고 또 하나님을 경외하였기 때문에 하나님께서 그를 책망하고 심판하는 것은 절대로 있을 수 없는 일이다. 그러기에 엘리바스는 욥에게 닥친 고난의 이유는 분명 그의 죄악으로 인한 것이 틀림없다는 논리이다. 욥이 하나님께 큰 죄를 지었기에, 공의의 형벌을 받고 있다는 것이었다.

엘리바스의 가정은 현실세계에서 모순이었다. 올바르게 살았고, 하나님을 경외하는 사람이라고 하더라도, 이유를 알 수 없는 고난을 맞이할 수 있다. 그러므로 고난을 무조건 하나님의 형벌이라고 보는 것은 잘못이다. 하나님의 뜻을 모르는 사람이 자신의 생각으로 하나님의 뜻이라고 말하는 것이 잘못이다. 주님께서 오시기 전까지는 아무것도 판단하지 말아야 한다. 주님께서 오셔서 어둠 속에 감추어진 것들을 환히 드러내고, 마음속의 생각을 드러내실 것이다(고전 4:5). 그러나 엘리바스는 욥을 판단할 뿐 아니라 정죄하였다.

원인을 알지 못하는 고난이 있지만, 많은 경우에는 사람이 지은 잘못과 죄악으로 인해 고난을 받는다. 실책과 죄로 인하여 고난을 받는다면, 고난을 통해 자신의 죄악을 깨닫고, 하나님께 더 가까이 나아갈 수 있어서 유익이 될 수 있다. 또 자신이 잘못한 것이 없이 고난을 받고 있다면, 자신을 돌아보면서 겸손하게 하나님의 뜻을 더 생각해 볼 수 있기에 하나님의 사람답게 성숙해질 수 있다. 이처럼 어떠한 고난을 만난다고 하더라도, 이를 통해 하나님께 더 나아가게 만든다면 그 고난은 유익할 수 있다(시 119:71).

자신의 죄악과 실책으로 인해 받는 고난도 있지만, 죄가 없이 고난을 받는 욥과 같은 경우는 더 값진 것이다. 만일 살인이나 도둑질이나 악행이나 남의 일을 간섭하여서 고난을 받고 있다면, 이는 일종의 형벌이다(벧전 4:15). 그리스도께서 죄가 없이 고난을 받으신 것을 우리는 본받아야 한다. 그러므로 그리스도를 믿는 신앙으로 인하여 고난을 받고 있다면, 이는 죄가 없이 고난을 받고 있는 것이므로, 부끄러워하지 말고 도리어 그리스도인이라는 이름으로 하나님께 영광을 돌려야 한다(벧전 4:16). 하나님의 뜻대로 고난을 받고 있는 것이라면, 이들은 고난 가운데에서 사랑으로 선을 행하면서, 자기 영혼을 진실하실 창조주께 맡겨야 한다(벧전 4:17). 욥의 고난은 죄 때문에 받는 것이 아니라, 하나님의 허락 하에 받는 것이었으며, 그 고난에는 하나님께서 숨겨 놓으신 뜻이 있었다. 비록 그 당시에는 힘들고 지쳐서 쓰러질 상황이지만, 하나님께서 허락하신 기간을 인내로 견디어야 한다.

엘리바스는 욥을 하나님께 고발하기 위해, 가상의 죄를 만들어서 욥에게 엄청난 죄를 지었다는 누명을 씌우고 있다. 욥은 까닭 없이 형제의 재산을 압류하였고, 그들의 옷을 빼앗아서 발가벗겼다. 목마른 사람에게 물을 마시게 하지 않았고, 굶주린 자에게 먹을 것을 주지 않았다. 그는 자신의 세력을 믿고 땅을 차지하였고, 지위를 이용해서 교만하게 살았다. 과부들을 빈손으로 박대하였고, 고아들의 팔을 꺾으며 학대하였다. 못된 짓을 한 욥은 고난의 올가미를 벗어날 수 없으며, 갑자기 덮치는 끔찍하고 무서운 일을 피할 수 없을 것이다. 어둠이 덮쳐서 앞을 볼 수 없으며, 홍수에 휘말리는 것은 그의 죄로 인한 것이라고 엉뚱하게 몰아갔다.

엘리바스는 욥에게 사랑이 없으며, 잔인하여서 곤경에 빠진 사람을 구해주지 않았다는 것이다. 엘리바스는 욥의 고난을 보고, 욥이 짓지도 않은 죄목을 들어 가면서 고발하고 있지만, 정작 그는 자신이 저지르고 있는 죄를 깨닫지 못했다. 확실한 증거가 없이 사람을 죄인으로 몰아가는 것이 가장 큰 죄이다.

욥은 자신이 죄를 행한 것이 없었지만, 엘리바스에 의해 죄를 저지른 사람이라는 오명을 받는다. 그러나 그의 거짓된 고발에도 불구하고 하나님께서는 욥의 참된 모습을 알고 계셨다. 사람들이 미워하고 정죄한다고 하더라도, 공의의 하나님께서 내 편이 되셔서 내 손을 들어 주고 계시는 것을 믿어야 한다. 혹독한 환경과 고통의 시간에서 함께하시는 하나님을 바라보면서, 제한된 고난의 시간을 하나님과 함께하면서 어둠에서 멈추지 않고 다가올 끝을 향해 전진해야 한다.

사람들이 연합해서 한 사람을 공격하고 있을 때에, 자신을 도와주거나 이해해 줄 사람이 없으면 절망에 빠지게 된다. 그러나 그리스도인은 사람들의 위로에 의해 힘을 얻는 자들이 아니라, 오직 하나님을 바라보는 굳건하고 담대한 믿음으로 고난을 이겨내야 한다. 마지막 때에는 세상 사람들이 그리스도인으로서 한 선행을 욕하고 헐뜯을 것이다. 그때에는 그들을 대항하여 싸우는 것이 아니라, 부드러운 태도로 조심스럽게 답변을 하고 선한 양심을 지니고 살아야 한다(벧전 3:16).

엘리바스는 욥을 무자비하게 핍박하면서, 강제로 그가 죄인인 것을 증명하려고 애썼다. 만일 욥이 이러한 환경을 이기지 못하여 자신이 죄인이라고 인정한다면, 욥은 거짓 고백을 하는 것이므로 죄를 범하는 것이 된다. 그리스도인은 환경에 굴복하는 것이 아니라, 어려운 환경을 허락하신 하나님을 신뢰하는 사람들이다. 고난을 허락하신 하나님께서 또 피할 길을 열어 주실 것을 믿어야 한다. 우리는 성경에 기록된 과거에 있었던 일들을 통해 받는 교훈을 붙잡고, 시련을 이겨내야 한다.

이스라엘은 이집트에서 나올 때 홍해를 무사히 건넜고, 구름과 바다 속에서 세례를 받아 모세의 사람들이 되었다. 그들은 모두 똑같은 신령한 음식을 먹고, 그들의 동반자인 신령한 반석에서 신령한 물을 마셨다. 그 바위는 곧 그리스도였다. 하나님께서는 그들 대다수를 좋아하지 않으셨고, 그들은 광야에서 멸망하였다. 이런 일들은 우리에게 본보기가 되어서, 우리로 하여금 그들이 악을 좋아한 것 같이 우리가 악을 좋아하는 사람이 되어서는 안 된다는 것을 알려주었다. 그들의 일부는 우상을 숭배했으나, 우리는 그들과 같이 우상 숭배자가 되지 말아야 한다. 어떤 사람들은 간음을 했으나, 우리는 그들처럼 음행에 빠져서는 안 된다. 어떤 사람들은 그리스도를 시험하다가 뱀에 물려서 죽었으나, 우리는 주님을 시험하지 말자. 그들 가운데 얼마는 불평하다가 멸망시키는 자에게 멸망하였으나, 우리는 그들과 같이 원망하지 말자. 그들에게 일어난 이런 일은 본보기가 되게 하려는 것이며, 그것이 기록에 남아서 말세를 만난 우리에게 경고가 되게 하려는 것이다. 그러므로 서 있다고 생각하는 사람은 넘어지지 않도록 조심하

라. 우리가 겪은 시련(temptation)은 모두 사람이 능히 감당해 낼 수 있는 것들이었다. 하나님은 신실하시므로, 우리가 감당할 수 있는 능력 이상의 시련을 겪게 하지는 않으신다. 시련을 주시더라도, 그것을 극복하고 벗어날 수 있는 길을 마련해 주신다(고전 10:1-13).

마지막 때에 성도들은 이스라엘 조상들이 범했던 죄를 본받지 말아야 한다. 그들이 지은 죄로 인해 멸망하였으므로, 우리는 그러한 죄에 빠지지 않게 자신을 지켜야 한다. 고난이 온다고 하더라도 우리가 능히 이겨낼 수 있는 시련이므로, 고통에 대하여 지나친 두려움과 공포를 갖지 말자. 하나님께서 고난을 허락하셨다면, 그것을 이겨내어 빠져나올 길도 예비하셨음을 확신하자. 자신의 죄악으로 넘어지지 말고, 또 악한 자의 꾐에 넘어가지도 말고, 오직 우리의 소망이신 하나님만을 바라보자.

하나님이 하늘 높은 곳에 계시지 않느냐? 저 공중에 높이 떠 있는 별들까지도, 하나님이 내려다보고 계시지 않느냐? 그런데도 너는 "하나님이 무엇을 아시겠으며, 검은 구름 속에 숨어 계시면서 어떻게 우리를 심판하실 수 있겠느냐? 짙은 구름에 그가 둘러싸여 어떻게 보실 수 있겠느냐? 다만 하늘에서만 왔다갔다 하실 뿐이겠지!" 하는구나. 너는 아직도 옛 길을 고집할 셈이냐? 악한 자들이 걷던 그 길을 고집할 셈이냐? 그들은 때가 되기도 전에 사로잡혀 갔고, 그 기초가 무너져서 강물에 떠내려가 버렸다. 그런데도 그들은 하나님께 말하기를 "우리를 좀 그냥 내버려 두십시오. 전능하신 분이라고 하여 우리에게 무슨 일을 더 하실 수 있겠습니까?" 하였다. 그들의 집에 좋은 것을 가득 채워 주신 분이 바로 하나님이신데도 악한 자들이 그런 생각을 하다니, 나는

이해할 수 없다. 그런 악한 자가 형벌을 받을 때에, 의로운 사람이 그것을 보고 기뻐하며, 죄 없는 사람들이 그것을 보고 비웃기를 "과연 우리 원수는 전멸되고, 남은 재산은 불에 타서 없어졌다" 할 것이다. (욥 22:12-20)

엘리바스는 하나님에 대한 욥의 생각이 옳지 않다고 말한다. 그분은 하늘 높은 곳에 계시어 아득히 높은 별들까지도 내려다보고 계신다. 하나님께서 모든 것을 살펴보고 계시므로 아무도 그분의 눈을 피할 수 없다. 그런데도 욥은 하나님께 대하여 경솔한 말을 하고 있다. '하나님이 안다면 무엇을 아시겠는가? 어둠 가운데 계시는데 우리를 심판하실 수 있겠는가? 구름에 가리워 아무것도 보지 못하고, 다만 하늘에서 서성거리고 있을 뿐이겠지!'라고 말한다는 것이다.

계속해서 엘리바스가 주장하는 것은 욥이 잘못 생각하고 있다는 것이다. 하나님께서 멀리 계시므로, 욥은 자신이 저지른 악행을 하나님이 알지 못하실 것이라 생각해서 죄를 지었다고 엘리바스는 주장하고 있다. 그의 주장은 욥의 삶과는 전혀 맞지 않는 것이었다. 욥은 하나님을 두려워하였으므로 아직 짓지도 않은 죄를 위해서도 번제를 드렸다(욥 1:5). 오히려 현재의 그리스도인이 사랑의 하나님만을 섬기므로, 하나님의 공의를 두려워하지 않는 경향이 있다. 그리고 하나님은 사랑이시므로 대부분의 그리스도인은 무엇을 해도 용납해 주실 것이라는 오해를 하는 것 같아 안타깝다. 불편한 이야기이지만 하나님을 경외하지 않는 그리스도인은 더 이상 하나님의 사람이라고 할 수 없다. 사도 바울이 하나님을 두려워하면서 고백한 말을 되새겨 보면 그의미를 알 수 있을 것이다.

고전 9:25 경기에 나서는 사람은 모든 일에 절제를 합니다. 그런데 그들은 썩어 없어질 월계관을 얻으려고 절제를 하는 것이지만, 우리는 썩지 않을 월계관을 얻으려고 하는 것입니다.
26 그러므로 나는 목표 없이 달리듯이 달리기를 하는 것이 아닙니다. 나는 허공을 치듯이 권투를 하는 것이 아닙니다.
27 나는 내 몸을 쳐서 굴복시킵니다. 그것은 내가, 남에게 복음을 전하고 나서 도리어 나 스스로는 버림을 받는, 가련한 신세가 되지 않으려는 것입니다.

하나님을 두려워하지 않는 사람은 죄를 지어도 죄책감이 없으며, 선을 행하지 않더라도 거리낌이 없이 자신만을 위해 살려고 한다. 그러나 바울은 복음을 위해 헌신한 사도였지만, 자신의 몸을 쳐서 자신이 원하는 것을 하지 않으려고 하였고, 복음을 전하고 나서 도리어 버림을 받게 될 것을 두려워했다. 바울은 하나님을 경외하였으므로 세속화되지 않으려고 끊임없이 노력했던 것 같다.

우주를 창조하신 하나님께서 모든 것을 살펴보고 계신다. 창조된 우주 만물은 하나님과 떨어져 있는 것이 아니라, 전능하신 하나님 손안에 놓여 있다. 엘리바스는 욥에게 있는 고난은 하나님의 형벌이라고 생각했다. 그러나 욥이 받는 고난은 형벌이 아니었다. 도리어 그가 기복 신앙을 가지고 있는지 알아보기 위하여 사탄의 시련(temptation)을 통해 하나님께서 시험(test)하신 것이었다. 하나님께서는 시련(temptation)을 받고 있는 욥이 시험(test)에 잘 통과하기를 바라셨다. 그러므로 이러한 시험이 있는 동안에는 하나님께서는 욥을 고난에서 구원하지 않고 지켜보고 계셨다. 아마도 하나님께서 욥을 응원하고 계셨던 것이 아닐까?

엘리바스는 욥을 '악인'이라고 부른다. 엘리바스는 욥의 생각이 옛날부터 하나님을 멸시하는 자들이 생각하는 것과 같다고 말한다. 욥이 악인들이 걷던 길을 걸으려고 한다는 것이다. 그러면서 악인들이 받았던 보응을 알려주었다. 그들은 자기 때를 채우지도 못하고 덜미를 잡히고, 그들의 터전은 강물에 떠내려 간다. 그런데도 그들은 하나님께 자기들을 간섭하지 말라고 하면서, 전능하신 분이라고 해도 우리를 어찌할 수 없다고 한다. 그들이 누린 풍요는 하나님께서 주신 것이었지만, 그들은 하나님을 경멸했다. 악한 자가 형벌을 받을 때에, 의인들이 그것을 보고 기뻐하면서, 그들을 비웃을 것이다. '그들은 멸망하였고, 그들의 남은 재산은 불에 타버렸다'고 할 것이다.

엘리바스는 정죄에서 더 나아가 욥이 하나님을 멸시하는 악인이라고 몰아갔다. 욥을 위로하기 위해 온 친구들은 심판자가 되어서 욥이 악인이라는 것을 증명하려고 애썼다. 악인들이 받았던 형벌이 고난의 모습으로 욥에게 닥친 것이라고 하였다. 눈에 보이는 것만으로 판단하는 것은 어리석은 짓이다. 징계가 오직 벌을 주기 위한 것이라고 볼 수는 없다. 부모가 자녀를 징계하는 것은 올바른 길을 가르치기 위한 사랑의 방법이다.

하나님의 징계를 거부하지 말고, 그의 꾸지람을 받을 때 낙심하지 말라. 하나님께서 사랑하시는 자를 꾸짖으시며, 마치 귀여워하는 아들로 여기시는 자에게 매를 드신다(잠 3:11,12, 히 12:5,6). 그러므로 징계를 받을 때에 참아내야 한다. 하나님께서 아들을 대하듯이 우리를 대하신다. 자기 아들을 징계하지 않는 아버지가 어디에 있겠는가? 자녀는 누구나 다 아버지의 징계를 받는다. 만일 이런 징계를 받지 않는다면 그는 사생아이지, 친아들이 아니다. 육신의 아버지는 잠시 자기들의 생각대로 징계를 하지만, 하나님께서는 우리를 자기의 거룩하심에 참여하게 하시려고, 우리에게 유익이 되도록 징계하신다(히 12:7-10).

죄를 지은 것으로 징계를 받는 것은 형벌이지만, 죄를 짓지 않았지만 의를 위해 고난을 받는 것은 형벌이 아닌 하나님의 사랑이라고 보아야 한다. 말세의 성도들은 자신의 죄로 인해 고난을 받지 않도록 더욱 더 올바른 삶을 살아야 한다. 세상 모든 사람들이 그리스도인을 미워하면서, 작은 실수에도 가혹한 잣대를 들이대면서 비난을 서슴지 않을 것이다.

욥의 친구들은 사탄의 미혹(temptation)에 넘어간 자들이었다. 마지막 때에는 사탄의 미혹에 넘어간 사람들이 그리스도인을 박해할 것이다. 이러므로 그리스도인을 박해하는 대적은 고통을 주는 사람이 아니라 배후에 있는 사탄이다. 그러므로 정신을 차리고 깨어 있어야 한다. 우리의 원수인 마귀(사탄)는 우는 사자 같이 삼킬 자를 찾아 돌아다닐 것이다. 믿음에 굳게 서서 마귀(사탄)를 맞서 싸워야 한다. 그날에는 세상에 있는 믿음의 형제자매들도 동일한 고난을 겪을 것이다(벧전 5:8,9).

그리스도인을 박해하는 사람들은 사탄에게 미혹된 것이므로, 박해하는 그들을 저주하지 말고 사랑의 마음으로 축복해야 한다(롬 12:14). '원수를 사랑하라'는 말씀은 원수 마귀를 사랑하라는 것이 아니라, 사탄의 사주를 받아 원수처럼 괴롭히는 사람을 사랑하라는 것이다.

그때가 되면 우리는 그리스도 때문에 모든 자들의 구경거리가 될 것이다. 그렇지만 그리스도인은 예수 그리스도 안에서 평화를 얻을 것이다. 세상에서 환난을 당할 것이지만, 담대하여야 한다. 왜냐하면 예수 그리스도께서 세상을 이기셨기 때문이다(요 16:33). 하나님의 자녀는 누구나 세상을 이겨낸다. 세상을 이기는 승리의 길은 우리의 믿음이다. 예수께서 하나님의 아들이심을 믿는 사람이 세상을 이기는 것이다(요일 5:4,5). 이처럼 예수 그리스도를 따르는 자들은 세상을 이기게 될 것이다.

욥이 고난을 받고 있는 것은 마치 악인이 형벌을 받는 것이라고 말한 엘리바스의 말이 맞지 않는 것이라고 하나님께서 증언하신다(욥 42:7). 말세의 그리스도인이 환난을 받을 때에, 거짓 선지자들은 하나님의 말씀을 가지고 더욱 혼란을 일으킬 것이다. 정신을 차리고 깨어 있어서, 어떤 것이 진리인지 아닌지를 확인해야 한다. 성령께서 우리를 도우시면 영적으로 분별하여 거짓 선지자들의 궤변에서 벗어날 수 있을 것이다.

엘리바스는 형벌을 받는 악인을 보면서 의인은 기뻐하면서 비웃는다고 하였다. 그러나 원수가 넘어졌다고 좋아하지 말고, 그가 망했다고 기뻐하지 말라고 한다. 하나님께서는 이것을 보시고 기뻐하지 아니하시므로, 그의 진노를 원수로부터 너에게 돌이킬까 두려워하라는 것이다(잠 24:17,18). 그리스도인을 박해하는 자들은 결국 망하게 될 것이지만, 그들이 멸망의 길에 서 있는 것으로 기뻐하지 말고, 도리어 그들을 위해 기도하면서 사랑의 마음을 잃지 말아야 한다. 이와 같이 악에게 지지 말고, 선으로 악을 이겨야 한다(롬 12:21).

그리스도인은 어떤 환경에 있든지 주님의 편에서, 주님께서 기뻐하시는 일을 해야 한다. 나의 입장에서 박해하는 자를 평가하지 말고, 원수와 같은 자에게 사랑의 손을 내미는 용기가 있어야 한다. 이렇게 하는 것이 비록 세상 사람들의 눈에는 어리석게 보일지라도, 하나님께서 기뻐하시는 일이라면 이렇게 해야 할 가치가 있다고 본다.

엘리바스의 비난과 저주를 들을 때 욥은 어떤 마음이었을까? 쓰라리고 침통한 마음을 간직한 채, 오직 주님께로 나아가자. 세상을 이기신 주님 안에서 평안을 얻게 되리라.

29 욥기 22장 21-30

그러므로 너는 하나님과 화해하고, 하나님을 원수로 여기지 말아라. 그러면 하나님이 너에게 은총을 베푸실 것이다. (욥 22:21)

엘리바스는 갑자기 부드러운 말투로 욥으로 하여금 악한 길에서 벗어나서 거듭 하나님에게 돌아오라고 한다. 자신의 입장에서 여전히 욥이 악인이라는 확신에 차 있었기 때문이었다. 그가 말하는 내용은 보편적이고, 귀중한 교훈이 담겨 있는 것처럼 보인다. 다만 교훈의 대상이 욥이 아니었다면, 사람을 감동시키기에 충분한 것이었다. 하나님을 떠나지 않았던 욥에게 하나님에게 돌아오라고 하는 그의 말은 모순이었다.

예수께서 붙잡혀서 대제사장 가야바에게 끌려 갔고, 거기에는 서기관과 장로들이 모여 있었다. 대제사장들과 온 공의회가 예수를 죽이려고 거짓 증거를 찾았으나 실패하였다. 그러자 대제사장은 살아 계신 하나님의 이름으로 진실을 말할 것을 명령하면서, 예수가 과연 하나님의 아들 그리스도인가를 물었다. 그러자 예수께서는 그가 올바르게 말했다고 하면서, 이 후에 인자가 권능의 보좌 우편에 앉아 있는 것과, 하늘 구름을 타고 오는 것을 보게 될 것이라고 하셨다. 그러자 대제사장은 자기 옷을 찢고, 그가 하나님을 모독하는 말을 했으니, 더 이상 증인이 필요하지 않다고 하였다. 그 자리에 있었던 사람들은 신성 모독죄로 예수가 사형되어야 할 것을 요구했다. 그들은 예수의 얼굴에 침을 뱉고, 주먹으로 치고, 손바닥으로 때리기도 하며, 모욕을 주었다(마 26:57-68).

예수께서는 진실을 말씀하셨으나, 그 말을 받아들이지 못한 사람들은 예수가 하나님을 모독했다고 고발했다. 진실을 말씀하신 예수께 대한 신성 모독죄의 판결은 잘못된 것이었다. 이와 마찬가지로 하나님을 경외하고 섬겼던 욥에게 하나님께로 돌아오라고 하는 것은 거짓 주장이다.

엘리바스의 주장은 그럴듯해 보인다. 만일 우리가 욥과 같은 의인이 아니라면 엘리바스가 말한 교훈을 받아들이고 적용해야 한다. 이를 통해 우리는 하나님 앞에서 잘못된 것을 고쳐야 하며, 그 결과 올바르게 삶이 변화된다면 그의 교훈은 도움이 될 것이다. 그러나 우리는 엘리바스의 교훈보다는 욥의 삶을 본보기로 배워야 하며, 우리가 욥처럼 살아가고 있다면 엘리바스의 교훈은 쓸모없는 것이 될 것이다.

엘리바스는 집요하게 욥으로 하여금 하나님께 복종하고 화친하면 복을 주실 것이라고 말한다. 만일 하나님을 따르는 길이 고난과 저주의 길이라고 하면 누가 그 길을 따르려 하겠는가? 하나님께 순종함으로써 복을 얻게 되는 것은 자연스러운 것이지만, 만일 복을 얻기 위해서만 하나님을 따라가고 있다면 하나님의 뜻을 잘 모르는 것이다. 신실한 신앙인지 또는 기복 신앙인지는 사람의 눈으로 구별할 수는 없지만, 사람의 마음을 감찰하시는 하나님께서 분명히 판단하신다.

하나님이 친히 말씀하여 주시는 교훈을 받아들이고, 그의 말씀을 네 마음에 깊이 간직하여라. (욥 22:22)

하나님께서 직접 해 주신 말씀을 교훈으로 삼아 받아들이고 마음에 간직해야 하며, 이렇게 해야 주님께 범죄하지 않을 수 있다(시 119:11). 하나님의 말씀을 마음에 새겨 놓고(신 6:6), 율법책을 늘 읽고 밤낮으로 묵상하여서 그 안에 기록된 대로 다 지켜 행하는 것이 우리의 의무이다(신 32:46, 수 1:8).

하나님께서 예레미야 선지자를 통해 이스라엘 자손에게 알려 주셨다. 하나님께서 이스라엘 조상의 손을 붙잡고 이집트 땅에서 데리고 나올 때에 십계명을 주면서 언약을 맺었지만, 그들은 순종하지 않아서 하나님의 언약을 깨뜨려 버렸다. 그러나 미래의 어느 날 하나님께서 이스라엘 가문과 새 언약을 세울 것인데, 하나님께서 자기의 율법을 그들의 가슴 속에 넣어 주며, 그들의 마음 판에 새겨 기록하여서, 그들의 하나님이 되고, 그들은 하나님의 백성이 될 것이다. 그때에는 작은 사람으로부터 큰 사람에 이르기까지 모든 사람이 여호와 하나님을 알게 될 것이다. 그리고 하나님께서 그들의 악행을 용서하고, 그들의 죄를 다시는 기억하지 않으실 것이다(렘 31:31-34, 히 8:8-11).

이처럼 하나님의 말씀을 마음에 새겨서 간직하는 것은 너무나 중요한 일이다. 하나님께서 처음으로 주신 계명은 십계명이었으나, 이스라엘은 순종하지 않았다. 훗날 예수께서 새 계명을 우리에게 다시 주셨다. 그것은 "서로 사랑하라 내가 너희를 사랑한 것 같이 너희도 서로 사랑하라"는 것이었다(요 13:34). 새 계명은 처음부터 가지고 있었던 옛 계명이었고(요일 2:7, 요이 1:5), 곧 하나님과 이웃을 사랑하는 것이었다(눅 10:27). 이처럼 옛 계명과 새 계명은 다른 내용이 아니라 함축된 사랑에 대한 계명이다. 이러한 사랑의 계명을 마음 판에 새기고, 실천함으로써 새 언약은 이루어지며, 이로써 하나님은 우리의 하나님이 되시며, 우리는 하나님의 백성이 되는 것이다.

전능하신 분에게로 겸손하게 돌아가면, 너는 다시 회복될 것이다. 온갖 불의한 것을 네 집 안에서 내버려라. (욥 22:23)

철저한 회심을 통해 겸손하게 하나님께로 돌아오면 다시 회복되게 될 것이라는 엘리바스의 말은 비록 욥에게 해당되지 않는 내용이지만, 이 교훈 자체는 매우 중요하다. 대부분의 선지자들은 이스라엘 자손이 하나님께 돌아오라고 외쳤다. 잘못된 길을 선택하여 하나님을 배반하고, 우상을 섬겼던 자들에게, 영적인 간음에서 벗어나 회개하고 하나님께 나아오라는 것이었다.

호세아 선지자는 이스라엘 백성이 진정한 회개도 없으면서 하나님께 돌아가자고 하는 공허한 외침을 지적했다(호 6:1-3). 그들은 뉘우치는 실제적인 행동이 없이 입으로만 하나님께로 돌아갈 것을 외쳤다. '하나님께 돌아가면, 그분께서 우리를 찢으셨지만 다시 싸매어 주시고, 우리의 상처를 다시 아물게 하실 것이다. 그리고 하나님께서 이틀 뒤에 우리를 다시 살리시고, 사흘 만에 우리를 다시 일으켜 세우실 것이니, 우리가 주님 앞에서 살 것이다. 우리가 여호와를 알자. 애써 주님을 알자. 새벽마다 여명이 오듯이 주님께서도 그처럼 어김없이 오시고, 해마다 쏟아지는 가을비처럼 오시고, 땅을 적시는 봄비처럼 오신다.'

하지만 회개는 말로만 하는 것이 아니라 변화된 행동이 있어야 한다. 삶이 변하지 않으면서, 말로만 하는 것은 위선적인 회개이다. 회개를 보여주는 행동이 없으면서 회복이 될 것이라고 하는 위로는 본질이 사라진 껍데기만 있는 위선적인 신앙을 갖게 만든다. 그들이 원했던 것은 진정한 회개의 삶이 아니라 하나님의 은총과 복이었다.

그러자 호세아는 에브라임과 유다를 어떻게 해야 할 것인가를 탄식하였다. 하나님을 사랑하는 그들의 마음이 아침 안개와 같고, 덧없이 사라지는 이슬과 같이 허무하다고 하였다. 만일 신실한 회개를 입증하는 구체적으로 변화된 모습이 없이 하나님께로 돌아가자고 입으로만 외친다면, 엘리바스의 교훈도 공허한 주장일 것이다. 하나님께서는 선지자들을 통해 이스라엘을 치셨고, 입에서 나오는 말로 죽이셨으며, 심판하셨다. 하나님께서 이스라엘 자손들에게 바라시는 것은 변함없는 사랑이며, 제사가 아니었다. 형식적인 번제보다 하나님의 마음을 아는 것을 원하셨다(호 6:4–6).

엘리바스는 불의한 것들을 집에서 없애라고 하였다. 욥은 사악한 것이 없는 의인이었지만, 친구들에 의해 죄인의 누명을 쓰고 있었다. 그들은 보편적인 교훈을 통해 욥을 굴복시키려고 하였지만, 현실적으로는 욥에게 해당되지 않았다. 불의한 것을 없애야 할 사람은 바로 우리들 자신이다. 하나님과 우상을 함께 섬기고 있으면서도, 겉으로는 하나님만을 섬기는 것처럼 위장하는 그리스도인들이 많다. 하나님의 영광을 위해 재물이 필요하다고 주장하지만, 내면으로는 하나님보다 재물(맘몬)을 주인으로 섬기고 있는 위선자들이다. 내 안에 숨어 있는 악한 것을 물리치지 않으면, 우리는 세속화된 그리스도인으로 하나님 앞에 서게 될 것이다.

또 한편으로는 욥을 닮지 않았으면서도, 자신을 욥이라고 여기는 위선을 떨쳐 버려야 한다. 내 마음 안에 거짓으로 아름답게 장식된 신앙이 있는지 살펴보자. 그리고 거룩하신 하나님께 거룩한 모습으로 나아가야 한다. 그러기 위해서 우리는 각자 자신 안에 있는 사악하고 세속화된 것을 제거해야 한다.

황금도 티끌 위에다가 내버리고, 오빌의 정금도 계곡의 돌바닥 위에 내던져라. (욥 22:24)

또한, 엘리바스는 재물의 노예가 되지 말라고 한다. 그러기에 황금을 티끌로 여기며, 오빌의 정금도 계곡의 돌처럼 여기라고 말한다. 욥은 맘몬을 섬기지 않았고, 도리어 항상 하나님을 경외하면서, 하나님께서 원하시는 일을 했다. 욥은 더 많은 재산을 얻기 위해 노력하지 않았음에도 불구하고, 하나님께서는 의를 행한 욥에게 물질적인 풍요를 주셨다. 사람들은 하나님의 일을 하기 위해 많은 돈이 필요하다고 말한다. 그래서 하나님을 위해 일하는 자들에게는 차고 넘치는 물질이 있어야 한다고 믿는다. 그러기에 재산을 늘리기 위해 숨어서 행한 추악한 일에 대해서 양심에 가책조차 받지 않는다. 도리어 하나님의 영광을 위해서 행한 것이라고, 악을 선으로 위장한다.

하나님의 일은 물질로 하는 것이 아니다. 처음에는 하나님의 영광을 위해 겸손하게 하나님의 인도하심을 따르지만, 그 사역이 커지게 되면 유지와 운영을 위해서 하나님보다 재물을 더 선택하는 경우를 많이 본다. 황금을 마음 보좌에 앉혀 놓았다면, 그는 이미 하나님이 아닌 맘몬을 섬기는 사람이다. 보화를 티끌로 여기고 정금을 돌로 여기는 사람은 어리석다고 놀림을 받을 것이다. 그러나 하나님의 영광을 위해 재물의 욕심을 내려놓는 것은 용기가 있는 위대한 결단이다.

그러면 전능하신 분이 네 보물이 되시고, 산더미처럼 쌓이는 은이 되실 것이다. (욥 22:25)

불의한 것을 버리고 물질을 먼지처럼 여기는 자에게는 하나님께서 보물이 되시고 고귀한 은이 되어 주신다. 당신은 무엇을 가장 중요하게 여기는가? 대부분의 그리스도인은 하나님만 함께하신다면, 그 어떤 것도 필요 없다고 말하지만, 솔직하게 자신이 말한 그대로 살고 있는 것일까? 우리가 하나님을 나의 보물이라고 생각하고 있다면, 삶에서 우선 순위는 하나님이어야 한다. 이 세상을 살아가는 이유가 하나님이어야 함을 명심하면서, 자신의 생각을 따르지 않고 하나님의 말씀에 순종해야 한다. 다른 것들은 내려놓아도, 하나님과의 관계를 포기하지 말아야 한다. 하나님 중심의 삶을 살면서, 어떤 상황에서도 하나님의 능력을 의지하고, 하나님과 동행하면서, 주님의 뜻을 이루기 위해 최선을 다해 살아야 한다. 그렇다면, 나는 이런 삶을 살고 있는지 되돌아보아야 한다.

그 때가 되어야 비로소 너는, 전능하신 분을 진정으로 의지하게 되고, 그분만이 네 기쁨의 근원이심을 알게 될 것이다. (욥 22:26)

엘리바스는 욥이 그렇게 하면 하나님이 그의 기쁨이 되실 것이라고 했다. 그러기에 그분을 진정으로 의지하면서, 하나님께 얼굴을 쳐들게 될 것이다. 사람은 소유하는 것만으로는 참된 기쁨을 누릴 수 없다. 어떤 것을 가졌을 때의 기쁨은 일시적이지만, 하나님께서 나의 가장 소중한 분이심을 깨달으며 주님과 동행하는 자가 누리는 기쁨은 그 무엇과도 비교할 수 없다. 오직 주님에게서 기쁨을 찾는 자라야 마음에 원하는 것을 하나님께서 이루어 주신다(시 37:4). 또한 하나님 안에서 즐거움을 얻는 자를 하나님께서 약속의 백성으로 세우신다(사 58:14). 그리고 전능하신 분을 모시고 즐겁게 사는 것이 그리스도인에게 가장 큰 복이다. 이렇게 주님께서 기뻐하시는 일을 즐겁게 감당하는 것이 진정한 그리스도인의 본분이요 도리이다.

엘리바스는 욥이 죄에서 회복되면 수치를 떨쳐버리고 하나님께 얼굴을 들게 될 것이라고 했다. 하나님 앞에서 부끄럽지 않은 모습으로 살아가고 있는지를 확인해 보자. 우리가 몰래 짓는 죄가 사람의 눈을 피할 수는 있어도, 하나님을 속일 수는 없다. 그러나 욥은 하나님 앞에서 부끄럽지 않게 살았다.

네가 그분에게 기도를 드리면 들어주실 것이며, 너는 서원한 것을 다 이룰 것이다. (욥 22:27)

엘리바스는 욥이 하나님과의 교제를 다시 시작하게 될 것이라고 말했다. 기도를 하면 하나님께서 들으시며, 서원한 것을 다 갚게 될 것이라고 했다. 그러나 욥은 하나님과의 교제를 중단한 적이 없었다. 고난 가운데 극심한 고통에서도 하나님께 나아갔고, 기도를 쉬지 않았다. 욥이 때로는 죽기를 원하기도 했지만, 고난으로 인해 모든 희망의 줄을 내려 놓았기 때문이었다. 그렇지만 그런 순간에도 욥은 하나님께 기도했다.

우리도 욥처럼 항상 주님과 교제해야 한다. 사랑하는 가족들과 사별하기도 하고, 가진 재산이 모두 사라지고, 친구들이 조롱과 비난을 한다고 하더라도, 그 모든 것을 다스리고 계시는 하나님께 나아갔던 사람이 욥이었다. 욥은 자신의 고난을 하나님께 말씀드렸다. 어떻게 보면 원망하는 것처럼 보일 수도 있지만, 그래도 고난 가운데에서도 하나님에게서 떠나지 않았다.

하나님께서는 욥의 기도에 응답하지 않으신 것이 아니라, 하나님의 때를 기다리셨다. 단지 욥과 그의 친구들이 했던 모든 말을 듣고 계셨다. 즉각적인 변화가 없을 때에는 마치 하나님께서 계시지 않는 것 같다는 생각을 할 수도 있다. 하지만 욥은 살아 계신 하나님을 늘 의지하면서, 꽉 막힌 현실에서도 하나님께 나아가는 것을 포기하지 않았다.

하는 일마다 다 잘 되고, 빛이 네가 걷는 길을 비추어 줄 것이다. (욥 22:28)

엘리바스는 욥이 하나님께로 돌아서면, 그가 계획하는 일들이 다 이루어지게 될 것이라고 했다. 어둠이 사라지고 성공의 빛을 만날 것이라고 하면서, 사람이 원하는 대로 이루어질 것을 강조하고 있다. 하나님께서는 사람이 원하는 것을 이루시는 분이 아니시다. 왕권을 가지고 계시는 하나님께서 자기의 뜻을 이루어 가시므로, 그리스도인은 그분의 뜻을 이루는 것이 목표가 되어야 한다. 하나님께 돌아오면 사람이 원하는 것이 이루어진다고 하는 그의 이론은 지극히 인본주의적이다. 사람의 소원을 이루기 위해 하나님을 이용하라는 것이다. 말세에는 사람이 신앙이라는 이름으로 하나님의 자리를 노릴지도 모른다.

사람들이 쓰러지거든, 너는 그것이 교만 때문이라고 일러주어라. 하나님은 겸손한 사람을 구원하신다. (욥 22:29)

개역개정에서는 '사람들이 욥을 낮추거든'이라고 하였지만, 새번역과 KJV, NIV에서는 '사람들이 쓰러지거든'이라고 번역하였다. 어쨌든 사람이 넘어지게 되거든, 그것의 원인은 교만이라고 생각하라는 것이다. 그러므로 넘어진 사람은 교만을 버리고 겸손으로 나아가야 한다. 하나님께서는 겸손한 사람을 구원하신다. 엘리바스는 욥을 교만한 사람이라고 단정하고 있었다. 그러므로 고난을 만난 욥에게 겸손하라고 촉구하고 있다.

엘리바스의 말은 맞는 것 같지만 자세하게 살펴보면 자신의 이론을 강조하기 위한 궤변이었다. 욥이 고난을 받는 이유가 그의 교만이라고 주장하면서, 겸손하게 될 때 하나님께서 구원하실 것이라고 말한다. 일반적으로 하나님 앞에서 겸손을 강조하는 것이 나쁜 것은 아니지만, 겸손이라는 용어를 사용하면서 욥으로 하여금 엘리바스의 말에 굴복하라고 강요했다.

하나님 앞에서의 겸손은 사람이 잘못된 말을 하더라도 받아들이라는 것은 아니다. 겸손은 하나님을 인정하면서, 하나님의 말씀에 순종하고, 자신의 뜻을 내려놓는 것을 말한다. 자신의 생각을 고집하는 엘리바스는 도리어 교만의 본을 보여주고 있다.

그분은 죄 없는 사람을 구원하신다. 너도 깨끗하게 되면, 그분께서 구해 주실 것이다. (욥 22:30)

개정 욥 22:30 죄 없는 자가 아니라도 건지시리니 네 손이 깨끗함으로 말미암아 건지심을 받으리라

개정개역에서는 죄가 없는 자가 아니더라도 회개하면 하나님께서 구해 준다고 번역했으나, 새번역에서는 하나님께서는 죄가 없는 사람을 구해 주므로, 먼저 자신을 깨끗하게 하면 구원받게 될 것이라고 했다. 새번역을 참조해 보면 결국 엘리바스는 욥이 회개하여 깨끗하게 되는 것이 우선이라고 강조하였다.

욥에 대한 엘리바스의 전제 조건이 잘못되었으므로, 그의 훌륭한 주장은 잘못이었다. 그렇지만 그의 말을 욥이 아닌 우리가 들을 때에는 자신을 돌아보는 계기가 될 수도 있다. 그럼에도 우리는 엘리바스가 아닌 욥에 집중하면서, 환난을 이겨내는 지혜를 찾아야 한다.

엘리바스의 말에 욥은 어떻게 반응할까? 그의 말을 받아들일 것인가? 아니면 다른 주장을 할 것인가? 만일 내가 욥의 입장이라면 나는 엘리바스에게 무어라고 말하겠는가? 이제 엘리바스에 대한 욥의 대답을 기다려보자.

30 욥기 23장 1-17

욥이 대답하였다. 오늘도 이렇게 처절하게 탄식할 수밖에 없다니! 내가 받는 이 고통에는 아랑곳없이, 그분이 무거운 손으로 여전히 나를 억누르시는구나! 아, 그분이 계신 곳을 알 수만 있다면, 그분의 보좌까지 내가 이를 수만 있다면, 그분 앞에서 내 사정을 아뢰련만, 내가 정당함을 입이 닳도록 변론하련만. 그러면 그분은 무슨 말로 내게 대답하실까? 내게 어떻게 대답하실까? 하나님이 힘으로 나를 억누르실까? 그렇지 않을 것이다. 내가 말씀을 드릴 때에, 귀를 기울여 들어 주실 것이다. 내게 아무런 잘못이 없으니, 하나님께 떳떳하게 말씀드릴 수 있을 것이다. 내 말을 다 들으시고 나서는, 단호하게 무죄를 선언하실 것이다. 그러나 동쪽으로 가서 찾아보아도, 하나님은 거기에 안 계시고, 서쪽으로 가서 찾아보아도, 하나님을 뵐 수가 없구나. 북쪽에서 일을 하고 계실 터인데도, 그분을 뵐 수가 없고, 남쪽에서 일을 하고 계실 터인데도, 그분을 뵐 수가 없구나. (욥 23:1-9)

엘리바스의 말이 끝나고 욥이 대답했다. 그가 말한 것은 자신에게 해당되지 않았으므로, 욥은 동의할 수 없었다. 욥은 자신의 억울한 마음을 하나님 앞에서 털어 놓으면서, 자신의 처지를 변호하길 원했다. 그러나 여전히 고통을 받고 있지만, 도리어 하나님께서 무거운 손으로 억누르시는 것 같아서, 욥은 신음 소리조차 낼 수 없었다.

욥은 엘리바스에게 대답하기보다는 법정에서 하나님께 탄원하기를 원했다. 그래서 욥은 하나님의 보좌에 나아가서 자신의 사정을 말씀드리려고 했다. 그렇지만 하나님께서 어디에 계시는지 알 수 없었다. 자신은 아무 잘못이 없으므로, 정당함을 말씀드리면 하나님께서 귀담아들으실 것이라 생각했다. 과연 하나님께서는 법정에서 욥에게 무어라 말씀하실 것인가? 하나님께서는 힘으로 욥을 억눌러 아무 말도 못하게 하실 것인가? 욥은 자신의 말을 아뢰면, 하나님께서 무죄를 선언하시리라 믿었다.

욥은 자신의 고통을 해결하실 분은 결국 하나님이시라는 것을 알고 있었다. 하지만 친구들은 자신들이 하나님의 대리인이라고 말하면서, 욥을 죄인으로 단정했다. 오랜 기간동안 욥을 알고 있는 친구라면, 당연히 그를 대신해서 무죄를 하나님께 변호해야 했다. 그러나 그들은 한결같이 고난을 당하고 있는 욥에게 자신들의 논리로 회개하라고 재촉하면서, 더 비참하게 만들었다. 그러다 보니 욥은 친구 대신 자기 스스로 하나님께 나아가 자신을 위한 변론을 하려고 했다. 친구들은 욥을 외면했지만, 모든 것을 확실하게 알고 계시는 하나님께서 진실을 가려 주실 것으로 생각했다.

거룩하게 살아도 예수의 이름으로 고난을 당할 때가 올 것이다. 그 때에는 사람들을 의지하지 말고, 모든 것을 주관하시는 하나님께 나아가야 한다. 욥은 이유를 알 수 없는 고난으로 하나님을 저주하고 떠날 수도 있었지만, 오히려 하나님을 더욱 찾았고, 하나님의 보좌로 나아가 직접 만나 뵙기를 원했다.

하나님께서는 정의로 세계를 다스리시며, 공정하게 만백성을 판결하신다(시 9:7,8). 모든 민족이 그리스도인을 핍박하고 박해하는 때가 오더라도(마 24:9), 심판은 사람이 하는 것이 아니라 하나님께서 하신다는 것을 깨닫고, 사람들이 죄인으로 몰아가면서 박해를 하더라도, 흔들리지 말아야 한다. 눈에 보이는 환난에 실망하지 말고, 그 환난을 다스리시는 하나님께 나아가야 한다.

사도 바울은 데살로니가 교회 성도를 생각하면서 하나님께 감사를 드렸다. 왜냐하면 그들의 믿음이 놀랍게 자랐고, 각자 서로에게 베푸는 사랑이 더 풍성해지고 있었기 때문이었다. 그 성도들이 박해와 환난을 당하면서도 인내로 견디어 내고 믿음을 지킨 것으로 인해, 바울은 여러 교회에서 데살로니가 성도들을 자랑했다. 하나님께서는 성도들로 하여금 하나님 나라에 합당한 사람이 되게 하시려고 고난을 주신 것이며, 이 일을 통해 성도들은 하나님의 심판이 공정하다는 것을 알게 될 것이다. 하나님께서는 공의를 베푸셔서 성도들을 괴롭히는 자들에게는 괴로움으로 갚아 주고, 환난을 받는 자들에게는 안식으로 갚아 주신다. 주 예수께서 자기의 능력의 천사들과 함께 하늘로부터 불꽃 가운데에 나타나실 때에, 하나님을 알지 못하는 자들과 우리

주 예수의 복음에 순종하지 않는 자들을 처벌하신다. 그들은 주님 앞에서 쫓겨나 영원히 멸망하는 벌을 받고, 주님의 영광스러운 능력을 보지 못하게 될 것이다. 그날에 주님께서 오시면, 자기 성도들에게서 영광을 받으시고, 모든 믿는 사람에게 경탄의 대상이 되실 것이다(살후 1:3-10).

데살로니가 성도들이 보여주었던 인내와 믿음을 본받아서 미래의 성도들은 박해와 환난을 이겨내야 한다. 이러한 환난은 하나님의 나라에 들어가기 위해 반드시 거쳐야 할 과정이다. 하나님의 나라를 위해 받아야 할 고난이라면, 피할 것이 아니라, 도리어 잘 이겨내도록 애써야 한다. 예수의 이름으로 고난을 받을 성도들에게 필요할 것은 인내와 믿음인 것을 마음에 간직하자.

욥은 하나님을 찾아 헤매고 다녔지만 어느 곳에도 전능자는 계시지 않았다. 하나님은 어디에 계시는가? 그분은 욥과 항상 함께 계셨지만, 욥은 그것을 알지 못했다. 마치 안경을 쓰고 안경을 찾아 다니는 것과 같다. 욥이 고난을 받고 있는 그 장소에서 하나님께서는 그의 환난에 동참하면서, 그의 상황과 마음을 다 알고 계셨다(사 63:9). 성도들이 억울하게 고난을 받고 있을 때에 하나님을 생각하면서 괴로움을 참는 것이 아름다운 일이다(벧전 2:19). 고난으로 괴로워하면서 하나님을 찾으려고 하지만, 하나님을 발견하지 못한 욥의 마음은 절망에 빠져 있는 상태였다. 만일 욥이 받고 있는 환난의 자리에 하나님께서 항상 함께 계셨다는 것을 발견했다면, 아마도 그는 절망이 아니라 기쁨과 소망이 넘쳤을 것이다.

주님께서는 고난 가운데 있는 성도들을 버리지 않으신다. 예수께서는 세상 끝날까지 성도들과 함께 있을 것이라고 약속하셨다(마 28:20). 그러므로 고난이 심하여 마치 전능자께서 안 계시는 것처럼 느낄지라도 좌절하지 말고, 주님께서 영원히 함께 하신다는 약속을 견고히 붙잡아야 한다. 잠시 고난을 받을 것이지만, 그리스도를 믿는 자들에게 자신의 영원한 영광을 주려고 불러 주신 은혜의 하나님께서 친히 성도들을 온전하게 하시고, 굳게 세우시고, 강하게 하시고, 흔들리지 않게 하여 주실 것이다(벧전 5:10).

욥이 받는 고난은 영원한 것이 아니었다. 하나님께서 사탄에게 시험하는 것을 허락하셨지만, 그 기간은 한시적인 것이었다. 성도들이 마지막 때에 받을 고난은 하나님께서 정해 놓은 기간에 한정된 것이며, 하나님 나라에 들어가기 합당한 사람이 되기 위해 필요한 기간이라는 것이다. 마지막은, 큰 환난을 겪어낸 성도들은(계 7:14) 영원한 영광이 있는 하나님의 나라에 참여하게 될 것이다.

하나님은 내가 발 한 번 옮기는 것을 다 알고 계실 터이니, 나를 시험해 보시면 내게 흠이 없다는 것을 아실 수 있으련만! 내 발은 오직 그분의 발자취를 따르며, 하나님이 정하신 길로만 성실하게 걸으며, 길을 벗어나서 방황하지 않았건만! 그분의 입술에서 나오는 계명을 어긴 일이 없고, 그분의 입에서 나오는 말씀을 늘 마음속 깊이 간직하였건만! 그러나 그분이 한번 뜻을 정하시면, 누가 그것을 돌이킬 수 있으랴? 한번 하려고 하신 것은, 반드시 이루고 마시는데, 하나님이 가지고 계신 많은 계획 가운데, 나를 두고 세우신 계획이 있으면, 반드시 이루고야 마시겠기에 나는 그분 앞에서 떨리는구나. 이런 것을 생각할

때마다, 그분이 두렵구나. 하나님이 내 용기를 꺾으셨기 때문이고, 전능하신 분께서 나를 떨게 하셨기 때문이지, 내가 무서워 떤 것은 어둠 때문도 아니고, 흑암이 나를 덮은 탓도 아니다. (욥 23:10–17)

욥기 23:10을 여러 번역본에서 비교해 보았다.

욥 23:10 하나님은 내가 발 한 번 옮기는 것을 다 알고 계실 터이니, 나를 시험해 보시면 내게 흠이 없다는 것을 아실 수 있으련만!
개정 욥 23:10 그러나 내가 가는 길을 그가 아시나니 그가 나를 단련하신 후에는 내가 순금 같이 되어 나오리라
NIV Job 23:10 But he knows the way that I take; when he has tested me, I will come forth as gold.
KJV Job 23:10 But he knoweth the way that I take: when he hath tried me, I shall come forth as gold.
흠정역 욥 23:10 그러나 내가 가는 길을 그분께서 아시나니 그분께서 나를 단련하신 뒤에는 내가 금같이 나오리라.

이렇듯 하나님을 만나기 위해 찾아 헤맸지만 욥은 그분을 만나지 못했다. 그러나 욥은 절망에 빠진 것이 아니라, 도리어 하나님을 새롭게 알게 되었다. 하나님께서는 욥의 발걸음을 낱낱이 알고 계실 것이다. 그러므로 하나님께서 욥을 시험(test)해 보시면, 자신이 순금처럼 깨끗하다는 것을 아실 것이라고 생각했다. 다시 말하자면 하나님의 시험(test)이 끝날 때에는 용광로에서 순금이 나오는 것처럼 자신이 깨끗하고 순결하다는 것이 증명될 것이라는 것이다.

하나님께서는 욥이 하나님께 순종하였고, 경건하면서, 죄를 짓지 않고 거룩한 삶을 살았다는 것을 이미 알고 계셨다. 모든 것을 하나님께서 알고 계신다고 믿었기에 욥은 담대하게 그분께 나아갈 수 있었다. 혹자는 하나님 앞에서 자신의 결백을 주장하려는 것은 잘못이라고 생각할 수도 있을 것이다. 그렇지만 마지막 때의 성도는 하나님 앞에서 흠 없이 살았던 욥을 본받아야 한다. 하나님께서 우리의 모든 것을 알고 계시므로, 일상의 삶에서 거룩한 하나님의 백성으로 살려는 몸부림이 있어야 한다. 하나님 말씀에 순종하지 않으며 매일 죄를 짓고 살았다고 고백하면서, 그럼에도 불구하고 하나님 앞에 나왔다고 말하는 것은 겸손한 성도가 아니다. 부족한 가운데 의인의 길에서 벗어나지 않으려고 애썼지만, 완전하지는 않았다고 자신을 돌아보는 것이 겸손을 갖춘 것이다.

죄를 짓지 않은 욥이 고난을 받은 성도들에게 예가 된다면, 성도들은 욥을 본받아서 죄가 없는 거룩한 삶을 살아야 하는 것은 당연한 이치이다. 매일 죄로 쓰러질 수 있었지만, 모든 것을 살펴보시는 하나님을 바라보면서, 성령에 의해 승리의 삶을 살아가는 고백을 하는 것은 교만이 아니라 오히려 당연히 해야 할 성도의 의무이다. 믿음으로 죄에서 해방된 성도라면 이제부터는 악과 싸워서 이기는 성도가 되어야 한다.

욥의 삶은 항상 하나님을 사모하는 마음으로 가득 차 있었다. 욥은 오직 하나님의 발자취를 따랐고, 하나님께서 정하신 길을 한 발짝도 벗어나지 않았다. 그는 하나님의 계명을 어기지 않았고, 매일 먹는 음식보다 하나님의 입에서 나온 말씀을 사모하여 늘 마음에 깊이 간직했다.

욥은 성도들이 본받아야 할 신앙의 진수를 보여주었다. 만일 하나님을 온전히 따랐지만, 이유를 알 수 없는 고난을 당해서 신앙에서 멀어진 사람이 있다면, 그는 욥을 통해 신앙이 회복되어야 한다. 고난 가운데에 있는 욥은 몸부림 치면서 하나님을 바라보며 기도했다. 올바르게 하나님을 섬겼을지라도 고난을 겪고 있는 욥은 하나님을 원망하는 것이 아니라, 도리어 하나님을 의지했다.

사람이 죄로 인하여 고통을 받고 있다면, 그것은 그가 저지른 죄에 대한 보응이다. 그러나 하나님의 말씀을 마음에 새기면서 순종의 삶을 살았던 사람이 신앙으로 인해 고난을 받고 있다면, 이것은 하나님의 뜻을 따라 받는 고난이라고 이해해야 한다(벧전 4:19). 욥의 신앙을 따라 살아가는 성도가 되어야, 욥이 받는 고난에 동참할 자격을 갖춘 것이다. 거룩한 욥의 삶을 본받지 않은 사람이 받는 고난은 형벌이지만, 욥의 신앙을 본받은 성도가 예수로 인해 고난을 받고 있다면, 하나님의 나라에 들어갈 준비를 하는 것이다.

욥은 하나님께서 정한 뜻을 돌이킬 사람은 아무도 없다고 고백했다. 하나님께서 계획하신 것은 반드시 이루어진다. 하나님께서 욥에게 작정하신 계획을 반드시 이루실 것이다. 욥에게 하나님 앞에 나서는 것은 두려웠고, 생각만 해도 떨리는 일이었다.

욥에게 닥친 모든 고난은 하나님께서 정하신 것이었다. 환경을 결정하고 모든 것을 이끌어 가는 분은 하나님이시다. 그는 자신에게 고난을 결정하신 하나님을 알고 있었다. 고난을 예비하신 것이 잘못이었다고 말하는 것이 아니라, 먼저 하나님께서 모든 것을 주관하신다는 것을 인정했다. 하나님께서 욥에게 대한 계획을 세우셨는데, 그것이 고난이라는 것이다.

욥은 이런 복잡한 생각으로 두려움에 떨었다. 왜 고난을 계획하셨단 말인가? 욥이 살았던 경건의 삶은 하나님께서 보시기에 쓸데없는 것인가? 많은 성도들은 하나님의 뜻을 따르겠다고 말하면서, 형통을 하나님의 뜻으로 생각하고, 고난은 하나님의 뜻이 아니라고 부인하려고 한다. 예상하지 못한 일을 만날 때, 그 일은 하나님께서 허락하신 것임을 우리는 먼저 인정해야 한다. 욥은 자신에게 닥친 고난도 하나님께서 계획하신 것으로 알았다. 고난이 하나님의 계획이라면, 고난을 맞이하는 그리스도인의 올바른 자세는 무엇일까? 고난을 통해 우리가 얻게 될 유익은 무엇인가?

모든 과정을 통해 욥은 하나님을 더 경외하게 되었다. 하지만 하나님께서 욥의 마음을 약하게 하고, 두렵게 하셨다. 그러나 욥이 두려워했던 것은 어둠 때문이 아니요, 암흑 속에 빠진 탓도 아니었다. 단지 우주 만물을 주관하시는 하나님께서 욥을 다스리고 계시는 것을 알고 있었기 때문이다.

아울러 욥의 마음이 무거웠던 것은 고난에 의한 절망이 아니었다. 그는 오직 하나님을 경외하고 있었으므로, 고난 가운데에서 하나님께 죄를 범하지 말아야 함을 알고 있었다. 우리에게 닥친 어려운 환경으로 괴로움을 당할 수는 있지만, 그것이 우리를 영원한 사망으로 끌고 가지는 못한다. 끝이 없는 고난으로 넘어지는 것이 아니라, 고난을 허락하신 하나님을 두려워하는 것이 올바른 신앙의 자세이다.

욥은 자신의 결백을 하나님께 아뢰길 원했다. 그는 하나님을 만날 수 없었다고 하지만, 실제로 하나님께서는 고난을 당하고 있는 그와 함께 계셨다. 우리가 고난 가운데 있게 될 그때 그 장소에서, 나와 항상 함께하시는 하나님을 만나야 한다. 그분께서 우리에게 허락하신 시련(시험)을 기쁨으로 인내하면서, 주님께 대한 절대적인 믿음을 가져야 한다. 욥이 살았던 경건의 삶은 그리스도인이 본받아야 할 신앙이다. 욥의 신앙을 닮은 사람이 되어야 하나님께서 계획하신 고난에 참여할 자격이 주어질 것이다. 그래서 욥의 고난에 참여하는 것을 통해 하나님의 나라에 들어가기에 합당하게 될 것이다. 영원한 영광을 위해 잠시 받는 고난을 하나님의 뜻대로 받는 것이라고 생각하며, 인내와 믿음으로 이겨내야 한다.

31 욥기 24장 1-25

어찌하여 전능하신 분께서는, 심판하실 때를 정하여 두지 않으셨을까? 어찌하여 그를 섬기는 사람들이 정당하게 판단받을 날을 정하지 않으셨을까? 경계선까지 옮기고 남의 가축을 빼앗아 제 우리에 집어넣는 사람도 있고, 고아의 나귀를 강제로 끌어가는 사람이 있는가 하면, 과부가 빚을 갚을 때까지, 과부의 소를 끌어가는 사람도 있구나. 가난한 사람들이 권리를 빼앗기는가 하면, 흙에 묻혀 사는 가련한 사람들이 학대를 견디다 못해 도망가서 숨기도 한다. (욥 24:1-4)

욥은 가난한 자들이 학대를 받고, 악한 자들이 형통하는 것을 보면서, "왜 하나님께서는 악인을 심판하실 날을 정해 놓지 않으셨는가?" 라고 여쭈면서, 하나님의 공의를 찾아볼 수 없다고 말한다. 악인들은 자기들이 저지른 죄악에 대한 보응을 받지 않는다고 생각하므로, 더욱 오만하게 행동한다. 그들의 악행에 대한 즉각적인 심판이 있다면,

아마도 사람들은 악한 일에서 돌이킬 수 있을 것이다. 그러나 즉각적으로 심판이 내려지지 않다 보니, 악인들은 심판을 두려워하지 않고 더 큰 죄를 짓고 있다.

하나님을 성실하게 섬기는 사람들은 하나님의 공의가 이루어지지 않는 것을 보면서 실망한다. 하나님께서 모든 것을 감찰하고 계신다면, 악인들에게는 형통이 아닌 보응이 현실 세계에 있어야 할 것이다. 그리고 악인과는 달리 하나님 앞에서 구별된 삶을 살았던 성도들에게는 하나님의 공정한 판단이 내려져야 할 것이다. 하지만 그날도 언제 이루어질 것인지 알지 못한다.

악인들은 하나님의 공의를 두려워하지 않으며, 심판이 있다는 것을 믿지 않기에, 오직 현실에서의 이익만을 추구하고 있다. 그러나 의인들은 하나님께서 살아 계시는 것을 알고 있기에, 그분께 대한 경외심으로 인하여 불의로 얻는 이익을 추구하지 말아야 한다. 현실에서는 선악에 대한 신속한 보상과 처벌이 일어나지 않으므로, 마치 하나님께서 계시지 않는 것처럼 보인다. 욥은 이런 현실을 친구들에게 말한다. 과연 하나님의 공의는 있는가? 욥은 하나님의 정당한 심판이 없는 것을 불평한다.

악인은 사회의 법까지 무시하면서 자신의 이익을 위해 불법을 저지르고도 양심의 가책을 받지 않는다. 남의 소유물을 빼앗는 것이 자신의 능력이라고 생각하면서, 자신의 재산이 늘어가는 것을 보고 기뻐한다. 가난한 자가 가진 유일한 재산도 힘으로 빼앗고, 사회적으로 힘없는 사람의 재산을 가로챈다. 이들은 자기 중심적이며, 재산을 빼앗기는 사람은 무능한 사람이라고 오히려 비난한다.

가난한 사람은 권리를 빼앗겨서 길에 쫓겨나고, 연약하고 불쌍한 사람은 학대로 인하여 도망쳐서 숨기도 한다. 이처럼 힘없는 사람을 학대하고 권리를 빼앗아도, 가해자들은 벌을 받지 않는다. 욥의 친구들은 권선징악(勸善懲惡), 인과응보(因果應報)와 같은 세상 이치를 주장하지만, 현실적으로는 그들의 말이 세상에서 그대로 이루어지지 않는다.

그렇다면 하나님께서 사람들을 심판하실 날은 언제인가? 또한 현재 고통을 당하고 있는 사람들의 억울함을 왜 돌아보시지 않는가? 왜 악한 자들은 더 풍요롭고 안락한 삶을 살고 있는가? 이런 현실적인 상황을 보면서, 하나님의 공의가 존재하는지에 대한 의심을 품게 된다.

가난한 사람들은 들나귀처럼 메마른 곳으로 가서 일거리를 찾고 먹거리를 얻으려고 하지만, 어린 아이들에게 먹일 것을 찾을 곳은 빈 들뿐이다. 가을걷이가 끝난 남의 밭에서 이삭이나 줍고, 악한 자의 포도밭에서 남은 것이나 긁어모은다. 잠자리에서도 덮을 것이 없으며, 추위를 막아 줄 이불 조각 하나도 없다. 산에서 쏟아지는 소낙비에 젖어도, 비를 피할 곳이라고는 바위 밑밖에 없다. 아버지 없는 어린 아이를 노예로 빼앗아 가는 자들도 있다. 가난한 사람이 빚을 못 갚는다고 자식을 빼앗아 가는 자들도 있다. 가난한 사람들은 입지도 못한 채로 헐벗고 다녀야 한다. 곡식단을 지고 나르지만, 굶주림에 허덕여야 한다. 올리브로 기름을 짜고, 포도로 포도주를 담가도, 그들은 여전히 목말라 한다. 성읍 안에서 상처받은 사람들과 죽어 가는 사람들이 소리를 질러도, 하나님은 그들의 간구를 못 들은 체하신다. (욥 24:5-12)

욥은 계속해서 사회의 약자들이 억울함을 당하고 있는 것을 말한다. 가난한 사람들은 거친 광야의 들나귀처럼 메마른 곳으로 가서 일하면서 먹을 것을 찾아 헤매지만, 그들의 자식들을 먹일 것은 아무것도 없다. 그들은 밭에서 이삭을 주우며, 악한 자의 포도밭에서 남겨둔 포도를 따는 신세이다. 잠자리에 걸칠 옷도 없어서 알몸으로 밤을 새우고, 추워도 덮을 이불 조각이 없다. 산에서 소나기를 만나서 흠뻑 젖었어도, 비를 피할 곳은 바위 밑뿐이다.

악인의 악행으로 인해, 가난한 사람들은 고난과 어려움으로 힘들어하고 있다. 가난한 사람들은 비참한 환경에서 빠져나올 기회가 없는 것처럼 보인다. 노력을 해도 그 대가를 얻을 수 없으며, 가난은 더욱 심해지기만 한다. 이것이 가난한 사람들이 현재 겪고 있는 현실이다. 세상에서 정의는 사라진 것 같고, 고통받고 있는 사람은 더욱 더 비참한 삶을 살고 있다. 이처럼 불공정한 세상에서 과연 하나님의 손길은 사라진 것인가?

악한 자들은 고아를 어머니의 품에서 빼앗아 노예로 팔아 넘기며, 가난한 사람이 빚을 갚지 못한다고 젖먹이 아기를 볼모로 잡는다. 그리고 가난한 사람들은 옷이 없어서 벌거벗고 다니며, 남의 곡식단을 지고 나르지만 정작 그들은 굶주림에 허덕인다. 올리브로 기름을 짜고, 포도로 포도주를 담가도, 그들의 몫은 없다.

악한 자들은 오직 재물로만 사람을 평가한다. 그들은 공의의 하나님을 섬기지 않고, 오직 자신들의 이익을 위하는 재물의 신, 맘몬

(Mammon)을 섬길 뿐이다. 그들은 빚을 볼모로 사람의 인권도 무시하면서, 무자비하게 재물을 얻기 위해 최선을 다한다. 어떤 사람들에게는 풍성한 물질과 음식을 즐기는 세상이지만, 가난한 사람들은 헐벗고, 굶주림으로 고통을 받는다. 이것이 모순 가득한 현실세계의 실상이다.

죽어가는 자들의 신음 소리와 폭행으로 숨이 넘어갈 듯 외치는 소리가 드높은데, 과연 하나님께서는 그들의 참상을 보지 않으시는가? 하나님의 공의가 사라진 것 같은 세상에서, 하나님은 무엇을 하고 계시는가? 그럼에도 불구하고 하나님의 공의는 사라진 것이 아니다. 다만 공의의 심판이 늦춰지고 있을 뿐이다. 하나님께서 손수 모든 행위와 선한 것이든 악한 것이든 모든 은밀한 일을 심판하신다(전 12:14).

그리스도인을 박해하는 자들에게 하나님의 이름으로 대신 형벌을 줄 수는 없다. 도리어 박해하는 자를 저주하지 말고 축복하라고 한다(롬 12:14). 악을 행하는 자에게 악으로 갚지 말고, 모든 사람들이 선하다고 생각하는 일을 하려고 애써야 한다(롬 12:17). 그러므로 악을 선으로 이기라는 것이다(롬 12:21). 원수를 갚는 것은 사람이 할 일이 아니라 하나님께서 친히 하신다고 하셨다(롬 12:19). 그렇지만 주님께서는 자기 백성을 심판하시므로(히 10:30), 하나님의 백성답게 올바르게 살아야 할 책임이 있다.

세상에는 욥이 말했던 것과 같은 비참한 삶을 살고 있는 사람들이 많다. 그들이 우리의 주위에 있는 이유는 하나님께서 우리들을 하나님의 사랑을 전하는 대리자로 삼으셨기 때문이다. 욥이 보았던 세상의 부조리를 정의감으로 고발하는 것보다, 하나님의 손길이 되어서 고통을 받고 있는 그들을 돌봐 주어야 한다.

엡 5:1 그러므로 여러분은 사랑을 받는 자녀답게, 하나님을 본받는 사람이 되십시오.
개정 엡 5:1 그러므로 사랑을 받는 자녀 같이 너희는 하나님을 본받는 자가 되고
NIV Eph 5:1 Be imitators of God, therefore, as dearly loved children

하나님께서 우리를 사랑하셨으며, 이것을 통해 사랑의 본을 보여주셨다. 하나님의 사랑을 받아서 하나님의 자녀가 되었다면, 이제는 받았던 그 사랑으로 사랑하라는 것이다. 하나님의 사랑을 모방할 때 하나님의 짝퉁(imitators of God)이 될 수 있다. 그리스도께서 우리를 사랑하셨으므로 우리를 위하여 자신을 바치셔서 하나님 앞에 향기로운 예물과 제물이 되어 주셨다. 그리스도께서 우리를 사랑하신 것 같이 우리도 사랑을 실천하는 삶을 살아가야 한다.

하나님과 예수 그리스도께서 보여주신 것과 똑같은 사랑을 할 수는 없지만, 그 사랑을 흉내내라는 것이다. 진품(genuine) 사랑은 아닐지라도, 그 사랑을 모방하는 모조품(imitation) 사랑이라도 하라는 것이다. 하나님께서는 자신의 사랑을 본받아 행하는 짝퉁 사랑을 귀하게 여기신다. 사랑의 행함이 마지막 심판의 근거가 되기 때문이다(마 25:31-

46). 완벽한 사랑을 할 수 없다고 포기할 것이 아니라, 우리가 할 수 있는 작은 사랑을 행해야 하며, 하나님께서는 이것을 원하신다.

세상에는 하나님의 사랑을 애타게 찾는 사람들이 많다. 만일 그리스도인으로서 하나님의 사랑을 전하는 임무를 제대로 하지 못한다면, 이는 직무태만이 되는 것이다. 부담감을 갖고 엄청나게 큰 일을 하라는 것이 아니라, 우리가 할 수 있는 작은 사랑을 베풀라는 것이다. 사랑이 담긴 인사, 기쁨이 가득한 미소, 상대방을 위한 배려, 상대방에 대한 이해와 같은 사소한 것부터 시작해야 한다.

빛을 싫어하는 사람들이 있다. 그들은 빛이 밝혀 주는 것을 알지 못하며, 빛이 밝혀 주는 길로 가지 않는다. 살인하는 자는 새벽에 일어나서 가난한 사람과 궁핍한 사람을 죽이고, 밤에는 도둑질을 한다. 간음하는 자는 저물기를 바라며, 사람들이 눈치채지 못할 것이라고 생각하며, 얼굴을 가린다. 도둑들은 대낮에 털 집을 보아 두었다가, 어두워지면 벽을 뚫고 들어간다. 이런 자들은 하나같이 밝은 한낮에는 익숙하지 못하다. 그들은 한낮을 무서워하고, 오히려 어둠 속에서 평안을 누린다. (욥 24:13-17)

광명을 배반하는 악한 사람들이 있으며, 이들은 빛을 싫어한다. 악인은 떳떳한 생활을 꺼려하므로, 밝은 길로 가지 않기 때문이다. 이러한 내용은 마치 예수께서 세상에 빛으로 오신 사건을 말하려는 것과 같다.

예수께서는 참 빛으로 어두운 세상에 오셔서 각 사람에게 빛을 비췄다(요 1:5,9). 빛이 세상에 들어왔지만, 사람들이 자기들의 행위가 악하므로, 빛보다 어둠을 더 사랑했다. 악한 일을 저지르는 사람은, 누구나 빛을 미워하며, 빛으로 나아오지 않는다. 그것은 자기 행위가 드러날 것을 두려워하기 때문이다. 그러나 진리를 행하는 사람은 빛으로 나아온다. 그리하여 자기의 행위가 하나님 안에서 행한 것을 나타내려는 것이다(요 3:19-21).

세상을 창조하신 주님께서 세상에 오셨지만, 세상은 그를 알지 못했고, 자기 백성이 그를 영접하지 않았다. 세상에 오신 예수께서는 세상의 빛으로 계셨고(요 9:5), 자기를 따르는 사람은 어둠 속에 다니지 아니하고, 생명의 빛을 얻을 것이라고 하셨다(요 8:12). 그리고 우리들에게 세상의 빛이라고 하셨다. 그리스도인은 빛을 싫어하는 자들이 아니라, 도리어 어두운 세상을 밝히 비추는 빛이 되어야 한다. 빛을 비춘다는 의미는 사람들에게 착한 행실을 행하라는 것이며, 이것을 보고 하늘에 계신 아버지께 영광을 돌리게 하라는 것이다(마 5:14-16).

사 60:1 예루살렘아, 일어나서 빛을 비추어라. 구원의 빛이 너에게 비치었으며, 주님의 영광이 아침 해처럼 너의 위에 떠올랐다.
2 어둠이 땅을 덮으며, 짙은 어둠이 민족들을 덮을 것이다. 그러나 오직 너의 위에는 주님께서 아침 해처럼 떠오르시며, 그의 영광이 너의 위에 나타날 것이다.
3 이방 나라들이 너의 빛을 보고 찾아오고, 뭇 왕이 떠오르는 너의 광명을 보고, 너에게로 올 것이다.

그리스도인들은 일어나서 빛을 비추어야 한다. 구원의 빛이 왔고, 주님의 영광이 이들 위에 떠올랐다. 어둠이 땅을 덮어서, 모든 사람들을 덮칠 것이다. 그러나 성도들 위에 주님께서 임하셔서, 그의 영광이 그들 위에 나타날 것이다. 이방 나라들이 그 빛을 보고 찾아오며, 많은 왕들은 광명으로 나아올 것이다. 이처럼 마지막 때에는 어두운 세상이 되겠지만, 주님의 영광이 임한 그리스도인은 일어나서 빛을 비추어야 한다.

욥은 악인들의 악한 생각과 방법에 대하여 말한다. 그들은 아침부터 가난하고 궁핍한 사람을 죽이면서, 밤에는 도둑질을 한다. 모든 악한 행위는 어둠에 속한 것이므로, 날이 저물기를 기다려 간음하면서 자신의 얼굴을 가린다. 그러나 사람들의 눈을 피할 수는 있지만, 모든 것을 지켜보고 계시는 하나님을 피할 수는 없다. 낮에는 악한 행위가 드러나기를 두려워하여 빛을 피하지만, 어둠 속에서는 자신의 본색이 나타난다.

아무리 강한 어둠이라고 하더라도, 빛이 비추이는 순간에 어둠은 사라지고 만다. 어두운 세상에 빛이 되시는 예수께서 오셨으므로, 악한 무리는 빛을 없애 버리려고 한다. 그러나 빛은 이미 세상에 비추었고, 이제부터는 빛이나 어둠을 선택하는 사람들의 결정에 따라 선과 악의 삶을 사는 것이다. 악인은 자신의 악한 행위를 감추려고 어둠을 택하며, 어둠 속에 있을 때 평안을 얻는다.

그리스도인은 빛 되시는 예수님을 영접한 사람들이며, 세상에 선행으로 주님의 빛을 비추어야 한다. 그러기에 어둠을 좋아하는 자들과 함께하지 말아야 한다. 우리도 과거에는 어둠이었으나, 지금은 주님 안에서 빛이므로, 빛의 자녀답게 살아야 한다. 그러면 모든 선과 정의와 진실의 열매를 맺게 될 것이다. 주님께서 기뻐하시는 일이 무엇인지 분별해 보라. 열매 없는 어둠의 일에 참여하지 말고, 도리어 그런 일을 폭로하라. 그들이 몰래 하는 일들은 말하기조차 부끄러운 일들이다. 그러나 빛에 의해 어둠의 일을 폭로하면, 모든 것이 드러나게 될 것이다. 빛을 받아 드러나면 빛의 세계에 속하게 될 것이다. "잠자는 사람아, 일어나라. 죽은 사람 가운데서 일어서라. 그리스도께서 너를 환히 비추어 주실 것이다" (사 60:1, 엡 5:7–14)

악한 사람은 홍수에 떠내려간다. 그의 밭에는 하나님의 저주가 내리니, 다시는 포도원에 갈 일이 없을 것이다. 날이 가물고 무더워지면 눈 녹은 물이 증발하는 것 같이, 죄인들도 그렇게 스올로 사라질 것이다. 그러면 그를 낳은 어머니도 그를 잊고, 구더기가 그를 달게 먹는다. 아무도 그를 다시 기억하지 않는다. 악은 결국, 잘린 나무처럼 멸망하고 마는 것이다. 과부를 등쳐 먹고, 자식 없는 여인을 학대하니, 어찌 이런 일이 안 일어나겠느냐? 하나님이 그분의 능력으로 강한 사람들을 휘어잡으시니, 그가 한번 일어나시면 악인들은 생명을 건질 길이 없다. 하나님이 악한 자들에게 안정을 주셔서 그들을 평안하게 하여 주시는 듯하지만, 하나님은 그들의 행동을 낱낱이 살피신다. 악인들은 잠시 번영하다가 곧 사라지고, 풀처럼 마르고 시들며, 곡식 이삭처럼 잘리는 법이다. 내가 한 말을 부인할 사람이 누구냐? 내가 한 말이 모두 진실이 아니라고 공격할 자가 누구냐? (욥 24:18–25)

욥은 세상의 현실을 말하지만, 그는 하나님의 공의는 없는 것이 아니라 하나님께서 정한 때에 이루어질 것이라고 말한다. 만약 하나님의 적절한 때에 심판이 악인에게 임한다면 어떻게 될까? 악한 사람들은 물 위에 있는 거품이며, 그들이 누리고 있는 것에는 하나님의 저주가 내릴 것이므로, 그들이 다시 포도원에 갈 일이 없을 것이다. 그들이 아무리 많은 것을 가지고 있다고 하더라도, 그들의 소유물은 사라지고, 그들은 죽음을 맞이할 것이다.

욥은 자신이 모아 두었던 많은 재물과 소유물이 갑자기 증발해 버리는 경험을 했다. 하나님의 은총으로 누리고 있었지만, 어느 순간에 사라지고 말았다. 욥이 악을 행한 것은 아니었지만, 가지고 있는 것들은 영원한 것이 아님을 알 수 있었다. 사람들이 가지려고 애쓰면서 이루어 놓은 성취는 일시적인 것이다.

악인의 형통과 의인의 고난 중에 무엇을 선택할 것인가? 형통과 풍요를 위해서는 악인이 되어도 상관이 없다고 생각하는가? 비록 고난이 있다고 하더라도 하나님 앞에서 의인으로 살기를 원하는가? 잠시 있다가 사라지는 것을 위해 사는 사람들은 결국 허무한 것을 위해 인생의 시간을 허비했다는 것을 알게 될 것이다.

악인들이 죽음을 맞이하면, 사람들은 그들을 기억하지 않을 것이며 흔적조차 찾지 못할 것이다. 그들은 자신들이 행했던 악한 행위로 인하여 당연히 받을 형벌을 받게 된다. 하나님의 날에 하나님께서는 모든 자들을 심판하시므로, 악인들은 자신의 어두운 행위에 마땅한 보응을 받게 될 것이다. 하나님께서 악한 자들에게 일시적으로 평안을 주시지만, 그분께서는 그들의 행동을 낱낱이 살펴보신다. 악인들은 잠시 잠깐 번영하여서 높아졌다가 곧 낮아지게 되며, 곡식 이삭처럼 잘려지게 될 것이다.

악인들의 번영은 일시적이다. 순식간에 영원한 형벌이 임할 것이다. 아직 그들에게 시간이 남아 있는 이유는 그들에게 선한 길을 찾고 나아갈 기회를 하나님께서 주신 것이다. 하나님의 은혜와 사랑으로 심판의 때를 늦추고 계신다. 혹시 나에게 악인의 요소는 없는지 뒤돌아보아야 한다. 철저히 나를 돌아보아 제거해야 할 악의 싹을 제거해야 한다. 악을 행했지만 아무런 형벌을 받고 있지 않다면 죄로부터 용서를 받은 것이 아니라 심판이 유보되고 있는 것이다.

욥은 악인들의 미련한 선택을 말한다. 그들은 일시적인 것을 위해 영원한 것을 포기하고 있다. 세상에서 모든 것을 누렸던 솔로몬은 자신이 누렸던 즐거움과 재물, 지위, 지식이 모두 헛된 것이었다고 증언했다. 그리고 하나님을 두려워하고 계명을 지키는 것이 사람이 해야 할 의무라고 말했다.

전 12:13 ○할 말은 다 하였다. 결론은 이것이다. "하나님을 두려워하여라. 그분이 주신 계명을 지켜라. 이것이 바로 사람이 해야 할 의무다.
14 하나님은 모든 행위를 심판하신다. 선한 것이든 악한 것이든 모든 은밀한 일을 다 심판하신다."

인생은 무엇을 많이 얻기 위해 있는 것이 아니라, 모든 것을 창조하신 하나님을 주인으로 섬기면서, 세속화되지 않은 성도로서 주님의 명령을 따라 영원한 나라를 사모하기 위해 주어진 시간이다. 욥의 한탄 속에는 현실에 대한 부조리를 인식하는 것과 하나님의 심판이 기다리고 있다는 것을 발견할 수 있다. 우리는 세상에서 사람의 욕망을 따르는 자가 아니라, 영원을 사모하면서, 예수님과 함께 세상에서 빛이 되는 그리스도인으로 살아가야 할 것이다.

32 욥기 25장 1-6

수아 사람 빌닷이 대답하였다. 하나님께는 주권과 위엄이 있으시다. 그분은 하늘 나라에서 평화를 이루셨다. 그분이 거느리시는 군대를 헤아릴 자가 누구냐? 하나님의 빛이 가서 닿지 않는 곳이 어디에 있느냐? 그러니 어찌 사람이 하나님 앞에서 의롭다고 하겠으며, 여자에게서 태어난 사람이 어찌 깨끗하다고 하겠는가? 비록 달이라도 하나님에게는 밝은 것이 아니며, 별들마저 하나님이 보시기에는 청명하지 못하거늘, 하물며 구더기 같은 사람, 벌레 같은 인간이야 말할 나위가 있겠는가? (욥 25:1-6)

빌닷은 세 번째이며, 마지막 발언을 했다. 그렇지만 소발은 더 이상 말하지 않는 것으로 보아, 친구들의 지혜는 소진되어서 욥을 더 괴롭힐 수 없다는 것을 알았던 것 같다. 하나님께는 다스리는 주권(dominion)과 위엄(awe, fear)으로 절대적인 통치를 하시므로 사람을 포함한 모든 피조물은 하나님을 경외하며 순종할 수밖에 없다. 이렇게 존엄하신 하나님 앞에서 사람은 자신의 의로움과 정결을 말할 수 없다는 것이다.

그의 주장은 경건한 것처럼 보이지만, 이것은 엘리바스의 주장(욥 4:17, 15:14)과 욥이 인정한 내용(욥 9:2, 14:4)이었으며, 이러한 그의 말은 이미 알고 있는 내용을 반복했을 뿐이었다.

엘리바스;

욥 4:17 "인간이 하나님보다 의로울 수 있겠으며, 사람이 창조주보다 깨끗할 수 있겠느냐?

욥 15:14 인생이 무엇이기에 깨끗하다고 할 수 있겠으며, 여인에게서 태어난 사람이 무엇이기에 의롭다고 할 수 있겠느냐?

욥;

욥 9:2 그것이 사실이라는 것은 나도 잘 알고 있다. 그러나 사람이 어떻게 하나님 앞에서 의롭다고 주장할 수 있겠느냐?

욥 14:4 그 누가 불결한 것에서, 정결한 것이 나오게 할 수 있겠습니까? 아무도 그렇게 할 수 없습니다.

빌닷은 사람 스스로 하나님 앞에서 의롭다고 주장할 수가 없으며, 깨끗할 수도 없다고 말했다. 빌닷은 다만 하나님의 이름을 이용하여 욥을 굴복시키려고 했다. 악한 의도를 품고 있는 빌닷의 말은 진리를 가장한 궤변이었다. 빌닷은 사람의 뜻을 이루기 위해 하나님의 이름을 이용했으며, 그런 행위는 일종의 범죄였다.

하나님께서 욥에 대하여, "이 세상에는 그 사람만큼 흠이 없고 정직한 사람, 그렇게 하나님을 경외하며 악을 멀리하는 사람은 없다"고 하셨다(욥 1:8). 하지만 사람은 하나님 앞에서 자신을 의인이라 주장할 수 없다. 그렇지만 하나님께서는 특별한 사람을 의로운 자로 여기신다. 이러한 예는 아브라함에게서 찾을 수 있다.

하나님께서 아브라함에게 자식에 대한 약속을 하셨지만, 노년이 되었어도 그에게는 자식이 없었다. 아브라함은 자식이 없으므로, 그의 종 엘리에셀이 상속자가 될 것인지를 하나님께 물었다. 그러자 하나님께서는 아브라함의 몸에서 날 아들이 그의 상속자가 될 것을 약속하시면서, 하늘에 있는 수많은 별처럼 그의 자손이 별처럼 많아질 것이라고 하셨다. 아브라함은 하나님을 믿었고, 하나님께서는 그의 믿음을 의로 여기셨다(창 15:1-6).

아브라함은 하나님 앞에서 스스로 의인은 아니었지만, 하나님께서는 그의 믿음을 의로 여기셨다. 사람은 하나님 앞에서 자기를 의인이라고 말할 수는 없지만, 아브라함의 믿음을 의로 여기셨던 하나님께서는 예수를 믿는 자를 의로운 자로 인정하신다(롬 3:26, 4:24). 그러기에 사람은 율법을 행하는 행위로 의롭게 되는 것이 아니라, 예수 그리스도를 믿는 믿음으로 의롭게 된다(롬 5:1, 갈 2:16). 결국 사람의 노력으로 의인이 되는 것이 아니라, 하나님께서 자신의 주권으로 예수를 믿는 자를 의인이라고 하신다.

'하나님께서 지극히 높은 곳에서 평화를 이루셨다'는 말은 하나님께 대항하였던 천사들의 세력이 진압된 이야기로 보는 견해가 있다(욥 9:13, 26:12,13, 시 82:1, 사 14:12-14, 24:21,22, 호크마 주석). 천상의 존재들도 하나님께 복종하였는데, 이 땅의 피조물인 인간은 더욱더 하나님 앞에 자신을 낮추어야 한다는 것이다. 이러한 이유로 빌닷은 욥에게 하나님의 위엄에 굴복하라는 것이다. 빌닷은 수단과 방법을 가리지 않고 욥을 넘어뜨리기 위해 마치 자신이 하나님의 대언자가 된 것처럼 압박하였다.

빌닷은 하나님의 군대, 곧 하나님의 명령에 복종하는 수많은 하늘의 영들과 천군 천사를 말했다. 하나님의 전능하심과 위대하심 앞에서 보잘것없는 인간이 자신의 무죄를 말하는 것은 상식 밖이라는 것이다(호크마 주석). 이러기에 빌닷은 무죄를 주장하는 욥이 하나님께 대항하고 있다고 간접적으로 주장한다. 하나님 앞에서는 사람의 생각과 주장을 드러내는 것 자체가 불경한 행동이라는 것이다.

빌닷은 하나님에 대하여 인간 세계와는 상관없이 홀로 높으시고, 거룩하신 분이라고 생각했다. 그래서 사람이 하나님께 대하여 이의를 제기할 수도 없고, 자신의 생각을 말하는 것도 옳지 못한 것으로 보았다. 그러므로 사람이 하나님께 가까이 나아가는 것은 상상할 수도 없는 무례한 것으로 보았다.

그러나 욥은 하나님께서 인간들과 함께 계셔서, 감찰하며 다스리신다고 믿었다. 그러기에 그는 삶의 현장에서 하나님을 섬겼고 두려워했다. 자녀들이 혹시 죄를 범하였을 것을 두려워하여, 그들이 잔치를 벌인 후에 혹시 무의식 중에 범죄하였을 것으로 생각하여 자녀 명수대로 번제를 드렸다. 그의 신앙은 형식적인 것이 아니라, 실제의 삶에서 진심으로 하나님을 섬겼다. 삶에서 하나님을 경외하는 욥의 모습은 우리에게 귀감이 된다.

빌닷은 하나님의 빛을 비유로 하나님의 위엄을 설명했다. 하나님의 빛은 어떤 빛에도 비교할 수 없게 뛰어나고, 모든 만물에게 비추인다(호크마 주석). 초자연적인 은혜의 빛을 피해 숨을 사람은 아무도 없다. 이러므로 하나님의 빛 앞에서 자신의 의로움을 주장할 사람은 아무도 없다는 것이다.

모든 것을 주관하시는 하나님께서는 욥을 자세하게 알고 계셨고, 그를 '의인'이라고 부르셨다. 욥은 항상 하나님의 빛에 싸여 있었지만, 빌닷은 하나님의 빛을 말하면서 욥이 경솔하였다고 꾸짖었다.

빌닷은 엘리바스가 말했던 내용(욥 4:17, 15:14)과 욥이 알고 있는 것(욥 9:2, 14:4)을 말하면서, 사람은 하나님 앞에서 사람의 의로움을 말할 수 없다는 것이다. 그리고 여인에게서 태어난 사람은 창조주 하나님보다 더 깨끗할 수 없으며, 의로울 수도 없다고 하였다. 누구나 알고 있는 보편적인 진리를 마치 자신만이 알고 있는 것처럼 말하는 것이 교만이다.

친구들은 고난을 당하고 있는 욥을 죄인이라고 몰아갔다. 이는 욥을 의인이라고 하신 하나님의 판결을 부인하는 것이다. 사실 빌닷이 하나님의 전지전능함을 말하면서, 그분께서 의인으로 인정하신 욥을 의인이 아니라고 하는 것은 모순이다. 이렇게 하는 것은 하나님의 공의를 어기는 것이었다. 이와 비슷한 방식의 신앙은 현재 교회에서도 볼 수 있다.

기독교 신앙은 예수 그리스도를 믿는 믿음으로부터 시작하므로, 믿음은 기독교의 기초이다. 예수님의 피로 죄에서 구원받은 그리스도인은 더 이상 죄인이 아니다. 하지만 교회에서는 모든 사람은 죄인이므로 우리를 위해 흘리신 예수님의 피를 믿으라고 외친다. 예수를 믿고 있는 성도들은 더 이상 죄인이 아니라고 하면서, 동시에 지속적으로 죄에서의 구원을 믿으라고 하는 것은 모순이다. 성도들에게 믿음생활만을 강조할 것이 아니라, 더 나아가 하나님의 약속을 바라보는 믿음과 소망과 사랑을 가진 신앙을 갖도록 양육해야 한다.

예수를 믿는 사람은 죄에서 구원을 받았으므로 이제는 더 이상 정죄(죄인으로 판결, condemnation)를 받지 않는다. 그러나 믿지 않는 사람은 이미 죄인으로 판결을 받게 되었고, 이는 그들이 하나님의 외아들을 믿지 않았기 때문이다(요 3:18). 이러므로 그리스도인은 더 이상 죄로부터의 구원이 필요하지 않으며, 이미 의인이 된 그리스도인에게 다시 구원을 위한 믿음을 반복하는 것은 이치에 맞지 않는다.

죄인의 판결에서 벗어난 성도들에게 강조해야 할 것은, 더 이상 죄에 얽매이지 않으면서, 하나님께서 인정하시는 의인으로 순종해야 할 길을 알려주고 실천하게 만드는 것이다. 잠시 요한복음 3:18 번역에 대한 중요한 오류를 지적할 필요가 있다. 여기에서 '심판'은 '정죄'(condemn)로 번역해야 하는데, 그릇된 번역으로 인하여 예수를 믿으면 마지막 심판을 받지 않는 것으로 생각하게 되었다. 이러기에 죄에서의 구원으로 마지막 심판을 받지 않는다고 생각하게 되고, 심판을 면하기 위해 계속해서 죄에서의 구원만을 강조하게 된다. 여러 종류의 역본을 살펴보자.

요 3:18 아들을 믿는 사람은 심판을 받지 않는다. 그러나 믿지 않는 사람은 이미 심판을 받았다. 그것은 하나님의 독생자의 이름을 믿지 않았기 때문이다. (난외주; 심판 –> 정죄, condemn)

개정 요 3:18 그를 믿는 자는 심판을 받지 아니하는 것이요 믿지 아니하는 자는 하나님의 독생자의 이름을 믿지 아니하므로 벌써 심판을 받은 것이니라 (난외주; 심판 –> 정죄, condemn)

KJV Jn 3:18 He that believeth on him is not condemned: but he that believeth not is condemned already, because he hath not believed in the name of the only begotten Son of God.

NIV Jn 3:18 Whoever believes in him is not condemned, but whoever does not believe stands condemned already because he has not believed in the name of God's one and only Son.

공동번역개정(1999) 요한 3:18 그를 믿는 사람은 죄인으로 판결 받지 않으나 믿지 않는 사람은 이미 죄인으로 판결을 받았다. 하느님의 외아들을 믿지 않았기 때문이다.

하나님의 말씀은 오류가 없지만, 잘못 번역된 성경을 고치지 않고 그대로 받아들이는 것은 옳지 못한 신앙관을 가지게 만든다. '심판'과 '정죄'에 대하여 명확하게 이해를 해야 다시 오실 주님의 심판을 준비할 수 있다. 믿는 자는 심판을 받지 않는 것이 아니라, 도리어 주님께서는 자신의 백성을 심판하신다(신 32:36, 시 50:4, 135:4, 히 10:30)

히 10:30 "원수를 갚는 것은 내가 할 일이니, 내가 갚아 주겠다" 하고 말씀하시고, 또 "주님께서 그의 백성을 심판하실 것이다" 하신 분을, 우리는 알고 있습니다.

NIV He 10:30 For we know him who said, "It is mine to avenge; I will repay," and again, "The Lord will judge his people."

그러므로 이제부터는 '죄'에서 구원받는 것에만 초점을 맞출 것이 아니라, 욥과 같은 '의인'이 되도록 하나님의 말씀에 근거하여 순종의 길로 나아가야 한다. 죄에서 구원을 받은 모든 성도는 주님께서 원하시는 의인다운 삶을 살도록 최선을 다해 살아야 한다.

예수 그리스도를 통해 죄인의 판결에서 벗어나 의인이 된 것은 하나님께서 계획하신 사랑과 은혜였다. 죄에서 해방된 성도에게는 하나님께서 인정(認定)하신 의인답게 살아가야 할 과제가 남았다. 그럼에도 불구하고 죄인이었다는 것을 반복해서 말하면서 믿음만을 강조하고 있다면, 이는 옛 죄가 깨끗해진 것을 잊어버리게 하는 것과 같다(벧후 1:9). 믿음으로 시작했지만, 믿음에만 머물게 만드는 것은 신앙을 성장하지 못하게 한다. 신앙의 성숙을 위해서는 믿음 이후에 다음 단계로 정진해야 한다고 베드로후서 1장에서 강조하고 있다.

하나님의 권능으로 우리는 생명과 경건에 이르도록 은혜를 받았다. 그리고 자신의 영광과 능력을 누리게 해 주셨다. 이를 통하여 우리에게 귀중한 약속을 주셨는데, 그 약속으로 인하여 정욕 때문에 부패하게 되는 사람이 아니라, 하나님의 신성한 성품에 참여하는 사람이 되게 하는 것이다. 그러므로 우리는 열성을 다하여(make every effort) 믿음에 덕을, 덕에 지식을, 지식에 절제를, 절제에 인내를, 인내에 경건을, 경건에 형제 우애를, 형제 우애에 사랑을 추가해야 한다. 이렇게 하면 예수 그리스도의 영원한 나라에 들어갈 자격을 충분히 갖추게 될 것이다. 하지만 이런 것들을 갖추지 못한 사람은 근시안이거나 앞을 못 보는 사람이다. 이런 사람은 자기의 옛 죄가 이미 깨끗해졌다는 것을 잊어버린 사람이다(벧후 1:3-11).

주님께서는 우리로 하여금 하나님의 거룩하신 성품에 참여하는 사람이 되기를 원하셨다. 믿음에서 시작하여 하나씩 거룩에 필요한 신앙의 요소를 힘써서 더해야(add) 하며, 마지막에는 사랑까지 더하라고 하였다. 믿음에만 머물게 한다면, 믿음으로 이미 옛 죄가 깨끗해진 것을 잊어버리게 하는 것이므로 정체된 신앙이라고 할 수 있다. 믿음에서 시작하여 단계적으로 성장하여 사랑까지 추가하면 하나님께서 약속하신 영원한 나라에 들어갈 자격을 갖추게 될 것이다.

예수 그리스도로 인하여 죄에서 구원받은 성도는, 예수님의 재림과 심판을 준비해야 한다. 모든 그리스도인에게는 예수로 인해 받을 고난이 예정되어 있으므로, 반드시 욥의 인내를 배워야 한다(약 5:7-11). 이러기에 마지막 때의 고난을 이겨내려는 성도들에게 먼저 필요한 것은 욥과 같은 의인이 되는 것이다.

하나님께서 욥을 의인으로 인정하셨고, 욥은 하나님 보시기에 의인으로 살았다. 그렇지만 그의 친구들은 욥의 고난을 보면서, 마치 하나님의 편에서 공의를 집행하는 것처럼 욥을 정죄했다. 의인으로 살았던 욥을 까닭 없이 죄인이라고 한 것은 하나님의 뜻을 모르면서, 하나님의 이름을 빙자하여 저지른 범죄였다. 말세의 그리스도인은 욥의 경건하고 정직한 삶을 배워서, 그리스도를 위한 고난에 동참해야 했다.

요 3:16 하나님께서 세상을 이처럼 사랑하셔서 외아들을 주셨으니, 이는 그를 믿는 사람마다 멸망하지 않고 영생을 얻게 하려는 것이다.
개정 요 3:16 하나님이 세상을 이처럼 사랑하사 독생자를 주셨으니 이는 그를 믿는 자마다 멸망하지 않고 영생을 얻게 하려 하심이라

위의 구절은 기독교의 진리를 가장 잘 드러내는 구절 중의 하나이다. 하나님께서 예수를 세상에 보내셨는데, 그 목적은 예수를 믿는 사람은 누구든지 멸망하지 않고 영생을 얻게 하려는 것이었다. 그렇다면 하나님께서 예수를 세상에 보내신 동기는 무엇일까? 그것은 하나님께서 세상을 사랑하셨기 때문이다. 사랑은 믿음 이전에 반드시 먼저 있어야 할 전제조건이며, 이것은 기독교의 본질이다. 이러한 증거는 우리가 아직 죄인이었을 때에, 그리스도께서 우리를 위하여 죽으신 것에서 찾을 수 있다. 이리하여 하나님께서는 우리에게 자기의 사랑을 확증하셨다(롬 5:8).

만일 사랑의 동기가 없이 예수를 전도하고 있다면, 이는 하나님께서 보여주신 사랑의 본을 멸시하는 것이 된다. 산을 옮길 만한 믿음이 있어도, 사랑이 없으면 아무것도 아니다(고전 13:1–3). 십자군 전쟁은 이슬람을 믿는 무슬림을 사랑하지 않으면서, 단지 기독교로 개종하기 위해 벌였던 전쟁이었다. 이 전쟁은 요한복음 3:16에서 보여주신 사랑의 동기가 배제되었으므로, 하나님의 영광을 가리운 것이다. 먼저 사랑해야 하며, 그러는 가운데 복음을 전하는 것이 성경적인 가르침이다.

욥이 죄인이라는 것을 주장했던 친구들은 하나님의 공의를 집행한다고 생각했지만, 그들은 욥에 대한 사랑이 없었다. 사랑이 없는 충고는 빈껍데기에 불과해서 하나님과 사람의 마음을 움직이지 못한다. 하나님께서는 먼저 세상을 사랑하셨으므로 예수를 보내셨다는 것을 기억하자. 사랑의 하나님께서(요일 4:8,16), 사랑의 행위 여부로 마지막 때 심판하신다(마 25:31–46). 하나님의 공의는 사랑으로 완성되는 것이다.

믿음으로 시작한 신앙은 반드시 사랑으로 완성되어야 한다. 하나님을 섬기며 경외했던 욥이 심한 고난을 당하면서도 하나님께 나아가 자신의 사정을 하소연하였다. 욥이 이렇게 할 수 있었던 이유는 욥에 대한 하나님의 변함없는 사랑을 믿었기 때문이었다. 비록 하나님 앞에서 사람의 의를 주장할 수는 없었지만, 욥은 하나님의 사랑에 의지해서 자기의 결백과 깨끗함을 말씀드릴 수 있었다.

하나님께서 십계명을 주셨지만 이스라엘은 순종하지 못했다. 예수께서는 새 계명을 주시면서, "내가 너희를 사랑한 것 같이 서로 사랑하라"고 하셨다. 율법을 다 지키는 사람은 없지만, 주님께서 보여주시고 명령하신 사랑의 명령을 실천하는 사람은 율법을 완전하게 지키는 사람이 된다. 왜냐하면 사랑은 율법의 완성이기 때문이다(롬 13:10) 새 계명, 곧 사랑의 명령을 지키는 사람은 하나님의 기준으로 볼 때 의인이다.

마지막 때가 가까이 다가올수록 교회는 성도들을 사랑의 사도로 살아가도록 해야 한다. 욥의 친구들은 죄인을 강조해서 회개할 것을 요구했지만, 교회에서는 성도들에게 죄에서의 구원을 받은 것만 강조하기보다는, 하나님께서 인정하시는 의인다운 삶을 사는 성도가 되도록 초점을 맞추어야 한다.

빌닷은 말하기를 하나님께서 보시기에는 달이라도 밝은 것이 아니며, 별들도 맑다고 할 수 없다. 하물며 구더기 같은 사람과 벌레 같은 인생이야 말할 나위가 없다는 것이다.

달과 별은 하나님의 영광을 드러내지만 하나님의 주권과 위엄과 비교하면 아무것도 아닌, 한낱 피조물에 불과하다. 거룩하신 하나님 앞에서 사람은 구더기나 벌레만도 못하다. 빌닷이 보잘것없는 인간이라고 한 말은 맞는 것 같지만, 다른 한편으로는 하나님께서 초라한 피조물 인간을 자신의 자녀로 인정하셨다. 구더기와 벌레와 같은 존재가 하나님의 은혜로 하나님의 사랑을 받는 새로운 피조물이 된 것이다(고후 5:17).

사람은 하나님 앞에서 하찮은 피조물 중의 하나이지만, 하나님께서 택하고 부르신 특별한 사람에게는 하나님의 영광을 주시고 자신의 뜻을 이루게 하셨다. 하나님을 알지 못한 사람은 비천함에 머물러 있지만, 하나님께 속한 사람은 멸시를 받는 자가 아니라 하나님의 영광을 드러내는 귀한 존재로 바뀐 것이다. 이러므로 하나님의 영광의 빛을 받은 성도는 어두운 세상에서 주님의 빛을 비추어야 한다(사 60:1-3).

하나님께 나아가 자신의 결백을 말하겠다(욥 23:6,7)는 욥의 말로 인하여 빌닷은 그를 비난했다. 빌닷은 비천한 사람이 하나님 앞에서 의를 말하거나 깨끗하다고 말하는 것 자체가 불경이라는 것이다. 그러나 그는 하나님을 잘 알지 못했다. 존엄하신 하나님 앞에서 사람이 자신의 의와 성결을 주장할 수 없지만, 하나님께서 자신이 택한 사람을 의인이라고 또 깨끗하다고 말씀하셨다. 그러므로 빌닷의 주장은 사람의 입장에서 볼 때 올바른 것 같지만, 하나님의 관점에서 보면 틀린 주장이었다.

욥의 친구들은 욥을 죄인으로 몰아갔다. 그러나 하나님께서는 욥을 죄인이 아니라, 흠이 없고 정직한 의인이라 부르셨다. 예수 그리스도 안에서는 더 이상 죄인이 아니며, 하나님께서 의인이라고 인정하신다. 그리스도인은 죄인으로 판결을 받지 않게 되었고, 죄에서 구원받은 후에는 의인으로 살아가야 할 책임이 있다. 그러므로 우리는 하나님께서 의인으로 인정하신 욥을 본받는 삶을 살아가도록 그의 신앙을 배워야 한다.

마지막 때에 의인으로 우리는 어떻게 살아야 할 것인가? 하나님께서 인정하는 의인의 기준에 맞는 삶을 살아가고 있는지 자신을 돌아보아야 한다. 아마도 욥이 이러한 것을 우리에게 알려줄 것으로 기대한다.

33 욥기 26장 1-14

욥이 대답하였다. 나를 그렇게까지 생각하여 주니, 고맙다. 나처럼 가난하고 힘없는 자를 도와주다니! 너는 우둔한 나를 잘 깨우쳐 주었고, 네 지혜를 내게 나누어 주었다. 그런데 누가, 네가 한 그런 말을 들을 것이라고 생각하느냐? 너는 누구에게 영감을 받아서 그런 말을 하는거냐? (욥 26:1-4)

빌닷의 비난이 있은 후에 욥은 26장부터 31장에 걸쳐 길게 대답하면서 세 차례의 논쟁을 마무리했다.

고난을 당한 욥을 찾아온 친구들은 그의 모습을 보고 처음 일주일간 기가 막혀서 아무 소리도 하지 않았다(욥 2:11-13). 그들은 욥에 대한 연민이 있는 것처럼 보였지만, 다만 비참한 광경을 보고서 아무 행동을 할 수 없었던 것이었다. 그 후에 그들은 욥에게 친구로서 진실된 충고를 한다고 했지만, 오직 인간적인 지혜와 지식을 가지고 욥에게 죄를 회개하고 하나님을 찾으라고 할 뿐이었다. 실질적으로 그들은 하나님의 이름으로 말을 한다고 하지만, 하나님이 어떤 분인지 잘 몰랐다.

그들의 말이 끝나자 욥은 세 친구에게 빈정거리듯이 반어법을 사용하면서 그들의 주장이 잘못된 것이라고 했다. 그들은 마치 욥을 생각해 주는 것처럼 행동했고, 모든 재산을 잃어버린 욥을 도와주려는 것 같았다. 그러나 그들의 마음에는 진실함이 없었고, 단지 그들은 재판관이 되어서 욥을 죄인으로 판결했을 뿐이다. 그래서 욥은 친구들에게 반어법으로 말하면서, 그들의 양심에 가책이 들기를 바랐다.

그들은 욥에게 자신들의 지혜를 주었다고 했지만, 도리어 위로가 필요한 사람에게 죄인이라고 누명을 씌웠을 뿐이었다. 그들은 위로를 위장하여 욥에게 그들이 결정한 정죄의 돌팔매질을 했던 것이다. 곤경에 빠진 사람을 돕지 않고 더욱 괴롭게 만드는 것이 올바른 것일까?

서기관들과 바리새인들이 간음하다가 현장에서 잡힌 여인을 예수께 끌고 와서 물었다. "모세의 율법에는 이러한 여자를 돌로 치라고 명령하였는데, 선생님은 뭐라고 하시겠습니까?" 그들이 이렇게 말한 것은 예수를 고발하기 위한 구실을 찾으려는 것이었다. 예수께서는 몸을 굽혀서, 손가락으로 땅에 무언가를 쓰셨다. (다른 고대 사본에서는 '그들 각자의 죄목을' 쓰셨다.) 그들이 대답을 재촉하므로, 예수께서 몸을 일으켜 그들에게 말씀하셨다. "너희 가운데서 죄가 없는 사람이 먼저 이 여자에게 돌을 던져라." 그러고는 다시 몸을 굽혀서 손가락으로 땅에 무언가를 쓰셨다. 그들이 이 말씀을 듣고 양심에 가책을 느껴 나이 많은 사람부터 시작하여 하나하나 떠나가고 마침내 예수 앞에는 그 여자만 남았다. 예수께서 몸을 일으키시고 여자에게 말씀하셨다. "여자여, 사람들은 어디에 있느냐? 너를 정죄한 사람이 한 사람도 없느냐?" 여자는 한 사람도 없다고 말했다. 예수께서 그녀에게 말씀하셨다. "나도 너를 정죄하지 않는다. 가서, 이제부터 다시는 죄를 짓지 말아라." (요 8:1-11)

친구들이 하나님의 이름으로 욥을 정죄(定罪, condemnation)한 것은 정의가 아닌 범죄였다. 사람은 다른 사람을 죄인으로 판결할 권한이 없다. 죄인에 대한 판결은 재판장이신 예수께서 하실 몫이다. 그러므로 그리스도인이라면 예수께서 오실 때까지는 아무것도 미리 판단(심판, judge)하지 말아야 한다. 주님께서 어둠 속에 감춘 것을 환히 드러내시고, 마음속의 생각을 드러내실 것이다(고전 4:5). 친구들은 정죄를 하는 대신, 따뜻한 마음으로 욥을 어루만져 주고, 행동으로 사랑을 보여주어야 했다. 마찬가지로 마지막 때의 그리스도인은 어느 누구도 정죄하지 말고 '서로 사랑하라'는 예수님의 새 계명에 순종해야 한다.

간음은 죄를 지은 것이지만, 예수께서는 간음죄를 지은 여인을 사랑으로 대하셨다. 죄는 용납할 수 없지만, 죄인은 예수 안에서 새롭게 변화되어야 할 사랑의 대상이다. 현재 사회에서는 하나님께서 싫어하시는 여러가지 죄악을 합법적인 것으로 인정하려고 한다. 하나님께서 죄악이라고 말씀하신 것을 정당한 것으로 인정하는 것은 옳지 않다. 그러나 그러한 죄를 지은 사람에 대하여 기독교는 정죄하는 것이 아니라, 도리어 사랑으로 받아주면서, 새로운 삶을 찾을 기회를 주어야 한다.

예를 들자면, 동성연애는 분명히 하나님께서 싫어하시는 죄악이며, 이것은 소돔과 고모라에 내렸던 불의 멸망이 마지막 때에 있게 될 예표이기도 하다. 그러나 동성연애자는 하나님의 자비와 사랑이 필요한 사람이다. 죄를 미워하되 죄인은 사랑해야 한다. 하나님께서 세상을 사랑하셨기에 예수를 보내셨음을 기억하면서, 그들에게 동성애는 하나님께서 인간에게 정해 준 올바른 행위가 아니라는 사실을 깨닫도록 기도해야 할 것이다. 이처럼 죄에 빠져 있는 자들에게는 예수 그리스도의 구원의 복음이 필요하다. 이렇게 하는 것이 마지막 때에 온갖 경건하지 못한 죄악이 난무하는 시대에 기독교인이 취해야 할 자세라고 생각한다.

친구들이 욥에게 하는 조언은 어디에서 온 것이었을까? 그리고 어떻게 그들이 배운 학문과 가지고 있었던 지혜로 욥을 가르치려고 했던 것일까? 그들은 욥을 사랑하지 않으면서, 오히려 그들의 주장으로 억누르고 그의 마음에 상처를 주었다. 사랑이 사라진 진리는 아무리 좋은 내용이라고 하더라도 가치가 없는 쓰레기일 뿐이다. 예언하는 능력, 지식, 큰 믿음과 구제와 희생이 있다고 하더라도 사랑이 없으면 아무 유익이 없다(고전 13:1–3).

우리는 하나님의 택하심과 사랑을 받은 거룩한 사람이 되었으므로(골 3:12), 하나님과 예수 그리스도의 사랑을 본받아 행하는 사람이 되어야 한다(엡 5:1,2). 이러므로 하나님께 속한 사람이라면 의를 행하며, 형제를 사랑해야 한다(요일 3:10). 형제를 사랑하기 때문에 이미 죽음을 벗어나서 생명의 나라에 들어와 있는 것이 분명하다. 사랑하지 않는 사람은 죽음 속에 그대로 머물러 있는 것이다(요일 3:14). 이러기에 사랑이 없는 충고와 변론을 했던 친구들은 하나님께서 보시기에 선인이 아닌 악인이었을 것이다.

죽은 자들이 떤다. 깊은 물 밑에서 사는 자들이 두려워한다. 스올도 하나님께는 훤하게 보이고, 멸망의 구덩이도 그분의 눈에는 훤하게 보인다. 하나님이 북쪽 하늘을 허공에 펼쳐 놓으시고, 이 땅덩이를 빈 곳에 매달아 놓으셨다. 구름 속에 물을 채우시고, 물이 구름 밑으로 터져 나오지 못하게 막고 계시는 분이 바로 하나님이시다. 하나님은 보름달을 구름 뒤에 숨기신다. 물 위에 수평선을 만드시고, 빛과 어둠을 나누신다. 그분께서 꾸짖으시면, 하늘을 떠받치는 기둥이 흔들린다. 능력으로 '바다'를 정복하시며, 지혜로 라합을 쳐부순다. 그분의 콧김에 하늘이 맑게 개며, 그분의 손은 도망치는 바다 괴물을 찔러 죽인다. 그러나 이런 것들은, 그분이 하시는 일의 일부에 지나지 않고, 우리가 그분에게서 듣는 것도 가냘픈 속삭임에 지나지 않는다. 하물며 그분의 권능에 찬 우레 소리를 누가 이해할 수 있겠느냐! (욥 26:5-14)

욥은 창조주 하나님의 권능에 대하여 말했다. 세 친구들은 하나님의 위대하심을 말했지만, 욥은 그들보다 더 높은 차원으로 하나님을 찬양했다. 나중에 하나님께서는 엘리바스와 두 친구들이 하나님을 가리켜 말한 내용이 올바르지 못했고, 욥은 솔직하게 말했다고 하신다(욥 42:7). 이러므로 욥이 하나님을 찬양한 내용을 통해 하나님을 더 잘 알 수 있게 될 것이다.

하나님께서 모든 사람과 세상을 감찰하고 계시므로, 그분을 피해 숨을 수 있는 피조물은 아무도 없다. 죽은 자들의 영이 음부에서 두려워하고 있으며, 깊은 물속에 있는 생물도 떨고 있다. 하나님 앞에서는 음부의 세계도 드러나고, 멸망의 구덩이에 있는 존재들까지도 하나님의 주권 아래에 있다. 창조주 하나님께서 모든 만물과 영들을 살펴보시므로, 그 앞에서는 모든 것이 다 드러나게 된다.

하나님께서 세상을 창조하실 때부터 그분의 영원하신 능력과 신성을 만물에 나타내셨으므로, 사람은 이를 통하여 하나님을 알 수 있게 되었다. 그럼에도 불구하고 창조주 하나님을 알지 못하는 사람들이 많은 것이 현실이다. 그러나 그들은 결코 하나님을 알지 못한다고 핑계를 댈 수 없다. 만물을 통해 하나님을 알게 하셨기 때문이다. 그러나 많은 사람들은 하나님을 영화롭게 해 드리거나 감사하지 않고, 허망한 생각으로 가득 채워져 마음은 어두워졌다. 결국 하나님을 섬기기보다는 피조물인 사람과 새, 짐승의 형상으로 만든 우상을 섬김으로써(롬 1:18-23), 창조주 하나님을 배반하였다. 사람들로 하여금 창조주 하나님을 알 수 있게 하였지만, 도리어 그들은 하나님을 따르지 않았던 것이었다.

하나님께서는 자신의 형상과 모양으로 만든 유일한 피조물인 사람에게 세상을 다스리는 권세를 위임하였다(창 1:24-28, 창 5:1). 하나님의 형상을 닮은 사람은 하나님의 존재를 알게 되었고, 또 그분의 뜻을 깨달을 수 있었다. 그렇지만 첫째 사람 아담은 하나님의 명령을 불순종하였으며, 이로 인하여 사망이 들어왔고 누리고 있었던 영생은 취소되었다(롬 5:12). 그러나 하나님께서는 예수 그리스도를 세상에 보내셔서, 그를 통하여 죄에서 구속을 받아 하나님의 자녀가 되게 하였고 영생의 약속을 다시 주셨다(요 1:12, 요 3:16, 롬 5:19). 그러므로 그리스도인은 첫 아담이 실패한 불순종의 본을 따르지 말고, 마지막 아담으로 세상에 오셔서 죽기까지 순종하신 예수 그리스도를 본받아(고전 15:45, 빌 2:8), 흙에 속한 사람이 아니라 하늘에 속한 사람처럼 살아야 한다(고전 15:48).

욥은 하나님께서 북쪽 우주 공간에 휘장같이 하늘을 펼쳐 놓으셨다고 하였다. 그분께서는 땅덩어리를 허공에 매달아 놓으셨다. 또 물을 구름으로 감싸서, 물의 무게로 구름 밑으로 터져 나오지 못하게 막고 계신다. 하나님께서 구름으로 보름달을 가리고, 물에 수평선을 만들어서 빛과 어둠을 나누셨다.

하나님께서는 북쪽에 북극성, 북두칠성과 같은 별들을 자리잡게 하셨다. 또 땅덩어리를 빈 공간에 매달아 놓으셨다. 이것은 마치 아바타 영화에서 하늘에 떠 있는 섬을 연상하게 하지만, 일반적인 사람의 생각으로 땅을 하늘에 매달아 놓는 것은 전혀 이치에 맞지 않는다. 그러나 생각을 지구에서 벗어나 우주 공간으로 확대해서 보면 하나님께서 행하신 일을 이해할 수 있다.

욥 26:7 하나님이 북쪽 하늘을 허공에 펼쳐 놓으시고, 이 땅덩이를 빈

곳에 매달아 놓으셨다.

개정 욥 26:7 그는 북쪽을 허공에 펴시며 땅을 아무것도 없는 곳에 매다시며

NIV Job 26:7 He spreads out the northern skies over empty space; he suspends the earth over nothing.

땅덩어리는 지구(the earth)이며, 하나님께서 우주 빈 공간에 지구를 매달아 놓으셨다는 것이다. 욥기가 기록될 당시에 지구가 우주 공간에 있다는 것을 어떻게 알았을까? 그 당시에 지구는 편평하고, 바다 끝으로 나아가면 끝을 헤아릴 수 없는 곳으로 떨어진다고 생각했다. 또한 지구 중심으로 해와 달이 솟아오르며, 별이 하늘에 떠올랐다가 진다고 믿었다. 이러한 세계관을 가지고 있으면서도 이렇게 말할 수 있었던 것은, 욥기는 하나님의 지혜로 쓰여진 것이지, 인간의 지식으로 쓰여진 것이 아니라고 여겨진다.

하나님의 말씀을 볼 때, 많은 경우에는 사람의 경험과 지식으로 말씀을 이해하려고 한다. 그러나 만일 이렇게 한다면, 이는 하나님의 말씀을 사람의 제한된 능력 안에서 보려고 하는 것과 같다. 하나님의 말씀은 주님께서 보여 주길 원하는 것을 성령의 인도하심으로 보아야 한다. 어떤 경우에는 말씀을 이해할 수 없고, 난해하여 모르는 내용을 만나게 되는데, 이때 성령을 의지하여 하나님께 여쭈어 보아야 한다. 때가 될 때, 하나님께서 성령을 통해 깨닫게 해 주신다.

물을 끓이면 수증기가 되어서 하늘로 올라간다. 이처럼 구름은 물로 구성되어 있다. 그러나 물로 된 구름에서 물이 비가 되어서 내려오지 않는 것은 자연의 신비였다. 이 모든 기상학적인 자연의 현상도 하나님께서 다스리신다고 믿었다. 모든 자연 현상의 이해와 해석을 신의 섭리로 이해했다. 지금의 과학으로 보는 것과는 다를 수밖에 없다.

욥 26:9 하나님은 보름달을 구름 뒤에 숨기신다.
개정 욥 26:9 그는 보름달을 가리시고 자기의 구름을 그 위에 펴시며
KJV Job 26:9 He holdeth back the face of his throne, and spreadeth his cloud upon it.
흠정역 욥 26:9 그분께서는 자신의 왕좌의 정면을 가리시고 자신의 구름을 그 위에 펴시며
공동번역개정 욥기 26:9 구름을 밑에 깔아 당신의 보좌를 가리시고

보좌에 해당하는 히브리어 '키세'(כִּסֵּא 3678 [kiççê']) 를 '케세'(כֶּסֶא 3677 [keçe'])로 '만월, 보름달'(full moon)이란 뜻으로 해석하기도 하는데, 여기서는 하나님의 보좌로 보는 것이 옳은 것 같다. 하나님께서 구름으로 자신의 보좌를 가리운다는 말은, 하나님께서 자신의 영광의 광채를 구름으로 감싸서, 사람들의 눈에서부터 감추신다(호크마 주석). 이 말씀은 하나님의 심판과 뜻, 행하심을 사람들이 알지 못하게 하셨다고 볼 수 있으며, 이로써 하나님께서 행하시는 것을 사람들이 예측하지 못하게 하셨다. 그래서 욥은 자신이 고난을 받는 것을 이해할 수 없었지만, 인생의 모든 것을 하나님께서 다스리고 계신다는 것을 알고 있었다.

욥 26:10 물 위에 수평선을 만드시고, 빛과 어둠을 나누신다.

개정 욥 26:10 수면에 경계를 그으시니 빛과 어둠이 함께 끝나는 곳이니라

KJV Job 26:10 He hath compassed the waters with bounds, until the day and night come to an end.

흠정역 욥 26:10 낮과 밤이 끝날 때까지 경계들을 두어 물들을 둘러싸시느니라.

공동번역 욥기 26:10 물의 표면에 둥근 금을 그으시어 빛이 끝나고 어둠이 시작되는 곳을 표시하셨네.

낮과 밤이 끝나는 시간의 경계를 말하는 것이기도 하고, 빛과 어둠이 시작하는 공간의 경계를 말하기도 한다. 이를테면 수평선을 만들어서 빛과 어둠의 세계를 분리하셨다는 것을 말한다. 선과 악의 구분도 사람의 생각으로 결정하는 것이 아니라, 하나님께서 판단의 기준을 세우셨다. 결코 사람의 생각으로 자신이 하는 것을 선이라고 생각하는 것은 잘못이다. 하나님의 기준에 따른 선을 행하는 것이 올바르게 사는 것이다.

하나님께서 진노하시면 하늘 기둥이 떨며 놀라는 것처럼, 세상의 어떤 것도 온전하게 남아 있을 수 없다. 이러기에 하나님께서는 악한 자라고 해서, 즉각적으로 진노를 내리는 것이 아니라, 회개할 기회를 주기 위해 기다리신다. 하나님께서는 사랑이 지극하셔서, 마음이 하나님을 떠난 사람의 죄를 덮어주면서 멸망시키지 않고, 진노를 여러 번 참으신다(시 78:38, 롬 2:4, 롬 9:22). 성경에 기록한 '진노의 날'은 하나님의 공정한 심판이 나타나는 날을 말하는 것이며, 그날에 하나님께서 각 사람에게 그가 행한 대로 갚아 주실 것이다. 참으면서 선한 일을 하여 영광과 존귀와 썩지 아니함을 추구하는 사람에게는 영원한 생명을 주시고, 이기심에 사로잡혀서 진리를 따르지 않고 불의를 따르는 사람에게는 진노와 분노를 쏟으실 것이다. 악한 일을 행하는 모든 사람에게는 환난과 고통을 주실 것이요, 선한 일을 행하는 모든 사람에게는 영광과 존귀와 평강을 내리실 것이다(롬 2:5-10).

하나님께서 세상을 사랑하셨으므로 외아들을 보내 주셨고, 그를 믿는 사람마다 멸망하지 않고 영생을 얻게 하려는 것이다(요 3:16). 이처럼 하나님의 아들을 믿는 사람에게는 영생의 약속을 주시지만, 아들에게 순종하지 않는 사람은 영생을 보지 못하고 도리어 하나님의 진노를 사게 될 것이다(요 3:36, 엡 5:6). 이렇듯 예수를 믿는 사람에게 영생의 약속이 주어지지만, 예수께서 주신 새 계명을 순종하지 않는 사람은 그 영생의 약속이 취소되고, 하나님의 진노가 있게 된다는 사실도 명심해야 한다. 욥은 하나님의 진노를 말하면서 모든 만물이 두려워서 떨게 될 것이라고 말했다.

그리스도인은 세속적인 욕망을 죽여야 한다. 음행과 더러움과 정욕과 악한 욕망과 우상 숭배와 다름없는 탐욕을 죽여야 한다. 이런 것들 때문에 순종하지 않는 자들에게 하나님의 진노가 내릴 것이다. 예수를 믿기 전에는 죄악 가운데 살았지만, 믿은 후에는 옛 사람을 그 행실과 함께 벗어버리고, 새 사람을 입어야 한다. 새롭게 된 사람은 자기를 창조하신 하나님의 형상을 따라 끊임없이 새로워지면서 참된 지식을 가지게 될 것이다(골 3:5–10).

욥 26:12 능력으로 '바다'를 정복하시며, 지혜로 라합을 쳐부순다.

개정 욥 26:12 그는 능력으로 바다를 잔잔하게 하시며 지혜로 라합을 깨뜨리시며

KJV Job 26:12 He divideth the sea with his power, and by his understanding he smiteth through the proud.

흠정역 욥 26:12 그분께서 자신의 권능으로 바다를 나누시고 자신의 명철로 교만한 자를 두루 치시느니라.

NIV Job 26:12 By his power he churned up the sea; by his wisdom he cut Rahab to pieces.

RSV Job 26:12By his power he stilled the sea; by his understanding he smote Rahab.

70인역(RSV)에서는 '바다를 잠잠케 하다'고 하였으나, NIV에서는 '바다를 격동시키다'로 번역하고 있다. 히브리어 '라가'(רָגַע 7280 [râga']) 는 '격동시키다, 휘젓다'라는 뜻과 '잠잠케 하다'라는 뜻을 함께 가지고 있다. 여기에서는 '바다를 휘저어 놀라게 하다'라는 의미가 더 타당하다(호크마 주석). 하나님의 권능으로 바다를 잠잠하게 또는 흉용하게 만들어 다스리신다. 또한 악한 세력을 쳐부수어 없애 버리신다.

하나님께서는 폭풍과 비구름으로 어두웠던 하늘을 맑게 만드신다.

그의 손으로 도망치는 뱀을 찔러 죽이신다. 그러나 이런 것들은 하나님께서 하시는 일들 중의 일부에 지나지 아니한다. 그러기에 우리가 하나님에 관하여 들은 것이 얼마나 적은가? 그러하다면 그분의 권능의 천둥 소리를 누가 이해할 수 있겠느냐!

인간이 이해할 수 있는 범위를 훨씬 넘어선 하나님의 지혜를 욥의 친구들은 자신들의 경험과 지식으로 설명하려고 하였다. 우리는 하나님을 얼마나 알고 있는가? 내가 하나님을 알고 있다고 하더라도, 그것은 극히 일부에 지나지 않는 것이다. 우리는 하나님을 조금씩 알아가면서, 그분께 나아가야 한다. 마치 자전거 페달을 밟는 것을 멈추면 자전거는 쓰러지는 것처럼, 하나님께 나아가고 있는 것을 멈추는 순간 우리의 모든 영성은 무너지게 될 것이다.

우리가 하나님을 알아 가자고 말했지만, 실제로는 하나님께서 우리에게 자신의 뜻을 보여주신다. 우리는 하나님을 향하여 애절한 마음으로 찾아야 하지만, 하나님께서 우리로 하여금 깨닫게 해 주셔야 한다. 함께하시는 성령께서 하나님을 찾는 성도들에게 하나님을 더 알게 만들어 주신다. 우리는 매일 매 순간 하나님께서 들려주시는 가냘픈 속삭임을 기대하면서, 그분의 음성에 올바르게 반응하여 아버지와 자녀와 같은 관계를 갖게 되기를 바란다.

34 욥기 27장 1–23

욥이 비유로 말하였다. 내가 살아 계신 하나님 앞에서 맹세한다. 그분께서 나를 공정한 판결을 받지 못하게 하시며, 전능하신 분께서 나를 몹시 괴롭게 하신다. 내게 호흡이 남아 있는 동안은, 하나님이 내 코에 불어넣으신 숨결이 내 코에 남아 있는 한, 내가 입술로 결코 악한 말을 하지 않으며, 내가 혀로 거짓말을 하지 않겠다. 나는 결코 너희가 옳다고 말할 수 없다. 나는 죽기까지 내 결백을 주장하겠다. 내가 의롭다고 주장하면서 끝까지 굽히지 않아도, 내 평생에 양심에 꺼림칙한 날은 없을 것이다. (욥 27:1–6)

욥은 세 친구들의 말에 대하여 하나님께 맹세하면서 자신의 무죄를 주장하고, 자신을 대적하는 자들을 악인들이라고 하며, 후에 결국 파멸에 이를 것이라고 말한다. 비유로 시작한 욥의 말은 엄숙하고 지혜를 말하는 잠언과 같았다.

욥 27:2 내가 살아 계신 하나님 앞에서 맹세한다. 그분께서 나를 공정

한 판결을 받지 못하게 하시며, 전능하신 분께서 나를 몹시 괴롭게 하신다.
개정 욥 27:2 나의 정당함을 물리치신 하나님, 나의 영혼을 괴롭게 하신 전능자의 사심을 두고 맹세하노니
NIV Job 27:2 "As surely as God lives, who has denied me justice, the Almighty, who has made me taste bitterness of soul,

욥은 먼저 '하나님은 살아 계시다'고 하면서 말을 시작했다. 친구들에게 항변하는 욥은 '살아 계신 하나님' 앞에서 말하는 것이므로 자신의 말은 거짓이 없는 진실이라는 것이다. 그리스도인은 사람들에게 보여주기 위해서가 아니라(마 6:1), 살아 계신 하나님을 의식하며 살아야 한다. 하나님께서는 우리가 말하고 행동하는 것을 지켜보고 계시기 때문에, 우리는 항상 하나님과 동행하면서, 자신의 뜻이 아닌 그분의 뜻을 이루기 위한 신앙 생활을 해야 한다. 이러므로 모든 그리스도인은 사람들과 대화를 하거나, 심지어는 홀로 있어도 항상 하나님을 의식해야 한다.

영적 지도자들은 살아 계신 하나님 앞에 살도록 성도들을 교육하고 훈련시켜야 한다. 예를 들어 회중만을 생각하여 설교를 한다면, 그들이 듣기 좋아하며 귀에 즐겁고 부담이 안 되게 말해야 할 것이다. 그러나 목사는 전하고자 하는 설교의 내용이 하나님께서 회중에게 전하기를 원하시는 것인지를 먼저 살펴본 후에, 회중에게 말씀을 선포해야 한다. 회중을 의식하기 이전에, 하나님께서 전하라고 명령하신 내용이어야 한다는 것이다. 이렇게 설교하는 것이 하나님의 말씀을 선포하는 것이다. 말씀을 전하는 내용이 너무 부담스럽고, 교단의 교리에 맞지 않아서, 회중에게 손가락질을 당하거나 교단에서 쫓겨난다고 하더라도 하나님의 말씀은 왜곡되어서는 안 된다.

그리스도인은 항상 살아 계신 하나님을 의식하면서, 변함없는 경외심을 가져야 하는데, 이러한 증거는 말씀 순종에 있다. 만일 하나님을 무시하고 모욕하길 원하면, 하나님 말씀을 지키지 않으면 된다. 영적 지도자는 말씀대로 살라고 가르치기 전에, 먼저 자신의 삶에서 말씀에 순종하는 본을 보여야 한다. 율법학자 에스라는 하나님 백성들에게 말씀이 삶 가운데 효력을 드러내도록 세 가지 결심을 함으로 본이 되었다.

스 7:10 에스라는 주님의 율법을 깊이 연구하고 지켰으며, 또한 이스라엘 사람들에게 율례와 규례를 가르치는 일에 헌신하였다.

에스라는 하나님의 율법을 연구했고, 그 말씀을 순종하여 실천했으며, 그 다음에 율례와 규례를 이스라엘에게 가르치려고 결심했다. 말씀 연구, 순종, 가르치는 일은 분리될 수 없는 일이다. 에스라는 말씀을 가르치기 전에 먼저 자신이 그 말씀을 실천하였다. 하나님 말씀은 가르치는 자나 가르침을 받는 자 모두가 순종하여 실천해야 한다. 인간적인 지식으로 성경 말씀의 문맥을 파악하고, 매끄러운 말로 전하려는 마음을 내려 놓아야 한다.

사도 바울은 그리스도께서 자기를 보내신 목적이 세례를 베풀게 하려는 것이 아니라, 오직 복음을 전하게 하려는 것이었다고 하였다. 복음을 전하되, 말의 지혜로 하지 않게 하셨는데, 말재주로 복음을 전하면 그리스도의 십자가는 그 뜻을 잃고 헛되기 때문이었다(고전 1:17).

욥이 말했던 것처럼 '하나님께서 살아 계시다'는 것은 하나님께서는 우리가 말하고 행동하고 있는 것을 살펴보신다는 것이다. 주님께서 늘 지켜보고 계시는 것을 알았기 때문에, 욥은 자신의 정직을 하나님께서 알고 계실 것이라고 확신했다. 그래서 욥은 친구들의 정죄를 받아들일 수 없었다. 욥이 친구들의 압박에 굴복하여 죄인이라는 것을 시인한다면, 이는 하나님의 입장에서는 하나님의 판결을 무너뜨리는 신성모독죄를 범하는 것이 된다. 이유를 알지 못하며 고난을 받는 영적 전쟁을 벌였던 욥은 자신을 살펴보시는 하나님을 배반할 수 없었고, 도리어 전능자 하나님께 나아가 정당한 판결이 있기를 간구했다.

하나님의 의는 믿음을 통하여 온다. 사람은 율법을 지키는 것과는 상관없이 먼저 믿음으로 의롭다고 인정을 받는다. 하나님께서 의인이라고 인정하신 그리스도인은 더 이상 죄인이 아니다. 만일 그리스도인에게 죄로부터 구원을 위해 지속적인 믿음을 강조한다면, 마치 욥의 친구들이 하나님께서 의인이라고 하셨음에도 불구하고 계속 죄인이라고 자백하라고 강요를 하는 것과 같다. 죄인에서 해방된 후에는 의인다운 삶을 제시해야 한다. 믿음으로 성도가 된 후에는 예수 그리스도께서 주신 '서로 사랑하라'는 새 계명을 실천해야 한다.

욥은 하나님께서 정당한 판결을 받지 못하게 막으시고, 부당하게 대우하신다고 말했다. 그리고 자신을 돌아보면서 불의한 죄악과 양심에 가책되는 일을 하지 않았다고 주장하면서, 하나님 앞에서 공정한 재판을 받고자 했다. 하지만 전능자 하나님께서는 욥을 괴롭게 하셨다. 그래도 욥은 곤경에 빠지게 하신 하나님을 찾았고, 하나님께 맹세코 자신의 무죄를 변호했다. 이제는 욥의 친구가 아니라 하나님께서 직접 욥의 문제를 다루어 달라고 애원했다.

욥은 '자신에게 호흡이 남아 있고 하나님께서 코에 불어넣으신 숨결이 아직 코에 남아 있는 한'이라고 말했는데, 이는 욥이 살아 있는 한 자신이 한 맹세를 반드시 지키겠다는 것이다. 그리고 욥은 법정에서 결코 악한 말이나 거짓말을 하지 않겠다고 하였다. 이처럼 욥이 말하는 주장은 거짓이 없는 진실이라는 것이다.

마지막 때에 우리도 욥과 같이 심한 고난을 만나게 될 것이다. 모든 것을 감찰하시는 하나님을 의식하면서, 하나님께서 주신 생명이 남아 있는 한 우리는 말로 죄를 범하지 말아야 한다. 마음에 불의와 거짓이 있는 사람은 고통으로 인해 불신앙의 말을 내뱉을 수도 있다. 그러나 성도는 마치 재림하실 예수님의 법정에서 말하는 것처럼, 항상 자신을 하나님의 관점에서 살펴보아야 한다. 지금 이 순간 우리가 말하는 것은 주님의 심판대 앞에서 말하는 것으로 여겨야 한다.

내 원수들은 악한 자가 받는 대가를 받아라. 나를 대적하는 자는 악인이 받을 벌을 받아라. 하나님이 경건하지 않은 자의 생명을 끊고, 그의 영혼을 불러 가

실 때에, 그의 희망이란 과연 무엇이겠느냐? 환난이 그에게 닥칠 때에, 하나님이 그의 부르짖음을 들어주시겠느냐? 그들은 전능하신 분께서 주시는 기쁨을 사모했어야 했고 그분께 기도했어야 했다. (욥 27:7–10)

욥은 스스로 의인이 아니었고, 하나님께서 인정하신 의인이었다. 그러므로 의인을 핍박하는 자는 하나님으로부터 보응을 받게 될 것이다. 왜냐하면 의인을 정죄하면서 핍박하는 자는 하나님과 대적하는 자이기 때문이다. 욥의 원수는 악인같이 되라고 하는 말은 언뜻 듣기에는 교만한 자의 말로 들린다. 그러나 하나님의 의인을 치는 자는 상을 받는 것이 아니라, 당연하게 벌을 받게 될 것이다.

욥의 친구들은 하나님의 이름으로 욥을 죄인으로 판결하였고, 욥의 괴로움을 보고는 그의 경건을 인정하지 않았다. 이들은 겉으로는 경건하게 보이나 경건함의 능력을 부인하는 자들이었다(딤후 3:5). 그들은 입으로만 하나님을 경외한다고 말했지만, 경건한 삶에는 관심이 없었다. 욥에게 자식들과 큰 재산이 있을 때에는, 친구들은 욥이 경건하다고 여겼다. 그러나 욥의 자식들이 죽고, 그의 재산이 사라져 버리자, 친구들은 욥이 죄를 지었기 때문에 받는 고난이라고 하였다. 성공과 형통이 경건을 판단하는 조건이 될 수 없다. 경건을 이익의 수단으로 생각하는 사람은 이미 경건하지 못한 자이다(딤전 6:5).

경건하지 못한 자가 이익을 얻었다고 해서 경건할 수는 없다. 많은 재물을 얻고 권력을 가진 것으로 경건하다고 말해서는 안 된다. 하지만 재물을 쌓아 두고 자신만을 위해 사용하고, 향락을 즐기는 사람을 부럽게 여기는 것이 현실이다. 그러나 하나님께서 갑자기 그의 생명을 끊고 그 혼을 불러가면, 그가 가지고 있는 재물은 아무 도움이 될 수 없으며, 모든 희망이 사라지게 될 것이다(눅 12:15-21).

악인들에게 환난이 닥칠 때에 기도를 한다고 해도 하나님께서 듣지 않으시며(잠 1:26-28, 15:29, 사 1:15, 겔 8:18), 금식하면서 제사를 드린다고 해도 하나님께서 받지 않으신다(렘 14:12). 선을 싫어하고 악을 기뻐하는 사람들이 하나님께 부르짖어도 응답을 받지 못하며, 악한 행위로 인하여 그들의 기도는 하나님께서 들어주지 않으실 것이다(미 3:4).

하나님께 대한 종교적인 의식을 행하면 하나님께 대한 의무를 다 한 것이라고 생각하는 경향이 있다. 그러나 살아 계신 하나님은 사람의 마음을 보시며, 그들의 행위를 지켜보고 계신다. 전혀 경건하게 살지 않으면서도, 예배를 경건한 모양으로 드리면 하나님을 기쁘시게 만드는 것으로 착각하는 자들이 많이 있다.

악인은 전능하신 하나님을 기뻐할 수 없고, 기도를 드릴 수도 없다. 엘리바스는 욥에게 전능자를 기뻐하며, 하나님께 얼굴을 들라고 하였다(욥 22:26). 이렇기에 욥은 자신이 전능자를 기뻐하지 않는 악인이 아니라는 것을 역설적으로 강조하고 있다(호크마 주석). 욥처럼 고난 중에서도 하나님께 기도하면서, 은혜를 기다리는 것이 신앙이다.

날 더러 하나님의 응답이 얼마나 큰지 가르치라고 해 보아라. 전능하신 분께서 계획하신 바를 설명하라고 해 보아라. 그러나 그만두겠다. 이런 일은 너희

도 이미 알고 있는 것이 아니냐? 그런데 너희는, 어찌하여 그처럼 터무니없는 말을 하느냐? 하나님이 악한 자에게 주시는 벌이 무엇인지, 전능하신 분께서 폭력을 행하는 자에게 주시는 벌이 무엇인지 아느냐? 비록 자손이 많다 해도, 모두 전쟁에서 죽고 말 것이다. 그 자손에게는 배불리 먹을 것이 없을 것이다. 살아남은 사람은 또 염병으로 죽어 매장되니, 살아남은 과부들은 기가 막혀서 울지도 못할 것이다. 돈을 셀 수도 없이 긁어서 모으고, 옷을 산더미처럼 쌓아 놓아도, 엉뚱하게도 의로운 사람이 그 옷을 입으며, 정직한 사람이 그 돈더미를 차지할 것이다. 악한 자들이 지은 집은 거미집과 같고 밭을 지키는 일꾼의 움막과 같다. 부자가 되어서 잠자리에 들지만, 그것으로 마지막이다. 다음날에 눈을 떠 보면, 이미 알거지가 되어 있다. 두려움이 홍수처럼 그들에게 들이닥치며, 폭풍이 밤중에 그들을 쓸어 갈 것이다. 동풍이 불어와서 그들을 그 살던 집에서 쓸어 갈 것이다. 도망치려고 안간힘을 써도, 동쪽에서 오는 폭풍이 사정없이 불어 닥쳐서, 그들을 날려 버릴 것이다. 도망가는 동안에 폭풍이 불어 닥쳐서, 무서운 파괴력으로 그들을 공포에 떨게 할 것이다. (욥 27:11–23)

욥은 친구들에게 하나님의 능력을 가르쳐 주고, 전능하신 분께서 계획하시는 뜻을 알려주겠다고 하였다. 욥은 은근히 친구들에게 하나님의 손(the hand of God, KJV)에 대하여 알려주면서, 하나님께서 자신의 삶에 개입하셨음을 말하려고 했다. 어느 누구도 하나님에 대한 모든 것을 알 수 없지만, 욥은 자신이 섬겼던 하나님의 능력과 뜻을 친구들에게 말하려는 것이다. 하나님을 만나거나 교제하지 않은 사람은 하나님에 대하여 말할 자격이 없다.

욥의 친구들은 하나님에 대하여 나름대로 알고 있었던 것 같았다. 그러나 그들이 하나님에 대하여 한 말은 헛소리였다. 하나님에 대하여 모르는 것보다, 하나님을 잘못 알고 있는 것이 더 위험하다. 우상을 만들어 놓고서, 하나님이라고 부르며 섬긴다면 심각한 모순을 범하는 것이다. 친구들은 하나님의 이름으로 세상의 윤리와 도덕을 진리라고 말했다. 만일 하나님의 말씀을 세상적인 이치와 설교자 개인 주관으로 설명하고 있다면, 회중들로 하여금 성경적 세계관이 아닌 세상의 통념과 상식으로 살라고 가르치는 것과 같다. 욥은 말씀을 삶에서 순종으로 경험하였고, 그래서 하나님과 깊은 교제와 함께 경외심을 잃어버리지 않았다. 하나님의 말씀이 욥의 삶에서 드러났기에 능력의 말씀을 체험하였다.

하나님을 올바르게 알지 못하면서, 세상적인 교훈으로 가르치려고 했던 친구들은 자신의 잘못을 깨닫지 못했다. 욥을 정죄한 그들은 악인이었으며, 그들의 자손은 많다고 하더라도 칼에 맞아 죽게 될 것이며, 먹을 것이 없어서 헤매게 될 것이라고 하였다. 자손의 번영이 복(시 127:3-5)이 아니라 재앙으로 바뀌게 될 것을 말했다.

그리고 살아남은 사람은 죽음의 병에 걸려 죽게 될 것이며, 그들의 과부들은 기가 막혀도 울지 못하게 될 것이다. 이전에 욥은 악한 자가 복을 더 누리면서, 형벌을 받지 않는 것이 불공평하다고 하나님께 말씀드렸다. 그러나 악한 자가 맞이할 결말은 비참하기만 하다. 아직 하나님의 판결이 악인에게 없다고 하더라도, 하나님의 공의는 언젠가 반드시 실현될 것이다. 다만 선과 악의 기준은 사람이 결정하는 것이 아니라 하나님께 있다는 사실을 잊지 말아야 한다. 마치 자신이 선(good)에 있다고 생각하여서, 다른 사람을 악(evil)이라고 판결하는 것은 욥의 친구들이 범한 실수를 되풀이할 가능성이 많다. 선악을 아는 것이 잘못이라고 할 수는 없지만, 선악의 기준을 사람이 정하는 것이 죄악이다. 눈 앞에 어떤 사람이 전형적인 악인의 모습으로 살아가고 있다고 하더라도, 선악의 판결은 사람이 하는 것이 아니라 하나님께 맡겨야 한다.

악인이 엄청난 재물을 먼지(dust)같이 긁어서 모으고, 옷을 진흙(clay)같이 쌓아 두어도 결국은 허무하게 될 것이다. 그가 쌓아 놓은 옷은 의로운 사람이 입고, 그가 모은 돈은 정직한 사람이 차지할 것이다. 재물을 많이 쌓았지만, 재물의 마지막은 먼지였음을 알게 될 것이다. 세상에서 손꼽는 부자라 할지라도, 천국에서 자신을 위해 호화로운 저택을 준비할 수 있겠는가? 그들의 재물은 바람에 의해 흩어져 날아가 버린 먼지일 뿐이다. 그가 많은 옷을 준비하였어도, 세상을 떠날 때 수의를 잠시 빌려 입을 뿐이다. 그가 바라고 원했던 것은 영원을 생각하지 않고 오직 살아있을 동안 잠시 누릴 향락이었다는 것을 그때 깨닫게 될 것이다. 보물은 좀이 먹고 녹슬거나 도둑이 훔쳐가는 이 땅이 아니라 하늘에 쌓아 두어야 한다(마 6:20).

악한 자가 지은 집은 나방의 고치(moth's cocoon)이며, 아무리 잘 지어도 파수꾼의 초막(hut)과 같다. 화려하고 웅장하게 집을 지었어도 세상을 떠나게 될 때 아무 가치가 없으며, 세상의 마지막 날에는 불에 의해 모두 사라지게 될 것이다. 사람의 눈으로 볼 때 부러움과 시기의 대상이 될 수 있지만, 영원을 사모하는 그리스도인에게는 그들의 부귀영화는 사라지는 안개이며 바람에 날아가는 먼지일 뿐이다. 썩어서 없어질 것을 위해 인생의 모든 시간을 사용하고 난 후, 정작 세상을 떠날 때 아무 필요가 없다는 것을 깨닫게 될 것이다. 그래서 솔로몬은 모든 부귀 영화를 누렸던 선배로서 인생에서 가장 소중한 것은 '하나님을 두려워하고, 그의 명령들을 지키는 것'이라고 하였고, 이것이 사람이 해야 할 의무(the whole duty of man)임을 알려 주었다. 하나님께서는 모든 행위를 심판하신다. 특히 선한 것이든 악한 것이든 모든 은밀한 일을 다 심판(judgment)하신다는 것을 기억해야 한다(전 12:13,14).

부자로 살던 사람이 죽음의 잠을 자다가 깨어나면, 아무것도 가진 것이 없는 알거지라는 것을 알게 될 것이다. 그때서야 자신이 죽었다는 사실과 부자로 살았던 꿈을 꾸었다는 것을 깨닫게 될 것이다. 그리스도인은 허무한 세상에서 살고 있지만, 영원을 사모하여 하나님을 의식하면서 그 뜻을 이루기 위해 헌신하는 사람들이다. 그러나 사람들은 하나님께서 행하시는 일을 다 깨닫지 못하므로, 더욱 하나님께 의지하면서 소망을 두어야 한다. 한 순간을 위해 영원을 포기하는 사람처럼 비참하고 어리석은 일은 없다.

그리고 두려움(terrors)이 물밀듯이 그들에게 밀어닥칠 것이며, 밤에 일어나는 폭풍에 쓸려가게 될 것이다. 두려움은 히브리어로 '발라하'(הָהָלַּב 1091 [ballâhâh])이며 파괴와 공포를 말한다. 욥 18:14에서 공포의 왕(the king of terrors 〈1091〉)은 죽음을 의미한다(호크마 주석). 죽음은 악인이 가지고 있었던 것을 모두 빼앗아 가는 약탈자가 되지만, 그리스도인에게는 부활을 통해 영원한 나라로 가는 인도자가 된다. 이러므로 그리스도인은 이 땅에서 죽음을 두려워해야 할 이유가 없으며, 오직 살아있는 동안에 영원을 위해 최선을 다해야 한다.

아라비아 사막에서 불어오는 뜨겁고 건조한 바람이 동풍(카딤, קָדִים 6921 [qâdîym])이다. 동풍의 회오리가 불어와서 악인이 살던 집과 함께 그의 존재 자체를 흔적도 없이 없애 버릴 것이다(호크마 주석). 죽음은 악인에게 있었던 모든 것을 사라지게 만든다. 악인을 기억할 수는 있겠지만, 그는 세상에 남아 있지 않고 사라져 버릴 것이다. 성도는 예수 그리스도로 인해 잠시 받게 될 고난을 두려워하지 말고, 모든 것을 지켜보고 계시는 주님께서 심판하실 자리까지 인내로 나아가야 한다. 잠시 받을 고난도 사라지게 될 것이므로, 영원한 생명을 가지고 있다는 자부심과 하나님의 나라에 대한 소망으로 이겨내야 한다.

악인은 도망치려고 해도 벗어나지 못하며, 하나님께서 그를 아끼지 아니하시고 던져 버릴 것이다. 악인이 세상에서 악을 행하고 있더라도 아직 형벌이 없는 이유는 하나님께서 그에게 회개할 기회를 주셨기 때문이다. 멸망이 예정된 앗수르의 니느웨 성 주민들은 요나의 외침을 듣고 악한 길에서 돌이켜 떠나자, 하나님께서는 그들의 회개를 보시고 뜻을 돌이켜 내리려던 재앙을 내리지 않으셨다(욘 3:1–10).

은혜의 기간이 지난 뒤에는 심판의 날을 맞이하게 될 것이다. 악인은 하나님의 사랑으로 형벌이 늦춰진 것을 이용하여 더욱더 악행을 했지만, 반드시 이루어질 하나님의 공의를 알지 못한다. 선한 사람은 세상에서 하나님의 공의를 이루기 위해 살다가, 마지막 심판의 날에 그들이 실천한 하나님의 사랑으로 영생에 들어가게 될 것이다. 하나님의 사랑과 공의는 함께 있지만, 두 가지 모두를 의식하며 현재의 삶을 사는 것이 지혜로운 사람이다.

악인의 파멸을 바라보며 사람들이 손뼉 치고 휘파람 소리를 낼 것이다. 그때에 악인은 사람들의 경멸의 대상이며 조롱거리가 될 것이다. 악한 자가 가지고 있었던 영향력과 권력은 흔적도 없이 사라지고, 그들은 부끄러움에 쥐구멍을 찾을 것이다. 악인의 멸망은 이미 하나님께서 결정하셨다. 다만 사람들이 그때를 알지 못할 뿐이다. 그리스도인은 세상에서 잠시동안 주님으로 인하여 조롱거리가 되고 고통을 받을 것이지만, 하나님께서는 큰 환난을 이기는 자에게 주어질 상속을 약속하신다(계 21:7). "이기는 사람은 이것들을 상속받을 것이다. 나는 그의 하나님이 되고, 그는 내 자녀가 될 것이다." 그리스도인이 고난을 이겨야 할 이유는 하나님께서 주신 약속이 있기 때문이다. 비록 살아있는 동안에 괴로움을 겪는다고 하더라도, 잠시 지나가는 세상에서 영원을 바라보면서 하나님의 자녀가 될 약속을 굳게 붙잡아야 한다.

악한 자는 세상에서의 성공을 목표로 삼지만, 그리스도인은 잠시 있을 세상에서 하나님의 약속을 소망하는 자들이다. 잠시 후면 악인들의 세상은 죽음으로 사라지게 될 것이요, 그리스도인의 죽음은 부활로 나아가는 과정이며, 하나님의 약속이 이루어지는 것을 눈으로 보게 될 것이다. 큰 환난을 이기는 자가 될 때 하나님께서 나의 하나님이 되시며, 우리는 하나님의 자녀가 되는 약속을 상속받게 될 것이다. 그러므로 고난이 있어도 기뻐하고 즐거워할 수 있는 것이다.

35 욥기 28장 1-28

욥은 악인에 대한 하나님의 심판을 이야기한 후에 하나님의 지혜에 대하여 말한다. 그리고 욥의 친구들도 하나님에 대해 이야기했지만, 그들이 말한 내용은 부분적인 것으로 다 옳은 것은 아니었다. 악인들에 대한 심판은 현세에 이루어지지 않기도 하고, 때로는 즉각적인 형벌이 내리기도 한다. 왜 이렇게 되는지 하나님께서 하시는 일은 사람이 예측할 수 없지만, 이 모든 것은 하나님의 주권과 지혜로 이루어진다. 하나님께서 지혜로 세상을 창조하셨다. 하나님의 형상을 닮은 사람들에게 이 세상을 정복하고 다스리는 권한을 주셨으며, 이들은 하나님께서 주시는 지혜를 가지게 되었다. 그럼에도 불구하고 사람의 지혜는 하나님의 지혜와 견줄 수 없다.

욥은 사람의 지혜가 대단하다는 것을 말하지만, 하나님의 지혜는 고귀해서 어떠한 것으로도 살 수 없다고 말한다. 자연의 모든 것을 주관하시는 하나님의 지혜는 어디서 얻으며, 명철이 있는 곳은 어디일까?

은을 캐는 광산이 있고, 금을 정련하는 제련소도 있다. 철은 흙에서 캐어 내며, 구리는 광석을 녹여서 얻는다. 광부들은 땅 속을 깊이 파고 들어가서, 땅 속이 아무리 캄캄해도 그 캄캄한 구석 구석에서 광석을 캐어 낸다. 사람이 사는 곳에서 멀리 떨어진 곳, 사람의 발이 가 닿지 않는 곳에, 사람들은 갱도를 판다. 줄을 타고 매달려서 외롭게 일을 한다. 땅 위에서는 먹거리가 자라지만, 땅 속은 같은 땅인데도 용암으로 들끓고 있다. 바위에는 사파이어가 있고, 돌가루에는 금이 섞여 있다. 솔개도 거기에 이르는 길을 알지 못하고, 매의 날카로운 눈도 그 길을 찾지 못한다. 겁 없는 맹수도 거기에 발을 들여놓은 일이 없고, 무서운 사자도 그곳을 밟아 본 적이 없다. 사람은 굳은 바위를 깨고, 산을 그 밑뿌리까지 파들어 간다. 바위에 굴을 뚫어서, 각종 진귀한 보물을 찾아낸다. 강의 근원을 찾아내고, 땅에 감추어진 온갖 보화를 들추어낸다. 그러나 지혜는 어디에서 얻으며, 슬기가 있는 곳은 어디인가? (욥 28:1-12)

은을 채굴하는 광산, 금을 제련하는 제련소, 철이 묻혀 있는 흙, 구리가 섞여 있는 광석이 있다. 사람은 땅 속에 숨겨진 광물을 찾아내는 지혜가 있다. 비록 이것들을 캐내기 위해서는 험난한 과정을 거쳐야 하지만, 가치 있는 광물을 찾기 위해 죽음의 위험도 감수하면서 엄청난 수고를 한다. 사람들은 광맥을 찾기 위해 땅을 깊이 파고, 아주 캄캄한 곳을 조사한다. 어디에 광물이 있는지 알지 못하지만, 지혜로 숨겨진 것을 찾아낸다.

고대 이집트인들은 시나이 반도까지 가서 광석을 채굴했다. 그곳은 뜨겁고, 건조하고, 물이 없는 곳이었고, 채굴하는 작업은 어렵고 힘들어서 작업 중에 사망하는 사람도 있었다. 그럼에도 불구하고 그들은 소중한 광석을 채굴하기 위해서 극심한 고생과 노력의 과정을 포기하지 않았다. 욥은 이처럼 광석을 찾는 것은 힘든 작업이라고 말하면서, 하나님의 지혜를 얻는 것은 더 힘들고 어렵다는 것을 말하려고 했다(호크마 주석).

사람이 사는 곳에서 멀리 떨어져 인적이 끊어진 곳에 갱도를 깊이 파고, 갱 속으로 몸을 밧줄로 묶어, 흔들거리면서 외롭게 일을 했다. 지상에는 먹을 것이 있지만, 지하에는 광물을 찾으려는 뜨거운 열정의 불이 가득하다. 이처럼 채굴하는 일은 어렵고 고통스러운 일이지만, 소중한 광물을 갖기 위해서는 그만한 수고의 대가를 지불할 가치가 있다.

사람들이 얻으려고 했던 것들 중에는 귀중한 광물의 보석들이 포함되어 있다. 청옥(사파이어)과 사금과 같은 광석도 있었으며, 이러한 것들은 귀한 용도로 사용되었고 큰 값어치를 지니고 있다. 이러므로 사람은 온갖 지혜를 짜내어 보물을 얻으려고 했다.

시력이 뛰어난 솔개나 매의 눈으로도 보화를 캐내는 길을 찾지 못한다. 보물이 있는 곳은 용맹스러운 짐승도 밟아본 적이 없으며, 사나운 사자도 지나간 적이 없다. 이처럼 시력과 용맹으로는 땅속에 깊이 묻힌 보석을 찾을 수 없다(호크마 주석). 그렇지만 사람의 기술과 지혜로 땅속에 감추어진 보물을 찾아서 꺼내 올 수 있다. 이처럼 사람의 지혜는 모든 생물보다 월등하게 높아서, 꿈꾸고 상상했던 것을 성취한다.

사람은 굳은 바위를 쪼개고, 산을 파서 그 뿌리째 파헤치며, 바위를 뚫고 물길을 터서, 각가지 진귀한 보물을 찾아낸다. 또한 시냇물을 둑으로 막아서 땅에 감추어진 보물을 캐어 가져온다. 이처럼 인간의 지혜는 구하기 힘든 숨겨진 보물을 찾아내서, 기어코 땅 위로 가지고 나온다. 그러나 사람은 아무리 노력을 해도 하나님의 지혜는 찾을 수 없고, 얻을 수도 없다.

지혜는 어디서 찾을 수 있으며, 명철은 어디에서 얻을 수 있는가? 지혜(호크마, wisdom, חָכְמָה 2451 [chokmâh])는 단순한 지식이나 학식을 말하지 않는다. 이치와 분별을 말하며, 하나님의 백성 답게 살아갈 수 있는 실천의 삶을 포함한다. 명철(비나, understanding, הָנִיב 998 [bîynâh])은 올바른 판단을 내릴 수 있는 예리한 분별력과 어떤 주제를 예리하게 파악하고, 이해하는 지적 능력 등을 가리키는 데에 사용되었다. 그러나 인생의 문제를 해결해 주는 지혜와 명철은 사람 스스로 얻을 수 없다(호크마 주석).

지혜는 사람에게서 발견되는 것이 아니다. 사람은 어느 누구도 지혜의 참 가치를 알지 못한다. 깊은 바다도 "나는 지혜를 감추어 놓지 않았다" 하고 말한다. 넓은 바다도 "나는 지혜를 감추어 놓지 않았다" 하고 말한다. 지혜는 금을 주고 살 수 없고, 은으로도 그 값을 치를 수 없다. 지혜는 오빌의 금이나 값진 루비나 사파이어로도 그 값을 치를 수 없다. 지혜는 금보다 값진 것, 금잔이나 값진 유리잔보다 더 값진 것이다. 지혜의 값은 산호보다, 수정보다 비싸다. 지혜를 얻는 것은 진주를 가진 것보다 값지다. 에티오피아의 토파즈로도 지혜와

비교할 수 없고, 정금으로도 지혜의 값을 치를 수 없다. 그렇다면 지혜는 어디에서 오며, 슬기가 있는 곳은 어디인가? (욥 28:13-20)

욥 28:13 지혜는 사람에게서 발견되는 것이 아니다. 사람은 어느 누구도 지혜의 참 가치를 알지 못한다.
개정 욥 28:13 그 길을 사람이 알지 못하나니 사람 사는 땅에서는 찾을 수 없구나
NIV Job 28:13 Man does not comprehend its worth; it cannot be found in the land of the living.

참된 지혜는 사람이 아무리 노력해도 발견되지 않으므로 찾을 수 없다. 이 세상에서는 지혜를 찾을 수 없으므로, 사람들은 세상에 없는 참된 지혜의 가치를 알지 못한다. 그렇다면 지혜는 어디에 있는 것일까? 깊은 바다는 지혜를 감추어 놓지 않았다고 하며, 넓은 바다도 지혜가 없다고 한다. 물리적으로 접근할 수 없는 어려운 곳에도 지혜는 없다.

사람들이 땅속에서 어렵게 찾은 정금이나 은도 지혜의 가치에 비교할 수 없다. 지혜를 얻기 위해서 오빌의 금 따위는 내놓지도 못하고, 매우 값진 루비나 사파이어로도 그 값을 치를 수 없다. 지혜 옆에 황금이나 수정도 함께 진열할 수 없으며, 순금의 세공품으로도 지혜의 값을 매길 수 없다.

욥에게 지혜는 너무나 값진 것이어서, 어떠한 재물과 보석으로도 살 수 없다고 했다. 그렇다면 지혜는 어디에 있는 것이며, 어떻게 해야 지혜를 가질 수 있겠는가? 사람이 노력하면 땅속의 보석을 캐낼 수 있건만, 지혜를 가지는 것은 사람의 능력 밖이다. 하나님의 선물과 지혜는 재물로 얻을 수 없다.

초대 예루살렘 교회에 큰 박해가 있었고 스데반은 순교하였다. 사도들 이외에는 모두 유대와 사마리아 지방으로 흩어졌다. 빌립 집사는 사마리아의 한 성에 가서 그들에게 그리스도를 전했다. 군중들은 빌립의 말을 듣고, 행하는 기적을 보면서, 그의 말에 귀를 기울였다. 많은 사람에게 붙었던 더러운 귀신들이 큰소리를 지르며 나갔고, 많은 중풍병자들과 못 걷는 사람이 나았다. 빌립이 하나님 나라와 예수 그리스도의 이름을 전하였고, 많은 사람들은 그의 말을 믿고 세례를 받았다. 그러자 그 성에 살고 있던 마술사 시몬은 빌립을 따라다니면서, 많은 기적과 놀라운 일들이 일어나는 것을 보고 놀랐다. 그러자 예루살렘에 있는 사도들은 베드로와 요한을 사마리아에 보냈다. 그들은 사마리아 사람들이 성령을 받도록 기도하였고, 안수하자, 그들은 성령을 받았다. 마술사 시몬은 그것을 보고 두 사도에게 돈을 주면서, 그 권능을 자신에게 팔아서 자기가 안수할 때마다 성령을 받을 수 있게 해 달라고 요청했다. 베드로는 그에게 야단을 치면서, "그대가 하나님의 선물을 돈으로 사려고 생각하였으니, 그대는 그 돈과 함께 망할 것이오."라고 말했다(행 8:1–24).

성령을 돈으로 살 수 없듯이 하나님의 지혜는 세상에 있는 어떤 귀한 보석이나 값진 것으로도 살 수 없다. 하지만 지혜의 값어치를 모르는 사람들은 지혜보다 세상의 재물과 보석을 더 귀한 것으로 여기며 산다. 또한 지혜의 가치를 모르는 자들에게는 하나님의 지혜가 거추장스러운 짐이 되고, 자신이 원하는 삶을 막는 방해물로 여길 수도 있다. 그러나 하나님의 자녀가 되는 것을 가장 귀하게 여기는 자들에게는 지혜가 세상의 어떤 것과 비교할 수 없는 소중한 보물이다. 가장 소중한 것을 얻기 원한다면 지금까지 소중하게 여겼던 것을 먼저 버린 후에 가장 귀중한 것을 얻기를 추구해야 한다(마 13:44).

욥에게 하나님의 지혜는 가장 소중하고 귀한 것이었다. 그래서 친구들이 하나님에 대하여 말하면서 고난을 죄의 대가라고 몰아붙여도, 욥은 그들의 주장과 논리가 하나님으로부터 나온 지혜가 아님을 알고 있었다. 그렇다면 그런 지혜를 어디에 가서 찾겠는가? 그런 명철을 어디에서 만나겠는가?

> **모든 생물의 눈에 숨겨져 있고, 공중의 새에게도 감추어져 있다. 멸망의 구덩이와 죽음도 지혜를 두고 이르기를 "지혜라는 것이 있다는 말은 다만 소문으로만 들었을 뿐이다" 하고 말한다. 그러나 하나님은, 지혜가 있는 곳에 이르는 길을 아신다. 그분만이 지혜가 있는 곳을 아신다. 오직 그분만이 땅 끝까지 살피실 수 있으며, 하늘 아래에 있는 모든 것을 보실 수 있다. 그분께서 저울로 바람의 강약을 달아 보시던 그때에, 물의 분량을 달아 보시던 그때에, 비가 내리는 규칙을 세우시던 그때에, 천둥 번개가 치는 길을 정하시던 그때에, 바로 그때에 그분께서, 지혜를 보시고, 지혜를 칭찬하시고, 지혜를 튼튼하게 세우시고, 지혜를 시험해 보셨다. 그런 다음에, 하나님은 사람에게 말씀하셨다. "주님을 경외하는 것이 지혜요, 악을 멀리하는 것이 슬기다." (욥 28:21-28)**

모든 짐승들이 연합하여도 땅속에 있는 광물을 찾아내는 사람들의 지혜와 비교할 수가 없을 것이다. 하물며 하나님의 참된 지혜에 이르는 것은 더욱더 불가능하다. 멀리 보는 공중의 새에게도 그 지혜는 감추어져 있다. 심지어는 멸망의 구덩이(아바돈, אֲבַדּוֹן 11 ['ăbaddôwn])와 죽음(마웨트, מָוֶת 4194 [mâveth])도 지혜에 대하여는 소문으로만 들었다고 말하면서, 그곳에는 지혜가 없다고 말한다. 죽음의 세계는 누구도 가 본 적이 없는 신비한 장소이다. 그렇지만 여기서도 지혜를 찾을 수가 없다. 이러기에 사람은 죽어서도 하나님의 지혜를 만날 수 없다.

하나님만이 지혜가 있는 곳과 그곳으로 가는 길을 아신다. 이러므로 사람이 아무리 노력을 해도 참 지혜를 얻을 수 없으며, 무엇이 참된 지혜인지를 스스로 깨닫는 것은 불가능하다. 많은 시간을 들여서 신학을 공부하고, 신앙 서적을 보았다고 해서, 하나님의 지혜를 얻는 것이 아니다. 성령의 도우심이 없이 무조건 성경을 많이 읽는다고 해서 하나님의 지혜를 얻게 되는 것도 아니다. 지혜는 하나님께서 사람에게 보여주시고 깨닫게 해 주셔야 얻을 수 있다.

오직 하나님께서 땅끝까지 살피시며, 하늘 아래에 있는 모든 것을 보실 수 있으므로 세상에 있는 그 어떤 것도 숨길 수 없다. 현재 인간은 우주 망원경을 통해 먼 우주를 바라볼 수 있게 되었지만, 우주를 완전히 알 수 없다. 그러나 하나님께서는 우주를 창조하셨으며, 우주 안에 있는 지구만이 아니라, 전 우주를 주관하고 계시며, 그 안에 하나님의 권능이 있다.

하나님께서는 바람과 비와 같은 기후와 자연의 순환 과정을 다스리신다. 바람의 힘과 비의 양을 조절하시면서 비의 법칙과 천둥 번개가 치는 길을 정하셨다. 하나님께서 정한 법칙을 인간은 과학이라는 도구를 사용하면서 자연의 법칙을 알아가고 있다. 그러나 이러한 지식도 순수한 사람의 능력으로 된 것이 아니라, 하나님께서 사람에게 지혜를 주셨으므로 얻을 수 있었다.

하나님께서 지혜를 보셨고, 지혜를 칭찬하시고, 지혜를 튼튼하게 세우셨고, 지혜를 시험(test)해 보셨다. 욥은 마치 지혜가 하나님께 발견된 것처럼 말하였지만, 실제로는 천지를 창조하시기 이전부터 하나님께 지혜가 있었고, 세상을 창조하시면서 지혜를 펼치셨다. 이처럼 하나님께서는 지혜를 기초로 세상을 창조하셨고, 모든 만물의 법칙을 세우셨다. 이러므로 지혜의 근본은 하나님이시다. 잠언 8장에서는 지혜와 명철을 의인화하여, 사람들에게 교훈을 알려준다. 여기에서는 창조 이전부터 하나님께서 지혜를 가지고 계셨음을 자세하게 설명하고 있다(잠 8:22–31).

지혜와 명철은 소리를 높여서 모든 장소에서 모든 사람을 부르며 자신들에게 초대한다(잠 8:1–3). 의인화한 지혜와 명철이 말하는 내용을 살펴보자.

"사람들아, 내가 너희를 부른다. 내가 모두에게 소리를 높인다. 어수룩한 사람들아, 너희는 명철을 배워라. 미련한 사람들아, 너희는 지혜를 배워라. 너희는 들어라. 나는 옳은 말만 하고, 내 입술로는 바른 말만 한다. 내 입은 진실을 말하며, 내 입술은 악을 싫어한다. 내가 하는 말은 모두 의로운 것뿐이며, 거기에는 비뚤어지거나 그릇된 것이 없다. 총명이 있는 사람은 이 모든 말을 옳게 여기고, 지식이 있는 사람은 이 모든 말을 바르게 여긴다. 너희는 은을 받기보다는 내 훈계를 받고, 금을 선택하기보다는 지식을 선택하여라. 참으로 지혜는 진주보다 좋으며, 네가 갖고 싶어하는 그 어떤 것도 이것과 비교할 수 없다." (잠 8:4–11)

"나 지혜는 명철로 주소를 삼으며, 지식과 분별력을 가지고 있다. 주님을 경외하는 것은 악을 미워하는 것이다. 나는 교만과 오만, 악한 행실과 거짓된 입을 미워한다. 내게는 지략과 건전한 지혜가 있으며, 명철과 능력이 있다. 내 도움으로 왕들이 통치하며, 고관들도 올바른 법령을 내린다. 내 도움으로 지도자들이 바르게 다스리고, 고관들 곧 공의로 재판하는 자들도 올바른 판결을 내린다. 나는, 나를 사랑하는 사람을 사랑하며, 나를 간절히 찾는 사람을 만나 준다. 부귀와 영화도 내게 있으며, 든든한 재물과 의도 내게 있다. 내가 맺어주는 열매는 금이나 순금보다 좋고, 내가 거두어 주는 소출은 순은보다 좋다. 나는 의로운 길을 걸으며, 공의로운 길 한가운데를 걷는다. 나를 사랑하는 사람에게는 내가 재물을 주어서, 그의 금고가 가득 차게 하여 줄 것이다." (잠 8:12–21)

"주님께서 일을 시작하시던 그 태초에, 주님께서 모든 것을 지으시기 전에, 이미 주님께서는 나를 데리고 계셨다. 영원 전, 아득한 그 옛날, 땅도 생기기 전에, 나는 이미 세움을 받았다. 아직 깊은 바다가 생기기도 전에, 물이 가득한 샘이 생기기도 전에, 나는 이미 태어났다. 아직 산의 기초가 생기기 전에, 언덕이 생기기 전에, 나는 이미 태어났다. 주님께서 아직 땅도 들도 만들지 않으시고, 세상의 첫 흙덩이도 만들지 않으신 때이다. 주님께서 하늘을 제자리에 두시며, 깊은 바다 둘레에 경계선을 그으실 때에도, 내가 거기에 있었다. 주님께서 구름 떠도는 창공을 저 위 높이 달아매시고, 깊은 샘물을 솟구치게 하셨을 때에, 바다의 경계를 정하시고, 물이 그분의 명을 거스르지 못하게 하시고, 땅의 기초를 세우셨을 때에, 나는 그분 곁에서 창조의 명공이 되어, 날마다 그분을 즐겁게 하여 드리고, 나 또한 그분 앞에서 늘 기뻐하였다. 그분이 지으신 땅을 즐거워하며, 그분이 지으신 사람들을 내 기쁨으로 삼았다. (잠 8:22-31)

"그러므로 아이들아, 이제 내 말을 들어라. 내 길을 따르는 사람이 복이 있다. 내 훈계를 들어서 지혜를 얻고, 그것을 무시하지 말아라. 날마다 나의 문을 지켜보며, 내 문설주 곁에 지키고 서서, 내 말을 듣는 사람은 복이 있다. 나를 얻는 사람은 생명을 얻고, 주님께로부터 은총을 받을 것이다. 그러나 나를 놓치는 사람은 자기 생명을 해치는 사람이며, 나를 미워하는 사람은 죽음을 사랑하는 사람이다." (잠 8:22-31)

하나님께서 사람들에게 말씀하신다. "주를 경외하는 것이 지혜이며, 악을 떠나는 것이 명철이다."

여호와 하나님을 경외하는 것이 지혜의 근본이며, 거룩하신 분을 아는 것이 명철이다(잠 1:7, 9:10). 사람은 자기 스스로를 지혜롭게 여기지 말고, 하나님을 경외하며 악을 멀리해야 한다(잠 3:7). 사람의 지혜로 하나님을 알지 못하므로, 하나님께서는 어리석게 들리는 설교를 통하여 믿는 자들을 구원하시기로 하였고, 이것이 하나님의 지혜이다(고전 1:21).

하나님께서 세상을 창조하실 때 자신의 형상을 닮은 사람을 지으셨다. 이러므로 사람은 하나님의 지혜를 가지게 되었다. 그러나 아담의 죄로 인하여 사람에게 주어진 영생은 취소되었고, 사망이 사람을 지배하게 되었다. 하나님의 영은 사람에게서 떠나가셨고(창 6:3), 사람에게는 오직 멸망만이 남게 되었다. 그러나 하나님께서 예수 그리스도를 통하여 믿음으로 의에 이르게 하셨고, 하나님의 영이신 성령께서 사람과 함께하셨다. 하나님께서 성령을 통하여 우리에게 지혜를 나타내 보이셨으므로, 성령은 하나님의 깊은 경륜까지도 살피신다(고전 2:10). 하나님의 지혜를 가진 솔로몬은 자신이 살았던 삶을 돌이켜 보면서 하나님을 경외하고 그 명령을 지키는 것이 사람의 본분이라고 하였다(전 12:13, 시 111:10).

만일 하나님을 의식하면서 어질고 진실하게 사는 사람이 실수로 죄를 짓는다면, 하나님께서 그 죄를 용서하여 주실 것이다. 하나님을 두려워하는 마음으로 살아가는 사람은 자연히 악을 멀리하게 된다(잠 14:16, 16:6). 이러므로 마지막 때를 살아가는 성도는 하나님을 두려워하며 지혜를 사랑하고 간절하게 간구해야 한다. 이럴 때에 성령의 사람은 지혜를 만나게 될 것이다. 지혜를 가진 사람은 하나님을 두려워하기에 악을 피하지만, 어리석은 사람은 자신만만해서 조심하지 않고 함부로 행동한다(잠 14:16).

지혜를 지닌 사람이라면 하나님을 경외하면서 그의 명령에 순종할 것이며, 이것이 하나님을 경외하는 증거이다. 명철은 사람에게 분별력을 주어서 하나님의 관점으로 선과 악을 구별하게 만든다. 이러므로 명철이 있는 자는 악을 멀리하고 선을 행하게 된다. 이러기에 바울은 고린도 성도들에게 다음과 같이 말했다.

고전 14:20 ○형제자매 여러분, 생각하는 데는 아이가 되지 마십시오. 악에는 아이가 되고, 생각하는 데는 어른이 되십시오.
개정 고전 14:20 형제들아 지혜에는 아이가 되지 말고 악에는 어린아이가 되라 지혜에는 장성한 사람이 되라

우리는 하나님의 지혜를 얼마나 사랑하고 있으며, 간절하게 지혜를 얻으려고 찾고 있는가 자신을 돌아보아야 한다. 그러나 하나님의 지혜는 사람의 열심으로 얻어지는 것이 아니라, 하나님께서 선물로 우리에게 주신다. 그리고 성령께서 함께하실 때, 하나님의 깊은 것까지도 깨닫게 될 것이며, 장성한 지혜자가 되고, 악을 멀리하는 명철한 사람이 될 것이다. 지금 우리는 험난한 마지막 때를 살고 있는 그리스도인들이다.

예수께서 말씀하신 팔 복 중에 마지막 복, 곧 의를 위하여 핍박을 받는 복이 기다리고 있다(마 5:10). 예수로 인하여 고난을 받는 것이 마지막 때에 있을 재난의 시작이다(마 5:11, 24:8,9, 눅 21:17). 이러기에 예수로 인하여 고난을 받게 될 성도들은 반드시 성령의 사람이 되어서, 하나님의 지혜와 명철의 초대에 반드시 참여하게 되기를 바란다.

36 욥기 29장 1-25

욥은 과거를 회상하면서 변론하였다. 그는 자신이 살았던 삶을 돌이켜보았다. 그 옛날 하나님께서는 욥과 함께하셨고, 욥은 풍요로운 삶을 살면서 많은 사람들에게 존경을 받았다. 그리고 욥은 자신의 성공을 위해서 살았던 것이 아니라, 하나님께서 인정하시는 의인으로서 이웃을 사랑하고 베푸는 삶을 살았다. 그래서 욥은 함께하신 하나님께서 베푸신 은혜를 생각하면서 고난을 인내할 수 있었다. 욥은 하나님과의 친밀한 우정(intimate friendship)이 있었으므로 전능자 하나님을 의지할 수 있었고, 고난 가운데 좌절하지 않았다.

욥은 과거의 성공만을 사랑한 것이 아니라, 하나님께서 베푸신 은혜와 사랑에 감격했다. 하나님을 섬기는 목적이 성공을 위한 것이라면, 이것을 기복 신앙이라고 부른다. 사탄은 욥이 아무 까닭 없이 하나님을 섬긴 것이 아니라, 복을 얻기 위한 것이었다고 욥을 고발했다.

그리고 사탄은 하나님의 보호로 인하여 욥이 넘치는 소유물을 가지게 되었으므로, 만일 주신 것을 거두어 가면 욥은 하나님을 저주하고 떠날 것이라고 했다(욥 1:6-12). 하나님께서는 욥의 신앙을 알아보기 위한 사탄의 시험을 허락하셨고, 욥이 재물과 자녀를 잃은 후에 하나님을 저주하고 떠날 것인지 확인하게 하셨다.

고난을 당하게 될 그리스도인이 욥의 인내를 배우기 원한다면, 먼저 욥의 신앙 전체를 연구하여 본받아야 한다. 욥은 하나님께서 인정하는 의인다운 신앙이 있었으므로 고난을 이겨낼 힘이 있었다. 이러므로 그리스도인은 마지막 때의 고난을 맞이하기 전에 먼저 욥의 신앙을 배우고 따라야 한다. 의인으로 살면서 고난을 받은 욥처럼, 욥의 신앙의 삶을 본받는 것이 미래에 닥칠 고난을 위한 준비를 하는 것이다.

그리스도인은 욥과 자신을 동일시하여, 그의 신앙을 자신에게 적용해야 한다. 욥이 받고 있는 고난은 미래의 그리스도인이 받을 고난이며, 욥의 신앙 생활은 현재 그리스도인이 따라가야 할 신앙의 본보기이다. 욥은 마치 독백을 하는 것처럼 자신의 신앙을 말했다(욥기 29장). 이를 통해 우리는 욥의 신앙을 자세하게 알아보고 배울 수 있다. 그는 과연 어떤 사람이었기에 하나님께서 그를 흠 없는 의인이라고 하신 것일까? 과연 욥의 신앙의 특징은 무엇이며, 어떤 신앙이 있어야 고난을 이겨낼 수 있을 것인가?

욥은 족장시대의 사람으로서, 그 당시에는 제도적인 제사가 없었고, 현재와 같은 예배의 형식도 없었다. 하나님께서 욥을 의인으로 인정하시는 근거는 종교적인 것이 아니라, 하나님의 공의를 드러내는 삶을 살았기 때문이었다. 예수를 믿으면 더 이상 죄인으로 판결받지 않으며, 믿음으로 죄에서 구원받은 후에는 죄를 짓지 말고 의인으로 살아야 한다(요일 3:9). 이러므로 교회는 믿음으로 얻는 구원(소조, σώζω 4982 [sōzō])만을 강조하지 말고, 주님의 명령에 순종하는 의인으로서 하나님의 공의와 사랑을 행하도록 이끌어 주면서 미래의 고난을 준비하는 훈련소라는 사실을 알려주어야 한다. 욥은 하나님께 삶으로 예배를 드렸으며, 그리스도인은 욥을 본받아 삶으로 하나님께 영광을 돌려야 한다.

이런 내용을 참고로 욥의 신앙을 연구하고 확인해 보자. 본문의 뜻을 이해하기 위해 호크마 주석을 참고하고 인용했다.

욥이 다시 비유를 써서 말을 하였다. 지나간 세월로 되돌아갈 수만 있으면, 하나님이 보호해 주시던 그 지나간 날로 되돌아갈 수 있으면 좋으련만! 그때에는 하나님이 그 등불로 내 머리 위를 비추어 주셨고, 빛으로 인도해 주시는 대로, 내가 어둠 속을 활보하지 않았던가? 내가 그처럼 잘 살던 그 시절로 다시 돌아가서 살 수 있으면 좋으련만! 내 집에서 하나님과 친밀하게 사귀던 그 시절로 되돌아갈 수 있으면 좋으련만! 그때에는 전능하신 분께서 나와 함께 계시고, 내 자녀들도 나와 함께 있었건만. 젖소와 양들이 젖을 많이 내어서, 내 발이 젖으로 흠뻑 젖었건만. 돌짝 밭에서 자란 올리브 나무에서는, 올리브 기름이 강물처럼 흘러나왔건만. (욥 29:1-6)

계속해서 욥은 비유의 말로, 과거에 하나님께서 베풀었던 은혜와 평화의 시간을 회상하면서, 그날을 그리워했다. 그리고 그가 누렸던 부유와 영광은 스스로 얻은 것이 아니라, 하나님의 보호로 이루어진 것이었다. 사탄은 하나님께서 욥과 그의 집을 보호하셨고, 그가 하는 일에 복을 주셨기에, 소유가 넘쳐났다고 말한 바 있다(욥 1:10). 그러나 모든 소유를 없애 버리면 욥이 하나님을 저주하고 떠날 것이라고 하는 사탄의 말은 이루어지지 않았다. 이미 욥은 자신이 누렸던 모든 것들은 하나님께서 주신 것임을 알고 있었다. 그러기에 욥은 넘치게 가졌던 소유물과 지위를 그리워하는 것이 아니라, 하나님께서 보호해 주셨던 날들을 회상하면서 하나님과의 친밀한 우정(교제)를 사모했다.

하나님께서 등불을 욥의 머리 위에 비추어 주셔서, 욥을 인도하셨고 지켜 주셨다. 이러기에 욥은 그 빛으로 인하여 어둠 속에서도 길을 잃지 않고 걸어 다닐 수 있었다. 욥에게 어둠이 있었다는 말은, 그에게 항상 좋은 날만 있었던 것이 아니라, 어려울 때도 있었다는 것을 알 수 있다. 그러나 어두움 가운데에서도 하나님께서 빛으로 그를 인도하여 주셨으므로, 욥은 넘어지지 않을 수 있었다. 그리스도인에게는 항상 빛이 있는 것이 아니라 때로는 어두움을 만날 수 있다. 그렇지만 곤란한 상황을 만나더라도 하나님의 도움으로 실족하지 않게 될 것을 확신해야 한다. 욥은 주님께서 보호하고 지켜 주셨던 날들을 떠올리며 그때를 그리워했다.

욥은 과거에 있었던 원기 왕성한 전성기를 다시 만나기를 원했다. 욥은 과거에 있었던 최고의 때를 그리워했는데, 그 이유는 하나님과의 친밀한 우정(God's intimate friendship)으로 인하여 그의 가정이 복을 받았기 때문이었다. KJV에서는 이것을 하나님의 비밀(the secret of God)이라고 번역했는데, 다른 사람들에게는 감추어진 관계를 말하며 역시 하나님과의 친밀함을 의미한다.

욥 29:4 내가 그처럼 잘 살던 그 시절로 다시 돌아가서 살 수 있으면 좋으련만! 내 집에서 하나님과 친밀하게 사귀던 그 시절로 되돌아갈 수 있으면 좋으련만!
개정 욥 29:4 내가 원기 왕성하던 날과 같이 지내기를 원하노라 그때에는 하나님이 내 장막에 기름을 발라 주셨도다
NIV Job 29:4 Oh, for the days when I was in my prime, when God's intimate friendship blessed my house,
KJV Job 29:4 As I was in the days of my youth, when the secret of God was upon my tabernacle;

그때에 전능자가 욥과 함께하셨으며, 또한 자녀들에게 둘러싸여 있었다. 여기에서 전능자(the Almighty)는 히브리어로 '샤다이'(שַׁדַּי'שַׁדַּי 7706 [Shadday])로 구약 성경에 나타나는 하나님의 이름으로, 구약 성경에는 48회 나오는데, 욥기에서만 31회 나온다. 전능자(샤다이)는 '모든 능력을 가지신 분'이라는 뜻이며, '파괴하다', '멸망시키다'는 뜻을 가지는 '샤다드'(שָׁדַד 7703 [shâdad])에서 파생된 것이라고 본다(호크마 주석). 욥기에서는 '전능하신 하나님'을 강조하고 있는데, 이것은 전능하신 분께서 욥을 높이기도 하시고 낮추기도 하셨으며, 욥을 회복시켜 주시는 분임을 의미한다. 전능하신 분께서 함께하셨을 때에 욥은 가족들과 행복하게 지냈다는 것이다. 그러나 현재 상황은 전능자가 욥과 함께하지 않아서, 평화와 번영이 사라진 것으로 여겼던 것 같다.

욥은 젖소와 양들의 젖으로 그의 발을 씻을 정도로 풍요한 삶을 누렸다. 돌 많은 땅에서 잘 자란 올리브 나무에서는 올리브 기름이 강물처럼 흘러내렸던 것처럼 욥은 물질이 넘쳐나서 부족함 없이 풍족했으며, 이 모든 것은 하나님의 은혜로 이루어진 것이라고 고백한다.

비록 욥은 자신에게 닥친 비참한 현실로 절망할 수밖에 없었지만, 과거에 받았던 하나님의 은혜로 인하여 그는 고난을 이겨낼 용기를 가질 수 있었다. 과거에 하나님께서 함께하셨건만, 정작 고난의 때에는 안 계신 것 같아 보이더라도, 그는 변함없으신 하나님을 믿고 의지하면서 도우심을 바라며 인내할 수 있다. 욥이 고난을 참고 이겨낼 수 있는 힘은 그 자신으로부터 나오는 것이 아니라, 항상 함께하시는 하나님께서 행하신 일을 알고 있었기 때문이었다. 그러기에 욥은 고난 가운데에서도 하나님께 나아가 괴로움을 호소할 수 있었다. 그렇지만 이러한 믿음은 스스로에게서 나온 것이 아니라, 하나님께서 욥에게 흔들리지 않는 믿음을 주셨기 때문이다. 하나님과 함께하는 경험을 한 사람은 고통의 삶에서도 다시 하나님을 바라보면서 인내할 수 있을 것이다.

욥은 지나간 시절을 돌아보면서 함께하시는 하나님께서 그의 등불이 되셨고, 보호하셨음을 기억했다. 이러한 회상으로 인해 욥은 고난에 초점을 맞추지 않았고, 고난을 주관하시는 하나님께 소망을 두었다. 욥은 여전히 하나님과 친밀하게 사귀며, 동행할 수 있었다. 지금도 여전히 고난으로 인해 어려움을 당하고 있지만, 하나님께서는 끊임없이 욥을 사랑하고 계시며, 떠나지도 않고, 버리지도 않으시면서, 자비를 베푸시는 분이이시라는 것을 알고 있었다.

그때에는 내가 성문 회관에 나가거나 광장에 자리를 잡고 앉으면, 젊은이들은 나를 보고 비켜서고, 노인들은 일어나서 내게 인사하였건만. 원로들도 하던 말을 멈추고 손으로 입을 가렸으며, 귀족들도 혀가 입천장에 달라붙기나 한 것처럼 말소리를 죽였건만. 내 소문을 들은 사람들은 내가 한 일을 칭찬하고, 나를 직접 본 사람들은 내가 한 일을 기꺼이 자랑하고 다녔다. (욥 29:7-11)

욥은 성문에 가거나, 성문 광장에서 성의 어른들과 자리를 같이하기도 했다. 그 당시 성문은 공적인 일이 이루어지는 장소였다. NIV 성경에서는 성문 광장을 공공의 장소(public square)라고 번역했다. 이로 보건대 욥은 그 당시에 사회적 지위가 높았다는 것을 알 수 있다.

욥은 공적인 일을 행하였으므로, 모든 사람에게 그의 삶은 노출되어 있었다. 개인의 이익을 위해 올바르지 못한 일을 행하였다면, 그는 당연히 비난의 대상이 되었을 것이다. 사람들은 욥의 공적인 삶을 보면서 존경했다. 젊은이들은 욥을 존경하여 자리를 비켜섰으며, 노인들 역시 욥에게 인사를 하면서 예우를 갖추었다. 높은 지위를 이용하여 불의를 저지르는 지도자들이 많지만, 욥은 공의를 행하면서 흠잡을 데 없는 삶을 살았으므로, 사람들이 따르고 싶어하는 존경의 대상이었다.

백성의 지도자들도 욥을 보면 하던 말을 멈추고 입을 가렸고, 귀족들도 조용히 말문을 닫았을 정도였다. 욥의 소문을 들은 사람은 그를 칭찬하였고, 욥을 직접 본 사람은 그가 한 일을 즐겁게 자랑하였다. 욥의 생각을 존중하였으므로 사람들은 말하던 것을 멈추고 주의해서 들었으며, 지위가 높은 사람도 욥의 말을 무시하지 않고 경청하였다. 이러한 것으로 볼 때 사람들은 욥이 가지고 있었던 부와 지위와 같은 외형적인 조건 때문이 아니라, 그의 삶을 보면서 마음으로 존경하며 따르고 있었음을 알 수 있다. 욥이 훌륭한 사람이라는 소문이 퍼져 있었으며, 욥과 가깝게 지내는 지인들은 사람들에게 그가 행한 옳은 일을 자랑했다.

욥은 사회적으로 좋은 영향을 끼쳤던 사람이었다. 그러므로 사람들은 욥을 인정했고, 그의 의견을 존중했다. 현재 그리스도인은 사회적으로 좋은 영향을 끼치므로 존경의 대상이 되고 있을까? 욥은 부와 명예를 최상의 가치로 삼은 것이 아니라, 하나님을 섬기며 하나님의 공의를 실천하였고, 사회에 긍정적인 좋은 영향력을 끼쳤다. 욥이 가진 부와 명예는 불의로 거둔 것이 아니었다. 그렇다면 욥은 사회에서 어떤 역할을 했을까?

내게 도움을 청한 가난한 사람들을 내가 어떻게 구해 주었는지, 의지할 데가 없는 고아를 내가 어떻게 잘 보살펴 주었는지를 자랑하고 다녔다. 비참하게

죽어 가는 사람들도, 내가 베푼 자선을 기억하고 나를 축복해 주었다. 과부들의 마음도 즐겁게 해 주었다. 나는 늘 정의를 실천하고, 매사를 공평하게 처리하였다. 나는 앞을 못 보는 이에게는 눈이 되어 주고, 발을 저는 이에게는 발이 되어 주었다. 궁핍한 사람들에게는 아버지가 되어 주고, 알지도 못하는 사람들의 하소연도 살펴보고서 처리해 주었다. 악을 행하는 자들의 턱뼈를 으스러뜨리고, 그들에게 희생당하는 사람들을 빼내어 주었다. 그래서 나는 늘 '나는 죽을 때까지 이렇게 건장하게 살 것이다. 소털처럼 많은 나날 불사조처럼 오래 살 것이다. 나는, 뿌리가 물가로 뻗은 나무와 같고, 이슬을 머금은 나무와 같다. 사람마다 늘 나를 칭찬하고, 내 정력은 쇠하지 않을 것이다' 하고 생각하였건만. (욥 29:12-20)

욥은 자신에게 도움을 청했던 가난한 사람들을 구해주었고, 의지할 데 없는 고아를 도와주었다. 욥은 도움을 필요로 한 사람들을 무시하지 않고 도왔다. 그 당시 사회의 약자들은 자비의 손길이 없으면 생존하기 어려운 사람들이었다. 하나님께서는 이러한 자들에게 관심을 갖고 계셨고(시 68:5, 사 3:14,15), 욥은 그들에게 도움의 손길이 되어 주었다. 욥은 사회적인 지위로 약한 자를 압제하거나, 또는 가난한 자의 재물을 빼앗아서 부를 축적한 것이 아니었다. 도리어 그는 약한 자와 소외된 자를 도왔고, 이러한 욥의 구제는 하나님의 율법을 순종하는 것이며, 하나님의 공의를 행하는 것이었다(호크마 주석).

욥은 비참한 환경으로 거의 죽게 된 사람에게 자선을 베풀었고, 돌봄을 받은 자들은 욥을 위하여 복을 빌어 주었다. 위로와 도움이 필요한 과부는 욥으로 인하여 마음이 즐겁게 되었다. 욥은 살 희망이 없는 사람과 도움을 원하는 사람을 구제하였고, 말로만 외치는 것이 아니라 구체적인 실천을 통해 사랑을 전달했다. 욥이 하나님의 사람으로 보여준 공의와 사랑으로 인해 사람들은 마음에서 우러나오는 존경심을 갖게 되었다.

욥이 행한 공의는 옷을 입은 것 같아서 사람들에게 확실하게 드러났다. 또 그가 행한 정의는 겉옷과 모자와 같아서, 사람들은 욥이 정의를 실천하면서 공평하게 일을 처리하는 것을 알았다. 겉옷과 모자(면류관)는 사회적 지위를 말하는 것으로, 사람들은 욥이 행한 공적인 일을 보면서 그에게 있는 사회적 지위와 신분이 합당하다고 보았다. 욥은 자신의 직위와 신분을 이용해서 사사로운 이익을 얻으려고 하지 않았고, 매사에 공평하게 처신했다.

욥은 가난한 자, 고아, 과부와 같이 사회적인 관심을 가져야 할 사람들만 도운 것이 아니라, 그 당시 부정한 자로 여겼던 앞을 못 보는 자와 발을 저는 자에게도 도움의 손길을 내밀었다. 사회에서 부당하게 취급을 받던 자들의 억울함을 풀어주려고 노력했고, 그들의 능력으로 할 수 없는 것을 대신 감당하였다. 어려움을 겪고 있는 자의 고민을 대신 짊어지는 모습은 마치 자신의 능력으로 해결할 수 없는 우리의 죄의 문제를 해결하기 위해 십자가를 지신 예수님을 연상하게 한다.

현재의 기독교는 개인의 신앙을 지나치게 강조하여서, 하나님과 개인의 관계를 중요하게 여기는 경향이 있다. 그러다 보니 그리스도인에게 부여된 사회적인 책임을 깨닫지 못하고, 하나님의 사랑을 실천하지 못하면서, 다만 교회로 전도하는 것만이 가장 중요한 임무라는 왜곡된 신앙을 갖게 되었다. 욥의 신앙을 보면, 그는 종교적인 사람이 아니라, 사회에 공의와 정의를 실천하고 있는 하나님의 사람이었다. 이렇게 살았던 욥은 물질적인 이익을 얻기 위한 것이 아니라 하나님을 의식하면서, 하나님의 영광을 드러내려는 삶을 살았다.

욥은 궁핍한 사람들에게 아버지가 되어 주었다. 욥이 공적으로만 의를 행한 것이 아니라, 빈궁한 사람들의 입장이 되어 이해하면서, 어려움을 이겨내도록 애써 주는 마치 아버지와 같은 역할을 했다는 것이다. 정의를 부르짖는 사람은 사랑이 없으며, 사랑을 강조하는 사람은 정의가 없다는 말을 한다. 그러나 욥은 하나님의 정의와 사랑을 함께 갖춘 하나님의 사람이었다. 하나님의 사랑이 필요한 사람에게는 구체적인 사랑의 실천을 통해 직접 도움을 주면서, 하나님의 대리인으로서 사랑을 실천했다. 또한 정의가 필요한 곳에서는 거침없이 의를 위해 헌신했다.

욥은 모르는 사람의 송사를 살펴보고 처리해 주었다. 모르는 사람은 'stranger'(낯선 사람)을 말하며, 이는 외부인, 이방인을 의미한다. 욥은 다른 곳에서 온 사람이 억울한 일을 당할 때에도, 친분에 따라서 송사를 판결하는 것이 아니라, 공정하게 처리했다. 사람은 대부분 팔이 안으로 굽게 마련이어서, 아는 사람의 편을 들어주려고 한다. 그렇지만 욥은 낯선 사람이라도 그가 잘못한 것이 없음이 밝혀지면, 그 사람의 편을 들고 처리했다. 과거만 아니라 현세에도 욥과 같은 공의를 행하는 것은 쉽지 않은 것 같다.

욥이 구제를 베풀고 사랑을 행하며 약한 자를 도왔다고 해서, 마음이 여리고 결단하지 못하는 것은 아니었다. 그는 불의를 행하는 지도자들에 대하여는 단호하게 대항하여 그들을 쳐서 굴복시켰다. 또 불의한 자에게 희생당하는 사람들을 구해 주었다. '원수를 사랑하라'는 명령은 악을 행하는 자를 사랑하되 악을 용납하고 받아들이라는 것이 아니다. 마지막 때에 '선으로 악을 이기라'고 해서 악을 선으로 갚으라고 하는 것이지, 악을 본받으라는 것은 아니다. 하나님의 사랑을 강조하는 만큼, 하나님의 공의도 함께 공존해야 한다.

사회에서 불의와 싸우지 않고, 개인의 신앙만을 지키려는 것은 옳지 않다. 사회에서 적극적으로 사랑의 선행을 실천하면서, 정의를 함께 행해야 한다. 욥은 하나님의 공의와 사랑을 공평하게 같이 삶에서 드러냈다. 그리스도인은 사회적인 책임을 무시하지 말아야 하며, 이익을 위해서 불의와 타협하지 않도록 해야 한다. 사랑을 행한다고 하면서 비굴한 자세로 살아서도 안 된다. 욥은 공의와 사랑에서 어느 한쪽으로 치우치지 않는 균형을 갖춘 신앙을 보여주었다.

욥은 자신에게 말했다. "나는 내 보금자리에서 숨을 거두며, 자신의 날은 모래알 같이 많을 것이다." 하나님 앞에서 공의와 사랑을 실천했으므로, 욥은 가족들이 지켜보는 가운데 자신이 살던 집에서 죽을 것이라고 생각했다. '모래'에 대하여는 수많은 모래(sand)라고 보기도 하였고, 보금자리에 상응하는 말로 불사조(phoenix, 새번역 성경)로 해석하기도 하며, 모두 긴 생명의 날을 의미한다. 어쨌든 욥은 자신이 행한 공의로 인하여 하나님께서 장수하는 복을 주실 것이라고 믿었다. 그러나 사람의 생각대로 모든 것이 이루어지는 것은 아니다. 상상하지 못한 고난으로 인해 욥은 차라리 빨리 죽는 것을 바라기까지 하였다. 혹시 자신이 행한 선으로 미래에 보상을 받을 것으로 생각하고 있는가? 보상을 위한 헌신은 하나님께 대한 거래를 하는 것이며, 신실한 신앙은 아니다. 욥에게 이러한 의도가 있었다면, 이러한 고난을 통해 그는 새로운 깨달음을 얻었을 것이다.

욥은 자신을 마치 굵고 튼튼한 나무로 생각하였다. 뿌리가 물기를 따라 뻗고, 잎사귀는 밤새 이슬에 젖어서 싱싱하다고 생각했다. 그러므로 욥에게 어떤 역경과 고난이 오더라도 충분히 이겨낼 것이라고 확신했다. 고난이 없으면서 모든 것이 순조롭게 이루어지고 있을 때에는 자신이 본 모습을 깨닫지 못한다. 그러나 고난이 닥칠 때, 고난을 대하는 태도를 통해 그 사람이 가지고 있는 원래의 신앙을 확인할 수 있다. 어려움을 만나고 싶은 사람은 아무도 없지만, 고난은 자신의 신앙을 점검할 기회를 준다.

그 당시 욥은 하나님의 축복과 은총에 대한 기대감으로 부풀었다. 그래서 자신의 영광이 날로 새롭게 되고, 더 건강하게 살며, 명예와 권위는 날로 높아질 것이라고 생각했다. 고난이 없는 사람은 자만과 교만으로 넘어지게 된다. 그렇지만 고난을 맞이할 때, 자신의 연약함을 깨닫고 전능자 하나님께 나아가게 된다. 하나님께서는 고난 가운데에서 자기를 의지하는 자를 소망의 항구로 인도하신다(시 107:28-31).

이러므로 고난을 하나님께서 주신 은혜로 보아야 하며, 하나님의 자비와 인도하심을 경험할 기회를 갖게 된 것으로 생각할 수 있다.

사람들은 기대를 가지고 내 말을 듣고, 내 의견을 들으려고 잠잠히 기다렸다. 내가 말을 마치면 다시 뒷말이 없고, 내 말은 그들 위에 이슬처럼 젖어들었다. 사람들은 내 말을 기다리기를 단비를 기다리듯 하고, 농부가 봄비를 기뻐하듯이 내 말을 받아들였다. 내가 미소를 지으면 그들은 새로운 확신을 얻고, 내가 웃는 얼굴을 하면 그들은 새로운 용기를 얻었다. 나는 마치 군대를 거느린 왕처럼, 슬퍼하는 사람을 위로해 주는 사람처럼, 사람들을 돌보고, 그들이 갈 길을 정해 주곤 하였건만. (욥 29:21-25)

욥은 과거에 공동체로부터의 인정과 존경을 받았음을 회상한다. 욥의 말을 기다린 사람들은 그의 말을 청종하였다. 그들은 욥의 말에서 희망을 찾았으며, 또 감동이 되어 위로를 받았다. 메마른 땅에 단비가 되어 스며들듯이 진심으로 그들은 욥을 따랐다. 욥은 부와 지위로 사람들을 다스리지 않았기에, 많은 사람들이 마음으로 욥을 따랐다. 욥은 공동체를 다스리는 지도가가 아니라, 공동체가 따르는 지도자였다.

욥이 조언하고 가르치면, 사람들은 그의 말을 그대로 받아들여서 모두 수긍하는 분위기였다. 기다렸던 봄비를 맞이하듯이 욥의 말을 들었고, 그의 말은 생명력이 있어서 사람들이 소생하였다. 이상적인 지도자는 자신의 생각과 뜻을 관철시키기 위해서 사람들을 선동하면서 동원하는 사람이 아니다. 그 공동체에게 가장 필요하고 적절한 것이 무엇인지를 알고 있어야 하며, 공동체가 한마음이 되어서 같은 방향을 향해 나아가도록 할 때 진정한 지도자가 된다. 공동체를 지배하여서 사람들 각자의 생각을 말하지 못하게 막으면 일시적으로 진행이 잘 되는 것 같은 착각에 빠질 수 있다. 그렇지만 욥은 공동체의 적극적인 지지를 받는 지도자였음이 확실하다.

의지할 대상이 없는 자들에게 욥의 미소는 위로와 용기가 되었다. 욥을 바라는 사람들은 마치 절대자를 대하는 것과 같았으리라. 욥의 말과 행동은 무시되지 않으며, 모든 사람의 존경을 받았다. 어떤 사람이 욥과 같은 상황을 만나면 대부분 자신을 스스로 높은 자리에 앉혀서 사람들을 무시하고 지배하려 한다. 그렇지만 욥이 보여주는 공의와 사랑은 자신을 위한 것이 아니었고, 공동체를 위한 것이었다. 교만의 자리에 앉을 수 있을 때에 자신을 낮추는 것이 겸손이다. 욥이 낮은 자리에 앉을 수 있는 이유는 항상 그의 마음에 전능하신 하나님을 모시고 살았기 때문이다. 가장 높으신 하나님 아래에 자신을 세우는 것이 지혜이다.

욥의 모습은 마치 자신의 명령에 따라 움직이는 군대를 거느리는 왕과 같았다. 자신의 뜻대로 할 권력을 가진 왕은 대부분 자신을 위한 생각을 할 뿐, 백성들을 아버지와 같이 돌보는 경우는 별로 없다. 그러나 욥은 슬퍼하는 사람을 위로하였고, 사람들에게 인생의 길을 제시하는 지혜로운 사람이었다. 이러기에 사람들은 기꺼이 욥의 결정을 받아들였고, 그들은 욥을 지도자로 인정했다.

욥의 신앙은 단지 죄에서 구원을 받는 것을 위한 것이 아니었다. 욥은 이미 하나님을 믿으며, 섬겼고, 하나님과 동행하고 있었다. 욥이 바랐던 것은 하나님의 공의와 사랑을 실천하는 것이었다. 사회에 좋은 영향력을 끼쳤던 욥은 사람들에게 공정한 지도자로 인정받았고, 사람들은 그를 진심으로 존경했다.

그리스도인은 이미 믿음으로 구원을 받아 의롭게 된 하나님의 자녀들이다. 죄로부터 구원을 받은 그리스도인들은 구원받은 백성답게 더 이상 죄를 짓지 않으면서, 다시 오실 예수님을 맞이하기 위해서, 마지막 심판을 준비하는 의로운 사람이어야 한다. 이렇듯 욥과 그리스도인에게는 공통점이 있다. 마지막 때의 그리스도인은 욥과 동일시하는 신앙으로 마지막 때를 준비해야 한다. 욥기 성경은 요한계시록에서 말하는 큰 환란을 이길 수 있는 길을 그리스도인에게 제시하고 있다. 다음에는 욥과 그리스도인을 비교해 보고자 한다.

37 욥과 그리스도인

욥은 죄가 없이 고난을 받으신 예수 그리스도의 예표이기도 하다. 예수님의 산상수훈 중에 '복이 있는 사람'에 대하여 말씀하신 여덟 번째 복은 '의를 위해 박해를 받은 자는 복이 있다'고 하셨다. 예수로 인하여 모욕을 당하고, 박해를 받고, 터무니없는 말로 온갖 비난을 받으면 복이 있다. 이렇게 되면 기뻐하고 즐거워하라. 하늘에서 받을 상이 크기 때문이다. 전에 있던 선지자들도 이같이 박해를 받았다(마 5:10-12). 그렇지만 이런 복을 간구하는 사람은 아무도 없을 것이다. 도리어 이런 상황이 발생한다면 인간의 눈으로 고난을 저주라고 생각할 것이다. 그렇지만 모든 그리스도인은 마지막 때에 예외 없이 이런 상황을 맞게 될 것이다.

예수께서는 마지막 때에는 기근과 지진과 전염병, 하늘로부터 무서운 일과 큰 징조가 있을 것이라고 하셨다(마 24:7, 눅 21:11). 이러한 일들은 재난의 징조로서, 그리스도인에게 환난이 시작될 것이다(마 24:8). 그때에 그리스도인은 예수의 이름으로 인하여 모든 민족에게 미움과 박해를 받게 될 것이다(마 24:9, 눅 21:12, 17). 예수의 이름으로 인해 환난을 받는 것은 욥과 같이 죄 없이 받는 고난이다. 그러므로 미래에 그리스도인이 받게 될 고난은 욥과 같은 종류의 고난이라고 할 수 있다.

욥과 그리스도인을 연결해 주는 성경 말씀은 야고보서에서 찾을 수 있다. 야고보서 5:7-11을 이해하기 쉽게 정리해 보았다.

예수께서 재림하실 때까지 참고 기다리며 마음을 굳게 해야 한다. 주님께서 오실 때가 가깝다. 심판을 받지 않으려면 서로 원망하지 말라. 심판하실 분께서 이미 문 앞에 서 계신다(계 3:20). 주님의 이름으로 예언한 선지자들을 고난과 인내의 본보기로 삼으라. 참고 견디는 사람은 복된 자들이다. 우리는 욥이 어떻게 참고 견디었는지를 들었고, 또 주님께서 그에게 주신 결말을 알고 있다. 주님께서는 자비하시고 불쌍히 여기는 마음이 풍성하시다.

그리스도인은 주님의 재림과 심판을 기다리는 사람들이며, 선지자들과 욥을 예로 들어서 그때를 인내로 기다리면서 준비하라는 것이다. 이로 보건대 선지자들과 욥은 말세의 그리스도인들에게 고난과 인내에 대하여 중요한 교훈을 알려준다. 그럼에도 불구하고 지금까지 기독교는 욥기에 대하여 별 관심이 없었다. 또 예정되어 있는 고난, 곧 요한계시록에서 말하는 큰 환난을 어떻게 이겨내야 할 것인지에 대하여도 별로 생각하지 않았다. 이러한 이유는 무엇 때문일까?

요 3:18 아들을 믿는 사람은 심판[1]을 받지 않는다. 그러나 믿지 않는 사람은 이미 심판[1]을 받았다. 그것은 하나님의 독생자의 이름을 믿지 않았기 때문이다.

개정 요 3:18 그를 믿는 자는 심판[2]을 받지 아니하는 것이요 믿지 아니하는 자는 하나님의 독생자의 이름을 믿지 아니하므로 벌써 심판[1]을 받은 것이니라

NIV Jn 3:18 Whoever believes in him is not condemned, but whoever does not believe stands condemned already because he has not believed in the name of God's one and only Son.

CCB 約翰福音 3:18 信祂的人不會被定罪，不信的人已經被定罪，因為他們不信上帝獨一的兒子。

요한복음 3장 18절에서의 '심판'을 영어 성경에서는 condemn(정죄하다), 중국어 성경에서는 定罪(정죄)라고 기록하고 있으나, 한글 성경에서는 심판(審判)으로 번역했다. 정죄(定罪)를 심판(審判)이라고 번역해서, 마지막 심판(審判, judgment)과 혼돈을 일으켰다. 번역의 오류로 인하여 마치 예수를 믿으면 마지막 심판(judgment)을 받지 않는 것이라고 생각하게 하였다. 예수를 믿는 것만으로 영원한 구원이 확정된 것으로 받아들였고, 예수를 믿으면 이미 천국에 들어간 것이라고 잘못된 이해를 하게 하였다. 예수를 믿기만 하면 이미 천국은 결정되었으므로 재림과 심판을 준비할 필요가 없다는 생각을 하게 되었다. 결국 예수를

1 난외주; 또는 정죄

2 난외주; 또는 정죄

믿은 후에 가져야 할 신앙의 성숙이 생략되었고, 신자들은 다만 교회에서의 봉사와 활동만 잘하면 좋은 신앙을 가진 것으로 여기게 되었다. 봉사와 활동만 강조하면 삶의 현장은 무가치하게 여겨서, 결국 무능력하고 아무 영향력이 없는 기독교인이 되어버렸다.

이제라도 주님의 재림과 심판을 준비하는 성도가 되도록 기독교 교육의 혁신과 크리스천다운 삶의 훈련이 있어야 할 것이다. 그렇다면 어떤 신앙을 가져야 할 것인가? 야고보서에서는 재림과 심판을 준비하기 위해서 욥의 인내를 제시하였으므로, 욥을 마지막 때를 준비하는 본보기로 삼아서 그의 신앙을 연구하고 적용해야 한다고 생각한다.

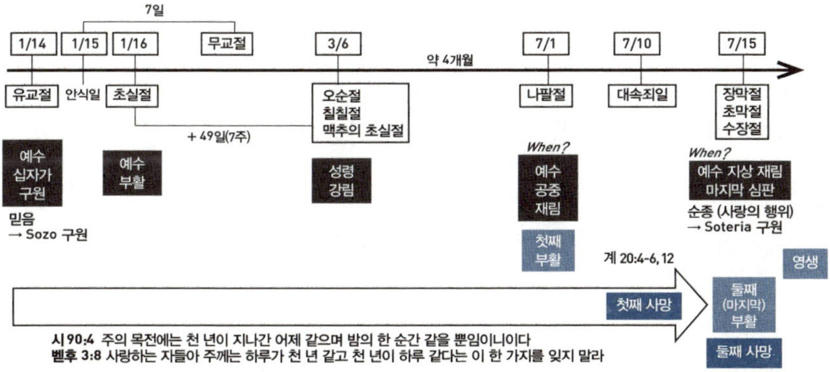

고난 중에 욥은 과거를 회상하였고, 이를 통해 우리는 욥의 신앙을 알 수 있었다(욥기 29장). 욥기의 시제(時制, tense)에서 볼 때, 현재 욥에게 있는 고난은 그리스도인에게는 미래에 일어날 일이라고 할 수 있다. 그렇다면 욥기의 시제에서 욥이 과거에 살았던 삶은 그리스도인에게

는 현재라는 시점이라고 할 수 있다. 다시 말하자면 그리스도인이 미래에 욥과 같은 고난과 인내에 참여하려면, 현재라는 시간에서 먼저 욥의 신앙을 본받아야 할 것이다.

욥 1:8 여호와께서 사탄에게 이르시되 네가 내 종 욥을 주의하여 보았느냐 그와 같이 온전하고 정직하여 하나님을 경외하며 악에서 떠난 자는 세상에 없느니라

하나님께서 보시기에 욥은 흠 없고 정직하여서 하나님을 경외하며, 악을 멀리하는 사람이었다. 욥기 시작부터 하나님께서는 욥을 의인이라고 부르셨다. 그리스도인은 '예수 그리스도를 믿고 구세주로 고백한 사람'을 가리키며, 예수님의 제자나 성도들에게 붙여진 거룩한 호칭이다(라이프성경사전). 그리스도인은 율법을 지키는 것과는 관계없이, 예수 그리스도를 믿어서 의롭게 되었다고 하나님께서 인정하셨다(롬 3:28,30). 그러므로 예수를 믿는 그리스도인은 하나님께서 인정하시는 의인답게 살아가야 할 의무와 책임이 있다는 것이다.

하나님께서 나이 많은 아브라함과 사래 사이에서 아들이 태어날 것이며, 그가 상속자가 될 것이라는 약속을 주셨고, 그때 아브라함의 나이는 99세, 사래의 나이는 90세 가까이 되었다. 그럼에도 아브라함은 여호와 하나님의 약속을 믿었고(롬 4:17-22), 하나님께서 그의 믿음을 의로 여기셨다(창 15:1-6, 롬 4:3). 하나님께서는 아브라함의 믿음과 마찬가지로 그리스도인의 믿음을 의로 여기신다(롬 4:5,9,12, 5:1, 갈 3:8).

하나님의 말씀을 듣는 사람은 그 말씀을 믿어야 하며, 믿음으로 말씀을 받아들여야 유익하다(히 4:2). 아브라함은 하나님의 언약의 말씀을 들었고, 그 말씀을 믿었다. 믿음은 하나님 말씀을 믿는 것이다. 예를 들어보면, 하나님께서 세상을 극진히 사랑하셔서 독생자 예수를 세상에 보내셨고, 그를 믿는 사람은 멸망하지 않고 영생을 얻게 하려는 것이었다(요 3:16). 먼저 이 말씀을 믿음으로 받아들여 예수 그리스도를 나의 구주로 믿는 것이다. 그러기에 믿음은 예수를 믿는 것으로 시작하여 하나님의 언약의 말씀을 믿는 것이다. 그런데 언젠가부터 '하나님의 약속을 믿는 믿음'에서 '예수의 이름만을 믿는 믿음'으로 믿음에 대한 정의가 바뀌었다. 믿는다고 하면서 하나님의 언약의 말씀을 버리거나 부인하면서, 예수의 이름만을 믿으라고 하는 것은 올바른 것이 아니다.

욥기 29장에서 찾아본 욥의 신앙을 정리해 보았다.

욥의 인내를 배우기 전에, 먼저 욥의 고난을 알아야 한다. 욥의 고난에 참여하기 전에, 욥의 신앙을 알아보고 본받아야 한다. 하나님께서 욥을 의인으로 인정하셨는데, 그는 의인의 신앙으로 인해 상상하기 어려운 고난을 인내로 이겨낼 수 있었다.

마지막 때의 큰 환난을 이기기 위해, 그리스도인은 먼저 욥과 동일시하여, 그의 신앙의 삶을 배우고 적용하여 의인으로 살아가야 한다. 욥과 같은 신앙을 가진 후에 비로소 욥의 고난에 참여할 자격을 갖춘 그리스도인이 된다.

하나님께서는 욥과 함께하시어, 은혜를 주시고, 보호하셨다. 욥에게는 하나님과의 친밀한 우정(intimate friendship), 곧 다른 사람에게는 감추어진 하나님과의 비밀(secret)이 있었다. 이러기에 욥은 고난 가운데에서도 하나님을 바라볼 수 있었다. 하나님과의 친밀한 교제와 상호적인 사랑의 경험이 있는 신앙이 있을 때 주님의 권능으로 큰 고난을 이겨낼 수 있다.

욥에게 있었던 번영과 부유, 명예는 하나님의 도우심으로 된 것이었다. 모든 일에 하나님의 은혜를 인정하면서, 살아 계신 하나님을 섬기는 삶을 살아야 한다. 하나님 없이 성공하는 사람은 교만과 자만이 드러나며, 결국 파멸에 이르게 된다.

욥은 과거에 있었던 성공을 자랑하고 그리워했던 것이 아니라, 자기에게 베푸신 하나님의 은혜와 사랑을 사모했다. 하나님을 떠난 그리스도인에게는 허무함이 남을 뿐이다. 욥은 전능하신 하나님을 섬겼으므로, 고난을 해결하실 하나님께 나아갔다.

욥은 종교인으로 하나님을 경배한 것이 아니었다. 그는 하나님의 명령을 순종하고, 구체적으로 이웃을 사랑하는 삶으로써 하나님께 대한 사랑을 입증했다. 하나님의 사랑을 받은 자가 하나님을 사랑하는 상호적인 사랑으로 하나님의 사랑은 완전하게 된다.

욥의 신앙을 본받고, 마지막 때의 고난을 인내할 때, 하나님께서 약속하신 것을 받게 될 것이다.

욥의 신앙을 보면서 욥과 예수를 믿는 그리스도인 사이에는 공통

점과 차이점을 발견할 수 있다. 욥과 그리스도인은 모두 의인이라는 것으로부터 시작하고 있다. 그러나 의인의 기준은 욥과 그리스도인 사이에 차이가 있다. 욥은 하나님을 믿고 섬겼으며, 하나님께서 욥을 의인으로 여기신 것은 하나님의 공의를 행하고 사랑을 실천하는 삶이었기 때문이다. 그렇지만 그리스도인은 율법을 지키는 행위가 아니라 믿음으로 의인이 되었다.

그리스도인에 대하여 생각해 보자. 사람이 의롭게 되는 것은 율법을 행하는 행위로 되는 것이 아니라, 그리스도를 믿음으로써 의롭게 된다(갈 2:16, 3:24). 이러기에 그리스도인은 믿음으로 인하여 더 이상 죄인이 아니며, 하나님으로부터 의인이라는 칭호를 얻게 되었다. 다시 말하자면 그리스도인이 되기 위해서 필요한 것은 행위가 아니라 믿음이다. 그렇다면 믿음으로 의인이 된 그리스도인은 왜 삶에서 의인으로 인정받은 욥을 본받아야 하겠는가?

믿음으로 의인이 된 사람은 죄인의 판결을 받지 않게 되었고(롬 3:18), 이후로는 죄에 대하여는 죽은 사람이며, 하나님을 위하여 그리스도 예수 안에서 사는 사람이어야 한다(롬 6:11). 이러기에 그리스도인은 죄에서의 구원만을 집중하고 초점을 맞추는 것이 아니라, 아브라함의 믿음을 본받아 하나님의 약속을 믿으면서, 자신의 지체를 의의 무기로 하나님께 바치는 자가 되어야 한다(롬 6:13,14).

그리스도인은 행위가 아니라 하나님의 은혜에 의하여 믿음으로 구원을 받았다. 하나님께서 인간을 창조하신 이유는 그리스도 예수 안에서 선한 일을 하게 하려는 것이었다(엡 2:8–10). 죄로 인하여 사망이 들어오게 된 사람의 입장에서 죄에서의 구원은 너무나도 절실한 문제였다. 그러나 하나님께서 인간에게 믿음으로 죄사함을 받게 하는 목적은 그리스도인이 되어 선행을 하라는 것이었다. 이러기에 믿음으로 의인이 된 그리스도인은 믿음에 머물러 있는 것이 아니라 선한 일을 행하는 삶을 살아야 한다.

그리스도인이 되기 위해 필수적인 것은 '믿음'이지만, 그리스도인이 된 사람에게 필수적인 것은 '행함'이다. 행함으로 그리스도인이 되려고 하는 것은 불가능한 것이다. 또한 행함이 없이 믿음만을 가지고 그리스도인으로 살려고 하는 것도 터무니없는 말이다. 그리스도인은 믿음을 증명하는 행함을 더해야 완전한 그리스도인이 될 수 있다. 이러한 내용을 토대로 믿음과 행함에 대하여 살펴보자(약 2:14–26).

예수의 동생 야고보는 전체 그리스도인들을 대상으로 편지(야고보서)를 보냈다. 그는 믿음으로만 아니라 행함으로 의롭게 된다고 말했다. 이신칭의의 교리를 따르는 기독교에서는 야고보서가 논란이 되었다. 마르틴 루터는 야고보서를 '지푸라기 서신'이라고 비판했다. 이 서신에서는 믿음으로만 의롭다 하심을 받는다는 가르침이 부정되고, 예수님의 속죄적 죽음과 부활에 대한 기록이 없다고 생각했기 때문이다. 루터는 의식적으로 야고보서를 평가절하하려는 의도로 루터 성경에서는 이 서신을 신약 문서 가운데 매 마지막으로부터 세 번째 자리에 놓았다(대한성서공회, 해설 관주 독일성서공회판).

죄로부터 의인이 되는 관점으로 야고보서를 보면 아무 가치가 없는 성경이라고 생각할 수 있다. 죄로부터 의롭게 되기 위해 믿음과 행함이 함께 있어야 한다고 주장하는 것이 모순이기 때문이었다. 그러나 이 서신은 믿음으로 그리스도인이 된 사람들에 대한 서신으로 믿음이 필요하지 않다고 말하는 것이 아니다. 도리어 신앙을 가진 자들에게 믿음에 걸맞은 행위를 더하라고 알려주려는 것이었다. 이렇다고 해서 믿음을 버리고 행함으로 의롭게 되는 것을 주장하는 것이라고 오해하지 말아야 한다. 진정한 그리스도인은 믿음에 행함을 추가하여, 믿음과 행함의 조화를 유지할 때 온전하게 된다는 것이다.

믿음(faith)과 행함(works)에 대한 중요한 내용을 간추려 보았다. 믿음이 있다고 말하면서 행함이 없으면, 그런 믿음으로는 자기를 구원할 수 없다(약 2:14). 말로만 사랑한다고 말하면서 사랑을 행하지 않으면, 그런 사람은 실제로는 사랑하지 않는 것이다(약 2:15,16). 믿음에 행함이 따르지 않으면, 그 믿음 자체만으로는 죽은 것이다(약 2:17). 행함이 없는 믿음은 아무 소용이 없다(약 2:20). 아브라함이 아들 이삭을 제단에 바치고서 행위로 의롭게 된 것이다(약 2:21). 믿음은 행함과 함께 일하는 것이므로 그 행함으로 말미암아 믿음이 완전하게 되었다(약 2:22). 아브라함이 하나님을 믿었고, 하나님께서는 행함이 있는 그의 믿음을 보시고 의롭다고 하셨다(창 15:6. 약 2:23). 사람은 행함으로 의롭게 되는 것이지, 믿음으로만 의롭게 되는 것이 아니다(약 2:24). 영혼이 없는 몸이 죽은 것과 같이, 행함이 없는 믿음은 죽은 것이다(약 2:26). 이로 보건대 그리스도인에게 믿음만을 강조하는 것은 죽은 신앙이 되게 만드는 것과 같다. 마음으로 믿는 것만을 중요하게 생각하여, 행함이 없어도 전혀 부담감이 없다면, 그런 사람의 신앙은 죽어가고 있는 것이다.

야고보서 2:14–26을 살펴보면, 행함을 통해 의인으로 인정을 받은 욥의 삶을 말하는 것처럼 보인다. 그리스도인이 되기 위한 믿음에 머무르지 말고, 믿음을 가진 그리스도인은 행함이 있어야 한다는 것이다. 이러한 이유로 인하여 재림과 심판을 의식하는 그리스도인은 욥의 삶을 본받아야 한다.

욥의 고난의 원인은 무엇이었을까? 하나님께서는 사탄에게 욥을 칭찬하셨다. "너는 내 종 욥을 잘 살펴보았느냐? 이 세상에는 그 사람만큼 흠이 없고 정직한 사람, 그렇게 하나님을 경외하며 악을 멀리하는 사람은 없다." 그러자 사탄은 욥이 아무것도 바라는 것이 없이 하나님을 경외하는 것이 아니라고 말했다. 그리고 하나님께서 욥을 보호하시고 복을 주시므로 소유물이 넘치게 되었기 때문에 섬기는 것이며, 만일 하나님께서 손을 들어 욥의 모든 소유를 치시면, 그는 주님 면전에서 저주할 것이라고 하였다. 그러자 하나님께서는 욥이 가진 모든 것을 사탄의 손에 맡기셨다(욥 1:6–12). 욥의 고난의 원인은 천상에서 있었던 사건에 의한 것이었으며, 그의 죄악과는 전혀 상관이 없었다.

그리스도인이 미래에 고난을 받게 될 이유는 죄악으로 인한 보응이 아니라, 주님의 뜻에 의해 예정된 것이다(마 24:9,21, 눅 21:17,23, 계 7:14). 예수께서 말씀하신 여덟 번째 복은 '의를 위하여 박해를 받는 자'이며, 이는 예수로 인하여 모욕을 당하고, 박해를 받고, 거짓으로 온갖 비난을 받는 것을 의미한다(마 5:9–12). 이처럼 그리스도인에게 있을 고난은 죄악과는 상관없이 일어나기로 결정된 것이며, 주님께서 말씀하신 복을 받게 된 것이다. 이러므로 그리스도인은 고난에 초점을 맞추는 것이 아니라, 예수 때문에 받는 고난이므로 복을 받을 준비를 해야만 한다.

반면 욥의 친구들은 하나님께서 의인이라고 부르신 욥을 죄인이라고 부르며, 죄를 고백하라고 몰아붙였다. 그의 고난은 천상에서 결정된 것임을 친구들은 알지 못했다. 나름 그들은 욥이 죄악에서 벗어나도록 지혜와 충고를 아끼지 않았지만, 실제로는 욥에게 고통을 줄 뿐이었다.

현재 그리스도인은 어떤 환경을 맞이하고 있을까? 혹시 교회에서는 죄의 문제만을 집중적으로 말하면서 믿음만을 강조하고 있는 것은 아닐까? 믿음으로 죄에서 해방되었지만, 아직도 죄로부터의 구원만을 강조하고 있는 것이 아닐까? 믿음으로 의롭게 된 그리스도인은 재림과 심판을 기다리면서 의인다운 삶을 사는 것에 초점을 맞추어야 한다. 주님께서는 죄와 상관없이 자기를 바라는 자들에게 두 번째 나타나셔서 구원(소테리아, σωτηρία, ας, ἡ 4991 [sōtēria])에 이르게 하실 것이다(히 9:28). 여기에서의 구원은 죄에서의 구원(소조, σώζω 4982 [sōzō])이 아니라, 말세에 나타나기로 예비하신 구원(소테리아, σωτηρία, ας, ἡ 4991 [sōtēria])이다(벧전 1:5). 주님의 재림을 맞이하기 위해서는 더 이상 죄를 짓지 않는 그리스도인으로서 주님을 맞이할 준비를 해야 한다.

그리스도인의 고난은 피할 수 없는 필연이다. 그렇다면 이제는 고난을 피하기보다는 이겨낼 길을 찾는 것이 중요한 과제이다. 다행히 고난을 이겨낸 욥에게서 우리는 그 해답을 찾을 수 있다. 고난을 이길 수 있는 비결은 고난이 지나갈 때까지 견디어 이겨내는 '인내'이다. 욥은 자신의 과거를 회상하면서, 현재 닥친 고난을 인내했다. 욥은 하나님의 뜻에 의해 정해진 기간 동안 고난을 받게 되었지만, 고난에는 사람이 알지 못하는 하나님의 뜻이 있다. 그러므로 미래에 고난을 받게 될 그리스도인은 하나님의 뜻을 생각하며, 은혜와 자비를 의지하면서, 하나님께서 정해 주신 기간 동안 인내해야 한다. 그리스도인의 인내는 어떤 것인지 살펴보자.

그리스도인은 환난을 두려워해서 피하는 사람이 아니라, 환난 중에도 즐거워해야 한다(마 5:12, 롬 5:3). 환난은 인내를 낳고, 인내는 연단(인격 character, 체험 experience)을 낳고, 연단은 소망을 낳는다. 이처럼 그리스도인은 미래에 만날 고난을 기쁘게 맞이해야 한다. 이러기 위해서는 현재 우리가 만나는 크고 작은 어려움을 기쁘게 맞이하면서, 고난 가운데서도 즐거워하는 삶의 훈련이 필요하다.

성경 말씀은 우리에게 교훈을 주려고 기록된 것이므로, 우리는 성경에서 인내를 배우고, 위로를 받아, 소망을 가지게 될 것이다(롬 15:4). 하나님의 약속의 말씀에 소망을 가질 때 인내할 수 있으므로 인내를 원하는 자마다 성경 말씀에 든든히 서야 한다.

데살로니가 성도들은 믿음의 행위(work of faith), 사랑의 수고(labor of

love), 예수 그리스도에 대한 소망의 인내(patience of hope)를 가지고 있었다(살전 1:3). 그들의 신앙은 관념적이고 종교적인 형식에 매여 있었던 것이 아니라, 야고보서의 기록처럼 믿음이 행동으로 드러났고, 사랑을 실천하는 수고가 있었으며, 다시 오실 주님께 대한 소망으로 인내할 수 있었다. 그리스도인의 인내는 다시 오실 주님께 대한 소망과 연관된다.

히브리서 10장에서는 빛을 받은 후, 그리스도인이 되었을 때, 그들은 고난을 받았으나 잘 이겨낸 것을 생각하라고 하였다. 그때에는 모욕과 환난을 당하여, 사람들에게 구경거리가 되기도 하였고, 그런 처지에 놓인 사람들의 친구가 되기도 하였다. 감옥에 갇힌 사람들과 고통을 함께 나누었고, 자기 소유를 빼앗기는 일이 있어도, 그보다 더 좋고 더 영구한 재산이 있다는 것을 깨달으며 고통스러운 일을 기쁘게 당하였다. 이렇듯 그리스도인은 담대함을 버리지 말아야 하는데, 큰 보상이 기다리고 있기 때문이다. 그리고 하나님의 뜻을 행한 뒤에, 약속하신 것을 받으려면 인내가 필요하다. 주님이 조금만 있으면 오실 것이요, 지체하지 않으실 것이다. 하나님의 의인은 믿음으로 살 것이다. 만일 너희가 뒤로 물러서면, 그가 기뻐하지 않을 것이다. 우리는 뒤로 물러가 멸망에 이르는 사람들에게 속하지 아니하였고, 믿어서 혼의 구원(the saving of the soul)에 이르는 자들이다(히 10:32-39).

그리스도인은 행복과 번영의 길만이 아니라, 모욕과 환난과 박해의 길을 만나기도 한다. 현재 자신의 모든 소유물을 잃어버린다고 하더라도, 그리스도인은 영원한 재산이 약속되어 있으므로 고난을 기쁘게 맞이해야 한다. 고난의 시간에 하나님의 뜻을 행하면서 하나님의 약속을 받기 위해 인내해야 한다. 반드시 예수께서 재림하실 것이니, 하나님께 대한 믿음으로 고난을 견디며 이겨내야 한다.

갖가지 시련(temptation)을 당할 때, 그것을 다 기쁨으로 여기자. 믿음은 시험(test)을 받으면 인내를 만들어 내기 때문이다. 인내를 완전히 이루면, 조금도 부족함이 없이 완전하고 성숙한 사람이 될 것이다(약 1:2-4). 고난은 믿음을 확인하는 도구로서, 쭉정이(chaff)인지 알곡(wheat)인지를 가려낸다(마 3:12, 눅 3:17). 이러므로 고난을 괴롭고 고통스럽게 맞이하는 것이 아니라, 나의 믿음이 알곡인지 쭉정이인지 시험(test)받고 있는 것으로 기쁘게 생각하면서 인내해야 한다. 인내는 참아내는 것만을 말하는 것이 아니라, 올바른 자세로 견디는 것을 말한다. 불평과 원망으로 인내하고 있다면, 이는 인내에 실패한 것이다. 하나님께서 회복시켜 주실 것을 믿고, 하나님께 소망을 두면서, 다시 오실 주님을 기다리는 것이 참된 인내이다.

인내는 즉각적으로 이루어질 수 있는 것이 아니라, 먼저 믿음으로 시작하여 덕, 지식, 절제를 더한 후에 인내를 가질 수 있다. 이런 후에 인내에 경건, 형제 우애와 마지막으로 사랑을 더할 때 하나님의 신성한 성품에 참여하는 자가 된다(벧전 1:3-11). 그러므로 성화되는 과정 중에 인내는 반드시 거쳐야 할 중간 지점인 셈이다. 이러기에 인내를 원하는 사람은 '지금 당장 인내를 주십시오'라는 기도를 하는 것이 아니라, 긴 시간 동안 여유를 가지고 지금부터 작은 시련을 인내하는 훈련을 스스로 해야 한다. 믿음으로 시작하였으니 인내의 과정을 거쳐서 사랑까지 갖춘 성숙한 그리스도인이 되어야 한다. 이같이 하면 예수 그리스도의 영원한 나라로 들어가는 문이 활짝 열릴 것이다(벧전 1:11).

마지막 때에는 세상 사람들을 시험(test)하기 위하여 온 세계에 환난이 닥칠 것이다. 그때에 주님께서는 인내하라고 하시는 말씀을 지킨 자를 지켜 보호해 주시겠다고 하신다(계 3:10). 이러므로 그리스도인에게 인내는 마지막 때의 큰 환난을 이겨내는 열쇠이기도 하다. 사람 스스로의 힘으로 인내를 통해 환난을 이겨내는 것이 아니라, 주님께서는 말씀을 순종하며 인내하는 성도를 지켜 주신다는 것이다.

요한계시록에 보면 사탄이 성부, 성자, 성령 하나님을 모방하여 전쟁을 일으킨다. 사탄은 큰 용, 옛 뱀, 마귀라고도 불리며, 온 세계를 속여서 미혹하던 자이다(계 12:9). 그는 성부 하나님을 모방하였다. 바다에서 한 짐승이 나오는데, 일곱 머리 중의 하나가 상하여 죽게 된 것 같으나 상처가 나으므로 온 세상 사람은 놀랍게 여기며 그 짐승을 따랐다. 용이 짐승에게 권세를 주었고, 그 짐승은 그 용에게 경배했다. 이 짐승은 성자 하나님을 모방하여, 부활한 자라고 속였다(계 13:1-4). 그 짐승은 성도들과 싸워 이길 것을 허락받았으며, 모든 종족과 백성과 언어와 민족을 다스리는 권세를 받았다. 죽임을 당한 어린 양의 생명책에 이름이 기록되어 있지 않은 사람은 모두 그 짐승에게 경배할 것이다(계 13:7,8). 사로잡혀 가기로 되어 있는 사람이면, 사로 잡혀갈 것이요, 칼에 맞아서 죽임을 당하기로 되어 있는 사람이면, 칼에 맞아서 죽임을 당할 것이다. 그러므로 이러한 환난을 이기기 위해서 성도들의 인내와 믿음이 필요하다(계 13:10). 마지막 때에 세상 사람들은 바다에서 나온 짐승을 경배할 것이지만, 그리스도인은 인내와 믿음으로 이겨내야 한다.

다른 짐승이 땅에서 올라오는데, 바다에서 나온 첫째 짐승이 가진 모든 권세를 대신하여 행하였다. 나중에 땅에서 나온 짐승은 성령 하나님을 모방하였다. 이 짐승은 땅과 땅 위에 사는 모든 사람들로 하여금 치명상에서 회복된 그 첫째 짐승에게 절하게 하였다. 이 짐승은 첫째 짐승을 대신하여 행한 큰 기적들을 미끼로 땅 위에 사는 사람들을 미혹하였고, 그 짐승을 위하여 우상을 만들고, 짐승의 우상에게 생기를 넣어 주어서 말하게 하고, 또 우상에게 경배하지 않는 사람은 모두 죽임을 당하게도 하였다. 그는 모든 자들로 하여금 그들의 오른손이나 이마에 표를 받게 하였다. 누구든지 이 표를 가진 사람 이외에는 경제적인 활동을 하지 못하게 하였다(계 13:11-18).

어린 양이 시온 산에 서 있었고, 그 어린 양과 함께 144,000명이 서 있었다. 이들은 여자들과 더불어 몸을 더럽힌 일이 없는 정절을 지킨 자들로서, 어린 양이 가는 곳이면 어디든지 따라다니는 사람들이다. 그들은 사람들 가운데서 하나님과 어린 양에게 드려진 첫 열매이다. 그들의 입에서는 거짓말을 찾을 수 없고, 그들에게는 흠잡을 데가 없었다. 셋째 천사는 첫째와 둘째 천사가 말한 다음으로 큰 소리로 말했다. "그 짐승과 그 짐승 우상에게 절하고, 이마나 손에 표를 받는 사람은 누구든지, 하나님의 진노의 포도주를 마실 것이다. 그 포도주는, 물을 섞어서 묽게 하지 않고 하나님의 진노의 잔에 부어 넣은 것이다. 또 그런 자는 거룩한 천사들과 어린 양 앞에서 불과 유황으로 고통을 받을 것이다. 그들에게 고통을 주는 불과 유황의 연기가 그 구덩이에서 영원히 올라올 것이며, 그 짐승과 짐승 우상에게 절하는 자들과, 또 그 이름의 표를 받는 자는, 누구든지, 밤에도 낮에도 휴식을 얻지 못할 것이다. 하나님의 계명과 예수를 믿는 믿음을 지키는 성도들에게는 인내가 필요하다."(계 14:1-12) 이처럼 그리스도인은 하나님의 명령을 순종하면서 예수를 믿는 믿음과 인내로 영적 전쟁과 환난을 이겨내야 한다.

욥이 변론(욥기 26-31장)을 한 후에, 그의 친구 엘리후가 긴 변론을 한다(욥기 32-37장). 이후에 하나님께서 욥에게 말씀하신다(욥기 38-41장). 그런 다음에 하나님의 말씀을 들은 욥은 회개하고, 하나님께서는 욥과 세친구에 대하여 판결을 내리시며, 욥은 친구들을 위하여 기도한 후에 하나님께서 욥에게 복을 주신다(욥기 42장).

하나님께서는 환난을 이겨낸 그리스도인들에게 어떤 결말을 준비해 놓으셨을까?

바다에서 올라온 짐승은 일곱 머리와 열 뿔을 가지고 있었고, 전에는 있었지만 지금은 없으며, 장차 무저갱으로부터 올라와서, 나중에는 멸망하여 버릴 것이다. 일곱 머리는 일곱 왕을 가리키며, 다섯은 이미 망하고, 하나는 있고, 또 다른 하나는 아직 나타나지 않았지만, 잠깐밖에 머물지 못할 것이다. 열 뿔은 열 왕으로서 아직 나라를 차지하지 못했지만, 그 짐승과 함께 한동안 권세를 차지할 것이다. 그들은 한마음이 되어서, 그들의 능력과 권세를 그 짐승에게 내줄 것이다. 그들이 어린 양에게 싸움을 걸겠지만, 만주의 주요 만왕의 왕이신 어린 양께서 그들을 이기실 것이다. 어린 양과 함께 있는 사람들은 부르심을 받고 택하심을 받은 신실한 사람들이기 때문에, 그들도 이길 것이다(계 17:7-14).

하나님께서 예비하신 결말은 어린 양의 승리이며, 또 어린 양과 함께하는 사람들도 이길 것이다. 승리의 결말을 아는 사람이라면 중간에 거쳐야 할 큰 환난을 두려워하지 말고, 다만 믿음과 인내로 이겨내야 한다. 요한은 마지막 때에 펼쳐질 장엄한 광경을 보았고, 그 모습은 그리스도인들에게 소망과 위로가 된다.

아무도 그 수를 셀 수 없을 만큼 큰 무리가 있었다. 그들은 모든 민족과 백성과 언어에서 나온 사람들인데, 흰 옷을 입고, 종려나무 가지를 손에 들고, 보좌 앞과 어린 양 앞에 서 있었다. 그들은 큰 소리로, "구원은 보좌에 앉아 계신 우리 하나님과 어린 양의 것입니다"하고 외쳤다. 그때에 장로들 가운데 하나가 요한에게 물었다. "흰 두루마기를 입은 이 사람들은 누구이며, 또 어디에서 왔는가?" 요한은 "장로님, 장로님께서 잘 알고 계십니다" 하고 대답했다. 그는 요한에게 "이 사람들은 큰 환난을 겪어 낸 사람들이다. 그들은 어린 양이 흘리신 피에 자기들의 두루마기를 빨아서 희게 하였다. 그러므로 그들은 하나님의 보좌 앞에 있고, 하나님의 성전에서 밤낮 그분을 섬기고 있다. 그리고 그 보좌에 앉으신 분이 그들을 덮는 장막이 되어 주실 것이다. 그들은 다시는 주리지 않고, 목마르지도 않고, 해나 그 밖에 어떤 열도 그들 위에 괴롭게 내려 쬐지 않을 것이다. 보좌 한가운데 계신 어린 양이 그들의 목자가 되셔서, 생명의 샘물로 그들을 인도하실 것이고, 하나님께서 그들의 눈에서 눈물을 말끔히 씻어 주실 것이다." (계 7:9-17)

그리스도인에게 주어질 결말은 욥과는 비교할 수 없을 만큼 뛰어나고, 영광스럽다. 주님께서는 고난을 겪어낸 성도들과 함께하시면서, 그들의 마음을 위로하시고, 영원한 안식을 얻게 하신다. 마지막 때에 보좌에 앉으신 하나님과 어린 양 예수를 찬양하는 자리에 참여하는 것이 모든 그리스도인에게 소원이 되길 바란다.

주님의 재림과 심판을 의식하면서, 욥의 고난과 인내를 본보기로 삼으려면 먼저 욥의 신앙을 본받아야 한다. 욥은 하나님의 공의와 사랑을 삶에서 실천하였고, 하나님께서는 이러한 욥을 의인이라고 부르셨다. 그리스도인은 믿음으로 의인이 되었고, 이제는 욥을 닮아 삶에서 의인으로 살아가야 할 의무가 있다. 욥의 고난은 천상에서 결정된 것이었고, 그리스도인의 고난도 사람의 의지와는 상관없이 이미 주님께서 예정하셨다.

욥의 인내를 본받아서 그리스도인도 믿음과 인내로 고난을 이겨내야 한다. 이기는 자에게는 '하나님께서 그의 하나님이 되고, 그들은 하나님의 아들이 될 것'이라는 하나님의 약속을 상속으로 받게 될 것이다. 큰 환난을 통과한 자들은 자기들의 옷을 어린 양이 흘리신 피로 희게 빨아서 입고, 주님의 보좌 앞에서 하나님과 어린 양을 찬양하면서, 영원히 주님과 함께하는 영광을 누리게 될 것이다. 이러한 소망을 가진 자마다 주님의 보호로 큰 환난을 이겨낼 것이라 확신한다.

38 욥기 30장 1-15

욥은 과거를 회상하며 말투를 바꾸었다. '그러나 이제는'(But now)이라는 말로 보건대 욥의 번성했던 과거가 변해버렸다는 것을 알 수 있다. 이처럼 과거와 현재를 대조적으로 말하는 것으로, 현재 자신의 고난을 더욱 강조하고 있다. 욥은 죄와 상관없이 고난을 받았고, 이는 마지막 때 예수의 이름으로 인하여 고난을 받게 될 그리스도인의 예표라고 할 수 있다(마 24:9, 21, 눅 21:17,23). 이러기에 욥기는 그리스도인을 위한 고난에 대한 예언서이며, 인내를 위한 지침서라고 볼 수도 있다. 우리로 하여금 욥의 고난을 간접적으로 경험하고, 그의 인내에 동참함으로써, 마지막 때에 맞이하게 될 큰 환난을 이겨낼 준비를 하라는 것이다.

욥의 고난에 동참한다는 말은 먼저 욥의 신앙을 본받고(욥기 29장), 욥의 입장에서 간접적으로 고난을 체험하는 것을 의미한다. 욥의 고난(욥기 30장)을 통해 미래에 그리스도인이 맞게 될 고난을 추측해 볼 수 있다. 선한 그리스도인의 삶을 살았을지라도 미래 고난의 때에 우리는 욥과 같이 '그러나 이제는'이라는 탄식을 하게 될 것이다. 욥을 모욕했던 사람은 어떤 부류였는지, 또 그들이 욥에게 어떤 수모와 멸시를 주었는지 확인해 보자.

그런데 이제는(But now) 나보다 어린 것들까지 나를 조롱하는구나. 내 양 떼를 지키는 개들 축에도 끼지 못하는 쓸모가 없는 자들의 자식들까지 나를 조롱한다. 젊어서 손에 힘이 있을 듯하지만, 기력이 쇠하여서 쓸모가 없는 자들이다. 그들은 가난과 굶주림에 허덕여서 몰골이 흉하며, 메마른 땅과 황무지에서 풀뿌리나 씹으며, 덤불 속에서 자란 쓴 나물을 캐어 먹으며, 대싸리 뿌리로 끼니를 삼는 자들이다. 그들은 사람 축에 끼지 못하여 동네에서 쫓겨나고, 사람들이 마치 도둑을 쫓듯이 그들에게 "도둑이야!" 하고 소리를 질러 쫓아 버리곤 하였다. 그들은, 급류에 패여 벼랑진 골짜기에서 지내고, 땅굴이나 동굴에서 살고, 짐승처럼 덤불 속에서 움츠리고 있거나, 가시나무 밑에 몰려서 웅크리고 있으니, 그들은 어리석은 자의 자식들로서, 이름도 없는 자의 자식들로서, 회초리를 맞고 제 고장에서 쫓겨난 자들이다. (욥 30:1-8)

과거에 욥은 젊은 사람들에게 존경을 받았지만, 이제는 자기보다 어린 사람들의 조롱과 비웃을 받는 처지에 놓였다. 아마도 욥의 번영을 보았던 사람들의 마음에는 시기와 질투가 있었던 것 같다. 그러자 욥을 부러워했던 사람들은 욥에게 냉소와 저주를 퍼부었다. 그리고 욥이 소유했던 재산과 사회적 지위가 사라져 버리자, 젊은 사람들은 욥을 업신여기며 무시하고 경멸하였다. 과연 욥을 조롱하고 멸시했던 그들은 어떤 부류의 사람이었을까?

욥을 조롱하는 자들의 아버지들은 욥의 양을 지키는 개들보다 못한, 비천하고 아무 쓸모도 없었던 자들이었다. 그런데 그렇게 천박한 자들의 자식들이 욥을 비웃고 있었으니, 이러한 자들로부터 받는 비난은 욥에게 더 큰 수치를 안겨 주었을 것이다. 욥은 하나님의 공의를 행하였으므로, 고난의 때에 하나님께서 자신을 공의로 판단해 주길 간구했다. 공의의 씨를 뿌렸던 욥은 공의의 열매를 거두기를 기도했지만 소용이 없었다. 욥의 과거 행적을 알고 있다면, 그 사람들은 당연히 욥의 편에 서서 그를 이해하고, 변호해야 마땅하지만, 아무도 나서지 않았다.

과거에 욥은 사람들에게 인정을 받았지만, 현재는 멸시와 천대를 받는 자가 되었다. 과거에 훌륭하였고 선한 업적이 있다고 하더라도, 현재 재산도 없고 사회적으로 몰락하게 될 정도의 고난을 받고 있다면, 대부분의 사람들은 그 사람의 과거 선행을 잊어버리고 무시하며 깔볼 것이다. 만일 그리스도인이 좋은 영향을 끼쳤다고 하더라도, 막상 고난이 닥치면 사람들의 조롱을 피할 수 없을 것이다. 그때에는 경멸의 대상이 되어서, 예수를 믿는다는 이유로 미움을 받게 될 것이다. 이러한 고난을 미리 알고 있다면, 고난을 괴로워하거나 번민하지 말아야 한다. 도리어 예수께서 말씀하신 그대로 욥과 같은 고난이 마침내 현실에 나타난 것으로 받아들여야 한다.

욥은 자신을 비난하고 비웃는 그들은 나이가 젊었지만 기력이 다 빠져서, 자신에게 아무 영향을 미치지 못한다고 말했다. 욥은 거친 역경을 맞고 있지만, 그가 받고 있는 고난은 사람들이 준 것도 아니고, 또 사람들이 해결할 수 있는 것이 아니라고 생각했다. 이러한 고난은 전능하신 하나님께서 허락하신 것으로서, 주님의 권능 아래에 해결책이 있음을 알고 있었다. 비록 현실은 괴롭고 힘들지만, 욥은 자신이 받고 있는 고통이 잠시 있다가 사라질 것임을 알고 있었다. 그러기에 그에게는 '잠시'라는 고난의 시간을 견디어 낼 인내가 필요했다.

욥을 조롱하는 자들은 그들 자신이 어떤 처지에 놓여 있는지도 모르는, 사리분별을 하지 못하는 자들이었다. 욥이 그 사람들에 대하여 말한 내용은 육체적이며 영적인 것이었다. 그들은 가난하고 굶주려서 흉측한 모습이었으며, 굶주린 배를 움켜쥐고 흙덩어리를 입에 넣어 씹으며, 거친 들을 방황하면서 마른 풀뿌리를 씹던 자들이다.

그들은 덤불 속에서 자란 쓴 나물을 캐 먹었으며, 음식으로 먹을 수 없는 대싸리 뿌리를 먹었다. 그들은 마치 도둑으로 몰려서 도망치는 자처럼 공동체에서 쫓겨날 정도로 비참한 사람들이었다. 그래서 그들은 음산한 골짜기와 땅굴과 바위 틈에서 살고 있으며, 떨기나무 속에서 짐승처럼 소리를 지르고, 가시나무 밑에 모여 있었다. 이처럼 그들은 공동체에서 쫓겨나서, 소외된 인간으로, 수모를 받으며, 비참한 삶을 살았던 사람들이었다. 그들은 본래 미련한 자의 자식들이어서, 강압적인 폭력을 받았고 자기 고향에서 쫓겨난 사람들이었다. 불쌍히 여김을 받아야 할 비참한 사람들이 도리어 욥을 모욕하고, 비난했고, 수치를 주었다.

미련한 자는 세상적인 기준으로 학력이 모자라거나, 세상 이치를 모르는 사람을 일컫는 것이 아니다. '미련하다'는 것은 '몰지각하다', '어리석다'의 뜻을 가지고 있으며, 비천하고 버릇없는 태도와 함께 도덕적으로 무감각하며, 심지어 하나님께 대해 무관심할 정도로 판단력이 마비된 사람을 가리킨다(호크나 주석). 이들은 영원한 것보다는 세상에서의 성공과 이익만을 바라며, 오로지 자신만을 위한 이기적인 삶을 살려고 한다.

반면에 지혜로운 자는 하나님의 지혜를 가지고, 올바른 판단력과 하나님께 대하여 예민함을 잃어버리지 않는 하나님께 속한 사람을 의미한다. 이들은 하나님을 섬기면서, 세상에서의 성공이 목표가 아니라 하나님의 약속과 영원한 하나님의 나라를 소망한다. 이러므로 현재 고난으로 어려움이 있더라도 쓰러지지 않고, 하나님께서 약속하신 것을 얻고자 인내한다(히 10:36). 그리스도인은 존귀한 부모가 되어서, 자녀들이 지혜롭게 성장하도록 본이 되어야 한다. 그래야 지혜로운 자손으로 미래의 고난을 이겨낼 인내를 배우게 될 것이다.

히 10:36 너희에게 인내가 필요함은 너희가 하나님의 뜻을 행한 후에 약속하신 것을 받기 위함이라

인내하는 동안에 그리스도인이 해야 할 일은 하나님의 뜻을 행하는 것이며, 이러한 자들은 영원히 살 것이다(요일 2:17). 인내는 참고 견디는 것만을 말하는 것이 아니라, 인내하는 동안 행해야 할 하나님의 일을 알아보고 훈련하며 실천해야 한다. 만일 인내하는 동안 이기적인 욕망을 채우고, 박해하는 자들에게 폭력을 휘두르고, 악한 사람의 행동을 본받으며, 다른 사람을 조롱하고 판단하고 있다면 하나님께서 원하시는 인내가 아니다.

지혜의 자손들은 거리끼는 것과 얽어 매는 죄를 벗어버리고, 가야 할 길을 인내로 꾸준히 달려가야 한다. 인내는 단순히 현재의 고난을 참는 것을 말하는 것이 아니라, 예수님의 재림과 심판의 약속이 있음을 생각하면서 견디는 것을 말한다. 인내는 무거운 짐을 벗어버리고 더 이상 죄를 짓지 않으면서 고난을 참으면서 마지막 때를 준비하는 것을 말한다(히 12:1).

지혜의 자손들은 믿음의 근원이시며 완성자이신 예수를 바라보아야 한다. 예수께서는 장차 누릴 기쁨을 내다보고서, 부끄러움을 마음에 두지 않으시고, 십자가를 참으셨다. 예수께서는 죄인들에게 미움을 받으시고도 참아내셨다. 그러므로 예수를 생각하면, 우리는 지치거나 낙심하는 일이 없을 것이다. 현재의 고난으로 낙담하지 말고, 예수께서 보여주신 인내의 본을 따라 하나님의 약속을 바라보면서 견디어 내야 한다(히 21:2,3).

남을 판단하는 사람은 판단하는 일로 결국 자기 자신을 정죄(定罪)하는 것이다. 하나님의 심판은 남을 판단하기 좋아하는 사람에게 내린다는 것을 우리는 알고 있다. 자신도 남을 판단하면서 남이 그런 짓을 한다고 심판(judge)하는 사람은 하나님의 심판(God's judgment)을 면하지 못한다. 또한 사람들이 회개하길 원하여 인내하시는 하나님의 인자하심을 깨닫지 못하면서, 오히려 하나님의 크신 자비와 관용과 인내를 업신여기는 사람도 있다. 그들은 마음이 완고하여 회개할 마음이 없으니, 이런 자는 하나님의 공정한 심판이 내릴 진노의 날에 자기가 받을 벌을 쌓아 놓고 있는 것과 같다. 분명히 하나님께서는 각 사람에게 그가 행한 대로 갚아 주실 것이다. 그리고 모든 것을 참고 선을 행하면서 영광과 존귀와 불멸의 것을 구하는 사람에게는 영원한 생명을 주실 것이다. 그러나 자기 이익만을 생각하면서 진리를 물리치고 옳지 않은 것을 따르는 사람들에게는 진노와 벌을 내리신다. 악을 행하는 모든 사람에게는 환난과 고통을 주시지만, 선한 일을 하는 모든 사람에게는 영광과 존귀와 평강을 주신다(롬 2:1-11).

우리는 로마서 2장을 통해 하나님의 인내를 배울 수 있다. 하나님께서는 사람들이 회개에 이르기까지 오래 참으신다. 사람들을 판단하지 말고, 심판하시는 하나님을 바라보아야 한다. 하나님께서는 우리로 하여금 악을 멀리하고, 선을 행하고, 영원한 것을 바라면서 인내하기를 원하신다.

그리스도인이 박해를 받게 되는 날이 닥치면, 그리스도인은 박해하는 자를 저주하지 말고 축복해야 한다(롬 12:14). 그리고 기뻐하는 자들과 함께 기뻐하고, 우는 사람들과 함께 울어 주는 공감이 있어야 한다. 누구에게도 악을 악으로 갚지 말고, 모든 사람이 선하다고 생각하는 일을 하려고 힘써야 한다. 할 수 있는 대로 모든 사람과 더불어 화평하게 지내야 한다. 원수에 대하여 복수하지 말고, 하나님의 진노에 맡겨야 한다.

죄와의 전쟁은 믿음으로 승리할 수 있으나, 악과의 전쟁은 선을 행함으로 이길 수 있다(롬 12:14-21). 우리는 믿음으로 죄의 노예에서 벗어나 그리스도인이 되었다. 그 다음에는 예수께서 우리에게 주신 '서로 사랑하라'는 최고의 법을 순종해야 하며(레 19:18, 약 2:8), 이로써 악과의 영적 전쟁을 이기게 될 것이다(약 4:7). 인내는 무조건 참는 것을 말하는 것이 아니라, 그리스도인을 박해하는 악에 대하여 꾸준히 선으로 싸우라는 것을 의미한다. 하나님께서는 이런 사람들을 존귀하게 만드시고, 자신의 자녀로 삼으신다.

히브리서 11장에는 믿음으로 살았던 사람들을 소개하고 있는데, 그들은 믿음으로 훌륭한 사람이라는 증거를 받았지만, 하나님께서 약속하신 것을 받지는 못했다. 하나님께서 더 좋은 것을 약속하셨고, 그리스도인들을 통해 그들의 믿음이 완성에 이르게 하셨다(히 11:39,40). 이처럼 그리스도인은 약속을 받은 자들이며, 그 약속을 소망하므로 현재의 고난을 초월할 수 있다.

이방인들은 복음을 통하여 그리스도 예수 안에서 유대인과 함께 공동 상속자가 되고, 함께 지체가 되고, 함께 약속에 참여하는 자가 되었다(엡 3:6). 그리스도인은 하나님의 자녀이므로 상속자가 되었다. 우리는 그리스도와 함께 영광을 받기 위하여 그와 함께 고난도 받아야 한다(롬 8:17). 그러기에 고난은 하나님의 상속자로서 당연히 거쳐야 할 과정이라고 볼 수 있다. 그러므로 현재 받고 있는 고난은 일시적이지만, 이 고난은 장차 그리스도인에게 나타날 영광과는 비교조차 할 수 없다(롬 8:18). 그리스도인은 영생과 영광을 바라기 때문에 선한 일을 하면서, 참고 기다려야 한다(롬 8:25, 디 3:7,8).

욥은 상상할 수 없을 정도의 수모와 수치를 받았고, 이러한 치욕을 현재의 그리스도인들도 받게 될 것이다. 그렇지만 그리스도인은 먼저 예수께서 받으신 고난을 생각해야 한다. 예수께서는 자기의 피로 백성을 거룩하게 하시려고 성문 밖에서 고난을 받으셨다. 그러므로 우리도 주님께서 겪으신 치욕을 함께 짊어지고, 영문 밖에 계신 주님께 나아가야 한다(히 13:12,13). 이렇기 때문에 예수님과 함께 치욕을 받는 것은 저주가 아니라 도리어 영광스러운 일이다(벧전 4:13,14). 고난에 참여하는 것은 예수님의 십자가에 동참하는 것이며, 그런 후에 예수님과 부활에 참여하게 될 것이다.

그런데 그런 자들이 이제는 돌아와서 나를 비웃는다. 내가 그들의 말거리가 되어 버렸다. 그들은 나를 꺼려 멀리하며 마주치기라도 하면 서슴지 않고 침을 뱉는다. 하나님이 내 활시위를 풀어 버리시고, 나를 이렇게 무기력하게 하시니, 그들이 고삐 풀린 말처럼 내 앞에서 날뛴다. 이 천한 무리들이 내 오른쪽에서 나와 겨루려고 들고 일어나며, 나를 잡으려고 내가 걷는 길에 덫을 놓고, 나를 파멸시키려고 포위망을 좁히고 있다. 그들은 내가 도망가는 길마저 막아 버렸다. 그들이 나를 파멸시키려고 하는데도, 그들을 막을 사람이 아무도 없다. 그들이 성벽을 뚫고, 그 뚫린 틈으로 물밀듯 들어와서, 성난 파도처럼 내게 달려드니, 나는 두려워서 벌벌 떨고, 내 위엄은 간곳없이 사라지고, 구원의 희망은 뜬구름이 사라지듯 없어졌다. (욥 30:9-15)

욥은 자신이 당하고 있는 멸시, 조롱, 수모를 말하고 있다. 하물며 비천한 자들까지도 비웃는 노래를 만들어 욥을 조롱하면서 놀림거리로 삼고 있다. 또한 욥을 미워하면서, 거리를 두고, 마주치면 서슴지 않고 얼굴에 침을 뱉었다. 이처럼 사람들은 공공의 장소에서 욥을 경멸하면서 냉대하였다. 우리가 대중 앞에서 인격적인 모욕을 받는 것은 사회 전체가 미워하는 것을 말한다. 불편하게 들리지 모르겠지만 훗날 그리스도인은 모든 사람들에게 이러한 처참한 냉대와 수모를 겪게 될 것이다.

안타깝게도 하나님께서 욥의 활시위를 풀어 버리셨다고 하였다. 하나님께서 욥을 보호하셨고 복을 주셨지만, 이제는 욥을 멸시자들의 손에 넘겨주셨고, 욥은 저항할 수 없었다. 욥이 받고 있는 모욕은 하나님께서 허락하셨기 때문에 일어난 것이었다. 하나님께서 복을 주시기도 하고, 때로는 고난을 주시기도 하지만, 사람은 선택할 권한이 없다. 그러기에 사람은 모든 환경 가운데에서도 전능하신 분의 뜻을 생각하면서 고난도 감사로 받아들여야 한다.

그분께서 욥을 무기력하게 하였으므로, 핍박자들이 자유롭게 자기가 원하는 대로 악한 행동을 할 수 있었다. 박해자들은 마치 사냥하는 것처럼 욥을 추적했고, 욥을 멸망시키려고 포위했고, 적극적으로 악한 행동을 했다. 고난에 초점을 맞추면, 고난을 허락하신 하나님을 만날 수 없다. 그러나 모든 것을 주관하시는 하나님을 의지하고 있을 때, 고난 가운데에서도 마음을 주님께 향할 수 있다. 형통할 때의 감사는 누구나 할 수 있지만, 그리스도인이라면 고난이 닥칠 때 하나님의 주권을 인정하며 감사해야 한다.

번영과 고난의 근원은 하나님이시다. 그것을 모르는 사람들은 현재의 모습만으로 욥을 평가하고 비난하였다. 그들은 조롱과 비난을 넘어서서 욥을 대적하면서 완전히 넘어뜨리려고 했다. 욥이 도망갈 길을 막고, 파멸시켜도 막을 사람이 아무도 없었다. 욥은 성난 파도처럼 자신을 파멸시키려고 달려드는 사람들을 저항할 수 없었다. 마치 적의 공격으로 파괴된 성문 안으로 적군이 밀려 들어오는 것과 같은 상황이었다.

이로 인하여 욥은 두려움에 압도되어 공포로 떨게 되었다. 욥의 위엄은 사라졌고, 구원에 대한 소망은 구름 같이 날아가 버렸다. 모든 사람이 욥을 대적하고 있었다. 친구들도 욥을 죄인으로 몰아갔고, 비천한 사람들도 욥을 공격하였다. 그들은 마치 자신이 하나님의 대리자가 된 것처럼 욥을 비난하고 멸시했다.

마지막 때가 되면 그리스도인에게 견디기 어려운 박해가 있을 것이다. 그리스도인은 공공의 적이 될 것이며, 모든 사람들이 연합해서 그리스도인은 악한 사람들이라고 낙인을 찍고, 돌팔매질을 할 것이다. 사회에서 그리스도인이 활동할 수 없도록 법을 만들지도 모른다. 상식이 무너진 사회에서 그리스도인은 사람 취급을 받지 못할 수도 있다. 결국 그리스도인은 욥과 같은 두려움과 공포를 겪게 될 것이다. 그러나 이 모든 것을 주관하시는 분은 하나님이시라는 것을 결코 잊지 말아야 한다. 욥은 그리스도인에게 어떤 고난이 올 것인가를 미리 알려주었다. 하지만 고난은 끝이 아니라 과정일 뿐이다. 하나님께서 욥에게 주신 결말은 멸망이 아니었다는 것을 마음에 새겨야 한다.

39 욥기 30장 16-31

욥은 사람들에게 받은 고난을 말한 다음에, 하나님으로부터 받은 고난을 말한다. 사람들로부터 고난을 받을 때에는 하나님을 의지할 수 있었지만, 그 고난이 하나님께서 주신 것을 깨달은 욥은 더 비참함을 느끼게 되었다. 이렇듯 마지막 때에 그리스도인이 고난을 받을 때에는 사람을 의지할 수 없으며, 더구나 하나님께서 외면하시는 것 같이 보여서 더욱 괴롭고 절박한 상황을 맞이하게 될 것이다. 이러므로 하나님을 의지하며 인내로 견디는 것은 더욱 어렵게 느껴질 것이다.

나는 이제 기력이 쇠하여서, 죽을 지경에 이르렀다. 지금까지 나는 괴로운 나날들에 사로잡혀서, 편하게 쉬지 못하였다. 밤에는 뼈가 쑤시고, 뼈를 깎는 아픔이 그치지 않는다. 하나님이 그 거센 힘으로 내 옷을 거세게 잡아당기셔서, 나를 옷깃처럼 휘어감으신다. 하나님이 나를 진흙 속에 던지시니, 내가 진흙이나 쓰레기보다 나을 것이 없다. 주님, 내가 주님께 부르짖어도, 주님께서는 내

게 응답하지 않으십니다. 내가 주님께 기도해도, 주님께서는 들은 체도 않으십니다. 주님께서는 내게 너무 잔인하십니다. 힘이 세신 주님께서, 힘이 없는 나를 핍박하십니다. 나를 들어올려서 바람에 날리게 하시며, 태풍에 휩쓸려서 흔적도 없이 사라지게 하십니다. 나는 잘 알고 있습니다. 주님께서는 나를 죽음으로 몰아넣고 계십니다. 끝내 나를 살아 있는 모든 사람들이 다 함께 만나는 그 죽음의 집으로 돌아가게 하십니다. (욥 30:16-23)

욥은 몸도 마음도 완전히 지친 상태였다. 욥은 하나님께서 구해 주시기를 바랐지만, 도리어 하나님께서는 욥을 대적하고 계셨다. 육체적으로 힘든 것도 있지만, 욥은 자신이 진심으로 의지했던 하나님께서 시련을 주신다는 것이 더 괴로웠다.

이러므로 욥은 죽음으로 고통을 벗어나는 길이 최선이라고 생각하였을 것이다. 매일 고난에 억눌려서 쉴 수도 없었고, 밤에는 괴로움이 심해서 잠을 들 수 없어 뜬 눈으로 밤을 지새워야 했다. 욥의 몸에는 발바닥에서 정수리까지 종기가 났고, 고름이 말라서 옷과 같이 되었다. 그리고 하나님께서 고름으로 된 욥의 옷을 세차게 잡아당기며 그의 멱살을 잡으셨다. 하나님께서 욥을 진흙에 던지셨으므로 땅에 뒹구는 비참한 신세가 되었고, 사람들에게는 조롱거리가 되었다. 욥은 초라한 티끌과 재같이 되어서 아무도 그에게 관심을 갖지 않았고, 그는 아무 소망도 없는 비천한 사람이 되었다.

욥에게 닥친 재앙은 우리가 상상할 수 없는 정도였다. 모든 것을 잃어버린 욥을 더욱 괴롭게 만든 것은, 욥이 의지하고 섬겼던 하나님께서 이러한 고난에 빠지게 하셨다는 것이었다. 그러기에 뼈가 쑤시는 몸의 통증과 산산조각으로 찢어진 마음을 가진 욥은 자신에게 고난을 주신 하나님을 대항할 수 없었다.

또한 욥의 고통을 더 크게 만든 것은, 하나님께 부르짖어도 자신에게 응답하지 않으시며, 그 기도를 못들은 체하시는 것이었다. 자신에게 잔혹하게 하시는 하나님이셨지만, 그래도 욥은 주님을 기다렸다. 그러나 주님께서 주시는 핍박을 욥이 어떻게 견뎌낼 수 있겠는가? 주님께서 욥을 들어올려서 바람에 날리게 하시고, 태풍에 휩쓸려 흔적도 없이 사라지게 하셨다. 그리고 하나님께서는 고난 가운데에서 죽음을 맞이하게 하려는 것 같이 욥을 몰고 가셨다. 이러기에 욥 앞에는 오직 죽음만이 남아 있을 뿐이었다.

욥이 온 마음을 다해 하나님을 섬겼고, 선행과 경건의 삶을 살았지만, 결국 욥에게 찾아온 것은 엄청난 고난이었다. 그러기에 의인의 삶을 살았던 욥은 통곡할 수밖에 없었다. 더구나 모든 것을 주관하시는 하나님께서 욥이 부르짖는 신음소리에 아무 응답도 하지 않으셨다. 마치 하나님께 버림을 받은 것 같았기에, 욥의 마음은 갈갈이 찢겨 버렸다. 이러한 욥과 같은 고난을 겪으신 분이 예수님이시다.

마 27:46 세 시쯤에 예수께서 큰 소리로 부르짖어 말씀하셨다. "엘리 엘리 라마 사박다니?" 그것은 "나의 하나님, 나의 하나님, 어찌하여 나를 버리셨습니까?"라는 뜻이다.
개정 마 27:46 제구시쯤에 예수께서 크게 소리 질러 이르시되 엘리 엘리 라마 사박다니 하시니 이는 곧 나의 하나님, 나의 하나님, 어찌

하여 나를 버리셨나이까 하는 뜻이라

NIV Mt 27:46 About the ninth hour Jesus cried out in a loud voice, "Eloi, Eloi, lama sabachthani?" –which means, "My God, my God, why have you forsaken me?"

마 27:50 예수께서 다시 큰 소리로 외치시고, 숨을 거두셨다.

개정 마 27:50 예수께서 다시 크게 소리 지르시고 영혼이 떠나시니라

NIV Mt 27:50 ○And when Jesus had cried out again in a loud voice, he gave up his spirit.

죽음의 문턱에 서 있는 예수님은 십자가에서 부르짖으셨다. 하나님께서 자신을 버리셨기에, 예수님은 '나의 하나님, 나의 하나님, 왜 나를 버리셨습니까?'라고 외치셨다. 죽음의 순간까지도 하나님을 의지했지만 하나님께서는 그의 절규를 외면하셨다. 결국 예수의 영혼은 그의 몸에서 떠났다. 하나님께서는 왜 이리도 예수의 절박한 부르짖음에 냉정하셨을까? 예수께서는 우리의 죄를 대신 짊어지기 위해서 세상에 오셨고, 결국 십자가에서 죽음으로써 하나님의 뜻을 이루셨다. 예수께서는 하나님께서 자신을 세상에 보내신 이유와 목적을 알았으며(요 3:16), 그 뜻에 순종하신 것이다.

이러한 예수님의 탄식과 울부짖음에서 욥의 모습을 찾을 수 있다. 이와 같이 우리도 그때에는 하나님께서 우리를 외면하신다는 생각이 들 것이다. 하나님께 나아가고 있지만, 고난은 끝이 보이지 않고 더 심해지며, 부르짖어도 하나님께서는 응답하지 않으신다. 이러한 때 우리는 절망으로 쓰러질 것만 같다. 십자가의 죽음을 기다리는 예수님은 절망에 빠져서, 하나님께서 버리셨다는 비참한 마음이 들었을 것이다.

죽음의 종착역으로 다가가는 욥은 자신이 할 수 있는 일이 아무것도 없었다. 다만 그 고난의 파도에 휩쓸려 이리저리 뒹굴 수밖에 없었다. 마치 바울이 로마에 압송되어 갈 때 큰 태풍을 만나서 죽게 되는 상황을 맞이한 것과 같다. 그러나 바울은 하나님께서 구원해 주실 것임을 알고 있었으므로 태풍에 몸을 맡길 수 있었다(행 27:1-26). 만일 하나님께서 욥에게 소망의 말을 해 주셨더라면, 욥은 그 말씀을 붙들고 고난을 담대히 이길 수 있었을 것이다.

마찬가지로 그때가 오면 우리는 고난의 태풍과 싸워서 이기려고 할 것이 아니라, 모든 것을 주관하시는 하나님께 우리의 생명을 맡겨 드려야 한다. 십자가에서 예수께서 부르짖으신 말씀 속에는 외면하시는 하나님의 뜻을 물어보는 질문이 있었다. 비록 우리가 하나님의 뜻을 알지 못한다고 하더라도, 또 우리의 기도에 하나님께서 응답하지 않는다고 할지라도, 우리에게 향하신 하나님의 사랑과 은혜를 붙들어야 한다.

외적으로 욥은 하나님을 원망하고 대적하는 것 같지만, 자신이 맞이한 상황에 대하여 비통한 마음으로 자신을 비웃고 있는 것이었다. 그럼에도 그는 하나님께서 고난을 포함한 모든 것을 주관하신다는 것을 확신했다. 간절한 믿음은 아무 희망이 보이지 않는 고난의 때에 전능하신 하나님을 붙드는 것이다. '자신의 이름으로 인하여 모든 민족에게 미움을 받을 것'이라고 하신 예수님의 말씀을 기억하면서, 예정된 고난이 닥칠 때에 하나님의 뜻을 묵상하면서 인내해야 한다. 비록 욥은 하나님께서 자기를 대적하신다고 말하지만, 그는 여전히 하나님께 나아가고 있었다.

> **주님께서는 어찌하여 망할 수밖에 없는 연약한 이 몸을 치십니까? 기껏 하나님의 자비나 빌어야 하는 것밖에는 아무것도 할 수 없는 보잘것없는 이 몸을, 어찌하여 그렇게 세게 치십니까? 고난받는 사람을 보면, 함께 울었다. 궁핍한 사람을 보면, 나도 함께 마음 아파하였다. 내가 바라던 행복은 오지 않고 화가 들이닥쳤구나. 빛을 바랐더니 어둠이 밀어닥쳤다. 근심과 고통으로 마음이 갈기갈기 찢어지고, 하루도 고통스럽지 않은 날이 없이 지금까지 살아왔다. 햇빛도 비치지 않는 그늘진 곳으로만 침울하게 돌아다니다가, 사람들이 모여 있는 곳에 이르면 도와 달라고 애걸이나 하는 신세가 되고 말았다. 나는 이제 이리의 형제가 되고, 타조의 친구가 되어 버렸는가? 내가 내 목소리를 들어 보아도, 내 목소리는 구슬프고 외롭다. 살갗은 검게 타서 벗겨지고, 뼈는 열을 받아서 타 버렸다. 수금 소리는 통곡으로 바뀌고, 피리 소리는 애곡으로 바뀌었다.**
> **(욥 30:24-31)**

욥은 더 이상 그 고난을 견딜 수 없어서 탄식이 가득한 애가를 불렀다.

하나님께서 연약한 자신을 치시고 재앙을 주시므로, 욥은 절망에 빠져서 살려줄 것을 외쳤다. 하나님의 공의를 기대했지만, 하나님은 아무 응답도 하지 않으셨다. 과거에 욥은 고생하는 자들을 위해 함께 울었으며, 가난한 사람들로 인하여 함께 괴로워했었다. 의롭게 살았던 욥에게 행복은 오지 않고 도리어 재난이 닥쳤다. 또한 빛을 바랐는데 어둠이 덮쳤다. 욥은 하나님 앞에서 공의를 행하고, 사랑을 실천하였지만, 자신에게 돌아온 것은 고난과 절망이었다. 심은 대로 거둔다고 하는 격언은 잘못된 것인가? 욥에게 닥친 고난의 모습을 보면서 그 어떤 사람이 선행의 씨를 뿌리려고 하겠는가? 하나님은 공의로운 분이시며, 선행을 기뻐하시는데, 의인이라고 인정받은 욥의 결과는 참혹했다. 그러기에 욥은 과거와 현재의 상황을 보면서 스스로를 비웃었다.

욥의 마음은 부글부글 끓어서 찢어졌고, 괴로운 나날이 반복되기만 했다. 비통에 잠긴 욥은 마음이 혼돈에 빠져서 평안함이 사라졌다. 욥은 고통으로 피부가 검게 변했고, 사람들의 도움을 애걸하는 신세가 되었다. 그러나 사람들은 철저하게 욥을 외면했고, 오히려 비웃고 조롱할 뿐이었다. 욥은 사람들에게 버림받은 들짐승처럼 자신의 비참한 처지를 호소하는 울부짖는 서글픈 소리를 낼 뿐이었다. 욥의 살갗은 검게 타서 벗겨지고, 뼈가 불타는 듯한 아픔으로 괴로워했다. 욥의 수금에서는 장송곡이 흘러나오고, 그의 피리에서는 통곡소리가 가득했다. 욥은 자신을 돌아보면서 비탄과 슬픔의 애가를 불렀다.

마지막 때에 기독교 신앙으로 인해 고난을 받게 될 그리스도인은 욥의 애가를 자신의 슬픔으로 받아들여야 한다. 예수께서 십자가에서 "왜 나를 버리셨습니까?"라고 부르짖은 절규를 간직해야 한다. 분명히 하나님께서는 욥과 예수에게 고난을 주신 뜻이 있었다. 분명 하나님께서는 욥의 비명과 예수님의 탄식을 듣지 못하신 것이 아니었다.

하나님께서 욥을 의인이라고 말씀하셨고, 예수님을 "내 사랑하는 아들"이라고 하셨다(마 3:17, 17:5, 막 1:11, 9:7, 눅 3:22, 벧후 1:17). 분명히 하나님께서 사람들로 하여금 고생하며 근심케 하는 것은 하나님의 본심이 아니시다(애 3:33). 하나님께서는 우리의 고난을 돌아보시며, 환난 중에 있는 사람의 아픔을 이미 알고 계신다(시 31:7).

예수께서 우리 대신 고난을 받으셨지만, 사람들은 벌을 받아서 하나님께 고난을 당한다고 생각했다. 예수께서는 우리의 허물과 악함으로 인하여 대신 고통을 받으시고 상처를 입으셨다. 예수께서 징계를 받음으로 우리가 평화를 누리고, 그가 매를 맞음으로 우리의 병이 나았다. 우리는 모두 양처럼 길을 잃고 헤매며 제멋대로 흩어졌지만, 하나님께서 우리 모두의 죄악을 그에게 짊어지게 하셨다(사 53:4-6).

예수께서 고난을 당하신 이유는 죄를 지은 우리 때문이었고, 하나님께서 우리를 죄에서 구원하기 위하여 대속 제물로 우리 대신 예수를 십자가에서 죽게 하셨다. 예수께서는 하나님의 뜻을 이루기 위해 죽음의 길을 회피하지 않고 순종하셨으며, 하나님께서는 죽은 예수를 다시 살아나게 하셔서 사망을 이기게 하셨다.

예수의 본을 따라 우리도 죽음의 길을 지나가야 한다. 예수께서 우리 모두를 위하여 죽음의 길을 가셨으므로, 이제 우리 각자는 예수를 위하여 죽음의 길도 마다하지 말아야 한다. 하나님께서 예비하신 고난으로 죽음에 이를지라도 두려워하지 않아야 할 이유는, 하나님께서 이미 부활을 예비해 주셨기 때문이다.

하나님께서는 욥을 회복하신 것처럼, 십자가에서 죽으신 예수를 다시 살리시어 마지막 날에 재판장으로 세상에 다시 오시게 예정하셨다(딤후 4:8). 예수께서는 사람으로 세상에 오셔서, 십자가에 죽기까지 복종하셨다. 이러므로 하나님께서는 예수를 지극히 높여서 모든 이름 위에 뛰어난 이름을 주셨다(빌 2:7-9). 예수께서는 죽음의 고난을 당하심으로써, 영광과 존귀의 면류관을 쓰시게 되었다(히 2:9). 예수께서는 죽음을 겪음으로 죽음의 세력을 쥐고 있는 자 곧 마귀를 멸하시고, 또 일생 동안 죽음을 두려워하여 종 노릇하는 사람들을 해방시켜 주셨다(히 2:15).

죽음을 두려워하는 사람은 죽음의 권세를 가진 자의 종이 되는 것이지만, 예수께서 죽음을 통해 도리어 죽음의 권세를 물리치셨다. 이것이 기독교의 역설이다. 고난을 두려워하는 사람은 고난의 종이 될 것이지만, 고난을 겪어내는 사람은 하나님께서 주시는 영광의 면류관을 쓰게 될 것이다.

마지막 때에 그리스도인이 고난을 받는 것은 마치 이스라엘이 이집트에서 나와서 광야 길을 가는 것과 같다. 그곳에서 순종하지 않은 사람들은 약속의 땅인 가나안에 들어가지 못했다(히 3:17-19). 고난의 광야에서 필요한 것은 먹을 물과 빵만이 아니라, 하나님의 뜻에 순종하는 것이다. 고난에서 벗어나기 위해 애쓰는 것이 아니라, 고난 가운데 하나님의 뜻을 행하며, 약속을 바라보며, 인내하는 것이다(히 10:36).

고난으로 욥의 모습은 처참하게 바뀌었다. 욥의 고난은 결코 해결

될 수 없는 것일까? 혹시 욥이 고난으로 인하여 스스로 목숨을 끊는 것은 아닐까? 소망이 없는 사람이 할 수 있는 일은 무엇이 있을까? 소망이 없는 사람에게 소망을 주는 방법은 없을까? 절망으로 모든 것을 포기할 수밖에 없는 사람을 어떻게 도와주어야 하는 것일까?

그리스도인은 욥의 고난에 참여해서, 번뇌와 고통의 시간을 경험해야 한다. 비록 이렇게 하는 것이 힘들고 괴롭지만, 이렇게 함으로써 마지막 때의 큰 환난을 이겨낼 지혜와 용기를 얻을 수 있다. 우리는 욥의 고난을 통해 예수님의 고난을 생각할 수 있다. 예수께서 겪으신 고난은 우리를 위한 것이었으므로, 이제 그리스도인은 예수의 이름을 위해 고난을 받는 것이 마땅하므로 즐거워해야 한다(벧전 4:13). 그 고난은 매우 어렵고 힘들어서 절망에 빠질 수밖에 없을 것이지만, 고난에 초점을 맞추지 말고 고난을 이기신 예수 그리스도를 마음에 모시고, 하나님께서 주신 약속에 소망을 가져야 한다.

고난을 이겨낸다고 하는 것은 고난의 과정 가운데 하나님의 뜻을 행하는 것을 의미한다. 고난으로 비탄에 젖어서 자신의 형편을 비관적인 시각으로 바라보는 것이 아니라, 지나갈 고난 가운데에서, 고난을 허락하신 하나님의 뜻을 발견하고, 하나님의 사랑과 은혜를 의지해야 한다. 고난을 예비하신 하나님께서 이미 아름다운 결말도 준비해 두셨다는 것을 마음에 새기며 붙들어야 한다.

40 욥기 31장 1-23

욥은 세 친구와 자신의 고난의 원인에 대한 논쟁을 하였고, 자신이 만나고 있는 고난은 보통의 경우와는 달리 죄의 결과가 아니라고 말한다. 친구들은 욥의 결백을 믿지 않았고, 욥은 자기 스스로를 변호했다. 욥은 자신은 성결하고, 의롭게 살았으며, 사랑으로 다른 사람들을 도왔다고 주장했다.

젊은 여인을 음탕한 눈으로 바라보지 않겠다고 나 스스로 엄격하게 다짐하였다. 여자나 유혹하고 다니면, 위에 계신 하나님이 내게 주실 몫이 무엇이겠으며, 높은 곳에 계신 전능하신 분께서 내게 주실 유산은 무엇이겠는가? 불의한 자에게는 불행이 미치고, 악한 일을 하는 자에게는 재앙이 닥치는 법이 아닌가? 하나님은 내가 하는 일을 낱낱이 알고 계신다. 내 모든 발걸음을 하나하나 세고 계신다. 나는 맹세할 수 있다. 여태까지 나는 악한 일을 하지 않았다. 다른 사람을 속이려고도 하지 않았다. 하나님이 내 정직함을 공평한 저울로 달

아 보신다면, 내게 흠이 없음을 아실 것이다. (욥 31:1-6)

욥은 세상의 유혹과 정욕에 빠지지 않도록 자신에게 맹세했다. 그래서 음탕한 마음으로 여자를 바라보지 않기로 결심했다. 누구든지 여자를 보고 음란한 생각을 품는 사람은 이미 마음으로 그 여자를 범한 것이 되기 때문이다(마 5:28). 이러므로 눈으로 죄를 범하는 것은 악에 해당된다. 아담의 아내 하와는 뱀의 꼬임에 넘어가 선악과를 보았고, 그러자 선악과는 먹음직하고 보기에도 탐스러웠고, 지혜롭게 할 것 같았다. 그러자 하나님께서 선악과를 먹지 말라고 하신 명령은 하와의 기억에서 사라졌고, 그녀는 열매를 따 먹고 자기 남편 아담에게도 따 주었다. 그러자 남편 아담도 받아 먹었다(창 3:6). 사람이 눈으로 악을 바라볼 때, 그의 마음은 악으로 기울기 마련이다. 그러므로 눈을 감아서 악을 보지 않는 것이 지혜이다(사 33:15).

만일 이렇게 눈으로 음행의 죄를 짓고 있다면, 하나님께서는 그런 사람에게 어떤 몫과 유산을 주지 않으실 것이다. 욥은 하나님의 공의를 잘 알고 있었으므로, 자신의 눈을 악으로 향하지 않게 지켰다. 그렇다면 우리는 하나님을 어디까지 알고 있을까? 안타깝게도 사랑의 하나님만을 강조한 나머지, '믿기만 하면 구원받는다'는 교리로 방종의 삶을 살아도 된다고 착각하는 사람도 있는 것 같다. 하나님은 사랑이시며, 또한 공의의 하나님이시다. 하나님께서 우리를 사랑하시지만, 사랑이 많으시다고 공의를 버리신 것은 아니다. 하나님을 경외하는 욥은 공의의 하나님께서 자신의 마음을 살펴보고 계심을 알고 있었다.

예수를 믿으면 과거의 율법은 폐기되었다고 하여, 믿음 생활이 가장 중요하다는 말을 한다. 과거의 율법은 죄를 깨닫는 데 도움이 될 뿐, 믿음으로 거듭난 사람은 더 이상 율법 아래 있지 않는다. 과연 하나님의 은혜로 믿음에 의한 구원을 얻으면 율법을 버려도 되는 것일까? 그러나 예수께서는 율법을 폐하신 것이 아니라 도리어 완전하게 하셨다(마 5:17). 율법과 예수께서 주신 새 계명은 어떤 연관이 있을까? 이런 혼란스러운 문제를 성경적으로 정리할 필요가 있다.

공의의 하나님 앞에는 어느 누구도 의인으로 설 수 없다. 율법의 한 조목을 어기면, 이는 율법 전체를 어긴 것이기 때문이다(약 2:10). 하나님께서는 진노를 이루는 율법(롬 4:15)은 예수께서 오시기 전까지 제한된 기간 동안 유효하게 하여서, 죄가 무엇인지 깨닫게 하셨다(갈 3:19). 율법은 죄로 인해 죽을 수밖에 없는 사람들을 그리스도께 인도하는 초등교사(몽학선생)의 역할을 했으며, 성도들은 믿음으로 말미암아 의롭게 되었다. 우리는 믿음이 온 후에 초등교사 아래에 있지 않는다(갈 3:24,25). 믿음으로 말미암아 그리스도 예수 안에서 하나님의 자녀가 된 사람이면, 아브라함의 후손이며, 약속에 의한 상속자들이다(갈 3:29). 하나님 앞에서는 율법으로 인해 의롭게 되는 사람은 없으며, 의인은 믿음으로 살게 되었다(갈 3:11).

하나님께서 아브라함에게 후손(씨, seed)을 약속하셨고, 여러 사람을 가리켜 '자손들'이라 말씀하지 않으시고 단 한 사람을 가리키는 뜻으로 '네 자손'이라고 말씀하셨다. 그 한 사람은 곧 그리스도이시다(창 13:15, 22:18, 갈 3:15-17, 행 13:32,33). 하나님께서 미리 맺으신 언약을, 430년 뒤에 율법이 생겼다고 해서 그 약속을 소멸하거나 무효로 할 수 없다(갈 3:17). 그러나 예수 그리스도께서 우리에게 오심으로 율법은 끝이 났고, 그리스도께서는 그를 믿는 모든 사람에게 의가 되어 주셨다(롬 10:4). 그리스도께서 우리를 위하여 대신 저주를 받으셨고, 이로 인하여 율법의 저주에서 구원해 주셨다(갈 3:13).

예수께서는 율법을 폐하시려는 것이 아니라 완전하게 하셨다(마 5:17-20). 믿음으로 의롭게 된다고 해서 율법을 폐하는 것이 아니라, 오히려 완전해진 율법을 굳게 세워야 한다(롬 3:31). 예수께서 주신 새 계명은 "서로 사랑하라 내가 너희를 사랑한 것 같이 너희도 서로 사랑하라"는 '사랑의 계명'이었다(요 13:34). 사랑의 계명은 성경에 기록된 최고의 법이며(약 2:8), 또한 이웃 사랑은 율법의 요약이고 완성이다(롬 13:8-10). 사랑의 계명을 지키는 자는 자유를 얻게 되므로, '자유의 율법'이라고 부른다(약 2:12). 하나님께서는 예수 그리스도를 통해 사랑의 율법을 그리스도인에게 주셨고, 우리에게는 사랑의 율법을 순종하는 것으로 하나님의 뜻을 실천하게 하셨다.

예수께서 완전하게 하신 율법은 겉으로 드러나는 행위 이전에 마음속의 죄악도 포함하고 있다(마 5:21-48). 이러기에 그리스도인은 외적인 것만이 아니라, 마음속에서 악이 자라고 있는지도 살펴보아야 한다. 욥은 하나님께서 자신의 마음과 생각을 살펴보고 계신다는 것을 알고 있었다. 그러기에 자신의 결백을 말하면서, 하나님께 호소를 하고 있다.

불의한 사람에게는 환난이 닥치고, 악을 행하는 자에게는 재앙이 닥친다. 그렇지만 욥이 고난과 재앙을 만났다고 해서, 욥이 불의하거나 악한 일을 행했다고 억측하지는 말아야 한다. 욥은 하나님께서 자신의 모든 것을 살펴보시므로, 자신에게 악한 것이 없다는 것을 아실 것이라고 생각했다.

욥은 하나님께서 자신이 걸어온 길을 살피시고 발걸음을 세고 계신다는 것을 알고 있었다. 그러기에 욥은 하나님을 속일 수 없었다. 욥은 자신의 모든 것을 세밀하게 알고 계시는 하나님을 섬겼다. 욥은 자신을 돌아보면서 죄악이 있었는가를 회상해 본 후에, 자신은 지금까지 악한 일을 하지 않았고, 다른 사람을 속이지 않았다고 맹세했다. 하나님께서 공평한 저울로 달아 보신다면, 욥에게 흠이 없이 정직하다는 것을 아실 것이라고 생각했다.

어떤 사람도 흠이 없이 살 수는 없다. 하나님께서 의인이며 흠이 없다고 인정하신 욥은 우리와는 신앙의 차원이 다른 사람이었음을 알 수 있다. 완벽한 신앙의 본을 보였던 욥의 삶을 보면서 우리는 부족함을 느낄 뿐이다. 그럼에도 불구하고 우리는 욥을 본받아야 한다. 어떻게 본받을 수 있을 것인가?

요삼 1:11 사랑하는 이여, 악한 것을 본받지 말고, 선한 것을 본받으십시오. 선한 일을 하는 사람은 하나님에게서 난 사람이고, 악한 일을 하는 사람은 하나님을 뵙지 못한 사람입니다.

개정 요삼 1:11 사랑하는 자여 악한 것을 본받지 말고 선한 것을 본받으라 선을 행하는 자는 하나님께 속하고 악을 행하는 자는 하나님을 뵈옵지 못하였느니라

NIV 3 Jn 1:11 Dear friend, do not imitate what is evil but what is good. Anyone who does what is good is from God. Anyone who does what is evil has not seen God.

본받는다는 것은 100% 그대로 행하라는 것이 아니라, 모방(imitate)하라는 의미이다. 연극이나 영화에서 보면, 배우가 역할을 받아 연기를 한다. 대통령의 연기를 잘한다고 해서 대통령이 되는 것은 아니다. 그러나 대통령을 실감나게 연기하는 사람을 일류 배우라고 부른다. 모방하는 것은 흉내를 내는 것이다. 모방하는 것을 잘할 수도 있지만, 때로는 어설프게 할 수도 있다. 그러나 어쨌든 흉내를 내는 것은 누구나 할 수 있다. 욥을 본받아 90%를 닮은 사람도 있겠지만, 사람에 따라서는 10%만 닮을 수도 있다. 정도의 차이가 있다고 하더라도, 흉내를 내는 것은 누구나 할 수 있다. 본받는 것은 그 사람의 생각과 행동을 따르는 것을 의미한다. 그러므로 수천 년의 시간과 문화의 차이를 넘어서, 현재 우리가 욥의 신앙을 모방하기에 적합한 방식을 알아내야 한다. 우리는 모든 것을 살펴서, 좋은 것을 굳게 잡으며, 악한 것은 어떤 모양이라도 버려야 한다(살전 5:21,22).

내가 그릇된 길로 갔거나, 나 스스로 악에 이끌리어 따라갔거나, 내 손에 죄를 지은 흔적이라도 있다면, 내가 심은 것을 다른 사람이 거두어 먹어도, 내가 지은 농사가 망하더라도, 나는 할 말이 없을 것이다. (욥 31:7,8)

욥은 자신이 정결하다는 것을 맹세하며, 죄를 지은 것이 있다면 저주를 받게 되더라도 당연하게 받아들이겠다고 한다. 이와 같이 말하는 욥은 평소의 삶에서 하나님 앞에서 부끄러운 것이 없었다.

세밀하게 감찰하고 계시는 하나님께서는 욥에게 거짓과 흠이 없었다는 것을 인정하셨다. 그리스도인은 욥을 본받아 흠과 티가 없이 살아야 한다. 왜냐하면 그리스도인이 된다고 하는 것은 예수 그리스도의 죽음과 연합한 것이며, 죄인으로 살았던 옛 사람을 예수와 함께 십자가에 못박고, 다시는 죄에게 종 노릇하지 않는 것을 의미한다(롬 6:5,6). 그리스도인이 된 이후로는 육체의 욕망에 굴복하지 말아야 한다. 그래야 죄가 우리의 죽어버릴 몸을 지배하지 못할 것이다(롬 6:12).

욥은 '죄를 멀리하며 살았다'라고 하였으며, 이는 항상 자신을 살펴보시는 하나님을 의식했다는 의미이다. 그러기에 욥은 자신이 가는 길을 스스로 점검하였고, 악의 유혹을 뿌리쳤으며, 자신에게 죄를 지은 흔적이 있는지를 돌아보았다. 자신에게 가장 큰 대적은 육신의 안락함을 위해 편안하고 즐거운 것을 따르려는 자신의 마음이다. 선을 행하려면 사람의 마음에 선한 의지가 있어야 한다. 마음이 선하지 않은 사람은 외형적으로는 선을 행하는 것처럼 보일지라도, 결국은 선행을 통해 자신의 유익을 얻으려는 악한 마음이 자리잡고 있다. 결과적으로 선한 사람은 마음속에 있는 선한 것을 내고, 악한 사람은 그 마음속에 가득 찬 악을 입으로 말한다(눅 6:45). 욥은 하나님 앞에서 자신의 마음을 먼저 점검하였고, 하나님 앞에 떳떳하게 살려고 노력했다.

그러기에 욥 자신이 바른 길에서 벗어났거나, 마음이 자신의 눈에 이끌려 따라갔거나, 자신의 손에 죄의 흔적이 있다면, 자신이 뿌린 것을 남이 먹고, 자기 밭에서 자란 것이 뿌리째 뽑혀도 할 말이 없다고 말했다. 죄를 지으면 저주받는 것이 당연하다고 여겼으므로, 그의 결백은 더욱 믿을 만하다.

하나님 앞에서 자신의 삶에 한 점 부끄러운 것 없이 떳떳하다고 말할 사람이 누가 있을까? 또한 나는 정직하게 살았고 거짓이 없음을 하나님께서 알고 계신다고 담대하게 말할 수 있을까? 그럼에도 불구하고 우리는 욥과 똑같은 사람이 되는 것이 아니라, 욥이 살았던 삶과 신앙의 자세를 모방하여야 한다. 욥을 흉내 낸다고 해서 욥이 될 수 있는 것은 아니지만, 욥의 삶을 배움으로써 하나님 앞에서 거룩하게 살아가는 성도가 될 수 있다. 오늘이라는 이 시간에 우리 각자는 하나님 앞에서 나의 삶을 최후의 심판에 제출한 증거물로 삼아서, 하나님 나라의 증거물 보관소에 저장하고 있다.

남의 아내를 탐내서, 그 집 문 근처에 숨어 있으면서 그 여인을 범할 기회를 노렸다면, 내 아내가 다른 남자의 노예가 되거나, 다른 남자의 품에 안긴다 해

도, 나는 할 말이 없을 것이다. 남의 아내를 범하는 것은, 사형선고를 받아야 마땅한 범죄다. 그것은 사람을 파멸시키는 불, 사람이 애써서 모은 재산을 다 태우는 불이다. (욥 31:9-12)

욥은 도덕적으로도 정결한 삶을 살았다. 그의 양심이 욥을 지켜보고 있으며, 또한 하나님을 의식하고 있었기 때문이다. 사람들은 대부분 잘잘못을 가려낼 수 있다. 그렇지만 알고 있는 것과 알고 있는 것을 지키는 것은 별개의 문제이다. 많은 사람들은 양심에 어긋나지만 자신의 쾌락을 위해서 옳지 않은 길을 선택하기도 한다. 인간은 선악과를 먹음으로써 선과 악을 분별할 수 있게 되었지만, 대부분은 선보다는 악을 따르려 한다. 천지 만물을 만드신 하나님의 명령을 지키지 않는 것이 잘못이라는 것을 알면서도, 하나님의 명령을 버리고 자신의 욕망을 따랐던 사람이 아담과 하와였다.

욥도 언제든지 자신의 욕정에 이끌릴 수 있는 연약한 인간이었다. 다윗이 정욕으로 밧세바를 취하고 그의 남편 우리야를 죽인 예를 보더라도 육신의 정욕을 따르지 않는 것이 쉽지 않다는 것을 알 수 있다. 그렇지만 욥은 남의 아내에 대한 욕정도 가지지 않았다고 증언했다. 음욕의 마음을 품는 것 자체가 이미 죄를 범한 것이므로, 욥은 자신의 마음에 죄의 원인이 되는 악한 것을 용납하지 않았다.

사람이 선악에 대한 지식을 가지고 있다고 해서 올바르게 사는 것은 아니다. 알고 있는 것을 삶으로 옮기기 위해서는 자신의 욕망을 이기는 강력한 결단이 필요하다. 선과 악을 판단할 수 있었던 사도 바울 자신은 선을 행하기를 원했지만, 도리어 해서는 안 되겠다고 생각하는 악을 행했다고 고백했다(롬 9:19). 바울은 연약한 사람이었으므로, 마음으로는 하나님의 법을 따랐지만, 육체로는 죄의 법을 따랐다. 사람은 스스로 죄에서 깨끗해질 수 없으므로, 하나님께서 예수 그리스도를 세상에 보내서 믿음을 통해 우리를 구원하셨다. 우리는 이러한 하나님의 은혜에 감사할 따름이다(롬 7:25).

욥은 이러한 양심의 법으로 보더라도 성결의 삶을 살았다. 우리는 욥의 외적인 모습을 본받기 이전에, 먼저 우리의 마음의 상태를 확인해 보아야 한다. 내 마음에 죄의 유혹을 방치하고 있는가? 만일 죄악에 빠지게 될 작고 사소한 유혹이 있다면, 이러한 것을 서슴지 말고 없애야 한다. 이렇게 하는 것이 하나님을 경외하는 것이다.

내 남종이나 여종이 내게 탄원을 하여 올 때마다, 나는 그들이 하는 말에 귀를 기울이고, 공평하게 처리하였다. 그렇게 하지 않았더라면, 내가 무슨 낯으로 하나님을 뵈며, 하나님이 나를 심판하러 오실 때에, 내가 무슨 말로 변명하겠는가? (욥 31:13,14)

욥은 남종이나 여종의 인권을 짓밟지 않았고, 그들의 불평을 묵살하지 않았다. 욥을 창조하신 하나님께서 그 종들도 창조하셨고, 그들의 하나님이 곧 욥이 섬기는 하나님이시기 때문이다. 만일 욥이 사람을 차별하여 대했다면, 하나님께서 심판하실 때에 욥은 어떤 말로도 변명할 수 없을 것이라 했다.

사람을 차별 대우하는 것과 심판과는 어떤 연관성이 있을까? 믿음으로 의인이 된 후에 사람을 차별하면 심판에서 징계를 받게 되는 것인가? 여기에 대하여 야고보는 예수 그리스도를 믿는 자들에게 사람을 차별하여 대하지 말라고 하면서 심판을 말했다(약 2:1-13).

"나의 형제자매 여러분, 여러분은 영광의 주 곧 우리 주 예수 그리스도를 믿고 있으니, 사람을 차별하여 대하지 마십시오. 가령 회당에 금가락지를 끼고 화려한 옷을 입은 사람이 들어오고, 또 남루한 옷을 입은 가난한 사람이 들어온다고 합시다. 여러분이 화려한 옷을 입은 사람에게 특별한 호의를 보이면서 "여기 좋은 자리에 앉으십시오" 하고, 가난한 사람에게는 "당신은 거기 서 있든지 밑바닥에 앉든지 하오"라고 말하면, 이것은 불순한 생각으로 사람들을 판단하여 차별 대우를 하는 것이 아니고 무엇이겠습니까? 사랑하는 형제자매 여러분, 들으십시오. 하나님께서는 이 세상의 가난한 사람을 택하셔서 믿음을 부요하게 하시고, 하나님을 사랑하는 이들에게 약속하신 그 나라의 상속자가 되게 하지 않았습니까? 그런데 여러분은 가난한 사람을 업신여겼습니다. 여러분을 압제하는 사람은 부자들이 아닙니까? 또 여러분을 법정으로 끌고 가는 사람도 부자들이 아닙니까? 하나님께서 여러분에게 주신 그 존귀한 이름을 모독하는 사람도 부자들이 아닙니까?" (약 2:1-7)

"만일 여러분이 성경에 기록된 대로 "네 이웃을 네 몸같이 사랑하라"는 최고의 법(왕가의 법, the royal law)을 지키면 잘하는 일입니다. 그러나 여러분이 사람을 차별해서 대하면 죄를 짓는 것이고, 여러분은 율법에 따라 범법자로 판정을 받게 됩니다. 누구든지 율법 전체를 지키다가도 한 조목을 어기면 율법 전체를 범하는 것이 됩니다. "간음하지 말라" 하신 분이 또한 "살인하지 말라"고 말씀하셨습니다. 어떤 사람이 간음은 하지 않았다고 하더라도 살인을 했다면 결국 율법을 범하는 것입니다." (약 2:8-11)

"여러분은 자유를 주는 율법(the law that gives freedom, the law of liberty)을 따라 장차 심판을 받을 사람들이니, 그런 사람답게 말하기도 하고 행하기도 하십시오. 심판은 자비를 베풀지 않는 사람에게는 무자비합니다. 그러나 자비는 심판을 이깁니다(Mercy triumphs over judgment)." (약 2:12,13)

현재의 교회에서도 마찬가지이다. 사람을 차별하여 대하는 것은 하나님 앞에서 큰 죄를 범하는 것이다. 외모와 사회적 지위에 따라서 다른 태도로 대하는 교회의 모습은 고쳐 나가야 한다. 이런 죄를 범하는 것은 율법 전체를 범하는 것이 된다. 그러나 성경에 기록된 최고의 법은 '사랑의 계명'이며, 이는 또한 예수께서 우리에게 주신 '새 계명'(요 13:34)이다. 사랑은 이웃에게 악이나 해를 입히지 않는다. 그러므로 사랑은 율법의 완성이다(롬 13:8-10).

율법에서 한 조목만 어겨도 율법 전체를 어기는 것이므로, 율법의 행위로는 하나님 앞에서 의롭다고 인정받을 사람이 아무도 없고 죄를 깨닫게 할 뿐이다(롬 3:20). 그러나 야고보는 '자유의 율법'이라는 말을 사용했는데, 이는 문맥상으로 볼 때 '사랑의 계명'임을 알 수 있다. 우리 모두는 사랑의 계명에 따라 마지막 심판을 받게 될 것이므로, 그렇게 심판을 받게 될 사람처럼 말하고 행동하라는 것이다.

예수를 믿어 구원을 받은 자에게 마지막 심판의 근거는 믿음 이후의 행위(계 20:12,13)에 따라 이루어진다. 예수께서 마지막 때에 있을 심판을 자세하게 알려주셨는데, 최후의 심판은 '사랑의 계명'에 따라 진행되며, 자비(긍휼, mercy)를 베푼 사람은 영생에 들어간다고 하셨다(마 25:31-46). 이러므로 자비(긍휼, mercy)는 심판을 이긴다.

마지막 날에 사람은 예수님의 심판대 앞에서 심판을 받게 된다. 심판을 받는 사람이 과연 심판을 이길 수 있을까? 심판을 이긴다고 하는 말은 마치 예수님과 싸우는 것처럼 생각하여 생소하게 들릴 것이다. 그러나 심판(judgment)을 재판으로 생각하면 이해할 수 있다.

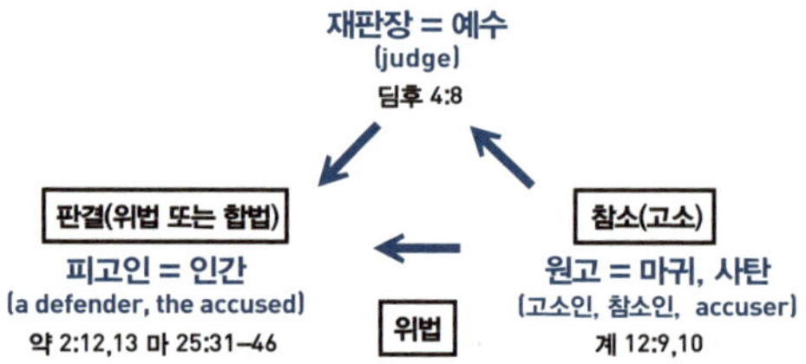

예수 그리스도는 의로우신 재판장이시며(딤후 4:8), 사탄은 하나님 앞에서 우리 형제들을 밤낮 참소(고소, 고발accuse)하는 자, 곧 고소인이고(계12:9,10), 인간은 피고인으로 그 재판에 참석할 것이다. 우리가 법정에서 맞서야 하는 대상은 재판장이신 예수님이 아니라, 우리를 고소

한 사탄이다. 재판(심판)을 이긴다는 것은 판사를 이기는 것이 아니라 고소인(사탄)에 대하여 승리하는 것이다.

사탄은 율법으로는 아무도 의인이 없다고 우리를 참소(고소)한다. 앞서 말한 바와 같이 과거의 율법은 폐지가 되었지만, 예수께서 율법을 폐지한 것이 아니라 완전하게 고치신 '새 계명'을 우리에게 주셨다. 그러므로 최후의 심판에서는 예수께서 주신 '사랑의 계명'에 대한 순종 여부로 무죄와 유죄로 판결을 받게 될 것이다. 만일 사랑의 계명을 순종하여 자비를 베풀었다면 그는 하나님께서 약속하신 영생을 얻게 될 것이지만, 불순종하여 자비를 베풀지 않았다면 마귀와 그 사자들을 위하여 예비된 영원한 불에 들어가게 될 것이다(마 25:31-46).

심판주 예수께서는 믿음을 가진 자들에게 미리 최후의 심판이 '사랑의 계명'을 근거로 이루어질 것임을 알려주셨다. 이는 마치 판사가 피고인에게 재판을 이기기 위해 필요한 준비를 알려준 것과 같다. 가르쳐 준 그대로 준비한 사람은 재판에서 이길 것이지만, 준비하지 못한 사람은 그 재판에게 지게 될 것이다. 피고인이 판사를 잘 알고 있다고 해서 판사가 피고인의 손을 들어주는 것이 아니다. 재판은 법을 따라 진행되는 것이므로 범죄한 자는 마땅히 처벌을 받게 될 것이다. 믿음만으로 재판을 통과할 것이라 오판하지 않기를 바란다.

이러므로 만일 욥이 사람을 차별하여 대했다면, 심판의 날에 자신이 지은 죄로 인하여 아무 변명을 할 수 없을 것이라고 말한 것이다. 그러나 욥은 그런 죄를 범하지 않았다고 맹세했다. 그의 말을 통해 보건대, 욥은 하나님의 심판에 대하여도 깊이 생각하고 있었던 것 같다. 이러므로 마지막 때를 살고 있는 우리는 욥의 신앙을 배워야 한다.

> **나를 창조하신 바로 그 하나님이 내 종들도 창조하셨다. 가난한 사람들이 도와 달라고 할 때에, 나는 거절한 일이 없다. 앞길이 막막한 과부를 못 본 체한 일도 없다. 나는 배부르게 먹으면서 고아를 굶긴 일도 없다. 일찍부터 나는 고아를 내 아이처럼 길렀으며, 철이 나서는 줄곧 과부들을 돌보았다. 너무나도 가난하여 옷도 걸치지 못하고 죽어 가는 사람이나, 덮고 잘 것이 없는 가난한 사람을 볼 때마다, 내가 기른 양 털을 깎아서, 그것으로 옷을 만들어 그들에게 입혔다. 시린 허리를 따뜻하게 해 주었더니, 그들이 나를 진심으로 축복하곤 하였다. 내가 재판에서 이길 것이라고 생각하고, 고아를 속이기라도 하였더라면, 내 팔이 부러져도 할 말이 없다. 내 팔이 어깻죽지에서 빠져나와도 할 말이 없다. 하나님이 내리시는 심판이 얼마나 무서운지를 잘 알고 있었으므로, 나는 차마 그런 파렴치한 짓은 할 수 없었다. (욥 31:15-23)**

내가 섬기는 하나님께서 나를 창조하셨고, 내가 만나고 있는 사람도 창조하셨다. 하나님을 섬긴다고 하면서 자신만을 생각하는 이기주의적 신앙은 병든 것이다. 도리어 보잘것없는 사람들 가운데 한 사람이라도 업신여기지 않도록 조심해야 한다. 왜냐하면 그들의 천사들이 하늘에서 하나님을 항상 모시고 있기 때문이다(마 18:10). 내 자신이 소중한 만큼, 하나님께서 지금 나에게 보내어 만나게 한 사람도 소중한 사람이다. 그러므로 내 자신을 사랑하듯이 이웃을 사랑하라고 하신 것이다. 욥은 사람들을 대할 때에 하나님을 생각하면서, 사회적 지위가 낮고 비천하게 보이는 사람들도 소홀하게 대하지 않았다.

욥이 행했던 선행을 살펴보자. 그는 가난한 사람을 모른 체하지 않았고, 과부들에게 실망을 주지 않았다. 자신은 배부르게 먹었다고 해서 고아를 굶긴 일이 없었다. 도리어 욥은 젊었을 때부터 고아를 자신의 아이처럼 길렀고, 과부를 도울 마음을 어렸을 때부터 가지고 있었다.

욥은 음식뿐만 아니라 가난한 자들의 의복까지도 세심한 배려를 했다. 가난해서 의복이 없이 죽어가는 사람이나, 덮을 것이 없는 사람을 볼 때마다, 자신이 가지고 있는 양털로 옷을 만들어 그들에게 입혔다. 그 양털로 시린 허리가 따뜻하게 된 사람들은 욥을 진심으로 축복했다.

욥은 성문에서 재판이 열릴 때, 자신의 권력을 믿고 아무 힘도 없는 약한 사람을 억누르는 악행을 저지르지 않았다. 만일 자신이 그런 짓을 했다면, 자신의 팔이 부러지거나, 팔이 어깻죽지에서 빠져나와도 할 말이 없을 것이라고 하였다. 욥은 하나님께서 내리시는 재앙을 심히 두려워했으므로, 하나님의 위엄에 눌려서 자신은 그런 파렴치한 짓을 할 수 없었다고 하였다.

욥의 삶은 어려움을 당한 사람을 외면하지 않았으며, 자신의 지위나 다른 사람의 권력을 이용해서 행패를 부린 적도 없었다. 하나님께서 보시고 동방의 의인이라고 하신 것은 욥이 진실로 의인의 모습을 보여주었기 때문이었다. 욥은 의인의 삶을 하나님과 사람에게 보여주었던 진실된 사람이었다.

욥은 하나님의 심판을 두려워했다. 그는 언젠가는 재판정에 서게 될 것임을 알고 있었다. 그러기에 자신이 살았던 삶을 하나님께서 감찰하고 계신다고 알고 있었다. 이렇게 현재라는 시간에서 마지막 날에 있을 심판을 의식하며 사는 것이 지혜이다. 지금 내가 살고 있는 삶은 훗날 하나님 앞에서 반드시 평가를 받게 될 것이다.

시간이 흐를수록 겉사람은 낡아지지만, 우리의 속사람은 나날이 새로워지고 있다. 그러므로 우리는 낙심하지 말아야 한다. 그리스도인은 지금 잠시 동안 가벼운 고난을 겪고 있지만, 그것을 통하여 장차 비교할 수 없을 정도의 크고 영원한 영광을 우리에게 이루어 줄 것이다. 그리스도인은 보이는 것에 눈길을 돌리지 않고, 보이지 않는 것을 바라봐야 한다. 보이는 것은 잠깐이지만, 보이지 않는 것은 영원하기 때문이다(고후 4:16-18).

그러므로 세상에서 살면서 잠시 고난을 받고 있더라도. 그리스도인은 보이지 않는 영원한 영광을 소망하면서 인내해야 한다. 그렇지만 모든 그리스도인은 반드시 거쳐야 할 과정이 있는데, 그것은 마지막 날에 그리스도의 심판대 앞에 서는 것이다. 그날에 우리가 육체로 머물러 있는 동안에 행한 일들이 숨김없이 드러나서, 선한 일은 상을 받고 악한 일은 벌을 받게 될 것이다(고전 5:10). 예수를 믿지 않는 자들은 이미 믿지 않았기 때문에 죄인으로 판결을 받았다(요 3:18). 그러나 예수를 믿는 자들은 죄인의 판결을 받지 않으며(요 3:18), 믿음으로 하나님의 백성이 되었다(고후 6:14, 벧전 2:10).

그렇지만 진리를 받아들인 후에 고의로 죄를 범하면, 속죄의 제사가 더 이상 남아 있지 않으며, 남아 있는 것은 오직 무서운 마음으로 심판을 기다리는 것과 반역자를 삼킬 맹렬한 불뿐이다. 모세의 율법을 어긴 사람도 두세 증인의 증언이 있으면 용서없이 사형을 받는다. 하물며 하나님의 아들을 짓밟았음에도 불구하고 자기를 거룩하게 해 준 언약의 피를 대수롭지 않게 여기고, 은혜의 성령을 모욕한 사람은 얼마나 더 무서운 벌을 받아야 하겠는가를 생각해 보라. 하나님께서는 "원수를 갚는 것은 내가 할 일이니, 내가 갚아 주겠다"(신 32:35, 롬 12:19)라고 말씀하셨고, 또 주님께서 그의 백성을 심판하실 것이다"(시 50:4, 135:14, 신 32:36)라고 하신 하나님을, 우리는 알고 있다(히 10:26-30). 주님께서 자기 백성을 심판하신다는 것을 명심해야 한다.

이처럼 그리스도인이 된다는 것은 믿음으로 의롭게 되는 것에 머물지 말고, 주님의 백성으로 심판대 앞에 담대하게 설 준비를 하는 것을 의미한다(요일 4:17). 이러기 위해서는 욥이 살았던 삶을 본받아, 예수께서 주신 사랑의 계명을 순종하여 자비를 베푸는 삶을 살아야 함을 알 수 있다. 그리스도인은 하나님의 사랑을 받는 자녀답게 하나님을 닮는 자(imitators of God, 모방자)가 되어야 한다. 예수 그리스도께서 우리를 사랑하셔서 자신을 바쳐서 하나님 앞에 향기로운 예물과 희생제물이 되어 주셨듯이 그리스도인은 예수님을 본받아 사랑으로 살아가면서(live a life of love, just as Christ loved us)(엡 5:1,2), 섬김의 삶으로 드리는 향기로운 제물이 되어야 한다.

욥의 고백을 살펴보면, 그는 분명히 하나님의 심판을 의식하고 있었다. 하나님께서 자신의 삶을 보고 계시므로, 자신이 행한 선행을 기억하고 계실 것으로 생각했다. 욥은 아무 힘이 없고 도움이 필요한 사람에게 관심을 가지고, 사랑으로 돌보아 주었다. 욥은 예수 그리스도께서 세상에 오시기 이전의 사람이었다. 그렇지만 욥은 하나님을 경외하면서, 하나님의 공의를 행했고, 또한 사랑의 행함이 있었다. 이러한 욥의 신앙은 마지막 때를 준비하는 그리스도인에게 좋은 본보기가 되는 것이므로, 그의 신앙을 모방하여야 할 것이다.

41 욥기 31장 24-40

욥은 자신의 삶을 돌아보면서, 깨끗하게 살았다고 맹세한다. 그러나 친구들은 의로우신 하나님께서는 죄가 없는 사람에게 고난을 주지 않으시므로, 욥의 고난은 죄의 대가라고 주장한다. 과연 욥은 하나님 앞에서 죄를 짓지 않고, 의롭게 살았던 것일까? 그는 하나님을 배신한 적이 없었단 말인가? 그는 간증을 통해 무엇을 말하려고 했는가? 우리는 욥의 고백을 통해 그의 삶을 엿볼 수 있다.

나는 황금을 믿지도 않고, 정금을 의지하지도 않았다. 내가 재산이 많다고 하여 자랑하지도 않고, 벌어들인 것이 많다고 하여 기뻐하지도 않았다. 해가 찬란한 빛을 낸다고 하여, 해를 섬기지도 않고, 달이 밝고 아름답다고 하여, 달을 섬기지도 않았다. 해와 달을 보고, 그 장엄함과 아름다움에 반하여 그것에다가 절을 하는 사람들이 있다. 해와 달을 경배하는 표시로 제 손에 입을 맞추기도 한다. 그러나 나는 그렇게 하지 않았다. 그런 일은 높이 계신 하나님을 부인하

는 것이므로, 벌로 사형을 받아도 마땅하다. (욥 31:24-28)

사탄은 욥이 가진 신앙은 하나님으로부터 원하는 것을 얻기 위해 하나님을 경외하는 기복 신앙이라고 주장했다. 만일 신앙의 동기가 복을 얻기 위한 것이면, 고난이 닥칠 때 자신이 섬기던 하나님을 배반하고 떠날 것이라는 것이다. 결국 욥의 신앙은 순수하지 않으며, 오직 자신의 유익을 위한 것이라고 주장했다.

하나님의 이름을 이용해서 세상에서 복을 얻게 될 것을 주제로 설교하는 목사는 어쩌면 기복 신앙에 빠진 것이며, 이러한 사고방식을 교인들에게 주입하여 달콤한 내용만을 선호하게 한다. 비록 성경에서는 복이 아닌 고난을 기록하고 있다고 하더라도, 말씀 그대로를 선포하는 것이 목사의 의무이다. 성도들에게 예수님의 재림과 심판을 준비하게 도와주어야 하지만, 실상은 재림과 심판에 대하여는 입을 다물고 있는 경우가 많다. 더구나 어떤 목회자는 그리스도인은 휴거되어 고난을 받지 않을 것이라고 말한다. 하지만 이는 예수의 이름으로 모든 민족에게 미움을 받을 것이라고 하신 예수님의 말씀을 부인하는 것과 같다.

기독교 종파와 교단에 따라 교리와 신앙의 본이 있지만, 하나님의 말씀을 연구하면서 끊임없이 새로워지려는 노력을 멈추지 말아야 한다. 교리에 따라 성경을 해석하는 것이 아니라, 성경을 통해 교리를 수정하여야 한다. 만일 이러한 노력이 없다면, 사람이 만든 틀에 성경을 맞추려는 것이 된다. 기독교는 사람이 주인공이 아니라, 하나님께서 주인이 되셔야 한다. 살아있는 하나님의 말씀이므로 그 시대에 따라 알려주시는 말씀은 다르고, 적용하는 내용도 바뀐다. 그러나 성경의 원칙은 시대가 변해도 변함이 없으므로, 근본 원리를 고수하면서 시대에 따라 말씀하시는 하나님의 뜻을 찾아야 할 것이다.

욥은 자신이 살았던 신앙을 고백한다. 그의 신앙을 통해 우리는 이러한 사탄의 고발이 진실이 아니라는 것을 확인할 수 있다. 이러므로 욥은 하나님 앞에서 떳떳할 수 있었다. 욥은 심판대 앞에서 자신의 억울함을 변호하길 원했다. 그의 간증을 들어보자.

욥은 재물의 능력을 믿지 않았고, 부요함을 의지하지 않았다. 만일 어떤 사람이 선행을 베풀기 위해서는 재물이 필요하여 재산을 쌓아야 한다고 한다면, 그는 이미 금전만능주의에 빠진 사람이다. 이러한 자들은 돈이 없으면 선행을 할 수 없다고 생각하여, 최우선적으로 재물을 모아야 한다는 매우 인간적이고 이성적인 주장을 한다. 이런 부류의 사람들은 시간이 갈수록 계획했던 선행은 뒤로 미룬 채, 부(富)와 물욕의 신(神)인 맘몬(Mammon)을 숭배하게 된다. 또한 이들은 하나님께서 선을 행하기 위해 필요한 재물을 공급해 주시는 능력을 믿지 못하고, 하나님의 영광을 위해 먼저 돈을 많이 쌓아야 한다는 논리를 편다. 그들은 하나님의 이름을 위한 재물이라고 주장하지만, 실제로는 재물이 우선순위이며, 그 다음이 하나님인 셈이다.

욥은 돈을 사랑하지 않았다. 그는 돈을 쌓아서 거부가 된 것이 아니라, 하나님께서 욥으로 하여금 재물을 얻게 하신 것이었다. 이러므로 욥의 재산은 자신의 것이 아니라 하나님께서 주신 것임을 알고 있었고, 사람들에게 자신의 부(富)를 자랑하지 않았다. 말세의 성도들은 기복 신앙에 빠지지 말고, 하나님 앞에서 신실했던 욥의 신앙을 본받아야 한다.

불편하게 들리겠지만 마지막 때에는 어려운 시기가 닥쳐올 것이다. 그때에 사람들은 자기를 사랑하며, 돈을 사랑하며, 뽐내며, 교만하며, 하나님을 모독하며, 감사할 줄 모르고, 경건하지 않을 것이다(딤후 3:1,2). 말세에는 사람들이 돈을 사랑하므로 배금주의(拜金主義, mammonism)에 빠져서 돈을 최고의 가치로 여기게 될 것이다.

그리스도인이 따라야 할 진리는 예수 그리스도의 말씀과 경건에 관한 교훈이다. 만일 이러한 것을 따르지 않으면, 마음이 썩고, 진리를 잃어버려서, 경건(godliness)을 경제적인 이득의 수단(means to financial gain)으로 생각하며, 그들 사이에 끊임없는 분쟁이 일어난다. 하지만 자기가 갖고 있는 것으로 만족할 줄 아는 사람들에게는 경건(godliness with contentment)은 크게 유익하다. 우리는 아무것도 세상에 가지고 오지 않았으므로, 죽을 때 아무것도 가지고 갈 수 없다. 먹을 것과 입을 것이 있으면, 그것으로 만족해야 한다. 부자가 되기 원하는 사람은 유혹에 빠지고, 올가미에 걸리고, 어리석고 해로운 온갖 욕심에 사로잡혀서, 파멸과 멸망에 빠지게 된다. 돈을 사랑하는 것이 모든 악의 뿌리이다(the love of money is a root of all kinds of evil). 이렇듯 돈을 탐내는 사람들은 미혹을 받아 믿음에서 떠나 헤매기도 하고, 많은 고통을 겪게 될 것이다(딤전 6:3-10).

욥은 말세의 성도들에게 돈을 숭배하지 않는 삶을 알려주고 있다. 그리스도인은 돈을 위해서 살지 말고, 지금 가지고 있는 것으로 만족해야 한다. 주님께서는 "내가 결코 너를 떠나지도 않고, 버리지도 않겠다"고 하셨다(히 13:5, 신 31:6, 수 1:5). 가지고 있는 재물이 아니라, 함께하시는 주님으로 인해 만족함을 누리는 성도가 되어야 한다.

욥이 살았던 그 시대에는 태양을 포함한 자연을 숭배의 대상으로 삼았었다. 그러나 욥은 해나 달과 같은 피조물에 경배하지 않았다. 그 시대에 모든 사람들이 옳다고 여기며 따르는 것이 진리는 아니다. 욥은 우상을 경배하지 않았으며, 이 일로 하나님을 배신하지 않았다. 대부분의 사람들이 가지고 있는 보편적인 생각과 사고방식은 일종의 시대의 흐름이라고 할 수 있다. 그리스도인은 시간에 따라 변화하는 시류(時流, trend)를 따르는 것이 아니라, 언제나 하나님 중심으로 살아가야 한다. 욥은 부를 신뢰하지 않았고, 그 당시 만연하게 퍼졌던 미신을 따르지 않았다.

그리스도인은 세속적인 욕망을 죽여야 한다. 여기에 해당되는 것들로는 음행, 더러운 행위, 정욕과 탐심(탐욕, greed)이며, 탐심은 우상숭배이다. 이런 것들에 빠져 하나님께 순종하지 않는 자들(새번역, KJV, on the children of disobedience)에게 하나님의 진노가 내릴 것이다. 과거에 이런 욕망에 빠져 살 때에는 우리도 이처럼 행동하였다. 그러나 그리스도인이 된 후에는 분노와 격분과 악의와 비방과 입에서 나오는 부끄러운 말을 버려야 한다. 거짓말을 하지 말고, 옛 생활을 청산하여 낡은 인간을 벗어버리고 새 사람(the new)으로 갈아 입어야 한다. 새 사람이 되어 자기를 창조하신 분의 형상을 따라 끊임없이 새로워지고, 지식까지도 새롭게 되어야 한다(골 3:5-10).

그리스도께서는 우리를 위하여 육체의 고난을 받으셨다. 우리도 같은 각오를 가지고 마음을 무장해야 한다. 육체의 고난을 받은 사람은 이미 죄와 인연을 끊은 것이다. 이제부터는 지상에서 남은 생애를 인간의 욕정을 따라 살지 말고, 하나님의 뜻을 따라 살아야 한다(벧전 4:1,2). 마지막 때 성도들은 예수께서 받으셨던 고난에 참여하게 될 것이며, 예수 그리스도를 위해 받게 될 고난은 지극히 영광스러운 일이다. 이러므로 고난을 피하려 하지 말고, 도리어 고난 가운데 하나님의 뜻을 행하면서 인내하여야 한다(히 10:36). 죽음에 이를 정도로 두려워할 만한 고난이라고 하더라도, 고난을 이겨낸 예수 그리스도와 연합하여 부활의 자리까지 나아가야 한다.

우리 모두는 욥의 신앙을 본받아, 돈(Mammon)을 사랑하지 말고 오직 하나님 만을 섬기는 그리스도인이 되어야 한다. 욥은 세속적인 욕망을 따르지 않고 거룩한 소망을 품었다. 그는 마지막 하나님의 심판을 의식하면서, 하나님 앞에서 경건의 삶을 유지했다. 그에게는 거룩한 삶이 있었으므로, 이유를 알지 못하는 고난을 이겨낼 수 있었다.

내 원수가 고통받는 것을 보고, 나는 기뻐한 적이 없다. 원수가 재난을 당할 때에도, 나는 기뻐하지 않았다. 나는 결코 원수들이 죽기를 바라는 기도를 하여 죄를 범한 적이 없다. 내 집에서 일하는 사람은 모두, 내가 언제나 나그네를 기꺼이 영접한다는 것을 잘 알고 있다. 나는 나그네가 길거리에서 잠자도록 내

버려 둔 적이 없으며, 길손에게 내 집 문을 기꺼이 열어 주지 않은 적도 없다. (욥 31:29-32)

욥은 원수가 망하는 것을 보고 기뻐하지 않았고, 원수가 고통을 받게 될 때, 마음으로 즐거워하지 않았다. 또 그는 원수가 저주받아 죽게 되기를 원하는 기도를 하지 않았고, 이로 인하여 빠지게 될 죄를 짓지 않았다. 자기를 대적하는 사람이 잘되고 성공하기를 바라는 사람은 아무도 없으며, 대부분 자기를 미워하는 사람이 벌을 받고 망하고 고난을 받기를 은근히 바란다. 그러나 이것은 하나님께서 기뻐하지 않으시는 것이다.

하나님께서는 "원수를 갚지 말며, 동포를 원망하지 말며, 네 이웃 사랑하기를 네 자신과 같이 사랑하라"고 하셨다(레 19:18). 하나님께서는 "원수를 갚는 것은 내가 할 일이니, 내가 갚아 주겠다(신 32:35, 롬 12:19). 주님께서 그의 백성을 심판하실 것이다(시 50:4, 135:14, 신 32:36)." 라고 말씀하셨다(히 10:30).

예수께서는 "너희 원수를 사랑하며, 너희를 박해하는 자를 위하여 기도하라"고 하셨다. 그래야만 우리가 하늘에 계신 하나님 아버지의 아들이 될 것이다. 아버지께서는 악한 사람에게나 선한 사람에게나 똑같이 햇빛을 주시고, 의로운 사람에게나 불의한 사람에게나 똑같이 비를 내려 주신다. 우리를 사랑하는 사람만 사랑하면 무슨 상을 받겠느냐? 세리(the tax collectors)도 그만큼은 하지 않느냐? 우리 형제자매들에게만 인사를 한다면 남보다 나을 것이 무엇이냐? 이방 사람들도 그만큼은 하지 않느냐(마 5:43-48).

마 5:48 그러므로 하늘에 계신 너희 아버지께서 완전하신 것 같이, 너희도 완전하여라."
개정 마 5:48 그러므로 하늘에 계신 너희 아버지의 온전하심과 같이 너희도 온전하라
NIV Mt 5:48 Be perfect, therefore, as your heavenly Father is perfect.

부모가 자녀를 사랑하고, 연인끼리 서로 사랑하는 것은 자연스레 일어나는 감정이며 본성이라고 할 수 있다. 하나님께서는 사람을 차별하지 않고 골고루 햇빛과 비를 주시는 것처럼, 하나님과 예수 그리스도의 사랑을 본받는 사람(엡 6:1,2)이라면 사람을 차별하지 말아야 한다. 심지어는 원수도 사랑하고, 핍박하는 사람을 위해 기도하며, 미워하는 사람들에게 잘해 주고, 저주하는 사람들을 축복해야 한다(눅 6:27,28). 하나님의 사랑을 본받을 때(엡 5:1), 우리는 하나님의 완전하심을 본받아서 완전하게 되는 것이다(마 5:48).

대부분의 사람들은 미워하는 자에게 사랑의 손길을 내미는 것은 상식적으로 맞지 않는 짓이라고 여길 것이다. 그렇지만 사랑에는 거짓이 없어야 한다. 악한 것을 미워하고 선한 것을 굳게 잡아야 한다. 그러므로 박해하는 사람들을 저주하지 말고, 도리어 축복해야 한다. 누구에게도 악을 악으로 갚지 말고, 모든 사람이 선하다고 생각해야 하며, 할 수 있는 대로 모든 사람과 더불어 화평하게 지내야 한다. 성도는 스스로 원수를 갚지 말고, 하나님의 진노하심에 맡겨야 한다. 도리어 원수가 배고파 하거든 먹을 것을 주고, 목말라 하거든 마실 것을 주어야 한다. 이렇게 함으로써 원수로 하여금 자신이 행한 악행을 부끄러워하게 해야 한다. 이것이 악(惡)에게 지지 말고, 선(善)으로 악(惡)을 이기는 것이다(롬 12.9-21).

눅 6:36 너희의 아버지께서 자비로우신 것 같이, 너희도 자비로운 사람이 되어라.
개정 눅 6:36 너희 아버지의 자비로우심 같이 너희도 자비로운 자가 되라
NIV Lk 6:36 Be merciful, just as your Father is merciful.

하나님의 완전하심을 닮는다는 것은 사랑의 계명에 순종함으로 하나님의 자비를 본받아서 자비를 베푸는 것을 의미한다. 최후의 심판 때에 주님의 자비를 원한다면, 성경에 기록된 최고의 법, 곧 "네 이웃 사랑하기를 네 몸과 같이 하라"는 사랑의 계명을 원수에게라도 실천해야 한다(약 2:8). 심판은 자비를 베풀지 않는 자에게 무자비하기 때문이다(약 2:13). 욥은 사랑의 삶을 통해 말세의 성도들에게 심판을 준비하는 길을 알려준다.

욥의 집에서 일했던 식솔들은 그가 나그네를 기꺼이 영접했다는 것을 알고 있었다. 그의 천막에서 유숙하는 사람들은 욥이 베푼 산해

진미를 먹었다. 욥은 나그네가 길거리에서 잠자도록 내버려 두지 않았으며, 길 가는 사람에게 문을 닫는 일이 없었다. 욥은 은혜를 갚을 길이 없는 생면부지의 사람에게 선을 행한 것이었다. 그리스도인은 아무 조건이 없는 하나님의 은혜를 받은 사람들이다. 그리스도께서 우리를 사랑하신 것을 본받아 우리도 사랑으로 살아가야 한다(엡 5:2).

그리스도인은 욥이 보여준 사랑의 관용과 자비를 본받아야 한다. 이러한 사랑의 행위가 마지막 심판의 근거라는 것을 예수 그리스도께서 이미 말씀해 주셨다(마 25:31-46). 자비를 베푼 사람은 영생에, 자비를 베풀지 않은 사람은 영원한 불에 들어가게 될 것이다.

다른 사람들은 자기 죄를 감추려고 하지만, 그러나 나는 내 허물을 아주 감추지 않았다. 사람들이 무슨 말로 나를 헐뜯든지, 나는 그것을 전혀 두려워하지 않았다. 남에게서 비웃음을 받을까 하여, 입을 다물거나 집 안에서만 머무르거나 하지도 않았다. (욥 31:33,34)

욥은 다른 사람처럼 자신의 악행을 숨긴 일이 없다고 말했다. 자신의 허물을 감추지 않았다는 것이다. 여기에서 다른 사람(타인, 他人)은 아담(Adam, KJV)을 말한다.

흠정역 욥 31:33 혹시 내가 내 불법을 내 품에 숨김으로 아담같이 내 범죄들을 덮었던가.

KJV Job 31:33 If I covered my transgressions as Adam, by hiding mine iniquity in my bosom:

'아담'을 '일반적인 사람'으로 보기도 하는데, 이렇게 본다면 이 구절은 '다른 사람들처럼 죄를 숨기기 위해 하는 방법처럼'이라고 해석할 수 있다. 다른 견해로는 자신의 죄를 피하기 위해 하나님의 낯을 피해 숨었던 '아담'(창 3:8)을 가리키는 고유 명사로 보았다(호크마 주석). 하여튼 욥은 아담이나 다른 사람들처럼 자신의 죄를 숨기려고 하지 않았다는 것이다. 이처럼 욥은 자신의 죄를 숨기지 않았고 떳떳하다는 것을 말하면서, 자신의 결백을 주장했다.

하나님 앞에서, 또 사람 앞에서도 지은 죄로 인해 부끄럽게 여길 것이 없이 살았다는 욥의 고백은 충격적이다. 그는 항상 하나님을 경외하면서 살았으므로, 작은 죄를 짓는 것도 용납하지 않았다. 그리스도인은 욥의 이러한 마음가짐을 배워야 한다. 인간이 연약하므로 죄를 짓지 않을 수 없다는 가정을 지나치게 강조한다면, 죄를 지어도 양심의 가책을 받지 않게 된다. 아담은 지은 죄로 인해 하나님의 얼굴을 피해 숨었지만, 욥은 죄를 짓지 않았으므로 하나님으로부터 숨어야 할 이유가 없었을 것이다.

그리스도인이 된 사람은 원죄와 자범죄에서 놓임을 받은 사람들이다. 이러기에 그리스도인은 더 이상 죄의 노예로 살지 말아야 한다. 죄와 상관없이 고난을 받을 말세의 그리스도인은 선으로 악을 이겨야 한다. 그리스도인은 각자의 일터(job)에서, 욥(Job)을 본받는 삶을 살아야 한다.

내가 한 이 변명을 들어줄 사람이 없을까? 맹세코 나는 사실대로만 말하였다.

이제는, 전능하신 분께서 말씀하시는 대답을 듣고 싶다. 내 원수가 나를 고발하면서, 뭐라고 말하였지? 내가 저지른 죄과를 기록한 소송장이라도 있어서, 내가 읽어 볼 수만 있다면, 나는 그것을 자랑스럽게 어깨에 메고 다니고, 그것을 왕관처럼 머리에 얹고 다니겠다. 나는, 내가 한 모든 일을 그분께 낱낱이 말씀드리고 나서, 그분 앞에 떳떳이 서겠다. 내가 가꾼 땅이 훔친 것이라면, 땅 주인에게서 부당하게 빼앗은 것이라면, 땅에서 나는 소산을 공짜로 먹으면서 곡식을 기른 농부를 굶겨 죽였다면, 내 밭에서 밀 대신 찔레가 나거나 보리 대신 잡초가 돋아나더라도, 나는 기꺼이 받겠다. 이것으로 욥의 말이 모두 끝났다. (욥 35:24-40)

욥은 죄인의 누명을 쓰고 있으므로, 변명이라도 하고 싶었다. 그러나 그의 변명을 들어주는 사람이 없었다. 자신의 삶을 있는 그대로 말했으므로, 이제는 하나님께서 말씀하시는 대답을 듣길 원했다. 그는 자신에게 죄가 없으므로, 자신의 죄를 기록한 소송장이 있다면 그것을 사람들에게 보여주겠다고 하였다. 죄가 없는 자를 고발하는 것은 무고죄에 속하는 죄이다. 욥은 소송장이 있다면 자랑스럽게 어깨에 메고 다니면서, 사람들에게 알리겠다는 것이다.

욥이 죄인이라고 참소(고발, accuse)한 자는 사람이 아니라 사탄이었고(욥 1:9,10, 2:5, 슥 3:1, 계 12:10), 세 친구는 사탄의 증인(출 23:1, 잠 19:28)으로 욥의 죄악을 증언했다. 결국 욥에 대하여 사탄은 무고죄를, 친구들은 위증죄를 범한 것이었다. 고난을 맞이하고 있을 때, 고난 자체만으로도 견디기 어려운데, 굳게 믿었던 친구들마저 자기를 고발하는 사탄의 편에서 거짓 증언을 하였으므로 욥은 더욱더 인내하기 어려웠을 것이다. 이러므로 욥은 하나님께 자신이 했던 모든 일을 자세하고 떳떳하게 말씀드려 스스로를 변호하면서, 위엄과 당당함으로 그 재판을 맞이하려고 했다.

만일 욥이 다른 사람이 일구어 놓은 땅을 부당하게 빼앗았다면, 또는 품삯을 주지 않으면서 땅에서 수확한 소산물을 독차지하였다면, 욥의 밭에서 밀 대신에 가시나무가 나거나 보리 대신에 잡초가 돋아나도 기꺼이 받아들이겠다고 욥은 말했다. 만일 욥의 고난이 죄악으로 인한 것이라면, 욥은 이를 당연한 것으로 여기겠다는 것이다. 결국 욥은 자신이 받고 있는 고난은 죄악에 의한 것이 아니며, 자신은 결백하다고 주장했다.

그렇지만 이렇게 자신의 무죄를 항변하는 욥에게 과연 아무런 흠이 없었던 것일까? 만일 욥의 말이 맞는다면, 이쯤에서 하나님께서 욥의 손을 들어주어야 하는 것이 아닐까? 욥은 자신의 결백을 주장하고, 말을 멈추었다. 다음에는 어떤 내용이 전개될 것인가?

42 욥기 32장 1–22

욥이 말을 마친 후, 세 친구는 더 이상 아무 말도 하지 못했다. 그러자 옆에 서서 듣고 있던 엘리후가 화를 내며 말하기 시작한다. 엘리후는 람 종족 부스 사람 바라겔의 아들이다. 엘리후는 '그는 나의 하나님'이란 뜻이며, 아버지 바라겔은 '하나님께서 축복하셨다'라는 의미이다. 아브라함의 아버지 데라의 족보를 살펴보면서 욥과 엘리후에 대해 알아보자.

데라는 아브람(아브라함)과 나홀과 하란을 낳았으며, 하란은 아버지 데라보다 먼저 고향 갈대아인의 우르에서 죽었다(창 11:27,28). 하란의 자녀로는 딸 밀가와 아스가와 아들 롯이 있었다. 아브람의 아내는 사래(사라)였고, 나홀의 아내는 동생 하란의 딸인 조카 밀가였다. 아브람은 하나님의 부르심을 받고 고향 우르를 떠나 가던 중 하란(지명)에 머물러 자리를 잡고 살았으며, 데라는 하란(지명)에서 죽었다. 데라가 죽은 후에 아브람은 조카 롯을 데리고 하나님의 명령을 따라 길을 떠났다(창 11:27−12:.4).

아브라함은 나이가 많았고 자녀가 없었지만, 하나님께서는 그가 100세가 되었을 때에 약속하신 아들 이삭을 주셨다(창 21:5). 어느 날 하나님께서는 아브라함에게 명령하시면서, 모리아 땅에 있는 산에서 아들 이삭을 번제로 드리라고 하셨다. 아브라함은 명령대로 아들 이삭을 번제로 드리려고 했다. 왜냐하면 그는 번제로 아들을 바친다고 해도 하나님께서 죽은 자를 다시 살리실 줄로 믿었기 때문이다. 하나님께서는 그의 부활 신앙을 시험하신 것이다(히 11:17−19, 롬 4:17). 믿음의 조상 아브라함을 따라 믿음의 후손인 그리스도인들도 이러한 부활 신앙을 가져야 한다(롬 4:24). 아브라함이 손에 칼을 잡고 이삭을 찌르려고 할 때 하나님의 천사가 아브라함의 손을 막았다. 하나님께서는 다시 아브라함에게 약속의 씨(예수 그리스도, 갈 3:19)와 후손에 대한 약속을 하셨다(창 22:1−19). 이 일이 있은 후에 나홀의 자손에 대한 기록이 나온다.

창 22:20 이런 일이 있은 지 얼마 뒤에, 아브라함은 밀가가 자식들을
낳았다는 말을 들었다. 밀가와 아브라함의 동생 나홀 사이에서 아들
들이 태어났는데,
21 맏아들은 우스이고, 그 아래로 부스와 (아람의 아버지) 그므엘과
22 게셋과 하소와 빌다스와 이들랍과 브두엘과 같은 동생들이 태어났다.
23 브두엘은 리브가의 아버지이다. 이 여덟 형제는 아브라함의 동생

나홀과 그 아내 밀가 사이에서 태어났다.

24 나홀의 첩 르우마도 데바와 가함과 다하스와 마아가 등 네 형제를 낳았다.

아브라함의 동생, 나홀의 맏아들은 우스요 그다음은 부스였다. 욥은 우스 사람이었고, 엘리후는 부스 사람이었으므로, 이들은 모두 데라의 자손이었음을 알 수 있다. 이러기에 욥과 엘리후는 멀리 떨어지지 않은 곳에서 살고 있었을 것이다. 나홀의 막내 아들은 부두엘이었으며, 그의 딸 리브가는 훗날 아브라함의 아들 이삭의 아내가 된다(창 24:1-67).

욥의 세 친구인 엘리바스, 빌닷, 소발에 비해 엘리후는 나이가 어렸다. 그 당시에는 연장자가 말을 할 때에 나이가 어린 사람은 조용히 듣고 있어야 하는 전통이 있었으므로, 엘리후는 그들의 대화에 참여하지 못하고 다만 조용히 듣고 있었다. 엘리후는 조급한 마음 없이 그들의 대화를 방해하지 않았고, 말할 기회를 겸손하게 기다리고 있었다.

욥이 끝내 자기가 옳다고 주장하므로, 이 세 사람은 욥을 설득하려고 하던 노력을 그만두었다. 욥이 이렇게 자기가 옳다고 주장하면서(he was righteous in his own eyes) 모든 잘못을 하나님께 돌리므로, 옆에 서서 듣기만 하던 엘리후라는 사람은, 듣다 못하여 분을 더 이상 참지 못하고 화를 냈다. 엘리후는 람 족속에 속하는 부스 사람 바라겔의 아들이다. 엘리후는 또 욥의 세 친구에게도 화를 냈다. 그 세 친구는 욥을 정죄하려고만 했지, 욥이 하는 말에 변변한 대답을 하지 못하였기 때문이다. 그들 가운데서 엘리후가 가장 젊은 사람

이므로, 그는 다른 사람들이 말을 끝낼 때까지 기다려야만 하였다. 그런데 그 세 사람이 모두 욥에게 대답을 제대로 하지 못하였으므로, 그는 화가 났다. (욥 32:1-5)

하나님께서 욥을 의인이라고 여기셨지만, 직접 욥에게 의인이라고 말씀하지는 않으셨다. 그러나 욥은 자기가 옳다고 주장하였는데, 이는 '자신의 눈으로 보기에'(in his own eyes) 의인이었다. 하나님께서 의인으로 인정하신다고 해도, 자기 스스로를 의인으로 인정하면서 말하는 것은 도가 지나쳤다. 이렇듯 욥은 자신을 의인으로 여겼기에 세 사람은 더 이상의 설득을 멈추고 아무 말도 할 수 없었다.

욥 자신은 결백하여 무죄라고 주장하면서, 하나님께서 아무 이유도 없이 고난을 주셨기에 모든 잘못은 그분께 있다고 하였다. 욥과 친구들의 논쟁을 묵묵히 듣고 있던 엘리후는 더 이상 참지 못하고 욥에게 화를 내면서 말을 시작했다. 왜냐하면 욥이 하나님보다 자기가 더 의롭다고 말했기 때문이었다.

엘리후는 세 친구에게도 화를 냈는데, 그들은 욥의 잘못을 증명하지 못하면서 욥을 정죄하려고 했기 때문이었다. 만일 욥의 잘못을 입증하지 못한다면, 친구들은 '하나님께 죄가 있다'고 하는 욥의 주장을 인정하는 것이 될 것이다. 어쨌든 세 친구는 욥의 문제점이나 잘못을 올바르게 지적하지 못하면서, 자신들의 이론으로 욥을 죄인으로 단정하였으므로, 이제는 엘리후가 나서게 되었다.

욥은 자신이 옳다는 것을 주장하기 위해 하나님의 공의를 부인했고, 하나님께 잘못이 있다고 하였다. 나중에 하나님께서는 이러한 욥의 생각을 환히 드러내어 말씀하셨다.

욥 40:8 아직도 너는 내 판결을 비난하려느냐? 네가 자신을 옳다고 하려고, 내게 잘못을 덮어씌우려느냐?
개정 욥 40:8 네가 내 공의를 부인하려느냐 네 의를 세우려고 나를 악하다 하겠느냐
NIV Job 40:8 "Would you discredit my justice? Would you condemn me to justify yourself?

엘리후는 개인의 생각을 따라 하나님을 정죄하였던 욥의 행위에 분노했다. 이처럼 지나치게 자신의 공의를 주장한 욥의 자세는 옳지 못했다. 세 친구는 욥을 죄인이라고 단정하였지만, 욥의 말에 반박을 하지 못하면서, 오직 인과응보에 대한 자신들의 생각을 밀어붙인 것이며, 이것은 옳지 않았다. 엘리후는 이러한 상황을 보면서 드디어 자신의 의견을 말하기 시작했다.

부스 사람 바라겔의 아들 엘리후가 말하였다. 나는 어리고, 세 분께서는 이미 연로하십니다. 그래서 나는 어른들께 선뜻 나서서 내 견해를 밝히기를 망설였습니다. 나는 듣기만 하겠다고 생각하였습니다. 오래 사신 분들은 살아오신 것만큼 지혜도 쌓으셨으니까, 세 분들께서만 말씀하시도록 하려고 생각하였습니다. 그러나 깨닫고 보니, 사람에게 슬기를 주는 것은 사람 안에 있는 영 곧 전능하신 분의 입김이라는 것을 알았습니다. 사람은 나이가 많아진다고 지혜로

워지는 것이 아니며, 나이를 많이 먹는다고 시비를 더 잘 가리는 것도 아니라는 것을 알았습니다. 그래서 나도, 생각하는 바를 말씀드리고자 합니다. 내가 하는 말을 들어주시기 바랍니다. (욥 32:6-10)

엘리후는 자신의 나이가 어리고, 그들은 자신보다 연장자이므로, 그들의 대화에 나서서 자신의 생각을 밝히기를 망설였고, 다만 그들의 말하는 것을 듣기만 하겠다고 생각했다. 왜냐하면 나이가 많은 사람들은 오랜 연륜으로 지혜가 많을 것으로 생각하였기에, 그분들의 말을 경청하려고 했다. 그러나 이들의 논쟁을 들으면서 나이가 많음으로 지혜를 얻는 것이 아니라, 전능하신 분의 입김으로 사람 안에 있는 영에게 지혜를 주시는 것임을 깨달았다는 것이다. 나이를 먹어 인생의 연륜이 쌓인다고 해서 지혜로워지는 것이 아니며, 연로했다고 해서 정의를 깨닫는 것이 아니다. 그래서 엘리후는 하나님의 지혜를 의지하여 자신이 하려고 하는 말을 들어 달라고 했다.

연로하다는 것은 많은 인생의 경험이 있다는 것을 의미한다. 그러나 인간의 경험이 하나님께서 주시는 지혜의 영보다 더 뛰어난 것은 아니다. 하나님께서 주시는 지혜가 있어야, 올바른 분별과 정확한 판단을 할 수 있다. 연소자로서 겸손하게 연장자의 말을 들으려고 하는 겸손은 필요하지만, 연장자가 나이를 근거로 사람들에게 자신의 생각을 주입하려고 하는 것은 옳지 않다.

우리는 사람의 경험을 하나님의 말씀보다 더 우선시하고 있는지 돌아보아야 한다. 하나님 앞에서 자신의 경험을 내려놓고 하나님의 지혜를 따르는 것이 올바른 태도이다. 사람의 생각에 따라서 판단하지 않고, 하나님의 관점에서 사물과 세상을 보며, 하나님의 뜻을 헤아리는 자가 지혜로운 사람이다.

솔로몬이 하나님께 일천 번제를 드린 후에, 하나님께서 솔로몬의 꿈에 나타나셔서 그의 소원을 들어주겠다고 하셨다. 하나님께서 자기에게 지혜로운 마음을 주셔서 주님의 백성을 재판하고 선과 악을 분별할 수 있기를 원한다고 솔로몬은 말씀드렸다. 하나님께서는 솔로몬의 요청이 마음에 들었으며, 그에게 말씀하셨다.

"네가 스스로를 생각하여 오래 사는 것이나 부유한 것이나 원수 갚는 것을 요구하지 아니하고, 다만 재판하는 데에, 듣고서 무엇이 옳은지 분별하는 능력을 요구하였으므로, 이제 나는 네 말대로, 너에게 지혜롭고 총명한 마음을 준다. 너와 같은 사람이 너보다 앞에도 없었고, 네 뒤에도 없을 것이다. 나는 또한, 네가 달라고 하지 아니한 부귀와 영화도 모두 너에게 주겠다. 네 일생 동안, 왕 가운데서 너와 견줄 만한 사람이 없을 것이다. 그리고 네 아버지 다윗이 한 것과 같이, 네가 나의 길을 걸으며, 내 법도와 명령을 지키면, 네가 오래 살도록 해 주겠다." (왕상 3:4-14)

솔로몬은 이스라엘 나라를 다스리는 왕이 되었지만, 그는 백성들의 송사를 공정하게 처리하기 위해 지혜가 필요했다. 자신의 생각과 합리적인 방식으로 선과 악을 분별하고 해결하려는 것은 하나님의 뜻에 맞지 않을 수도 있다. 솔로몬은 자신의 유익을 위해서가 아니라, 나라를 다스리기 위해 하나님의 지혜를 간청했다. 하나님을 인정하면서 경외하는 것이 지혜의 근본이다(The fear of the Lord is the beginning of wisdom, 시 111:10). 공적인 필요를 위해 지혜를 구했던 솔로몬의 요청은 하나님의 마음에 들었으므로, 그는 하나님으로부터 지혜를 얻을 수 있었다.

고난에 대한 하나님의 지혜는 무엇일까? 과연 엘리후를 통해 하나님께서는 어떤 것을 깨닫게 하실 것인가? 옆에서 이들의 이야기를 듣고 있던 엘리후는 어떤 이야기를 하려는 것일까? 그의 말을 더 들어보자.

세 분이 말씀하시는 동안에, 나는 참으며 듣기만 하였습니다. 세 분이 지혜로운 말씀을 찾으시는 동안에, 나는 줄곧 기다렸습니다. 나는 세 분이 하시는 말씀을 주의 깊게 들었습니다. 그런데 세 분께서는 어느 한 분도, 욥 어른의 말을 반증하거나 어른의 말에 제대로 답변하지 못하셨습니다. 그러고서도 어떻게 지혜를 발견했다고 주장하실 수 있으십니까? 세 분께서 이 일에 실패하셨으니, 내가 이제 욥 어른으로 하여금 하나님의 대답을 들으시도록 하겠습니다. 욥 어른이 나에게 직접 말을 걸어온 것이 아니므로, 나는 세 분께서 말씀하신 것과는 다른 방식으로 욥 어른께 대답하겠습니다. (욥 32:11-14)

논쟁 가운데 하나님의 지혜를 찾을 수 없었다고 생각한 엘리후는 세 사람과는 다른 방식으로 욥에게 말하려고 했다. 대부분의 사람들은 욥과 그의 친구들의 대화를 들으면서, 누가 옳은 것인지 또 누가 틀린 것인지 사리분별을 할 수 없고 도리어 혼란스러울 것이다. 한 사람은 자신의 의를 주장하였고, 다른 사람들은 죄인이라고 말하면서,

서로의 주장을 전혀 인정하지 않으면서 반박했기 때문이다. 이들의 대화를 옆에서 오랜 시간 동안 잠자코 주의 깊게 듣고 있었던 엘리후는, 깊은 묵상을 한 후에 그들의 대화가 멈추자 자기의 의견을 말할 수 있었다.

세 사람 중 어느 한 사람도 욥의 말을 반증하거나 올바르게 답변하지 못했으므로, 엘리후는 세 사람이 하나님의 공의(the righteousness)에 대하여 올바르게 밝히지 못했다는 것을 알았다. 엘리후는 그들에게 "우리가 지혜를 발견했다. 그를 쓸어가는 일은 사람이 할 일이 아니라, 하나님께서 반박하실 것이다"라고 말하지 말라고 했다. 이는 욥의 친구들이 자신들의 무능함을 인정하지도 않으면서, 도리어 욥이 너무나 완고하게 자신의 입장을 고집하므로, 그를 깨뜨릴 분은 하나님밖에 없다는 핑계를 대지 말라고 했다. NIV와 흠정역 에서도 '욥의 잘못을 지적하실 분은 사람이 아닌 하나님이라고 말하지 말라'고 번역하고 있다. 그들의 무능함을 하나님께서 직접 해결하실 것이라고 전가(轉嫁, impute)하는 방식은 지혜롭지 못한 것이다.

NIV Job 32:13 Do not say, 'We have found wisdom; let God refute him, not man.'
흠정역 욥 32:13 당신들은 삼가 이르기를, 우리가 우리의 지혜를 발견하였는데 그를 몰아내는 이는 하나님이시요, 사람이 아니라, 하지 말라.

욥이 엘리후에게 직접 논쟁하지 않았기에, 엘리후는 그의 친구들과는 전혀 다른 방식으로 대답하겠다고 하였다. 그는 죄를 짓지 않은 사람이 받고 있는 고난을 어떤 방식으로 설명하려는 것일까? 오랜 시간 동안 침묵했던 엘리후가 더 이상 참지 못하고 논쟁에 참여하는 이유는 무엇일까? 그는 과연 고난에 대하여 객관적인 설명을 깨닫게 될 것인가?

욥 어른께서는 들으십시오. 세 분 친구가 놀라서 말을 하지 못합니다. 그분들은 어른께 아무런 대답도 하지 못합니다. 그런데도 내가 그들이 입을 다물 때까지 기다려야 합니까? 이제 그들은 할 말도 없으면서, 그냥 서 있기만 합니다. 그럴 수 없습니다. 이제는 내가 대답하겠습니다. 내가 생각한 바를 말씀드리겠습니다. 이제는 더 이상 기다릴 수 없고, 말을 참을 수도 없습니다. 말할 기회를 얻지 못하면, 새 술이 가득 담긴 포도주 부대가 터지듯이, 내 가슴이 터져 버릴 것 같습니다. 참을 수 없습니다. 말을 해야 하겠습니다. 이 논쟁에서 어느 누구 편을 들 생각은 없습니다. 또 누구에게 듣기 좋은 말로 아첨할 생각도 없습니다. 본래 나는 아첨할 줄도 모르지만, 나를 지으신 분이 지체하지 않고 나를 데려가실까 두려워서도, 그럴 수는 없습니다. (욥 32:15-22)

엘리후는 참으면서 때를 기다렸다. 자신의 생각을 먼저 내놓지 않고, 다른 사람들의 이야기를 경청하면서 모두의 이야기가 끝나기를 기다렸다. 만일 어떤 사람이 자기 생각을 먼저 말하고 가장 올바른 것이라고 주장한다면, 이는 다른 사람에게 자신의 논리를 인정하라고 강요하는 것과 같다. 엘리후는 잠잠히 그들의 생각과 주장을 듣고 있던 중에 하나님의 도우심으로 고난에 대한 지혜를 얻게 된 것 같다.

친구들은 놀라서 말문이 막혀서 욥에게 아무 대답을 할 수 없었고, 더 이상 답변하지 않으므로, 엘리후는 말할 기회를 얻게 되었다. 엘리후는 자신이 생각한 자신의 의견을 보여주겠다고 하였다. 말(words)이 가득하여서 내적인 충동을 억제하지 못하고 말할 수밖에 없다는 것이다. 아마도 엘리후는 그들의 말을 듣고 기다리면서 폭발하듯이 터져나올 것 같은 생각을 말하지 않으려고 인내했던 것 같다. 그러나 엘리후는 내적인 동기로 인하여 꼭 입을 열어야 하겠다고 생각하였고, 그는 반복해서 자신이 말해야 할 이유를 설명했다. 이만큼 그는 연장자들 앞에서 말을 꺼내기가 어려웠음을 알 수 있다.

잠자코 있었던 엘리후는 더 이상 기다릴 수 없어서 말을 해야만 했다. 그의 가슴은 마치 가득 채워진 새 포도주가 발효되어 터지기 직전의 가죽 부대 같았다. 이와 같이 그는 더 이상 회피할 수 없는 상황이 되었기에 말을 꺼냈다. 그런 다음 그는 마치 가죽 부대가 터져서 포도주가 쏟아져 나오듯이 긴 시간 동안 자신의 변론을 이어가기 시작했다.

엘리후가 말하는 것은 어떤 사람의 편에 서는 것이 아니며, 누구에게 듣기 좋은 말로 아첨하는 것도 아니었다. 객관적인 입장에서 상황을 평가하는 것은 매우 어렵다. 사람은 누구나 자신의 생각이 있으므로 어떤 분쟁이 있을 때, 제삼자의 입장을 계속 유지하면서 편향되지 않은 시각을 가지는 것이 쉽지 않다. 그렇지만 엘리후는 자신의 생각과 이론이 아니라, 전능자의 숨결이 그를 깨닫게 하셨음을 알고 있었다(욥 32:8).

욥 32:8 그러나 깨닫고 보니, 사람에게 슬기를 주는 것은 사람 안에 있는 영 곧 전능하신 분의 입김이라는 것을 알았습니다.

개정 욥 32:8 그러나 사람의 속에는 영이 있고 전능자의 숨결이 사람에게 깨달음을 주시나니

KJV Job 32:8 But there is a spirit in man: and the inspiration of the Almighty giveth them understanding.

전능자는 히브리어로 샤다이(שַׁדַּי 7706 [Shadday] 가장 능력있는 자)로서 하나님을 의미한다. 숨결은 히브리어로 네샤마(נְשָׁמָה 5397 [neshâmâh])로서 지혜와 생명을 주는 하나님의 영을 말한다. 사람에게는 영(spirit, 히브리어로는 르아흐, רוּחַ 7307 [rûwach], 영, 호흡)이 있다. 하나님의 영이 사람의 영으로 하여금 깨닫게 할 때, 사람은 비로소 진리를 깨닫게 된다. 하나님의 지혜는 사람 스스로가 깨닫는 지혜와 근본적으로 다르며, 오직 하나님의 영이 깨닫게 해 주어야 알게 되기 때문이다.

엘리후는 사람에게 아첨할 줄을 알지 못한다고 했다. 만일 아첨을 한다면 자신을 창조하신 하나님께서 데려가실 것이다. 이처럼 그가 하려는 말은 사람을 위한 것이 아니라, 하나님을 두려워하는 가운데 하는 것이었다. 그는 심판의 하나님을 의식하면서, 두렵고 겸손한 마음으로 욥에게 말하려고 했다.

엘리후는 자신이 말하게 된 동기를 길게 설명했다. 자신은 참을 대로 참았고, 모든 정황을 알았으므로 말하겠다는 것이다. 진정한 지혜는 모든 것을 듣고 판단하면서 전체를 통찰함으로써 얻을 수 있다.

엘리후는 기다리는 동안에 내적인 갈등이 있었다. 인간적인 마음으로는 연장자들의 대화에 끼어드는 것이 예절에 어긋나지만, 하나님의 영은 엘리후로 하여금 말하도록 압박하였다. 그래서 엘리후는 사람의 지혜가 아니라, 하나님의 인도하심을 따라 깨닫게 된 지혜를 말하려고 했다. 그러면서도 그는 심판하시는 하나님을 의식하면서, 자신이 심판자가 되지 않도록 절제하면서 변론을 시작했다.

엘리후는 매우 신중한 사람이었다. 그는 충동적이지 않았고, 욥과 친구들의 대화가 멈출 때까지 아무 행동도 하지 않았다. 그러나 그는 영적인 사람이어서 하나님의 인도하심을 깨닫고, 말할 때가 오자 주저함이 없이 행동했다. 대화를 듣고 있던 엘리후는 하나님께 기도하면서, 어떻게 처신해야 할 것인가 고민했고, 하나님께서 주시는 지혜로 이들 앞에 나아간다. 우리는 말하거나 행동하기 이전에 먼저 하나님께 나아가야 한다. 그리고 하나님께 물어보고, 주시는 지혜로 처신해야 한다. 엘리후의 신중한 모습은 우리가 배워야 한다.

43 욥기 33장 1-12

욥과 친구들의 말을 듣고 있던 엘리후는 드디어 욥에게 말하기 시작했다.

욥 어른은 부디 내가 하는 말을 잘 들어 주시기 바랍니다. 내가 하는 말 한마디 한마디에 귀를 기울여 주시기 바랍니다. 이제 내 마음속에 있는 것을 말할 준비가 되었습니다. 내 입 속에서 혀가 말을 합니다. 나는 지금 진지하게 말하고 있습니다. 나는 진실을 말하려고 합니다. 하나님의 영이 나를 만드시고, 전능하신 분의 입김이 내게 생명을 주셨습니다. 대답하실 수 있으면, 대답해 보시기 바랍니다. 토론할 준비를 하고 나서기를 바랍니다. 보십시오, 하나님이 보시기에는, 어른이나 나나 똑같습니다. 우리는 모두 흙으로 지음을 받았습니다. 그러므로 어른께서는 나를 두려워하실 까닭이 없습니다. 내게 압도되어서 기를 펴지 못하는 일이 있어서도 안 될 것입니다. (욥 33:1-7)

엘리후는 욥에게 자신의 말에 귀 기울여 주기를 간청했다. 하지만 자신의 생각이 아무리 올바른 것이라고 해도, 상대방을 깔보면서 가르치려는 태도로 말하는 것은 옳지 못하다. 그러나 엘리후는 겸손히 욥에게 나아가서, 마음을 열고 자신의 말을 경청해 주기를 간곡하게 부탁했다.

하나님의 영이 엘리후를 통해 오랜 시간 동안 욥과 친구들의 말을 듣는 중에 욥과 친구들의 상황을 깨우치게 하셨고, 엘리후는 자신의 생각이 아니라 하나님의 영이 자신의 혀를 사용하여 말씀하셨다는 것을 알고 있었다. 그래서 엘리후는 자신의 주장을 뽐내려는 교만함이 아니라, 하나님께서 깨닫게 하여 말하게 하셨다는 것이다. 엘리후는 하나님의 강권에 의해 순종하여 입을 열었고, 하나님께서는 그를 통해 말씀하신다.

예수께서는 마지막 때에 대하여 말씀하시면서, 그때에 성도들은 붙잡혀서 박해를 당하고, 끌려가서 감옥에 갇히는 고난을 받게 될 것을 알려주셨다. 그리고 왕들과 집권자들 앞에 서게 될 것이나, 그때가 복음을 증언할 기회가 될 것이다. 그때에 변명할 말을 미리부터 걱정하지 말아야 하며, 주님께서는 성도들에게 언변과 지혜(words and wisdom)를 주어서 모든 적대자들이 맞서거나 반박할 수 없게 하시겠다고 하셨다(눅 21:10-15). 핍박을 받게 될 성도들은 무엇을 말할까 걱정하지 말고, 그들 속에 계신 하나님의 성령께서 해야 할 말을 알려주실 것을(마 10:16-20) 명심해야 한다.

주님께서 알려주신 고난을 기억하면서, 성도들은 박해의 때를 준비해야 한다. 그때 그들은 박해를 받아 권력자 앞에 서게 될 것이다. 사도들은 감옥에 갇히거나 관리 앞에 서기도 했지만, 그때가 도리어 성령으로 복음을 증거하는 기회가 되었다. 스데반은 순교를 당했고, 베드로는 옥에 갇혔고, 바울은 박해를 받기도 했다. 이들은 마지막 때에 고난을 받게 될 성도들에게 본보기가 되었다.

환난의 날을 이겨내는 것은 사람의 능력과 인내가 아니라, 함께하시는 성령임을 명심해야 한다. 고난의 시기가 되었을 때 비로소 성령의 사람이 되는 것이 아니라, 미리 성령의 사람으로 준비되어 있어야 한다. 일상의 삶에서 성령의 인도하심을 따르는 훈련을 받아야, 고난의 시기에도 흔들리지 않고 담대하게 성령을 의지해서 이겨낼 수 있다.

엘리후가 말하려는 것은 자신의 지식이나 지혜를 내세우는 사사로운 내용이 아니었다. 공적으로 말하는 그의 태도는 매우 진지하고 솔직하고 겸손했다. 하나님의 영이 자신을 창조하셨고, 전능하신 분의 입김이 자신에게 생명을 주셨다. 엘리후와 욥은 모두 흙으로 지음을 받은 사람이므로, 하나님 보시기에는 다를 바가 없다. 그러므로 엘리후는 욥에게 자신이 하려는 말을 두렵게 받아들이지 말고, 압도되지도 말라고 했다. 엘리후는 대화를 시작하면서 욥에게 반박할 말이 있으면 대답하라고 했다. 두사람이 나이는 다르지만, 서로 동등한 위치에서 토론하자는 것이었다.

나이가 많은 연장자의 말이 항상 옳은 것이 아니며, 역으로 나이가 어린 연소자의 말이 지혜롭지 못한 것도 아니다. 모든 사람은 하나님께서 만드신 피조물이며, 하나님의 호흡으로 생명을 얻었다. 흙을 구워서 멋진 도자기가 되었다고 해서 만들어진 재료가 달라지는 것은 아니다. 그러므로 흙에서 창조된 사람은 나이가 많거나 높은 지위에 있다고 하더라도 창조주 하나님 앞에서 동등해야 한다.

욥의 친구들은 자신들의 지혜가 우월하다고 생각하여 욥을 가르치려고 했다. 그러나 엘리후는 욥에게 동등한 입장에서 변론하자고 했다. 결국 자신이 그릇된 말을 한다면, 부담감을 갖지 말고 지적해 달라는 것이었다. 엘리후는 자신이 말하려고 하는 것은 인간의 지식이나 지혜가 아니라, 하나님의 영이 깨우쳐 주신 것임을 밝혔다. 이러기에 그의 말은 욥의 친구들과는 다르게 전개될 것을 추측할 수 있다.

어른께서 이런 말씀을 하셨습니다. "내게는 잘못이 없다. 나는 잘못을 저지르지 않았다. 나는 결백하다. 내게는 허물이 없다. 그런데도 하나님은 내게서 흠잡을 것을 찾으시며, 나를 원수로 여기신다. 하나님이 내 발에 차꼬를 채우시고, 내 일거수일투족(一擧手一投足)을 다 감시하신다" 하고 말씀하셨습니다. 그러나 내가 욥 어른께 감히 말합니다. 어른은 잘못하셨습니다. 하나님은 어떤 사람보다도 크십니다. (욥 33:8-12)

엘리후는 욥이 "나는 깨끗하여 악인이 아니며, 순전하고 불의도 없다"라고 했다는 것이다. 과연 그는 엘리후가 주장한대로 말을 했던 것일까?

(욥의 대답) 욥 9:21 비록 내가 흠이 없다고 하더라도, 나도 나 자신을

잘 모르겠고, 다만, 산다는 것이 싫을 뿐이다.

(욥의 대답) 욥 10:7 내게 죄가 없다는 것과, 주님의 손에서 나를 빼낼 사람이 없다는 것은, 주님께서도 아시지 않습니까?

(소발의 증언) 욥 11:4 너는 네 생각이 옳다고 주장하고 주님 보시기에 네가 흠이 없다고 우기지만,

(욥의 대답) 욥 12:4 한때는 내 기도에 하나님이 응답하신 적도 있지만, 지금 나는 친구들의 웃음거리가 되고 말았다. 의롭고 흠 없는 내가 조롱을 받고 있다.

(욥의 대답) 욥 13:18 나를 좀 보아라, 나는 이제 말할 준비가 되어 있다. 내게는, 내가 죄가 없다는 확신이 있다.

(욥의 대답) 욥 16:17 그러나 나는 폭행을 저지른 일이 없으며, 내 기도는 언제나 진실하였다.

(욥의 대답) 욥 23:10 하나님은 내가 발 한 번 옮기는 것을 다 알고 계실 터이니, 나를 시험해 보시면 내게 흠이 없다는 것을 아실 수 있으련만!
11 내 발은 오직 그분의 발자취를 따르며, 하나님이 정하신 길로만 성실하게 걸으며, 길을 벗어나서 방황하지 않았건만!

(욥의 대답) 욥 27:5 나는 결코 너희가 옳다고 말할 수 없다. 나는 죽기까지 내 결백을 주장하겠다.

(욥의 대답) 욥 29:14 나는 늘 정의를 실천하고, 매사를 공평하게 처리하였다.

(욥의 생각) 욥 32:1 욥이 끝내 자기가 옳다고 주장하므로, 이 세 사람은 욥을 설득하려고 하던 노력을 그만두었다.

욥 자신은 흠잡을 것이 없는 의인이라고 하지만, 하나님께서는 욥에게서 잘못을 찾으셨다. 하나님께서는 욥의 발을 차꼬에 채우시고, 그의 모든 것을 감시하셨다는 것을 보면서, 욥은 하나님께서 자신을 원수로 여기신다고 생각했다.

하나님께서는 분명히 욥을 의인으로 여기셨다. 그럼에도 불구하고 욥이 자신을 하나님 앞에서 의인이라 말한 것은 옳지 못한 일이었다. 자칭 의인인 욥은 자신이 행한 모든 일은 옳은 것이었지만, 하나님께서 이러한 의인에게 고난을 주셨다고 생각했다. 욥은 친구들의 인과응보라는 논리를 부인했지만, 어느새 자신도 그들의 인과응보의 논리로 자신을 변호하고 있었다. 고난을 죄에 대한 징계라고 여겼기 때문이다.

이러한 욥의 말을 통해 보면, 욥의 마음 깊은 곳에서 자신은 하나님께 대해서도 허물과 잘못이 없다고 생각했다. 욥은 자신을 돌아보았지만 죄를 지은 것이 없고, 악을 행하지도 않았음을 확신했다. 그럼에도 불구하고 하나님께서는 욥의 잘못을 찾으면서 대적하신다고 욥은 주장했다. 잘못한 것이 없다고 지나치게 주장하는 것으로 보건대, 욥 자신은 하나님보다 더 의롭다는 것이었다.

엘리후는 자신은 의인이라고 말하는 욥을 보면서, 욥은 의인이 아니라고 말한다. 그의 말은 마치 욥에게 의인이 아니라는 공식적인 선고처럼 보인다. 의로우신 분은 오직 하나님 한 분이시다. 하지만 욥은 자신의 의를 하나님보다 우월하게 여겼다. 자신의 의를 강조했던 욥은 위대하시고 의로우신 하나님 앞에서 오만했지만, 그 자신은 이러한 잘못을 알지 못했다.

이는 흙이 토기장이에게 내가 당신보다 더 아름답고, 더 예술적이며, 나와 같은 토기가 어디 있느냐고 자랑하는 것과 다름이 없다. 비천한 사람이 어찌 하나님께 말대답을 할 수 있겠는가? 지음을 받은 물건이 만드신 분에게 "왜 나를 이렇게 만들었는가?" 하고 말할 수 없다. 토기장이는 진흙 한 덩어리로 귀히 쓸 그릇도 만들고, 또 천하게 쓸 그릇도 만들 권한이 있는 것처럼(롬 9:20,21), 하나님께서는 의인에게 고난을 주기도 하신다.

욥에게 이해할 수 없는 고난이 닥쳤지만, 고난을 허락하신 하나님의 깊은 뜻이 있다는 것을 그는 몰랐다. 천지 만물과 사람을 창조하신 하나님께서는 모든 것을 주관하신다. 사람은 하나님께서 이 세상에서 하시는 일을 이해할 수 없고, 또한 그 뜻을 찾지 못한다(전 8:17). 그럼에도 불구하고 전능하신 하나님을 의식하는 사람이라면, 이유를 알지 못하는 고난에도 하나님의 뜻이 있음을 인정해야 한다.

욥은 자신의 의로 하나님의 재판정에 서려고 했다. 욥의 삶은 우리가 배워야 했지만, 그의 의로 인해 하나님과 대적하려는 자세는 잘못된 것이었다. 만일 그리스도인이 욥을 본받아 의인으로 올바르게 살고 있다고 해도, 결코 자신의 의를 내세우는 자만에 빠지지 말아야 한다(전 7:16).

욥은 너무 의롭게 살았고, 지나치게 지혜롭게 굴었다. 그러다 보니, 자신의 의와 지혜로 하나님과 견주어 보려고 했다. 욥과는 달리 자신의 연약함을 자랑했던 사람이 바울이었다.

바울은 거물급 사도들보다 부족한 것이 조금도 없다고 생각했다. 그는 육신으로는 히브리인이었고, 아브라함의 자손이었으며, 그리스도의 일꾼이었다. 더구나 그는 복음을 전하기 위해 넘치는 수고를 했고, 감옥살이도 더 많이 하고, 매도 수없이 맞고, 여러 번 죽을 뻔하였다. 수고와 고역에 시달리고, 여러 번 밤을 지새우고, 주리고, 목마르고, 여러 번 굶고, 추위에 떨고, 헐벗었다. 이런 일들보다 바울을 더 괴롭힌 것은 모든 교회를 위한 염려였다. 이러한 바울이 꼭 자랑을 해야 한다고 하면, 자신의 약한 것을 자랑하겠다고 하였다. 바울이 다메섹에 있을 때 아레다 왕의 고관이 그를 잡으려고 그 성을 지키고 있었으나, 그는 광주리에 담겨 들창문으로 성벽을 내려가 도망쳤다고 했다. 바울은 잡히는 것을 두려워했으므로, 광주리를 타고 빠져나왔던 자신의 연약함을 자랑했다(고후 11:1–33). 의인이 되어야 하지만 바울의 본을 잘 살펴서 지나친 의인이 되려고 하지 말고, 도리어 자신의 연약함을 항상 깨닫고 겸손히 하나님의 은혜를 바라보아야 한다.

44 욥기 33장 13-33

고난은 고통을 받고 있는 사람에게는 견디기 어려운 시련이다. 그렇지만 전능하신 하나님께서 고난을 허락하신 것이라면, 이것을 괴롭게만 생각할 것이 아니라 하나님의 뜻 안에서 우리에게 주신 시험(test)으로 여겨야 한다. 그리스도인은 고난 자체에만 초점을 맞추어 불평하고 절망에 빠지지 말고, 오히려 고난 속에 숨어있는 하나님의 뜻(목적)을 찾아야 한다. 욥이 받는 고난은 죄로 인한 것이 아니라, 그에게 기복 신앙이 있는지를 확인하려는 것이었다. 엘리후는 욥에게 고난 자체를 탄식하지 말고, 고난에 숨겨진 하나님의 뜻에 눈을 돌리라고 말한다.

그런데 어찌하여 어른께서는, 하나님께 불평을 하면서 대드시는 겁니까? 어른께서 하시는 모든 불평에 일일이 대답을 하지 않으신다고 해서, 하나님께 원망을 할 수 있습니까? 사실은 하나님이 말씀을 하시고 또 하신다고 하더라도,

사람이 그 말씀에 주의를 기울이지 못할 뿐입니다. 사람이 꿈을 꿀 때에, 밤의 환상을 볼 때에, 또는 깊은 잠에 빠질 때에, 침실에서 잠을 잘 때에, 바로 그때에, 하나님은 사람들의 귀를 여시고, 말씀을 듣게 하십니다. 사람들은 거기에서 경고를 받고, 두려워합니다. 하나님은 사람들이 죄를 짓지 않도록 하십니다. 교만하지 않도록 하십니다. 하나님은 사람의 생명을 파멸에 빠지지 않도록 지켜 주시며, 사람의 목숨을 사망에서 건져 주십니다. (욥 33:13-18)

엘리후는 욥의 불평에 대해 말한다. 욥은 고통을 탄식하며 하나님께 말씀드렸지만, 그분께서는 대답하지 않으신다는 것이다. 그렇지만 하나님의 응답이 없다고 불평을 하면서 하나님을 비난하는 것은 올바르지 못하다.

고난에 대한 호소를 하나님께서 듣지 않으시는 것 같아서 욥이 불평을 하고 있다는 것을 엘리후는 알아차렸다. 그렇지만 이것은 욥의 생각일 뿐, 하나님께서는 그의 기도를 들으셨고, 여러 가지 방법으로 응답하고 계신다. 그러나 욥이 하나님의 대답을 듣지 못할 뿐이다. 욥은 하나님의 무관심을 비난했지만, 도리어 엘리후는 욥의 영성에 문제가 있음을 제기했다.

이스라엘 자손이 이집트에서 노예 생활을 하고 있을 때, 이들은 고된 노동으로 말미암아 탄식하고 부르짖었다. 그때 하나님께서는 그들의 고통 소리를 들으셨고 처지를 생각하셨다(출 2:23-25). 하나님께서는 이들을 위해 모세를 선택하여 구출해 주실 계획을 세우셨다. 그러나 이스라엘 자손은 하나님께서 자신들의 신음 소리를 듣고 계신다는 것을 알지 못했고, 자신들에 대한 하나님의 구원의 계획을 몰랐다.

사람들은 열심히 기도하면서 하나님께서 들으시기를 간절히 바란다. 그렇지만 정작 많은 사람들은 하나님의 응답을 들으려고 하지 않는다. 이것이 기도의 모순이다. 기도는 하나님과의 대화라고 말하면서도, 일방적인 기도를 할 뿐 하나님께서 어떻게 응답하시는지 잘 모른다. 외치는 기도에 익숙하다면, 이제는 듣는 기도를 해야 한다.

하나님의 말씀을 듣지 못하는 비슷한 예를 들어보자. 보통 하나님과의 교제를 위해 QT(quiet time, 묵상의 시간)를 권장하고 있으며, 이는 신앙생활에 중요한 역할을 하고 있다. 그러나 시간이 갈수록 QT는 사람이 주인공이 되어서 자신의 문제를 해결하기 위한 방편으로 변질하여, 이기적으로 성경 말씀을 찾으며, 자신이 원하는 말씀을 삶에 적용하려고 한다. QT를 하면서도 성경을 통해 하나님께서 말씀하시는 내용에는 주의를 덜 기울인다. 이러다 보니 하나님의 뜻을 살펴보고 깨닫기보다, 사람의 당면한 문제를 중요하게 생각한다. 어떤 사람은 감정적인 개인의 느낌으로 성경을 보면서, 자신은 훌륭한 QT를 하고 있다고 자부한다. QT의 목적은 조용한 시간에 자신의 모든 것을 내려 놓고 하나님께서 성경을 통하여 말씀하시는 내용을 이해하고 살피는 것으로, 하나님의 말씀을 들으며 깨닫는 훈련을 하는 것이다. 이렇게 묵상하면서 깨달은 말씀을 삶에 적용하여 순종하는 것이며, 이렇게 하는 것이 하나님을 주인으로 섬기는 것이다.

하나님께서는 깊은 잠에서 꿈을 꾸거나, 또는 밤에 환상 가운데 있거나, 잠자리에서 선잠을 잘 때에 사람에게 말씀하기도 하신다. 그때에 하나님께서는 사람의 귀를 열여 주어 경고를 받아 두렵게 하신다. 사람은 하나님의 음성을 직접 들을 수 없으므로, 하나님께서는 사람이 이해할 수 있는 방법으로 알려주신다. 그렇지만 하나님의 경륜을 확실하게 아는 길은 누구에게나 열려진 성경에서 찾는 것이다. 그러나 성경을 읽지 않거나, 연구하지도 않고, 사람의 생각과 감정으로 또는 신비한 체험을 통해 하나님을 알려고 하는 것은 극히 인간적인 방법이며 하나님께서 원하시는 것이 아니다.

만일 사람이 하나님의 음성을 직접 듣는다면 어떻겠는가? 하나님께서 시내산에서 모세에게 십계명을 말씀하실 때에, 이스라엘 자손은 천둥 소리와 번개와 나팔 소리를 듣고 산의 연기를 보았다. 그들은 그것을 보고 두려워 떨며, 멀찍이 물러섰다. 그들은 하나님께서 하신 말씀을 모세가 전달해 주기를 부탁하면서, 하나님께서 자신들에게 직접 말씀하시면 죽게 될 것이라고 두려워하였다. 하지만 모세는 그들에게 "두려워하지 마라. 하나님께서는 너희를 시험(test)하시기 위하여 나타나신 것이다. 너희로 하여금 하나님을 두려워하게 하여 죄를 짓지 못하게 하시려고 나타나신 것이다."라고 말했다(출 20:1-21).

만일 사람이 직접 하나님의 음성을 듣는다면 당연히 두려울 수밖에 없다. 하나님께서 모세에게 말씀하시는 광경을 본 이스라엘 자손이 두려워 떨었던 것처럼, 우리는 성경을 통해 하나님을 만나는 것처럼 두려워하면서 그 말씀을 받아들여야 한다. 이것이 하나님께 대한 경외이다. 성경 말씀을 통해 주님을 두려워하는 법을 깨닫고, 죄를 짓지 않는 것을 배워야 한다. 하나님을 경외(the fear of God, 두려움)하는 자는 하나님을 의식하므로 범죄하지 않게 된다.

하나님께서 사람들에게 말씀하시는 이유는 그들이 행실을 버려서 죄를 짓지 않도록 하며, 교만을 막으려는 것이다. 이렇게 함으로써 하나님께서는 사람의 혼(soul)이 구덩이에 빠지지 않게 하시며, 그의 생명이 칼로 멸망되지 않게 하신다(욥 33:17,18).

욥 33:17 하나님은 사람들이 죄를 짓지 않도록 하십니다. 교만하지 않도록 하십니다.
개정 욥 33:17 이는 사람에게 그의 행실을 버리게 하려 하심이며 사람의 교만을 막으려 하심이라
NIV Job 33:17 to turn man from wrongdoing and keep him from pride,

KJV 성경을 통해 '사람의 행실을 버리게 하려 하심'에 대한 다른 관점을 발견할 수 있다.

KJV Job 33:17 That he may withdraw man from his purpose and hide pride from man.
흠정역 욥 33:17 이것은 그분께서 사람을 그의 계획에서 물러나게 하려 하심이며 또 사람에게서 교만을 치워 숨기려 하심이라.

하나님의 뜻은 사람의 계획과는 다르다. 사람의 계획은 자신을 위한 것이지만, 하나님의 계획은 인간을 살리기 위한 것이다. 그러나 교만한 사람은 자신의 필요를 중요하게 생각하기에 자신의 계획을 이루기 위해 하나님의 은혜와 은총을 이용하려고 한다. 하나님께서 사람에게 말씀하시는 이유는 사람이 자신의 계획을 내려놓게 하려는 것이며, 이렇게 하는 것이 잘못된 행실을 버리는 것이다. 이렇게 할 때 겸손하게 하나님의 뜻을 따를 수 있으며, 하나님께서 그의 생명을 보호하여 멸망에서 벗어나게 하신다. 그러나 만일 사람이 건방져서 자신의 생각을 내세운다면, 그는 하나님의 말씀을 받아들이지 않게 되고, 더 나아가 하나님의 뜻도 거역할 수 있다. 이러므로 사람이 해야 할 의무는 성경 말씀을 통한 하나님의 경고를 따라서 자신의 계획을 버리고, 하나님의 뜻을 따르는 것이다.

하나님은 사람에게 질병을 보내셔서 잘못을 고쳐 주기도 하시고, 사람의 육체를 고통스럽게 해서라도 잘못을 고쳐 주기도 하십니다. 그렇게 되면, 병든 사람은 입맛을 잃을 것입니다. 좋은 음식을 보고도 구역질만 할 것입니다. 살이 빠져 몸이 바짝 마르고, 전에 보이지 않던 앙상한 뼈만 두드러질 것입니다. 이제, 그의 목숨은 무덤에 다가서고, 그의 생명은 죽음의 문턱에 이르게 될 것입니다. (욥 33:19-22)

때로는 하나님께서는 병을 통해 사람의 잘못을 깨닫게 하여서, 육체의 고통으로 잘못을 고쳐 주기도 하신다. 병든 사람은 맛있는 음식을 몹시 싫어하며, 진수성찬도 입에 쓰기만 하고, 살이 빠져서 뼈들은 앙상하게 가죽으로 덮여 눈 뜨고는 볼 수 없는 몰골이 될 것이다. 그 혼(soul)은 무덤의 문턱에 다다랐고, 그의 생명은 멸망시키는 분께 다가간다.

사람이 병으로 받는 고통은 괴롭지만, 그 병은 사람의 잘못을 훈계하기 위한 하나님의 방법일 수도 있다. 욥의 경우처럼 이유를 알 수 없는 고난도 있지만, 때로는 고난을 통해 하나님의 뜻을 깨달을 수도 있다(시 119:71). 이러므로 고난 가운데 있는 사람은 자신을 돌아보면서, 자신의 잘못을 깨닫고 고쳐야 한다. 엘리후는 고난 속에는 자비하신 하나님의 뜻이 숨어 있다는 것을 말한다.

우리는 어느 누구도 병에 걸리는 것을 즐거워하지 않는다. 그렇지만 원하지 않는 병을 대하는 태도는 우리 자신이 결정할 수 있다. 병을 치료하기 위한 최선의 길을 찾아야 하는 것은 당연하다. 그렇지만 그리스도인은 더 나아가 질병에 의한 고통에 숨겨진 하나님의 뜻을 생각하면서, 주님께 더 가까이 나아가야 한다. 자신을 돌아보면서 잘못된 것이 있는지 살펴보거나, 또는 고난을 통해 하나님의 뜻을 성령의 도우심으로 깨달아야 한다.

질병에 의한 고통에만 초점을 맞춘다면, 이것을 잔인한 고문과 저주라고 생각하여 괴로워하게 될 것이다. 그러나 그리스도인은 병을 허락하신 하나님을 인정하고, 더욱 하나님을 의지하면서, 도리어 병을 사랑의 징계라고 여겨야 한다. 물론 고통 가운데 있는 사람이 사랑의 징계로 받아들이기는 어렵겠지만, 하나님께서는 고난을 모르는 척 하시는 것이 아니라 도리어 그 환난에 동참하고 계신다(사 63:9). 우리가 고난을 받고 있을 때, 사랑의 하나님께서도 친히 고난을 함께 받으신다는 것은 참으로 영광스러운 일이다.

하나님께서는 사랑하시는 사람을 꾸짖으시며, 아들로 여기시는 자에게 매를 드신다. 그러므로 하나님의 징계를 받을 때 우리는 참아내야 한다. 하나님께서는 자녀에게 대하듯이 우리를 대하신다. 자기 아들을 꾸짖지 않는 아버지가 어디 있겠는가? 자녀는 누구나 아버지의 징계를 받게 마련이므로, 만일 이러한 꾸지람을 받지 못한다면 우리는 서자이지 참 자녀가 아니다. 우리는 육신의 아버지도 훈육자로 모시고 공경하는데, 더구나 모든 영의 아버지께 더욱 복종하고 살아야 한다는 것은 더욱더 당연할 일이다. 육신의 아버지는 잠시 동안 자기들의 생각대로 우리를 징계하였지만, 하나님께서는 우리를 자기의 거룩하심에 참여하게 하시려고, 우리에게 유익이 되도록 징계하신다. 징계는 어떤 것이든지 그 당시에는 즐겁기 보다는 오히려 괴롭게 여겨지지만, 나중에는 이렇게 훈련을 받은 사람들은 평화의 열매를 맺어 올바르게 살아가게 된다(히12:5-11).

그리스도인은 눈에 보이는 고난에 실망하는 자들이 아니라, 고난을 주시는 하나님의 선하신 뜻을 묵상하면서, 하나님의 거룩에 참여하는 성도들이다. 고난에 의해 고통을 받는 것은 누구나 마찬가지이지만, 우리는 하나님의 계획을 이해하면서 고난을 넘어서 하나님의 뜻을 이루어가는 자들이 되어야 한다. 고난은 우리의 잘못을 고치는 계기가 될 수 있으며, 때로는 깊은 묵상과 인내를 통해 더욱더 하나님과의 긴밀한 교제가 이루어지게 될 것이다. 징계(discipline)의 진정한 의미를 깨닫는 사람은 고난이 하나님의 사랑과 은혜라는 것을 알게 될 것이다.

> **그때에 하나님의 천사 천 명 가운데서 한 명이 그를 도우러 올 것입니다. 그 천사는 사람들에게 사람이 마땅히 해야 할 일을 상기시킬 것입니다. 하나님은 그에게 은혜를 베푸시고, 천사에게 말씀하실 것입니다. "그가 무덤으로 내려가지 않도록, 그를 살려 주어라. 내가 그의 몸값을 받았다." 그렇게 되면, 그는 다시 젊음을 되찾고, 건강도 되찾을 것입니다. 그가 하나님께 기도를 드리면, 하나님은 그에게 응답하여 주실 것입니다. 그는 기쁨으로 하나님을 섬기고, 하나님은 그를 다시 정상적으로 회복시켜 주실 것입니다. 그는 사람들 앞에서 고백할 것입니다. "나는 죄를 지어서, 옳은 일을 그르쳤으나, 하나님이 나를 용서하여 주셨습니다. 하나님이 나를 무덤에 내려가지 않게 구원해 주셨기에, 이렇게 살아서 빛을 즐기게 되었습니다" 하고 말할 것입니다. 이 모두가 하나님이 하시는 일입니다. 하나님이 사람에게 두 번, 세 번, 이렇게 되풀이하시는 것은, 사람의 생명을 무덤에서 다시 끌어내셔서 생명의 빛을 보게 하시려는 것입니다. (욥 33:23-30)**

하나님께서는 죽음이 임박한 사람에게 도움을 주려고 수많은 천사 중의 하나를 보내셔서, 사람이 마땅히 해야 할 일을 알려주어 마음을 바로잡도록 일깨워 주신다. 그리고 하나님께서 그 사람을 불쌍히 여기시고, 천사에게 말씀하신다. "그가 무덤에 들어가지 않게 살려주어라. 나는 이미 몸값을 받았다." 그러면 그는 건강을 되찾고 젊음을 회복하게 될 것이다.

이사야 선지자도 이에 대하여 말하길, 하나님께서 자기 앞에 있는 천사로 하여금 자신의 백성과 자녀들을 구원하시고, 오랜 세월 동안 그들을 들어 안아 주셨다고 하였다. 새번역 성경에서는 천사를 보내서 구한 것이 아니라, 하나님께서 친히 그들을 구해 주셨다고 번역했다.

사 63:9 주님께서는, 그들이 고난을 받을 때에 주님께서도 친히 고난을 받으셨습니다. 천사를 보내셔서 그들을 구하게 하시지 않고 주님께서 친히 그들을 구해 주셨습니다. 사랑과 긍휼로 그들을 구하여 주시고, 옛적 오랜 세월 동안 그들을 치켜들고 안아 주셨습니다.
개정 사 63:9 그들의 모든 환난에 동참하사 자기 앞의 사자로 하여금 그들을 구원하시며 그의 사랑과 그의 자비로 그들을 구원하시고 옛적 모든 날에 그들을 드시며 안으셨으나
NIV Is 63:9 In all their distress he too was distressed, and the angel of his presence saved them. In his love and mercy he redeemed them;

여러 영어 성경 번역본(NIV, KJV)에서도 하나님의 천사가 그들을 구해 주었다고 표현하고 있다. 그렇다면 하나님께서 천사를 보내지 않고 친히 구원하신 예가 있을까? 하나님께서는 죄에 매여서 죽을 수밖에 없는 사람들을 구원하기 위해 천사를 보낸 것이 아니라 하나님의 아들 예수를 세상에 보내셨고, 우리 대신 십자가에서 죽게 하셨다.

우리가 세례를 받고 그리스도 예수와 하나가 될 때, 우리는 이미 예수와 함께 죽은 것이다. 그리고 예수와 함께 묻혔던 것이며, 또한 그리스도께서 하나님 아버지의 영광스러운 능력으로 다시 살아나신 것과 같이, 우리도 새 생명을 얻어 살아가게 된 것이다. 우리는 그리스도와 같이 죽어서, 그분과 하나가 되었으니, 우리는 그리스도와 같이 부활하여 하나가 될 것이다(롬 6:3-5). 이러므로 그리스도인이 되었다는 것은 죄에 대하여 죽은 사람이 되어서 그리스도 예수 안에서 하나님을 위해 살아야 한다는 것이다(롬 6:11).

우리는 예수와 하나가 되어 죽음과 부활을 함께해야 하므로 그리스도께서 받으신 육체의 고난을 마지막 때에 우리도 동일하게 받게 될 것이다. 예수 그리스도께서도 이미 육체의 고난을 받으셨다. 이러기에 그리스도인은 예수께서 받으신 고난과 자신이 받고 있는 고난을 동일한 마음으로 무장해야 한다. 왜냐하면 육체의 고난을 받은 자는 이미 죄와 인연을 끊은 것이기 때문이다. 이제부터는 육신으로 살아갈 남은 때를 인간의 욕정으로 살지 말고, 하나님의 뜻대로 살아야 한다. 우리는 지난날에 이방 사람들이 하고 싶어하는 일을 하였으며, 이러한 것들은 방탕과 정욕과 술 취함과 환락과 연회와 가증스러운 우상숭배에 빠지게 만든다. 그것은 지나간 때로 충분하다. 하지만 세상 사람들은 자기들과 함께 방탕에 휩쓸리지 않는다고 해서 이상히 여기며, 욕설을 퍼붓고 있다. 그러나 그들은 산 자와 죽은 자를 심판하실 분 앞에서 자신들이 행한 모든 일을 죄다 아뢰고 판결을 기다려야 한다. 그리고 죽은 사람들에게도 복음이 전해졌으며, 그것은 그들이 육체로는 인간이 받는 심판을 받았지만, 영적으로는 하나님을 따라 살게 하려는 것이다(벧전 4:1-6).

이처럼 육체의 고난을 받으면 죄를 뉘우치고, 다시는 과거에 저질렀던 악행을 반복하지 않게 된다. 과거에 진리를 모르고 인간의 정욕을 따라 살면서 많은 죄를 저질렀지만, 이것은 과거에 있었던 것으로 충분하며 더 이상 죄악 가운데 살지 말아야 한다. 인간 스스로 깨우치지 못하므로, 하나님께서는 천사를 보내시어 잘못을 깨닫게 하신다. 하나님의 은혜로 죄 가운데 있던 사람이 잘못을 후회하며 회개할 때, 죄로 죽게 된 몸값을 지불한 것이 되며, 하나님께서 그의 생명을 구원하라고 명령하신다. 실제로 죽을 몸에 대한 값을 지불하신 분은 예수 그리스도이시며, 믿음으로 예수 그리스도를 구세주로 영접하고 회개할 때 언약의 하나님으로부터 받은 영생의 길을 가게 된 것이다.

앞에서 언급한 죽은 사람에게 복음이 전해졌다는 것은 무슨 의미일까? 사도 베드로는 예수 그리스도께서 십자가에서 죽으신 후에 부활하시기 전까지의 행적을 기록했다. 그의 증언은 이해하기 어려운 내용이지만 살펴볼 필요가 있다. 예수 그리스도께서는 우리의 죄를 사하시려고 한 번 고난을 받아 죽으셨다. 이는 의인이 불의한 사람을 위해서 대신 죽으셔서 우리를 하나님께로 인도하시려는 것이었다. 그리스도께서는 몸으로는 죽으셨지만 영적으로는 다시 사셨다. 그분의 영은 옥에 있는 영들에게 가셔서 기쁜 소식을 선포하셨다. 그 영들은, 옛적에 노아가 방주를 지을 동안에, 곧 하나님께서 아직 참고 기다리실 때에, 순종하지 않던 자들을 말하는 것이다(벧전 3:18-20).

하나님께 순종하지 않았다가 죽은 자들에게 예수께서 영으로 가서 복음을 전하셨다고 베드로는 기록했다. 영적인 사건을 사람의 생각으로 판단할 순 없겠지만, 아마도 베드로는 주님께서 죽으시고 부활하시기 전까지의 행적을 주님을 통해 들었을 것이다. 예수께서 영으로

옥에 가셨던 내용을 사도신경으로 고백하고 있지만, 한글로 된 사도신경에서는 이러한 내용이 삭제되었다.

일반적으로 암송하는 사도신경의 일부분을 살펴보고, 성공회와 가톨릭에서 사용하는 것과 영어 사도신경을 비교해 보자

(옛 사도신경)
'본디오 빌라도'에게 고난을 받으사 십자가에 못박혀 죽으시고
장사한지 사흘만에 죽은 자 가운데서 다시 살아나시며

(새 사도신경)
본디오 빌라도에게 고난을 받아 십자가에 못 박혀 죽으시고,
장사된 지 사흘 만에 죽은 자 가운데서 다시 살아나셨으며,

(성공회 사도신경)
본티오 빌라도 치하에서 고난을 받으시고, 십자가에 못 박혀 죽으시고 묻히셨으며,
죽음의 세계에 내려가시어 사흘 만에 죽은 자들 가운데서 부활하시고,

(가톨릭 사도신경)
본시오 빌라도 통치 아래서 고난을 받으시고
십자가에 못박혀 돌아가시고 묻히셨으며
저승에 가시어 사흗날에 죽은 이들 가운데서 부활하시고

(라틴어 원문 사도신경)
passus sub Pontio Pilato,(본디오 빌라도 아래 고통을 받으시고)
crucifixus, mortuus, et sepultus, (십자가에 못 박히시고, 죽으시고, 묻히셨습니다)
descendit ad inferos (그는 지옥으로 내려가셨습니다);
tertia die resurrexit a mortuis, (셋째 날 그는 죽은 자 가운데서 부활하셨습니다)

(개신교 영어 사도신경)
suffered under Pontius Pilate,
was crucified, dead, and buried
He descended into hell (그는 지옥에 내려가셨다.)
The third day He rose again from the dead

여러 번역본과 여러 종파에서 사용하는 사도신경을 참고해 보면, 예수께서 십자가에서 죽은 뒤에 영으로 지옥에 가셨다고 한다. 지옥은 죄를 지은 자들이 가는 곳이다. 그럼에도 불구하고 죄가 없으신 예수의 영을 지옥에 끌고 간 것은 악한 영들이 죄를 범하게 된 것이므로, 사망 권세는 무너지고 하나님의 공의를 세우시게 하기 위해서이다. 또 예수의 영이 직접 지옥에 가신 다른 이유는 하나님께 복종하지 않던 자들의 영들에게 복음을 전하려는 것이었다. 아무 희망이 없이 옥에 갇혀 있는 영들에게 회개할 기회를 주기 위하여 복음을 전하신 것을 통해 볼 때, 분명히 예수님은 사랑의 주님이셨다. 옥에 있는 영들이 복음을 들었음에도 불구하고 회개하지 않는 자들도 있을 것이다. 그렇지만 복음을 받아들이고 회개하는 자들의 영은 회복될 것이라고 추측해 본다.

엘리후는 계속해서 욥이 하나님께 기도를 드리면, 하나님께서 그에게 은혜를 베푸실 것이라 말한다. 그는 기뻐 소리치며 그분의 얼굴을 뵙게 될 것이다. 하나님께서는 그에게 자신의 의를 베푸실 것이다. 그때 그는 사람들 앞에서 자신의 잘못을 다음과 같이 고백할 것이다. "나는 죄를 지었다. 나는 부정을 저질렀다. 그런데 하나님께서 나를 용서하여 주셨다. 하나님께서 내 혼(soul)을 무덤에 내려가지 않게 구원하여 주셨으므로, 나는 이렇게 살아서 다시 빛을 보게 되었다."

하나님께 기도를 드려 회복의 기회를 얻으라고 엘리후는 말한다. 하나님께서 은혜를 베푸시므로 기쁨으로 하나님께 나아가게 될 것이다. 하나님 앞에 설 때, 감추었던 죄를 깨닫고 회개하면서, 하나님의 구원을 감사하게 될 것이다. 욥의 친구들은 욥의 죄로 인한 형벌과 징계를 강조하면서, 죄를 회개하라고 하였다. 그러나 엘리후는 하나님의 은혜로 죄를 깨닫고, 회개를 함으로 회복이 될 것임을 말했다. 욥이 회복되기 위해서 필요했던 것은 하나님의 은혜였다.

하나님의 은혜는 무엇일까? 오직 사람에게 유익한 것을 은혜로 생각하는 것은 인간 중심적인 생각이다. 도리어 고통, 고난, 질병을 통해 하나님의 뜻을 깨닫는다면, 이러한 것들도 하나님의 은혜로 여겨야 한다. 사람에게 여러 번 반복해서 고난이 있는 것은 하나님께서 그에게 회개할 기회를 주시는 것이다. 이러므로 고난을 저주로만 여기지 말고, 비록 고통을 동반하지만 그 사람을 붙들고 계시는 하나님의 사랑과 은혜로 보아야 할 것이다. 고난은 사망의 길에서 생명의 길로 인도하기 위한 하나님의 손길이라고 여겨야 한다.

어른은 귀를 기울여, 내 말을 들으십시오. 내가 말하는 동안은 조용히 듣기만 해 주십시오. 그러나 하실 말씀이 있으시면, 내가 듣겠습니다. 서슴지 말고 말씀해 주십시오. 나는 어른이 옳으시다는 것을 드러내고 싶습니다. 그러나 하실 말씀이 없으시면, 조용히 들어 주시기만 바랍니다. 그러면 내가 어른께 지혜를 가르쳐 드리겠습니다. (욥 33:31-33)

엘리후는 욥에게 자신이 말하는 동안 조용히 들어 달라고 부탁한다. 그렇지만 욥이 할 말이 있다면 자신은 듣겠다고 한다. 욥에게 죄가 없다면 엘리후는 즐겁게 인정하겠다는 것이다. 하지만 할 말이 없다면 엘리후가 일러주는 지혜를 조용히 들어 달라고 했다.

모든 고난에는 하나님의 뜻이 있다. 그 고난을 통해 하나님께로 가까이 나아갈 수만 있다면, 그것은 나에게 유익한 것이다. 고난의 때에 우리는 자신을 돌아보게 된다. 나를 반성하면서, 나에게 잘못된 것이 있는지 돌아보게 되며, 자신의 한계를 깨닫고 겸손하게 된다. 이유를 알 수 없는 고난이 많다는 것은 그 사람에게 향한 하나님의 개입과 간섭이 많다는 것을 말한다. 고난을 통해 하나님의 은혜를 깨닫지 못한다면, 고난은 고난으로 끝나게 될 것이다.

인생 길을 걸으며 맞게 될 고난을 통해 하나님의 뜻을 발견한다면, 하나님의 은혜로 죄를 깨닫고 회개하게 될 것이며, 하나님과 소통하게 될 것이다. 하나님께서 주시는 회복을 통해 죽음에서 생명으로 옮겨지게 될 것이다. 고난 가운데에서도 하나님의 은혜를 발견하게 되기를 바란다.

45 욥기 34장 1–30

하나님께서는 고난을 통해 정화(淨化)시키거나, 자신의 뜻을 이루신다고 엘리후는 말했다. 하지만 고난을 맞이한 욥은 자신을 의인이라고 하면서, '하나님께서 의인을 곤경에 빠지게 하셨다'라고 하며 하나님을 원망했다. 그의 탄식은 의인을 고난에 머물게 하시는 하나님이 옳지 않다는 것을 은연중에 강조한 것이며, 이러한 그의 태도는 하나님 앞에서 죄를 지은 것이었다.

엘리후가 욥의 세 친구에게 말하였다. 지혜를 자랑하시는 어른들께서는 내 말을 들으시기 바랍니다. 아는 것이 많다고 자부하시는 세 분께서 내게 귀를 기울여 주시기 바랍니다. 어른들께서는 음식을 맛만 보시고도, 그 음식이 좋은 음식인지 아닌지를 아십니다. 그러나 지혜의 말씀은 들으시고도, 잘 깨닫지 못하시는 것 같습니다. 이제는 우리 모두가 무엇이 옳은 것인지를 알아보고, 진정한 선을 함께 이룩하여 볼 수 있기를 바랍니다. 욥 어른은 이렇게 주장하십

니다. "나는 옳게 살았는데도, 하나님은 나의 옳음을 옳게 여기지 않으신다." 또 욥 어른은 "내가 옳으면서도, 어찌 옳지 않다고 거짓말을 할 수 있겠느냐? 나는 심하게 상처를 입었다. 그러나 나는 죄가 없다" 하고 말씀하십니다. 도대체 욥 어른과 같은 사람이 또 어디에 있겠습니까? 그는 하나님을 조롱하는 말을 물 마시듯 하고 있지 않습니까? 그리고 그는 나쁜 일을 하는 자들과 짝을 짓고 악한 자들과 함께 몰려다니면서 "사람이 하나님을 기쁘게 해드린다 해도, 덕볼 것은 하나도 없다!" 하고 말합니다. (욥 34:1-9)

엘리후는 지혜자와 지식인들에게 자신의 말을 들어 달라고 했다. 여기에서 지혜자와 지식인은 욥이나 세 친구를 말하는 것이 아니라 세상의 지혜자들을 말하는 것 같다. 엘리후는 지혜를 가진 모든 사람에게 자신의 말을 들어보도록 초대를 한 것이다.

대부분의 사람들이 입으로 음식의 맛을 분별할 수 있는 것처럼, 사람의 말을 들어보면 어떤 것이 지혜의 말인지 분별할 수 있다. 이러므로 엘리후는 판단력이 있는 사람들로 하여금 함께 무엇이 옳은 것이며 선한 것인지를 알아보자고 했다.

엘리후는 욥이 말했던 내용을 인용하면서, 그의 주장이 옳은 것인지 아니면 잘못된 것인지 판단하자는 것이다. 엘리후는 욥이 다음과 같이 말했다고 했다.

"나는 옳게 살았는데도, 하나님은 나의 옳음을 옳게 여기지 않으신다. 내가 옳으면서도, 어찌 옳지 않다고 거짓말을 할 수 있겠느냐? 나는 심하게 상처를 입었다. 그러나 나는 죄가 없다" (욥 34:5,6)

엘리후가 욥의 말이라며 인용한 것을 과연 욥은 실제로 했을까? 욥의 말을 확인해 보자.

욥 33:9 "내게는 잘못이 없다. 나는 잘못을 저지르지 않았다. 나는 결백하다. 내게는 허물이 없다.
10 그런데도 하나님은 내게서 흠 잡을 것을 찾으시며, 나를 원수로 여기신다.
욥 27:2 내가 살아 계신 하나님 앞에서 맹세한다. 그분께서 나를 공정한 판결을 받지 못하게 하시며, 전능하신 분께서 나를 몹시 괴롭게 하신다.

욥은 흠이 없고 정직하였으며, 하나님을 두려워하고 악에서 떠난 사람이었고(욥 1:1). 하나님께서도 욥을 의인으로 인정하셨다(욥 1:8). 욥 자신은 의롭게 살았지만 고난을 당하고 있으므로, 하나님께서 자신의 의를 부인하시는 것이라고 생각했다. 하나님께서는 고난을 통해 정화(淨化)시키려 하신다고 엘리후는 말했지만, 욥은 하나님의 의도를 깨닫지 못했다. 이러기에 욥에게 필요했던 것은 고난에서 속히 벗어나는 것이 아니라, 고난을 통해 하나님의 뜻을 발견하는 것이었다. 고난 안에 숨겨진 뜻을 모르면서, 하나님께서 고난을 허락하셨음을 비난하는 것 자체가 죄악이다.

미래의 성도들은 예수의 이름으로 고난을 받게 될 것이다. 그때에 고난을 벗어나는 것이 목표가 되지 말아야 한다. 도리어 고난을 통해 하나님의 뜻을 깨닫고, 정해진 기간 동안 인내로 이겨내도록 최선을 다해야 한다. 그때에는 아마도 많은 그리스도인들이 고난으로 인해 하나님을 원망하고 비난할지도 모른다. 그렇지만 하나님의 뜻을 깨닫고 있는 성도는 고난 가운데에서 하나님을 찬양하고 의를 위하여 핍박을 받는 것을 기뻐할 것이다. 하늘에 소망을 둔 사람은 세상에 살면서 잠시 있는 고통에 마음을 빼앗기는 자가 아니라, 하나님께서 예비하신 영생과 영원한 기업을 바라보는 자들이다(딛 3:7, 히 9:15).

욥은 고난으로 인하여 하나님을 원망하며 자신의 대적이라고 여겼다. 그러나 고난으로 그의 신실함이 무너져 버렸지만, 욥은 마지막 때에 예수의 이름으로 인해 고난의 길을 가게 될 성도들에게 긍정적 또는 부정적인 본을 보여준다. 우리는 욥의 신앙을 따라야 하겠지만, 욥이 저지른 실수는 따르지 않도록 마음에 깊이 새겨야 한다. 고난을 받아 참혹한 상황에 놓이게 되더라도 결코 하나님을 원망하지 말고 인내로 이겨내야 한다.

욥이 받은 상처는 하나님께서 주셨다는 것이다. 그렇다면 모든 것을 주관하시는 하나님께서 욥에게 고난을 주신 이유는 그를 괴롭게 하기 위한 것이었을까? 결코 그렇지 않다. 하나님의 선하심을 확신하는 성도라면, 고난을 하나님의 사랑으로 받아들이면서 주님께 더 나아가야 한다. 고난은 마지막 때의 그리스도인이 반드시 거쳐야 할 필수 과정이며, 주님께서는 그러한 고난이 있게 될 것을 이미 우리에게 알려 주셨다(마 5:10-12, 24:9, 눅 21:12,17). 욥은 고난이 올 것을 알지 못했지만, 그리스도인은 예정된 고난이므로 욥을 본보기로 이겨내야 한다.

우리는 고난으로 인해 낙심하고 쓰러질 것이 아니라, 끝까지 참아내는 인내로 환난을 이겨내야 한다(마 24:13, 눅 21:19). 천국 복음이 온 세상에 전파되고, 모든 민족에게 증언이 될 때에 세상 끝이 올 것이다(마 24:14). 이러므로 고난이 온다고 하더라도 끝날까지 천국 복음을 전해야 하며, 이것은 그리스도인의 의무이다. 성경에서 고난을 받으면서도 복음을 전한 인물은 바울이었다.

바울은 성경에 예언된 그대로 다윗의 씨로 세상에 와서, 죽은 자 가운데서 다시 살아나신 예수 그리스도를 기억하라고 하였다. 바울은 복음으로 인하여 죄인과 같이 감옥에 갇히는 신세가 되었으나, 하나님의 말씀은 매이지 않는다고 하였다. 그는 택함을 받은 사람들을 위해서 모든 것을 견디고 참았다. 그리스도인은 예수 그리스도와 함께 죽었으며, 또한 주님과 함께 살아야 한다. 그리스도 안에 있는 구원을 받은 사람은 영원한 영광을 함께 얻게 될 것이다. 이러므로 우리는 고난을 참고 견뎌야 하며, 이렇게 하면 우리는 주님과 함께 왕 노릇 할 것이다. 그러나 우리가 주님을 부인하면 그분도 우리를 부인하실 것이다. 비록 우리는 신실하지 못하더라도, 주님은 언제나 신실하시다(딤후 2:8-13). 이러기에 우리는 주님과 함께하는 삶을 살아야 하며, 언제나 주님을 의지해야 한다.

바울은 복음을 전하면서 감옥에 갇혔지만, 하나님의 말씀은 계속 전파될 것이라고 하였다. 그는 고난을 받고 있으면서도 신실하신 주님을 증언하면서, 고난을 참고 견디어 냈다. 그리스도와 함께 죽었으면 주님과 함께 살아날 것이며, 영원한 영광을 얻게 될 것이다.

고난 중에 있었던 욥은 하나님의 신실하심을 의심했다. 그러므로 하나님은 자신에게 무자비하게 공격하시는 분이라고 여겼다. 하나님께서 분노의 화살을 쏘았기에 재난과 고통이 온 것이라고 생각했다. 그러기에 하나님을 경외하는 욥은 육신의 고통과 처참한 환경으로 인하여 하나님을 더 이상 신뢰하지 못하고 비난했던 것이다.

엘리후는 욥이 하나님의 공의를 비방했다고 했다. 마치 거친 물살이 몰아치듯이 거침없이 하나님을 비난하고 조롱했다는 것이다. 그 당시 사람들은 매일 만나는 사건에 대하여 먹고 마신다는 표현을 사용했는데, 예를 들면 사나운 바람을 만났을 때 '강한 바람을 마셨다'로 표현했다(호크마 주석). 이러한 표현으로 보건대 욥은 고난 중에 하나님을 자주 비방했다는 것을 짐작할 수 있다.

욥이 했던 행위는 마치 악한 사람들을 동료로 삼아서 그들과 함께 악을 행한 것과 같았다. 그는 의인이었지만 하나님께 대한 무례함으로 인해 악인의 대열에 선 것이다. 욥은 자신이 하나님을 기쁘시게 해 드렸지만 덕을 본 것이 하나도 없다고 했다. 만일 욥이 이렇게 말했다면, 하나님께 대한 그의 경외는 거짓된 것이며, 이차적으로 얻게 될 평안과 성공을 바랐던 신앙이었음을 추측할 수 있다. 욥은 신실한 사람이었지만, 엘리후는 고난으로 인해 드러나게 된 욥의 문제점을 들춰냈다.

그리스도인은 하나님께 대하여 절대적인 신뢰를 해야 한다. 비록 사망이 온다고 하더라도 생명을 주관하시는 하나님께서 다스리실 것을 믿어야 한다. 하나님께서 기뻐하시는 일을 했다고 해서, 그에 대한 보상으로 인간적인 욕망이 실현되기를 바라는 것은 하나님께 대한 무례함이다. 신하가 왕에게 충성을 한 것으로 상 받기를 바란다면, 그 신하는 왕의 권위를 자신의 소원 성취를 위한 도구로 사용하려는 못된 마음을 가진 것이다. 그러기에 하나님을 기쁘시게 해 드린 것 만으로 우리는 만족해야 한다.

하나님께서는 욥에게 잠시 동안 고난을 받게 하셨지만, 그 고난을 통해 하나님의 사랑과 뜻을 깨닫게 되기를 바라셨다. 하나님의 뜻을 알지 못하면, 고난을 허락하신 하나님을 이해할 수 없다. 비록 우리가 하나님의 뜻을 깨닫지 못해도, 하나님을 절대적으로 신뢰하면서 따라가는 것이 올바른 신앙의 자세이다. 하나님께서는 결코 자신의 자녀를 포기하지 않으시므로, 우리는 하나님의 신실함을 의심하지 말아야 한다.

분별력이 많으신 여러분은 내가 하는 말을 들어 보시기 바랍니다. 하나님이 악한 일을 하실 수 있습니까? 전능하신 분께서 옳지 않은 일을 하실 수 있습니까? 오히려 하나님은 사람에게, 사람이 한 일을 따라서 갚아 주시고, 사람이 걸어온 길에 따라서 거두게 하시는 분입니다. 전능하신 하나님은 악한 일이나, 정의를 그르치는 일은, 하지 않으십니다. 어느 누가 하나님께 땅을 주관하는 전권을 주기라도 하였습니까? 어느 누가 하나님께 세상의 모든 것을 맡기기라도 하였습니까? 만일 하나님이 결심하시고, 생명을 주는 영을 거두어 가시면, 육체를 가진 모든 것은 일시에 죽어, 모두 흙으로 돌아가고 맙니다. (욥 34:10-15)

욥의 원망을 비판했던 엘리후는 하나님의 의로우신 본성과 위대하신 권능에 대하여 말했다. 하나님께서는 악한 일과 옳지 않은 일을 행하시는 분이 아니시다. 모든 사람은 죄를 범하지만, 전능하신 하나님께서는 옳지 않은 일을 하지 않으신다.

다만 우리는 하나님의 뜻을 알지 못하므로, 주님께서 행하시는 일을 이해할 수 없을 뿐이다. 아담이 선악과를 먹는 불순종의 죄를 범했을 때, 하나님께서는 사람의 죄를 해결하기 위해서 아들 예수를 보내기로 하셨지만, 그 일의 성취는 수천 년이 지나서 이루어졌다. 짧은 인생의 삶을 사는 사람이 자신의 생각으로 하나님의 뜻을 이해하는 것은 불가능하기 때문에, 하나님께서는 성경 말씀을 통해 자신의 뜻을 우리에게 알려 주셨다.

엘리후는 총명한 사람에게 자신의 말을 들으라고 말한다. 총명한 사람은 'men of understanding'이며, 이해 분별을 하는 사람을 의미한다. 그는 하나님에 대하여 말할 것이며, 사리분별을 할 수 있는 사람이라면 누구나 자신이 하려는 말을 깨달을 수 있을 것이다. 하나님께서는 공의로우신 분이며, 결코 악이나 불의를 행하지 않으신다. 욥은 공의로우신 하나님께 불평하고 비난했으며, 이는 하나님의 공의를 인정하지 않는 태도였다.

하나님께서는 사람이 한 일을 따라 갚아 주시고, 살아온 길에 따라서 그대로 거두게 하신다. 이러므로 욥은 자신이 살아온 길을 돌아보며 자신을 점검할 필요가 있었다. 비록 친구들은 욥의 고난은 인과응보라고 단정하였지만, 엘리후는 욥으로 하여금 그의 삶을 돌아보라고 충고한다. 하나님 앞에서 자신을 돌아보면서 실수와 그릇된 것이 있었는지 확인하는 것은 그리스도인에게 필요하다.

하나님은 공의를 행하시며 모든 것을 다스리는 전능하신 분이시다. 욥은 하나님을 원망하며 하나님의 공의를 의심했다. 욥의 삶이 아무리 청렴하고 결백했다고 하더라도, 하나님 앞에서 자신의 의를 내세우는 것이 잘못이었음을 깨닫지 못했다. 이유를 알 수 없는 고난을 만난다고 하더라도 겸손하게 하나님 앞에 나아가는 것이 올바른 신앙의 태도이다.

하나님께서는 연약한 인간에게 하나님께서 창조하신 땅과 세상을 맡기셨다. 이것이 하나님의 주권이다. 사람은 하나님의 청지기로서 자신에게 맡겨진 임무를 성실하게 행해야 할 책임이 있다. 하나님께서 우리에게 위임하신 일을 잘했다고 해도 자랑할 수 없다. 그 이유는 우리가 하나님의 섭리에 참여하게 된 것만으로도 영광이기 때문이다.

만일 하나님께서 생명을 주는 영을 거두기로 결정하시면, 육체를 가진 모든 것은 숨이 멎고, 사람은 모두 흙으로 돌아가고 말 것이다. 이처럼 하나님께서는 자신의 뜻대로 모든 것을 다스리시며, 이끌어 가신다는 것을 우리는 인정해야 한다. 이것을 인정하는 것이 하나님을 나의 전능하신 분으로 맞이하는 것이다. 하나님을 따르며 섬기는 성도는 인간의 지혜와 지식으로 하나님께 대한 모든 것을 이해할 수 없다는 것을 시인해야 한다.

하나님께서는 자신의 모든 뜻을 사람에게 알리지 않으셨다. 미래를 볼 수 없는 인간으로서 시간과 공간을 다스리시는 하나님을 판단할 수는 없다. 우리는 다만 겸손하게 하나님의 전능하심을 인정해야 한다. 하나님의 권한을 인정하지 않는 것은 심각한 불신앙이다.

욥 어른, 어른께서 슬기로우신 분이면, 내가 하는 이 말을 깊이 생각해 보시기 바랍니다. 내가 하는 말을 귀담아 들으시기 바랍니다. 욥 어른은 아직도 의로우신 하나님을 비난하십니까? 하나님이 정의를 싫어하신다고 생각하십니까? 하나님만은 왕을 보시고서 "너는 쓸모 없는 인간이다!" 하실 수 있고, 높은 사람을 보시고서도 "너는 악하다!" 하실 수 있지 않습니까? 하나님은 통치자의 편을 들지도 않으시고, 부자라고 하여, 가난한 사람보다 더 우대해 주지도 않으십니다. 하나님이 손수 이 사람들을 지으셨기 때문입니다. 사람은 삽시간에, 아니 한밤중에라도 죽습니다. 하나님이 사람을 치시면, 사람은 죽습니다. 아무리 힘센 것이라고 하더라도, 하나님은 그것을 간단히 죽이실 수 있습니다. (욥 34:16-20)

엘리후는 욥에게 지각이 있다면 자신이 하는 말에 귀를 기울이라고 했다. 하나님께서는 공의로 세상을 다스리시는데, 정의를 미워하시는 분이라면 욥을 다스리실 수 없다고 하였다. 엘리후는 하나님을 '의롭고 전능하신 분'이라고 말하면서, 욥이 하나님을 정죄하는 것은 잘못이라고 강조한다.

하나님의 속성에서 가장 중요한 것은 공의와 전능이다. 하나님께서 하시는 일은 어느 한쪽으로 치우치지 않는다. 하나님께서 법을 정하실 때, 그 법은 하나님을 구속하기도 한다. 천지를 창조하신 후, 첫 사람인 아담에게 선과 악을 알게 하는 나무의 열매를 먹으면 반드시 죽을 것이라고 하셨다. 아담이 선악과를 먹자 사망이 들어오게 되어 약속된 영생은 취소되었고, 아담의 후손인 사람은 죽음을 맞이하게 되었다. 하나님께서 정한 법이었으므로, 하나님께서는 이 법도를 따라서 인간을 구원하시기 위한 희생제물로 독생자 예수를 보내어 대신 죄의 삯을 치르게 하셨다.

하나님은 전능하신 분이시고 모든 권한을 가지고 계시므로, 어느 누구도 그 권한에 대하여 잘잘못을 판단할 수 없다. 하나님의 전능하심은 공의 안에 있기 때문에, 그의 권능은 악하거나 불의할 수 없다. 욥이 이런 하나님께 대하여 불평하고 원망하면서 죄가 있다고 말한 것은 죄악이었다. 욥은 의로우신 하나님을 비난하면서, 하나님께서 정의를 싫어하신다고 그릇되게 생각했던 것 같다.

하나님께서는 왕에게 "너는 쓸모 없는 인간이다!"라고 하실 수 있으며, 높은 지위에 있는 사람에게 "너는 악하다!"라고 하실 권한이 있다. 그분은 통치자의 손을 들어주지 않으시며, 가난한 사람보다 부자를 더 우대하지도 않으신다. 사람은 한밤중에 갑자기 죽을 수 있는 존재들이다. 하나님께서 사람을 치시면 백성은 떨며, 세력을 가진 자도 사람의 손이 아닌 하나님의 능력으로 감쪽같이 사라지게 된다.

하나님께서는 큰 권력이나 높은 지위에 있는 사람들을 판단하실 권한이 있으시다. 부자는 재물을 통해 사람들에게 영향력을 발휘하지만, 하나님께는 아무 소용이 없다. 사람들은 높은 지위와 재물에 대하여 높은 가치를 두기도 하지만, 하나님은 이러한 것들을 무가치하게 생각하신다. 귀한 사람이나 비천한 사람도 하나님 앞에서는 모두 평등하다. 왜냐하면 하나님께서 모든 만물을 창조하셨으며, 사람은 다만 하나님의 피조물일 뿐이기 때문이다.

인간은 권세가 있거나 재물이 있으면, 사람들 앞에서 자신을 높이려고 한다. 이렇게 스스로 높은 체하는 사람들은 하나님께서 항상 자신들을 지켜보고 계신다는 것을 깨닫지 못한다. 창조주 하나님 앞에서는 인간이 가진 모든 것은 아무런 의미가 없다. 심지어는 사람의 생명도 하나님께서 주신 것이므로, 하나님께서 거둬 가시면 갑자기 세상에서 사라지게 된다. 하나님을 모르는 거만한 통치자와 부자는 잠시 세상에 살면서 호화롭게 살고 있지만, 영원한 생명과 하나님 나라와는 상관없는 불쌍한 사람인 셈이다.

사람이 가지고 있는 권력과 재물은 하나님께서 주신 것이며, 이것을 통하여 하나님께서 원하시는 일을 하도록 위임하신 것이다. 그렇지만 미련한 사람은 이것들은 자신의 것이라고 생각하여 자신들이 원하는 것을 하면서 만족한다. 하나님께서 정한 시간이 오면 모든 것이 사라져 버릴 허무한 것을 소중하게 간직하는 어리석은 자들이다. 우리들이 항상 기억해야 할 것은 분명히 주님의 심판이 있다는 것이다. 영원한 것을 잊어버리고 잠시 있는 것을 붙잡는 것처럼 미련한 것은 없다. 엘리후는 이러한 하나님의 권능과 심판을 우리에게 알려주었다. 남은 삶 동안 우리의 모든 것을 지켜보는 하나님께서 우리와 함께

하고 계신다는 것을 항상 기억하며 살아야 할 것이다.

> **참으로 하나님의 눈은 사람의 일거수 일투족을 살피시며, 그의 발걸음을 낱낱이 지켜보고 계십니다. 악한 일을 하는 자들이 하나님을 피하여 숨을 곳은 없습니다. 흑암 속에도 숨을 곳이 없고, 죽음의 그늘이 드리운 곳에도 숨을 곳은 없습니다. 사람이 언제 하나님 앞으로 심판을 받으러 가게 되는지, 그 시간을 하나님은 특별히 정해 주지 않으십니다. 하나님은 집권자를 바꾸실 때에도, 일을 미리 조사하지 않으십니다. 하나님은 그들이 한 일을 너무나도 잘 아시기 때문입니다. 하나님이 그들을 하룻밤에 다 뒤엎으시니, 그들이 일시에 쓰러집니다. 하나님은, 사람들이 보는 곳에서 악인들을 처벌하십니다. 그들이 하나님을 따르던 길에서 벗어나고, 하나님이 지시하시는 어느 길로도 가지 않기 때문입니다. 그래서 가난한 사람들의 하소연이 하나님께 다다르고, 살기 어려운 사람들의 부르짖음이 그분께 들리는 것입니다. 그러나 하나님이 침묵하신다고 하여, 누가 감히 하나님을 비난할 수 있겠습니까? 하나님이 숨으신다고 하여, 누가 그분을 비판할 수 있겠습니까? 경건하지 못한 사람을 왕으로 삼아서 고집 센 민족과 백성을 다스리게 하신들, 누가 하나님께 항의할 수 있겠습니까? (욥 34:21-30)**

엘리후는 하나님의 전지전능을 말한다. 피조물 중에서 오직 인간만이 하나님의 형상과 모양을 닮았으며, 이렇게 창조된 사람은 하나님의 사랑의 대상이었다. 하나님께서 세상을 인간에게 위임하신 후에, 사람이 무엇을 하든지 그대로 내버려두지는 않으셨다. 주님께서는 사람의 일거수일투족을 살피시며, 그의 발걸음을 낱낱이 지켜보고 계신다. 이러므로 악한 일을 행한 사람은 모든 것을 살펴보시는 하나님을 피해 숨을 곳이 없다.

주님께서는 악한 자들의 행위를 이미 알고 계시므로 세상의 재판에서 하는 것처럼 사실을 확인하여 증거를 찾을 필요가 없다. 이미 모든 증거를 갖고 계시는 하나님께서 어느 날 갑자기 그들을 일시에 쓰러뜨리고 집권자를 바꾸신다. 악한 자가 언제 심판을 받게 될 것인지 우리는 알지 못하지만, 하나님의 공의는 사라진 것이 아니라 주님의 때에 반드시 이루어질 것이다.

하나님께서는 악한 자를 공개적으로 처벌하여서, 그들이 몰락하는 모습을 사람들에게 보여주어 경종이 되게 하신다. 악한 자들은 하나님을 따르지 않았고, 주님께서 지시하시는 길을 무시하여 아랑곳하지 않았기 때문이다. 이러기에 가난한 사람들의 부르짖는 소리가 하나님께 다다르고, 살기 어려운 사람들의 울부짖음이 하나님의 귀를 울리게 한다. 권세자들과 부자에게 있는 권력과 재물은 자신들을 위한 것이 아니라, 이들 곁에 있는 가난하고 연약하여 힘든 인생길을 가는 사람들을 위한 것이었다. 그렇지만 악한 자들은 자신의 배를 채우기에 급급했고, 심지어는 가난하고 곤경에 빠진 자들을 멸시하고 조롱하는 죄를 범하기까지 했다. 하나님께서는 압제당하는 자들의 울부짖음과 절규에 귀를 기울이신다.

교만한 자들이 아직 세상에 남아 있는 이유는 하나님께서 아직 그들을 심판하지 않으셨기 때문이다. 이러기에 교만한 자가 권세를 잡고, 많은 재물을 가지고 있다고 하더라도 불평할 필요가 없다. 하나님께서 정한 시간에 모든 자들을 공의로 판결하시기 때문이다.

하나님께서 침묵하시면서 오래 참고 계시는 것을 무관심이라고 누가 말할 수 있겠는가? 욥은 하나님의 침묵을 비난할 수 있는가? 하나님께서는 악인의 결말을 예비하셨으나, 그들이 회개할 기회를 얻도록 심판의 때를 늦추신다. 우리는 악한 자의 형통에 대하여 하나님의 인내를 배워야 한다. 인내는 고난을 참는 능력을 말하는 것이 아니라, 견디는 중에 올바른 태도를 유지하는 것이다.

욥은 고난 가운데 인내로 버티고 있었지만, 올바른 자세로 참아낸 것이 아니었다. 욥이 극심한 고난 가운데 인내하였다는 것은 훌륭한 것이지만, 끝까지 올바른 태도를 갖지 못했음을 엘리후가 지적했다. 고난 가운데 감추어진 하나님의 뜻을 깨닫지 못하면, 우리도 욥과 같이 하나님을 비난하면서 대항할 수도 있다. 미래에 있을 고난의 때에 우리는 하나님의 침묵을 불평하지 말고, 주님의 심판을 통과하도록 준비해야 한다.

하나님께서 경건하지 못한 사람을 왕으로 세워서 고집 센 민족과 백성을 다스리게 하신다고 해서, 누가 하나님께 항의할 수 있겠는가? 미래에 권세자들과 부자들이 그리스도인을 멸시하고 천대할 때, 그들을 세우신 분은 하나님이심을 우리는 기억하고 불평하지 말아야 한다. 결국에는 하나님의 공의가 드러날 것이다. 그러므로 잠시 세상에서 받는 고난은 이미 예정된 것이므로 실망하지 말고 이겨내야 할 과정이라고 생각하자. 도리어 우리는 영원한 나라에 대한 소망이 흔들리지 않도록 우리의 창조자이시며 전능자이신 하나님께 더 가까이 나아가자.

46 욥기 34장 31-35장 16

엘리후는 하나님의 입장에서 욥의 내면에 있었던 문제점을 들춰낸다. 비록 욥이 의인이라고 할지라도 그가 생각한 것이 다 옳은 것은 아니었다. 하나님께서 행하시는 일에 대하여 어느 누구도 따질 수 없기 때문이다.

욥 어른은 하나님께 죄를 고백하고서 다시는 죄를 짓지 않겠다고 약속하신 적이 있으십니까? 잘못이 무엇인지를 일러 달라고 하나님께 요구하시면서, 다시는 악한 일을 저지르지 않겠다고 약속하신 적이 있으십니까? 어른은 하나님이 하시는 것을 반대하시면서도, 어른께서 원하시는 것을 하나님이 해주실 것이라고 기대하십니까? 물론, 결정은 어른께서 하실 일이고, 내가 할 일이 아니지만, 지금 생각하고 계신 것을 말씀해 주시기 바랍니다. (욥 34:31-33)

엘리후는 욥에게 자신의 죄를 깨닫고 다시는 죄를 짓지 않겠다고 참회한 적이 있는가 물어보았다. 또 자신이 깨닫지 못하는 것이 있는지, 그리고 겸손하게 자신의 잘못을 가르쳐 달라고 하나님께 말씀드리면서, 다시는 악한 일을 행하지 않겠다고 약속을 한 적이 있는지 살펴보라고 하였다.

엘리후는 욥에게 자신을 돌아보라고 말한다. 그리고 욥에게 자기의 의를 지나치게 강조하여 교만했다면, 지금부터는 겸손하게 하나님 앞에서 자신의 죄를 뉘우칠 것과, 자신도 모르게 지은 죄가 있을 수 있다는 것을 시인하라고 말했다. 엘리후는 지금이라도 자신의 의를 내세운 욥에게 자신을 돌아보라고 하였다.

하나님께서 욥에게 행하신 징계의 방법에 대하여 욥은 거부하고 반대했으면서도 이것을 회개하지 않았고, 도리어 자신의 뜻대로 하나님께서 해 주시기를 기대했다. 욥이 알아서 모든 결정을 하는 것이므로, 엘리후가 할 일은 아니라고 말했다. 그러면서 욥이 생각하고 있는 바를 말하라고 하였다.

엘리후는 하나님의 입장을 대변하여 욥에게 말했다. 그러므로 여기에서 '나'는 '하나님'으로 바꿀 수 있으며, 마치 하나님께서 욥에게 대하여 말씀하시는 것이라고 생각할 수 있다.

"욥아, 너는 네 뜻대로 내가 행해야 한다고 말하는구나. 너는 내가 행한 모든 일이 옳지 않다고 생각하느냐? 그러면 너는 네 뜻대로 하거라. 내가 무엇을 하겠느냐? 너는 내가 행하는 공의가 애매하다고 생각하면 네 생각을 말해 보거라."

욥은 하나님에 대하여 잘못된 생각을 가지고 있었다. 자신이 생각한 것이 올바르며, 이러기에 하나님께서는 자신이 생각한 그대로 행해야 한다는 것이다. 하나님을 사람의 생각으로 판단하거나 강요할 수 없다. 그렇지만 욥은 자신이 원하는 방법으로 자신을 대해 달라고 했던 것이다.

분별력이 있는 사람이면, 내 말에 분명히 동의할 것입니다. 내 말을 들었으니 지혜가 있는 사람이면, 욥 어른이 알지도 못하면서 말을 하고, 기껏 한 말도 모두 뜻 없는 말뿐이었다는 것을 알 수 있을 것입니다. 욥 어른이 한 말을 세 분은 곰곰이 생각해 보시기 바랍니다. 세 분께서는, 그가 말하는 것이 악한 자와 같다는 것을 아시게 될 것입니다. 욥 어른은 자신이 지은 죄에다가 반역까지 더하였으며, 우리가 보는 앞에서도 하나님을 모독하였습니다. (욥 34:34-37)

엘리후는 자신이 말하는 것을 슬기롭고 지혜 있는 사람들이 듣는다면, 그들은 자기의 말에 동의할 것이라고 하였다. 욥이 하나님께서 행하신 일들에 대하여 말한 불평은 어리석고 지혜롭지 못한 것이라고 인정할 것이다.

엘리후는 욥이 받는 고난에 대하여 말한 것이 아니라, 고난을 받고 있는 욥의 태도가 불경하다는 것을 지적했다. 고난을 죄에 대한 보응이라고 친구들이 몰아붙인 것은 잘못이었다. 그렇지만 고난을 잘못된 태도로 맞이하는 것과 하나님 앞에서 사람의 의를 주장하는 것도 하나님께 죄를 지은 것이다. 하나님께서 고난을 허락하신 것임을 인정한다면, 사람은 그 고난을 통해 하나님의 뜻을 깨닫고 겸손을 배워야 한다.

엘리후는 자신의 교만을 깨닫지 못하고 있는 욥이 계속 시험을 받게 되기를 기원한다. 그는 욥이 이러한 고난의 시험을 통해 하나님 앞에서 자신을 돌아보면서, 깨닫고, 회개하기를 바랐다. 욥이 친구들과 말하면서 대답한 내용이 마치 악인과 같다는 것이다. 욥은 죄를 저지르고, 거기에 반역까지 더했으며, 하나님을 조롱하면서 하나님을 모독하였다는 것이다.

욥은 자신이 무죄라며, 무죄한 사람에게 고난을 주시는 하나님을 원망하고 불평했다. 이렇게 하는 것은 하나님을 반역하고 조롱하는 행위였다. 욥은 하나님의 관점에서 고난을 본 것이 아니라, 오직 자신의 입장에서 고난을 주신 하나님을 판단하고 정죄했던 것이다. 비록 하나님의 뜻을 알 수 없더라도, 피조물인 사람은 겸손하게 전능하신 주관자 하나님께 순종하며 따라가야 한다.

과연 누구의 말이 맞을까? 자신의 무죄를 주장하는 욥일까? 아니면 하나님께 대하여 자신의 의를 주장하는 것이 잘못이라고 말하는 엘리후일까? 욥은 세 친구와 변론을 하였지만, 엘리후의 말에 대하여 반론을 말하지 않았다. 그렇다면 욥은 엘리후의 말에 동의하면서 자신을 돌아보고 있었던 것일까?

엘리후가 다시 말을 이었다. 욥 어른은 '하나님께서도 나를 옳다고 하실 것이다' 하고 말씀하셨지만, 또 하나님께 "내가 죄를 짓는다고 하여, 그것이 하나님께 무슨 영향이라도 미칩니까? 또 제가 죄를 짓지 않는다고 하여, 내가 얻는 이익이 무엇입니까?" 하고 물으시는데, 그것도 옳지 못합니다. 이제 어른과 세

친구분들께 대답해 드리겠습니다. (욥 35:1-4)

엘리후는 세 번째 연설을 시작한다. 욥이 아무리 의롭다 하더라도 그의 공로(功勞)와 경건으로 인한 보상을 하나님께 요구할 수는 없다는 것이다. 엘리후는 욥의 의에 대하여 말한다.

흠정역 욥 35:2 그대가 말하기를, 내 의가 하나님의 의보다 더 많다, 하였으니 그대는 이것을 옳은 것으로 생각하느냐?
3 그대가 말하기를, 내가 내 죄로 부터 깨끗하게 씻긴들 그것이 네게 무슨 이득이 되겠느냐? 또 내게 무슨 유익이 있겠느냐? 하였도다.
KJV Job 35:2 Thinkest thou this to be right, that thou saidst, My righteousness is more than God's?
3 For thou saidst, What advantage will it be unto thee? and , What profit shall I have, if I be cleansed from my sin?

욥은 자신이 하나님보다 더 의롭다고 하였는데, 이것을 옳은 것이라고 생각하느냐고 엘리후는 묻는다). 또 욥이 말하길, '내가 내 죄로부터 깨끗하게 씻긴들 그것이 너에게 무슨 이득이 되겠느냐? 또 내게 무슨 유익이 있겠느냐?'라고 말하였는데, 이것도 옳지 못하다는 것이다(흠정역 욥 35:2,3). 여기에 대하여 엘리후는 욥과 그의 친구들에게 대답하겠다고 하였다.

욥은 자신의 의를 지나치게 높게 평가했다. 그러기에 자기의 의가 하나님보다 더 의롭다고 말했다. 그러면서 이에 대한 내용을 더 자세하게 설명하고 있다. 욥은 자신에게 독백을 하듯이 말하면서, 자신을 이인칭 대명사로 '너에게'(to you)라고 하면서 간접 인용을 하였고 하반절에서는 직접 인용으로 '나'(to me)라고 하였다(호크마 주석). 결국 욥은 자신이 공의를 행했거나 또는 죄를 범했다고 하더라도, 그것은 자신에게 아무 유익이 없다는 것이다. 그의 말을 통해 보면, 의를 행한 것에 대하여 하나님으로부터의 보상을 바랐던 것 같다. 결과적으로 욥은 자신의 의를 내세우면서 하나님께서 자신의 공로와 경건을 보답해 주길 원한 것이다.

욥의 이런 생각은 자신의 의로 하나님의 의까지 판단하는 죄를 범한 것이다. 더 나아가 자기가 원하는 뜻에 하나님이 따라야 한다고 생각했고, 결국 그는 사람의 생각을 근거로 하나님을 정죄한 것이다.

욥 어른은 하늘을 보시기 바랍니다. 구름이 얼마나 높이 있습니까? 비록 욥 어른께서 죄를 지었다고 한들 하나님께 무슨 손해가 가며, 어른의 죄악이 크다고 한들 하나님께 무슨 영향이 미치겠습니까? 또 욥 어른께서 의로운 일을 하셨다고 한들 하나님께 무슨 보탬이 되며, 하나님이 어른에게서 얻을 것이 무엇이 있겠습니까? 욥 어른께서 죄를 지었다고 해도, 어른과 다름없는 사람에게나 손해를 입히며, 욥 어른께서 의로운 일을 했다고 해도, 그것은 다만, 사람에게나 영향을 미칠 뿐입니다. (욥 35:5-8)

엘리후는 욥에게 하늘을 우러러보고, 높이 떠 있는 구름을 쳐다보라고 한다. 사람의 생각으로 하나님을 판단하는 것이 잘못이라는 것을 깨닫게 하려는 훈계였다. 높은 하늘과 구름을 보게 함으로써, 땅에 발붙이고 살아가는 사람의 힘으로는 높은 하나님의 뜻을 알 수 없다는 것을 깨닫게 하려는 것이었다.

욥이 범죄를 저질렀거나 죄악이 크다고 해도 지극히 높은 곳에 계신 전능하고 위대하신 하나님께 어떤 영향도 끼칠 수 없다는 것을 상기시킨다(호크마 주석). 또 욥이 의로운 일을 행했다고 한들 하나님께 보탬이 될 것이 없으며, 또한 하나님께서는 욥에게서 얻을 것이 전혀 없다. 이처럼 사람이 어떤 죄악을 행했던 간에 하나님께 영향을 끼칠 것이 없으며, 또한 사람이 의로운 일을 행했다고 해서 하나님께 이익이 될 것도 없다. 그런데도 욥은 자신이 행한 의로 인해 하나님께서 갚아주셔야 한다고 생각했다. 또한 의롭게 살았던 욥에게 하나님께서 고난을 허락하시는 것은 잘못이라고 본 것이다.

욥이 죄를 지었다고 해도 그것은 사람에게나 피해를 주며, 의로운 일을 했다고 해도 그것 또한 사람에게나 영향을 줄 뿐이다. 결국 사람이 행한 죄악과 공의는 하나님께 영향을 주지 못하고, 오직 사람에게만 영향을 준다.

이렇다면 욥이 의롭게 살았던 것에 대하여 하나님께서 보상해 주어야 한다고 기대하는 것은 잘못이며, 의롭게 살았던 사람에게 고난이 온 것을 불평하는 것은 더 큰 잘못을 저지른 것이다. 사람이 선을 행하며 의롭게 사는 것은 그리스도 예수 안에서 선을 행해야 하는 하나님의 창조 섭리를 따르는 것일 뿐(엡 2:10), 의롭게 살았기 때문에 하나님께서 혜택을 주어야 한다고 생각하는 것은 옳지 못하다.

사도들이 예수께 "믿음을 더하여 달라"(Increase our faith!)고 말했다. 그러자 예수께서 말씀하셨다. "너희에게 겨자씨 한 알 만한 믿음이라도 있으면, 이 뽕나무더러 '뽑혀서, 바다에 심기어라' 하면, 그대로 될 것이다." 그러면서 다시 사도들에게 말씀하셨다. "너희 가운데서 누구에게 밭을 갈거나, 양을 치는 종이 있다고 하자. 그 종이 들에서 돌아올 때에 '어서 와서, 식탁에 앉아라' 하고 그에게 말할 사람이 어디에 있겠느냐? 오히려 그에게 말하기를 '너는 내가 먹을 것을 준비하여라. 내가 먹고 마시는 동안에, 너는 허리를 동이고 시중을 들어라. 그런 다음에야, 먹고 마셔라' 하지 않겠느냐? 그 종이 명령한 대로 하였다고 해서, 주인이 그에게 고마워하겠느냐? 이와 같이, 너희도 명령을 받은 대로 다 하고 나서 '우리는 쓸모 없는 종입니다. 우리는 마땅히 해야 할 일을 하였을 뿐입니다' 하여라." (눅 17:7-10)

믿음을 중요하게 생각했던 사도들은 더 큰 믿음을 원했지만, 예수께서는 큰 믿음이 있어야만 하는 것이 아니라, 겨자씨 한 알 만한 작은 믿음이라도 불가능한 것을 가능하게 한다고 하셨다. 그러고는 맡겨진 일을 충실하게 행했다고 해서 특별한 보상을 요구해서는 안 된다고 하셨다. 그리스도 예수 안에서 선을 행했다고 해서 하나님으로부터의 보상을 기대하는 것은 잘못이다. 욥이 마음에 이런 것을 품었다면, 그는 하나님과 거래를 하는 상업적인 기복 신앙을 가진 것이라고 보아야 할 것이다.

말세에 예수의 이름으로 인하여 환난을 받게 될 성도들이 선을 행했다고 해서 고난을 피하게 될 것이라고 생각하지 말아야 한다. 도리어 그리스도인이기 때문에 고난을 받는 것은 예정된 것이므로, 고난받을 자격을 갖춘 것이라 생각하고 기뻐하고 즐거워해야 한다(마 5:10-12).

사람들은 억압이 심해지면 부르짖고, 세력이 있는 자들이 억누르면 누구에게나 구원을 청하면서 울부짖지만, 그들을 창조하신 하나님께로 돌아가지 않습니다. 어두운 때에도 희망을 주시는 그 창조주 하나님께로 돌아가지 않습니다. 하나님이 우리에게 짐승이나 새가 가진 지혜보다 더 나은 지혜를 주시는데도 하나님께로 돌아가지 않습니다. 그들이 거만하고 악하므로, 하나님께 "도와주십시오" 하고 부르짖어도, 하나님은 들은 체도 않으십니다. 전능하신 하나님은 악한 자들을 보지도 않으시고, 그들의 호소를 들어 주지도 않으시므로, 그 악한 자들의 울부짖음에는 아무런 힘이 없습니다. 욥 어른은 하나님을 볼 수 없다고 말씀하셨습니다. 그러나 참고 기다리십시오. 어른께서 걸어 놓은 소송장이 하나님 앞에 놓여 있습니다. 어른은, 하나님이 벌을 내리지 않으시고, 사람의 죄에도 별로 관심이 없다고 생각하십니다. 그러나 명심하십시오. 어른께서 말씀을 계속하시는 것은, 쓸데없는 일입니다. 어른은 자기가 하는 말이 무엇인지도 모르시는 것이 분명합니다. (욥 35:9-16)

엘리후는 부르짖어도 응답을 받지 못하는 기도에 대하여 말한다. 잔인한 폭력에 의해 억울하게 피해를 입은 사람들은 도움을 요청하며 울부짖는다. 이러는 중에 어느 누구도 창조주 하나님께 돌아가는 자가 없으며, 소망이 없는 어두운 밤중에 용기를 주는 노래를 주시는 분을 찾지 않는다. 땅의 짐승들이나 하늘의 새들이 가진 지혜보다 더 나은 지혜를 하나님께서 주시지만, 하나님을 찾지 않는다.

고난 중에 있는 사람은 당연히 하나님을 찾으면서, 용기를 얻고 회복되어야 한다. 그러나 사람들은 고난으로 고통을 받고 있어도, 창조주이시며 결국 심판의 주가 되실 하나님께 나아가지 않는다. 하나님을 의지한다고 하면서도 마음을 하나님께로 향하지 않는 것은 이상하기만 하다. 고통으로 괴로워할 때 짐승의 본능적인 부르짖음으로 외치지 말고, 신실한 신앙의 자세로 하나님의 도우심을 간구해야 한다.

거만하고 악한 자들이 고통을 당하였을 때 도움을 바라는 기도를 하여도 하나님께서는 대답하지 않으신다. 하나님께서는 악한 자들의 헛된 부르짖음을 결코 듣지 않으시며, 전능하신 분께서는 악한 자들에게는 관심을 두지 않으신다. 악한 자들은 오직 자신들이 당한 어려움을 해결하기 위해 하나님을 경외하지 않으면서도 그 이름을 이용하려는 것이었으므로, 그들의 마음을 알고 계시는 하나님께서는 그들에게 아무 응답을 하지 않고 내버려 두신다. 욥은 하나님께 판결을 기다리면서 외치고 있지만, 엘리후는 자신의 무죄와 결백을 기다리는 욥의 오만과 위선을 지적하였다.

엘리후는 욥이 '하나님을 볼 수 없고(욥 9:11, 욥 23:8,9), 자기의 송사문제를 하나님 앞에 제출하였으니, 하나님을 기다릴 뿐이다'고 했다는 것이다. 엘리후는 욥이 했던 말을 통해 하나님 앞에서 무죄의 판결을 자신하고 있는 욥의 교만과 위선을 폭로했다. 비록 욥은 하나님께서도 인정한 의인이었지만, 그의 잘못된 태도로 인해 그의 부르짖음은 헛된 것이 되었다. 욥의 내면에 있는 잘못된 태도를 고치지 않고 하나님 앞에 서게 된다면, 그는 의를 행했어도 하나님의 꾸지람을 피할 수 없을 것이다.

욥은 하나님께 교만하여 방종의 죄를 지었지만, 아직 벌을 받지 않았다. 이러기에 욥은 하나님께 죄를 지어도 벌을 받지 않는 이유는 하나님께서 사람의 죄에는 관심이 없으시다고 생각하였다. 그러나 하나님께서 욥에게 대하여 진노하지 않으신 이유는 욥에 대하여 인내하셨기 때문이었다. 하나님으로부터 징벌을 받지 않으므로, 욥은 자신의 의를 더 주장하였다(호크마 주석).

엘리후는 욥이 헛되고 쓸데없는 말을 하였고, 지식이 없는 말을 많이 한 것이라고 하였다. 욥이 자신의 무죄와 결백을 주장하는 것은 자신의 기준으로 하나님을 판단하는 무지한 자의 모습이며, 하나님께서 이러한 자에게 관심을 두지 않으시고 내버려 두셨다는 것이다. 이것으로 인하여 욥은 더욱더 자신의 의를 드러내길 원했고, 심지어는 하나님께서 욥 자신을 대적하는 것이라 생각했다.

47 욥기 36장 1-16

엘리후는 욥에게 네 번째 연설을 시작했다. 과연 그는 어떤 마음으로 욥에게 말하고 있는 것일까? 만일 욥에 대한 반감을 가지고 있었다면, 욥과 상종하지도 않고 무관심했을 것이다. 그러나 그 무엇보다도 엘리후는 하나님으로부터 받은 영감으로 인하여, 욥에게 하나님의 말씀을 전해야 할 사명이 있었다. 이해하기 어려운 내용이므로 많은 부분에서 호크마 주석을 참고하였다.

다시 엘리후가 말을 이었다. 조금만 더 참고 들으시기 바랍니다. 아직도 하나님을 대신하여 드릴 말씀이 있습니다. 나는 내가 가진 지혜를 모두 다 짜내서라도 나를 지으신 하나님이 의로우시다는 것을 밝히겠습니다. 내가 하는 이 말에는 거짓이 전혀 없습니다. 건전한 지식을 가진 사람이 지금 욥 어른과 더불어 말하고 있습니다. (욥 36:1-4)

엘리후는 욥에게 조금만 더 자신의 말을 들어 달라고 했다. 하나님의 편에 서서 해야 할 말이 있다는 것이었다. 나이가 어린 엘리후는 예의를 갖추어서 욥을 대하려고 애썼다. 그러면서 그는 하나님을 위해 욥을 향한 주님의 말씀을 공적으로 전달했다.

엘리후는 연장자인 욥에게는 조심스럽고 배려하는 태도를 보였지만, 다른 한편으로는 하나님을 대신하는 것이므로 담대하게 말했다. 예의를 저버리지 않는 것도 중요하지만, 하나님의 공의와 심판을 선포할 때에는 거침없이 말해야 한다. 이처럼 하나님의 성도는 사람들에게 겸손한 자세로 대하면서도, 하나님을 위하여는 담대하게 용기를 내야 한다.

엘리후가 말하려고 하는 내용은 먼 곳에서(from far) 얻은 지식이라고 하였고, 이로 보건대 그에게 있는 지식은 스스로가 얻은 것이 아니라 창조주 하나님으로부터 받은 것임을 알 수 있다. 그러므로 엘리후는 연설을 통해 드러나는 의는 자신의 것이 아니므로 하나님께 돌리겠다고 하였다. 엘리후는 하나님의 공인으로서 사사로운 지식이나 감정으로 욥을 대하지 않았다.

만일 어떤 사람이 개인적인 생각으로 다른 사람을 판단하거나 또는 편향된 인간적인 지식에 빠져 있거나, 더 나아가 하나님의 이름을 이용하면서, 자신이 가진 지위로 사람들을 굴복시켜 억압하려고 한다면, 이런 사람은 하나님의 공적인 일에 적합하지 못하다. 엘리후는 자신이 하는 말은 자신의 생각이 아니라 하나님으로부터 온 것임을 강조하였다.

엘리후가 하는 말은 거짓이 아닌 하나님으로부터 받은 진실된 것이었으므로, 자신을 '온전한 지식을 가진 사람'(perfect in knowledge)이라고 소개했다. 이렇게 말하는 엘리후의 모습은 욥보다 더 교만한 사람이라고 생각할 수 있지만, 그는 하나님의 말씀을 욥에게 공적으로 전달하는 임무를 맡았기에, 욥은 엘리후가 전하는 하나님의 말씀에 귀를 기울여야 했다.

하나님은 큰 힘을 가지고 계시지만, 흠이 없는 사람을 멸시하지 않으십니다. 또 지혜가 무궁무진 하시므로, 악한 사람을 살려 두지 않으시고, 고난받는 사람들의 권리를 옹호하십니다. 의로운 사람들을 외면하지 않으시며, 그들을 보좌에 앉은 왕들과 함께 자리를 길이 같이하게 하시고, 그들이 존경을 받게 하십니다. 그러나 의로운 사람이라도 하나님께 복종하지 않으면, 쇠사슬에 묶이게 하시고, 고통의 줄에 얽매여서 벗어나지 못하게 하십니다. 그러는 동안에 하나님은 그들에게 그들이 한 일을 밝히시며, 그들이 교만하게 지은 죄를 알리십니다. 하나님은 또한, 그들의 귀를 열어서 경고를 듣게 하시고, 그들이 악을 버리고 돌아오도록 명하십니다. (욥 36:5–10)

하나님께서는 전능하신 분이지만, 보잘것없는 자라도 멸시하지 않으신다. 그러나 욥은 하나님께서 자신을 찢으시고, 대적하여서 자신의 원수가 되어, 살기 찬 눈초리로 노려보셨다고 말했다(욥 16:9). 욥은 하나님의 지혜를 가늠할 수조차 없으면서도 전능하신 하나님께서 자신을 멸시한다고 오해했다.

욥은 악인이 형통하며 장수하고 강한 세력을 가진 것을 보고 불평하였다(욥 21:7). 그러나 하나님께서는 악인을 살려 두지 않으시고, 고난받는 사람의 권리를 위해 공의를 베푸신다. 욥은 하나님께서 어떤 분인지 잘 알지 못했으며, 결국 그가 악인의 형통에 대하여 말한 불평은 올바르지 못한 것이었다.

하나님께서는 의인들을 결코 외면하지 않으시고, 그들을 보좌에 앉은 왕들과 같은 자리에 앉히셔서 영원히 존귀하게 하신다. 이러므로 의인은 고난을 받을지라도, 하나님께서 의인들을 위해 영원한 영광을 예비해 놓으셨다는 것을 기억해야 한다. 현세에서 재물과 명예를 가진다고 하더라도 악인으로 사는 자는 결국 영광의 자리에 서지 못하게 될 것이므로, 하나님 보시기에 의롭게 사는 것이 지혜롭고 영원한 영광으로 나아가는 길이다.

만일 의롭게 살던 사람이 고난과 역경을 만나게 된다면, 이것은 일시적인 것이며, 그 고난 속에는 하나님의 의도가 숨겨져 있다는 것을 알아야 한다. 의인이라고 할지라도 부지중(不知中)에 죄를 지을 수 있고, 교만하게 행동할 수도 있다. 하나님께서는 고난을 통해 의인으로 하여금 자신들이 지은 죄를 알게 하시려는 것이다. 지혜로운 사람이라면 귀를 열어서 하나님의 경고와 교훈을 듣고, 죄악의 길에서 돌이켜서, 회개해야 한다.

하나님께서 의인에게 주시는 고난에는 그 사람을 향하신 특별한 뜻이 있다. 고난이 닥칠 때 하나님 앞에서 자신의 삶을 뒤돌아 살펴보아야 한다. 만일 실수로도 행한 죄악이 있으면 깨닫게 될 것이며, 교만하게 행한 일이 있다면 겸손을 회복하여 회개하게 될 것이다. 이러므로 의인에게 있는 고난은 하나님의 은혜이며, 하나님께 더 가까이 나아갈 계기가 된다(시 119:71).

고난을 통해 의인이 하나님께 더 가까이 나아갈 수 있다면, 고난은 하나님의 율법을 배울 수 있는 기회를 갖게 된 것이므로, 의인이 받는 고난은 재앙이 아니라 오히려 고난을 통하여 유익한 깨달음을 배울 수 있다. 엘리후는 욥에게 있는 고난은 죄인에게 향한 징계라고 보는 것보다는, 고난을 통해 자신의 실수와 부족한 것을 깨닫고 정화되어서, 하나님과의 관계가 회복되어 교훈을 들으며 죄악에서 돌이키기 위함이라고 말했다.

만일 그들이 하나님께 순종하고, 그분을 섬기면, 그들은 나날이 행복하게 살고, 평생을 즐겁게 지낼 것입니다. 그러나 그들이 귀담아듣지 않으면 결국 죽음의 세계로 내려갈 것이고, 아무도 그들이 왜 죽었는지를 모를 것입니다. (욥 36:11,12)

성경에는 특별한 법칙을 찾아볼 수 있다. 모든 것을 주관하시는 하나님께서는 사람과 약속을 하실 때, 명령에 대한 순종 여부에 따라 결정되는 조건부 약속(a conditional promise)을 만들었다. 전능하신 하나님께서는 홀로 모든 것을 진행하실 수 있지만, 하나님의 형상을 지닌 사람과 상호적인 약속(a reciprocal promise)을 하신 것이다. 하나님께서는 사람들에게 명령하셨고, 그 명령에 대한 순종 또는 불순종에 따라서 이루어지게 될 다른 약속을 하셨다. 이것이 '만일'(if)로 시작하는 조건부 약속이다.

KJV Job 36:11 If they obey and serve him, they shall spend their days in prosperity, and their years in pleasures.
12 But if they obey not, they shall perish by the sword, and they shall die without knowledge.

만일 의인이 하나님께 순종하고 섬기면, 그들의 나날은 행복하고 형통하게 될 것이며, 평생을 즐겁게 지낼 것이다. 그러나 만일 의인이 순종하지 않으면, 칼에 멸망하게 될 것이며, 그들은 아무도 알지 못하게 죽음을 맞이하게 될 것이다.

이러한 엘리후의 말은 의인으로 살았던 욥에게 향한 말이었다. 하나님을 순종하고 섬기면 형통과 즐거움의 약속이 이루어지지만, 하나님의 명령에 순종하지 않으면 멸망과 죽음의 약속이 이루어진다. 신명기에서 이러한 조건부 약속을 찾아볼 수 있다.

신 30:9 그러면 주 당신들의 하나님은 당신들이 하는 모든 일에 복을 주시고, 당신들 몸의 소생과, 가축의 새끼와 땅의 소출을 풍성하게 하실 것입니다. 주님께서, 기쁜 마음으로 당신들의 조상이 잘 되게 하신 것처럼, 기쁜 마음으로 당신들도 잘 되게 하실 것입니다.
10 당신들이 주 하나님의 말씀을 잘 듣고, 이 율법책에 기록된 명령

과 규례를 지키고, 마음을 다하고 정성을 다하여 주 당신들의 하나님께로 돌아오면, 그런 복을 받게 될 것입니다.

NIV Dt 30:9 Then the Lord your God will make you most prosperous in all the work of your hands and in the fruit of your womb, the young of your livestock and the crops of your land. The Lord will again delight in you and make you prosperous, just as he delighted in your fathers,

10 if you obey the Lord your God and keep his commands and decrees that are written in this Book of the Law and turn to the Lord your God with all your heart and with all your soul.

신 30:15 보십시오. 내가 오늘 생명과 번영, 죽음과 파멸을 당신들 앞에 내놓았습니다.

16 내가 오늘 당신들에게 명하는 대로, 당신들이 주 당신들의 하나님을 사랑하고, 그의 길을 따라가며, 그의 명령과 규례와 법도를 지키면, 당신들이 잘 되고 번성할 것입니다. 또 당신들이 들어가서 차지할 땅에서, 주 당신들의 하나님이 당신들에게 복을 주실 것입니다.

17 그러나 당신들이 마음을 돌려서 순종하지 않고, 빗나가서 다른 신들에게 절을 하고 섬기면,

18 오늘 내가 당신들에게 경고한 대로, 당신들은 반드시 망하고 맙니다. 당신들이 요단 강을 건너가서 차지할 그 땅에서도 오래 살지 못할 것입니다.

NIV Dt 30:15 ○See, I set before you today life and prosperity, death and destruction.

16 For I command you today to love the Lord your God, to walk in his ways, and to keep his commands, decrees and laws; then you will live and increase, and the Lord your God will bless you in the land you are entering to possess.
17 But if your heart turns away and you are not obedient, and if you are drawn away to bow down to other gods and worship them,
18 I declare to you this day that you will certainly be destroyed. You will not live long in the land you are crossing the Jordan to enter and possess.

홍해를 건넌 이스라엘 자손이 만일 하나님의 명령에 순종하면 생명과 번영과 복에 대한 약속으로 이루어질 것이지만, 만일 하나님을 섬기지 않고 다른 신들에게 절하고 섬기면 사망과 멸망에 대한 약속이 이루어질 것이다. 이러한 조건부 약속은 믿음으로 영적 이스라엘 자손이 된 그리스도인에게도 적용된다. 오늘 우리 앞에도 조건부 약속에 따른 생명과 복과 사망과 화가 놓여 있다. 우리는 하나님을 사랑하고 있는가? 하나님을 사랑한다면, 반드시 그의 명령을 지켜야 하며, 이것이 하나님을 사랑하는 증거이다(신 11:1,22, 19:9, 30:16,20, 수 22:5, 요일 5:3).

예수께서도 하나님 아버지를 사랑하면서 아버지께서 명령하신 대로 행하셨다(요 14:31). 그러면 우리는 예수 그리스도를 사랑하고 있는가? 만일 예수 그리스도를 사랑하고 있다면, 그 증거는 무엇인가? 예수께서는 자기를 사랑하는 자는 주님의 계명을 지키며, 계명을 지키는 자가 예수님을 사랑하는 것이라고 하였다(요 14:15,21,23,24). 결국 계명들을 지키는 것이 하나님을 사랑하고(요일 5:3) 예수님을 사랑하는(요 14:15,21) 증거이다. 하나님을 사랑하고 있는가? 하나님을 사랑한다면, 하나님의 계명을 지켜야 한다(요일 5:3). 하나님의 계명은 예수 그리스도의 이름을 믿고, 예수께서 우리에게 주신 계명대로 서로 사랑하는 것이다(요일 3:23).

믿음으로 인하여 율법의 저주에서 자유를 얻게 되었으면, 율법을 더 이상 지키지 않아도 된다고 생각하는가? 믿음으로 죄에서 구원을 받은 사람은 계명을 지키지 않고, 자신이 원하는 대로 살아도 되는가? 예수를 구세주로 영접한 그리스도인들은 예수 그리스도를 주인으로 섬기는 것을 의미하므로, 반드시 예수님의 명령에 순종해야 한다. 구약에서 말하는 율법과 예수께서 주신 새 계명은 어떤 연관성이 있는 것일까?

믿음의 시대가 오기 전에는 사람들은 율법의 감시를 받았으며, 믿음이 나타날 때까지 갇혀 있었다(갈 3:23). 율법의 행위에 근거하여 살려고 하는 사람은 누구나 다 저주 아래 있는 것이다(갈 3:10). 왜냐하면 율법 가운데 하나라도 실행하지 않는 자는 저주를 받는다고 기록되었기 때문이다(신 27:26). 율법을 지키는 것으로는 하나님 앞에서 의롭다고 인정받을 사람이 아무도 없으며, 율법으로는 죄를 인식할 뿐이다(롬 3:20). 그러나 사람은 율법을 지키는 것과는 관계없이 믿음을 통해 의롭다고 인정을 받게 된다(롬 3:28).

예수께서 우리를 위하여 십자가에 달려 저주받은 자가 되셨고, 우리를 율법의 저주에서 구원해 주셨다(갈 3:13). 그리스도께서 나타나심으로 율법은 끝이 났고, 그를 믿는 사람은 의롭게 되었다(롬 10:4). 그렇다고 해서 예수께서는 율법이나 예언서의 말씀을 없애기 위해서 오신 것이 아니라, 도리어 완성하러 오셨다(마 5:17). 그러면 믿음으로 말미암아 우리가 율법을 파기하는가? 절대로 그럴 수 없으며, 도리어 예수께서 주신 율법인 새 계명을 굳게 세워야 한다(롬 3:31).

하나님께서는 예수를 믿으면 멸망하지 않고 영생을 얻게 하셨다(요 3:16). 그러나 예수께 순종하지 않는 사람은 영생을 보지 못하고 도리어 하나님의 진노가 그 사람 위에 머물게 될 것이다(요 3:36). 그럼에도 불구하고 예수를 믿으면 영생이 완전히 이루어진 것으로 생각하여, 순종 여부에 상관없이 바로 천국에 갈 수 있다고 말하는 것은 잘못된 가르침이다. 예수를 믿는 믿음으로 죄에서 구원을 얻게 되었지만(딤후 3:15), 순종하지 않으면서 예수의 이름을 부르기만 하는 자는 결단코 천국에 들어갈 수 없다(마 7:21–27).

구약의 율법을 옛 계명이라고 하지만, 이것은 새 계명과 동일한 내용의 말씀이다(요일 2:7–11). 왜냐하면 하나님을 사랑하고 네 이웃을 제 자신과 같이 사랑하라는 두 계명이 모든 율법과 예언서의 가장 중요한 핵심이기 때문이다(마 22:36–40). 예수께서 우리에게 주신 새 계명은 "서로 사랑하라 내가 너희를 사랑한 것같이 너희도 서로 사랑하라"는 것이며(요 13:34), 이러한 사랑의 계명은 성경에 기록된 최고의 법이다(약 2:8). 사랑은 율법의 완성이므로, 사랑의 계명을 순종할 때 율법을 완성한 것이다(롬 13:10).

누구든지 율법 전체를 지키다가 한 조목을 범하면, 전체를 범한 셈이 되므로 율법을 지키는 것으로는 의인이 될 수 없다(약 2:10). 그러나 성경에 기록된 최고의 법인 사랑의 계명은 구약에서의 율법과는 달리 자유를 주는 율법이며, 의인은 마지막 심판의 날에는 자유의 율법에 따라 심판을 받을 사람이므로, 이런 사람처럼 말도 하고 행동도 해야 한다(약 2:12). 사랑의 계명을 실천하여 자비를 베푼 사람은 마지막 심판의 날에 영생을 얻게 될 것이다(마 25:46). 결국 심판은 자비를 베풀지 않은 사람에게는 무자비하지만, 자비는 심판을 이긴다(Mercy triumphs over judgment! 약 2:13).

예수께서는 제자들에게 마지막 심판을 구체적으로 설명해 주셨다(마 25:31-46). 인자가 모든 천사와 더불어 영광에 둘러싸여서 올 때에, 그분은 자기의 영광의 보좌에 앉을 것이다. 모든 민족을 그의 앞에 불러모아, 목자가 양과 염소를 구분하는 것 같이 그들을 갈라서, 양은 그의 오른쪽에, 염소는 그의 왼쪽에 세울 것이다. 그때에 임금이 오른쪽에 있는 사람들에게 "창세 때로부터 너희를 위하여 준비한 이 나라를 차지하여"라고 말할 것이다. "너희는, 내가 주릴 때에 내게 먹을 것을 주었고, 목마를 때에 마실 것을 주었으며, 나그네로 있을 때에 영접하였고, 헐벗을 때에 입을 것을 주었고, 병들어 있을 때에 돌보아 주었고, 감옥에 갇혀 있을 때에 찾아 주었다" 할 것이다. 그때에 의인들은 그에게 대답하기를 "주님 우리가 언제 그렇게 하였습니까?" 하고 말할 것이다. 임금이 그들에게 말하기를 "내가 진정으로 너희에게 말한다. 너희가 여기 내 형제자매 가운데, 지극히 보잘것없는 사람 하나에게 한 것이 곧 내게 한 것이다" 할 것이다.

자비를 행하는 것은 예수께서 우리에게 주신 새 계명인 사랑의 계명에 순종한 것이며, 또한 하나님의 계명도 순종한 것이다. 이로써 심판을 이기어서 영생을 얻게 되는 것이다. 만일 사랑의 계명을 순종하지 않는다면, 그러한 자는 영벌을 받게 될 것이다. 이처럼 조건부 약속을 따라서 마지막 심판 때에 예수님의 명령에 대한 순종 여부에 따라 영생과 영벌이 결정된다.

불경스러운 자들은 하나님께 형벌을 받을 때에, 오히려 하나님을 원망하면서 도와주시기를 간구하지 않습니다. 그들은 한창 젊은 나이에 죽고, 남창들처럼 요절하고 말 것입니다. 그러나 사람이 받는 고통은, 하나님이 사람을 가르치시는 기회이기도 합니다. 사람이 고통을 받을 때에 하나님은 그 사람의 귀를 열어서 경고를 듣게 하십니다. 하나님은 욥 어른을 보호하셔서, 고통을 받지 않게 하셨습니다. 평안을 누리면서 살게 하시고, 식탁에는 언제나 기름진 것으로 가득 차려 주셨습니다. (욥 36:13-16)

하나님 무서운 줄 모르고 하나님의 말씀에 순종하지 않는 악인들은 자신들이 악한 일을 행했어도 현실에는 징벌이 없으므로, 계속해서 불의를 저지른다. 이들은 결국 하나님의 공정한 심판이 나타날 진노의 날에 자기가 받을 진노를 머리에 쌓아 놓는 것이다(롬 2:5). 하나님께서는 악한 자들이 회개하도록 고랑을 차는 환난을 주었지만, 그들은 고통으로 인하여 도리어 하나님을 원망하며 도움을 간구하지 않는다. 하나님을 떠난 악인들은 고난을 통해 자신을 돌아보는 것이 아니라, 고난 받은 것으로 인하여 하나님을 대적한다.

불의한 사람들은 젊은 나이에 죽을 것이며, 그들은 남창들처럼 요절하고 말 것이다. 여기에서 '남창'이란 종교의식상으로 성행위를 하는 남자로서 '남자 창기'를 말하며, 이들은 대부분 젊은 나이에 죽는 것으로 알려져 있었다(해설 관주 독일성서공회판).

하나님께서는 고난받는 자를 그의 고난에서 구원하신다. 사람이 받는 고통은 하나님께서 사람을 가르치시는 기회이기도 하다. 사람이 고통을 받을 때에 하나님께서 그 사람의 귀를 열어서 경고를 듣게 하신다. 이러므로 고난에서 구원을 받으려면, 고난에 숨겨진 하나님의 뜻을 알고 순종해야 한다. 미련한 사람은 고난을 통해 닥친 고통에 초점을 맞추어서 괴로워하지만, 지혜로운 사람은 고난을 통해 하나님의 뜻을 발견하고 그 뜻을 따른다.

하나님의 경고에 귀를 기울이는 사람은 하나님의 인도하심을 받아서 고난에서 구원을 받게 될 것이다. 엘리후는 하나님께서 욥을 고난에서 이끌어 내어 좁지 않고 넓은 곳으로 옮기시고 풍성한 식탁을 주실 것이라고 하였다. 그러나 만일 욥이 하나님의 뜻을 따르지 않는다면 더 괴로운 상황을 맞이할 것이다.

마지막 때의 성도들은 고난을 통해 하나님의 훈계를 배워야 한다. 의인으로 사는 것이 중요하며, 또 자신을 돌아보고 반성하면서, 삶의 초점을 항상 하나님께 맞추어야 한다. 고난의 날이 오기 전에 우리 각자는 하나님과 동행하는 훈련을 하면서, 미래에 닥칠 고난을 통해 하나님께 더 가까이 나아가게 되기를 기대한다.

48 욥기 36장 17-33

엘리후는 갑자기 말을 바꾸었다. '이제는'이라고 하는 말은 '그러나 이제는'(but now)의 의미이며, 엘리후는 조금 전까지 축복에 대해서 말했지만, 지금은 욥을 향한 하나님의 심판과 공의를 강조한다.

그러나 이제 욥 어른은 마땅히 받으셔야 할 형벌을 받고 계십니다. 심판과 벌을 면할 길이 없게 되었습니다. 욥 어른은 뇌물을 바쳐서 용서받을 생각은 아예 하지 마십시오. 속전을 많이 바친다고 하여 용서받는 것은 아닙니다. 재산이 많다고 하여 속죄받을 수 없고, 돈과 권력으로도 속죄를 받지 못합니다. 밤이 된다고 하여 이 형벌에서 벗어나는 것이 아니니, 밤을 기다리지도 마십시오. 악한 마음을 품지 않도록 조심하십시오. 어른께서는 지금 고통을 겪고 계십니다마는, 이 고통이 어른을 악한 길로 빠지지 않도록 지켜 줄 것입니다. (욥 36:17-21)

욥은 하나님께서 인정하시는 의인으로 살았지만, 고난이 닥치자 자신의 의를 내세우면서 죄 없이 받는 고난을 불평했다. 하나님께서 모든 것을 주관하시는 것을 알고 있는 욥은 자신에게 닥친 고난도 하나님께서 허락하신 것임을 받아들여야 했다. 그러나 욥은 고난의 배후에 숨겨 있는 하나님의 뜻을 이해하지 못한 채, 자신의 억울함만 하나님께 하소연했다. 이런 그의 행동은 전능하신 하나님께서 마련해 두신 특별한 계획을 깨닫지 못한 것이며, 또한 하나님께 대한 불신이었다. 그러기에 엘리후는 욥이 당연히 받아야 할 벌을 받는 것이며, 이것이 하나님의 심판과 정의라는 것이다.

하나님은 욥의 정직과 의를 무시하고 고난을 준 것이 아니라, 그의 고난을 통해 마지막 때 예수 이름으로 모든 민족에게 미움을 받게 될 성도들로 하여금 환난을 이길 지혜를 알려 주려는 것이었다(마 24:7, 눅 21:7, 약 5:7-11). 고통받게 될 성도들은 고난에 대한 불평과 불신(不信)으로 하나님께 죄를 범하는 자가 되지 말고, 도리어 고난을 주신 하나님의 뜻을 묵상하면서 성도로서의 올바른 태도를 변함없이 계속 가져야 한다. 왜냐하면 마지막 날에 주님의 백성에게는 심판과 공의가 예정되어 있기 때문이다(히 10:30). 이러므로 그리스도인은 고난을 인내할 뿐만 아니라, 고난 가운데에서도 하나님께 향한 신뢰와 감사를 유지해야 한다.

엘리후는 하나님의 공의를 의심하고 있는 욥에게 더 이상 분노하지 말라고 경고하였다. 고난에 대한 욥의 분노는 더 큰 죄를 범한 것이었다. 욥은 속죄를 위해 더 큰 대가가 필요했지만, 그렇다고 재물을 많이 바치는 것으로 용서받을 수는 없다. 고난이 고통스럽고 괴로웠더라도, 그것을 벗어나기 위해 적절하지 못한 방법이나 인간적인 방법을 사용하지는 말아야 했다. 그는 고난을 있는 그대로 받아들이면서, 올바른 자세로 인내해야 했다. 하나님께서는 우리의 환난에 동참하신다(사 63:9). 이러므로 우리도 하나님을 본받아 예수님의 환난과, 그의 나라와 인내에 동참하는 것이 당연한 의무이다(계 1:9).

엘리후는 욥의 불평과 가진 재력이 환난에 도움이 되었느냐고 물어본다. 인간적인 방법으로는 고난과 심판을 벗어날 수 없다는 것이다. 재물은 진노의 날에는 아무 소용이 없으며, 공의를 행할 때에야 죽음에서도 빠져나오게 될 것이다(잠 11:4). 마지막 심판의 날에 구해주실 분은 오직 공의의 하나님이므로, 하나님께서 원하시는 공의를 행함으로 심판을 준비해야 한다.

욥은 자신이 당하고 있는 고난으로 인하여 자신의 삶을 저주했었다. 그가 차라리 태어나지 않기를 원했고, 태어나다가 죽었더라면 환난을 보지 않았을 것이라고 탄식했다(욥 3:1–19, 10:18–19). 아직 죽지 않고 고난으로 괴로워하는 욥은 죽음을 허락하지 않으시는 하나님을 원망하였다. 욥은 고통스럽게 사는 것보다 차라리 죽기를 원했고, 죽음으로 모든 것이 끝날 것이라고 생각했다. 엘리후는 욥이 가졌던 소망은 밤을 사모하는 것이라고 지적했다. 그러나 밤이 된다고 해서 고난이 끝나는 것이 아니라는 것이다. 도리어 밤에 사람은 다른 곳으로 끌려가는 것일 뿐, 진정한 고난의 해결책은 아닌 것이다.

엘리후는 욥에게 부디 악에 치우치지 말라고 말한다. 욥은 고난의 시험에서 하나님께 불평하고 공의를 믿지 못하는 죄를 범했으며, 이것이 욥이 저질렀던 악이었다. 욥이 잘못했던 것들은 마지막 때 그리스도인들에게는 하지 말아야 할 본보기다. 우리는 악을 택하지 말고, 차라리 환난을 택해야 하며, 이렇게 하는 것이 올바른 선택이다. 하나님께 대한 절대적인 믿음을 가지고, 환난을 주님 안에서 견디어 내야 한다. 만일 고난을 인내로 이겨낸다고 하더라도, 고난으로 인해 주님을 떠난다면, 우리는 모든 것을 잃어버린 것이다. 주님께서 함께하지 않는 즐거움과 안식, 그리고 번영을 누린다 해도, 이것은 그리스도인에게 행복이 아닌 저주이기 때문이다.

욥은 자신에게 닥친 고난으로 하나님의 공의와 섭리를 인정할 수 없었다. 마지막 때에 그리스도인에게 있을 고난은 욥에게 있었던 것과 맞먹을 정도로 처참할 것이다. 그때에는 아마 우리도 하나님을 원망하고, 하나님의 공의를 부인할 수 있을 것이다. 그러나 욥이 가졌던 불경한 태도를 말세에 고난을 맞이할 성도들은 따르지 말아야 하며, 이러한 교훈을 심각하게 고민하고 받아들여야 한다.

하나님의 능력이 얼마나 큰지를 기억하십시오. 하나님은 우리 모두에게 위대한 스승이십니다. 하나님께 이래라 저래라 할 사람도 없고, "주님께서 옳지 못한 일을 하셨습니다" 하고 하나님을 꾸짖을 사람도 없습니다. 하나님의 업적은 늘 찬양받아 왔습니다. 욥 어른도 하나님이 하신 일을 찬양하셔야 합니다. 온 인류가 하나님이 하신 일을 보았습니다. 사람은 멀리서 하나님이 하신 일을 봅니다. (욥 36:22-25)

엘리후는 하나님의 권능을 말하면서 그의 교훈을 받아들이라고 욥에게 말한다. 하나님의 능력은 높으시므로, 하찮은 사람의 생각으로 하나님의 지혜를 짐작하거나 판단할 수 없다. 그럼에도 불구하고 욥은 하나님께서 자기의 생각대로 하지 않으셨다고 불평했다. 하나님의 행하심과 뜻을 사람은 이해할 수 없다. 그래서 하나님께서 행하시는 일들을 판단하는 것이 아니라 순종하며 겸손하게 따라가야 한다고 엘리후는 주장한다. 우리는 하나님을 왕으로, 스승으로 모시고 섬기며, 그분의 뜻과 명령을 따르고 순종해야 한다.

어떤 사람도 하나님의 길을 감시하면서 그분의 길을 감독할 수는 없다. 더구나 욥이 하나님께서 불의를 행하셨다고 말한 것은 하나님의 공의를 전면적으로 부인하는 것이다. 아무리 의인으로 살았던 욥이라고 할지라도, 그가 받는 고난으로 인해 하나님의 주권과 공의를 부인하거나 의심하는 것은 용납될 수 없다. 과거에는 의인이었지만, 그의 무례함과 교만함으로 인하여 죄인의 길로 들어선 것이다.

엘리후는 욥에게 하나님께서 행하신 일을 칭송하기를 잊지 말라고 했다. 사람은 누구나 하나님께서 하신 일을 찬양해야 한다. 예수를 믿는 우리는 하나님의 택하심을 받은 족속이며, 왕과 같은 제사장들이며, 거룩한 나라이며, 하나님의 소유가 된 백성이다. 그러므로 그리스도인은 어두운 데에서 불러내어 하나님의 놀라운 빛에 들어가게 인도하신 분의 업적을 널리 찬양해야 한다. 우리는 이전에 하나님의 백성이 아니었으나, 지금은 하나님의 백성이다. 과거에는 하나님의 자비를 받지 못했지만, 지금은 하나님의 자비를 받게 되었다(벧전 2:9.10).

하나님께서 과거에 행하신 일들을 찬양하며 높여 드릴 때, 우리는 지금 겪고 있는 고난 중에서도 하나님을 찬양할 수 있는 것이다.

모든 사람은 하나님께서 행하신 일들을 우러러보며 존경할 수밖에 없다. 이처럼 모든 사람이 압도당할 것 같은 위대하신 하나님의 일이므로, 사람은 감히 가까이 갈 수 없으며, 멀리서 보아야 할 것이다. 그리스도인은 하나님께 대한 경외심을 굳건히 붙들어야 한다. 하나님께서 우리를 사랑하신다고 하여서, 어떤 사람도 그 앞에서 자유 분방한 모습으로 하나님을 대수롭지 않게 대하는 것은 죄악이다. 그리스도인은 최고의 존경과 두려움으로 하나님 앞에 서야 하며, 하나님의 행하시는 일들을 증언하면서 찬양해야 한다.

그렇습니다! 하나님은 위대하셔서, 우리의 지식으로는 그분을 알 수 없고, 그분의 햇수가 얼마인지도 감히 헤아려 알 길이 없습니다. 물을 증발시켜서 끌어올리시고, 그것으로 빗방울을 만드시며, 구름 속에 싸 두셨다가 뭇 사람에게 비로 내려 주십니다. 하나님이 구름을 어떻게 펴시는지는 아무도 알지 못하며, 그 계신 곳 하늘에서 나는 천둥소리가 어떻게 해서 생기는지 아무도 모릅니다. 온 하늘에 번개를 보내십니다. 그러나 바다 밑 깊은 곳은 어두운 채로 두십니다. 이런 방법으로 사람을 기르시고, 먹거리를 넉넉하게 주십니다. 두 손으로 번개를 쥐시고서, 목표물을 치게 하십니다. 천둥은 폭풍이 접근하여 옴을 알립니다. 동물은 폭풍이 오는 것을 미리 압니다. (욥 36:26-33)

엘리후는 하나님의 위대하심은 자연 세계에 드러난다고 말한다. 하나님은 인간의 지혜와 지식으로 이해할 수 없으며, 짐작할 수도 없고, 그 너머에 계시는 분이시다. 제한된 인간의 능력으로는 하나님을 알 수 없으며, 무한하고 영원하신 하나님은 오직 모든 만물로부터 찬양받으셔야 한다.

물은 증발되어 하늘로 올라가서 안개가 되며, 수증기 방울은 모여서 빗방울이 된다. 하나님께서는 빗방울을 구름 속에 싸 두셨다가 사람 위에 풍성히 내려 주신다. 옛 시대에는 물이 증발되고, 엉기어 증기가 액체로 변화하여서, 비나 눈, 또는 우박과 같은 여러 형태의 물로 지상에 내리는 강수의 과정을 알 수 없었다. 그 당시 사람들이 이해할 수 없었던 자연 현상을 하나님께서 주관하신다는 것이다.

하나님께서 구름을 어떻게 펴시는지 아무도 알지 못하며, 그분이 계시는 하늘에서 천둥소리가 어떻게 생기는지 아무도 알지 못한다. 하나님께서 번개를 보내어 온 하늘을 비치시고, 바다 밑 깊은 곳까지 빛으로 덮으신다. 이와 같이 하나님께서 장엄한 자연 현상을 주관하시므로, 보잘것없는 사람은 하나님을 경외해야 한다.

하나님께서는 이러한 것들로 백성들을 심판하시며, 먹을 것을 풍성히 주신다. 엘리후는 자연의 무서운 힘으로 인한 재해를 하나님께서 내리시는 것을 징계라고 보았다. 이와는 반대로 곡식에 필요한 햇빛과 비, 바람으로 인해 풍성한 수확을 얻도록 은혜를 주신다. 하나님의 심판과 은혜는 공존하는 것이므로, 이러한 자연을 통해 사람은 살아 계신 하나님을 의식해야 한다. 이 세상이 창조될 때부터, 사람의 눈으로 볼 수 없는 하나님의 영원하신 능력과 신성(divine nature)은 창조된 만물에 나타나 있다. 이러기에 이러한 만물을 통해서 하나님을 알 수 있으므로, 어떤 사람도 하나님을 모른다고 핑계할 수 없다(롬 1:19,20).

하나님께서는 구름들로 번개를 가리다가, 번개가 쳐서 목표물을 치게 만드신다. 이는 마치 하나님께서 두 손안에 번개를 쥐고 계셨다가, 원하는 장소에 번개가 내리치게 하는 것을 의미한다. 엘리후는 폭풍과 번개를 하나님의 징계로 생각했으며, 이를 통해 사람은 하나님의 심판은 반드시 있게 될 것을 명심해야 한다.

천둥은 폭풍이 다가오는 것을 알려주며, 가축들도 폭풍이 다가오는 것을 미리 안다. 천둥은 하나님의 진노를 말하며, 이 세상에 하나님의 심판을 선포하는 소리라고 볼 수 있다. 이러기에 가축들도 하나님께서 행하시는 것을 알고 있다고 말한다.

엘리후는 욥으로 하여금 하나님을 이해하려고 애쓰지 말고, 하나님의 뜻대로 모든 것을 주관하시는 하나님을 인정하라고 한 것이다. 하나님의 계획과 뜻은 사람이 도저히 깨닫지도 이해하지도 못하므로, 사람의 생각으로 하나님을 판단하지 말라는 것이다. 사람으로서는 이해할 수 없다고 해서, 하나님의 행사가 잘못된 것이라고 여기지 말고, 전능하신 주권자 하나님으로 모셔야 한다. 그리고 자연 만물에 나타난 하나님의 능력과 신성을 깨닫고, 심판과 공의를 행하실 하나님을 두려워하면서, 그분의 뜻과 명령을 따르고 순종해야 한다.

49 욥기 37장 1-24

엘리후는 마지막으로 자연 현상을 통해 나타난 하나님의 위대하심을 말한다. 천지 만물을 창조하신 하나님께서는 모든 인간이 두려워하는 자연 현상을 주관하고 계시므로, 인간은 하나님을 찬양할 수밖에 없다는 것이다. 그의 말은 욥을 포함한 모든 사람들로 하여금 전능하신 하나님을 경외하도록 독려하려는 것이었다. 욥기를 원문을 해석하면서 설명한 호크마 주석을 참고하였다.

폭풍이 나의 마음을 거세게 칩니다. 네 분은 모두 하나님의 음성을 들으십시오. 그분의 입에서 나오는 천둥과 같은 소리를 들으십시오. 하나님이 하늘을 가로지르시면서, 번개를 땅 이 끝에서 저 끝으로 가로지르게 하십니다. 천둥과 같은 하나님의 음성이 들립니다. 번갯불이 번쩍이고 나면, 그 위엄찬 천둥소리가 울립니다. (욥 37:1-4)

엘리후는 이전에 번개와 천둥을 주관하시는 하나님의 위대하심을 말했다(욥 36:32,33). 이것을 생각만 해도 엘리후는 두려워서 심장이 떨렸고, 밖으로 퉁겨 나가는 것 같다고 표현했다. 그는 존귀하고 위엄이 충만하신 하나님을 경외하면서, 사람들에게 하나님의 위대하심을 선포하였다.

엘리후는 욥과 그의 친구들에게 하나님의 음성을 들으라고 했다. 본문에는 '듣다'라는 뜻의 샤마(שָׁמַע 8085 [shâma‘])를 반복해서 2번 사용하였으며, 이는 '주의해서', '귀 기울여서' 들으라는 것이다. 하나님의 음성을 천둥 소리라고 말한 것이 아니라, 마치 천둥과 같이 천지를 뒤흔드는 소리라고 말함으로써, 하나님의 위대하심을 다시금 강조했다.

천둥 소리는 온 하늘을 덮고, 번개는 하늘을 환하게 비춰서 어둠 속에 숨어 있는 것들을 드러나게 한다. 하나님의 권능은 인간이 감히 상상할 수 없는 천둥과 번개와 같다고 비유함으로써, 주님께서 온 우주를 다스리고 계시는 것을 선포한다. 천둥과 번개가 연달아 이어지는 것을 보면서, 온 우주를 주관하시는 하나님을 두려워하지 않을 사람이 누가 있겠는가? 이렇듯 경외심을 갖게 만드는 자연 현상을 다스리는 분은 하나님이심을 깨닫고 두려워해야 한다.

이 세상이 창조될 때부터 하나님의 영원하신 능력과 신성(神性, divine nature)과 같은 보이지 않는 속성은 만들어진 만물에 나타내 보이셨으므로, 인간은 이것을 보고 하나님의 존재를 깨달을 수 있다. 그러므로 사람은 자연 현상과 만물을 통해 창조주 하나님을 의식하고 그의 권능을 인정할 수밖에 없기 때문에, 하나님을 모른다고 핑계를 댈 수 없다(롬

1:20). 엘리후는 자연에 나타난 하나님의 권능과 지혜를 소개했다.

엘리후는 욥과 그의 친구들에게 하나님의 권능과 위대하심에 초점을 맞추라고 말한다. 인간적인 지식과 지혜는 한계가 있는 것이며, 사람의 의(義)도 하나님 앞에서는 내세울 것이 없다는 것이다.

하나님이 명하시면, 놀라운 일들이 벌어집니다. 도저히 이해할 수 없는 신기한 일들이 일어납니다. 눈에게 명하시면 땅에 눈이 내리고, 소나기에게 명하시면 땅이 소나기로 젖습니다. 눈이나 비가 내리면, 사람들은 하던 일을 멈추고 하나님이 하시는 일을 봅니다. 짐승들도 굴로 들어가서, 거기에서 눈비를 피합니다. 남풍은 폭풍을 몰고 오고, 북풍은 찬바람을 몰고 옵니다. 하나님이 쉬시는 숨으로 물이 얼고, 넓은 바다까지도 꽁꽁 얼어 버립니다. 그가 또 짙은 구름에 물기를 가득 실어서, 구름 속에서 번갯불이 번쩍이게 하십니다. 구름은 하나님의 명을 따라서 뭉게뭉게 떠다니며, 하나님이 명하신 모든 것을 이 땅 위의 어디에서든지 이루려고 합니다. 하나님은 땅에 물을 주시려고 비를 내리십니다. 사람을 벌하실 때에도 비를 내리시고, 사람에게 은총을 베푸실 때에도 비를 내리십니다. (욥 37:5-13)

하나님께서는 놀라운 음성으로 신비한 일을 알려주시지만, 이러한 것들은 사람이 상상할 수 없는 경이롭고 불가사의한 것들이다. 이렇기 때문에 사람의 힘으로 하나님을 이해하려는 것은 불가능하며, 오직 하나님께서 사람에게 보여주고 알려주시는 것을 통해 주님의 능력을 짐작할 뿐이다.

하나님께서 눈(the snow)에게 명령하시면 땅에 눈이 내리고, 비(the

rain)에게 명령하시면 땅에 적은 비와 큰비가 내린다. 하나님께서는 눈과 비를 다스리신다. 눈과 비가 내리면 사람들이 하던 일을 멈추고, 하나님께서 자연을 통해 하고 계시는 일을 보게 하신다. 그러나 다수의 사람들은 자연 현상에서 하나님의 존재를 깨닫지 못한다.

계절의 변화로 인해 짐승들은 굴 속에 들어가 동면하는데, 이러한 행동은 하나님의 법칙을 따르는 것이다. 하나님께서는 남쪽에서는 폭풍우가 밀려오게 하시고, 북쪽에서는 찬 북풍이 몰아치게 하신다. 하나님의 입김에 얼음이 얼어서, 물의 크기도 줄어들게 된다. 짙은 먹구름에 습기가 더하여 비를 내리게 하시며, 구름 속에서 번갯불이 번쩍이게 하신다. 하나님께서는 명령으로 구름의 움직임을 주관하시며, 결국 땅 위에는 하나님께서 원하는 대로 자연 현상이 일어나게 된다.

경이로운 자연은 하나님의 명령을 따라 운행되고 있다. 이러기에 피조물인 인간도 창조주 하나님의 명령을 순종하면서, 주인으로 섬겨야 한다. 하나님께서는 자신을 사랑하면서 명령을 따르는 자에게는 생명과 복을 주시지만, 명령과 법도를 지키지 않는 자들에게는 사망과 화를 주신다(신 30:15-20). 모든 만물이 하나님의 명령에 순종하는데, 피조물인 사람도 그의 명령을 마음에 새기고 순종하는 것이 당연하다.

하나님께서는 자연을 통해 다양한 목적으로 사람들의 삶을 주관하신다. 구름을 통해 많은 비를 내려서 징계를 하기도 하지만, 땅에 적당한 비를 내려서 풍성한 수확을 거둘 수 있게도 하시고, 사람에게 긍휼을 베푸시기 위하여 비를 내리기도 하신다. 여기에서 긍휼에 사용된 히브리 원어 헤세드(חֶסֶד 2617 [chêçêd])는 자비, 친절, 사랑 등으로 번역된다. '헤세드'는 비참하고 동정받을 만한 처지에 있는 대상에 대한 자비를 포함하는 사랑의 뜻으로, 특히 인생에게 베푸시는 하나님의 주권적인 인애의 뜻으로 사용된다(호크마 주석).

하나님께서 자연을 다스리시는 주권자이시며, 또한 이러한 자연을 통해 인생에게 다양한 뜻을 펼치신다. 같은 구름이라고 하더라도, 사람에 따라서는 징계가 되기도 하고, 축복이 될 수 있다. 어떤 때에는 고통을 받는 자에게 주시는 하나님의 자비의 표현이기도 하다. 이러므로 사람은 자연 현상에 숨어 있는 하나님의 뜻을 발견하도록 애써야 한다.

욥 어른은 이 말을 귀담아 들으십시오. 정신을 가다듬어서, 하나님이 하시는 신기한 일들을 곰곰이 생각해 보십시오. 하나님이 어떻게 명하시는지, 그 구름 속에서 어떻게 번갯불이 번쩍이게 하시는지를 아십니까? 구름이 어떻게 하늘에 떠 있는지를 아십니까? 하나님의 이 놀라운 솜씨를 알기라도 하십니까? 모르실 것입니다. 뜨거운 남풍이 땅을 말릴 때에, 그 더위 때문에 고통스러워 하신 것이 고작일 것입니다. 어른께서 하나님을 도와서 하늘을 펴실 수 있습니까? 하늘을 번쩍이는 놋거울처럼 만드실 수 있습니까? 어디 한 번 말씀하여 보십시오. 하나님께 뭐라고 말씀드려야 할지를 우리에게 가르쳐 주십시오. 우리는 무지몽매하여 하나님께 드릴 말씀이 없습니다. 내가 하고 싶은 말이라고 하여, 다 할 수 있겠습니까? 어찌하여 하나님께 나를 멸하실 기회를 드린단 말입니까? (욥 37:14–20)

엘리후는 욥에게 하나님께서 창조하신 모든 오묘한 일들을 곰곰이 생각해보라고 말한다. 그러면서 그는 욥에게 자연 현상에 대하여 사람이 대답할 수 없는 어려운 질문을 한다. 전능하신 하나님의 능력 앞에서 쟁론할 수 없다면, 욥으로 하여금 잠잠히 묵상하는 가운데 자신을 돌아보라는 것이다. 우리는 욥의 입장에서 엘리후의 질문과 말을 통해 전능하신 하나님의 권능과 지혜를 깊이 묵상할 기회가 주어졌다. 엘리후의 말은 마치 다음에 말씀하실 하나님의 임재를 준비하는 것 같다.

하나님께서 명령하시면 구름이 충돌하여 번개가 치는데, 이 일이 일어나는 까닭을 욥은 알고 있는지 묻기 시작한다. 하찮은 사람의 지혜로는 하나님의 오묘하신 지혜를 판단할 수 없다. 이러므로 엘리후는 욥에게 전능하시고 지혜가 무궁하신 하나님을 인정하라는 것이었다.

욥이여, 그대는 구름이 어떻게 하늘에 떠 있는지 아는가? 구름을 하늘에 매달아 놓은 것처럼 펼쳐지게 만드신 분은 하나님이시다. 하나님께서는 온 우주를 창조하셨고, 운행하시며, 특별한 뜻을 펼치신다. 이렇게 주관하시는 하나님의 지혜를 욥은 짐작할 수 있겠는가?

평안히 지내고 있을 때 남쪽에서 부는 사막의 열풍으로 인하여 의복은 참을 수 없도록 뜨거워진다. 욥은 이렇게 되는 까닭을 아느냐? 또한 청동 거울을 두드려 펴듯이 하나님을 도와서 하늘을 두드려 펼 수 있느냐? 욥은 어디 한번 말해 보라. 하나님께 무어라고 말씀드려야 할지를 우리에게 가르쳐 보아라. 그리고 하나님과 변론하려고 했던 것이 무엇이었는가? 하지만 우리는 무지몽매해서 하나님께 드릴 말씀이 없다고 말한다.

욥의 주장을 엘리후가 하나님께 전해 주려는 듯이 말하고 있지만, 실제로는 욥의 어리석음을 꾸짖으려는 것이었다. 마치 엘리후는 욥의 편에서 변호하는 것처럼 말하지만, 이는 욥의 모순을 지적하는 것이었다. 그는 역설적인 표현을 통해 욥의 잘못을 철저하게 드러내면서, 욥의 행동은 하나님께 대항하는 것임을 야단쳤다.

엘리후는 욥에게 자신의 생각과 변론을 말할 수도 있겠지만, 이렇게 하는 것이 결국 하나님의 징계를 받는 길이 될 수 있기 때문에 말하지 않으려고 했다. 인간의 지혜로 상대방을 굴복시킬 수 있다고 해서, 그것이 정의라고 할 순 없다. 엘리후는 자신의 변론이 자신을 파멸로 몰아갈 수 있기 때문에, 자신의 생각을 말하지 않도록 절제했던 것이다.

이제 하늘에서 빛나는 빛이 눈부십니다. 쳐다볼 수 없을 만큼 밝습니다. 바람이 불어서 하늘이 맑아졌습니다. 북쪽에는 금빛 찬란한 빛이 보이고, 하나님의 위엄찬 영광이 우리를 두렵게 합니다. 하나님의 권능이 가장 크시니, 우리가 전능하신 그분께 가까이 나아갈 수 없습니다. 사람을 대하실 때에, 의롭게 대하시고, 정의롭게 대하여 주십니다. 그러므로 사람이 하나님을 경외해야 하는 것은 당연합니다. 하나님은 스스로 지혜롭다고 하는 사람을 무시하십니다. (욥 37:21-24)

지금은 구름으로 가리워서 사람들이 밝은 빛을 보지 못할지라도,

바람이 불어서 구름들을 깨끗하게 밀어서 하늘이 맑아질 것이다. 엘리후는 욥의 상황을 구름에 가리워서 빛을 볼 수 없게 된 것이라고 비유한다. 그러나 때가 되면, 가리워진 것들이 사라지고, 하나님께서 나타나셔서 은혜를 베푸실 것이다. 이러기에 욥은 현재 만나고 있는 상황이 어렵고 힘들더라도 인내하면서, 하나님께서 자신의 존재를 드러내시기를 기다려야 한다.

북쪽에서 금빛 찬란한 빛과 같은 좋은 날씨가 오는 것처럼, 하나님은 측량할 수 없는 두려운 위엄으로 오실 것이다. 욥은 위엄으로 오실 하나님을 기다려야 했다. 희망이 사라진 고난이라고 할지라도 하나님을 존경하며 경외하는 마음으로 그 앞에 설 준비를 해야 한다.

사람은 전능하신 하나님을 찾아낼 수 없다. 하나님은 인간의 지식이나 능력을 초월하신 분이시므로, 사람이 하나님을 발견할 수 없다. 그러나 분명한 것은 하나님께서는 권능과 판단과 풍성한 정의에서 뛰어나신 분이시므로, 사람을 대하실 때 괴롭게 하지 않으시고, 의롭고 정의롭게 대하여 주신다.

이전에 욥은 하나님의 공의를 의심하고 불평했다(욥 9:20-24). 자신은 의로울지라도 하나님께서는 정죄하실 것이며, 자신에게 흠이 없다고 하더라도 하나님께서는 틀렸다고 하실 것이다. 자신은 온전했지만 하나님께서 돌아보지 아니하셨고, 자신의 생명을 천하게 여기셨다. 하나님께서 온전한 사람과 악한 자를 함께 멸망시키실 것이므로, 갑작스러운 재앙으로 죽게 되었을 때에도, 죄 없이 재앙을 받는 것을 보시고 비웃으실 것이다. 세상이 악인의 손에 넘어가도, 재판관의 눈을 가려서 올바르게 판결하지 못하게 하신다. 이러한 불공평한 일을 하나님께서 하신 것이 아니면 누가 한 것이란 말인가?

엘리후는 욥의 마음속 깊이 있는 의심과 불평이 잘못된 것임을 지적한다. 하나님께서는 공의와 정의로 행하시기 때문에, 사람의 지식이나 경험으로 하나님을 판단할 수 없다는 것이다. 엘리후는 욥으로 하여금 그의 잘못된 생각을 깨닫고 회개함으로써, 하나님의 공의에 대한 신뢰가 회복되기를 바랐다.

엘리후는 결론적으로 사람들은 당연히 하나님을 경외해야 한다고 말한다. 하나님께서는 스스로 지혜로운 척하는 자를 소중하게 여기지 않으신다. 비록 우리가 하나님의 뜻을 이해하지 못한다고 하더라도, 전능하신 분의 뜻을 신뢰해야 한다. 비록 내가 심한 고난으로 괴로워하고 있다고 하더라도, 하나님의 공의와 정의를 의심하지 말아야 한다. 우리가 괴롭거나 근심하는 상황에 있다고 하더라도, 그것은 하나님께서 고의로 그렇게 하시는 것이 아니다(애 3:33). 고난을 이유로 하나님의 사랑과 자비를 의심하지 말아야 하며, 도리어 하나님께서 그 고난의 시작과 끝을 주관하신다는 것을 믿고 흔들리지 말아야 한다.

우리는 과연 하나님께 대한 절대적인 신뢰를 가지고 있는가? 우리는 내가 만나고 있는 환경의 좋고 나쁨에 따라서 하나님의 공의를 인정하거나 부인하고 있지 않은가? 고난에 초점을 맞추는 것이 아니라, 고난을 주관하시는 하나님께 우리의 생명을 맡겨야 한다.

50 욥기 38장 1-18

하나님께서 모세를 불러 바로에게 보내시며, 이스라엘 자손을 이집트에서 데리고 나오는 사명을 주셨다. 그러자 모세는 자신이 이 일을 하기에 부족한 사람이라고 대답했다. 하나님께서는 "내가 너와 함께 있겠다. 네가 이 백성을 이집트에서 이끌어 낸 다음에, 너희가 이 산 위에서 하나님을 예배하게 될 때에, 그것이 바로 내가 너를 보냈다는 징표가 될 것이다."라고 하셨다(출 3:1-12). 이러자 모세는 백성들에게 하나님께서 자신을 보낸 것을 설명하면, 그분의 이름을 물어볼 텐데 자신이 무엇이라고 말할 것인지를 하나님께 여쭈었다.

출 3:14 하나님이 모세에게 대답하셨다. "나는 곧 나다. 너는 이스라엘 자손에게 이르기를, '나'라고 하는 분이 너를 그들에게 보냈다고 하여라."

개정 출 3:14 하나님이 모세에게 이르시되 나는 스스로 있는 자이니라 또 이르시되 너는 이스라엘 자손에게 이같이 이르기를 스스로 있는 자가 나를 너희에게 보내셨다 하라

NIV Ex 3:14 God said to Moses, "I am who I am. This is what you are to say to the Israelites: 'I am has sent me to you.' "

하나님의 이름은 '스스로 있는 자'(나는 나다, I AM THAT I AM, הָיָה 1961 [hâyâh])이고, 이는 존재의 본체라는 의미이다. 이스라엘 자손들은 하나님의 이름을 함부로 부를 수 없었으므로 '여호와'(표기는 'YHWH'로 하며, 발음으로는 '야훼'가 더 적합) 대신에 아도나이(Adonai, 주님) 또는 엘로힘(Elohim)이라는 호칭을 썼다. 하나님은 존재 그 자체이시며, 하나님으로부터 모든 것이 나오게 된 것이다.

하나님의 이름인 '나는 나다'(I am who I am)와 비슷하게 자신의 상황을 밝힌 사람은 바울이었다. 예수의 박해자이었던 바울은 사도가 된 자신을 돌아보면서, '내가 나 된 것'(I am what I am)은 하나님의 은혜로 된 것이며(by the grace of God), 그 은혜가 헛되지 않았다고 고백했다. 바울은 모든 사도보다 더 많이 수고했지만, 그것은 자신이 한 것이 아닌 오직 자기와 함께하신 하나님의 은혜인 것을 알고 있었다.

고전 15:10 그러나 나는 하나님의 은혜로 오늘의 내가 되었습니다. 나에게 베풀어주신 하나님의 은혜는 헛되지 않았습니다. 나는 사도들 가운데 어느 누구보다도 더 열심히 일하였습니다. 그러나 이렇게 한

것은 내가 아니라, 나와 함께 하신 하나님의 은혜입니다.

개정 고전 15:10 그러나 내가 나 된 것은 하나님의 은혜로 된 것이니 내게 주신 그의 은혜가 헛되지 아니하여 내가 모든 사도보다 더 많이 수고하였으나 내가 한 것이 아니요 오직 나와 함께하신 하나님의 은혜로라

NIV 1 Co 15:10 But by the grace of God I am what I am, and his grace to me was not without effect. No, I worked harder than all of them—yet not I, but the grace of God that was with me.

사람은 스스로 존재할 수 없지만, 바울이 고백했던 것처럼 존재의 근원이신 하나님의 은혜로 핍박자에서 사도로 변화했고, 또 영광스러운 사역에도 참여했다. 바울을 변화시키고, 하나님의 사역을 감당하게 한 하나님께서는 존재의 근본이셨다. 이러한 여호와(야훼) 하나님께서 욥에게 말씀하셨다. (호크마 주석을 참조하였고 본문은 흠정역 성경을 인용했다.)

그 때에 주님께서 욥에게 폭풍이 몰아치는 가운데서 대답하셨다. "네가 누구이기에 무지하고 헛된 말로 내 지혜를 의심하느냐? 이제 허리를 동이고 대장부답게 일어서서, 묻는 말에 대답해 보아라." (욥 38:1-3)

폭풍우는 하나님의 임재를 드러내는 표현으로, 자연 현상을 주관하시는 분이심을 알려주신다. 이전에 욥은 하나님께서 자신에게 대답하시기를 원했으며(욥 31:35), 하나님께서는 그에게 응답하면서 자신을 드러내기 위해 말씀하신다. 하나님께서는 욥과 친구들의 논쟁을 끝맺으면서, 욥으로 하여금 전능하신 하나님 앞에서 자신의 무지를 돌아보게 하셨다.

하나님께서는 욥이 지식이 없는 말로 하나님의 지혜를 의심하였다고 하셨다. 여기에서의 지식은 사람이 경험으로 얻어지는 것을 말하는 것이지만, 결국은 하나님을 아는 지식을 의미한다. 하나님께서 욥에게 허락하신 고난에는 특별한 계획이 숨어 있었지만, 욥은 하나님을 아는 지식이 없었으므로 깨닫지 못했다. 도리어 하나님의 계획 안에 욥에 대한 고난이 있었다는 것을 받아들이지 못하였기에 불평하였고 불만을 표시했다.

하나님께서는 욥으로 하여금 마치 전쟁터에 나가기 위해 허리띠를 졸라매는 것처럼 단단한 각오를 하고, 물어보는 것을 대답하라고 하신다. 하나님께서는 욥에게 질문하시면서 그와 논쟁을 시작하셨고, 욥은 하나님 앞에서 자신의 모든 지식을 동원해서 대답해야만 했다.

내가 땅의 기초를 놓을 때에, 네가 거기에 있기라도 하였느냐? 네가 그처럼 많이 알면, 내 물음에 대답해 보아라. (욥 38:4)

하나님께서 세상을 창조하셨다는 것으로부터 질문은 시작된다. 존재의 근본이신 하나님께서 무(無)에서 유(有)를 시작하셨고, 지구를 창조하셨다(시 102:25, 104:5, 잠 3:19). 하나님께서 세상을 창조하신 그때 욥은 존재하지 않았다. 욥은 하나님의 창조에 대하여 본 적이 없고, 다만 그것을 들었을 뿐이었다. 욥이 친구들과 논쟁하면서 말했던 것처럼, 지혜가 있으면 하나님의 창조에 대하여 말해 보라는 것이다. 그러나 욥은 창조에 대하여 아무 말도 할 수 없었다. 하나님께서 창조하셨을 때 함께했던 동반자는 하나님의 지혜였다(잠 8:22-31). 욥은 지식을 가지고 있었다고 생각했지만, 하나님의 지혜는 알지 못했다. 하나님께서는 욥에게 질문을 시작하면서부터 그의 입을 다물게 하셨다.

누가 이 땅을 설계하였는지, 너는 아느냐? 누가 그 위에 측량줄을 띄웠는지, 너는 아느냐? (욥 38:5)

창조된 세상은 정확한 치수로 이루어졌고, 오직 하나님께서 이 모든 것을 설계하셨다. 건축 공사를 하기 위해 먹줄을 쳐서 정하는 것처럼, 하나님께서 이러한 것들을 정확하게 계획하고 실행하셨다. 욥은 창조의 시작과 과정은 알 수 없고, 오직 창조된 결과만을 볼 수 있을 뿐이었다. 우리가 보는 세상은 질서 정연한 것이므로, 이것은 우연히 생길 수 없으며 전능자의 의도와 계획에 따라 창조되고 유지되는 것임을 알 수 있다.

무엇이 땅을 버티는 기둥을 잡고 있느냐? 누가 땅의 주춧돌을 놓았느냐? (욥 38:6)

건물의 기초가 되는 주춧돌은 반드시 어떤 것 위에 세워야 한다. 그러나 지구는 우주 공간에 매달린 것으로서 어떤 것 위에 세운 것이 아니었다. 욥은 빌닷에게 대꾸하면서 하나님께서 땅을 아무것도 없는 허공에 매달아 놓으셨다고 말하기도 했다(욥 26:7). 거대한 지구가 허공에 견고하게 떠 있는 이치는 사람의 지혜를 넘어선 것이며, 결국 하나님의 권능으로 이루어진 것임을 인정할 수밖에 없다. 땅에 모퉁이 돌을 놓으신 분은 하나님이시다. 존재의 근본이신 하나님께서 권능으로 지구를 우주 공간에 떠 있게 하셨다.

그 날 새벽에 별들이 함께 노래하였고, 천사들은 모두 기쁨으로 소리를 질렀다. (욥 38:7)

세상이 창조될 때에 새벽별들은 기뻐하면서 하나님을 찬양하여 영광을 돌렸다. 하나님의 아들들, 곧 천사들은 하나님의 창조를 보면서 기쁨으로 소리를 질렀다. 그리고 지구에 모퉁이 돌이 놓였을 때 별들과 천사들은 하나님의 창조를 기뻐하고 찬양했다. 그러나 하나님의 질문에 대하여 욥은 한마디도 대답할 수 없었고, 도리어 하나님의 창조의 영광을 간접적으로 알아가고 있었다.

바닷물이 땅 속 모태에서 터져 나올 때에, 누가 문을 닫아 바다를 가두었느냐? (욥 38:8)

지구의 내부에서 솟구쳐 나오는 바닷물을 아기의 탄생으로 비유했다. 용솟음쳐 나온 바닷물은 땅 위에 넘쳤고, 마치 땅과 물이 뒤섞여 혼돈 가운데 있는 것 같았다. 그러나 바닷물이 흘러나와서 온 땅을 뒤덮지 않도록 한계를 정하신 분은 창조주 하나님이셨다(창 1:9). 파도가 넘쳐도 하나님께서 정한 경계선을 넘지 못하게 막으신 것이다.

마치 바다를 갓 태어난 아기처럼 비유해서 말한 다음에 구름으로 옷을 입히고, 흑암으로 바다를 감싸신 분은 하나님이셨다. 창조주 하나님의 섬세한 배려와 보살핌을 시적으로 표현하면서, 신생아와 같은 바다를 하나님께서 보살피셨다는 것을 알려준다. 그러나 하나님께서는 사랑만으로 보살피는 것이 아니라 한계를 정하여서 바닷물이 멋대로 날뛰지 못하게 하셨다.

구름으로 바다를 덮고, 흑암으로 바다를 감싼 것은, 바로 나다. 바다가 넘지 못하게 금을 그어 놓고, 바다를 가두고 문 빗장을 지른 것은, 바로 나다 (욥 38:9,10)

하나님은 사랑과 공의의 창조주이시다. 무한한 사랑을 베풀어 주시지만, 하나님께서 공의의 법을 정하셔서 지나친 방종을 하지 못하게 막으셨다. 사랑의 하나님 만을 생각하면 세상에서 마음대로 살아도 된다는 생각을 할 것이다. 다른 한편으로 공의의 하나님 만을 생각한다면 오직 하나님은 두려움의 대상이 될 것이다. 어느 한쪽으로 치우치지 않기 위해서는 먼저 하나님의 마음과 뜻에 사람의 마음을 일치시키도록 해야 한다. 또한 우리 모두를 잘 알고 계시는 하나님의 입장에서 자신의 모습을 살펴보는 것이 필요하다. 하나님께서는 먼저 우리를 사랑하셨으며, 또한 우리가 넘지 말아야 할 한계선으로서 공의의 율법을 주셨다. 하나님의 사랑을 받은 사람은 하나님을 본받아 사랑을 해야 하며(엡 5:1), 하나님의 명령을 지키는 것이 하나님을 사랑하는 것임을 알 수 있다. 정해진 한계선을 넘는 것은 하나님을 배반하는 범죄이다.

요일 4:7 사랑하는 여러분, 서로 사랑합시다. 사랑은 하나님에게서 난 것입니다. 사랑하는 사람은 다 하나님에게서 났고, 하나님을 압니다.
8 사랑하지 않는 사람은 하나님을 알지 못합니다. 하나님은 사랑이시기 때문입니다.
9 하나님의 사랑이 우리에게 이렇게 드러났으니, 곧 하나님이 자기 외아들을 세상에 보내주셔서 우리로 하여금 그로 말미암아 살게 해주신 것입니다.
10 사랑은 이 사실에 있으니, 곧 우리가 하나님을 사랑한 것이 아니라, 하나님이 우리를 사랑하셔서, 자기 아들을 보내어 우리의 죄를 위하여 화목제물이 되게 하신 것입니다.
11 사랑하는 여러분, 하나님께서 이렇게까지 우리를 사랑하셨으니, 우리도 서로 사랑해야 합니다.
12 지금까지 하나님을 본 사람은 없습니다. 그러나 우리가 서로 사랑하면, 하나님이 우리 가운데 계시고, 또 하나님의 사랑이 우리 가운데서 완성된 것입니다.
20 누가 하나님을 사랑한다고 하면서, 자기 형제자매를 미워하면, 그는 거짓말쟁이입니다. 보이는 자기 형제자매를 사랑하지 않는 사람이 보이지 않는 하나님을 사랑할 수 없습니다.
21 하나님을 사랑하는 사람은 자기 형제자매도 사랑해야 합니다. 우리는 이 계명을 주님에게서 받았습니다.

요일 5:2 우리가 하나님을 사랑하고, 또 그 계명을 지키면, 이로써 우리가 하나님의 자녀를 사랑한다는 것을 압니다.
3 하나님을 사랑하는 것은 그 계명을 지키는 것입니다. 하나님의 계명은 무거운 짐이 아닙니다.

"여기까지는 와도 된다. 그러나 더 넘어서지는 말아라! 도도한 물결을 여기에서 멈추어라!" 하고 바다에게 명한 것이 바로 나다. (욥 38:11)

하나님께서 베푸신 은혜와 사랑으로 바닷물은 보호를 받았지만, 넘지 말도록 정해진 해안가를 파도가 넘지 못하게 하셨다. 하나님의 명령에 절대적으로 복종할 때 바다는 하나님의 주권을 인정하는 것이다. 하나님께서 넘지 말라고 하셨다면, 우리는 그 경계선을 넘지 말아야 한다. 경고를 무시하고 선을 넘으려고 하는 것이 교만이다. 하나님은 사랑이시므로 경계선을 넘어도 용서하여 주실 것이라 믿고 마음대로 행동하는 것이 하나님을 무시하는 죄를 범하는 것이다.

예수께서는 자기를 믿은 유대인들에게 말씀하셨다. "너희가 나의 말에 머물러 있으면, 너희는 참으로 나의 제자들이다. 그리고 너희는 진리를 알게 될 것이며, 진리가 너희를 자유롭게 할 것이다." 그러자 유대인들이 대답했다. "우리는 아브라함의 자손이라 아무에게도 종노릇한 일이 없는데, 당신은 어찌하여 우리가 자유롭게 될 것이라고 말합니까?" 예수께서 대답하셨다. "내가 진정으로 진정으로 너희에게 말한다. 죄를 짓는 사람은 다 죄의 종이다. 종은 언제까지나 집에 머물러 있지 못하지만, 아들은 언제까지나 머물러 있다. 그러므로 아들이 너희를 자유롭게 하면, 너희는 참으로 자유롭게 될 것이다." (요 8:31-36)

예수님의 말에 머물러 있으면 예수님의 제자가 된다. 진리가 자유를 준다는 말은 진리가 되시는 예수께서 죄의 종이었던 자들을 자유롭게 하셨다는 것을 의미한다. 주님의 말씀 안에 있으면서, 죄의 종에서 자유를 얻은 자들은 더 이상 죄를 짓지 말아야 한다는 것이다. 하나님께서 정하신 규례 안에서 자유를 얻을 수 있지만, 정해진 선을 넘지 않도록 자신을 살펴보아야 함은 그리스도인이 당연히 해야 할 의무이다.

네가 지금까지 살아오면서 네가 아침에게 명령하여, 동이 트게 해 본 일이 있느냐? 새벽에게 명령하여, 새벽이 제자리를 지키게 한 일이 있느냐? 또 새벽에게 명령하여, 땅을 옷깃 휘어잡듯이 거머쥐고 마구 흔들어서 악한 자들을 털어 내게 한 일이 있느냐? (욥 38:12,13)

욥이 태어난 날부터 욥의 명령에 따라 매일 아침이 오라고 명령한 적이 있었느냐고 하나님께서 물으신다. 세상을 주관하는 자는 욥이 아니라 하나님이시다. 그런데도 욥은 자신의 고난을 자신이 주관하려는 듯이 불평과 불만을 토로했다. 욥은 하나님의 계획과 뜻이 자기의 생각대로 바뀌기를 원했다.

새벽은 어김없이 나타나야 할 장소에 나타나는데, 욥이 그렇게 한 것이 아니었다. 정확하게 새벽이 오는 것은 하나님께서 정해 놓은 것이지만, 너무나 광대하여 추측할 수도 없는 현실을 사람은 아무 생각도 없이 무심하게 받아들인다. 그렇지만 우주와 자연 현상의 배후에는 하나님께서 계신다.

땅 끝은 RSV 성경에는 the skirts of the earth(땅의 옷깃)으로 번역했다. 욥이 과연 새벽에게 명령하여 땅을 옷깃을 휘어잡듯이 거머쥐고 마구 흔들어서 어둠을 떨쳐버린 일이 있었느냐? 새벽이 오면 세상은 밝아지고, 어둠은 사라져서 확실하게 볼 수 있게 된다. 세상이 어두울 때에는 악한 자들이 죄악을 범하지만, 밝은 세상에서는 악한 자들은 더 이상 악을 행하지 못하고 사라지게 될 것이다. 이러한 것을 주관하시는 분은 욥이 아니라 하나님이시다.

대낮의 광명은 언덕과 계곡을 옷의 주름처럼, 토판에 찍은 도장처럼, 뚜렷하게 보이게 한다. (욥 38:14)

어두운 밤에는 캄캄하여 아무것도 분간할 수 없지만, 날이 밝아지면 모든 것이 선명하게 드러나게 마련이다. 마치 형체를 잘 알 수 없는 땅이 아침이 되면 진흙에 도장을 새긴 것처럼 뚜렷하게 드러나게 된다. 새벽빛으로 인하여 만물은 울긋불긋한 색상을 가진 옷처럼 나타나 모든 형체와 색깔을 알아볼 수 있게 만든다. 죄악으로 가득한 어두운 세상에서는 악을 행한다고 해도 드러나지 않으며, 사람들은 선과 악을 구분하지 못한다. 그러나 빛이 비취면 어두움은 더 이상 남아있지 못하고 사라지며, 사람들은 악을 버리고 선을 따르게 될 것이다.

대낮의 광명은 너무나도 밝아서, 악한 자들의 폭행을 훤히 밝힌다. (욥 38:15)

어둠을 사랑하는 악한 자들은 자신들의 죄악이 드러날까 두려워 빛을 싫어하며 거부한다. 악한 자들은 빛을 싫어하므로 자신들은 빛을 거부하기로 원했다. 그러나 새벽빛이 비추일 때 악한 자들의 악한 행위가 드러나게 되므로, 죄악에 대한 의지가 꺾이게 되며, 빛을 피해 어두운 곳으로 도망가서 숨을 것이다. 그렇지만 하나님께서는 악한 자들이 빛을 영접하기를 원하신다. 어두운 밤이 아무리 깜깜하더라도, 하나님께서는 항상 새벽빛을 비추어서 흑암 속에 있는 자들이 빛으로 나올 기회를 주신다. 이것이 하나님의 섭리이다.

바다 속 깊은 곳에 있는 물 근원에까지 들어가 보았느냐? 그 밑바닥 깊은 곳을 거닐어 본 일이 있느냐? (욥 38:16)

하나님께서는 거듭 욥에게 물으신다. 너는 바닷속 깊은 곳에 있는 물 근원에까지 들어가 보았느냐? 그 밑바닥 깊은 곳을 찾아가 보았느냐? 욥은 하나님께서 질문하실 때에 더욱 입을 다물게 되었다. 욥은 자신의 지혜로 친구들의 논쟁을 이길 수 있었지만, 하나님의 질문에 대해서는 한마디도 대답할 수 없었다. 하나님 앞에서 인간은 미약하고 초라한 존재일 뿐이다.

죽은 자가 들어가는 문을 들여다본 일이 있느냐? 그 죽음의 그늘이 드리운 문을 본 일이 있느냐? (욥 38:17)

죽은 자가 들어가는 문을 들여다본 일이 있느냐? 욥은 사망의 문을 본 적이 없었고, 죽음의 그림자를 볼 수 없었다. 사람은 지하 세계에 대하여 어떤 지식도 없으며, 죽음을 경험할 수도 없다. 인간의 차원을 넘는 질문에 대하여 욥은 더 초라할 뿐이었다. 이 모든 것은 인간의 영역 밖의 일이기 때문이었다.

세상이 얼마나 큰지 짐작이나 할 수 있겠느냐? 이 모든 것을 알고 있다면, 어디 네 말 한 번 들어 보자. (욥 38:18)

욥은 지구의 넓이를 알고 있었을까? 아니면 음부의 세계가 얼마나 큰지 말할 수 있었을까? 고난으로 인해 하나님 앞에서 자신의 문제를 하소연하려고 했던 욥은 하나님 앞에서 한마디 대답도 못한 채, 하나님께서 물어보시는 것을 들을 뿐이었다.

폭풍우 가운데 나타나시는 하나님께서 욥에게 물어보실 때, 우리 또한 욥의 입장이 되어서 그 질문에 대답해야 한다. 욥은 세 친구와 말할 때, 자신의 지혜로 그들의 주장과 이론을 무가치한 것으로 만들었다. 그러나 욥은 하나님의 질문에 대하여 아무 말도 할 수 없었다. 하나님께서 물어보시는 것은 인간의 차원을 넘는 것이었기 때문이었다. 그럼에도 불구하고 한 가지 확실한 것은 욥이 하나님 앞에 서 있다는 사실이었다. 우리도 하나님의 질문에 아무 대답을 할 순 없지만, 하나님께서 창조하신 위대한 현실의 세계를 보면서 하나님 앞에 서 있어야 한다.

하나님께서 우리에게 물어보신다. “세상이 얼마나 큰지 짐작이나 할 수 있겠느냐? 이 모든 것을 알고 있다면, 어디 네 말 한 번 들어 보자.”

“창조주 하나님께서 모든 것을 주관하시며 다스리고 계십니다.”라고 우리는 대답하면서 창조주 하나님을 인정해야 한다.

51 욥기 38장 19-38

하나님께서는 욥에게 계속 질문을 하셨다. 사람으로서는 전혀 생각할 수 없는 질문에 대하여 욥은 한마디의 대답도 할 수 없었다. 하나님께서 욥에게 인간의 한계를 넘는 질문을 하시는 이유는 무엇일까? 욥은 친구들의 말에는 일일이 반박하면서 자신의 지혜를 드러냈지만, 하나님의 물음 앞에서는 피조물 인간으로서 더 작아지고 초라하게 되었다.

빛이 어디에서 오는지 아느냐? 어둠의 근원이 어디에 있는지 아느냐? 빛과 어둠이 있는 그 곳이 얼마나 먼 곳에 있는지, 그 곳을 보여 줄 수 있느냐? 빛과 어둠이 있는 그 곳에 이르는 길을 아느냐? (욥 38:19-20)

과연 빛과 어둠이 있는 장소가 있는 것일까? 빛과 어둠의 경계는 있는 것인가? 그리고 빛과 어둠이 있는 곳으로 가는 길을 알고 있는가? 사람은 빛과 어둠의 근원을 알지 못한다. 그러기에 하나님께서는 욥이 이러한 질문에 대답할 것이라고 생각하지 않으셨다. 낮과 밤이 번갈아 있는 것은 마치 빛이 일을 하고 그 다음에 어둠이 자신의 일을 하는 것을 말한다. 다만 하나님께서는 욥으로 하여금 사람의 지혜로 하나님의 지혜를 알 수 없고 그에 비교할 수 없음을 깨닫게 하려는 것이었다.

암, 알고 말고. 너는 알 것이다. 내가 이 세상을 만들 때부터 지금까지 네가 살아왔고, 내가 세상 만드는 것을 네가 보았다면, 네가 오죽이나 잘 알겠느냐! (욥 38:21)

하나님께서는 반어법으로 욥에게 물어보셨다. 너는 분명히 이 모든 것을 알겠지? 왜냐하면 너는 이 세상이 창조될 때에 존재하고 있었기에 이 모든 것을 다 보았겠지? 아무렴, 욥은 나이가 많아서, 창조 때부터 다 보았을 것이니, 존재의 근원에 대하여 말해 보라. 그러나 욥은 창조에 대하여 알 수 없었고, 더불어 하나님의 능력을 짐작할 수도 없었다. 욥은 하나님의 질문으로 자신을 돌아보면서 자신이 미약한 존재라는 것을 스스로 알아가고 있었다.

눈을 쌓아 둔 창고에 들어간 일이 있느냐? 우박 창고를 들여다본 일이 있느냐? 이것들은 내가 환난이 생겼을 때에 쓰려고 간직해 두었고, 전쟁할 때에 쓰려고 준비해 두었다. (욥 38:22,23)

눈과 우박을 저장하는 창고에 대하여 말씀하셨는데, 이는 지금 우리가 알고 있는 눈과 우박을 포함하는 구름을 가리키는 것이다. 하나님께서는 눈과 우박을 예비하였다가 자연 현상으로 하나님의 심판의 도구로 사용하셨다. 지금도 많은 자연 현상은 경이롭고, 때로는 자연 재해를 일으킬 수 있다. 욥은 하나님께서 자연을 다스리시는 것을 알고 있었지만, 구체적으로 어떻게 하시는지 알 수 없었다. 인간들은 장엄한 자연 현상들을 눈으로 볼 뿐이지만, 하나님께선 이러한 것들을 특별한 징계의 목적으로 사용하신다.

해가 뜨는 곳에 가 본 적이 있느냐? 동풍이 불어오는 그 시발점에 가 본 적이 있느냐? (욥 38:24)

하나님께서 빛을 나누어 분배하신다. 욥은 이러한 것을 알고 있느냐? 또한 동풍도 흩어지는 길이 있는데 알고 있느냐? 자연 현상은 저절로 일어나는 것이라고 생각했던 욥은 하나님의 질문에 말문이 막힐 수밖에 없었다. 하나님께서는 이 모든 것을 통제하고 지배하셨다.

사람들은 자신과 만물이 존재하고 있다는 것을 알고 있다. 그러나 세상에 있는 자연의 근본은 알지 못한다. 비록 과학이 발전하면서, 자연 현상에 대하여 이치를 해석하여 이해하게 되었지만, 존재의 근본을 완전하게 알지 못한다. 그러기에 욥은 자신이 만난 고난의 근본을 분석하거나 해석하려 했지만, 그 안에 숨겨진 하나님의 뜻을 이해하기에는 역부족이었다. 다만 이 모든 것을 하나님께서 주관하신다는 것을 욥은 인정해야 했다.

쏟아진 폭우가 시내가 되어서 흐르도록 개울을 낸 이가 누구냐? 천둥과 번개가 가는 길을 낸 이가 누구냐? 사람이 없는 땅, 인기척이 없는 광야에 비를 내리는 이가 누구냐? 메마른 거친 땅을 적시며, 굳은 땅에서 풀이 돋아나게 하는 이가 누구냐? (욥 38:25-27)

하나님께서는 욥에게 계속 질문하셨다. 폭우가 쏟아져 물이 흘러서 개울 길이 되도록 누가 하였는가? 천둥과 번개가 가는 길을 낸 이가 누구인가? 사람들은 이러한 일들을 자연적인 현상으로 알고 있을 뿐, 의도적으로 된 것이라고 생각하지 않는다. 그러나 자연 현상이 일어나는 배후에는 하나님께서 계신다.

사람이 없는 땅과 광야에 비를 내리게 하는 이가 누구냐? 메마르고 거친 땅이 흠뻑 비에 젖어서 굳은 땅에서 풀이 돋아나게 하는 이가 누구냐? 눈과 우박은 하나님의 징계의 도구로 사용되었지만, 반대로 광야에까지 비를 보내어 채소로 하여금 싹을 내게 하시는 분은 하나님이시다.

하나님께서는 아무도 돌아보지 않는 곳에도 사랑과 은혜를 베푸신다. 하나님의 자비는 특정한 자에게 국한된 것이 아니고, 전 우주를 돌보신다. 이러기에 욥 자신은 인정할 수 없다고 하더라도, 자신도 모르게 이미 그는 하나님의 사랑을 받고 있었다. 하나님의 은혜를 받고 있으면서도 깨닫지 못하면서 불평하는 것이 옳은 일인가? 사람이 생각하는 대로 이루어지는 것은 하나님의 은혜가 아니다. 그러나 많은 사람들은 자신이 원하는 것이 이루어지기를 원할 뿐, 하나님의 뜻이 이루어지기를 애쓰지 않는 것 같다.

비에게 아버지가 있느냐? 누가 이슬 방울을 낳기라도 하였느냐? 얼음은 어느 모태에서 나왔으며, 하늘에서 내리는 서리는 누가 낳았느냐? 물을 돌같이 굳게 얼리는 이, 바다의 수면도 얼게 하는 이가 누구냐? (욥 38:28-30)

하나님께서는 비와 이슬이 마치 출산 과정으로 태어난 것처럼 말씀하신다. 비와 이슬은 자연히 생긴 것이 아니라, 창조주 하나님께서 태어나게 하신 것이다. 과학적으로 볼 때 물이 영하의 온도에서 얼음이 되지만, 얼음의 근본은 하나님의 지혜로 이루어진 것이다. 하늘에서 땅으로 내리는 서리도 자연히 생긴 것이 아니라 하나님에 의해 만들어진 것이다. 모든 만물은 우연히 생긴 것이 아니라, 하나님의 뜻과 계획으로 창조되었다. 이러기에 우리는 자연과 일상을 다스리시는 하나님을 의식하고, 섬겨야 할 것이다.

욥에게 닥친 어려움과 고난은 우연히 발생한 것이 아니라 하나님의 계획에 의한 것이므로, 고난도 하나님의 은혜라고 받아들여야 했다. 즐거움과 성공만을 하나님의 은혜라고 생각하면서, 고난과 고통은 하나님과는 상관없는 저주라고 여긴다면, 이것은 인본주의적 신앙을 가진 사람이다. 그리스도인은 고통 가운데 우리를 세심하게 보살펴 주시는 하나님의 사랑을 발견해야 한다. 역으로 하나님께서 보호해 주셨지만, 이것을 단지 운이 좋아서 된 것이라고 말한다면, 이는 하나님을 무시하는 죄를 범하는 것이다.

하나님께서는 자연에 대하여 뜻을 펼치고 계시는 것처럼, 우리들 각자에게도 은혜와 고통, 축복과 형벌, 기쁨과 슬픔을 통해 보호하고 다스리고 계신다. 그러므로 우리에게 닥친 모든 환경은 하나님에게 나아가게 하는 인도자이다. 영적인 눈으로 역경과 고난을 볼 때, 비로소 이 모든 것을 다스리는 하나님을 만나게 될 것이다.

네가 북두칠성의 별 떼를 한데 묶을 수 있으며, 오리온 성좌를 묶은 띠를 풀 수 있느냐? 네가 철을 따라서 성좌들을 이끌어 낼 수 있으며, 큰곰자리와 그 별 떼를 인도하여 낼 수 있느냐? (욥 38:31,32)

흠정역 욥 38:31 네가 플레이아데스(Pleiades) 별무리의 감미로운 영향력을 묶거나 오리온 별자리의 띠들을 풀 수 있느냐?
32 네가 마자롯(Mazzaroth, 성좌)을 그것의 철(season)에 이끌어 낼 수 있느냐? 혹은 네가 악투루스(Arcturus) 별을 그것의 아들들과 함께 인도할 수 있느냐?

하나님께서 묘성(Pleiades, 플레이아데스 성단)과 삼성(Orion, 오리온 성좌)를 창조하셨다. 창조주 하나님께서 욥에게 물으셨다. 묘성의 별들을 한데 묶을 수 있겠느냐? 또 오리온 성좌를 묶은 띠를 풀 수 있겠느냐? 별들을 모아서 성좌(星座)가 되게 할 수 있는 분은 하나님이셨다. 광활한 우주의 탄생은 우연한 것이 아니라, 하나님의 계획으로 된 것이다. 하늘의 별들을 보면서 우리는 전능하신 하나님께 초점을 맞추어야 한다.

너는 각각의 절기에 맞추어 성좌들을 이끌어 낼 수 있느냐? 악투루스 별(목동자리의 가장 큰 별)과 그 별 떼를 인도하여 낼 수 있느냐? 사람들은 계절에 따라서 변화하는 별자리를 관찰하지만, 이것은 하나님께서 우주를 질서 있게 운행하고 통치하기 때문이다. 지구를 포함한 우주 만물은 모두 하나님의 명령에 완전히 복종하고 있다.

하늘을 다스리는 질서가 무엇인지 아느냐? 또 그런 법칙을 땅에 적용할 수 있느냐? (욥 38:33)

성좌들의 탄생과 소멸은 규칙이 있다. 이러한 우주의 질서가 유지되는 법칙을 욥은 알 수 없었다. 우주만 아니라 지상의 자연법칙을 누가 세웠는가? 하나님께서 욥에게 하시는 질문을 통해 하나님께서 우주 만물을 만들었고, 다스리고 계신다는 것을 알려주신다. 어떤 기계장비를 만들어서 운용하려면, 목적에 맞게 설계를 하고, 올바르게 작동해야 한다. 사람의 몸은 너무나 정교하여서 어떤 장비와 비교할 수 없을 만큼 경이롭다. 더구나 우주의 운행은 이보다 더 엄청나서 사람의 생각으로는 상상할 수도 없다. 이러한 것이 아무 설계 없이 우연하게 생겼다고 누가 말할 수 있겠는가? 하나님께서 만드신 우주 만물을 사람들은 과학이라는 도구로 연구하고 이치를 발견하려고 한다. 그러나 하나님은 사람의 차원 너머에 계시는 분이시다.

네 소리를 높여서, 구름에게까지 명령을 내릴 수 있느냐? 구름에게 명령하여, 너를 흠뻑 적시게 할 수 있느냐? (욥 38:34)

욥은 구름에게 소리쳐서 명령할 수 있는가? 구름으로 하여금 비를 쏟아내게 하여서 흠뻑 젖게 할 수 있는가? 하나님께서는 천체의 우주 질서와 함께 땅에서 일어나는 자연 현상도 다스리신다. 욥은 자신의 의를 드러내면서 하나님 앞에서 자신의 억울함을 말하겠다고 하였지만, 창조주 하나님의 질문으로 인해 조금씩 부서지고 깨어지고 있었다. 하나님 앞에서 연약하고 보잘것없는 존재인 것을 깨닫는 것이 하나님의 위대하심을 인정하는 시작이라고 할 수 있다.

번개를 내보내어, 번쩍이게 할 수 있느냐? 그 번개가 네게로 와서 "우리는 명령만 기다립니다" 하고 말하느냐? (욥 38:35)

욥은 번개에게 나가라고 명령하여 번쩍이게 할 수 있는가? 그 번개가 욥에게 와서 '우리는 명령만 기다립니다'라고 말할 수 있겠는가? 욥은 하나님의 질문에 대하여 감히 대답할 생각조차 할 수 없었다. 번개가 치는 것을 보고 사람들은 두려워하겠지만, 하나님께서는 그 번개에게 명령하여 순종하게 하신다. 인간의 상상을 넘는 하나님의 전능하심을 생각할 때, 사람은 하나님께 대하여 번개를 두려워하는 것보다 더 큰 경외심을 가져야 한다.

강물이 범람할 것이라고 알리는 따오기에게 나일 강이 넘칠 것이라고 말해 주는 이가 누구냐? 비가 오기 전에 우는 수탉에게 비가 온다고 말해 주는 이가 누구냐? (욥 38:36)

중동에서 따오기는 나일 강의 범람을 미리 알려주며, 수탉은 비가 쏟아질 것을 예측하는 것으로 알려져 왔다. 동물들이 미래의 대기 현상을 미리 예측하는 것은 자연적인 것이 아니라, 하나님께서 알려주시는 것이다. 하나님께서는 선지자들에게 지혜를 주셔서 앞날을 미리 보고, 미래를 예언하게 하셨다. 미래는 하나님께 속한 것이기 때문이다.

누가 구름을 셀 만큼 지혜로우냐? 누가 하늘의 물 주머니를 기울여서 비를 내리고, 누가 지혜로워서, 티끌을 진흙덩이로 만들고, 그 진흙덩이들을 서로 달라붙게 할 수 있느냐? (욥 38:37,38)

구름의 속성과 특성을 정확하게 아는 사람이 있겠느냐? 누가 하늘의 물 주머니를 기울여서 비를 내리게 하여, 티끌이 결합하여 진흙덩이가 되게 하고, 그 흙덩이가 서로 달라붙게 하겠느냐? 이렇게 나타나는 자연 현상은 모두 하나님의 지혜로 일어나는 것이다. 하나님의 질문으로 인하여 욥은 인간적인 생각을 내려놓고 새로운 관점으로 세상을 바라보아야 했다. 일상적으로 일어나던 자연 현상은 우연한 것이 아니며, 항상 배후에는 모든 것을 주관하시는 하나님께서 계신다는 것을 인정해야 했다.

사람의 본분은 모든 세상을 만드시고, 또한 그 세상을 조화롭게 유지하시는 하나님을 아는 것이다. 하나님은 나를 창조하셨고, 또한 나에게 주시는 희로애락을 통해 주님께서 다스리고 계신다. 크게는 천체 운행으로부터 작게는 한 사람까지 하나님께서는 자신의 뜻대로 통치하신다.

하나님을 아는 것이 가장 귀한 지식이다. 그러나 사람은 하나님의 모든 것을 완벽하게 이해할 수는 없다. 마치 개미가 지구를 알 수 없듯이 인간의 작은 지식으로는 하나님을 완전하게 알 수 없다. 그렇지만 개미가 다니면서 자신이 지나간 여정의 길이만큼 지구를 아는 것과 같이, 우리도 하나님과 함께하였던 인생의 기간 동안 하나님을 알게 되는 것이라고 생각한다.

하나님께 가까이 나아갈수록 사람은 겸손을 배우게 된다. 왜냐하면 지혜로운 자는 하나님 앞에서 나약하고 초라한 자신의 모습을 발견하기 때문이다. 사람이 상상할 수 없는 하나님의 위대하심 앞에서 욥은 무슨 말을 할 수 있었을까? 우리 각자도 위대하신 하나님 앞에서 자신의 부족함을 인정하는 삶을 살아야 할 것이다.

52 욥기 38장 39 – 39장 30

하나님께서는 동물 세계의 경이로움을 통해서 자신의 권능과 지혜를 나타내신다. 야생 동물을 보살피는 자가 누구인지를 욥에게 물으셨다. 그러나 욥은 하나님의 질문에 아무 대답을 할 수 없었다. (호크마 주석을 참조했다.)

네가 사자의 먹이를 계속하여 댈 수 있느냐? 굶주린 사자 새끼들의 식욕을 채워 줄 수 있느냐? 그것들은 언제나 굴 속에 웅크리고 있거나, 드러나지 않는 곳에 숨어 있다가 덮친다. 까마귀 떼가 먹이가 없어서 헤맬 때에, 그 새끼들이 나에게 먹이를 달라고 조를 때에, 그 까마귀 떼에게 먹이를 마련하여 주는 이가 누구냐? (욥 38:39–41)

욥이 사자를 위해 먹이를 사냥하여 계속 대 줄 수 있겠는가? 어린 사자들의 배고픔을 해결하도록 식욕을 채워 줄 수 있는가? 사자들은 굴 속에 웅크리고 있거나, 드러나지 않는 곳에 숨어 있다가 덮친다. 욥은 이러한 사자들의 수고를 대신해 줄 수 있는가? 욥은 동물 세계에 일어나는 일들에 대해 생각해 본 적이 없었고, 어린 사자들을 위한 먹이를 욥이 책임질 수는 없었다.

까마귀 새끼들이 먹이가 없어서 헤매며 달라고 조를 때에, 누가 그들에게 먹이를 마련해 줄까? 하나님께서는 보잘것없는 동물에게도 은혜로 함께하시기에, 동물의 어미들로 하여금 자신의 새끼를 위해 먹이를 준비하게 하신다. 여기에서 우리는 하나님의 자비를 발견할 수 있다. 사람의 눈으로 확인할 수 없어도, 하나님께서는 동물 세계를 주관하신다.

너는 산에 사는 염소가 언제 새끼를 치는지 아느냐? 들사슴이 새끼를 낳는 것을 지켜본 일이 있느냐? 들사슴이 몇 달 만에 만삭이 되는지 아느냐? 언제 새끼를 낳는지 아느냐? 언제 구푸려서 새끼를 낳는지를 아느냐? 낳은 새끼를 언제 광야에다가 풀어 놓는지를 아느냐? 그 새끼들은 튼튼하게 자라나면, 어미 곁을 떠나가서 다시 돌아오지 않는다. (욥 39:1-4)

암벽에서 사는 야생 염소는 사람이 접근하기 어려운 곳에 살고 있으므로, 사람들은 야생 염소를 찾기 어렵다. 이러기에 사람들은 그 동물의 출산 시기를 알 수도 없다. 하나님께서는 높고 위험한 지역에 있는 암사슴을 출산하도록 돌보신다. 하나님께서는 야생 동물들을 보호하면서, 위험에서 돌보다가, 적당한 시기에 출산하게 하신다. 욥은 이러한 과정을 알 수 없다.

야생 동물은 해산할 때가 되면, 새끼들을 낳고 나서 진통의 고통에서 벗어나게 된다. 세상에 나온 새끼들은 강한 몸으로 성장한 후에 밖에 나가서, 다시는 어미 품으로 돌아오지 않는다. 그렇지만 하나님께서는 어미를 떠난 동물 새끼들을 돌보신다. 이처럼 하나님께서는 야생 동물에게도 세심한 배려를 베푸신다.

누가 들나귀를 놓아주어서 자유롭게 해주었느냐? 누가 날쌘 나귀에게 매인 줄을 풀어 주어서, 마음대로 뛰놀게 하였느냐? 들판을 집으로 삼게 하고 소금기 있는 땅을 살 곳으로 삼게 한 것은, 바로 나다. 들나귀가 시끄러운 성읍에서 멀리 떨어져 있으므로, 아무도 들나귀를 길들이지 못하고, 일을 시키지도 못한다. 산은 들나귀가 마음껏 풀을 뜯는 초장이다. 푸른 풀은 들나귀가 찾는 먹이다. (욥 39:5-8)

누가 야생 당나귀를 놓아서 자유롭게 하였는가? 누가 날쌘 나귀의 매인 줄을 풀어 주어서 마음대로 뛰놀게 하였는가? 사람에게 길들여지지 않고 속박을 받지 않도록 나귀에게 자유의 본능을 주신 분은 하나님이시다. 하나님께서는 광야를 야생 나귀의 집이 되게 하셨고, 소금 땅을 그들이 사는 장소로 삼게 하셨다. 들 나귀는 소금의 섭취를 위해 염분이 녹아 있는 습지에서 풀을 뜯는다. 비록 그곳은 사람들에게 버려진 땅이지만, 야생 나귀에게는 가장 살기 좋은 장소인 셈이다. 욥은 이러한 하나님의 경륜을 알 수 없었다.

들 나귀는 성읍의 군중들과 소음을 싫어하게 태어났다. 왜냐하면 이 짐승은 사람들을 두려워하는 것이 아니라, 본성적으로 그들의 억압을 싫어하며, 자유롭게 살기를 원하기 때문이다. 들 나귀는 짐승을 모는 사람들의 외침 소리를 피해, 그들이 접근할 수 없는 곳으로 가서 산다. 들 나귀는 험한 곳에서 먹을 것을 찾아 배회하면서, 푸른 먹거리를 찾아 광야의 산을 돌아다닌다. 들 나귀에게 이러한 본성을 준 이가 누구이냐? 욥은 들 나귀의 특성에 대해 알지 못했고, 더 나아가 그 짐승이 험한 곳에서 사는 것이 하나님께서 베푸신 은혜라는 것도 알지 못했다.

들소가 네 일을 거들어 주겠느냐? 들소가 네 외양간에서 잠을 자겠느냐? 네가 들소에게 쟁기를 매어 주어서, 밭을 갈게 할 수 있느냐? 들소들이 네 말을 따라서 밭을 갈겠느냐? 들소가 힘이 센 것은 사실이지만, 네가 하기 힘든 일을 들소에게 떠맡길 수 있겠느냐? 들소가, 심은 것을 거두어들여서 타작 마당에 쌓아 줄 것 같으냐? (욥 39:9-12)

KJV에서 유니콘(unicorn)이라고 번역한 들소는 히브리 말로는 레엠(רְאֵם 7214 [re'êm])이며, 뿔이 한 개만 있는 야생 들소로 본다. 이 동물은 강한 힘과(민 23:22, 24:8) 위엄 있는 뿔을 가졌다(시 29:6). 욥에게는 거친 들소를 온순하게 길들여 기를 능력이 없다. 야생 들소를 가축과 같이 줄로 묶어서 밭고랑을 갈게 할 수 없고, 흙덩이를 깨뜨려서 바닥을 편평하게 만드는 써레질을 시킬 수도 없다. 야생 들소는 사람에게 길들여질 수 없는 본성이 있다.

들소가 강한 힘이 있는 것은 사실이지만, 사람의 생각대로 큰 힘이 필요하다고 해서 야생 들소를 가축처럼 농사일에 활용할 수는 없다. 사람이 하기 힘든 일이라고 해서 들소를 의지하여 맡길 수는 없다는 의미이다. 이처럼 아무리 재능이 있는 사람이라고 하더라도 하나님을 따르지 않는다면, 하나님께서는 그에게 자신의 사역을 맡기지 않으신다.

추수한 곡식을 실어 오도록 들소를 보낸다고 해서 그것을 타작 마당으로 가져올 수는 없다. 길들여지지 않는 들소의 본능은 사람의 생각대로 변화시킬 수 없다. 자유롭게 자신의 생각대로만 사는 사람은 마치 들소와 같다. 하나님께 자신의 고삐를 맡기는 것을 싫어하는 사람은 하나님과 무관하게 살기를 택하면서, 하나님의 뜻과는 상관없이 살아간다. 야생 들소는 자신의 힘만 의지하는 미련한 사람에 대한 비유적인 모습이다.

타조가 날개를 재빠르게 치기는 하지만, 황새처럼 날지는 못한다. 타조가 땅바닥에다가 알을 낳는 것은, 흙이 그 알을 따스하게 해주기를 바라기 때문이다. 그러나 그 알이 발에 밟혀서 깨어질 수 있음을 알지 못한다. 들짐승이 그 알을 짓밟을 수도 있음을 알지 못한다. 타조는 알을 거칠게 다루기를 마치 제가 낳은 알이 아닌 것같이 하고, 알을 낳는 일이 헛수고가 되지나 않을까 하고 걱정도 하지 못하니, 이것은 나 하나님이 타조를 어리석은 짐승으로 만들고, 지혜를 주지 않았기 때문이다. 그러나 타조가 한 번 날개를 치면서 달리기만 하면, 말이나 말 탄 사람쯤은 우습게 여긴다. (욥 39:13-18)

공작에게 멋진 날개를 욥이 주었을까? 또는 타조에게 날개와 깃을 주었을까? 공작의 날개는 멋져서 자랑할 만하겠지만, 공작에게 날개를 주신 분은 하나님이시다. 비록 타조는 날개와 깃을 가지고 있지만 하늘을 날지 못한다.

부화를 위한 타조의 행동방식은 일반 새들과는 다르다. 자기 알을 품지 않고 모래 속에 방치하여 태양열로 부화시킨다. 알이 부화되는 과정에서 타조의 역할은 별로 없지만, 이와 같은 자연 부화의 과정은 하나님의 배려라고 할 수 있다. 지혜와 모성애가 없는 타조 대신에 하나님께서 주신 본능으로 타조 알을 모래에 품어주어 태양열로 타조 새끼를 세상에 나오게 하신다. 아무도 돌보지 않는 것 같더라도 그 배후에는 하나님의 돌보심이 있다.

타조는 자기의 알이 발에 밟혀서 깨어질 수 있음을 알지 못한다. 들짐승이 그 알을 가로채서 먹이로 삼거나 깨뜨릴 수 있다는 것을 깨닫지 못한다. 알을 보호하여 안전하게 부화되게 하는 어미의 역할을 하지 않은 채, 자기가 낳은 알을 무관심하게 대하는 타조의 본성은 어리석음의 본보기이다.

더구나 타조는 자기 새끼들을 마치 제 새끼가 아닌 것처럼 거칠게 다루는데, 자신이 낳은 알에서 부화된 새끼가 죽는다고 하더라도 전혀 두려워하지 않는다. 왜냐하면 하나님께서 타조를 어리석은 짐승으로 만들었고, 지혜를 주지 않았기 때문이다. 지혜가 없는 짐승을 보면서 어리석음을 배우는 것이 아니라, 미련한 모습에서 자신에게 타조와 같은 우둔함이 있는지 살펴보아야 한다. 지혜가 없는 타조를 통해 지혜를 배우게 하신 분은 하나님이시다. 어리석은 타조이지만, 그것이 한 번 날개를 치며 내달으면 말과 기마병을 우습게 여기며 더 빨리 달려간다. 이렇게 빨리 달리는 능력이 있다고 한들 지혜 없는 동물인 것은 변함이 없다.

욥은 대답해 보아라. 말에게 강한 힘을 준 것이 너냐? 그 목에 흩날리는 갈기를 달아 준 것이 너냐? 네가 말을 메뚜기처럼 뛰게 만들었느냐? 사람을 두렵게 하는 그 위세 당당한 콧소리를 네가 만들어 주었느냐? 앞 발굽으로 땅을 마구 파 대면서 힘껏 앞으로 나가서 싸운다. 그것들은 두려움이라는 것을 모른다. 칼 앞에서도 돌아서지 않는다. 말을 탄 용사의 화살통이 덜커덕 소리를 내며, 긴 창과 짧은 창이 햇빛에 번쩍인다. 나팔 소리만 들으면 머물러 서 있지 않고, 흥분하여, 성난 모습으로 땅을 박차면서 내달린다. 나팔을 불 때마다, "힝힝" 하고 콧김을 뿜으며, 멀리서 벌어지는 전쟁 냄새를 맡고, 멀리서도 지휘관들의 호령과 고함 소리를 듣는다. (욥 39:19-25)

하나님께서는 전쟁에 나가는 군마(軍馬)를 가리키며, 욥이 말에게 힘을 주었느냐고 물으신다. 욥이 말의 목에 천둥을 입혔냐? 여기에서 천둥이라고 번역한 라마(רַעְמָה 7483 [ra'mâh])는 '떨림'이라는 뜻을 가지고 있고, 어떤 물체가 떨리는 것을 의미한다. 이러므로 여기에서는 말의 목 갈기로 해석하는 것이 가장 타당하다고 보는데, 말에게 흩날리는 목 갈기를 입힐 능력은 욥에게 없었다.

군마로 하여금 마치 메뚜기처럼 뛰게 할 능력이 욥에게 있느냐? 말의 위세 당당한 콧소리를 욥이 만들어 주었느냐? 말이 가진 능력은 창조주 하나님께서 주신 것이다. 군마는 앞발로 땅을 맹렬하게 긁으면서, 자신감이 충천하여 싸움터에 나간다. 군마는 전쟁을 전혀 두려워하지 않으며, 칼 앞에서도 용감하게 나아가 싸운다. 말을 타고 있는 용사의 화살통이 덜커덕 소리를 내고, 긴 창과 짧은 창이 햇빛에 번뜩이더라도, 전투를 알리는 나팔 소리에도 당당한 모습으로 흥분하여 맹렬하게 땅을 박차면서 내달린다. 나팔 소리가 날 때마다 말은 '힝힝' 콧김을 뿜으며, 멀리서 벌어지는 전쟁 냄새를 맡고, 지휘관의 호령과 외치는 고함 소리를 듣는다.

전쟁을 위해 훈련된 군마는 용사와 함께 전쟁을 회피하지 않고 돌진한다. 대부분의 사람들은 어떤 환경을 만났을 때 자기 자신을 위한 길을 선택하려고 한다. 그러나 훈련된 사람은 자신을 위한 것이 아니라, 하나님의 군호에 따라 기쁘고 당당하게 전진하며 영적 전쟁을 맞는다. 전쟁의 승패는 사람에게 달린 것이 아니라 하나님께 속한 것이기 때문이다(호 1:7, 대하 20:15).

그리스도인은 세상에서 주님과 함께 영적 전쟁을 치르는 자들이다. 이 전쟁은 우리가 싸우는 것 같지만, 악한 영들은 어린 양에게 싸움을 거는 것이다. 그러나 하나님께서는 어린 양 예수 그리스도가 승리하도록 이미 결정하셨다. 또한 어린 양의 부르심을 받고 택함을 받아 함께하는 사람들도 이길 것이다(계 17:14). 하나님의 명령을 불순종하여 여호와 하나님과 싸워서는 안 된다(대하 13:12). 그리스도인은 예수께서 이기실 영적 전쟁에 주님과 함께 참여할 영광을 얻은 성도이다. 전쟁을 두려워할 것이 아니라, 우리를 지휘하시는 주님의 명령에 따라서 용감하게 나아가야 할 책임이 있을 뿐이다.

매가 높이 솟아올라서 남쪽으로 날개를 펴고 날아가는 것이 네게서 배운 것이냐? 독수리가 하늘 높이 떠서 높은 곳에 보금자리를 만드는 것이 네 명령을 따른 것이냐? 독수리는 바위에 집을 짓고 거기에서 자고, 험한 바위와 요새 위에 살면서, 거기에서 먹이를 살핀다. 그의 눈은 멀리서도 먹이를 알아본다. 독수리 새끼는 피를 빨아먹고 산다. 주검이 있는 곳에 독수리가 있다. (욥 39:26-30)

매가 하늘 높이 솟아올라서 남쪽으로 날개를 펴고 날아가는 것이 욥에게서 배운 것이냐? 매는 겨울에 남쪽으로 이동하는 지혜를 가지고 있지만, 욥은 아무 도움을 준 것이 없다. 욥의 명령에 따라 독수리가 높은 곳으로 날아올라가 그곳에 보금자리를 만드느냐? 독수리는 가파른 절벽의 험하고 울퉁불퉁한 바위 위에 둥지를 만들어 새끼를 돌보지만, 이 역시 하나님께서 주신 본성이다. 독수리 날개에 대한 하나님의 말씀을 살펴보자.

출 19:4 내가 애굽 사람에게 어떻게 행하였음과 내가 어떻게 독수리 날개로 너희를 업어 내게로 인도하였음을 너희가 보았느니라
5 세계가 다 내게 속하였나니 너희가 내 말을 잘 듣고 내 언약을 지키면 너희는 모든 민족 중에서 내 소유가 되겠고
6 너희가 내게 대하여 제사장 나라가 되며 거룩한 백성이 되리라 너는 이 말을 이스라엘 자손에게 전할지니라

하나님께서 이스라엘을 이집트에서 이끌어 내신 후에 모세에게 말씀하시기를 "독수리 날개로 이스라엘을 업어서 자신에게 인도한 것을 그들이 보았다"고 하셨다. 모든 세계가 하나님의 것이지만, 만일 이스라엘이 하나님의 말을 듣고 언약을 지키면 모든 민족 가운데 선택된 하나님의 소유가 될 것이다. 하나님 말씀에 순종함으로써 이스라엘은 하나님께 대하여 제사장 나라와 거룩한 백성이 되어야 했다.

아무도 접근하지 못하도록 높은 절벽에 둥지를 만든 독수리에게 있는 지혜는 하나님께서 주신 것이다. 이러한 독수리 날개를 인용하면서 하나님께서 이스라엘을 인도하셨다는 것이다. 이스라엘이 하나님으로부터 받은 사랑은 다른 민족에게 오만한 자랑이 아닌 겸손한 감사의 고백이 되어야 했다. 그러나 이스라엘은 선민의식으로 교만했으며, 또 하나님의 계명을 어기고 다른 신을 숭배하는 죄를 범하기도 했다. 이스라엘의 잘못을 그리스도인은 교훈으로 받아들여 바른 길로 가야 한다.

높은 곳에 사는 독수리는 먹이를 찾기 위해 멀리 살펴본다. 이스라엘을 공격하는 이방 민족의 포악한 모습을 독수리에 비유하기도 한다 (신 28:49, 합 1:8). 하나님께서는 이방 민족을 통해 이스라엘의 죄악을 심판하셨다.

독수리는 먹이를 가지고 둥지에 있는 새끼에게 주고, 그 새끼는 먹이의 피를 먹는다. 독수리의 잔인한 습성은 새끼 때부터 나타난다. 시체가 있는 곳에는 독수리가 모인다. 이러기에 독수리가 하늘 높이서 빙빙 돌고 있으면, 그곳에 시체가 있다는 것을 알 수 있다. 예수께서는 재림을 말씀하시면서 번개가 동쪽에서 나서 서쪽에까지 번쩍이듯이 모두가 재림을 볼 수 있게 오신다고 하셨다. 그리고 독수리가 하늘에서 돌고 있는 것을 보는 모든 사람들은 그곳에 시체가 있다는 것을 아는 것처럼 예수의 재림은 모든 사람이 분명히 알 수 있게 오신다고 하셨다(마 24:26,27).

야생 동물의 습성도 하나님께서 만드셨다. 하나님께서 주신 질문에 대하여 욥은 아무 대답도 할 수 없었다. 욥은 야생 동물에게 해 준 것이 하나도 없기 때문이다. 동시에 하나님께서는 야생 동물만이 아니라 우주 질서를 주관하고 계신다.

자연의 놀라운 경이를 바라보면서 인간들은 놀란다. 비록 자연에서 우리의 눈으로 하나님을 볼 수 없지만, 자연을 다스리시는 하나님을 만나야 한다. 예수께서 폭풍과 파도를 꾸짖어 잠잠하게 하신 것을 보면서, 제자들은 자연을 다스리시는 예수님을 눈으로 확인했음을 기억하자(마 8:26,27).

아무도 돌보지 않을 것 같은 야생 동물은 하나님의 손길로 보살핌을 받고 있다. 사람이 야생 동물에게 어떻게 생존해야 할 것인지를 알려준 적은 없으나. 하나님께서 그들에게 야생의 본능을 주었기에 생존할 수 있었다.

하나님께서는 말의 용맹함을 그리스도인에게 주셔서, 이들로 하여금 주님과 함께 악한 영과의 싸움에서 이기게 예비하셨다. 그리스도인은 지금까지 우리를 독수리 날개 아래 품어 주시고 인도하신 하나님의 은혜를 발견해야 한다. 또한 시체가 있는 곳에 독수리 떼가 높이 떠서 돌고 있는 것을 보는 것처럼, 모든 사람은 분명히 다시 오실 예수님의 모습을 보게 될 것이다. 그리고 슬기로운 다섯 처녀처럼 예수님의 재림을 준비해야 한다.

53 욥기 40장 1-24

주님께서 또 욥에게 말씀하셨다. 전능한 하나님과 다투는 욥아, 네가 나를 꾸짖을 셈이냐? 네가 나를 비난하니, 어디, 나에게 대답해 보아라. (욥 40:1,2)

하나님께서 욥에게 말씀하셨다. 이전에 욥은 자신에게 아무런 잘못이 없으니, 하나님께 떳떳하게 말씀드릴 수 있을 것이며, 하나님께서는 자신의 말을 다 들으신 후에 무죄를 선언하실 것이라고 말했다. 이처럼 욥은 자신의 무죄를 주장하면서, 억울하게 고난을 받고 있다고 자신을 변호했다(욥 23:7). 그래서 하나님께서는 욥을 '전능자와 다투는 자', '하나님을 책망하는 자'라고 말씀하셨다. 비록 욥은 의인이었지만, 고난에 대한 그의 태도와 행동은 하나님께 대항하는 잘못을 저지른 것이었다.

만일 이해할 수 없는 고난을 하나님께서 허락하신 것이라면, 하나님을 비난할 것이 아니라 고난을 인내하면서, 숨겨진 하나님의 뜻을 알아가도록 해야 했다. 하나님께서는 자신의 의가 가득하여 하나님을 비난하는 욥에게 직접 물어보면서, 대답하라고 하셨다.

그 때에 욥이 주님께 대답하였다. 저는 비천한 사람입니다. 제가 무엇이라고 감히 주님께 대답할 수 있겠습니까? 다만 손으로 입을 막을 뿐입니다. 이미 말을 너무 많이 했습니다. 더 할 말이 없습니다. (욥 40:3-5)

욥은 이전에 하나님의 질문에 대해 아무 대답을 할 수 없었다. 하나님께서 하시는 말씀을 들으면서 그는 전능하신 하나님의 위엄에 압도되었으며, 이전에 자신이 했던 말이 경솔했고, 보잘것없고 무가치한 것이었음을 알게 되었다. 이전에 자신에게 영광이 있었다고 생각했지만(욥 19:9, 29:20), 이제는 자신의 연약함과 무능한 현실을 인정하였다. 욥은 이전에 자신이 하나님께 대하여 했던 말을 뉘우치면서, 다시는 그러한 과오를 범하지 않겠다고 하나님께 아뢴다. 사람은 누구나 하나님 앞에 섰을 때, 비로소 교만을 알게 되고, 자신이 비천한 존재라는 것을 깨달을 수 있다.

욥은 더 이상 말을 하지 않겠다고 대답하였는데, 이것은 하나님의 말씀을 듣기만 하겠다는 것이다. 대부분의 사람은 자신의 생각으로 모든 것을 판단하여 결정하는데, 심지어 욥은 자신의 의로 하나님의 의까지도 판단하려고 했다. 인간의 지혜와 지식으로는 도저히 하나님의 지혜와 뜻을 깨달을 수 없다. 하나님의 말씀을 들은 욥은 그제서야 자신의 비천함을 인정했다.

욥은 과거에 하나님께서 말씀하시면 자신이 대답하겠고, 그렇지 않으면 자신이 먼저 말씀드릴 것이니 하나님께서 대답해 달라고 하였다(욥 13:22). 하지만 이제는 욥이 입을 다물겠다는 것이다. 그렇지만 아직 욥이 진정한 회개를 한 것은 아니었다(욥 42:6).

진정한 회개는 무엇일까? 이스라엘 백성이 호세아 선지자의 말을 들으면서 입으로만 하는 불성실한 회개를 했던 일이 있었다. 하나님께서는 호세아 선지자를 통해 하나님을 배반한 에브라임과 이스라엘에 대한 심판을 말씀하셨다. 이러자 그들은 "여호와께로 돌아가자. 여호와께서 우리를 치셨으나 다시 아물게 하시며, 이틀 후에 우리를 다시 살려주고, 사흘 만에 우리를 다시 일으켜 세우실 것이니, 우리가 주님 앞에서 살 것이다. 우리가 여호와를 알자. 힘써 여호와를 알자!"고 외친다. 그러자 하나님께서는 "에브라임아, 유다야, 내가 너를 어떻게 하면 좋겠느냐? 나를 사랑하는 너희 마음은 아침 안개처럼, 이슬처럼 덧없이 사라지는구나. 그래서 내가 선자자들을 보내어 너희를 쳤다. 내가 바라는 것은 변함없는 사랑이지, 제사가 아니다. 제사보다는 너희가 나 하나님을 알기를 바란다. 너희는 아담처럼 언약을 어기고 나를 배반했다."라고 말씀하신다(호 6:1-7). 진정한 회개는 제사의 유무가 아니며, 입으로만 하는 것도 아니고, 행동과 태도가 바뀌어야 한다.

그러자 주님께서 폭풍 가운데서 다시 말씀하셨다. 이제 허리를 동이고 대장부답게 일어서서, 내가 묻는 말에 대답하여라. 아직도 너는 내 판결을 비난하려

느냐? 네가 자신을 옳다고 하려고, 내게 잘못을 덮어씌우려느냐? (욥 40:6-8)

하나님께서 다시 폭풍 가운데서 말씀하신다. 욥에게 마치 전쟁터에 나가기 위해 허리를 묶는 것처럼 하나님께서 물어보시는 것에 대답하라는 것이다. 전능하신 하나님 앞에서 연약한 자신의 모습을 확인했지만, 그에게는 아직도 해결되어야 할 것들이 남아 있었다.

욥의 친구들은 욥이 죄를 범했기 때문에 징계를 받아서 고난이 온 것이라고 말했지만, 욥에게는 그들이 주장했던 죄악은 없었다. 그러기에 욥은 자신의 무죄를 주장했고, 결국은 고난은 하나님께서 판단을 잘못하신 것이라고 생각했다. 그러나 욥에게 있는 고난은 그의 의로움과는 상관없는 하나님의 결정이었다.

정확하게 말하자면 사탄은 복을 바라는 욥의 신앙을 하나님께 고발했으며, 하나님께서는 이것을 알아보기 위해 사탄이 시험하도록 허락하셨다. 그러므로 욥이 만난 고난은 죄와는 상관이 없는 것이었지만, 욥은 자신의 고난이 죄로 인한 것이라는 친구들의 논리를 받아들여서, 의인에게 고난이 있는 것은 하나님께서 잘못한 결정이라고 비난하며 정죄했던 것이다.

네 팔이 하나님의 팔만큼 힘이 있느냐? 네가 하나님처럼 천둥소리 같은 우렁찬 소리를 낼 수 있느냐? (욥 40:9)

하나님께서는 욥에게 하나님의 능력을 가지고 있느냐고 물으셨다. 하나님의 전능하심을 깨달은 욥에게 이러한 질문은 비천한 인간을 돌아보게 하려는 것이었다. 이러므로 사람은 하나님의 통치에 대한 비난과 비판을 할 자격조차 없다. 하나님의 권능 앞에서 아무도 그의 길을 정하신 이유를 따질 수 없으며, 처음과 끝을 모르니 하나님께서 행하신 일이 잘못되었다고 따질 수도 없다(욥 36:22,23).

'천둥소리'는 하나님의 위엄과 권위를 상징하며, 사람은 이런 소리를 낼 수 없을 뿐만 아니라, 하나님의 위엄 앞에서는 두려워 떨 수밖에 없다. 사람은 엄청난 자연 앞에서 아무것도 할 수 없다는 것을 느끼지만, 하물며 그 자연만물을 다스리시는 하나님 앞에서는 더 말할 것도 없다. 하나님 앞에 서 있는 욥은 두렵고 떨리기만 했다.

어디 한 번 위엄과 존귀를 갖추고, 영광과 영화를 갖추고, (욥 40:10)

하나님께서는 욥에게 위엄(majesty)과 존귀(excellency)로 자신을 꾸며 보라고 요구하셨다. 그러나 이것들은 인간에게 없는 하나님의 속성이므로 욥에게는 불가능한 일이었다. 영광(glory)과 영화(beauty)로 단장하라고 하는 명령을 욥은 들었지만, 결코 그는 하나님의 절대적인 주권을 가질 수 없음을 알고 있었다. 하나님께서는 자신의 속성과 주권을 사람이 흉내 내 보라는 역설적인 말씀으로 욥에게 또 한 번 인간의 한계를 깨닫게 하셨다. 하나님의 창조질서에 대항할 만한 것은 없다.

교만한 자들을 노려보며, 네 끓어오르는 분노를 그들에게 쏟아 내고, 그들의 기백을 꺾어 보아라. 모든 교만한 자를 살펴서 그들을 비천하게 하고, 악한 자들을 그 서 있는 자리에서 짓밟아서 모두 땅에 묻어 보아라. 모두 얼굴을 천으

로 감아서 무덤에 뉘어 보아라. (욥 40:11-13)

하나님께서는 욥으로 하여금 교만한 자들을 노려보다가, 그들에게 맹렬한 분노를 쏟아서 짓뭉개 버려서 겸손하게 하라고 하신다. 그러나 욥은 누가 교만한 사람인지 판단할 수도 없으며, 하나님의 공의를 펼칠 능력도 없었으므로, 하나님을 대신하여 징계할 수 없었다.

욥에게 말씀하시기를 모든 교만한 자를 살펴서 비천하게 하고, 악한 자들을 그 서 있는 자리에서 짓밟으라고 하신다. 하나님께서 행하시는 공의의 심판을 욥에게 행하라고 하신 이유는, 인간의 능력으로는 할 수 없는 것을 더욱 깨닫게 하려는 것이었다. 욥은 자신의 의가 지나쳐서 마치 자신이 하나님의 의를 가지고 있는 것처럼 행동했다. 그렇지만 하나님 대신 욥이 공의를 행할 수는 없다. 하나님께서는 욥의 잘못을 역설적인 방법으로 더 드러내셨다.

교만한 자들을 흙 속에 감추라고 하는 것은 그들을 진토(dust, 티끌) 곧 '무덤'이나 '음부'에 보내라는 것으로, 죽음의 심판을 의미한다. 욥은 이러한 심판을 행할 능력이 없었다. 그들의 얼굴을 천으로 감아서 무덤에 뉘어 보라고 하나님께서 말씀하셨지만, 이는 전능하시며 절대 권력을 갖고 계시는 하나님만이 하실 수 있는 것이었다. 다시 말하자면, 하나님께서는 욥에게 절대자가 갖고 있는 권능이 있는지를 물어 보신 것이다.

그렇게만 할 수 있다면, 나는 너를 찬양하고, 네가 승리하였다는 것을 내가 인

정하겠다. (욥 40:14)

만일 욥이 하나님께서 말씀하신 능력을 가지고 있다면, 욥이 스스로를 구원할 수 있다고 하나님께서 인정하겠다고 하셨다. 그러나 사람은 스스로 자신을 구원할 능력이나 궁극적으로 죄를 심판할 수는 없다. 그러기에 하나님께서는 죄에 빠진 인간을 구원하기 위해 예수를 하나님의 아들로 믿어서 구원을 받아 사망에서 생명을 얻게 되도록 특별한 방법을 마련하셨다(요 20:31). 믿음으로 생명을 얻은 그리스도인은 여기에서 멈추는 것이 아니라 영생의 길이 있음을 알아야 한다(요일 5:13).

그리스도인은 믿음으로 의인이 된 사람이며, 이것은 하나님의 뜻에 의한 것이다. 하나님의 은혜에 의하여 예수 그리스도를 믿음으로 구원을 받았으니, 이것은 사람의 힘으로 된 것이 아니라 하나님께서 주신 선물이다. 그러나 하나님께서 우리를 창조하신 목적은 죄에서의 구원만이 아니라, 그리스도 예수 안에서 선한 일을 하며 살아가게 하려는 것이다(엡 2:8-10).

이러므로 사람이 예수 그리스도를 믿는 것과 그 안에서 선한 일을 행하는 것이 모두 하나님의 뜻에 따르는 것이다. 믿음으로 의인이 되었다고 영생을 얻은 것처럼 자만하지 말고, 믿은 후에 의인으로 해야 할 선한 일을 행하는 것이 올바른 자세이다. 이렇게 하는 것이 하나님의 계명을 지키는 것이다.

요일 3:23 하나님의 계명은 이것이니, 곧 그 아들 예수 그리스도의 이름을 믿고, 그리스도께서 우리에게 명하신 대로 서로 사랑하라는 것입니다.
개정 요일 3:23 그의 계명은 이것이니 곧 그 아들 예수 그리스도의 이름을 믿고 그가 우리에게 주신 계명대로 서로 사랑할 것이니라

믿음과 사랑을 행하는 것이 하나님의 계명이며, 이렇게 순종하는 사람은 하나님을 아는 것이며(요일 2:3,4, 4:7,8), 영생을 얻는 것이다(요 17:3). 하나님의 은혜로 의인이 되었으면, 그 후에는 의인다운 삶을 살아가야 한다.

욥은 하나님께서 인정하는 의인이었지만, 고난을 맞이하여 자신의 의를 내세우는 욥의 태도와 행동은 의인이 아닌 교만한 자의 모습이었다. 우리에게 작은 교만의 싹이 자라고 있다면, 결국 우리는 그 교만으로 하나님도 무시하게 될 수도 있을 것이다. 교만은 하나님의 자리를 탐내는 영적인 강도이다. 우리가 만일 욥과 같은 의인이라면 자신의 의로 교만해질 수 있으며, 무식한 사람이라도 자신을 높이려는 우매한 지혜로 인해 넘어지게 될 것이다. 교만은 하나님을 배반하는 금단의 열매를 먹는 것이며, 자신의 아름다움에 빠지는 자기도취증(나르시시즘, narcissism)은 정신병과 같다. 욥은 자신의 의가 지나치게 의롭다고 생각하여, 자신의 의에 빠져버렸다.

베헤못을 보아라. 내가 너를 만든 것처럼, 그것도 내가 만들었다. 그것이 소처럼 풀을 뜯지만, 허리에서 나오는 저 억센 힘과, 배에서 뻗쳐 나오는 저 놀라운

기운을 보아라. 꼬리는 백향목처럼 뻗고, 넓적다리는 힘줄로 단단하게 감쌌다. 뼈대는 놋처럼 강하고, 갈비뼈는 쇠빗장과 같다. 그것은, 내가 만든 피조물 가운데서 으뜸가는 것, 내 무기를 들고 다니라고 만든 것이다. 모든 들짐승이 즐겁게 뛰노는 푸른 산에서 자라는 푸른 풀은 그것의 먹이다. 그것은 연꽃잎 아래에 눕고, 갈대밭 그늘진 곳이나 늪 속에다가 몸을 숨긴다. 연꽃잎 그늘이 그것을 가리고, 냇가의 버드나무들이 그것을 둘러싼다. 강물이 넘쳐도 놀라지 않으며, 요단 강의 물이 불어서 입에 차도 태연하다. 누가 그것의 눈을 감겨서 잡을 수 있으며, 누가 그 코에 갈고리를 꿸 수 있느냐? (욥 40:15-24)

하나님께서는 욥을 피조물 베헤못과 비교하여 말씀하신다. 초식동물인 베헤못(בְּהֵמוֹת 930 [behêmôwth])은 히브리 말로 하마라고 하기도 하고 이집트의 나일강 물 소라고 말하기도 한다. 어쨌든 물과 관련된 짐승으로서, 인간인 욥이 통제할 수 없는 힘과 능력이 있다.

그 짐승의 허리에서 나오는 억센 힘과 배에서 뻗치는 놀라운 힘이 있다. 하마의 꼬리와 고환의 힘줄이라고 표현하는 것으로 보아 짐승의 교미라고 해석하기도 한다. 하마의 뼈대는 굵고 단단하며, 하나님의 창조물 중에 걸작품이어서, 오직 하나님만이 이 짐승을 완전하게 지배하신다. 모든 들짐승이 뛰노는 상에서 자라는 푸른 풀은 그의 먹이이다. 하마는 그늘진 나무 아래와 갈대밭 그늘진 곳과 늪 속에 누워서 휴식을 한다. 나무들의 그늘로 하마를 덮고, 시내 버드나무들이 그를 감싼다. 이처럼 하나님께서 하마를 세밀하게 보호하며 보살펴 주신다. 하마는 거센 물결이 몰려와도 당황하지 않고, 갑자기 요단 강의 물이 불어도 자신을 스스로 지킬 수 있다. 하마가 정신을 차리고 있을 때, 누가 그 코에 갈고리를 꿰어 잡을 수 있겠느냐?

하나님께서는 하마에게 뛰어난 능력을 주셨다. 이 짐승은 자연 환경이 변해도 스스로 살아남을 수 있으며, 사람들이 포획하기는 쉽지 않다. 욥은 하마라는 짐승을 보면서, 연약하고 비천한 자신의 모습을 실감할 수 있다. 그러나 이렇게 뛰어난 짐승도 피조물 중의 하나이며, 그 모든 것의 시작은 하나님으로부터 온 것임을 확인할 수 있었다.

54 욥기 41장 1-34

네가 낚시로 리워야단을 낚을 수 있으며, 끈으로 그 혀를 맬 수 있느냐? 그 코를 줄로 꿸 수 있으며, 갈고리로 그 턱을 꿸 수 있느냐? 그것이 네게 살려 달라고 애원할 것 같으냐? 그것이 네게 자비를 베풀어 달라고 빌 것 같으냐? 그것이 너와 언약을 맺기라도 하여, 영원히 네 종이 되겠다고 약속이라도 할 것 같으냐? 네가 그것을 새처럼 길들여서 데리고 놀 수 있겠으며, 또 그것을 끈으로 매어서 여종들의 노리개로 삼을 수 있겠느냐? 어부들이 그것을 가지고 흥정하고, 그것을 토막 내어 상인들에게 팔 수 있겠느냐? 네가 창으로 그것의 가죽을 꿰뚫을 수 있으며, 작살로 그 머리를 찌를 수 있겠느냐? 손으로 한 번 만져만 보아도, 그것과 싸울 생각은 못할 것이다. 리워야단을 보는 사람은, 쳐다보기만 해도 기가 꺾이고, 땅에 고꾸라진다. 그것이 흥분하면 얼마나 난폭하겠느냐? 누가 그것과 맞서겠느냐? 그것에게 덤벼 들고 그 어느 누가 무사하겠느냐? 이 세상에는 그럴 사람이 없다. (욥 41:1-11)

하나님께서 욥에게 리워야단(leviathan, 레비아단, לִוְיָתָן 3882 [livyâthân])이라고 하는 무서운 괴물을 말씀하셨다. 리워야단은 '비틀다, '꼬다'라는 뜻의 말로 '몸이 길어 휘감기는 동물'을 가리킨다. 성경에서는 악어 또는 신화적 괴물인 '라합'(욥 26:12, 사 30:7), '꼬불꼬불한 뱀 리워야단'(사 27:1), '하마'(욥 40:15) 등으로 번역된다. 리워야단은 무섭고 두려운 이방 세력이나 하나님을 대적하는 힘세고 악한 존재를 가리킨다(라이트 성경 사전).

리워야단이 어떤 짐승인가에 대해서는 여러 가설들이 있지만, 어쨌든 사람의 힘으로는 다루기 힘든 괴물이다. 리워야단을 길들이는 것은 불가능하다. 그의 강력한 힘으로 인하여 여러 가지 방법으로도 포획할 수 없다. 엄청난 힘을 가지고 있는 리워야단은 사람과 협상이나 타협을 하지 않으며, 사람에게 영원히 종으로 살지도 않는다. 애완동물로 기를 수 없고, 하인들을 위하여 매어 놓을 수도 없다. 리워야단을 잡아서 팔 수 없으며, 창으로 가죽을 찌르거나 작살을 그 머리에 꽂을 수도 없다. 만일 사람이 리워야단과 대항하여 싸워 본다면, 다시 싸울 생각을 하지 못할 것이다.

만일 누구라도 그 앞에 선다면 이길 가망이 없어서, 그 모습을 보기만 해도 기가 꺾이고, 땅에 고꾸라질 것이다. 어느 누구도 그것을 흥분시킬 만큼 담대할 수 없다. 하물며 누가 하나님께 대항할 수 있단 말인가? 사람의 힘으로 감당할 수 없는 '베헤못'과 '리워야단'으로 인해 두려움을 얻게 될 것이지만 이들은 모두 하나님께서 창조하신 피조물일 뿐이다.

어느 누가 리워야단에게 맞서 덤빈 다음에, 하나님께서 갚아 주시기를 바라는가? 사람의 능력으로는 대항하기 불가능한 리워야단이라고 할지라도, 그것은 모든 것을 주관하시는 하나님의 권능 아래 있다. 하나님께서는 '온 천하에 있는 것이 다 내 것이니라'고 말씀하신다. 그러므로 리워야단도 하나님에게는 장난감일 뿐이다(시 104:26, 공동번역 성서개정판 1999).

욥이 만난 고난은 리워야단과 같아서 사람의 힘으로는 빠져나올 수 없는 것이었다. 그러나 리워야단을 다스리시는 하나님께서 욥의 고난을 다스리신다. 사람의 생각으로 불가능한 것이라고 할지라도 그 모든 것은 하나님의 권능 아래 통제되고 있다. 이러기에 엄청난 고난을 당하고 있더라도 그 고난으로 두려워할 것이 아니라, 그 모든 것을 다스리시는 하나님을 바라보아야 한다.

하나님께서는 리워야단에 대하여 자세하게 알려주신다.

리워야단의 다리 이야기를 어찌 빼놓을 수 있겠느냐? 그 용맹을 어찌 말하지 않을 수 있겠느냐? 그 늠름한 체구를 어찌 말하지 않고 지나겠느냐? 누가 그것의 가죽을 벗길 수 있겠느냐? 누가 두 겹 갑옷 같은 비늘 사이를 뚫을 수 있겠느냐? 누가 그것의 턱을 벌릴 수 있겠느냐? 빙 둘러 돋아 있는 이빨은 보기만 해도 소름이 끼친다. 등 비늘은, 그것이 자랑할 만한 것, 빽빽하게 짜여 있어서 돌처럼 단단하다. 그 비늘 하나하나가 서로 이어 있어서, 그 틈으로는 바람도 들어가지 못한다. 비늘이 서로 연결되어 꽉 달라붙어서, 그 얽힌 데가 떨어지지도 않는다(욥 41:12-17).

재채기를 하면 불빛이 번쩍거리고, 눈을 뜨면 그 눈꺼풀이 치켜 올라가는 모양이 동이 트는 것과 같다. 입에서는 횃불이 나오고, 불똥이 튄다. 콧구멍에서 펑펑 쏟아지는 연기는, 끓는 가마 밑에서 타는 갈대 연기와 같다. 그 숨결은 숯불을 피울 만하고, 입에서는 불꽃이 나온다. 목에는 억센 힘이 들어 있어서, 보는 사람마다 겁에 질리고 만다. 살갗은 쇠로 입힌 듯이, 약한 곳이 전혀 없다. 심장이 돌처럼 단단하니, 그 단단하기가 맷돌 아래짝과 같다. 일어나기만 하면 아무리 힘센 자도 벌벌 떨며, 그 몸부림 치는 소리에 기가 꺾인다. 칼을 들이댄다 하여도 소용이 없고, 창이나 화살이나 표창도 맥을 쓰지 못한다. 쇠도 지푸라기로 여기고, 놋은 썩은 나무 정도로 생각하니, 그것을 쏘아서 도망치게 할 화살도 없고, 무릿매 돌도 아예 바람에 날리는 겨와 같다. 몽둥이는 지푸라기쯤으로 생각하며, 창이 날아오는 소리에는 코웃음만 친다. 뱃가죽은 날카로운 질그릇 조각과 같아서, 타작기가 할퀸 진흙 바닥처럼, 지나간 흔적을 남긴다. 물에 뛰어들면, 깊은 물을 가마솥의 물처럼 끓게 하고, 바다를 기름 가마처럼 휘젓는다. 한 번 지나가면 그 자취가 번쩍번쩍 빛을 내니, 깊은 바다가 백발을 휘날리는 것처럼 보인다(욥 41:18-32).

리워야단은 용맹과 견고, 두려움, 엄청난 위용과 위세를 드러내고 있다. 세상에는 그와 겨룰 만한 것이 아무것도 없다. 그것은 두려움을 모르는 것으로 지음 받았기 때문이다(욥 41:33). 그러나 리워야단이 아무리 뛰어난 존재라고 해도, 그것은 하나님에 의해 지음을 받은 피조물일 뿐이다. 리워야단은 자신의 뛰어남으로 인하여 모든 교만한 것들을 우습게 보며, 모든 거만한 자들에게 군림하여 왕 노릇을 하는 '교만의 왕'이다(욥 41:34).

교만의 극치를 보여준 피조물은 다양한 이름을 가지고 있는 '마귀'

이다. 그는 사탄(Satan)이라고 불리는데, 이 말의 의미는 '적대자', '비방하는 자'이다. 그는 바알세불이라고 말하며, 이는 '마귀들의 왕'으로 우두머리 마귀를 가리킨다.

마귀는 스스로 존재한 것이 아니라, 하나님에 의해 창조된 천사였으나 타락하여 마귀가 되었다(겔 28:15). 그가 창조되었을 때, 완전하여 지혜도 많았고, 아름다웠고, 아무도 비교할 수 없는 완전한 존재였다(겔 28:12). 그러나 완전한 아름다움으로 인해 마음이 교만하게 되었고, 영화를 자랑하다가 지혜가 흐려졌다(겔 28:17).

처음에 마귀는 완전했지만, 나중에는 자신의 완전함에 도취되었고, 교만으로 하나님을 배반하였다. 마귀가 범한 가장 큰 죄악은 교만이었고, 결국 그가 지은 죄악이 드러나게 되었다(겔 28:15). 욥은 완전한 의인이었으나, 그의 의로 인하여 교만하게 되어 하나님의 공의까지도 정죄하였다.

교만함이 극에 달한 마귀는 마음속으로 '내가 가장 높은 하늘로 올라가겠다. 하나님의 별들보다 더 높은 곳에 나의 보좌를 두고, 저 멀리 북쪽 끝에 있는 산 위에, 신들이 모여 있는 그 산 위에 자리잡고 앉겠다. 내가 저 구름 위에 올라가서, 가장 높으신 분과 같아지겠다'라고 했다(사 14:13,14).

마귀는 피조물 중의 하나로서 영원하지 않으며, 결코 하나님과 동등할 수 없다. 그러나 마귀는 자신의 완전함에 빠져서 자신을 하나님의 자리에 앉혀 놓으려 했다. 그의 교만으로 하나님을 무시하는 반역

죄를 범한 것이다.

욥이 지은 죄는 리워야단과 같은 '교만'이었다. 사람은 누구나 지나치게 의인(over righteous)이 되지 말며, 지나치게 지혜자(over wise)가 되지 말아야 한다. 지나친 의인이 되면 교만으로 인해 스스로를 망치게 될 것이다(전 7:16). 교만은 자신의 고삐를 자신이 쥐고 있는 것을 의미한다. 자신의 관점으로 판단하며, 그것이 가장 최선이라고 생각하므로, 다른 사람들의 의견을 수용하기는커녕 오히려 무시하려고 한다. 이렇게 교만한 자들은 심지어 하나님의 말씀도 자신의 방식으로 해석하고 자신이 내린 결론으로 삶에 적용한다. 그래서 자신이 경건한 사람이라고 스스로 생각한다. 교만을 해결할 수 있는 길은 자신의 생각과 이기심을 하나님께 맡기는 것이다. 하나님의 인도하심을 따라 겸손하게 사는 사람에게는 교만이 설 자리가 없다.

여기에서 강조하고 싶은 것은 욥과 같은 의인이 되지 말라는 것이 아니라, 욥의 신앙을 배워서 의인으로 살아가되, 자기 스스로를 살펴서 교만의 유혹에 빠지지 않도록 조심해야 한다는 것이다(갈 6:1). 아무것도 모르는 사람은 교만할 수조차 없지만, 말씀을 어설프게 자기 방식으로 깨닫고, 신앙도 이기적으로 성숙하면, 어느 새 자신도 모르는 사이에 자신을 높은 자리에 앉혀 놓는 경우가 많다.

신앙의 연조가 많을수록 신앙 경력을 자랑할 것이 아니라, 하나님의 명령에 순종해야 한다. 그래야 하나님의 권위를 인정하면서 겸손을 유지할 수 있다. 하나님의 명령을 따르지 않는 자는 단순하게 불순종하는 죄를 범하는 것이 아니라, 공중 권세를 잡은 마귀 곧 불순종의 아들들 가운데서 역사하는 영을 따르는 것이다(엡 2:1). 그러므로 교만하지 않으려고 겸손한 척하는 것보다, 하나님의 명령에 순종하는 것이 교만을 피하는 길이다. 마귀를 이기는 유일한 방법은 하나님께 복종하면서 마귀를 대적하는 것이다. 이렇게 할 때 마귀는 도망하게 될 것이다(약 4:7).

리워야단은 요한계시록에서는 마귀를 상징한다. 마귀는 '큰 용', '옛 뱀, '사탄'이라고도 하며, 온 세계를 미혹하는 자이다(계 12:9). 하늘에 전쟁이 있었고, 미가엘과 그의 천사들은 용과 맞서서 싸웠다. 용과 그의 부하들은 이기지 못하여 하늘에서는 더 이상 발붙일 자리가 없었다. 큰 용이 땅으로 내쫓겼고, 그의 부하들도 함께 내쫓겼다. 그는 하나님 앞에서 성도들을 헐뜯은 자(참소자, 고발자, the accuser)였다. 여자의 남은 자손(the rest of her offspring–those)은 용과 대적해서 싸울 것인데, 이들은 하나님의 계명을 지키며 예수의 증거를 간직하고 있는 사람들이다(계 12:7–17).

마귀는 삼위일체 하나님을 대적하기 위해 거짓 삼위일체를 만들기까지 한다. 마귀는 거짓된 아들, 바다에서 나오는 짐승을 만들었다(계 13:1). 마귀는 창조주 하나님을 모방하여 아들을 만들었으며, 이는 거짓 아들이다.

바다에서 나온 첫째 짐승은 머리가 일곱이었는데, 머리 하나가 상하여 죽게 된 것 같았으나, 그 상처가 나으므로 온 세상 사람들은 놀랍게 여기며 그 짐승을 따라갔다(계13:3). 이 짐승은 예수 그리스도의 부활을 모방하였다. 치명상에서 치유된 것을 부활이라고 세상을 속인다. 용은 첫째 짐승에게 권세를 주었고(계 13:4), 첫째 짐승은 사탄의 계획을 실행하는 집행자이다. 이 짐승은 한시적으로 권세를 받아 성도들과 싸워 이기게 되고, 모든 종족과 백성과 언어와 민족을 다스리는 권세를 받는다(계 13:7).

땅에서 나오는 둘째 짐승이 있는데(계 13:11), 나중에 거짓 선지자로 밝혀지며(계 16:13), 성령의 모조품이다. 땅 짐승은 첫째 짐승의 모든 권세를 대신해서 행하였고, 모든 사람들로 하여금 치명상에서 나은 첫째 짐승에게 절하게 하였다(계 13:12).

욥의 고난은 예수 그리스도의 강림과 심판과 관련이 있다(약 5:7-11). 이렇다면 하나님께서 말씀하신 리워야단은 마지막 때에 하나님을 대적하는 마귀를 가리키는 것이라고 볼 수 있다. 비록 누구도 마귀와 싸워서 이길 수 없지만, 하나님께서는 피조물인 리워야단(마귀)을 다스리신다.

결국 하나님께서는 교만의 왕 리워야단의 머리를 깨뜨리신다(시 74:14). 하나님께서 지혜로 바다를 창조하셨고, 그 안에는 크고 작은 동물들이 많이 있다. 바다 물 위에는 배들이 오가며, 주님께서 지으신 리워야단도 그 속에서 노닐고 있다(시 104:24-26). 마지막 날 하나님께서는 매섭고 크고 강한 칼로 매끄러운 뱀 리워야단, 꼬불꼬불한 뱀 리워야단을 벌하시어, 곧 바다의 괴물을 죽이실 것이다(사 27:1). 이사야의 글에서 보면 리워야단은 전설적인 바다 짐승을 가리키며, 요한계시록에서 말하는 첫째 짐승과 연관이 됨을 추측할 수 있다.

리워야단이 아무리 거세고 통제할 수 없는 짐승이라고 하더라도 하나님의 통치에서 벗어나지 못한다. 마지막 때 성도들은 첫째 짐승에 의해 일시적으로 지게 되겠지만(계 13:7), 결국에는 만왕의 왕이신 어린 양이 그들을 이길 것이며 주님과 함께 있는 성도들도 승리하게 될 것이다.

계 17:13 그들은 한 마음이 되어서, 그들의 능력과 권세를 그 짐승에게 내줄 것이다.
14 그들이 어린 양에게 싸움을 걸 터인데, 어린 양이 그들을 이길 것이다. 그것은, 어린 양이 만주의 주요 만왕의 왕이기 때문이며, 어린 양과 함께 있는 사람들이, 부르심을 받고 택하심을 받은 신실한 사람들이기 때문이다."

하나님께서 욥에게 리워야단 짐승에 대하여 말씀하신 목적을 알아보자. 첫째는 리워야단의 교만을 통해 욥의 교만을 지적하여 깨우쳐 주려는 것이었다. 지나친 자신의 의로 인하여 교만의 죄를 범한 욥으로 하여금 자신을 돌아보게 하려는 것이었다. 만일 욥이 깨어 있는 자라면, 그는 하나님의 말씀을 통해 자신의 죄를 회개하고 자신의 교만을 뉘우치게 될 것이다. 그러나 교만이 지나친 자는 이러한 교훈에도 불구하고 자신의 교만으로 인해 스스로 망하게 될 것이다.

2000년전 예수께서 십자가에 달리셨을 때를 현재에 적용하여서, 두 명의 죄인이 아닌 두 명의 그리스도인이 있다고 생각해 보자. 한 사람은 오직 구원해 달라고 했을 것이고, 또 다른 사람은 예수님의 무죄를 고백하면서 주님 나라에 들어가실 때에 자신을 기억해 달라고 했을 것이다. 이처럼 마지막 때를 살고 있는 우리는 오직 고난에서 구원받는 것만 바라는 자가 아니라, 주님의 고난에 겸손하게 참여하는 자가 되어야 하는 것이 먼저이다. 주님께서 욥의 교만을 책망하셨듯이, 자신의 백성을 심판하셔서 그들의 교만을 다스리실 것이라는 사실을 기억하며 깨달아야 한다(히 10:30).

둘째는 욥은 마지막 때의 성도들이 당하게 될 고난의 예표이다. 그 때에는 마귀와의 전쟁이 있을 것인데, 리워야단 곧 마귀에 대하여 알려주어서 대비하게 하기 위함이다. 그때에 성도들은 자신의 의만으로는 이 전쟁을 이겨내지 못할 것이며, 선지자들과 욥의 인내를 배워야 한다. 그러나 최종적으로는 예수 그리스도께서 오셔서 리워야단의 머리를 직접 깨뜨리실 것이며, 그때 말세에 예비된 구원에 이르게 될 것이다(벧전 1:5).

통제되지 않는 나의 교만은 무엇일까? 자신을 의인이라고 내세우는 교만을 가진 자는 시시때때로 자신을 왕좌에 앉히려는 음모를 꾸미고 있다. 하나님의 권위를 인정하지 않고, 명령을 무시하면서, 자신의 뜻과 생각을 따라서 사람들 위에 군림하려고 한다.

욥기를 묵상하면 욥의 고난을 통해 자신을 돌아보아야 함을 알 수 있다. 우리 각자에게 있는 가장 큰 문제는 내 마음대로 하려고 하는 교만이다. 욥은 고난을 만났지만 자신의 의를 변호했고, 오히려 하나님과 변론하려고 했다. 비록 욥은 하나님께 향한 열정적인 마음이 있었지만, 그는 자신의 의로 인해 리워야단과 같은 교만이 있었다. 하나님께서 나의 왕이 되셔야 하지만, 교만의 왕 리워야단의 자녀가 된 자는 통제할 수 없는 교만으로 자신을 파멸에 빠뜨린다.

하나님께서는 욥의 교만을 깨우쳐 주기 위해 교만의 왕인 리워야단을 통해 욥으로 하여금 자신을 돌아보게 하셨다. 하나님의 그늘 아래 겸손히 하나님을 바라보며, 말씀을 사모하고, 순종하면서, 하나님의 뜻을 이루기 위해 사는 하나님의 참된 종이 되기를 간절히 바란다.

마지막 때에 성도들은 예수 그리스도로 인하여 고난을 받게 될 것이며, 이때가 되면 예수께서 강림하실 때가 가까운 것이다. 그때의 전쟁은 마귀(리워야단)와 싸우는 것이며, 사람의 힘으로는 이길 수 없다. 하나님께서는 결국 욥을 회복시키신다. 재림의 주님께서 마지막 전쟁을 이기실 것이며, 이때 성도들도 주님과 함께 이길 것이다. 욥은 의인으로 사는 것으로 고난을 이기고 승리하는 것이 아니라, 하나님께서 오심으로 회복된 것처럼 재림의 주님께서 인내로 이 모든 것을 참은 성도들을 회복시켜 주실 것이다. 그때까지 성도는 의인으로 살아가되, 겸손하게 주님의 명령을 복종하는 하나님의 자녀로 살아가야 할 것이다.

55 욥기 42장 1-6

하나님의 말씀을 들은 후 욥은 두렵고 떨리는 마음으로 조심스럽게 대답했다. 이제서야 욥은 하나님 앞에서 자신의 의를 내세우며 항변했던 교만함을 깨닫고, 겸손하게 하나님 앞에 서게 되었다.

욥은 자신의 교만으로 인해 하나님의 공의와 심판을 부정적으로 생각했다. 그러나 전능하신 하나님께서 모든 만물을 질서 있게 다스리신다는 말씀을 들으면서, 욥은 도저히 이해할 수 없는 자신의 고난도 하나님의 계획 아래 있다는 것을 알게 되었다. 사람의 생각과 경험으로 하나님의 뜻과 섭리를 판단하는 것은 교만이다. 욥은 자신의 의로 고난을 해결할 수 없었으며, 하나님의 관점으로 자신의 상황을 돌아보게 되었다. 하나님께서 허락하신 고난은 예정된 때가 되어야 끝나며, 오직 하나님만이 욥을 회복시켜 주신다.

예수 그리스도의 강림과 심판을 맞이하면서 욥의 고난과 인내를 모범 삼아야 한다(약 5:7-11). 마지막 때의 성도들은 욥을 본보기로 주님의 날을 준비하며 기다려야 한다. 마지막 때에는 의인(그리스도인)들이 예수 그리스도의 이름으로 고난을 받게 될 것인데(마 24:9, 눅 21:17), 욥의 고난은 이들을 위한 예표로 볼 수 있다. 주님의 이름으로 예언한 선지자들과 욥은 마지막 때의 성도들에게 고난과 인내에 대한 본보기이며(약 5:10,11), 성도들은 말세의 고난을 이겨 내기 위해 욥의 인내를 배워야 한다. 이러므로 욥기 묵상을 할 때에는 반드시 주님의 재림과 심판까지 염두에 두어야 한다.

우리는 끈기 있게 끝까지 참고 견디는 사람이 복 있는 사람이라고 생각한다. 욥이 끈기 있게 고난을 참아낸 이야기를 들었고, 또 주님께서 그에게 어떤 결말을 주셨는지를 알고 있다. 말세에 고난을 맞을 우리도 욥의 인내를 배워야 한다. 주님께서 욥에게 베푸신 자비와 긍휼은 말세의 성도들을 위한 것이기도 하다(약 5:11).

그리스도인들에게 예정된 고난은 주님의 뜻에 의해 결정된 것으로, 이를 피하려고 애쓰기보다는 담대하게 맞으며 인내하여 이겨내도록 준비해야 한다. 환난을 당한 성도는 피난처(避難處)가 되시는 하나님께 피해야 하며, 주님께서는 이런 자들을 보살펴 주신다(시 46:1, 나 1:7). 일반적으로 성공과 형통을 복이라고 생각하고, 고난을 저주라고 여긴다. 많은 교회에서도 성공과 형통을 복이라고 말하면서, 복 주기 원하시는 하나님에 대해 설교를 한다. 또 성도들도 이처럼 복을 받는 것을 기쁘게 하나님의 말씀으로 받아들인다. 이와 같이 복을 가장 중요하게 생각하고 있는 것이 '기복(祈福) 신앙(信仰)'이다.

사탄은 욥이 복 때문에 하나님을 경외하는 기복 신앙을 가지고 있다고 하나님께 고발했다. 이것을 알아보고자 하나님께서는 사탄에게 욥을 맡기셨고, 고난이 닥칠 때 욥이 하나님을 향해 저주하는지 알아볼 것을 허락하셨다(욥 1:6-12, 욥 2:5,6). 주님의 강림과 심판의 때에 성도들이 견디며 살아야 하는 모습에 욥의 인내를 인용한 것으로 보아, 욥의 신앙을 검증했던 것처럼 말세의 고난은 우리에게 기복 신앙 여부를 알아보기 위한 시험(test)이 될 것이다.

욥은 재산과 자녀들을 잃어버리자, "모태에서 빈손으로 태어났으니, 죽을 때에도 빈손으로 돌아갈 것입니다. 주신 분도 주님이시요, 가져 가신 분도 주님이시니, 주님의 이름을 찬양할 뿐입니다."라고 하며 하나님을 원망하지 않았다(욥 1:21,22). 이후에 욥은 병이 들어서 비참하게 되자, "우리가 하나님께 복(福, good)을 받았는데, 어찌 재앙(災殃, trouble, evil)이라고 해서 못 받는다 하겠느냐?"며, 고난을 당하여도 입술로 죄를 짓지 않았다(욥 2:10).

욥은 빈손으로 세상에 태어났으니, 빈손으로 죽게 될 것을 받아들였다. 또 욥이 받는 고난도 하나님께서 주신 것이라면 복만 아니라 화를 받는 것도 당연하다고 여겼다. 이것으로 보아 욥은 우리 기준의 기복 신앙을 가진 것이 아니라, 수긍하기 어려울지라도 어떤 뜻이 있을 거라는 하나님 중심이었음을 알 수 있다.

그리스도인은 복과 저주 중에 어떤 것을 원하는가? 누구라도 저주보다는 복을 택할 것이다. 하나님께서는 이스라엘 앞에 복(a blessing)과 저주(a curse)를 내놓으시고, 하나님의 명령을 들으면 복이 되지만, 명령을 듣지 않고 다른 신을 따르면 저주를 받을 것이라고 하셨다(신 11:26-28) 복과 저주는 하나님 명령에 대한 순종 여부에 따른 결과이다. 그렇다면 비록 우리 생각으로는 저주가 될지라도 하나님 명령에 순종하면, 그것은 복이다. 애매하게 들리겠지만 이것은 사실이다. 예수께서는 순종하면 죽음을 맞이할 것을 알면서도, 순종의 본을 보여주셨다.

예수께서는 자기를 낮추시고, 죽기까지 순종하셨으니, 곧 십자가에 죽기까지 하셨다. 그러므로 하나님께서는 그를 지극히 높이셔서, 모든 이름 위에 뛰어난 이름을 그에게 주셨다. 그리하여 하늘과 땅 위와 땅 아래 있는 모든 것들이 예수의 이름 앞에 무릎을 꿇고, 모두가 예수 그리스도는 주님이시라고 고백하여, 하나님 아버지께 영광을 돌리게 하셨다(빌 2:8-11).

성경을 보면 하나님께서 이스라엘이 차지할 땅으로 인도하여 들이실 때에는, 그리심산에서 축복을 선포하고, 에발산에서는 저주를 선포하라고 하셨다(신 11:29). 하지만 하나님께서는 이스라엘 백성에게 그리심산이 아니라 저주를 선포한 에발산에 제단을 쌓으라고 하셨다(신 27:3-6, 수 8:30-33). 세상적 기준의 복을 얻기 위해 그리심산에 제단을 쌓으려고 한다면 이것이 기복 신앙이다. 그러나 저주라고 해도 에발산에 제단을 쌓을 때, 순종하였으므로 이것이 복이다. 복을 얻기 위해 사람의 생각을 따르는 것이 기복 신앙의 시발점이다. 기복 신앙에서 벗어나려면 어떤 결과가 온다고 하더라도 다만 하나님 말씀에 복종하는 것이 옳다.

예수께서는 여덟 가지 복을 알려주셨는데, 성공하거나 재물이 많아지는 것을 복이라고는 말씀하지 않으셨다. 여덟 번째로 말씀하신 복은 의에 관한 것으로, '의를 위하여 박해를 받은 자는 복이 있다'고 하셨다. 예수로 인하여 모욕을 당하고, 박해를 받고, 터무니없는 말로 온갖 비난을 받으면 복이 있는 것이다. 이렇게 될 때 하늘에서 받을 상이 크기 때문에 기뻐하고 즐거워해야 한다. 주님께서는 세상에서의 성공이 복이 아니라, 훗날 하늘에서 상을 받게 되는 것이 복이라고 하셨다(마 5:1–12). 예수의 이름으로 인하여 미움과 핍박을 받는 것이 복이라면, 마지막 때에 예수의 이름으로 고난을 받게 될 그리스도인은 여덟 번째 복이 예정된 것이다.

예수께서는 마지막 때를 알려주는 징조를 말씀하셨다(마 24:3–14, 눅 21:5–19). 기근과 지진과 전염병과 하늘로부터 무서운 일과 큰 징조가 나타날 것이라고 하셨다. 그러나 이러한 징조는 재난의 시작(the beginning of birth pains, NIV, 분만통증)이다. 이러한 징조들 이후에 예수 그리스도의 이름으로 모든 민족에게 미움을 받게 될 것이다. 코로나 전염병은 재난이 시작되는 것을 알려주는 징조이며, 그리스도인에 대한 박해를 주님께서는 재난(해산의 고통)이라고 하셨다.

해산의 통증은 주의 날(the day of the Lord)이 오는 시기와 연관된다. 주의 날은 밤에 도둑같이 올 것이며, 사람들이 "평안하다, 안전하다" 하고 말할 그때에 임신한 여자에게서 해산의 고통이 오는 것과 같이, 갑자기 멸망이 그들에게 닥칠 것이니, 그것을 피하지 못할 것이다. 그러나 빛의 아들이며 낮의 아들은 밤이나 어둠에 속하지 않았으므로 그

날이 도둑같이 오지 않을 것이다(살전 5:1-6).

만일 어떤 여인이 임신한 것을 모르고 있다면, 산달이 되어서 심한 복통이 주기적으로 오더라도 분만을 준비하지 않는다. 그러나 임신한 것을 알고 있는 여인은 산달에 심한 복통이 주기적으로 오면 출산을 준비한다. 마찬가지로 주님의 재림을 알고 기다리고 있는 자들은 심한 고난의 시간이 올 때, 좌절하거나 실망하지 않고 주의 날을 준비할 것이다. 이것이 자지 않고 깨어 있는 것이다. 그러나 안타깝게도 현재 대부분의 교회에서는 주님의 재림을 말하거나 준비하지 않으며, 또한 믿으면 심판도 받지 않고 마치 천국에 들어가는 것이 확정된 것으로 오해하고 있다.

해산의 고통이 올 때, 가족은 고통이 심한 것을 보고 절망하거나 좌절하지 않고 도리어 태어날 아기를 위해 기뻐하고 즐거워한다. 마찬가지로 그리스도인이 모든 민족에게 박해를 받게 될 때가 온다면 주님의 재림이 임박한 것이므로, 고난 가운데 기뻐하고 즐거워해야 한다. 이러므로 예수 때문에 받는 고난은 주님께서 말씀하신 복이며, 하늘에 상이 예비되었으므로 즐겁게 고난을 맞이해야 한다(마 5:10-12).

모세는 장성하여 바로 왕의 공주의 아들이라고 불리기를 거절하였다. 오히려 그는 잠시 죄의 향락을 누리는 것보다 하나님의 백성과 함께 고난 받는 것을 택하였다. '그리스도를 위하여 받는 수모를 이집트의 재물보다 더 값진 것으로 여겼으니, 그는 앞으로 받을 상을 바라보고 있었다(히 11:24-26). 비록 모세의 시대는 예수께서 세상에 오시기 이전이었지만, 성경에서는 모세를 통해 '그리스도를 위해 받는 치욕'에 대하여 언급하고 있다. 이와 같이 그리스도인은 주님의 재림을 항상 마음에 두고, 세상에서의 성공과 상관없이 그리스도를 위하여 고난받는 것을 택해야 함을 알려주고 있다.

베드로 사도는 연단하려고 오는 불 시험을 이상한 일 당하는 것처럼 놀라지 말라고 하였다. 도리어 그리스도의 고난에 동참하는 것이므로 기뻐하라고 하였다. 그렇게 하면 주님의 영광이 나타나실 때에 우리는 기뻐 뛰며 즐거워할 일이다. 그러므로 우리가 그리스도의 이름으로 모욕을 당하는 것은 저주가 아닌 하나님의 뜻에 참여하는 복이다. 고난의 때에 영광의 영 곧 하나님의 영이 함께 계시기 때문이다. 누구든지 아무도 살인이나 도둑이나 악행이나 남의 일을 간섭하는 자로서 고난을 당하는 일이 없도록 해야 한다. 욥이 의인으로 살았던 것처럼, 그리스도인은 흠 없는 자로서 살면서, 악행이나 죄로 인한 고난을 받지 말아야 한다. 이러한 고난은 자신의 죄악에 대한 형벌이며, 그리스도인으로서 고난을 받는 것이 아니기 때문이다. 만일 그리스도인으로서 고난을 받는다면 부끄러워하지 말고, 도리어 그리스도인이 된 것을 하나님께 감사해야 한다(벧전 4:12-16).

그리스도를 위해 고난을 받기로 예정된 것은 예수께서 말씀하신 여덟 번째 복이다. 또 이것은 베드로가 말한 복이다. 교회에서 '그리스도의 고난에 동참하는 자(partakers of Christ's sufferings)가 복된 자다'라고 가르쳐야 한다. 많은 목사들과 교인들은 고난에 대한 설교를 듣는다면 사람들이 교회를 떠날 것이라고 말한다. 지금까지는 고난을 말하지 않고 우리 식의 복을 중심으로 신앙을 꾸려 왔다면, 이제부터는 도리어 주님을 위해 받는 고난이 복이라고 바르게 알려주는 것이 필요하다. 만일 고난에 대한 설교로 교회를 떠나가는 사람이 있다면, 그는 고난을 당하면 주님을 떠날 사람이다. 이처럼 하는 것이 알곡과 쭉정이를 미리 가려낼 수 있는 기회가 되며, 주의 날을 준비하고 깨어 있는 성도가 되도록 양육하는 길이 될 것이다.

욥이 주님께 대답하였다. "주님께서는 못하시는 일이 없으시다는 것을, 이제 저는 알았습니다. 주님의 계획은 어김없이 이루어진다는 것도, 저는 깨달았습니다. 잘 알지도 못하면서, 감히 주님의 뜻을 흐려 놓으려 한 자가 바로 저입니다. 깨닫지도 못하면서, 함부로 말을 하였습니다. 제가 알기에는, 너무나 신기한 일들이었습니다. 주님께서 말씀하셨습니다. "들어라. 내가 말하겠다. 내가 물을 터이니, 내게 대답하여라" 하셨습니다. 주님이 어떤 분이시라는 것을, 지금까지는 제가 귀로만 들었습니다. 그러나 이제는 제가 제 눈으로 주님을 뵙습니다. 그러므로 저는 제 주장을 거두어들이고, 티끌과 잿더미 위에 앉아서 회개합니다." (욥 42:1-6)

욥에게 있었던 가장 큰 문제는 자신의 의로 고난을 해결하려고 했다는 것이었다. '내가 이렇게 선한 일을 했고, 하나님께 이렇게 신실하게 살았는데, 왜 이러한 고난이 왔는가?' 하는 의문으로 인해 실망에 빠졌다. 그러나 하나님의 전능하심을 알게 되자, 욥은 하나님께서 원하시는 뜻대로 고난도 이끌어 가신다고 고백한다.

하나님은 전지전능하신 분이시므로, 목적하는 계획을 반드시 이루신다. 그러기에 그리스도인들에게 예정된 고난은 반드시 이루어질 것이며, 그 고난은 사람의 의가 아니라 주님께서 직접 해결해 주신다. 비록 고난 가운데 있을 때에는 고통으로 신음하겠지만, 그 고난의 결과는 하나님께서 정하신 때에 직접 행하실 것이다. 그렇더라도 그리스도인은 악을 행하지 않으면서 욥과 같은 의인으로 인내하며 살아가야 한다. 그렇다고 욥이 실수한 것과 같이 지나친 의인이 되지는 말아야 하며(전 7:16), 다만 겸손하게 주님과 동행하면서(미 6:8), 그 뜻과 명령에 순종하는 삶을 살아야 한다.

욥은 고난으로 인해 불평과 원망의 말을 했다. 우리는 욥의 신앙을 배워야 하겠지만, 그가 저지른 실수는 반복하지 말아야 한다. 첫번째 욥은 실수로 넘어지기도 했지만, 두번째 욥인 말세의 성도들은 고난에 대한 준비를 철저하게 해서 교만이나 불평으로 인해 넘어지지 않도록 해야 한다. 그리스도인이라는 이유로 받는 고난은 불평할 것이 아니라, 도리어 주님의 재림을 맞이하기 위해 기뻐하고 즐거워해야 일이다.

하나님께서는 "너는 대장부처럼 허리를 묶고 내가 네게 묻겠으니 내게 대답할지니라"고 욥에게 말씀하셨다(욥 38:3, 40:7). 욥은 하나님께서 하신 말씀을 인용해서 하나님께 아뢴다. 이것은 하나님께 대한 반항이 아니라, 자신의 주장을 내려놓고 하나님의 말씀을 그대로 받아들이면서 따르겠다는 것이다.

하나님의 명령을 우리는 어떻게 받아들이는가? 자신에게 유익하고 필요한 명령이면 따르고, 원하지 않거나 순종하기 어려운 명령이면 못 들은 체하고 있지는 않은가? 예를 들어 '원수를 사랑하라'(레 19:18, 마 5:44, 눅 6:27,35)는 명령을 들을 때, 우리는 그대로 실천하고 있는가? 혹시 우리는 원수를 사랑하는 것이 부담스러워, 이 명령은 사람에게는 불가능한 것으로 여겨 순종을 거부하는 것은 아닌가? 또는 원수 사랑하는 마음을 하나님께서 주시지 않아서 사랑하지 못한다는 핑계를 대고 있는가?

욥은 자기 주장이 너무 지나쳤다. 심지어는 하나님 앞에서 자신의 의를 내세우며 따지겠다고 했다. 그러던 욥은 하나님의 위대하심을 듣고, 그에 따르는 질문에 하나님 앞에서 철저히 무너졌고, 드디어 하나님의 말씀을 그대로 받아들이게 되었다. 이처럼 우리들 각자는 지금 하나님 앞에서 자기를 내려놓고 겸손하게 말하고 행동해야 한다.

바울은 데살로니가 성도들을 위하여 하나님께 감사했다. 그들의 믿음이 크게 자라고, 각자 서로에게 베푸는 사랑이 더욱 풍성해지고 있기 때문이었다. 그리스도인은 모든 박해와 환난 가운데에서도 인내와 믿음으로 살아야 한다. 하나님께서 우리에게 주시는 고난은 우리를 하나님 나라에 합당한 사람이 되게 하시려는 것이므로, 이런 고난은 하나님 나라를 위하여 받는 것이다. 하나님께서는 환난을 받게 하는 자들에게는 환난으로 갚아주며, 환난을 받는 우리에게는 안식으로 갚아 주신다. 이것이 하나님의 공의이다. 그러나 하나님을 모르는 자들(those who do not know God)과 우리 주 예수의 복음에 복종하지 않는 자들(those who do not obey the gospel of our Lord Jesus)에게는 형벌이 예비되어 있다(살후 1:3-8).

교회에 다니는 사람이라면 누구나 하나님을 알고 있다고 생각하지만, 예수께서는 영생은 곧 유일하신 참 하나님과 그가 보내신 자 예수 그리스도를 아는 것이라고 말씀하셨다(요 17:3). 하나님과 예수의 이름을 귀로 들어서 아는 것이 영생은 아니다. 성경에서는 하나님을 아는 것에 대하여 알려주고 있다.

요한복음은 믿지 않는 자들을 대상으로 예수님이 하나님의 아들 그리스도임을 믿게 하려고 쓰여졌으며, 예수를 믿고 그 이름을 힘입어 생명을 얻게 하려는 것이다(요 20:31). 한편 요한일서는 하나님의 아들을 믿는 자들에게 쓴 편지이며, 믿는 자들에게는 영생이 있음을 알게 하기 위해 썼다고 했다(요일 5:13). 믿지 않는 자들이 사망에서 생명으로 나아가기 위해서는 요한복음이 필요하며, 믿음으로 생명을 얻은 그리스도인이 영생에 이르기 위해서는 요한일서를 연구해야 한다.

영생을 알려주는 요한일서에서 하나님을 아는 것에 대한 내용을 찾을 수 있다. 우리가 하나님의 계명을 지키면, 우리는 참으로 하나님을 알고 있는 것이다. 그러나 하나님을 알고 있다고 하면서 하나님의 계명을 지키지 않는 사람은 거짓말을 하는 것이다(요일 2:3,4). 하나님의 계명을 지키지 않는 사람은 하나님을 알지 못하는 것이며, 그에게는 영생이 없다. 하나님의 계명은 예수 그리스도의 이름을 믿고, 예수께서 우리에게 주신 계명대로 서로 사랑하는 것이다(요일 3:23). 이렇다면 사랑하는 것이 하나님을 아는 것일까?

우리가 서로 사랑하자. 사랑은 하나님에게서 난 것으로, 사랑하는 사람은 하나님에게서 났고, 하나님을 안다. 사랑하지 않는 사람은 하나님을 알지 못한다. 하나님은 사랑이시기 때문이다(요일 4:7,8). 믿음을 통해 생명을 얻으며, 사랑할 때 영생이 있게 된다. 이처럼 믿음과 사랑은 하나님의 계명이며, 이 두 가지가 함께 공존할 때에만 영생이 있다.

말세의 시기를 살아가는 성도들이 영생을 얻기 위해 반드시 해야 할 일은 사랑이다. 그리스도인을 박해하는 사람들은 악을 행하는 원수이다. 그렇지만 그리스도인이라면 분노나 보복으로 원수를 갚는 대신, 원수를 사랑하라는 주님의 명령에 따라야 한다. 주님께서는 "원수를 갚는 것은 내가 할 일이니, 내가 갚아 주겠다"고 하셨다(롬 12:19, 히 10:30). 이러므로 그리스도인은 직접 자신이 원수를 갚지 말고, 박해하는 자들까지도 사랑해야 한다. 예수께서 주신 계명은 '서로 사랑하라'는 것이며(요 13:34), 이 명령을 순종하지 않는 자는 영원한 멸망의 형벌을 받게 될 것이다(살후 1:8,9).

욥은 하나님께서 어떤 분이시라는 것을 귀로만 들었지만, 이제는 자신의 눈으로 직접 주님을 뵈었다고 했다. 하나님을 만난 욥은 부분적으로 알고 있던 것이 옳지 않았다는 것을 알게 되었다. 하나님께서 욥에게 고난을 허락하셨으므로, 욥 자신은 하나님의 특별한 계획 안에 있음을 깨달은 것이다. 우리도 지금은 하나님께 대하여 부분적으로 알고 있지만, 주님의 영광을 볼 때(고후 3:18) 주님께서 우리를 알고 계시는 것 같이 우리도 온전하게 알게 될 것이다(고전 13:12).

욥은 자신의 주장이 잘못되었음을 깨닫게 되어, 철저하고 겸손하게 회개했다. 우리도 욥과 같이 회개하는 사람이 되어야 한다. 하나님의 명령과 뜻에 순종하지 않는 것이 '죄'(sin)다. 욥은 하나님의 뜻을 깨닫지 못하고 했던 모든 말과 행동이 죄였음을 알았다. 잘못된 방향으로 가던 길을 멈추고, 올바른 방향으로 가는 것이 회개다.

신약성경에 예수께서 십자가에 달리실 때, 같이 달렸던 죄수 두사람이 보여준 모습을 보면 매우 대조적이다. 한 사람은 예수를 모욕하면서, "당신은 그리스도가 아니오? 너와 우리를 구원하여라"고 말했다. 다른 사람은 그자를 꾸짖으면서, "똑같은 처형을 받고 있는 주제에, 너는 하나님이 두렵지도 않으냐? 우리야 우리가 저지른 일 때문에 그에 마땅한 벌을 받고 있으니 당연하지만, 이분은 아무것도 잘못한 일이 없다"고 말했다(눅 23:39-43). 한 사람은 이기적인 목적으로 구원을 말했지만, 다른 사람은 예수를 변호하면서 자신의 죄를 시인했다. 예수께서는 죄를 시인하고 회개한 자에게 주님과 함께 낙원에 있게 될 것이라고 말씀하셨다.

성도들이 그리스도의 고난에 참여하는 것은 주님의 십자가에 함께 매달리는 것이다. 이들의 운명은 심판대 앞에서 결정된다. 그렇지만 예수를 믿지 않는 자들은 이미 죄인으로 판결을 받았으므로 심판대 앞에 설 자격이 없다. 주님께서 자기 백성을 심판하므로(시 50:4, 히 10:30), 오직 그리스도인만이 그 심판대 앞에 설 자격이 있다. 마지막 심판을 받는 자들은 모두 재판장 예수(딤후 4:8)를 '주님'이라고 부르는데, 이로 보건대 심판대 앞에 서 있는 자들은 모두 신앙을 가진 그리스도인이다(마 25:37,44).

십자가에 두 사람이 예수님의 우편과 좌편에 매달렸던 것처럼(눅 23:33), 심판의 날에 주님께서는 그리스도인들을 목자가 양과 염소를 가르듯이 그들을 갈라서 양은 주님의 오른쪽에, 염소는 주님의 왼쪽에 세울 것이다. 우편에 있는 자들은 그들이 행한 자비로 인하여 영생에 들어가게 되고, 좌편에 있는 자들은 사랑의 명령에 순종하지 않았으므로 영원한 불에 들어가게 된다(마 25:31–46). 예수께서 명령하신 사랑의 계명(요 13:34)을 복종하여 자비를 베푼 사람은 심판을 이기기 때문이다(약 2:13). 이러기에 그리스도인은 주님의 명령에 따라 사랑의 섬김, 곧 자비를 실천함으로써 심판을 준비해야 한다. 심판대 앞에서는 더 이상 기회가 없다.

56 욥기 42장 7-17

하나님께서는 욥에게 말씀하신 후에 데만 사람 엘리바스에게 말씀하셨다. "내가 너와 네 두 친구에게 분노한 것은, 너희가 나를 두고 말을 할 때에, 내 종 욥처럼 옳게 말하지 못하였기 때문이다. 그러므로 이제 너희는, 수송아지 일곱 마리와 숫양 일곱 마리를 마련하여, 내 종 욥에게 가지고 가서, 너희가 용서받을 수 있도록 번제를 드려라. 내 종 욥이 너희를 용서하여 달라고 빌면, 내가 그의 기도를 들어줄 것이다. 너희가 나를 두고 말을 할 때에, 내 종 욥처럼 옳게 말하지 않고, 어리석게 말하였지만, 내가 그대로 갚지는 않을 것이다." 그래서 데만 사람 엘리바스와 수아 사람 빌닷과 나아마 사람 소발이 가서, 주님께서 그들에게 말씀하신 대로 하니, 주님께서 욥의 기도를 들어주셨다. (욥 42:7-9)

하나님께서는 자기에 대하여 옳지 않게 말한 엘리바스, 소발, 빌닷에게 분노하셨다. 이들 세 사람은 고난은 죄로 인한 것이라는 인과응보와 죄인에게 형벌을 내리는 권선징악이 하나님의 뜻이라고 주장했기 때문이었다. 욥은 자신의 죄로 인하여 고난을 받는 것이 아니라고 말했는데, 하나님께서는 그의 말이 옳다고 하셨다. 실제로 욥이 고난을 받을 만한 죄를 지었다고 성경에는 나와 있지 않다. 사람의 지혜로는 욥에게 닥친 고난을 알 수 없다. 이처럼 마지막 때에 그리스도인은 이유를 알 수 없는 환난을 받게 될 것이다. 그러나 그리스도인은 자신의 잘못으로 고난을 받지 말아야 하며, 그리스도인이기에 받는 고난을 받아야 한다. 이것이 그리스도께서 겪으신 치욕을 짊어지는 것이며, 의인으로 고난에 참여하면서 고난을 받으신 주님께 나아가는 것이다(히 13:12,13).

하나님께서는 세 사람에게 지시를 내리신다. 친구들이 욥에게 가서 번제를 드리면서 용서를 구하라는 것이었다. 그 후에 만일 욥이 그들의 용서를 위해 빌면, 하나님께서 그의 기도를 들어줄 것이라고 하셨다. 그렇게 하면 하나님께서는 어리석은 세 사람이 행한 것처럼 똑같이 행하지 않으시고, 자비로 그들의 죄를 용서하겠다고 하셨다.

예수께서 가르쳐 주신 기도문에는 “우리가 우리에게 죄 지은 사람을 용서하여 준 것 같이 우리의 죄를 용서하여 주시고”라는 내용이 들어 있다(마 6:12). 말세의 그리스도인은 모든 민족에게 미움을 받게 될 것이지만, 그럼에도 불구하고 그리스도인은 원수가 되어 박해하는 사람을 용서해야 한다. 왜냐하면 마지막 심판에서 자신이 행한 그대로 보응을 받게 되기 때문이다. 모든 세상 사람들은 그리스도인을 미워할 것이지만, 그렇다고 해서 그리스도인이 그들을 미워하는 것은 살인죄를 범하는 것이며, 살인하는 사람에게는 영생이 머물러 있지 않는다(요일 3:15).

그리스도인은 할 수 있는 대로 모든 사람과 더불어 화평하게 지내야 한다. 스스로 원수를 갚지 말고, 그 일은 하나님의 진노하심에 맡겨야 한다. 원수 갚는 것은 주님께서 하실 일이며, 다만 우리는 원수가 배고플 때 먹을 것을 주고, 목말라하면 마실 것을 주어야 한다. 이렇게 할 때 그 사람의 머리 위에 숯불을 쌓아 놓는 것처럼 되어 그 사람은 자신의 행위를 부끄러워하게 될 것이다(롬 12:18-21). 이와 같이 그리스도인은 원수를 미워하는 것이 아니라 역으로 원수를 사랑해야 하며, 이렇게 할 때 주님의 명령을 따르는 진정한 그리스도인이라고 할 수 있다.

용서의 문제에 있어서 죄를 범한 형제를 몇 번이나 용서해 주어야 할 것인지를 베드로는 예수에게 물었다. 예수께서는 일곱 번만 아니라 일곱 번을 일흔 번이라도 용서해야 한다고 하셨다. 그런 다음 예수께서는 이러한 내용에 대하여 비유로 말씀하셨다. 만 달란트 빚진 종은 빚을 갚을 길이 없어서 빌었고, 주인은 그를 불쌍히 여겨서 그 빚을 탕감해 주었다. 그 종이 나가서 자기에게 백 데나리온 빚진 동료 한 사람을 붙들어 빚을 갚으라고 독촉하였고, 결국 그 사람을 옥에 가두었다. 동료들은 그것을 보고 몹시 딱하게 여겨 주인에게 그 일을 다 알렸다. 그러자 주인은 그 종을 불러서 말했다. “네가 빌기에 내가 네 빚을 전부 탕감하여 주었으므로, 내가 너를 불쌍히 여김과 같이 너도 네 동료를 불쌍히 여기는 것이 마땅하지 않겠느냐?” 주인이 노하여 그 빚을 다 갚도록 탕감을 받았던 자를 형무소 관리에게 넘겨주었다.

이처럼 우리가 진심으로 형제자매를 용서하지 않으면 하늘 아버지께서도 우리에게 그와 같이 하실 것이다. 이것은 예수께서 천국에 대하여 용서할 줄 모르는 종의 비유로 말씀하신 내용이다(마 18:21–35).

그리스도인을 핍박한 사람도 자신의 잘못을 뉘우치지 않으면, 그 사람은 자신의 행위에 따라 주님의 심판을 받게 될 것이다. 그러나 그리스도인을 박해한 사람이 만약 자신의 잘못을 뉘우치면 그리스도인은 반드시 그를 용서해 주어야 한다. 사람의 잘못을 용서하면 하늘 아버지께서도 우리의 잘못을 용서해 주시지만, 남을 용서해 주지 않으면 아버지께서도 우리의 잘못을 용서해 주지 않으실 것이다(마 6:14,15).

예수께서 십자가에서 돌아가실 때, "아버지, 저 사람들을 용서하여 주십시오! 그들은 자기가 하는 일을 모르고 있습니다"라고 하며 죽음으로 몰아간 자들을 위해 기도하셨다(눅 23:34). 스데반도 순교하면서 "주님, 이 죄를 저 사람들에게 돌리지 마십시오" 하고 외쳤다(행 7:60) 그리스도인이 해야 할 일은 용서이다. 마치 하나님께서 그리스도 안에서 우리를 용서하심과 같이 해야 한다(엡 4:32, 골 3:13). 그리스도인은 하나님의 사랑을 받았으므로 당연히 사람들을 사랑해야 한다(요일 4:11).

욥의 세 친구는 하나님께서 그들에게 말씀하신 대로 하였고, 욥은 친구들을 위하여 중보기도를 하였으며, 하나님께서는 욥의 기도를 기쁘게 받으셨다. 욥이 세 친구를 용서하는 것은 쉽지 않았을 것이다.

그러나 욥은 하나님의 명령을 따라 친구들을 위해 용서해 달라고 기도를 드렸다. 누구든지 자신을 괴롭히는 사람을 용서해 주는 것은 결코 쉬운 일이 아니다. 그렇지만 욥은 자신의 생각과 판단을 내려놓고 하나님의 말씀에 순종하였다. 자신을 박해하는 자를 용서하는 것은 불가능에 가깝지만, 그리스도인이기에 하나님의 말씀에 순종하여 용서해 주어야 한다. 그리스도인은 자기를 저주하는 사람들을 축복하고, 모욕하는 자를 위하여 기도해 주어야 한다(눅 6:28).

욥의 세 친구들은 욥의 기도로 구원을 받는다. 욥은 친구들의 구원자로서 역할을 하는 것이며, 한편으로는 하나님의 제사장으로서 친구들의 속죄제를 드리는 것이라고도 할 수 있다. 말세를 인내로 살아가는 그리스도인은 욥처럼 세상을 구원으로 이끄는 안내자가 되어야 한다. 하나님께서 세상을 사랑하셨으므로 독생자 예수를 세상에 보내셨다는 것을 사랑의 방식으로 증언해야 한다. 천국 복음이 온 세상에 전파되어서 모든 민족에게 증언될 것이며, 그리고 나서야 끝이 올 것이다(마 24:14).

욥이 주님께, 자기 친구들을 용서해 달라고 기도를 드리고 난 다음에, 주님께서 욥의 재산을 회복시켜 주셨는데, 욥이 이전에 가졌던 모든 것보다 배나 더 돌려주셨다. 그러자 그의 모든 형제와 자매와 전부터 그를 아는 친구들이 다 그를 찾아와, 그의 집에서 그와 함께 기뻐하면서, 먹고 마셨다. 그들은 주님께서 그에게 내리신 그 모든 재앙을 생각하면서, 그를 동정하기도 하고, 또 위로하기도 하였다. 그러면서 그들은 저마다, 그에게 돈을 주기도 하고, 금반지를 끼워 주기도 하였다. 주님께서 욥의 말년에 이전보다 더 많은 복을 주셔서, 욥

이, 양을 만 사천 마리, 낙타를 육천 마리, 소를 천 겨리, 나귀를 천 마리나 거느리게 하셨다. 그리고 그는 아들 일곱과 딸 셋을 낳았다. 첫째 딸은 여미마, 둘째 딸은 긋시아, 셋째 딸은 게렌합북이라고 불렀다. 땅 위의 어디에서도 욥의 딸들처럼 아리따운 여자를 찾아볼 수 없었다. 더욱이 그들의 아버지는, 오라비들에게 준 것과 똑같이, 딸들에게도 유산을 물려주었다. 그 뒤에 욥은 백사십 년을 살면서, 그의 아들과 손자 사 대를 보았다. 욥은 이렇게 오래 살다가 세상을 떠났다. (욥기 42:10–17)

욥은 하나님께 친구들의 용서를 위한 기도를 했다. 그 후에 하나님께서는 욥이 가졌던 재산을 두 배로 회복시켜 주셨다. 그러자 욥을 떠났던 친척과 친구들은 다시 그를 찾아왔고, 함께 기뻐하면서 먹고 마셨다. 그들은 좋을 때는 욥과 함께하다가 욥이 고난을 당하자 떠나갔던 사람들이었다. 그들은 욥이 회복된 것을 보고 찾아온 것이므로 선뜻 그들을 받아들이는 것은 쉽지 않다. 그들은 욥의 고난의 원인을 알지 못했을 뿐이다. 그러나 그들은 주님께서 내리셨던 재앙을 공감하면서 동정하기도 하고 위로하기도 했다. 많은 사람들은 욥에게 있었던 재앙이 하나님에 의해 회복되는 것을 확인했다.

이와 같이 말세의 그리스도인이 고난을 받을 때에는 참혹한 처지에 빠져 친척과 친구들도 다 떠나버리고 핍박하는 자들에게 넘겨질 것이다(눅 21:16). 그러나 사람들은 결국 하나님의 자비와 긍휼에 의해 성도들이 회복되는 것을 보게 될 것이다. 배반하고 떠나버린 자들까지도 받아들이는 것이 용서이다. 그리스도인은 고난에 있더라도 하나님께서 주신 자비의 마음을 잃어버리지 말아야 한다. 외형적인 모습으로 판단하는 사람들을 비난하지 말아야 하며, 도리어 그들에게 영적인 눈이 없음을 안타까워하면서, 하나님의 사랑으로 용납해야 한다.

욥의 말년에 재산은 두 배로 늘어났고, 자녀는 아들 일곱과 딸 셋을 낳았다. 많은 경우에 욥에게 재산이 많아진 것을 강조하게 되면, 고난 후에는 두 배로 받는 재물의 복에 초점을 맞추기 쉽다. 이런 욥기의 결말을 통해 복을 강조하는 것이 바로 '기복 신앙'이다. 우리가 하나님을 섬기며, 예수 그리스도의 이름을 믿는 이유가 재산이 늘어나는 것을 바라기 때문인가? 만일 거부가 되는 것을 원한다면 수단과 방법을 가리지 않고 노력하면 될 것이다. 욥이 두 배로 물질을 가지게 된 것처럼 하나님께서는 우리가 거부가 되기를 원하시며, 그래서 믿고 거부의 꿈을 구하면 반드시 이루게 될 것이라고 말하는 사람이 있다면, 그 사람은 세상의 복을 목적으로 하는 기복 신앙으로 무장된 거짓 선지자이다.

그리스도인은 세상적인 성공과 재물을 추구하는 사람이 아니라, 가치를 매길 수 없을 정도로 귀한 영생을 위해 사는 사람들이다. 욥은 비참한 고난을 겪었지만, 하나님께서 주신 결말과 비교하면 그의 고난은 일시적이며 가벼운 것이었다. 우리도 마지막 때에 예수 그리스도로 인하여 고난을 받게 될 것이지만, 그 고난은 장차 받게 될 영원하고 크나큰 영광과 비교하면 지극히 가벼운 것이다. 그러기에 우리는 보이는 것을 바라보지 말고, 보이지 않는 것을 바라보아야 한다. 보이는 것은 잠깐이지만, 보이지 않는 것은 영원하기 때문이다(고후 4:16-18)

욥이 받은 약간의 복보다 환난을 이겨낼 그리스도인이 받을 영광은 그 종류가 다를 뿐만 아니라 그것과 비교할 수 없을 정도로 엄청나다. 수를 셀 수 없을 만큼 큰 무리가 흰 옷을 입고, 종려나무 가지를 손에 들고, 보좌 앞과 어린 양 앞에 서 있다. 그들은 큰 소리로, "구원은 보좌에 앉아 계신 우리 하나님과 어린 양의 것입니다" 하고 외친다. 그때에 장로들 가운데 하나가 요한에게 묻는다. "흰 옷을 입은 이 사람들은 누구이며, 또 어디에서 왔습니까?" 내가 "장로님, 장로님께서 잘 알고 계십니다" 하고 대답하였더니, 그는 나에게 이렇게 말하였다. "이 사람들은 큰 환난을 겪어 낸 사람들입니다. 그들은 어린 양이 흘리신 피에 자기들의 두루마기를 빨아서 희게 하였습니다. 그러므로 그들은 하나님의 보좌 앞에 있고, 하나님의 성전에서 밤낮 그분을 섬기고 있습니다. 그리고 그 보좌에 앉으신 분이 그들을 덮는 장막이 되어 주실 것입니다. 그들은 다시는 주리지 않고, 목마르지도 않고, 해나 그 밖에 어떤 열도 그들 위에 괴롭게 내려 쬐지 않을 것입니다. 보좌 한가운데 계신 어린 양이 그들의 목자가 되셔서, 생명의 샘물로 그들을 인도하실 것이고, 하나님께서 그들의 눈에서 눈물을 말끔히 씻어 주실 것입니다." (계 7:9-17)

그리스도인이 장차 받을 상급은 세상적인 것이 아니다. 주님의 나라에서 하나님을 섬기는 하나님의 백성으로 영원히 주님과 함께할 것이다. 그 어느 것으로도 비교할 수 없는 영광을 얻게 될 것이다. 그리스도인으로서 받는 고난은 일시적인 것이며, 영원한 나라에서는 받았던 고난을 기억하지 않게 될 것이다.

욥의 일곱 아들들의 이름은 언급하지 않았지만, 세 딸의 이름은 밝히고 있다. 첫째 딸은 '여미마'이며, 작은 비둘기를 뜻한다. 둘째 딸은 '긋시아'이며, 계피나무의 향을 가리킨다. 셋째 딸은 '게렌합북'이며, 작은 화장품 상자를 의미한다. 욥의 딸들의 아름다움은 모든 사람들에게 소문이 났다. 욥은 딸들에게도 그들의 오빠들에게 준 것과 똑같이 유산을 물려주었다. 그 뒤에 욥은 140년을 살면서 그의 아들과 손자 사 대를 보았다. 욥은 늙어서 나이가 차서 죽었다.

이스라엘에서는 아들에게만 유산을 물려주었고, 아들이 없는 경우에만 딸들에게 유산이 분배되었다. 그러므로 이처럼 딸들에게도 유산을 나누어 주는 것은 매우 이례적인 것이다. 욥이 다시 얻은 자녀 수는 이전과 똑같이 열 명이었다. 어떤 이는 이전에 있었던 자녀들도 소유로 생각하는 히브리 사상을 따르면 욥의 자녀의 수는 두 배라고 해석하기도 한다(호크마 주석). 욥의 고난은 말세의 성도들이 그리스도로 인하여 받는 고난이라는 것을 전제로 한다면, 고난이 끝난 후에 이전의 자녀 수와 동일한 것은 예수의 재림 이후에 부활할 성도라고 생각할 수도 있다. 보좌 앞에서 구원을 완성하신 하나님과 어린 양을 찬양하는 자리에 참여할 성도는 부활한 후에 영원한 생명을 가진 혼으로 바뀌게 될 것이며 과거에 존재했던 사람들이기 때문이다. 그 때에는 남자와 여자의 차별이 없이 모두 귀중한 하나님의 자녀로 하나님의 나라에서 영생을 누리게 된다.

욥의 고난에 동참하는 것은 쉽지 않은 여정일 것이다. 다시 생각해 보면, 욥이 악을 행한 죄인이었더라면, 그의 세 친구의 이론이 맞았을 것이다. 그러나 욥은 죄를 짓지 않은 의인으로 고난을 받은 사람이었다. 그리스도인은 이미 믿음으로 의인이 된 사람이므로 다시 죄에 빠지지 말아야 한다(롬 6:6-23). 의인으로 고난 받은 욥은 의인(그리스도인)으로 고난받게 될 사람들을 위한 본보기이다. 죄를 지은 것으로 고난을 받는 것은 마땅히 받아야 할 보응이지만, 그리스도인은 이러한 형태의 고난을 받지 말아야 한다.

욥이 자신의 의로 고난을 이겨내지 못했던 것처럼, 그리스도인도 자신의 의로 고난을 이길 수는 없다. 욥이 회복된 계기는 하나님께서 그에게 오셔서 하나님의 위대함을 말씀하신 것이었다. 욥의 고난은 하나님의 뜻 가운데 있었던 것이며, 하나님의 위대하신 뜻을 알게 된 후에 욥은 회복되었다. 그리스도인의 고난은 이미 주님께서 예정하신 것이며, 정해진 기간 동안 있을 것이다.

그리스도인은 박해를 받으면 원수를 갚기보다는, 오히려 원수를 사랑하라는 명령에 순종해야 한다. 주님께서 원수를 갚아 주실 것이며, 자신의 백성을 심판하실 것이다. 마지막 심판을 사랑의 계명을 실천하는 자비로서 준비해야 한다. 고난이 절정에 달할 그때에 주님께서 다시 오실 것이며, 하나님의 뜻이 완전하게 이루어질 것이다. 해산의 고통과 같은 그리스도인의 고난은 신앙인의 복이며, 주님의 재림이 임박하였으므로, 기뻐하고 즐거워해야 한다.

이것을 위해 잠자는 성도들을 깨우고, 주님의 재림을 준비하면서, 그리스도를 위해 받는 고난을 복으로 인식하게 할 영적 지도자는 누구인가? 마지막 때 하나님의 일꾼으로 성도들을 고난 가운데 인내하도록 준비시키는 하나님의 사역자는 누구인가? 이 시대의 징조들을 분별하면서 고난을 주님의 관점으로 살게 할 사명자는 누구인가?

욥기를 통해 마지막 때 성도들이 고난을 인내할 수 있도록 이끌어 주신 주님께 감사드립니다.

말세의 성도에게 주는
고난과 인내의 안내서